피와 폐허

피와 폐허

리처드 오버리 지음 | 이재만 옮김

2

최후의 제국주의 전쟁,
1931-1945

책과함께

일러두기

- 이 책은 Richard Overy의 BLOOD AND RUINS(Allen Lane, 2021)를 우리말로 옮긴 것이다.
- 원서에서 이탤릭체로 강조된 문구는 굵은 글씨로, 밑줄이 그어진 문구는 밑줄을 그어 표기했다.
- 옮긴이가 덧붙인 설명은 〔 〕로 표기했다.
- '제1차 세계대전'과 '제2차 세계대전'은 가독성 제고를 위해 '1차대전', '2차대전'으로 축약해 표기했다.

우리는 최대 규모의 전형적인 전쟁의 시대, 대중의 지지를 받는 과학적 전쟁의 시대로 들어섰다. 일찍이 지구상에 없었던 전쟁이 벌어지리라.

— 프리드리히 니체, 1881

차례

제2권

제5장

전쟁터에서 싸우기

1943년 7월 12일 연합군의 시칠리아 침공 작전인 '허스키' 작전 중 영국 군인들이 해안에서 분투하고 있다. 상륙전 도중 수송함에서 내리는 것은 어려운 일이었다. 군인들은 (상륙함의 현측에 보이는) 그물을 잡고 앞다투어 내려가서 중장비를 해안까지 옮겨야 했다.

아돌프 히틀러가 러시아 국경 곳곳으로 파견한 25개 기갑사단에 무슨 일이 일어났는지에 대한 간단한 서술을 중심으로 언젠가 훌륭한 소련 전쟁 이야기를 지을 수 있으리라. 그 사단들은 히틀러의 검의 날, 그의 보병과 포병을 위해 진로를 여는 기계였다. 그들이 이기면 독일군이 이겼다. 그들이 지면 독일군이 졌다.

— 월터 커, 《러시아 육군》, 1944[1]

독일 기갑사단들을 물리쳤다는 사실로 독일과 추축국의 2차대전 패전 이유를 충분히 설명할 수 있다고 생각하는 것은 솔깃하지만 단순한 판단이다. 월터 커Walter Kerr는 모스크바에서 《뉴욕 해럴드 트리뷴New York Herald Tribune》지를 대표했고, 스탈린그라드 전투 이후 미국으로 돌아갈 때까지 붉은군대 사령관들과 그들의 경험에 대해 이야기하며 지냈다. 그는 전해들은 말과 군사적 추측을 바탕으로 독일 기갑전력에 관한 견해를 형성했다. 25개 기갑사단은 모스크바에서 유행하던 과장된 부풀리기였고, 독일군이 '바르바로사' 작전을 전차 1만 8000대로 개시했다는 통설도 마찬가지였다. 그러나 온갖 그릇된 정보에도 불구하고, 현대 지상전에서 핵심 전력으로서의 기갑사단에 주목한 것은 비록 불완전할지라도 그리 틀린 견해는 아니었다. 2차대전의 모든 혁신 가운데 거의 모든 교전국이 모방한 혁신, 즉 전차, 차량화보병, 포를 결합해 완전히 기계화된 육군 부대들을 편성한 혁신은 지상전의 결과를 설명하는 가장 중요한 요인이었다. 1945년까지 붉은군대는 43개 전차군단을 운용했으며, 1941년에 독일 육군이 했던 일을 바르바로사 이후 그들이 했다.

커의 소견에는 왜 연합군이 결국 전선에서 승리했고 왜 추축국이 일련의 초기 승리 이후 패배했느냐는 더 큰 물음이 담겨 있다. 그 답은 양측이 특히 초기 전황이 불리할 때 육군이나 공군, 해군의 위력을 대폭 높여주는 다양한 '전력승수'—작전 편제, 장비, 전술, 정보—를 개발하고 활용하는 법을 얼마나 배웠는가 하는 측면에서 찾을 수 있다. 그 중요성을 과소평가해서는 안 되는 더 전통적인 병과들—전함, 보병, 포병, 심지어 기병—이 대부분의 해전과 지상전을 계속 담당하긴 했지만, 대체로 전과戰果의 차이를 만들어낸 것은 전력승수였다. 맨 먼저 개발된 전력승수는 기계화전과 그에 수반해 지상을 지원하는 전술항공이었다. 기갑부대를 편성해 전투서열에 통합한 전력승수는 먼저 독일 육군에서, 뒤이어 연합군에서 지상전 수행 방식을 바꿔놓았다. 전술공군은 1차대전에서 널리 사용되었지만, 점점 더 치명적인 무기로 무장한 고속 단엽전투기, 지상공격기, 고성능 중형 폭격기의 출현은 항공기의 전장 잠재력까지 바꿔놓았다. 해상에서는 공군력이 상륙전 혁명에 기여했는데, 먼저 태평양에서 일본군이 진격하고 연합군이 반격할 때, 그 이후 북아프리카, 시칠리아, 이탈리아, 노르망디 등지에서 연합군이 상륙할 때 그러했다. 상륙전은 방어가 삼엄한 적 해안으로 진입해 항구적인 거점을 확보하고자 공군, 해군, 지상군이 협력하는 복잡한 제병협동작전이었다. 연합국 해군력의 관점에서 상륙전은 적이 정복한 영토에서 적과 맞붙는 유일한 방법이었다. 연합군은 해상에서 지상으로 전력을 투사하는 방법을 배워 상륙전을 성공적으로 수행할 수 있었다.

기갑전, 항공전, 해전의 발전은 전자전의 진화와 응용을 동반했다. 무선통신과 레이더는 현대 전장의 필수 요소로 등장했고 그 이후로 줄곧 그 중요성을 유지하고 있다. 현대 무선통신 기술은 항공기 부대들을 중앙에서 통제할 수 있도록 해주었고, 지휘관들이 복잡하고 빠르게 이동하는 전장을 더 효과적으로 관리할 수 있도록 해주었다. 무선통신은 전 세계의 해전을 이끌었고, 지원을 요청하거나 국지적 작전을 조정하려는 소규모 부대들에게 생명선이 되어주었다. 전파 연구의 산물인 레이더는 초기에 바다를 건너 다가오는 적 항공기를 경고하기 위해 도입되었으나 곧 전장에서 한층 중요한 여러 방식으로 응용되었다. 다른 무엇보다 레이더는 전술공격 항공기를 사전에 경고해주었고, 대잠수함전의 성공에 결정적으로 기여했으며, 해상에서 함대를 노리는 공격을 알려주었고, 지상에서나 함상에서나 포를 매우 정확하게 조준할 수 있도록 해주었다. 전쟁을 치르는 동안 연합국이 과학전의 최첨단 기술을 선보이고 사용하는 법을 배워감에 따라 전자전의 우위는 연합국 쪽으로 결정적으로 넘어갔다.

무선통신은 전시에 복잡한 기만작전을 비롯한 첩보와 방첩 활동에도 대단히 중요했다. 이것이 여기서 고려할 마지막 '전력승수'다. 정보전은 여러 분야에서 벌어졌는데, 더러는 전투력 증진에 유익했으나 더러는 그렇지 않았다. 그중 작전 및 전술 관련 정보가 군대의 더 효율적인 싸움에 긴요했다. 연합군은 정보를 더 많이 얻고 적의 전력을 더 실질적으로 평가할 수 있었다. 그러나 작전에서 정보의 영향이 얼마만큼 중요한지 판단하는 것은 여전히 어려운 일이다. 교전국들이 두루 활용했으나 자주 명백한 실패로 끝난 기만술의 중요성도 판단하기 어렵기는 마찬가지다. 그럼에도 기만술은 잘 통하기만 하면 작전에 결정적인 영향을 줄 수 있었다. 소련군은 기만술의 달인이었다. 1942년 11월 '천왕성' 작전에서 추축군이 참패를 당하고 1944년 6월 독일 중부집단군이 섬멸된 것은 기만술의 효과를 입증하는 증거였다. 노르망디 침공 이전 연합군 기만술의 가치에는 의문의 여지가 있지만, 분명 기만술은 노르망디가 속임수이고 파드칼레가 주요 침공 장소라는 히틀러의 선입견을 강화했다. 연합군의 음성정보와 성공적인 기만술은, 새 제국의 영토를 단 1평방킬로미터라도 악착같이 지키기로 결심한 적의 고급 전투기술에 대응하는 데 도움이 되었다. 기갑작전, 항공작전, 상륙작전, 전자전과 마찬가지로 기만작전의 경우에도 2차대전에서 궁극적인 승패는 군대가 그 활용법을 배우는 정도에 달려 있었다.

기갑과 항공

1939년 독일군이 폴란드를 침공했을 때, 세계는 강습을 위해 배치된 6개 기갑사단과 마치 공군의 충차衝車처럼 기갑전력을 지원하는 급강하폭격기, 폭격기, 전투기로 대표되는, 군 편제의 혁명을 직접 목격했다. 그러나 독일의 폴란드 강습은 숱한 과장을 낳았다. 전차는 전격전Blitzkrieg이라 불리게 된 전투의 승자로 꼽혔다―전격전은 그때나 지금이나 서구에서 널리 쓰는 용어이지만 독일 육군이 쓴 용어는 아니다. 전차는 전설에 가까운 평판을 누렸다. 무시무시한 '예리코의 뿔피리' 소리를 요란하게 울리며 표적을 덮친 융커스 Ju87 급강하폭격기도 마찬가지였다. 월터 커의 표현대로 대중의 마음속에서 독일 전차 병과는 "나치 패턴에 따라" 전쟁을 치르는, "철과 강, 화염의" 막강한 힘이었다.[2]

전차는 새로운 무기도, 독일군의 전유물도 아니었다. 폴란드 전역의 기원은 1차대전 마지막 해에 무엇이 잘못되었는지에 대한 1920년대 독일 육군의 평가에서 찾을 수 있는데, 그해에 연합군의 전차와 항공기가 독일 서부전선의 '100일 전역'에서 공세의 선봉에 섰다. 베르사유 조약에 따라 독일 육군은 전차의 개발이나 보유가 금지되었고, 뒤늦게 1930년대 중반에야 이 무기를 사용하게 되었다. 다른 나라들은 전간기에 전차를 두루 개발했는데, 1930년대에 가장 대수가 많았던 전투전차인 일본의 94식처럼 대부분 그저 기관총 1정으로 무장한 경전차 또는 '준전차tankette'였다.[3] 더 무거운 전차들은 1930년대 후반에야 등장하기 시작했고, 더 일반적으로 37밀리 중구경 포 1문과 기관총 1정으로 무장했다. 프랑스 육군은 1940년에 75밀리 포와 47밀리 포, 기관총 2정을 장착한 최초의 중전차 B1-Bis를 홀로 보유하고 있었다. 전쟁에 돌입한 후에야 전차와 자주포는 75밀리 이상의 포를 탑재하도록 개량되었다.[4] 초기 전차들은 대부분 보병 지원이나 정찰 임무를 위한 용도였다. 공격 무기로서의 전차에 대한 의견은 엇갈렸다. 영국과 미국처럼 전차 병과가 전통적인 기병대로부터 성장한 곳에서는 전차를 종래의 기병처럼 사용하는 편을 계속 선호했다. 대부분의 경우 전차는 보병사단들에 분배되어 기동 화력을 추가로 제공하고 보병의 측면을 보호했다. 전차를 장갑주먹의 중핵으로 사용하여 적진을 돌파하고 포위한다는 발상은 1930년대 초 붉은군대 참모총장 미하일 투하쳅스키Mikhail Tukhachevsky의 영향을 받아 그가 숙청된 1937년까지 잠시 소련에서 꽃을 피웠으며, 평시 종반에 마침내 독일 육군에서 현실화되었다.

전장의 무기로서 전차에는 장점과 단점이 있었다. 전차는 대다수 포와 달리 이동할 수 있었고, 각종 장애물을 넘고 평평하지 않은 지형을 통과할 수 있었고, 적의 포, 기관총좌, 경무장 방어시설에 대항할 수 있었고,

더 드물긴 해도 다른 전차를 상대할 수 있었다. 대중국 전쟁에서 일본 전차가 그러했듯이, 기관총만으로 무장한 경전차라 해도 적 보병에 대항할 수 있었다. 그럼에도 전차는 취약한 무기였다. 전차는 대체로 느리게 이동했고, 전시를 거치며 전차가 무거워질수록 더욱 느려졌다. 독일 6호 '티거' 전차는 무게 55톤, 최대 시속 30킬로미터에 주행거리가 제한되고 정기적인 정비가 너무 많이 필요해서 애초 의도대로 적 전선을 돌파하고 그 틈새를 활용하는 차량으로 사용할 수가 없었다.[5] 모든 전차는 기계 고장에 취약해서 항상 정비대대를 근거리에 두어야 했고, 경우에 따라서는 기계 결함을 일으키거나 경미한 손상을 입은 전차를 포기해야 했다. 전시에 전차가 더 강한 장갑으로 개량되긴 했지만, 가장 무거운 전차라 할지라도 무한궤도나 차체의 후면 혹은 측면을 겨냥한 포격에 취약했다. 전차 승무원의 조건은 극도로 까다로웠다. 소형 전차에는 승무원용 공간이 거의 없었으며, 그 비좁은 공간에서 여러 임무를 수행해야 했다. 승무원 네댓 명이 탑승하는 중형 전차와 중(重)전차에서도 밀실공포증을 느끼게 하는 내부공간 탓에 포격, 장전, 무선통신을 효과적으로 해내는 것이 늘 힘겨운 과제였다. 시야는 제한되었고, 엔진의 굉음이 전차 밖에서 접근하는 적군이나 아군의 포격 소리를 집어삼켰다. 차체를 가득 채우는 연기는 가뜩이나 더운 내부를 더욱 불쾌하게 만들었다. 그리고 언제든 타격당해 화재나 날카로운 금속 파편에 부상당하고 좁은 출구로 빠져나가고자 몸부림을 칠 위험이 있었다. 어느 소비에트 전차장은 그런 경험에 대해 이렇게 썼다. "우리 얼굴은 피투성이였고 … 작은 철 조각들이 뺨과 이마를 저미고 살에 박혔다. 우리는 귀가 먹고 포연에 중독되고 격동에 지쳐갔다."[6]

무엇보다 전차는 갖가지 대전차무기에 취약했다. 굉음을 내며 가차없이 다가오는 전차가 군인들의 두려움을 자아내긴 했지만, 대전차중포나

다른 전차, 전용 대전차포, 수류탄, 로켓포, 차체 부착 폭탄, 대전차소총 등으로 전차를 움직이지 못하게 할 수 있었다. 전시 동안 전차가 개량되긴 했지만 그건 대전차무기와 대전차탄도 마찬가지였다. 각국 육군이 육성한 소규모 '전차 사냥꾼' 보병부대는 전장을 돌아다니며 고립되거나 움직이지 못하는 전차와 교전하고 근거리 공격무기를 사용해 승무원을 살해했다. 예컨대 일본군은 나무막대기에 폭탄을 끼운 '자돌폭뢰刺突爆雷'를 사용했는데, 이 무기를 든 병사가 적 전차를 찌르면 폭발이 일어났다(미군은 '바보 막대기'라고 불렀다). 독일군은 위험하게도 적 전차의 포신에 걸어두면 몇 분 후에 폭발해 전차를 망가뜨리는 '이중 충전' 가방을 사용했다.[7] 일선 전투에 배치된 전차는 대부분 손상되거나 파괴되었다. 두꺼운 장갑을 두른 '티거'와 '킹 티거' 전차마저 생산된 1835대 중 1580대가 파괴되었다.[8] 소비에트 T-34 전차의 전투 중 기대수명은 이틀이나 사흘에 불과했다. 소련에서 생산한 전차 8만 6000대 중 8만 3500대가 손실 또는 손상되었고, 전차를 신속히 복구하고 수리해야만 기계화전을 지속할 수 있었다.[9] 기갑 혁명은 그 숙적인 대기갑 전력의 진화를 촉진했다. 전술항공의 위협에 맞서 대공사격의 규모와 유효성을 키웠듯이, 기갑부대에 대항하는 능력은 기갑부대 자체에 버금갈 만큼 중시되었다. 대개 기갑사단은 적의 기갑부대와 항공부대를 상대하는 기동공격 능력과 기동방어 능력을 겸비했다. 이 조합은 생존에 필수적인 것으로 밝혀졌다.

전차 자체의 유용성은 제한되었다. 전투에서 보병보다 앞서 달린 전차는 고립되고 대전차 포격에 파괴될 수 있었다. 전차는 항공기와 마찬가지로 영토를 점령하지 못했다. 전시 동안 기갑부대의 성공은 제병협동 전투의 발전에 달려 있었으며, 그 전투에서 전차는 차량화보병, 자주포와 대전차포, 야전 대공포대, 기동공병대대, 정비부대 등과 긴밀히 협력하는 기갑부대의 중핵이었다. 기갑대형에 막강한 타격력을 선사한 것은 전차 자체가 아니라 바로 이 조합이었다. 제병협동 전투는 기갑부대의 궁극적 성공의 핵심이었고, 광범한 기계화와 기동성에 크게 의존했다. 이 전투에서 성공을 거두려면 기갑전을 지원하도록 배치된 모든 병과가 전차 뒤에서 느릿느릿 따라가기보다 전차와 함께 전진할 수 있도록 트럭, 야전차량, 병력 수송용 장갑차와 견인차를 보유할 필요가 있었다.

바로 이 요인 때문에 독일의 두 주요 동맹국 일본과 이탈리아는 기갑전에 진력할 수가 없었다. 양국은 초기 실험을 통해 제병협동 편제의 장점을 인식했지만, 군대를 더 대대적으로 차량화하고 기계화하는 데 필요한 산업 자원(특히 석유)이 부족했다. 1934년, 일본은 최초의 전문 기갑부대 중 하나인 독립혼성여단을 창설했다. 이 여단은 예하에 전차대대, 차량화 보병대대, 공병중대, 포병중대, 기동정찰부대를 두었지만, 야전군이 독립부대 방안에 반감을 보여 중일 전쟁 초기에 짧은 경력을 끝내야 했다. 여단은 해체되었고, 경전차들은 보병사단들을 지원하기 위해 각 사단에 소수씩 할당되었다. 1942년 일본은 독일의 명백한 성공 사례를 좇아 마침내 3개 제병협동 기갑사단을 편성했고, 나중에 본토 방어를 위해 네 번째 사단을 추가했다. 이들 사단은 태평양의 섬 전투에 배치하기 어려웠으며, 그런 이유로 일본의 전시생산에서 전차는 우선순위가 낮았다. 1944년 일본이 생산한 전차는 불과 925대였고, 1945년에는 겨우 256대였다. 제병협동 기갑사단들은 보병을 지원하는 데 조금씩 운용되었다. 1개 사단은 1944년 필리핀에서 파괴되었고, 다른 1개 사단은 1945년 8월 만주에서 항복했으며, 셋째 사단은 중국 남부를 가로질러 1300킬로미터를 이동한 뒤 교체 부품과 정비가 부족해 주저앉았다.[10]

이탈리아의 경우, 초기 제병협동 기계화부대는 1936년 1개 전차대대, 2개 보병대대, 1개 포병대대로 이루어진 동력기계화여단Brigata Motomeccanizzata이었다. 이 여단은 사단 지위로 상향되었고 지원 병과가 더해졌지만, 일본 육군처럼 이탈리아 육군도 전시 내내 3개 기갑사단만을 편성하고 더 큰 보병군단의 일부로서 싸우도록 했다. 이탈리아 육군 교리에 따르면, 전투차량이 아니라 보병이 "교전에서 결정적인 구성요소"였다.[11] 초기 기갑부대는 효과적이지 못한 37밀리 포를 장착한 피아트 3000B 경전차와, 회전포탑 없이 기관총을 장착해 기갑기동전에서 별 가치가 없는 소형 전차 CV33과 CV35로 구성되었다. 1940년 M11/39 중형 전차가 도입되었으나 장갑 방호력이 부족해 곧 퇴출되었다. 1941년 개량된 47밀리 고속포를 장착한 M13/40이 도입되었지만 장갑 두께가 30밀리에 불과했다. 어떤 이탈리아 전차도 현대 기갑전의 요구사항을 충족하지 못했거니와 전시를 통틀어 전차가 고작 1862대만 생산되었다. 3개 기갑사단 중 2개 사단은 엘 알라메인 전투에서 섬멸되어 결국 단 한 대의 전차도 남지 않았다. 일본과 이탈리아는 노련한 기갑전 교리를 개발하지 못했다. 태평양 전쟁의 몇 차례 안 되는 기동전에서 일본 전차들은 마치 '반자이 돌격'을 하듯이 적진을 향해 돌진하다가 미군의 대전차 사격에 박살이 났다.

기계화·차량화 전력의 작전상 이점을 활용하는 데 처음으로 성공한 나라는 1919년 이후 다년간 현대 육군을 육성할 권리를 빼앗겼던 독일이었다. 1919년 패전 이후 독일 육군은 결정적 전투Entscheidungsschlacht에 필요한 전력의 속도와 타격력을 개선할 방법을 찾았다. 독일은 현대식 전차를 보유하기도 전에 기갑전 교리부터 구체화했다. 1932년 모형차량을 이용한 육군 기동훈련에서 기동작전의 잠재력이 입증되었다. 차량화부대 검열관 오스발트 루츠Oswald Lutz 소장과 젊은 하인츠 구데리안 소령의 주도로 육군은 그다음 3년간 기갑(전차)사단 편성을 구상했고, 1935년 첫 3개 사단을 편성했다. 일차적 과제는 지원 병과들의 제한된 기동성 때문에 전차의 속도가 떨어지지 않도록 하는 것이었다. 그래서 오토바이·보병·포병·정찰·공병·통신 부대를 모두 차량화하여 기갑사단이 그 자체로 전투력을 갖추도록 했다.[12] 기계화와 차량화를 육군 전체로 넓혀가기를 원하는 일부 육군 수뇌부의 저항에 맞서 전차를 강력한 기갑부대의 중핵으로 삼는다는 결정도 내려졌다. "가용한 기갑부대들을 집결하는 것이 그들을 분산시키는 것보다 언제나 더 효과적일 것이다"라고 구데리안은 1937년에 썼다.[13] 그렇다 해도 자동차산업에서 구할 수 있는 차량의 수가 여전히 많지 않았고, 더 폭넓은 차량화 기반을 마련하기에는 재무장 추진의 속도가 더뎠다. 독일군은 본질적으로 두 종류의 육군을 가지고 2차대전에 돌입했다. 하나는 기동력을 갖춘 현대식 육군이었고, 다른 하나는 여전히 굼뜬 보병에 기반을 두고 말과 철도에 의지해 이동하는 육군이었다. 히틀러의 기갑사단들이 소련으로 쳐들어갔을 때, 그 뒤를 따르는 육군은 말 약 75만 마리(아울러 마부, 말구종, 사료 수송대, 수의장교까지)와 동행했다. 1942년, 차량이 충분하지 않자 유럽 점령지 도처에서 추가로 말 40만 마리를 징발해 포와 중화기를 끌도록 했다.[14]

폴란드 전역에 투입된 6개 기갑사단과 1940년 5월 서부 전역에 투입된 10개 기갑사단은 보병의 긴 팔에 달린 장갑주먹이었다. 두 전역에서 거둔 승리는 독일군 기동전의 근본적인 영향을 나머지 세계에 알리고 이 작전을 모방하도록 부추겼지만, 다른 한편으로 기갑부대를 신속히 전개하는 데 따르는 문제와 필요한 장비를 공급하기 어려운 현실을 가리기도 했다. 프랑스와 저지대 국가들 침공에 사용한 전차 2574대 중 523대는 기관총만 장착한 PKWPanzerkraftwagen 1호였고, 955대는 효과적이지 않은 20밀리 주포를 장착한 PKW 2호였으며, 334대는 노획한 체코 전차였고, 627대만이 더 큰 구경의 포로 무장한 PKW 3호와 4호였다―3호와 4호 전차도 적의 더 무거운 전차들을 쉽게 타격하거나 무력화할 수 없었다. 전차와 동행한 보병과 공병은 대개 병력수송용 장갑차보다는 트럭을 탔다. 프랑스 육군은 총 3254대의 전차를 배치했는데, 그중 다수는 독일 전차보다 더 무겁고 더 나은 무장을 갖추고 있었다.[15] 독일 기갑부대가 프랑스에서 수와 질의 열세에도 불구하고 승리를 거둔 것은 어느 정도는 항공지원 때문이고 어느 정도는 프랑스 육군이 전차 대부분을 집결하지 않고 보병부대들에 분산했기 때문이지만, 주된 이유는 기갑사단에서 전차를 지원하는 기동 병과들이 원활한 통신을 바탕으로 협력하면서 애당초 맡은 역할, 즉 지상을 점령하고 적 차량과 싸우는 역할을 수행했다는 데 있다. 벨기에 도시 장블루 일대에서 벌어진, 프랑스 전투의 주요 전차 대 전차 교전에서 독일군 지휘관들은 프랑스 전차들이 무전기가 부족한 탓에 형편없이 기동한다는 것, 한덩어리를 이루지 않고 소집단들로 흩어진다는 것, 포격이 느리고 부정확하다는 것을 알아챘다―맨 마지막 문제는 프랑스 소형 전차에서 더 악화되었는데, 회전포탑이 1인용이라서 전차장이 전차의 이동을 지휘할 뿐 아니라 포격까지 맡아야 했기 때문이다.[16] 이 교전은 제병협동 교리의 이점과 자력으로 싸우려는 전차의 한계를 실증했다.

1941년 소련 침공을 위해 독일 육군은 기갑사단의 수를 늘리는 한편 각 사단의 전력을 감축할 수밖에 없었다. 4개 주요 기갑집단으로 편성된 21개 기갑사단 각각의 전차 대수는 1939년 9월의 328대가 아니라 불과 150대였다. 동원된 전차 3266대 중에서 PKW 3호와 4호는 1146대였고, 나머지는 체코 모델들과 무장이 불충분한 PKW 2호였다. '바르바로사' 초기 수개월간 붉은군대의 전투서열이 완전히 붕괴하자 독일 기갑부대는 칭송을 받았다. 전시 첫 6개월간 소련군의 손실은 가용한 전차와 자주포 2만 8000대 중 무려 2만 500대에 달했다. 그러나 독일군의 손실도 꾸준히 증가했다.[17] 8월까지 독일 전차 전력은 절반으로 줄었고, 11월경이면 소련 전역에 투입된 온갖 종류의 차량 50만 대 중 고작 7만 5000대만 정상 작동하고 있었다. 전시 후반에 독일 기계화 전력은 점차 감소했고, 큰 손실과 국내의 더딘 생산 때문에 작전에 제약을 받았다. 1943년에 독일이 생산한 각종 전차는 불과 5993대였던 반면에 소련과 미국 양국이 생산한 전차는 5만 3586대였다. 1943년 7월 쿠르스크에서 독일 기계화사단들은 평균 73대의 전차를 보유했다. 강습 단계에서 일부 사단이 훨씬 많은 전차를 보유하기 했지만, 쿠르스크에서 제9군은 말 5만 마리, 제4기갑군은 말 2만 5000마리를 필요로 했다.[18]

독일군은 연합군과의 전력 균형이 변동함에 따라 전차 운용 교리를 변경해야 했다. 본래 적 전선을 돌파하고 그 틈새를 이용해 적을 포위하는 병과였던 독일 기갑부대는 1943년 중반부터 수세로 전환할 수밖에 없었다. 기갑부대는 수세 시에도 공격적으로 운용될 수 있었다. 동부전선에서 전차, 기갑보병, 견인포로 이루어진 기계화부대들은 기갑전투집단 Panzerkampfgruppen으로 집결했고, 주요 위험 지점들에 배치되어 독립적인 제병협동 전투의 모범을 계속 보여주었다. 하지만 이제는 전차, 전차 사냥 보병부대, 대전차무기를 동반한 채 다가오는 적 기갑부대를 파괴하는 데 중점을 두었다. 대전차무기에는 장갑을 관통하는 75밀리 포를 장착한 자주포인 돌격포Sturmgeschütz가 포함되었는데, 전시 종반에 독일 육군에서 가장 수가 많은 장갑전투차량이었다.[19] 고속 75밀리 포를 장착한 신형 PKW 5호 '판터'와, 전차를 부수는 88밀리 포를 장착한 PKW 6호 '티거', 독일군의 마지막 전략적 공세 기간에 쿠르스크 전투에서 잠시 쓰였던 이들 두 전차는 이제 제한된 반격을 위한 차량으로 재배치되거나, 이따금 기동차량이 아닌 방어용 고정포로 사용되었다. 독일군이 우선순위를 바꾼 것은 극명한 아이러니였다. 기갑부대의 공세작전을 개척했던 육군이 전시 종반 2년간 대전차 방어전에 능숙해졌던 것이다. 1943년 독일 육군은 은폐 지점들에 대전차포를 고정해둔 대전차 방어전선Pakfront을 형성하여 예상 경로를 따라 진격해오는 적 기갑부대를 매복 공격했는데, 이는 소련군이 써먹은 '사격 자루'―붉은군대 대전차부대가 독일 기갑부대를 사격 지대로 유인하기 위해 양 측면에 지뢰와 자연장애물을 설치해둔 영역―를 모방한 전술이었다. 또 같은 해에 두 가지 새로운 대전차 무기를 도입했다. 보통 판처슈레크Panzerschreck(전차 공포)로 알려진 88밀리 RPzB 54 로켓발사기와, 장갑판을 140밀리 이상 관통할 수 있는 탄두를 발사하는 일회용 대전차포 판처파우스트Panzerfaust(장갑주먹)였다. 두 무기는 휴대용으로 가벼웠고 훈련된 군인이라면 이들 무기를 사용해 모든 유형의 중형 전차와 중전차를 움직이지 못하게 할 수 있었다. 판처파우스트는 800만 발 넘게 생산되어 중무장한 적의 전진을 늦추는 데 효과적인 무기를 퇴각 중인 독일군에 제공했고, 이로써 육군이 전쟁을 개시하면서 구사한 작전 전략을 뒤집어놓았다.[20]

그와 달리 연합군은 1940년 프랑스에서의 재앙과 소련 침공의 초기 단계 이후 독일군의 실전을 면밀히 관찰하여 기갑전의 교리와 편제를 재고해야 했다. 영국과 미국은 거의 맨땅에서 시작해 기갑전력을 육성하고 확장해야 했다. 소련은 1941년 여름 대규모 전차 병과가 파괴된 뒤 기갑부대를 배치하는 방식을 근본적으로 바꿔야 했다. 영국과 미국은 전간기에 모든 열강 중에서 동력화를 가장 많이 추진했다는 이점을 누렸고, 대규모 자동차산업과 차량 재고에 의지해 육군을 철저히 현대화할 수 있었다.

미군과 영국군의 보병은 트럭과 병력수용송 장갑차를 타고 이동했으며 말은 드물었다. 그럼에도 양국의 기갑전력은 기병대 전통으로부터 성장했다. 양국에서 이 전통은 제병협동 부대보다는 주로 전차로만 이루어진 기갑부대의 발달을 촉진했으며, 그런 기갑부대는 전차를 마치 말처럼 대량으로 투입해 적을 추격하거나 적 전선의 틈새를 이용했다.

영국에서 일찍이 1920년대에 시험해본 제병협동 방안은 보병이나 포병을 섞지 않는 순전한 기갑부대 방안으로 교체되었다. 1931년 창설된 전차여단Tank Brigade은 전차로만 구성된 부대였고, 훗날 기동사단Mobile Division(이내 영국기갑사단British Armoured Division이라 불렸다)의 중핵을 이루었다.[21] 1939년 영국은 전차 전력을 둘로 나누기로 결정했다. 하나는 보병을 지원하는 무기로서 보병사단들에 배속되는, 더 견고하게 무장한 중형 전차들('마틸다Matilda', '처칠Churchill', '발렌타인Valentine')을 운용하는 전차여단들이었으며, 다른 하나는 예로부터 기병이 맡아온 기동부대의 역할을 계속 수행하는, 더 빠른 '순항전차cruiser tank'로 이루어진 기갑사단들이었다. 보병사단 예하 전차여단들은 적 기갑부대와 교전하기 위해 자주 더 큰 구경의 포로 개량되긴 했으나 그들이 지원하는 보병에 계속 매여 있었다. 영국 제1기갑사단이 프랑스에서 격멸된 뒤 1940년부터 1941년 가을까지 7개 기갑사단이 더 창설되었다. 이 사단들이 다른 병과들의 지원을 받지 못해 고통스러운 취약성을 드러내자 결국 1942년 전차 대수를 줄이고 차량화보병을 추가하고 대전차와 대공 능력을 키우는 방향으로 개편이 이루어졌다. 1943년 북아프리카에서 복무하는 남아프리카 부대들로 창설한 제6기갑사단은 1개 전차여단, 1개 차량화보병여단, 3개 포병연대, 1개 대전차포 연대, 1개 대공포 연대, 그리고 드디어 25파운드 자주포를 운용하는 연대로 구성되었다—이 정도면 기갑사단의 모범이었다.[22] 그럼에도 독일 및 소련의 경우와 비교하면 기갑부대에 쏟은 영국의 노력은 대수롭지 않았고, 영국제 전차는 질이 떨어진다는 게 일반적 평가였다. 전쟁 종반에 영국은 5개 기갑사단과 8개 전차여단밖에 없었고, 각 부대는 1942년부터 무기대여를 통해 대량으로 공급된 미국 M4 '셔먼' 전차에 크게 의존했다.[23] 영국은 기갑전보다 항공전과 해전에 한층 더 공을 들였다.

미국은 1939년 이전까지 기갑전력이 거의 전무했고, 영국과 마찬가지로 1939년에 말을 112대의 정찰용 소형 기갑차량으로 교체함으로써 첫 기갑부대인 제7기병여단을 육성했다. 독일군이 폴란드와 프랑스에서 거둔 성공을 평가한 미국은 1940년 7월 처음으로 2개 기갑사단을 편성했지만, 이들 부대는 전차의 비중이 너무 높았다. 1941년 루이지애나에서 진행한 기동훈련은 한덩어리로 뭉친 전차들을 대전차무기로 얼마나 쉽게 제거할 수 있는지 보여주었다. 급히 기갑사단 개편에 나선 미국은 보병, 포병, 대전차무기, 정찰대대, 공병, 지원 부문을 추가하여 균형 잡힌 제병협동전력으로 바꾸었다. 기갑사단들은 완전히 차량화·기계화되었고, 각 사단마다 전차 375대와 그 밖의 궤도차량 및 장갑차 759대를 보유했으며, 독일 기갑부대처럼 적 전선을 돌파하도록 설계되었다. 미국 기갑부대 초대 사령관 애드너 채피Adna Chaffee 장군이 주도해 작성한 첫 야전교범에 따르면 "기갑사단의 역할은 뛰어난 힘과 기동성을 갖춘 자립적 부대로서 기동성 높은 전투, 특히 공세적 성격의 전투를 수행하는 것"이었다.[24] 그렇지만 초기 전역인 튀니지에서 여러 문제를 겪게 되자 기갑부대에 큰 변화를 줄 수밖에 없었다. 당초 61개로 계획했던 기갑사단의 수를 16개로 줄이고 그 역할을 중무장한 보병이 적 전선에 구멍을 내면 그 틈새를 이용해 적을 추격하는 것으로 바꾸었는데, 이 교리는 1944년 7월 말 연합군이 노르망디에서 벗어날 때에도 효과를 발휘했다.

미군은 기갑사단을 늘리는 대신에 보병사단마다 하나씩 배속되는 70개 전차대대를 편성하여 사실상 지상군 전체를 기갑전력으로 바꾸었다. 독일군과 소련군의 전개에 대항할 만한 중전차가 절실히 필요했던 것은 아닌데, 신속한 기동이 작전 성공의 관건으로 여겨졌고 중전차는 너무 느렸기 때문이다. M4 셔먼 중형 전차와 여러 파생 모델들은 기본적으로 보병을 지원하고 적을 추격하도록 설계되었지만, 태평양 전쟁에서 일본군 벙커와 토치카를 상대했던 것처럼 다른 여러 역할에 알맞도록 개조될 수도 있었다. 비록 독일 판터 또는 티거와의 전차 대 전차 교전에서 밀리긴 했지만, 셔먼은 가동률이 높은 견고한 차량이었다. 또한 셔먼은 그야말로 적을 압도할 만큼 대량으로 생산되었다. 1944년 12월 독일 육군이 서부에 판터 500대를 배치한 반면, 연합국 육군은 M4 5000대를 배치했다.[25] 게다가 미국 기동부대는 대전차 탄두를 장전하는 휴대용 '바주카Bazooka' 로켓발사기(생김새가 흡사한 뮤지컬 코미디 소도구에서 이름을 따왔다)를 비롯해 적 전차를 격파하는 다양한 무기를 개발했다. '횃불' 작전 도중 M1 바주카가 처음 사용되었고, 2년 후 더 치명적인 탄두를 사용하도록 대폭 개량된 M9A1이 도입되었다. 바주카는 47만 6000정 넘게 생산되어 기갑사단과 보병사단에 넉넉하게 배분되었다. 전차, '전차 킬러' 자주포, 전용 대전차포, 바주카, 전차를 부수는 항공기의 막강한 조합은 적 기갑부대의 작전을 좌절시켰으며, 가장 유명한 예는 1944년 8월 프랑스 모르탱에서 독일군의 반격을 물리친 전투였다.[26]

기갑부대 능력의 가장 중요한 변화는 소련에서 일어났다. 소련군-독일군 전선을 따라 독일 기갑부대가 가장 많이 배치되었는데, 바로 그곳에서 독일 기갑부대가 마침내 약해졌다. 1941년 소련 기갑부대는 여러 결점을 드러내며 패배했다. 소련이 침공 전야에 투입할 수 있었던 매우 많은 전차 중 상당수는 온전히 가동할 수 있는 상태가 아니었으며—가용한 1만 4200대 중 3800대만이 온전했다—전차 대부분이 유명한 T-34가 아니라 독일군이 기갑부대와 포로 손쉽게 상대할 수 있는 더 작고 가벼운 모델들이었다.[27] 1941년 6월 우크라이나(이곳에서 독일 기갑사단들의 전차 586대가 소련군 전차 3427대 중 300대를 제외하고 전부 파괴하는 데 기여했다)에서 기계화군단 사령관 로디온 모르구노프Rodion Morgunov 소장은 보고서에서 기계화전력이 집결하지 못하고, 정보와 통신의 수준이 떨어지고, 무전기나 예비 부품, 연료가 부족하고, 명확한 전술계획이 없다고 탄식했다.[28] 1942년 봄부터 소련은 지난 1940년에 확립한 분산 패턴, 즉 기계화부대를 보병부대에 배속시키는 패턴을 버리고 기갑부대를 재편하기 시작했다. 이제 작전의 기본 단위는 전차 168대, 대전차포와 대공포, 1개 카튜샤 로켓포 대대를 갖춘 전차군단이었다. 그리고 2개 전차군단과 1개 소총사단을 합해 독일 기갑사단에 상응하는 전차-보병 부대를 편성했다. 소련 기갑부대는 처음에는 노련한 지휘관이 부족해 전과가 좋지 않았지만, 더 많이 편성하고 집결함에 따라 독일군의 실전을 그대로 따라할 수 있게 되었다. 1942년 9월부터 소련은 전차를 최대 224대까지 보유하지만 보병의 비중이 더 높은 제병협동 기계화군단으로 전차부대를 보완하는 한편 대규모 대전차포와 대공포로 지원했다. 전차부대와 기계화군단 모두 군사자원 공급량이 늘어남에 따라 개량되었다.[29] 전차군단의 전차 대수는 1943년에 168대에서 195대로 늘었고, 1944년부터 개량된 T-34 중형 전차와 100밀리 포 및 122밀리 포를 장착한 최신식 IS-1과 IS-2 중전차를 공급받기 시작했다.

붉은군대는 총 43개 전차군단과 22개 기계화군단을 편성해 교전국들 중 최대 규모의 기갑전력을 갖추었다. 새로운 전차부대들은 1940~1941년 독일군이 했던 것처럼 적 전선의 약한 지점들을 뚫은 뒤 적군을 추격하고 포위하는 데 사용되었다. 소련은 가솔린 엔진에서 디젤 엔진으로 바꾸어 전차의 기동성을 높이고 주행거리를 세 배로 늘렸으며, 무선통신을 도입해 지휘와 통제를 혁신했다. 훈련 부족과 기술 결함 때문에 계속 지장을 받긴 했지만, 양측의 손실 비율을 보면 소련의 전술적 배치가 개선된 것이 분명했다. 1941~1942년 소련과 독일 기갑부대의 차량 손실 비율은 6:1이었지만, 소련 측이 더 효과적인 대전차포 76밀리 ZiS-3과 거대한 100밀리 BS-3를 개발한 덕에 1944년경의 손실 비율은 1:1이었다. 지속적인 생산과 효과적인 수리체계에 힘입어 1944년 말 붉은군대는 배치할 전차를 1만 4000대 이상 보유한 반면에 독일군의 전차와 자주포는 4800대였다. 서부의 전차는 연합군이 6000대, 독일군이 1000대였다. 1940년과 1941년의 교훈을 연합군은 충분히 배웠던 것이다.

1939년 독일 공군이 교리에서나 장비에서나 크게 앞서 있었던 지상지원 항공의 발전 양상도 기갑전의 발전 양상과 흡사했다. 기갑부대와 마찬가지로 독일 공군은 전쟁이 발발하기 수년 전에야 비로소 창설되었지만, 1차대전 경험과 그로부터 배운 교훈을 바탕으로 독일 항공병들이 말한 '작전항공전operational air war'을 구상했다. 1920년대에 독일 국방부는 항공전 연구회를 40개 넘게 조직했으며, 이들 연구회는 거의 모두 지상 공세를 지원하기 위해 전선의 상공에서 제공권을 획득하고 유지하는 방법에 몰두했다.[30] 1936년의 '항공전 수행' 교범은 공군의 역할을 본질적으로 공격적인 역할, 육군 및 해군과 협동하여 적군을 물리치는 역할로 규정했다. 항공기는 우선 적 공군과 그 편제를 파괴하여 주요 전장의 상공에서 제공권을 확립해야 했다. 그러고 나면 지상 공세를 지원할 수 있었는데,

먼저 전선 뒤편으로 200킬로미터 거리까지 적의 보급, 통신, 예비병력을 차단하여 전장을 격리시키는 방법으로 간접 지원한 다음 중형 폭격기와 지상공격기를 사용해 지상군을 직접 지원해야 했다.[31] 이 교범은 전술공군에 관한 고전적 진술이었다. 신형 항공기들—융커스 Ju87 급강하폭격기, 하인켈 He111·도르니어 Do17·융커스 Ju88 중형 폭격기, 메서슈미트 Bf109와 Bf110 전투기 —은 1935년부터 전쟁 발발 때까지 모두 '작전 항공전'을 염두에 두고 설계되었다. 이 항공기들은 종전 때까지 줄곧 독일 전술공군의 중핵을 이루었다—하지만 잦은 개량에도 불구하고 종전 무렵이면 대부분 연합군의 항공 기술에 한참 뒤진 구식이었다. 독일 공군의 편제에는 이러한 작전 우선순위가 반영되었다. 주요 집단군의 뒤에는 지상 공세를 지원하기 위해 공군의 모든 부문—정찰기, 전투기, 급강하폭격기, 폭격기, 수송기—으로 구성한 항공함대가 하나씩 있었다. 항공함대는 독립적인 지휘 및 중앙통제 체계, 기동성을 갖추었고, 1939년까지 공군 부대들 사이와 공중과 지상 사이를 둘 다 연결하는 효과적인 무선통신망을 구축했다.

전선을 지원하는 이 편제는 전시 내내 사실상 변하지 않았다. 프랑스 침공 시 명백한 성공을 거둔 독일 공군 편제는 2700대 이상의 전투기를 집결해 연합국 공군을 제압하고, 적 후방의 보급품, 증원병력, 지원 부문을 공격하고, 적 병력과 포에 맞서 전장을 직접 지원했다. 독일 지상군은 지상과 공중 간의 긴밀한 연락 덕분에 몇 분 만에 항공지원을 요청할 수 있었던 반면, 프랑스에서 영국 공군은 육군의 지원 요청에 반응하는 데 최대 3시간까지 걸렸다. 비록 폭격 정확도가 높지 않긴 했지만, 급강하폭격기의 습격은 적에게 엄청난 심리적 충격을 줄 수 있었다. 독일군이 뫼즈 강을 도하하는 동안 폭격 세례를 받은 어느 프랑스군 중위는 훗날 이렇게 썼다. "우리는 움직이지도 소리를 내지도 않은 채 등을 구부려 잔뜩 움츠린 자세로 고막이 터지지 않도록 입을 벌리고 있었다."[32] 독일의 항공기 생산이 더뎠던 탓에 소련 침공 시 항공기 대수는 1년 전과 별 차이가 없는 2770대였지만, 독일 공군은 불과 몇 주 만에 소련 공군력을 파괴하는 한편 소련 영토로 깊숙이 밀고 들어가는 기갑부대의 대규모 공세를 직접 지원하는 등 프랑스에서와 마찬가지로 극적인 성과를 거두었다. 항공기는 폭탄, 지상 소사 기관총, 기관포를 섞어 사용해 적의 비행장, 병참선, 집결한 병력, 전장의 거점을 습격했다. 독일 기갑부대와 소련 기갑부대를 구분하는 법을 배운 독일 항공기 승무원들은 진격하는 아군에 위험할 정도로 접근하는 적 기갑부대를 공격하라는 지시를 받았다. 어느 Bf110 조종사는 회고록에 "우리 공격의 누적 효과는 아래쪽 전장에 어지러이 널린 불타는 차량, 움직이지 못하거나 버려진 전차의 수가 늘어나는 것으로 확인할 수 있었다"고 썼다.[33] 독일 기갑부대와 마찬가지로 공군도 전력을 집결함으로써 그 효과를 극대화했다. 양측의 균형이 일방적인 양상에서 처음으로 벗어난 스탈린그라드 전투 때까지 독일 공군은 편제가 엉성하고 훈련이 부실한 소련 공군에 맞서 전선의 제공권을 유지했다.

독일이 전술공군으로 성공을 거둔 비결은 후대의 관점으로 보면 간단한 상식으로 보일 것이다. 그러나 다른 주요 공군들은 전쟁이 발발할 때까지 효과적인 전술공군 교리를 개발하지 못했다. 그 원인은 두 압력이 상충한다는 데 있었다. 우선 육군은 항공기가 상공에서 '공중 우산' 엄호를 유지하며 지상군을 밀착 지원하고, 육군의 요청 시 공군력을 분산시키고 지역 집단군에 종속되기를 원했다. 그에 반해 일부 공군 사령관들은 독립적인 항공전략을 개발하여 전장으로부터 먼 곳의 작전에서 항공기의 융통성과 항속거리를 활용할 수 있기를 열망했고, 가능하다면 적의 국내전선을 직접 겨냥할 수 있기를 바랐다. 1930년대에 공군력에 대한 육군의 견해에는 전쟁 도구로서의 항공기가 지닌 명백한 결점이 반영되어 있었다. 1935년 미국 스탠리 엠빅Stanley Embick 준장은 항공기의 "내재적 한계"를 이렇게 요약했다.

> 항공기는 지상이나 해상의 구역을 영구히 점령하지도 통제하지도 못하고, 비행 시를 제외하면 무능하고 무력하며, 대체로 지상군과 해군의 보호에 의존해야 한다. 항공기는 부서지기 쉽고, 가장 작은 미사일에도 취약하고, 악천후에 기동하지 못하고, 비용이 엄청나게 든다.[34]

전차와 마찬가지로 항공기도 그것을 격추하거나 더 탐나는 표적으로부터 떼어놓기 위해 점점 더 정교하게 설계되는 대공포에 직면했다. 엠빅은 당시 기술로는 항공기가 아주 낮은 고도로 비행하지 않는 한 지상 표적을 겨냥한 항공작전의 정확도가 본질적으로 떨어진다고 덧붙일 수도 있었을 것이다. 전시 동안 항공기를 '전차 파괴기tank buster'로 이용하자는 발상은, 나중에 대폭 개선된 지상공격 무기와 탄약이 개발되기 전까지는, 공중에서 작은 표적을 타격할 수 있는 정도를 과장한 것이었다.

일본과 이탈리아, 프랑스, 소련, 미국에서 육군은 항공기를 기껏해야 보조병과로 여겼고, 육군 통제하의 지상군 부대들을 근접 지원하는 데 가장 적합하다고 보았으며, 이런 우선순위를 항공부대 편제에 반영했다. 1918년 최초의 독립적인 항공 군대로서 창설된 영국 공군만이 오랫동안 육군과 해군에 맞서 자율성을 유지하기 위한 투쟁을 벌이는 가운데 지상전 관여를 대체로 무시하는 전략 방침을 개발했다. 오히려 영국 공군은 향후 적의 폭격 공세에 대비하는 방공과, 적의 국내전선에서 폭격전을 수행하기 위한 공습부대 육성에 중점을 두었다. 이 두 가지 역할은 항공전력 행사와 지상전력 행사의 차이를 활용한 것으로, 1920년대와 1930년대에 침공으로부터 안전하고 1차대전의 유혈 사태 이후 두 번째 대규모 지상전을 상상하지 않으려던 영국의 지정학적 입장에 잘 들어맞았다. 그러나 방공과 전략폭격에 중점을 둔 방침은 독일군이 미리 계획하여 전시 초반에 그 효과를 입증한 '작전항공전'의 출현을 방해했다.

　프랑스 전투에서 겪은 영국과 프랑스 공군의 실패는 독일 공군의 전과와 확연히 대비되었다. 양국 공군은 제공권 확보를 위해 적 공군과 그 지원 편제를 최우선으로 공격할 준비가 되어 있지 않았다. 1937년 프랑스 공군부가 발간한《주요 공군 부대들의 전술 운용 지침》은 "지상작전 참여를 공군의 가장 기본적인 임무로 여긴다"고 강조했다.[35] 육군은 공군이 개별 군 및 집단군에 단단히 매여 있기를 원했고, 적 포병을 정찰하고 지상군 공중엄호를 우선시할 것을 기대했다. 그 결과 1940년에 공군은 융통성이 없고 분산되어 있었으며, 이런 상황은 프랑스의 구닥다리 통신 때문에 더욱 악화되었다.[36] 영국의 경우 육군과 공군의 제병협동작전 준비가 현저히 부족했다. 1938년 영국 공군 계획국장 존 슬레서John Slessor와 육군 중령 아치볼드 나이Archibald Nye가 '야전에서의 공군 운용'에 관한 잠정 교범을 내놓았지만, 육군 사령관 휘하의 전투기, 폭격기, 협동 항공기로 이루어진 항공 부문에 대한 '슬레서/나이' 제안을 공군부는 은밀히 별개의 육군 항공대를 창설하려는 시도라며 거부했다. 개전 이후 육군부와 육군 참모본부 측에서 레슬리 호어-벨리샤Leslie Hore-Belisha 육군장관이 말한 '육군 통제하의 항공 병과'를 창설하자며 압력을 가했지만, 공군 참모부는 공군의 독립성을 무너뜨리려는 어떠한 시도든 줄곧 거부했다.[37]

　결국 영국 육군은 아쉬운 대로 구식 경폭격기로 이루어진 전진공습부대Advanced Air Striking Force —독일 공군에 의해 대부분 파괴되었다—와 전투기 및 정찰기로 이루어진 소규모 공군 구성부대로 어떻게든 대처해야 했는데, 두 부대는 육군이 아니라 공군 참모부와 공군 폭격기 사령부 및 전투기 사령부의 통제를 받았다. 육군과 공군의 합동사령부는 없었고, 지상과 공중 간 통신은 열악했으며, 합동 반격작전 시도도 없었다. 프랑스 공군처럼 영국 공군도 독일군의 강습에 직면해 수세를 취해야 했고, 충분치 않은 장비로 적 전투기뿐 아니라 연합군에 부족한 수많은 야전 대공포에도 대응해야 했다. 영국 공군은 지상전 참여를 완전히 부정적인 관점에서 보았다. "항공기는 전장 무기가 아니다"라는 슬레서의 주장을 야전의 영국 공군 지휘관들도 되풀이했다. 적 비행장에 대한 공격은 항공 자원을 감추거나 재배치하기 쉽다는 이유로 "비경제적 지출"로 간주했다.[38] 1940년 5월 중순 영국 공군은 프랑스 내 독일군의 전투력을 낮추는 간접적인 방법으로서 독일 공업도시들에 대한 폭격을 시작할 기회를 잡았다. 전술공군 경험이 부족했던 영국 공군은 향후 적의 국내전선을 노리는 '전략'공격을 항공 자원을 더 유익하게 사용하는 방법으로 보았다.

이런 전략을 선호하던 영국 공군은 긴 학습곡선을 거친 후에야 1945년경의 광범하고 효과적인 전술 능력을 갖출 수 있었다. 프랑스 전투 실패의 여파 속에서 영국 육군은 윌리엄 바살러뮤William Bartholomew 중장이 이끄는 위원회를 조직해 무엇이 잘못되었고 무엇이 필요한지를 검토했다. 육군은 적 항공기로부터 아군을 엄호하는 공중 우산을 제공하지 않았다며 공군에 큰 책임을 물었고, 뒤이은 3년간 육군과 공군은 전장의 항공 자원에 대한 통제권을 놓고 매우 신랄한 논쟁을 이어갔다.[39] 영국 공군은 결국 전술적 능력을 키우긴 했으나 그것은 상황에 의해 강제된 결과였다. 영국 지상군이 추축군과 교전할 수 있는 유일한 장소는 북아프리카였다. 이곳에서는 적 본국을 장거리 공격할 가능성이 없었으므로 영국 공군 중동 사령부는 '작전항공전'을 벌이는 데 집중하든지 아니면 육군에 삼켜질 위험을 각오해야 했다. 중동 지역 영국군 총사령관 아치볼드 웨이벌 장군은 영 제국군에 대한 우발공격을 막기 위해 육군이 공군을 엄격히 통제하기를 원하고 있었다. 먼저 아서 롱모어Arthur Longmore 소장이, 뒤이어 1941년 6월부터 아서 테더 중장이 이끈 중동 공군은 독일군의 '작전항공전'과 더 비슷한 무언가를 개발하기 시작했다. 두 사람은 오직 공군 사령관만이 항공 자원을 통제하고 지휘할 수 있다고 역설하고 독일군이 했듯이 공군 부대들을 집결하려 시도했다. 그것은 독일군에 성공을 안겨준 비결이긴 했으나 그대로 모방하기가 어려웠다. 육군 사령관들은 계속 근접 공중엄호를 요구하여 방공 초계에 자원을 허비하거나, 중무장 지상 표적에 대한 공격을 요구하여 항공기 손실을 늘렸다. 테더는 공군 사령부와 육군 사령부를 나란히 붙여서 서로의 작전전략을 더 통합하기를 원했지만, 1941년과 1942년 전반기에 전투를 치르는 동안 두 사령부는 때로 130킬로미터나 떨어져 있었다.[40] 영국 공군은 초기 수년간 잡다하게 섞인 영국제 항공기와 미국제 항공기를 운용했고, 지상공격 전문 부대가 전혀 없었으며, 실전용 중형 폭격기를 거의 보유하지 못했다. 이렇게 가망 없는 조합으로부터 '작전항공전'을 빚어낸 것은 영국의 전쟁 노력의 놀라운 성취 중 하나였다.

전술공군의 형성에 크게 기여한 인물은 1941년 9월 테더 휘하 서부사막공군의 사령관으로 임명된 뉴질랜드인 공군 소장 아서 코닝햄이었다. 그의 중요한 공로는 육군이 선호하는 근접 공중엄호를 격렬히 반대한 것이다. 엘 알라메인 전투 승리 이후 작성한 공군-육군 협력에 관한 팸플릿에서 코닝햄은 공군력을 효과적으로 운용하려면 집중화해야 하고 공군의 직접적인 지휘 및 통제 아래 두어야 한다고 주장했다. 그리고 이어서 "육군은 공습부대를 직접 지휘할 것을 기대하지도 바라지도 말아야 한다"고 결론지었다. 이미 처칠도 1941년 11월 웨이벌을 힐책하는 단호한 답변에서 더 이상 육군 항공대를 주장하지 말라며 같은 결론을 내린 바 있었다. 처칠은 "지상군은 항공기의 공중엄호를 다시는 기대하지 말아야 한다"고 썼는데, 군사교리 문제에 정치권이 직접 개입한 드문 순간이었다.[41] 육군과 공군의 논쟁이 해소되자 마침내 유익한 제병협동작전으로 나아가는 길이 열렸다.

코닝햄과 테더는 독일 공군이 고안한 3단계 작전전략을 세웠다. 제공권을 확보하고 전장을 고립시킨 다음 지상전을 직접 지원하는 전략이었다. 마지막 단계에서 영국군은 아군을 타격하는 문제, 1942년 여름까지 근접 항공지원을 괴롭힌 문제를 피할 수 있도록 명확한 '폭격선'을 긋는데 유달리 주의를 기울였다. 공군 사령부와 육군 사령부는 마침내 나란히 자리잡았고, 새로운 무전기와 이동식 레이더, 육군과 전장에 동행하는 항공지원 통제부대 체계에 힘입어 항공지원을 전선까지 불러오는 시간을 평균 2~3시간에서 불과 30분으로 줄였다.[42] 당시 영국 공군은 영국 최초의 실전 지상공격기로서 대전차 근접 지원을 위해 강력한 기관포를 장착한 허리케인 IID와, 키티호크Kittyhawk로 개명한 미국의 무기대여 전투폭격기 P-40D로 무장하고 있었다. 로멜이 이집트를 공격할 태세를 취한 1942년 늦여름에 영연방 공군은 제공권을 완전히 장악하는 데 성공했다. 영국 공군이 적에게 입힌 손실은 2년 전 독일 공군이 프랑스에서 거둔 성공을 떠올리게 했다. 8월에 영국 공군은 알람 엘 할파에서 로멜의 공세를 저지했고, 두 달 후 몽고메리가 엘 알라메인에서 반격하는 내내 제공권을 유지했다. 훗날 로멜은 어떤 육군이든 부득이 제공권을 가진 적과 싸워야 한다면 "현대 유럽 군대에 맞서는 미개인처럼 싸운다"고 주장했다.[43]

1942년 11월 '횃불' 작전을 위해 북서아프리카에 상륙한 미국-영국 연합원정군은 일찍이 서부사막 전역에서 조심스럽게 배웠던 교훈을 고통스럽게 다시 배워야 했다. 처칠이 10월에 다시 개입해 육군과 공군이 '리비아 모델'을 채택해야 한다고 역설했음에도, 이 원정군에서 동부공군이라 불린 영국 공군도, 제임스 두리틀 소장 휘하 미국 제12공군도 이집트와 리비아에서 전술공군력으로 성공을 거둔 방법에 대한 상세한 정보가 없었다.[44] 튀니지의 독일 공군과 이탈리아 공군을 상대한 초기 항공전역에서 원정군 공군은 서부사막에서 서서히 해결했던 온갖 실수를 저질렀다. 양국 공군은 저마다 자국 지상군을 근접 지원하는 임무를 맡았기에 사령관들끼리 서로 거의 소통하지 않았다. 원정군 총사령관 아이젠하워는 육군이 공군 부대들을 직접 지휘하는 권리를 가져야 한다고 역설했다. 적 공군에 맞서 협동작전을 펴려는 시도는 거의 없었고, 미군에서나 영국군에서나 지상군 사령관들은 전투기가 전선을 따라 초계하며 공중 우산을 제공할 것을 요구했다. 지상공격 전용 항공기는 별로 없었고, 미국 전투기 조종사들은 지상 소사 경험이 전무했으며, 전역 초기 전투기에는 적 차단작전을 위한 외부 폭탄 장착대가 달려 있지 않았다. 게다가 전천후 비행장을 5개밖에 획득하지 못해 폭우가 내리는 계절에는 공군의 기동성이 심각하게 제한되었다. 원정군의 손실이 큰 가운데 육군 사령관들은 실전을 처음 겪고서 높은 비율로 정신적 사상자가 되는 미숙한 병사들에게 무슨 수를 써서라도 근접 항공지원을 제공해야 한다고 불평했다.[45] 이런 실패상은 아프리카 전투의 현실로부터 멀찍이 떨어진 양국 공군이 '리비아 모델'을 흡수하지도 이해하지도 못했다는 사실을 드러냈다.

전전에 전술공군에 대한 미군의 견해는 지상군을 근접 지원해달라는 육군의 요구에 의해 좌우되었다. 육군 사령관들은 항공부대의 독립성 확대에 적대적이었지만, 1941년 루이지애나에서 실시한 대규모 공중-지상 기동훈련은 항공부대 운용법에 관한 육군의 아이디어가 거의 없다는 것을 보여주었다. 항공단 전술학교는 독일 공군이 3단계 작전항공전을 위해 채택한 결론에 이미 도달한 터였지만, 근접 지원을 우선시하는 육군의 견해에 도전할 수는 없었다. 전시에 전술공군을 다룬 첫 야전교범으로 1942년 4월에 발간된 FM-31-35는 "지상군 사령관이 … 필요한 항공지원을 결정한다"고 못박았다. 아이젠하워의 사령부는 '횃불' 작전 전에 하달한 '지상군 직접 지원 시 전투항공' 지침에서 항공이 지상의 지휘에 종속된다는 점을 분명히 했다.[46] 영국 육군 사령관 케네스 앤더슨 중장은 독립적인 항공작전에 반대하는 영국 육군의 편견에 동조했고, 그런 이유로 지상이 항공을 지휘해야 한다는 미군의 주장을 지지했다. 결국 북서아프리카에서 연합군의 전술공군은 몇 주 만에 재앙을 맞았다. 제12공군을 지휘하면서도 자문 역할만을 허락받았던 두리틀은 연합군에 "현재 100퍼센트 망가진 편제를 포기"하고 공군력을 제대로 운용할 것을 요구했다.[47] 아이젠하워는 자신이 전술공군의 성격을 오판했다는 것을 금세 깨달았으며, 1943년 1월 말 카사블랑카에서 열린 영미 회담에서 서부사막의 전술적 교훈을 받아들이기 위한 전 단계로 연합군 편제에 대한 철저한 점검이 이루어졌다. 첫 조치는 지휘구조의 중앙집중화였다. 테더가 지중해 공군의 총사령관에 임명되었고, 미국 육군 항공대의 칼 스파츠 장군이 북서아프리카 공군의 사령관에 임명되었으며, 코닝햄에게 전술공군에 대한 공동 통제권이 주어졌다. 세 사람은 당장 '공중 우산'을 끝내고, 육군 사령관의 항공지원 명령권을 뒤엎고, 추축국 공군에 맞서 공세적 전술항공 전역을 도입했다.

1943년 2월 연합국 공군과 지상군의 수뇌부가 리비아 항구 트리폴리에 모였을 때 몽고메리가 독립적인 공군이 그 자체로 제공권을 추구할 필요성에 대해 강의한 뒤, 연합군은 '리비아 모델'을 온전히 받아들였다. 그로부터 수개월 후 도입된 미군의 새로운 야전교범 FM-100-20은 대문자로 이렇게 시작했다. "지상전력과 항공전력은 대등하다. … 어느 쪽도 다른 쪽의 보조전력이 아니다." 이 교범은 코닝햄의 3단계 작전 방안을 그대로 수록했고, 미국 항공대 장교들이 그 방안을 워싱턴으로 가져갔다.[48] 이 시기 이후의 전역들에서도 공군과 지상군이 서로를 얼마간 불신하긴 했지만, 북아프리카에서 이루어진 편제와 교리의 변화는 전쟁이 끝날 때까지 전술공군력의 활용법을 결정했다. 개선된 통신과 정보, 장비―미국 P-51 머스탱 전투기(지상공격기 버전은 A-36 아파치라고 불렸다)와 로켓을 탑재한 영국 호커 타이푼을 포함하는―는 영미 전술공군의 전력을 키워주었다. 1944년 6월 프랑스 침공을 지원하기 위해 동원된 미국 제9공군과 영국 제2전술공군은 '횃불' 작전 당시의 지리멸렬한 공군과는 전혀 다른 모습이었다. 연합군의 전술공군력은 기계화전만큼이나 승리에 결정적 기여를 한 것으로 밝혀졌다. 그에 반해 전술공군으로서의 독일 공군은 무너졌다. 독일군은 전투기 전력의 3분의 2와 대부분의 대공포를 연합군의 폭격기 공세를 방어하는 데 사용할 수밖에 없었다. 또한 모든 유형의 전장 항공기와 연료가 부족했을 뿐 아니라 충분히 훈련받지 못한 조종사를 실전에 투입해야 했다.[49] 히틀러의 작전참모장 알프레트 요들은 1945년 6월 심문관들에게 자기 의견을 밝혔다. "결국 전쟁의 전 영역에서 제공권을 완전히 확보한 것이 전쟁을 결정지었습니다."[50]

1944년 말 소련 전술공군을 서부전선의 수치에 더했다면, 양측의 격차는 더 벌어졌을 것이다. 독일군 수뇌부가 전시에도 전후에도 소련 공군력의 중요성을 경시하긴 했지만, 소련 공군이 독일군의 초기 승리에 대응해 전술항공전의 수행 방식을 바꾼 것은 영미 공군의 엄청난 질적 향상에 비견될 만한 변화였다. 공군 부대들이 육군의 각 군에 매여 육군의 직접 지휘를 받고 있던 1930년대 후반에 소련 공군의 개혁은 기갑부대 교리 및 편제의 개혁과 마찬가지로 힘겨운 과정이었다. 소련군 교리는 공중-지상 제병협동 공격군으로서의 지상군을 직접 지원하는 공군의 역할을 강조했다. 독일군의 '작전항공전'이나 서부사막의 '리비아 모델'과 달리, 소련 공군은 제공권 확보와 지상군 근접 지원을 교리상 별개의 임무로 보지 않았는데, 멀리 떨어진 비행장과 물자를 폭격하는 방법이 아니라 전장 상공의 교전에서 적 전투기와 폭격기를 파괴하는 방법으로 제공권을 장악하려 했기 때문이다. 1940년 발간한《전투기 비행 교전규칙》에서 전투기는 교전 시 제공권 확보의 주요 수단으로 규정되었다.[51] 1941년 6월에 독일 후방 지역들을 공격하고자 얼마간 시도하긴 했지만, 호위기도 없이 굼뜨게 날아오는 소련 폭격기는 독일 전투기에 의해 가차없이 격추되었다. 그러자 소련군은 항공지원을 전장의 전술작전으로 한정하고 공군이 달성할 수 있는 임무를 분산시키고 제한했다. 그리고 전장에서 공군의 근접 지원을 강조하는 방침을 전시 내내 유지했다. 소련군 교리에서는 공군이 전선 바로 뒤편의 적을 차단하는 제한된 타격도 지상을 지원하는 작전으로 간주했다. 전시 후반에 소련 조종사들은 이른바 '자유로운 사냥꾼' 전술okhotniki에 따라 지상의 임기표적臨機標的(사전에 공격 대상으로 선정하지 않았으나 전투 중에 나타난 표적)을 추격할 수 있었지만, 그 거리는 전선에서 24킬로미터까지로 제한되었다.[52] 다른 주요 교전국들의 관행과 달리, 소련군의 전술항공은 대체로 지상군을 지원하는 것으로 국한되었다. 아이러니하게도 독일군의 항공 자원이 줄어들고 지상전이 더 치열해지고 길어짐에 따라 독일 항공함대들은 '작전항공전'의 패턴에서 벗어나 육군을 근접 지원하는 데 더 집중했다. 이제 소련 공군이 독일 공군을 모방하는 게 아니라 그 반대인 셈이었다.

1941년 여름 서부 군관구들에 배치된 항공기들이 거의 다 파괴되는 등 항공전력의 성과가 저조하자 소련군은 교리를 그대로 유지하면서도 전장을 지원하는 방식을 개혁했다. 1942년 4월, 레닌그라드와 모스크바 방공전에서 수훈을 세웠던 젊은 공군 장군 알렉산드르 노비코프Aleksandr Novikov가 공군 총사령관에 임명되어 곧장 공군 편제를 바꾸기 시작했다. 그는 각 군과 사단에 매여 육군의 지휘를 받던 '육군 항공대'와 '부대 항공대'를 폐지하고 그 대신 독일 항공함대처럼 전투기, 폭격기, 지상공격기로 이루어진 항공군air army을 편성했다. 17개 항공군은 공군 장교들이 중앙에서 통제했는데, 그들은 사령부에서 전선군 사령관과 함께 일하며 사령관 휘하의 부대들을 지원했다. 항공군은 처음으로 전장의 항공기들을 집결할 수 있었다. 공세 시 결정적인 지점에서 집중도를 높이기 위해 소련군 최고사령부는 전투기, 폭격기, 지상공격기의 예비군단을 편성해 필요한 곳으로 이동시켰다. 항공군은 기갑부대와 마찬가지로 완전한 기동전력이었고, 각 항공군마다 전방 공군기지까지 신속히 이동하거나 신속히 퇴각할 수 있도록 차량 4000대를 보유했다. 노비코프와 그의 참모진은 전투 효율을 높이고자 다른 개혁도 추진했다. 예컨대 무전기와 레이더를 사용해 통신과 정보 수집을 점검하고, 정비와 수리를 우선순위로 삼고, 1941년에 겪었던 참사를 피하고자 효과적인 위장술과 기만술을 구사했다. 가장 중요한 개혁은 장비 개량이었다. Yak-3과 La-5 전투기/전투폭격기는 독일 Bf109와 Fw190 전투기의 최신형 모델을 상대할 수 있었고, 폭탄이나 로켓을 장착하도록 개조할 수도 있었다. Il-2 '슈투르모비크Sturmovik'—독일군은 '흑사병'이라는 별명을 붙였다—는 2차대전의 지상

공격기 중 가장 대수가 많았다. 이 공격기는 로켓이나 폭탄(특히 독일군이 두려워하게 된 대인 세열폭탄), 유탄발사기로 무장할 수 있었고, 1943년 전차를 파괴하기 위해 37밀리 기관포를 장착하도록 개조되었다. 대량으로 생산된 이 항공기는 거의 전선 상공에만 투입되어 독일 기갑부대를 파괴하고 폭격으로 적군의 사기를 떨어뜨렸다.

소련 공군이 새로운 편제, 새로운 통신망, 새로운 항공기 모델에 적응하기까지는 시간이 걸렸다. 1942~1943년 조종사들의 전투기 비행시간이 몇 시간에 불과했던 부실한 훈련제도는 전선에서의 높은 손실로 귀결되었다. 전장 비행에 초점을 맞춘 공군 운용도 독일군의 대공방어와 보병의 지상사격에 맞서는 위험한 작전으로 귀결되었다. 소련 조종사들이 무선통신에 의존하는 법을 배우기까지는 시간이 걸렸으며, 전시 동안 건설된 무려 8545개의 비행장 중에서 5531개는 착륙하기에 위험한 흙길에 지나지 않았다. 그럼에도 독일 공군과 소련 공군은 스탈린그라드와 쿠르스크에서 전보다 대등하게 경합했으며, 소련군의 항공전술은 1943년 중반부터 독일군을 상대로 꾸준히 공세를 펴면서 한층 원숙해졌다. 소련 지상공격기는 지상부대의 전진 경로를 열어주며 기갑전력의 대규모 돌격을 잘 지원했고, 전투기는 지속적인 공격적 초계를 통해 적 공군을 견제했다. 1945년 독일 공군의 규모와 역량이 대폭 줄어든 가운데 소련 공군은 적전선의 뒤편에서 차단작전을 더 넓게 펼칠 수 있었지만, 이 역시 여전히 전투지대를 직접 지원하는 활동으로 간주되었다. 이 단계에서 소련 공군의 전선 전력은 항공기 1만 5500대로 독일 공군의 10배였다. 소련의 전쟁노력에서 항공부대-기갑부대 조합은, 이후 연구를 통해 밝혀진 온갖 결점에도 불구하고, 4년 전 항공부대와 기갑부대가 독일군의 승리에 이바지했던 것과 마찬가지로 연합군 전체의 승리에 꼭 필요한 불가항력이었다.

상륙전의 등장

로저 키스Roger Keyes 제독은 1943년 케임브리지 대학에서 행한 리스-놀스Lees-Knowles 강연을 엮은 책에 이렇게 썼다. "상륙작전을 개시하고 지속하려면 해당 전구에서 제해권을 확보할 필요가 있으며, 공군력이 도래한 이래 제해권은 해군이 수상과 수중만이 아니라 공중에서도 싸우는 수단을 보유해야만 획득할 수 있다."[53] 2차대전에서 지상전과 항공전이 서로 불가분한 관계였다면, 해전과 항공전 역시 무엇보다 상륙작전을 성공적으로 수행하기 위해서는 서로 불가분한 관계였다. 1차대전과 달리 2차대전에서 상륙작전은 유럽과 태평양의 분쟁에서 주요 요소이자 연합군에 최종 승리를 가져다준 핵심 요소였다.

상륙전은 초기 강습을 위해 삼군의 작전을 결합하고 적을 물리칠 때까지 상륙 거점을 유지하고 확장할 것을 요구하는 혼합 전투였다. 상륙전은 적의 저항이 없는 곳에 그저 병력을 상륙시키는 흔한 작전과는 구별되었다. 상륙전은 용어 그대로 바다에서 육지로 진입하면서 치르는 전투를 의미했다. 전간기에 대다수 해군과 육군은 상륙전을 별로 중시하지 않았는데, 어느 정도는 삼군 간 협력을 요구하는 개념에 대한 각 군의 편견 때문이었고, 어느 정도는 항공기를 포함하는 신식 무기로도 방어군이 지키는 해안선을 강습하기란 불가능하다는 지배적 견해 때문이었다. 1915~1916년 연합군이 갈리폴리에서 겪은 재앙은 상륙전의 어려움을 상기시키는 강력한 증거이자 전간기에 상륙전 비판자들이 자주 거론한 논거였다. 광대한 태평양을 사이에 두고 마주보는 일본과 미국만이 장차 서로 간에 전쟁이 일어날 경우 전략과 작전에 상륙전이 필요할 가능성을 진지하게 고려했다. 양국은 지리적 여건상 서태평양 열도 어딘가의 외진 기지가 필요했는데, 그런 기지는 해상에서 강습하는 방법으로만 확보할 수 있었다.

이런 경쟁에 대한 미국의 생각은 일본과의 전쟁 가능성에 대비해 '오렌지 전쟁계획War Plan Orange'(일본을 '오렌지'로, 미국을 '블루'로 약칭했다)을 작성한 1차대전 이전으로 거슬러 올라가지만, 미국이 향후 전역의 상륙전 성격을 확정한 것은 1919년 일본이 독일의 섬 영토(마셜 제도, 마리아나 제도, 캐롤라인 제도)를 국제연맹 위임통치령으로 할양받은 이후였다. 1920년대에 일본은 국제연맹을 무시한 채 이 섬들에 해군시설과 비행장을 비밀리에 건설하기 시작했고, 이로써 2차대전에서 태평양의 기다란 외곽 방어선이 될 전선을 구축하는 첫 단계에 사실상 돌입했다. 서태평양을 아우르려는 일본의 새로운 전략적 입장을 고려하여 미국 해군은 오렌지 계획을 수정했다. 1922년의 수정계획에 포함된 여러 글 중에서 해병대 정보장교 얼 '피트' 엘리스Earl 'Pete' Ellis 중령의 글 〈미크로네시아 전진기지 작전 Advanced Base Operations in Micronesia〉은 미군 상륙전 교리의 초석을 놓았다. 엘리스는 해상에서 공격하는 전투가 지상전과도, 종래의 해전과도 근본적으로 다르다는 것을 알고 있었다. 그는 적진 해안을 겨냥하는 향후 작전을 묘사하면서 20년 후 중부태평양에서 벌어질 분쟁을 자세히 예상했다. 예컨대 훈련된 대규모 해병대의 필요성, 상륙정이 해안에 접근하도록 미리 기뢰와 장애물을 치워둔 해로, 적의 사격을 억제하기 위한 함포의 측면 지원, 해군 항공 병과의 지상지원, 해병대의 교두보 건설을 지원하기 위해 해안으로 데려오는 포병대대와 통신대대, 병력과 물자를 수송하는 동안 표시하고 통제해야 할 해변, 강습의 초기 충격을 극대화하기 위한 신속한 함안이동艦岸移動 등을 예상했다. 상륙작전은 "사실상 해변에서 완전히 성공하거나 실패"할 것이라고 엘리스는 결론지었다.[54] 거의 1920년대와 1930년대 내내 해군과 육군 모두 상륙전 투입을 피하긴 했지만, 소규모 해병대는 1934년 발간된 첫《상륙작전 잠정 교범》을 준비하면서 엘리스의 처방을 받아들였다. 이 교범은 다시 1938년 처음 발간된 해군의 《FTP-167, 상륙작전 교리》의 핵심을 이루었고(약간 수정되긴 했다) 태평양 전쟁 내내 유지되었다. 엘리스는 자기 견해의 타당성을 생전에 확인하지 못했다. 지독한 알코올 중독자였던 그는 1923년 일본이 점유한 캐롤라인 제도로 정탐 여행을 갔다가 원인 불명으로 사망했다.[55]

일본군의 상륙능력 개발 과정은 미군의 계획 수립 과정과 판박이였다. 1890년대에 일본이 해외 제국 건설의 첫 걸음을 내디딘 후부터 일본 육군과 해군이 아시아 본토에서든 태평양의 섬에서든 잠재적인 적을 상대로 해상에서 전투력을 투사하는 법을 배워야 한다는 것은 분명했다. 1918년 해군과 육군의 공동 교범《병력 운용 요강》에는 미국령 필리핀을 상륙작전으로 침공할 가능성이 포함되었고, 1923년판 교범에는 미국 기지 괌이 추가되었다. 갈리폴리 전역을 면밀히 연구한 일본 육군은 상륙작전 수행을 해군에 맡길 수 없다고 판단했다. 육군은 1921년 적진 해안선을 공격하기 위한 훈련을 시작했고, 1924년 최초의 포괄적인 교범《상륙작전 개요》를 발간했으며, 끝으로 1932년 해군과 공동으로《상륙작전 요강》을 작성해 펴냈다. 일본군의 교리는 신속한 함안이동의 필요성, 상륙부대를 보호하기 위한 해상지원과 항공지원, 수송함에서 해변까지 병력과 물자를 수송하는 전용 상륙정을 강조했다―방어군이 방향감각을 잃도록 가급적 야간에 상륙정을 유도하는 발광도료를 사용해 이동시키는 편을 선호했다. 그러나 육군과 해군 모두 비교적 작은 규모의 병력을 배치해도 괜찮다고 가정했다. 해군은 태평양의 취약한 기지들에서 작전을 펼칠 의도로 대대 전력(대략 장교와 병사 1000명)의 특별육전대를 육성했다. 육군은 사단급 이상의 전력으로 강습할 것을 예상했지만, 상륙부대들이 넓게

분산되어 각 부대의 규모는 더 제한되었다.[56]

일본 육군이 아주 일찍부터 알아챈 상륙전의 핵심 요인은 병력, 차량, 물자를 해안선까지 실어가 빠르게 내려놓도록 설계된 전용 상륙정과 상륙함의 필요성이었다. 상륙작전 전용 함정의 발전은 연합국에나 추축국에나 추후 성공을 좌우하는 주된 요인이었다. 1930년경 일본 육군은 두 유형의 동력상륙정을 보유하고 있었다. 제1형(대발동정大發動艇, 통칭 다이하쓰)은 군인 100명을 수송했고 해변에 쉽게 접근하도록 경사판ramp을 설치했으며, 더 작은 제2형(소발동정小發動艇, 통칭 쇼하쓰)은 군인 30명, 또는 군인 10명과 말 10마리를 수송했으나 경사판이 없었다. 두 주정 모두 적의 사격에 대비해 무기와 장갑을 장착했다. 이런 상륙정을 수송하기 위해 육군 공병들은 선미의 문을 여닫는 요凹갑판을 갖춘 8000톤급 신슈마루神州丸를 개발했다. 요갑판을 열어 물을 채우면 그곳에 적재된 상륙정이 부유하여 해변으로 곧장 이동할 수 있었다. 1941년에 도입된 더 큰 아키쓰마루あきつ丸는 항공기도 수송할 수 있었다.[57] 중일 전쟁 첫해에 중국에서 미군과 영국군 관전자들은 가동 중인 신슈마루와 대발동정을 관찰했다. 그들 중 미국 해병대의 젊은 중위 빅터 크룰락Victor Krulak은 해병대 사령관 토머스 홀컴Thomas Holcomb에게 보고서와 함께 자신의 상륙정 모형을 보냈다. 홀컴은 선수 경사판을 설치해 병력을 해변에 직접 내려놓는 경輕흘수선을 개발하자며 곧장 로비를 벌였다. 하지만 해군이 상륙작전에 절실히 요구되는 이 개념을 받아들이기까지는 2년이 넘게 걸렸는데, 특히 의회의 고립주의 로비 집단이 강습정에 부정적 반응을 보일 것으로 예상했기 때문이다. 결국 1943년에 취역한 차량인원상륙정Landing Craft, Vehicle, Personnel: LCVP과 상륙선거함Landing Ship, Dock: LSD은 1930년대 일본군의 혁신에 기원을 둔 함정이었다.[58]

일본과 미국이 태평양 전선에서 상륙전에 대비한 것은 타당했지만, 유럽에서는 현실화되지 않을 법한 전시 시나리오를 위해 병력과 장비를 준비할 필요성이 별로 없었다. 유럽에서는 대규모 지상전이 예상되었다. 세계 최고의 해군과 세계 제국을 가진 영국에서마저 적진 해안에 상륙하는 것은 성공 가망이 없는 일로 여겼다. 1918년 이후 갈리폴리 전투의 교훈을 상세히 연구하긴 했지만, 1920년 설립된 '부처 간 협동작전 위원회'는 삼군이 독립성을 유지해야 하고 적진 상륙을 위한 계획 수립을 삼가야 한다고 결론지었다. 총 9000명 병력의 영국 해병대는 상륙강습부대의 중핵을 이루기보다 해외에 있는 기존 해군기지들을 방어하는 임무를 맡았다. 1922년 처음 발간된 《협동작전 교범》은 작전지침을 거의 제시하지 않았다. 1939년 유럽 전쟁의 계획을 세우기 시작했을 때, 육군은 지난 1918년의 경우처럼 영국군이 프랑스군과 나란히 싸울 것으로 상정했다. 영국군이 유럽 본토에서 쫓겨난 뒤 침공에 대비하는 방어군을 상대로 대규모 상륙강습을 준비하는 것 외에 달리 대안이 없는 처지가 되리라고는 전혀 예상하지 못했지만, 1940년 여름이면 그런 상륙강습만이 유일한 선택지였다. 상륙작전에 대비해 해놓은 일이라곤 1920년대에 상륙정위원회의 후원을 받아 소형 동력상륙정을 개발한 것뿐이었지만, 1938년 해군이 보유한 상륙정은 8척뿐이었다. 다행히 같은 해에 병력수송용 강습상륙정과 차량수송용 전차상륙정을 개발할 것을 명령하여 1943년과 1944년의 작전에 사용된 두 종류의 표준 함정을 마련할 수는 있었다.[59] 이걸 제외하면, 영국의 대규모 상륙작전 개시 능력은 불확실한 미래에 달려 있었다.

독일군은 영국군보다도 더 큰 제약에 직면해 있었다. 노르웨이를 점령하면서 해군 함정을 많이 잃었거니와, 이 전투를 본격적인 상륙강습으로 준비했던 것도 아니었다. 1940년 여름 독일군은 영국 남부에 상륙하려는

'바다사자' 작전 준비를 사실상 맨땅에서 시작했다. 독일 육군이 최대한 철저하게 준비하긴 했지만(영불 해협 건너편까지 수송할 말들에게 먹일 사료를 싣기 위해 넓은 적하 공간을 마련하는 등), 육군과 해군은 전용 상륙정과 수송함, 중무장 군함의 측면 지원, 적진 해변에 상륙해본 경험, 함정과 해안을 연결하는 효과적인 통신 등이 부족했다. 임시변통으로 마련한 3425척의 증기선과 바지선으로 22개 사단을 영불 해협 건너편으로 수송하려는 계획은 너무나 야심찬 데다 잉글랜드 남부에서의 제공권 확립에 전적으로 달려 있었다. 육군 참모총장 프란츠 할더는 자신의 작전계획 사본에서 제공권에 관한 단락의 옆에 "불가결 조건conditio sine qua non"이라고 휘갈겨 썼다.[60] 설령 제공권을 확보하더라도 위험은 매우 컸다. 유럽 전구에서 최초의 대규모 상륙작전이 될 수도 있었던 독일군의 계획이 어그러진 것은 잉글랜드 상공 항공전에서 실패했기 때문만이 아니라 확실한 교리, 전문장비, 충분히 훈련된 병력이 없기 때문이기도 했다. 히틀러의 동맹 무솔리니도 1942년 3월 몰타 섬을 함락하기로 결정 ─ "굉장한 결과를 가져올 기습" ─ 했을 때 같은 문제에 직면했다.[61] 추축군이 북아프리카 전선까지 지중해를 가로질러 병력과 물자를 수송할 때 눈엣가시처럼 거슬리는 이 섬을 침공하고 함락하기 위한 계획은 이미 준비되어 있었다. 이탈리아군은 1930년대에 작전계획 '필요조건 C.3'을 작성했고, 1942년 몰타 섬의 상당한 방어군을 고려해 계획을 수정했다. 히틀러는 로멜의 사막 작전을 방해하지 않는다는 조건으로 이 방안을 별 열의 없이 지지했다. 적의 실제 전력을 알아보기 시작한 이탈리아 해군은 그들 말마따나 "세계에서 방어력이 가장 결집된 곳 중 하나"를 두고 그만 움츠러들었다.[62] 이탈리아군은 전용 상륙정도 없었고, 방어가 삼엄한 해안선을 겨냥해 상륙강습을 감행한 경험도 없었다. 게다가 섬의 공군력과 섬 주변에서 작전을 수행하는 수많은 영국 잠수함이 방어를 지원하고 있었다. 이탈리아 해군은 분명 영국 수비대의 전력을 과장했지만 실패할 위험이 컸던 것은 사실이며, 결국 몰타 침공 작전은 계획 단계에서 흐지부지되었다.

상륙전과 이를 뒷받침하는 교리 및 장비는 1941년 12월 태평양 전쟁이 시작되면서 처음으로 실전 검증을 받게 되었다. 일본군은 말레이 반도, 네덜란드령 동인도, 필리핀, 중부태평양과 남태평양의 영국령·오스트레일리아령·미국령 섬들을 겨냥해 해상에서 일련의 작전을 개시했다. 일본은 상륙강습의 성공에 필수로 여겨진 국지적 제해권과 제공권을 누렸고, 수년간 중국 해안과 강 삼각주에서 상륙을 해본 경험이 있었다. 일본군의 예상과 달리, 대부분의 경우 침공부대는 해안선에서 저항에 부딪히지 않았다. 야음과 철저한 사전 정보 덕에 일본군은 대비가 부족한 소규모 병력을 상대로 상륙의 충격을 극대화할 수 있었다. 다만 코타바루 시 근방의 말라야 북동해안을 노린 첫 작전은 토치카들에 배치된 인도군의 얇은 방어선에 부딪혔다. 일본군은 상륙정을 다수 잃고 인근 공군기지에서 날아온 적기에 간간이 폭격을 당하긴 했지만, 항공기의 강력한 지원을 받으며 몇 시간 만에 해변에서 내륙으로 수 킬로미터를 진입하여 방어군 뒤편으로 침투하는 데 성공했다. 상륙 단계는 금세 끝났다. 적진 해안선을 공략한 가장 인상적인 사례는 몇 주 후 화력과 병력에서 열세인 야마시타 중장의 제25군이 싱가포르 섬을 침공한 일이었다. 1942년 2월 8/9일 밤 조호르 해협을 가로질러 개시한 작전은, 비록 교리보다 임시변통에 더 의존하긴 했지만, 상륙강습의 모범이었다. 일본군의 기만계획에 속은 영국군 사령관은 섬의 북동부가 주요 표적이라고 확신했다. 그러나 실제 목적지는 방비가 더 약한 북서부였다. 일본군은 공격에 앞서 맹렬한 포격과 폭격으로 방어를 약화시켰고, 고무보트와 발동기정發動機艇에 태운 상륙 제

1파 보병 4000명을 야음을 틈타 해협 건너편의 방어가 가장 허술한 해안선으로 실어날랐다. 방어진지들 사이로 연이어 침투한 일본군은 해안에서 힘겹게 전진하여 아침 무렵 북부에서 연합군 전선을 무너뜨렸다. 2만 이상의 병력, 경전차 211대를 비롯한 보급품과 무기가 해안으로 수송되었다. 엿새 후 싱가포르는 야마시타에게 항복했다.[63]

일본이 솔로몬 제도와 뉴기니 섬의 일부에 이르기까지 태평양 중부와 남부 일대를 장악하는 데 성공하자 서방 연합국은 유럽에서처럼 난처한 상황에 처했다. 일본군의 점령을 저지하려면 단단히 포진한 수비대를 상대로 상륙작전을 벌이는 수밖에 없었다. 그런데 상륙전을 개척한 일본군의 상륙 국면은 그 시점이 끝이었다. 솔로몬 제도와 뉴기니에서 몇 차례 역逆상륙을 시도했다가 실패한 것을 제외하면, 일본군은 초기의 상륙작전을 되풀이하지 않았다. 육군은 연합군이 탈환한 섬에서 상륙강습을 개시하기보다 아군 점령지에 고립된 수비대에 물자를 재보급하도록 설계된 새로운 제101호형 수송함을 개발했다. 해군의 제1호형 수송함도 거의 같은 일을 하도록 설계되었고 고속으로 이동하며 미국 항공기와 잠수함을 피할 수 있었다. 그러나 생산량이 너무 적었으므로 일본군은 설령 의지가 있었더라도 미군의 견고한 방어에 맞서 대규모 상륙작전을 벌일 수 없었다.

이제 주도권은 미국으로 넘어갔다. 1941년 말 미국은 상륙능력을 갖추는 목표에 2년 전보다 한층 더 다가서 있었다. 1933년, 해군은 해병대가 상륙작전을 전문으로 하는 함대해병대Fleet Marine Force를 편성하는 것을 승인했다. 1936년 총원 1만 7000명이었던 이 부대는 해병대에서 가장 거친 장군인 홀랜드 "하울린' 매드" 스미스Holland "Howlin' Mad" Smith의 지휘 아래 해병대 군용기의 지원을 받는 실전 제병협동 부대로 변모했다. 함대해병대는 세계에서 상륙강습을 전문으로 하는 유일한 부대였고, 그 규모는 1941년 말 5만 5000명, 1942년 여름 14만 3000명, 종전 무렵 38만 5000명이었다.[64] 1936년부터 1941년까지 장기간 실시한 연례 함대 훈련은 상륙작전과 흡사했으며 여러 실수를 통해 배울 확실한 기회를 제공했다. 1941년 제7차 훈련을 할 즈음이면 적의 방어를 무릅쓰는 상륙의 난관을 충분히 이해하고 있었다. 향후 상륙작전에서 정규군 부대도 필요하리라는 것을 깨달은 미국 육군은 해군의 FTP-167 교범을 거의 그대로 본뜬 야전교범 FM-31-5를 채택했고, 육군 자체의 상륙전 전문 병력을 훈련시키기 시작했다. 1940년, 미국 해군은 마침내 상륙정 생산을 승인했다. 뉴올리언스의 선박 건조인 앤드루 히긴스Andrew Higgins가 설계한 상륙정으로, 병력과 차량을 실을 공간이 있었다. 이 차량인원상륙정LCVP은 표준이 되었고, 1943년 상륙용 경사판을 갖춘 더 큰 주정으로 개량되었으며, 전시 동안 2만 5000척 넘게 생산되었다. 두 번째 혁신은 도널드 로블링Donald Roebling이 플로리다 키스 군도를 항해하기 위해 생산한 '엘리게이터' 트랙터를 토대로 개발한 수륙양용 상륙장갑차Landing Vehicle, Tracked: LVT로, 보통 '앰프트랙Amphtrack'이라 불렸다. 태평양 여러 섬의 가장자리를 이루는 수심 얕은 산호초를 가로질러 병력이나 차량을 실어나를 수 있었던 상륙장갑차는 나중에 상륙작전의 중추가 되었다. 상륙장갑차는 전시 동안 1만 8600대가량 생산되었고 후기 모델들은 더 신속하게 양륙할 수 있도록 선수에 경사판을 장착했다. 끝으로 해병대는 화물, 인원, 차량, 상륙정을 실어나를 수 있는 수송함이 필요했다. 미국은 전쟁 전해에 화물선을 징발해 개조했지만, 이후 해안의 수심 얕은 곳에 접안해 병력, 차량, 물자를 내려놓을 수 있는, 선수에 큰 문을 갖춘 전차상륙함Landing Ship, Tank: LST을 설계했다. 이 3종의 상륙함정이 전시 미군의 상륙작전을 책임졌다.[65]

루스벨트의 고집에 따라 1942년 여름 솔로몬 제도 남부 과달카날 섬을 겨냥해 처음으로 대규모 상륙강습을 감행할 때 미군은 위에서 말한 상륙 전용 자원을 거의 사용할 수 없었다. 군사교리를 실전으로 옮기려면 복잡한 학습곡선을 거쳐야 했는데, 특히 지휘관들과 수천 명의 해병대 신참 지원병들에게 상륙작전 실전 경험이 없었기 때문이다. 상륙군 사령관으로 임명된 해군 장교 리치먼드 '테러블' 터너 소장—성질 나쁘기로 유명한 또 한 명의 사령관—은 제공권과 제해권이 없다면 이 임무는 실패할 운명이라고 보았다. 1942년 1월 체서피크 만에서 실시한 대규모 상륙연습은 어떤 부대도 지정 해변에 도달하지 못하는 대혼란으로 끝났다. 해병대가 뉴질랜드의 임시 기지에서 마침내 과달카날을 향해 출발했을 무렵, 피지의 코로 섬에서 실시한 대규모 연습은 단 한 척의 상륙정도 산호초를 지나 해변에 도달하지 못하는 등 더욱 비참한 결과를 맞았다.[66] 해병대는 상륙전 계획을 급하게 세운 탓에 함정이 부족하여 뉴질랜드에 차량의 4분의 3, 필요한 탄약의 절반, 배급식량의 3분의 1을 남겨두어야 했다. 그럼에도 8월 7일 오전 일본 비행장 근처에 상륙한 주요 작전은 엘리스의 구상대로 진행되었다. 군함과 함재기가 집중포화로 지원하는 가운데 수송함의 현측에 늘어뜨린 하선용 그물을 타고 앞다투어 내린 군인들이 해변을 향해 일제히 상륙정들을 발진시켰다. 상륙 시 해안선에 적은 없었고 해병대는 곧 비행장을 함락했다. 그러나 작은 교두보는 당장 일본 육해공군의 표적이 되어 거듭 맹공을 받았고, 그런 이유로 일본이 과달카날 섬을 포기할 때까지 6개월 동안 이 작전의 상륙전 성격은 줄곧 유지되었다.

이 상륙작전은 결국 성공하긴 했지만 숱한 결점을 드러냈다. 일본이 수송함을 공격하거나 모래 위에 쌓아둔 물자를 폭파하지 못한 것은 행운이었지만, 작전이 재앙으로 귀결되어 이후 상륙계획을 추진하기 어려워질 수도 있었다. 이 전역에 대한 면밀한 연구는 수정해야 할 점들을 잘 보여주었다. 가장 중요한 것은 지휘 문제였다. 상륙군 사령관으로서 터너는 상륙강습에 동행한 해군 기동부대를 지휘할 수 없었고, 이틀 후 프랭크 플레처 중장이 일본 뇌격기를 우려해 항공모함들을 철수시키는 바람에 해병대는 수리된 비행장으로 아군 항공기가 날아올 수 있을 때까지 일본군의 공습에 노출되었다. 그러자 터너는 FTP-167에 따라 상륙군뿐 아니라 해안에 내린 해병대까지 모두 지휘할 권한을 요구했다. 해병대 지휘관 알렉산더 밴더그리프트 소장은 해군 장교에게는 지상전 경험이 없다는 이유로 터너가 지상에 포진한 해병대 지상부대를 지휘하는 방안에 반대했다. 11월, 해병대 사령부에서 압력을 가한 뒤, 태평양 함대 사령관 니미츠가 해군 총사령관 킹 제독으로부터 해군이 함안이동을 지휘하되 병력이 지상에 자리잡은 후에는 해병대나 육군의 지휘관이 지휘권을 갖는다는 데 대한 동의를 얻어냈다. 이 개혁은 해군의 반대에 부딪혀 실행하기 어려웠지만, 그럼에도 이후의 작전들에서 꼭 필요한 것으로 밝혀졌다. 특히 맥아더의 육군 사령부가 26차례 해안 상륙작전―그사이에 해변에서 적의 저항은 거의 없었다―을 전개한 남서태평양에서 그러했다.

　두 번째 문제는 병참과 관련이 있었다. 미군은 멀리 떨어진 항구에서 화물을 선적하면서 가장 중요한 물자를 맨 먼저 내리고 해안까지 운반해야 한다는 교리를 너무나 등한시했다. 과달카날에서 미국 수송함들은 사전 계획에 따라 하역한 게 아니라 가능한 시점과 장소에 하역하여 해안에 물자를 쌓아놓았으며, 해군의 해안대는 해안선을 효과적으로 정리하지 못해 탄약과 석유 더미가 식량이나 의약품과 뒤섞여 위장도 없이 무방비로 노출되는 결과를 초래했다. 사흘 후 위험에 빠진 수송함들을 터너마저 철수시키자 해병대는 추가 보급도 받지 못한 채 엿새 동안 고립되었다. 결국 터너는 이 미숙한 초기 경험을 바탕으로 병참계통을 개혁했다. 1942년 11월 미군은 함정에서 해안까지 하역하는 속도를 최대한 높이기 위해 더 상세한 지침을 마련했다. 해변을 큰 표지판으로 명확하게 표시하고, 물자 분배를 진행할 해안대가 함정에서 먼저 내리고, 하역한 물자를 최대한 빨리 안전한 곳으로 옮긴다는 지침이었다. 엘리스가 20년 전에 예측했듯이 적절한 해변 편성이 상륙선 성공의 관건이었다.[67]

유럽 전구에서의 첫 상륙작전도 연합군의 경험 부족을 드러냈다. 1940년, 처칠은 특수부대로 유럽 해안선을 주기적으로 강습한다는 자신의 아이디어를 감독할 만한 협동작전본부Combined Operations Headquarters를 창설할 것을 고집했다. 우선 로저 키스 제독이, 1942년부터는 루이스 마운트배튼 제독이 수장을 맡은 이 본부는 특공대의 강습을 발전시켰을 뿐 아니라 궁극적으로 상륙전을 통해 유럽 대륙으로 재진입하기 위해 계획을 세우고 병력을 훈련시키기 시작했다. 본부는 영국군 삼군이 실제로 어떻게 협동하는지 시험해보고자 1942년 8월 디에프 항을 강습하는 대규모 계획을 세웠다. 이 항구를 표적으로 고른 것은 향후 해변으로 침공하고 물자를 공급할 수는 없으리라고 가정했기 때문이다. 8월 19일, 과달카날 섬에서 밴더그리프트의 해병대가 포진하던 무렵, 단 4척의 구축함이 호위하는 수송함과 상륙정 소함대가 프랑스 해안으로 접근했다. 이 '주빌리Jubilee' 작전은 참담한 재앙이었다. 중무장한 독일 방어군은 적의 접근을 조기에 알아채고서 불운한 상륙정과 화물에 포격을 퍼부었다. 상륙한 전차 27대가 모두 완파되거나 고장났고, 상륙정 33척이 파괴되고 군함 1척이 격침되었다. 해안에 내린 영국군과 캐나다군 6086명 중 3623명이 죽거나 다치거나 포로로 잡혔다. 여기에 더해 해군과 공군의 사상자가 659명이었다. 학습 경험으로는 대가가 매우 컸지만, 영국군은 확실한 교훈을 배웠다. 이 참사를 재검토한 영국군은 강력한 함포의 지원, 방어군에 대한 공중폭격과 적 항공기에 맞선 항공지원이 반드시 필요하다고 강조했다. 또 통신이 열악한 까닭에 어떤 강습이든 전용 상륙지휘함에서 조정해야 한다는 결론을 내렸다(거의 같은 이유로 과달카날 전투 이후 미군도 이런 결론을 내렸다). 끝으로 해변의 방어군을 돌파하고 소탕하기 위해 특수차량을 설계할 필요가 있었다. 또한 영국 해군은 상륙 기법을 개발하고 훈련시키기 위해 해상 강습부대인 'J부대Force J'를 육성했으며, 이 부대는 나머지 전시 내내 활동을 이어갔다.[68]

디에프 항에서 벌어진 전투는 유럽에서의 상륙작전이 일본의 섬 외곽 방어선을 겨냥한 작전과는 판이하다는 것을 알려주었다. 유럽의 적국은 대륙 내부의 긴 병참선을 이용해 증원병력과 물자를 대규모로 동원할 수 있다는 이점을 누렸다. 설령 상륙에 성공하더라도 그것은 상륙전 이후 전개될 주요 지상전의 서곡일 뿐이었다. 그에 반해 태평양의 적 수비대는 일본군 주력으로부터 고립된 채 바다를 가로질러야 하는 길고도 불확실한 보급선과 증원병력에 의지했다. 태평양에서 상륙작전은 미군이 공략하려는 모든 섬에서 승리의 원천이었다. 이것이 미국이 일본과의 상륙전에 상당한 자원을 투입한 이유 중 하나였다. 과달카날 이후 미국 해군과 해병대는 각각의 강습에 필요한 국지적 제해권과 제공권을 확보하기 위해 적군의 가용 규모를 한참 넘어서는 수준까지 작전부대를 증강했다. 예컨대 과달카날 침공에 할당한 함정은 76척이었던 데 비해 1945년 4월 오키나와 침공에 할당한 함정은 총 1200척이었다. 상륙작전의 중요성은 미국이 이전 작전들에서 무엇이 잘못되었는지 평가하는 데 무척 공을 들인 이유이기도 했다. 하지만 그 이후 1943년 11월 길버트 제도의 타라와 환초 앞바다에 자리한 베티오 섬에서 일본군이 굳건히 방어하는 해안을 겨냥한 미군의 첫 대규모 공격은 아직 더 배울 교훈이 있다는 것을 보여주었다. 베티오 섬과 그곳의 일본 공군기지에 대한 제2해병사단의 강습은 수년 전부터 예상한 남양 군도 전역을 개시하는 데 필수적인 공격으로 여겨졌지만, 과달카날과는 전혀 다른 난관이었다. 일본 방어군은 좁은 영토에 밀집해 있었다. 통나무, 철골, 콘크리트, 산호 암석으로 덮여 있어 지상에서는 거의 보이지도 않는 500개의 강화 토치카에서 소총과 기관총으로 섬 전역을 조준한 데다 해안중포, 경전차, 야포, 박격포가 방어군을 지원했다. 해변에는 철조망, 지뢰, 콘크리트 사면체 장애물이 설치되어 있었고, 해변 뒤편에는 코코넛 통나무를 쌓은 단단한 방어벽이 있었다. 일본군이 점령한 원형의 섬들 중에서 이 섬이 방어가 가장 철통같은 곳이었다. 섬 사령관 시바자키 게이지柴崎惠次 소장은 "미군 100만 명으로도 100년 안에 타라와를 빼앗지 못할 것이다"라는 유명한 예측을 했다.[69]

실제로 미군은 사흘간 손실이 큰 전투를 치르고 타라와를 차지할 수 있었다. 그러나 적이 철저하게 방어하는 목표물을 겨냥한 첫 강습에서 당시 상륙전 능력을 그 한계까지 발휘해야 했다. 다시 상륙군 사령관이 된 터너 제독과 해병대 작전을 관전하되 지휘할 수는 없었던 "하울린' 매드" 스미스 사이에 누구에게 지휘권이 있느냐는 논쟁이 재개된 것은 미군에 하등 도움이 되지 않았다. 11월 20일 아침 개시한 강습의 지휘와 통제는 상륙지휘함 역할을 하던 전함 메릴랜드Maryland가 맹렬한 포격을 가하다가 예기치 않게 무선통신 기능을 상실하는 바람에 곧장 어그러졌다. 상륙에 앞서 실시한 함포 사격과 공습은 섬의 강화 벙커들에 별 타격을 입히지 못했다. 상륙정이 섬에 접근하는 동안 소형 함정의 연안 함포지원은 없었으며, 그 덕에 일본 방어군은 20여 분간 포격의 충격에서 회복하고 포에 인원을 배치할 수 있었다. 섬의 가장자리를 이루는 산호초는 상륙정으로 가로지를 수 없어 해병대는 소수의 상륙장갑차—스미스가 화를 내며 더 달라고 요구했음에도 125대뿐이었다—에 의지해 해안까지 가야 했다. 일본군 해안 포대의 포격을 받은 화물선들은 하역을 조정하는 데 어려움을 겪었고 해안에 상륙한 해병대와의 통신이 끊겼다. 물자는 어떻게든 되는대로 전달했지만, 포와 차량은 산호초를 가로질러 쉽게 운반할 수가 없었다. 강습에 할당된 차량 732대 중에서 첫날 지상에 도달할 수 있었던 차량은 불과 몇 대뿐이었다. 해변의 병력은 끊임없이 포격을 당하면서도 장애물을 치우려 분투했다. 제2파 병력을 수송하는 히긴스 상륙정들은 해안으로부터 800미터 떨어진 지점에서 병력을 하선시켜야 했고, 그들은 기관총 사격이 빗발치는 가운데 무기를 높이 쳐든 채로 바닷물을 헤치며 나아가야 했다. 별 효과가 없었던 포격의 한 가지 긍정적인 결과는 일본군의 전화선이 두절되어 시바자키가 방어를 조정할 수 없었다는 것이다. 베티오 전투의 승리는 무엇보다 항복하느니 죽기로 결심한 적을 상대로 임무를 수행한 해병대의 결단력과 용기 덕분이었다. 베티오에서 사흘간 싸운 해병대의 전사자 수는 992명으로, 과달카날에서 6개월간 싸운 해병대의 전사자 수와 거의 같았다. 일본 해군 제7특별육전대와 제3특별근거지대特別根據地隊의 수병 2602명 중 포로로 잡힌 인원은 17명뿐이었으며, 섬에 끌려온 불운한 한국인 징용자 2217명도 대부분 사망하여 전투가 다 끝날 때까지 살아남은 이는 불과 129명이었다.[70]

　타라와에서 여러 실패를 겪은 미군은 무엇이 잘못되었는지 면밀히 검토했다. 강습부대는 첫날 하마터면 패할 뻔했다. 타라와 이후 줄지어 늘어선 섬들을 겨냥한 거의 모든 작전은 굳건히 포진한 방어군의 저항에 부딪혔지만, 타라와에서 배운 교훈은 혼돈 상태가 재발하지 않도록 상륙전의 교리와 훈련을 개혁하는 데 이바지했다. 프랑스 침공을 위해 서부기동부대 지휘를 맡은 앨런 커크Alan Kirk 소장은 같은 실수를 되풀이하지 않고자 태평양 전구를 방문해 무엇이 잘못되었고 무엇을 해야 하는지를 직접 배웠다. 개혁의 첫 단계는 지휘구조 개선이었다. 타라와 전투 이후 해군 상륙군 지휘관의 역할과 지상군 지휘관의 역할은 확실히 분리되었다. 또 강습을 조정하기 위해 초기 작전에 쓰인 개조 전함을 더 나은 무선장비를 갖춘 전용 상륙지휘함으로 교체하기로 했다. 넉넉하게 제공하긴 했으나 타라와에서 별 효과가 없었던 함포지원은 포좌의 두꺼운 방어덮개에 대응해 철갑탄을 사용하는 초기 포격을 더 장시간 가하는 방향으로 대폭 늘리기로 했다. 그리고 근접 함포지원과 급강하폭격기 공격을 통해 침공군이 다가가는 동안 방어군을 계속 압박하기로 했다. 장비의 변화는 이후 작전들에서 결정적인 개혁으로 판명되었다. 상륙장갑차는 훨씬 많이 필요했다(이후 뉴기니의 글로스터 곶을 강습한 대규모 해병대는 각 사단마다 상륙장갑차를 350대 이상 보유했다). 경전차는 셔먼 중형 전차로 교체되었고 그중 일부는 화염방사기를 장착했다. 화염방사기는 토치카와 벙커의 적군을 소탕하는 가장 효과적인 방법으로 밝혀졌고, 병사들도 배낭처럼 매는 휴대용 화염방사기를 지급받았다. 베티오에서 위기를 맞은 이후 미군은 병참도 다시 점검했다. 이제 물자가 해변의 정확한 지점에 도달할 수 있도록 앞바다에 정해둔 중계 지점에서 물자 이동을 통제하기로 했다. 또 상륙정이 해안까지 신속하게 이동할 수 있도록 출발선에 문교門橋, raft〔인원과 장비를 도하시킬 수 있도록 부유물에 상판을 설치하고 동력장치를 설비한 수상운반체)를 설치하고 필수 물자를 미리 적재해두었다. 해안대는 물자를 운반하는 인력을 충분히 지원할 만큼 보강되었다. 끝으로 가능한 경우 함정에서 해변으로 곧장 올라갈 수 있는, 짐을 가득 실은 트럭을 수송하기로 결정했다.[71]

타라와에서 얻은 교훈은 미군이 상륙작전 수행을 확연히 개선하는 데 꼭 필요한 가르침이었고, 1945년 하반기의 어느 시점으로 예상한 일본 본토 상륙의 전주곡 격으로 그해 4월 본토에서 남쪽으로 1125킬로미터 떨어진 류큐 제도의 가장 큰 섬 오키나와를 마지막으로 강습할 때까지 영향을 주었다. 규모 면에서 오키나와 작전은 더 넓은 유럽 대륙 침공에 버금가는 작전이었다. 미군은 환태평양의 11개 항구에서 433척의 강습수송함과 상륙함에 병력을 태우고 물자를 실었다. 불편하게도 대양에서 수천 킬로미터를 가는 동안 병력, 차량, 군수물자에 호송선단이 붙었고, 경흘수선에 탑승한 다수의 병력은 목적지까지 느리게 가는 내내 파도에 철썩 부딪힐 때마다 위아래로 널을 뛰었고 뱃멀미하는 군인들이 쏟아내는 토사물을 뒤집어써야 했다. 강습병력은 18만 3000명(2개 해병대 사단과 3개 육군 사단)으로, 그때까지 태평양에서 적진에 상륙한 병력 중 최대 규모였다. 오키나와 앞바다에 도달한 미국 군함들은 일제사격을 엄청나게 가했고, 병력이 해안에 상륙해 포진하는 동안 그들을 직접 지원하도록 훈련받은 해병대의 공지기동부대Air Ground Task Force가 지원에 나섰다. 수중폭파대UDT는 상륙을 가로막는 장애물을 치웠다.[72] 강습병력은 상륙장갑차, 중형 전차, 화염방사기를 넉넉히 공급받았다. 뭍으로 운반한 장비를 통제하고 분배하는 해안대는 5000명에 달했고, 이번에는 해변에서의 통신과 해안-함정 간 통신이 원활하게 이루어지도록 합동강습통신중대가 해안대를 지원했다. 미군은 약 31만 3000톤의 화물을 계획에 따라 하역하고 적치한 뒤 병력의 진격에 맞추어 운반했다.

이번에는 일본 육군 지휘부도 교훈을 간직하고 있었다. 오키나와 사령관 우시지마 미쓰루 중장은 타라와 전투를 포함해 매번 실패한 해변 방어를 포기했고, 동굴과 은폐 벙커에 방어선을 구축하고 10만 명이 넘는 병력을 배치했다. 미군의 예상과 달리 초기 상륙은 거의 저항에 부딪히지 않았다. 상륙 이후의 섬 정복은 사실상 지상작전이 되었고 해상으로 수송한 물자를 공급받았다. 이전 작전들과 달리, 오키나와에서 적을 소탕하는데에는 82일이 걸렸다. 미군 전사자는 7374명이었으며, 일본군과 오키나와 주민 13만 1000명이 파괴된 벙커와 동굴에서 산 채로 묻히거나, 불에타서 재가 되거나, 보병의 사격에 떼죽음을 당한 것으로 추정된다. 그렇지만 태평양에서 최대 규모의 상륙작전은 아직 미래의 일이었다. 1944년 9월, 미국 합동전쟁계획위원회는 일본 남부 규슈 섬을 겨냥한 침공계획을 내놓았다. 13개 사단으로 침공하고 해군과 육군 항공대의 항공기 7200대와 함정 3000척으로 지원한다는 계획이었다. 침공군은 세 군데의 해변 일대에 상륙하여 비행장들을 장악하고 섬에서 강력한 항공지원의 토대를 구축할 예정이었다. 하지만 '올림픽Olympic' 작전과 뒤이어 본토 혼슈 섬에 상륙하는 침공은 1945년 8월 일본이 항복하는 바람에 끝내 현실화되지 않았다. 그 대신 미국 해군 상륙부대는 8월과 9월에 연합국 점령군을 일본까지 수송하고 중국군이 일본에 점령된 해안 지역들로 귀환하는 것을 도왔다.[73]

결국 전시 최대 상륙작전은 '해왕성Neptune' 작전이 되었다. '해왕성'은 1944년 6월 연합군이 프랑스 북서부를 침공한 '오버로드' 작전의 상륙 단계에 붙인 암호명이었다. 이 작전은 태평양 전구의 더 작은 섬과 해안에서 실시한 작전들과는 확연히 달랐다. 후자에 비하면 엄청난 규모였거니와 적이 삼엄하게 방어하는 해안선에서 작전을 실시할 예정이었다. 독일군은 1944년 여름 이 해안선에 무려 34개 사단을 집결했고(필요하다면 병력을 더 불러올 작정이었다), 지난 2년간 구축한 강력한 해안 방어선인 대서양 방벽이 있었으며, 방어 대비 사령관 로멜 원수의 지휘 아래 해변과 수중의 장애물, 지뢰밭, 치명적인 사계射界를 도입했다. 독일까지 이어지는 대륙 내부 병참선을 통한 증원은 적어도 이론상으로는 중요한 이점이었다. 갈리폴리의 망령은 '해왕성' 작전에 대한 근심을 자아냈으며, 아마도 이것이 처칠과 영국군 수뇌부가 이 작전에 별로 열의를 보이지 않은 이유일 것이다. 처칠의 뒤에는 갈리폴리의 유산뿐 아니라 노르웨이, 됭케르크, 크레타, 디에프의 유산까지 있었다. 반면에 미군 수뇌부는 작전을 준비하면서 여러 문제에 부딪히긴 했지만 북아프리카, 시칠리아, 이탈리아에서 성공한 침공과 과달카날에서 역경을 무릅쓰고 승리한 전투를 거론할 수 있었다. 그렇지만 과달카날 전역이나 종래의 유럽 침공에 비해 이번 작전은 전략적 위험이 더 컸다. 미국은 베티오 섬을 빼앗는 데 실패했더라도 태평양 진격에 결정적 타격을 입지 않았을 테지만, 서방 연합국은 만약 '해왕성' 작전에 실패한다면 전략적 참사에 직면하여 스탈린과의 관계가 악화되고, 두 번째 시도가 불확실해지고, 미국과 영국, 캐나다 여론의 사기가 예측 불가능한 수준까지 떨어질 터였다. 오늘날 돌이켜 생각하면 이 작전의 성공이 확실해 보일지 모르지만, '해왕성' 이전 1년 반 동안 유럽에서의 상륙전 경험은 영국 측의 의구심을 뒷받침해주었다.[74]

유럽에서 연합군의 상륙작전은 1942년 11월 '횃불' 작전으로 시작되었다. 모로코와 알제리 상륙작전은 디에프 강습 이상으로 아직 배워야 할 것이 얼마나 많은지 보여주었다. 게다가 이 경우에 '적'은 비시 프랑스가 북아프리카의 제국 영역들에서 유지하는 한정된 수비대와 해군 함정에 지나지 않았다. 연합군은 상륙작전에 저항하지 않도록 프랑스 측을 설득할 수 있으리라 기대했지만, 프랑스 군 당국은 연합군의 작전을 자국 영토에 대한 침공으로 여겼다. 과달카날의 '감시탑' 작전과 마찬가지로, '횃불' 작전은 단기간에 대체로 임시변통으로 준비되었다. 전투를 위해 상륙함과 수송함에 미리 탑승한 채로 대서양을 건넌 병력 대다수는 상륙전 훈련을 거의 받지 못한 신병들이었다. 훗날 한 군인은 당시 사병들이 얼마나 '풋내기'였는지 회고했다. "우리는 배에 타보기는커녕 바다를 본 적도 없었다."[75] 함상에서 해변과 상륙정 모형을 가지고 급하게 훈련을 진행하긴 했지만, 태평양의 해병대와 달리 육군은 적진 상륙에 충분히 대비되어 있지 않았다. 함정이 없어서 일부 신병은 파도를 어설프게 본뜬 물결 모양의 지면을 달리는 자동차로 훈련을 받아야 했다. 모로코 상륙전은 적절한 지도도 제공하지 않고 접근수로를 제대로 표시하지도 않은 가운데 경험 부족한 키잡이들이 너무 많은 상륙정을 조종하는 혼돈의 현장이었다. 병사들은 육군이 고집한 대로 40킬로그램의 장비를 메고서 바닷물이 묻어 미끄러운 금속망을 천천히 내려가 하선했는데, 이는 태평양의 해병대가 포기한 방법이었다. 엔진 고장, 충돌, 프랑스 공군의 활동 때문에 해안에 당도한 함정들은 엉망진창이었다. 한 수송함은 제1파로 보낸 상륙정 25척 중 18척을 잃은 뒤 제2파로 보낸 나머지 9척 중 5척을 더 잃었다. 격랑 속에서 해안까지 옮기려던 전차의 태반은 젖은 모래에 박혀 옴짝달싹 못하게 되었다. 첫날 군수물자의 단 2퍼센트만이 해안까지 운반되었다. 영미군의 알제리 상륙전은 표지를 사용해 접근수로를 더 분명하게 표시한 덕에 모로코 상륙전보다는 덜 혼란스러웠지만, 영국 측이 항구의 중요성을 고집한 탓에 디에프의 문제들이 다시 발생했다. 해변에 상륙한 병력이 도착할 때까지 영미군은 오랑도 알제도 점령하지 못했다.[76] 영미군은 상륙에 맞선 저항을 결국 모두 극복하여 상륙작전은 으레 실패할 운명이라는 선입견을 누그러뜨리긴 했지만, 과달카날과 오키나와 사이 기간과 마찬가지로 '횃불'과 '해왕성' 사이 기간에 많은 것을 배워야 했다. 아직 남은 많은 문제들은 1943년 9월 살레르노 상륙과 수개월 후 안치오 상륙 시에 위험할 정도로 드러났다.

프랑스 침공을 위해 극복해야 할 첫 번째 장애 요인은 지휘 문제였다. 서방 연합국은 아이젠하워가 최고지휘권을 행사한다는 데 동의하면서도, 작전 자체와 관련해서는 이미 태평양에서 지휘권을 나누었던 것처럼 상륙작전을 지휘할 해군 사령관과 지상작전을 지휘할 육군 사령관을 따로 두기로 했다. 두 사령관은 모두 영국인으로, 버트럼 램지Bertram Ramsay 제독이 '해왕성' 작전을 지휘하고 몽고메리 원수가 '오버로드' 작전의 지상군을 지휘할 예정이었다. 상륙작전에 필수적인 전술공군은 공군 사령관 트래퍼드 리-맬러리 중장이 중앙에서 통제하기로 했고, 전략폭격기부대는 폭격기 지휘관들의 조언 및 직감에 반해 아이젠하워가 직접 관할하며 자신이 적절하다고 생각하는 대로 운용하기로 했다. 해상에서 해안으로 진격하는 작전 전체의 계획과 편제는 그때까지 상상할 수 없었던 규모로 이루어졌다. 침공 지원을 위해 대서양을 건너 영국까지 900만 톤의 물자가 수송되었다. 군인과 민간인 남녀 약 35만 명이 보급선을 구축하고, 유럽 전역으로 향할 남성 수백만 명의 훈련과 배치를 담당하고, 대규모 상륙군이 해변에서 격퇴당하지 않을 경우 필요해질 특수장비를 개발했다.[77] 노르망디의 더 넓은 전선에 상륙할 제1파의 사단 수를 3개에서 5개로 늘리기로 결정하자 그에 상응해 함정의 수도 늘려야 했지만, 당시 보급과 증원을 위해 지중해 전구 및 태평양 전구와 경쟁하고 있던 터라 자칫 노르망디 상륙계획 전체가 어그러질 위험이 있었다. 함정 부족은 1943년 대규모 프랑스 상륙 시도에 반대한 논거 중 하나였으며, '해왕성'이 서부 전쟁 노력의 주요 작전이었음에도 군함, 수송함, 상륙정의 부족은 결정적 제약이었다.

1943년 작성한 '해왕성'의 초기 계획은 각종 상륙정 2630척과, 차량과 물자를 대량으로 적재할 수 있어 가장 중요한 수송함(전차상륙함)을 무려

230척이나 요구했다. 전체 건조량을 감안하면 이런 요구는 그리 과하지 않았다. 1940년부터 1945년까지 미국이 건조한 상륙정은, 비록 태평양 전구의 높은 수요에 부응해 1944년 6월 이후에 건조한 양이 2만 3878척이긴 했지만, 총 6만 3020척에 달했다. 그럼에도 태평양과 지중해에서 상륙정을 많이 잃었거니와 두 전구 모두 전략상 불필요한 작전들(처칠이 1944년 '해왕성'을 두 달 미루더라도 로도스 섬을 상륙 침공할 것을 완강히 고집한 작전을 포함해)을 추진하며 상륙정을 계속 요구한 터라 여러 요구 사이에서 균형을 잡기란 여간 곤혹스러운 일이 아니었다.[78] '해왕성' 작전에서 제1파의 사단 수를 늘리자 함정 자원은 더욱 압박을 받았다. 1943년 8월에 마침내 상륙함과 상륙정 건조를 긴급히 우선시하기로 했으나 새 함정을 건조하는 데에는 시간이 걸렸고, 타라와 위기 이후 대부분의 추가 자원은 태평양 전구를 위한 생산에 긴급히 할당되었다.

결국 연합군은 상륙정 4000척을 마련할 수 있었다—초기 교두보를 확보하기에는 충분한 양으로 밝혀졌다. 결정적으로 중요하지만 부족했던 함정은 전차상륙함이었는데, 대부분 오하이오 강변의 미국 조선대에서 생산되었다. 전차상륙함은 해변에 직접 접안해 차량과 물자를 내려놓을 수 있었으므로 항구가 없는 곳에서 해안의 병력에 물자를 충분히 공급하려면 반드시 필요했다. 아이젠하워는 적어도 230척을 원했지만, 1944년경 지중해에서 실시할 예정인 상륙작전을 위해 그곳에 너무 많은 전차상륙함이 가 있는 상황에서 '해왕성' 작전에 필요한 물자를 충분히 수송할 만큼의 전차상륙함을 마련할 수 없다고 판단했다. 루스벨트와 킹 제독의 직접 명령에 따라 1943년 10월부터 긴급 생산 계획을 가동해 1943년 11월부터 1944년 5월까지 새로운 전차상륙함 420척을 건조했지만, 그중 다수가 대서양 건너편에 너무 늦게 도착하는 바람에 프랑스 침공 초기에 사용하지 못하고 재보급 시기에야 사용할 수 있었다. 그래도 버마와 지중해의 작전들이 취소된 덕에 전차상륙함은 더 늘었고, 디데이에 아이젠하워는 234척을 보유하고 있었다. 육군은 작전을 수행하고자 전차상륙함에 화물을 만재하거나 심지어 과적하자고 주장했고, 해군은 모든 전차상륙함을 운용할 수 있도록 긴급한 노력을 기울였다. 작전 개시를 닷새 앞둔 6월 1일, 작전을 위해 준비된 전차수송함은 무려 229척이었다.[79]

 '해왕성' 준비 과정에는 태평양의 여러 작전에서 나타난 다급한 임시 변통이 전혀 없었다. 영불 해협 건너편으로 수송될 병력 수백만 명은 우선 함정에서 내려 해변으로 내달리는 법을 배우는 소규모 연습부터 시작해 1944년 5월 잉글랜드 남부 해안에서 탄약과 지뢰를 사용한 일련의 대규모 훈련인 암호명 '파비우스Fabius'에 이르기까지 수개월 동안 강도 높은 정규 훈련을 받았다. 그렇지만 '해왕성'은 수송함과 상륙정 운용을 훈련받은 수병이 심각하게 부족해 차질을 빚었다. 장교 다수는 미국에서 함정 지휘를 단기간 배운 뒤 곧장 불려온 이들이었고, 나머지는 영국 데번 남해안의 슬랩턴 해변에 자리한 상륙훈련학교에서 훈련받은 이들이었다. 영국 해군은 임시 해군사관학교를 설립해 하급 장교들에게 원양 항해가 아닌 상륙강습정 조종법을 훈련시켰다. 일단 훈련을 받은 청년 장교들은 램지 제독의 사령부에서 하달하는 수많은 지시를 숙달할 것으로 기대되었다. 강습에서 상륙 단계의 모든 측면을 다루는 지시 관련 서적은 거의 1200쪽에 달했다. 또한 태평양 전구의 해안대를 모방하여 특수부대와 특수장비를 개발했다. 아울러 해변 방어에 대처하고자 32개 해상전투폭파대Naval Combat Demolition Units(UDT의 전신)를 창설했고, 모든 전술공군의 조종사들을 포 탄착관측병으로 훈련시켰고, 전투기 요격을 위해 다수의 리버티급 화물선을 레이더 초계함으로 개조했으며, 공중정찰을 철저하게 실행해 다른 상륙작전보다 더 충실한 정보를 제공했다. 이에 더해 전차가 해변에 신속히 도달하도록 이론상 자력으로 부유할 수 있는 '이중구동전차duplex drive tank'를 고안했고, 화물을 해변에 올려놓기 위해 선외 모터가 달린 대형 문교門橋인 이른바 '리노Rhino' 운반선을 건조했다. 끝으로 화물을 해안선 너머로 운반할 뿐 아니라 전투 중인 병력에게 전달할 수도 있는 상륙화물차량DUKW을 개발했다. 램지가 아이젠하워에게 작전 준비를 마쳤다고 알린 5월 15일이면 역사상 최대 규모의 상륙강습을 전개하기 직전이었다. 5월 28일, 램지는 휘하의 방대한 병력에 "해왕성 작전을 수행하라"는 명령을 내렸다.[80]

노르망디 침공은 연합군이 초기의 불확실한 단계에서 벗어나 그간 상륙능력을 얼마나 키웠는지 보여주었다. 이 상륙전은 1920년대에 엘리스와 미국 해병대가 처음으로 구체화한 상륙전 교리와 공통점이 많았다. 전제조건은 제해권과 제공권이었으며, 둘 모두 1944년 6월 확보했다. 연합국 해군은 1000척이 넘는 각종 군함으로 침공을 지원했고, 공군은 온갖 유형의 항공기 1만 2000대를 동원할 수 있었다. 제국 방위를 위해 부득이 물러났던 독일 공군은 1944년 전반기에 치명적인 손실을 입은 터였다. 프랑스 북부의 독일 제3항공함대는 '해왕성' 전야에 전투기 고작 125대를 포함해 모든 유형을 통틀어 항공기 540대만을 동원할 수 있었다.[81] 연합군의 제해권은 완벽했다. 독일은 고속어뢰정(E보트)과 잠수함으로 훼방을 놓으려 했지만, 연합군은 각종 선박 7000척의 대함대 중에서 겨우 소형 화물선 3척과 소형 해군 함정 12척을 잃은 반면에 독일 잠수함은 12척이 손상되고 18척이 격침되었다.[82]

6월 6일 첫 강습의 목표는 안전한 교두보를 맹렬하고 신속하게 장악하고, 해안 방어물을 제거하고, 어떠한 협동반격이든 견제할 수 있도록 병참을 충분히 지원하는 것이었다. 연합군은 노르망디 해안의 넓은 전선에서 다섯 해변을 골랐다—영국-캐나다 연합군이 상륙할 '골드', '주노', '스워드'와 미군이 상륙할 '유타', '오마하'였다. 특수폭파대가 해안 장애물을 치운 뒤 소해정 200척이 기뢰밭을 통과하며 미리 표시해둔 항로들을 정리했고, 뱃멀미하고 초조해하는 사내들을 가득 태운 상륙정들이 해안까지 더러는 15킬로미터를 넘는 항해를 시작했다. 독일 방어선을 해군 함정이 포격하고 대형 사발四發폭격기가 맹습한 뒤, 개조된 상륙정이 해안 쪽으로 로켓탄을 연발하고 급강하폭격기와 중형 폭격기가 전술타격으로 지원했다. 이런 포격과 폭격으로 해안 방어를 파괴하진 못했지만, 공격의 목표는 해안 방어를 충분히 무력화하여 방어군이 해변 침공의 충격에 당황하도록 만드는 것이었다. 중폭격기와 함포 사격은 그리 큰 손실을 입히지 못했지만, 해안대와 '탄착관측기'는 해변 뒤편에서 퇴각 중인 독일군을 조준해 포격할 수 있었다. 승조원 다수의 경험 부족을 감안하면 상륙은 예상보다 질서 있게 이루어졌다. 해안에 당도한 상륙정과 상륙장갑차, 상자 더미가 뒤죽박죽으로 보였을 테지만, 연합군은 곧 질서를 잡고 물자와 병력을 신속히 옮겨 초기 상륙을 보강할 수 있었다. 영국군은 정오까지 담당 구역의 3개 해변을 모두 확보한 뒤 병력을 내륙으로 이동시켜 더 탄탄한 거점을 마련하기 시작했다. 미군이 담당하는 '유타' 해변에서는 포격으로 생긴 자욱한 연기 때문에 병력이 당초 목적지로부터 얼마간 떨어진 곳에 상륙했지만, 우연찮게도 그곳의 방어가 허술했다. '유타'의 미군은 저녁까지 내륙으로 10킬로미터를 전진했다.

디데이의 주요 전투는 미군의 두 번째 해변에서 벌어졌다. '오마하' 해변은 유럽 전쟁의 타라와 환초 격이었다. 결국 역경을 이겨내고 해변을 확보하긴 했지만, 태평양 작전과 마찬가지로 꼬일 수 있는 모든 일이 실제로 꼬여버렸다. 베티오 섬에서처럼 작전 초기 함포 사격이 너무 단시간에 그쳤고, 일제사격한 로켓탄이 표적에 미치지 못했으며, 중폭격기가 독일 방어군의 너무 뒤쪽에 폭탄을 투하하는 바람에 상륙정이 해변까지 긴 거리를 이동하는 동안 방어군으로서는 폭격의 충격에서 회복하고 포에 인원을 배치할 만한 시간이 충분했다. 연합군 제1파 병력이 해변에 닿을 때 독일군은 박격포, 포, 기관총으로 화염의 벽을 만들어 상륙정을 파괴하고 상륙하려는 제1파에 떼죽음을 선사했다. 거친 물결은 상륙장갑차를 집어삼켜 그 안에 갇힌 승조원들과 함께 가라앉혔다. 영국군의 '스워드' 해변에서는 적진을 향해 출발한 상륙장갑차 34대 중 31대가 해안에 도착하고 캐나다군의 '주노' 해변에서는 29대 중 21대가 도착한 반면에 '오마하' 해변에서는 29대 중 단 2대만이 도착했다.[83] 제1파로 상륙한 해상전투폭파대들은 빗발치는 사격에 인원과 장비를 너무 많이 잃어서 제2파와 제3파의 보병들이 도착하기 전에 좁은 항로 5개를 여는 데 그쳤다. 해안가에서 손상된 상륙정과 장비가 후속 함정의 진로를 가로막은 탓에, 순서대로 질서정연하게 이동하려던 상륙정들은 대혼란에 빠진 채 해변의 난파 잔해와 시체 사이에 되는대로 병력을 내려놓아야 했다. 그렇다고 해변에서 철수하는 것은 대부분 불가능하거나 위험천만한 일이었다.

독일군의 포성은 그치지 않았다. 두 시간이 지나자 '오마하' 강습은 십중팔구 실패할 것으로 보였다. 그러나 타라와에서처럼 이곳에서도 살아남은 미군 병력은 용기와 결의로 난관을 극복했다. 구축함을 보내달라는 긴급 요청을 받은 주력함대는 함정 10여 척을 급파했고, 그 구축함들은 얕은 수심에도 불구하고 해변에서 수백 미터 이내로 접근해 모든 함포로 독일군의 포좌를 공격했다. 태평양에서 배운 교훈 중 하나인 근접 포격은 이번에도 더 무거운 함포보다 훨씬 효과가 높은 것으로 드러났다. 포격을 지휘해야 할 해안대에서 심각한 사상이 발생한 까닭에 구축함들은 기회가 생기는 대로 발포했다. 임시변통이긴 했으나 연안 함포지원을 채택한 것은 미군이 조약돌이 깔린 좁은 기슭에서 전진하는 데 결정적으로 중요했다.[84] 저녁까지 미군은 최악의 재앙에서 벗어나 타라와에서처럼 작은 교두보를 확보했다. 사망, 부상, 실종으로 인한 손실은 아직까지도 불확실하지만, 추정치들은 사상자가 2000명을 훌쩍 넘어 베티오에서 미국 해병대가 입은 손실과 엇비슷하다는 데 동의한다.

적군이 결연히 대항할 경우 어떠한 상륙작전도 계획대로 완벽하게 진행될 수 없는 법이다. 실제로 연합군도 급습한 해안가 도처에서 실수를 저질렀다. 하지만 결국 첫날에 안전한 거점을 확보했다. '오마하' 해변의 손실도 분명 전체 계획을 위태롭게 하지 않았다. 첫 주에 다섯 해변에 내려놓은 병력, 장비, 물자의 양을 감안하면, 설령 독일군이 노르망디와 상륙예상지 파드칼레로 병력을 나누지 않았을지라도 히틀러의 지시대로 연합군을 '다시 바다로' 내모는 것은 분명 그들의 군사적 역량을 넘어서는 일이었다. 6월 11일까지 대함대는 병력 32만 6000명, 차량 5만 4000대, 물자 10만 4000톤을 교두보로 실어날랐다. 심지어 난장판이 된 '오마하' 해안가에도 17일까지 약 5만 톤의 물자를 하역했으며, 그날 램지 제독은 침공의 상륙 단계가 완전히 성공했다고 선언했다.[85] 이것이 유럽에서 전개한 마지막 주요 상륙작전이었다. 유럽에서나 태평양에서나 연합군은 상륙전 교리를 훈련된 병력과 적절한 장비, 전술적 인식으로 바꾸기까지 오랫동안 학습곡선을 거쳐야 했다. 이것은 연합군의 궁극적 승리에 꼭 필요한 요소였는데, 적군이 방어하는 해안을 침공해 영구적인 발판을 확보할 방법이 없다면 그들을 정복지에서 몰아낼 수 없었기 때문이다. 갈리폴리의 망령은 마침내 안식을 찾았다.

전력승수: 무선통신과 레이더

1945년 미국 과학정보합동위원회는 한 간행물에서 ('Radar'라는 미국식 두문자어로 더 널리 알려진) "무선 탐지와 거리 측정Radio detection and ranging이 항공기 이래 다른 어떤 발전보다도 전쟁의 양상을 바꾸었다"고 주장했다.[86] 비록 과장된 주장이긴 했으나 전시 동안 기갑전, 전술공군, 상륙전, 해군-공군 협동전투의 성숙한 발전은 상당 부분 일선에서 무선통신과 레이더를 이용하는 전자전의 진화에 달려 있었다. 전파 과학은 1930년대 후반에 절정에 이르렀다. 미국에서는 1년 만에 해군 연구소가 처음으로 펄스 레이더를 시연하고, 통신대 장교 에드윈 암스트롱Edwin Armstrong이 FM (주파수 변조) 무전기를 발명하고, 육군이 항공기 탐지를 위한 펄스 레이더 체계를 고안했다. 그해가 1936년이었지만, 불과 5년 후 부득이 참전할 무렵이면 미국은 이미 파나마 운하부터 알류샨 열도까지 뻗은 방어 레이더 망, 수상함을 탐지하고 포격을 자동으로 지시하는 해군 레이더, 항공모함의 ASVair-to-surface vessel (공대함) 레이더, 모든 전차의 FM 무전기, 육군 항공기의 AI(요격용) 레이더를 갖추고 있었다. 이 분야는 비약적으로 발전했고 전시 내내 그러했다.

무선통신은 1차대전에서는 거의 쓰이지 않았다. 정적인 전선에서는 유선통신과 전화에 의존하거나 전령과 수기 신호, 전서구傳書鳩를 사용했다. 그 후 기갑부대와 항공기가 도래하여 정적인 전화망의 쓸모가 별로 없어지자 새로운 형태의 통신이 필요해졌다. 전간기에 개발된 민간 무선통신 기술은 명백히 군사용으로 응용될 수 있었다. 1930년대에 세계 각지의 군사연구기관들은 전선을 직접 지휘하고 또 일선의 보병부대와 포병부대, 기갑부대가 국지적 수준에서 교신할 수 있도록 지상과 해상의 전장에서 무선통신을 사용할 가능성을 탐구했다. 초기에 대부분의 육군은 더 안전하고 음질이 더 낫다는 이유로 유선통신을 고수했지만, 어디서나 공군은 항공기들 간에, 또는 지상통제소와 비행 중인 항공기 간에 교신할 방도가 없다는 이유로 무선통신을 필요로 했다. 수상함과 잠수함을 위한 함상 무선장비는 함대와 지휘본부 사이의 작전통신에 반드시 필요했다. 그럼에도 무선통신에는 극복해야 할 단점들이 있었다. 초기 장치는 무거웠고 공중선과 안테나는 눈에 띄게 길었다. 1930년대에 표준 기술로 쓰인 AM(진폭 변조) 방식은 전파 방해, 주파수 표류, 공전空電 잡음에 취약했다. 전선 무선통신의 거리는 짧았고 때로는 1킬로미터 정도에 지나지 않았다. 이동 중인 차량에서는 AM 무전기를 거의 사용할 수 없었다. 함상 무선장비는 함포의 위력 때문에 생기는 진동 효과에 영향을 받을 수 있었다. 극한의 기온, 높은 습도, 폭우로 인해 무선장치가 작동 불능이 되거나 정교한 회로가 부식될 수도 있었다. 또한 무선통신은 안전하지 않았는데, 적이 쉽게 통신문을 방수해 이용하거나(사전에 통신문을 암호화하지 않는 한) 적 통신부대가 방해할 수 있었기 때문이다. 무선통신을 암호문이 아닌 보통문으로 하는 것은 적이 통신문을 방수하더라도 별 영향이 없는, 지상이나 공중의 고속 전투에서만 납득할 만한 일이었다. 전시 동안 무선통신이 더욱 절박하게 필요해지는 가운데 이런 단점들이 대부분 부각되었지만, 무선통신의 안전성과 존립 가능성 문제는 끝내 완전히 해결되지 않았다.

1930년대 후반의 기갑부대 창설은 더 나은 통신을 찾으려는 노력과 나란히 이루어졌다. 독일 기갑부대는 무선통신을 사용해 위로는 최고사령부에서 아래로는 소규모 일선 부대까지 전장을 통제할 전망을 처음으로 탐색했다. 1932년 6월 독일 육군은 대규모 기동훈련인 '무선연습 Funkübung'을 실시하면서 체코슬로바키아의 독일 침공이라는 모의 시나리

오로 통신을 시험했다. 그 후로 이 연습은 무선통신이 결정적 역할을 하는 정교한 통신 교리와 실전의 토대가 되었다. 프랑코 장군을 지원하기 위해 에스파냐 내전에 파견된 독일군은 경험을 통해 장갑차들을 무선통신으로 연결할 때 이 차량의 장점이 최대화된다는 것을 확인했다.[87] 1938년경에는 각 기갑부대마다 부대장이 지휘용 장갑차에서 여러 무선장비를 사용해 휘하 부대를 통제하고 전술본부와의 연락을 유지했다. 지휘차량은 1940년 244대, 소련 침공 시 330대가 있었다—기갑대형의 효과적인 작전에 절실히 요구되는 혁신이었다.[88] 모든 독일 전차에는 표준 송수신 겸용 무전기가 장착되어 있었으며, 이것은 1940년 프랑스와 저지대 국가들을 침공할 때—당시 프랑스 전차의 5분의 4에는 무전기가 없었다—결정적인 이점으로 밝혀졌다. 프랑스군은 전차부대를 통제하기 위해 때때로 장교가 한 전차에서 옆 전차로 달려가 해치에 대고 소리를 질러야 했다.[89] 그와 달리 독일군의 각 기갑사단은 전 부대에 걸쳐 무선연락을 유지하는, 장비를 잘 갖춘 전문 통신대대를 보유했다. 무선통신 훈련은 엄격했다. 모든 신호에 암호명('사자', '독수리', '새매' 등)을 사용해야 했고, 전파 방해와 적에게 위치를 노출할 위험을 피하기 위해 '약호표'를 사용해 최대한 짧게 교신해야 했다.[90] 독일 무선통신의 높은 기준은 독일 육군이 심지어 퇴각하면서도 전투력을 유지한 비결로 꼽힌다.

기갑부대와 차량이 핵심 요소인 전장 상황에서 무전기는 오늘날 말하는 '지휘통제'를 확립하는 데 꼭 필요한 것으로 밝혀졌다. 자력으로 싸우는 전차나 중앙에서 지휘하지 않는 포는 전술상 항상 불리했다. 그럼에도 독일군의 실전을 다른 기갑부대들이 그대로 따라하는 데에는 시간이 걸렸다. 1935년에 발간된 영국 육군 야전 규정에는 무전기에 대한 언급이 아예 없었다. 전쟁 첫해에 무전기가 빠르게 개발되었지만, 1940년에도 전령과 전화가 여전히 일선 통신의 주된 수단이었다. 결국 영국 전차는, 이동 중인 차량에서 AM 방식을 사용하기 어렵다는 문제에도 불구하고, 전차와 상급지휘소 간 쌍방향 통신을 가능하게 해주는 표준 WS 19 AM 무전기를 받아들였다.[91] 소련과 일본의 전차에는 대체로 무전기가 없었다. 일선 부대 지휘관의 전차는 예외였지만, 그런 무전기마저 품질과 성능이 떨어지고 공급량이 부족했다. 일본군은 보통 수신호, 신호탄, 무늬가 들어간 유색 깃발의 정교한 체계 등을 이용해 기갑작전 지시사항을 전달했다.[92] 1941년 소련군이 패한 것은 상당 부분 모든 수준의 부대에 무전기가 부족했기 때문이다. 미국과 영국이 야전용 무전기 24만 5000대를 넉넉히 제공한 덕에 소련군의 상황은 차츰 나아졌다. 소부대 수준에 이르기까지 지휘관의 전차에 무전기가 장착되었지만, 소련군에서 무전기를 통한 전차부대 지휘통제는 결코 독일군의 실전에 필적하지 못했다.

1930년대에 미국 육군은 영국 육군과 마찬가지로 전화선과 종래의 통신문 전달 방식으로 충분하다고 생각했다. 실제로 지난 1918년에 미국 원정군이 그렇게 통신한 바 있었다. 그러나 신설된 기계화군단(곧 기갑군으로 변경)의 압박에 육군 통신대 연구소는 전차와 차량에서 사용할 고품질 FM 무전기를 개발하기 시작했다. 안정된 주파수와 양호한 수신 상태를 유지하고 방해와 간섭을 받지 않기 위해 수정결정水晶結晶을 사용하는 무전기였다. 1940년 여름 루이지애나에서 실시한 대규모 육군 기동훈련은 전장의 기갑부대를 통제하는 효과적인 통신망을 구축하는 데 FM 무전기가 제격이라는 것을 보여주었다. SCR-508은 전차들 사이, 전차와 전술지휘소 사이의 쌍방향 통신을 위한 표준 전차 무전기가 되었고, 1944년 유럽의 주요 기갑작전들에서 그 가치를 입증했다.[93] 유일한 문제는 FM 수정결정이 시효時效, aging라고 알려진 현상 때문에 갑작스러운 고장에 취약하다는 것이었다. 통신대 연구소의 수정결정 부서에 채용된 미국 물리학자 버질 보텀Virgil Bottom은 노르망디 전투 시기에 맞추어 이 현상의 원인과 해결법을 발견했다. 1944년경 미군은 교전국들을 통틀어 부대당 무전기의 수가 가장 많았을 뿐 아니라 무전기의 신뢰도와 성능까지 좋았다.[94]

보병부대, 특히 진격하는 전차를 지원하는 임무를 맡은 부대에게는 통신이 더 문제였다. 초기 무전기들은 무겁고 거추장스럽고 이동 중에 조작하기가 어려웠다. 하지만 대다수 작전이 기동작전이었으므로 지상 병력이 기갑부대 및 포병부대와 통신할 수 있는 수단을 마련하고 더 효과적인 전술적 배치를 위해 전방 보병부대들에 대한 '음성 통제'를 확립할 필요가 있었다. 사령부와 소부대, 소부대와 소부대를 연결하는 통신망을 구축할 수 있다는 구상은 실현하기 어려운 것으로 밝혀졌는데, 주된 원인은 기갑부대, 포병부대, 보병부대가 서로 다른 주파수에 맞춘 무전기를 사용한다는 데 있었다. 공통 주파수는 영국군이 1945년에야 도입했다. 보병-기갑 공통 무전기는 1944년 말에야 미군 부대들에 공급되었다. 보병과 전차가 함께 전진하기로 되어 있던 미군의 작전에서 이 문제는 정말로 골칫거리였다. 대표적인 보병 무전기들—SCR-536 AM '핸디토키handie-talkie'(휴대전화의 시조)와 더 크고 두 사람이 조작하는 SCR-300 AM '워키토키walkie-talkie'—은 전차의 SCR-508 FM 무전기와 호환되지 않았다. 보병은 지원을 요청하거나 정보를 제공하려면 전술지휘소를 거쳐 통신문을 전달해야 했는데, 이는 전장에서 즉각 대응하기에는 너무 더딘 절차였다. 이 문제를 우회하고자 미군은 미봉책에 의존했다. 보병 무전기를 때때로 전차 안에 두는 방법이었는데, 그럴 경우 잡음과 이동 때문에 무전기의 성능이 제한되었다. 가장 흔하게 사용한 해법은 야전전화기를 전차의 후면에 부착하고 전차의 기내 통신망에 연결하는 것이었다. 보병은 비록 적 저격수의 사격에 위험하게 노출되긴 했지만, 이 방법으로 전차 승무원에게 표적과 위험에 관한 지시사항을 직접 알릴 수 있었다.[95]

무선통신의 최전선은 소부대들의 행동을 조정하고 지원을 요청하는데 필수적이긴 해도 분명 곤경으로 가득했다. 불안정한 주파수, 진공관 파손, 조잡한 공학을 제쳐두더라도, 무선연락은 폭우, 바닷물, 빗물, 불리한 지형 때문에 곧잘 지장을 받았다. 연합군이 1943년 튀니지에서, 그리고 이탈리아 반도에서 전역을 전개하는 동안 알아챘듯이, 산과 구릉은 교신 거리를 제한하거나 아예 통신을 차단했다. 그런 지형에서는 제대로 기능할 수 있도록 무전기를 노새에 끈으로 묶어 구릉 정상까지 운반해야 했다. 또한 무전병은 교전 중에 한층 취약했다. 무전병은 상륙작전 도중 해안에 접근하다가 무거운 장비 탓에 이따금 물속에 잠기곤 했으며, 적 명사수는 통신 중임을 훤히 드러내는 안테나를 찾아 주요 표적으로 삼았다. 그럼에도 신뢰도를 높이고 무게를 줄여간 무전기는 한두 명이 조작할 수 있는 형태로 야전의 소부대들에 주기적으로 분배되었다. 독일의 Torn. Fu. d('도라Dora')와 Torn. Fu. g('구스타프Gustav')는 교신 거리가 10킬로미터에 달하는 신뢰할 만한 휴대용 무전기였다. 영국군 부대들은 교신 거리가 1킬로미터 이하로 덜 효과적인 WS 38 워키토키와, 더 크고 두 명이 조작하며 교신 거리가 8킬로미터에 달하는 WS 18을 가지고 있었다. 비록 신뢰할 수 없는 장치로 간주되긴 했지만, 휴대용 WS 38 무전기는 전시 동안 18만 7000대가 생산되어 유럽 곳곳의 실전에서 사용되었다. 전시를 통틀어 영국 육군은 무전기 55만 2000대를 공급받았는데, 이는 교전에서 없어서는 안 되는 무전기의 가치를 입증하는 증거였다.[96]

일선에 도착한 무전기의 사용법을 군대는 재빨리 학습해야 했다. 태평양 전구에서 열악한 무선통신은 미군의 초기 작전들에서 사상자가 불필요하게 많이 발생한 원인 중 하나였다. 1943년 11월 타라와를 강습할 때 지휘함 메릴랜드의 무선장비는 해변에 상륙하는 해병대와 통신하기에는 불충분했다. 무선통신은 이 전함의 거포의 진동 효과에 악영향을 받았으며, 해안에 상륙한 해병대의 휴대용 무전기 TBX와 TBY는 수해와 짧은 배터리 수명 때문에 제대로 기능하지 않았다. 그 후 1945년 4월 오키나와를 침공할 무렵에는 더 나은 무선장비를 갖춘 전용 지휘함이 함안이동을 통제했고, 개량된 휴대용 무전기가 전장에서 사상자를 줄이는 데 일조했다.[97] 1942년 11월 영미군이 북아프리카에 처음 상륙할 때 사용한 무전기도 운용 가능한 통신망을 구축하기에 부적합했다. AM 무전기는 폭우와 주파수 혼잡에 영향을 받았다. 대다수 무전병은 대서양을 횡단하는 동안 함상에서 급하게 훈련을 받았으며, 적절한 장비와 교체 부품의 공급량은 필요 수준에 미치지 못했다. 미군의 무선체계와 영국군의 무선체계는 호환되지 않았고, 양군은 장비를 조정해야만 서로 통신할 수 있었다. 무전기의 성능이 너무 떨어지자 영국군은 앨프리드 고드윈-오스틴Alfred Godwin-Austen 소장이 이끄는 위원회를 꾸려 무전기가 더 효과적으로 기능할 수 있도록 그간 배운 교훈들을 평가했다. 무전기 사용법을 개선하기 위한 위원회의 결론은 노르망디 침공에 앞서 1944년 3월에 배포되었다.[98] 1944년에 무전기는 마침내 영국군과 미군의 군사연습에 포함되었다. 1940년과 비교해 1944년 영국 육군의 무전기 수는 10배에 달했다. 디데이에 미국 육군 부대들은 무선송신기 9만 대를 보유했으며, 그중 태반이 독일군의 신호정보를 교란하기 위해 모두 새로운 주파수들에 맞춘, 더 신뢰할 만한 FM 수정水晶 제어 무전기였다. 전전 1년간 무전기 10만 대를 생산했던 미국 산업은 그 무렵 한 달에 수정 무전기를 200만 대씩 생산하고 있었다. 무전기는 1944년 7월과 8월 연합군이 프랑스를 가로질러 독일군을 장기간 추격할 때 그 가치를 입증했고, 지상레이더와 더불어 연합군의 막강한 포격을 효과적으로 지휘하고 통제하는 데 필수적이었다.[99]

무전기는 전시 동안 전술공군의 진화에 더욱 필수적이었다. 각국 공군은 고성능 무전기를 할당해줄 것을 요청하여 우선순위로 할당받았다. 영국은 1940년 여름과 가을 본토 항공전을 치를 때 모든 항공기에 초단파 VHF 무전기를 장착해 조종사들이 교신할 수 있도록 했다. 또한 지상통제소는 침입 중인 적기를 레이더나 지상관측으로 확인했을 때 무전기를 사용해 조종사에게 목표지역을 지시할 수 있었다. 무전기는 항공기 방어를 위해 공중 교전구역을 유지할 수 있도록 해주는 유일한 수단이었다. 실전에서 공중 공세를 조직하는 것은 더 어려운 일이었다. 공중 공세를 펴려면 전방 지상통제소를 설치해 공격기에 대한 음성 통제를 유지해야 했고, 필요시 지면의 표적을 무력화하기 위해 항공기와 육군(또는 해상 함대) 간의 무선연락을 발전시켜야 했다. 독일 육군과 공군의 무전기 주파수가 서로 달랐음에도, 독일 공군은 폴란드와 프랑스에서의 초기 전역에서 이 어려운 일을 해냈다. 공군 연락장교들은 육군 주요 부대들에 배속되어 항공작전과 지상작전을 융합하는 결정적인 역할을 했다. 또 독일군은 소련 침공에 앞서 항공지원을 요청할 목적으로 각 기갑사단에 항공신호연락분견대를 배속시켰다. 1943년 동부전선에서 전투를 치를 무렵이면 전차장과 지원항공기가 같은 무선주파수를 이용해 직접 연락할 수 있었다.[100]

연합군이 전술공군에 대한 무선통제를 독일군과 같은 수준까지 숙달하는 데에도 몇 년이 걸렸다. 프랑스에서 참사를 겪은 후 영국에서는 J. 우돌Woodall 중령이 이끄는 육군-공군 합동반이 공군의 역할과 지상군의 역할을 조정하는 방법을 제시했다. 1940년 완성된 후속 '우돌 보고서Woodall Report'는 일선 병력과 동행하는 통신대로부터 표적에 관한 상세한 정보를 받을 수 있고 지원이 필요한 곳에 항공기를 급파할 수 있는 합동통제소를 권고했다. 이 체계는 정식으로 승인을 받았지만, 북아프리카의 사막전에서 신속하게 이동하며 교전하는 도중 항공기를 무선으로 통제하는 것은 아직도 육군의 편견이 강하게 남아 있는 상황에서 항공기와 숙련된 무전병의 수가 충분해질 때까지 실행하기 어려운 것으로 밝혀졌다.[101] 1941년 가을 전방 항공지원 연계Forward Air Support Links를 확립한 후에야 일선에서 무선으로 공습을 요청할 수 있게 되었지만, 이 요청은 영국 공군 사령부의 승인까지 받아야 했기에 작전 대응이 더딜 수밖에 없었다. 결국 1942년 초 전진공군본부와 함께 더욱 정교한 무선통신망이 구축되었는데, 이 본부는 육군과 함께 이동하며 초단파 무전기로 공중의 항공기에 차례로 공격할 지상 표적들을 지시했다. 약 400대의 초단파 신호차량이 육군과 함께 이동하며 공중에서 공격할 적의 위치에 대한 상세한 정보를 항공기에 무선으로 알려주었다. 마침내 연합군은 독일군의 통신을 모방하기에 이르렀고, 뒤이어 그 수준을 능가했다.[102]

소련 공군 역시 독일군의 실전으로부터 배워야 했다. 전시 초기 소련 공군은 항공기용 무전기가 없었던 탓에 때때로 정찰기가 비행장에 착륙해 조종사들에게 작전을 통지한 다음 사실상 그들을 표적까지 이끌고 가야 했다. 무전기가 없는 소련 공군 부대들은 '대장 따라가기 놀이' 편대로 비행했고, 그런 이유로 무전기 덕에 한결 유연하게 비행할 수 있는 독일 공군의 손쉬운 표적이 되었다. 붉은군대의 전쟁경험활용부는 보고서에서 항공기 작전에 대한 통제가 제대로 이루어지지 않는 문제를 강조했으며, 1942년 말 신임 공군 총사령관 노비코프는 지상과 공중의 표적을 항공기에 지시하기 위해 무전기와 레이더를 사용하는, 중앙통제식 무선유도 체계를 스탈린그라드 전선에 도입했다. 무선으로 공군기지 및 항공기와 연락하는 보조지상통제소들은 전선에서 2~3킬로미터 뒤에 설치되었고 서로 8~10킬로미터씩 떨어져 있었다. 소련군은 '항공기 무선 통제·통지·유도에 관한 공군 지침'을 담은 새로운 야전교범을 발행했고, 거의 그 직후부터 독일군은 소련군이 표적을 겨냥해 한층 효과적으로 요격하는 광경을 목격하기 시작했다. 그러나 넓은 전선에 무선망을 설치하고 또 소련 조종사들이 무선통제를 이해하고 그것에 의존하는 데에는 시간이 걸렸다. 게다가 소련군은 통신문을 보통문으로 보낸 터라 독일군이 신호정보를 방수하기 쉬웠다. 1943년 7월 쿠르스크 전투에서 이 체계는 방어하는 동안 제대로 작동하지 않았지만, 뒤이어 여름과 가을에 장기간 반격하는 동안 소련군은 미국에서 공급받은 무선통신소를 도입하고 무기대여로 받은 항공기용 무전기 4만 5000대를 이용함으로써 수적 우세의 효과를 키워갈 수 있었다.[103]

미국 육군과 해군의 항공부대들도 소련 공군과 마찬가지로 힘겨운 견습 시절을 경험했다. 1942년 8월 개시한 과달카날 전투에서 항공지원 요청이 불가결했지만, 해군과 해병대, 육군 항공대 모두 서로 다른 무선주파수를 사용했다. 미군이 찾은 임시변통 해법은 '항공전방관측자'들이 두 개의 마이크에 부착하도록 개조된 무전기로 회신하는 방법을 통해 보고 내용을 근처의 해군 무전기로도 들을 수 있도록 하는 것이었다.[104] 1942년 11월 북서아프리카에 상륙하는 동안 공군 구성군이 제 역할을 못한 주된 이유는 부족한 물자와 인력으로 신뢰할 만한 무선망과 레이더망을 신속하게 구축하기 어렵다는 데 있었다. 전략공군 사령관 칼 스파츠가 불평했듯이 가뜩이나 "허술하고 부적절한 통신체계"는 영국군과 미군의 항공통제 주파수를 통합하지 못한 탓에 더욱 악화되었다.[105] 하지만 결국에는 북아프리카에서 배운 교훈을 바탕으로 운용 가능한 통신체계를 수립했다.

연합군의 프랑스 침공 시 항공지원반은 주요 육군 부대들과 동행하면서 항공지원통제소에 지상을 지원하는 공중 행동을 즉각 요청할 수 있었다. 1944년 늦여름에 항공지원반은 선두 전차들에 초단파 무전기를 가진 무전병을 한 명씩 배치했으며, 각 무전병은 공군이 사용하는 무전기와 동일한 SCR-522를 사용해 상공에서 초계하는 항공기에 지원을 요청할 수 있었다. 전역의 이 단계에서는 독일 항공기가 비교적 드물었으므로 진격 중인 지상군의 앞쪽에서 소형 L-5 '호스플라이Horsefly' 연락기를 운용하며 잠재적 표적을 무전으로 알릴 수도 있었다.[106] 이제 무전기는 지상통제소와 항공기, 항공기와 항공기, 항공기와 지상군을 연결하는 정교한 통신망의 일부로 쓰이고 있었다. 추축군의 체계도 연합군의 체계도 결코 완벽하지 않았지만, 무전기는 전투 중 항공기의 효과를 높여주고 연합군이 학습 곡선의 종점에 다가갈수록 더 유리하게 해주었다.

항공전에서든 지상군 지원에서든 항공기를 통제하는 효과적인 무선통신의 등장은 레이더의 진화 및 발전과 밀접한 관련이 있었다. 초기에 적 탐지를 위한 전파 활용을 시험해보도록 자극한 것은, 커다란 음향센서를 사용하는 기존 수단—희미한 소음의 존재 말고는 아무것도 알려주지 않았으므로 가동해봐야 거의 쓸모가 없었다—외에 다른 수단으로 적기의 접근을 사전에 경고할 만한 방법을 찾으려던 연구였다. 전파 연구는 세계적이었고 레이더 개발에 필요한 기술은 진정으로 국제적이었다. 두 가지 핵심 요소는 일본과 독일에서 연원했지만—하나는 1926년 야기 히데쓰구八木秀次가 개발한 야기 안테나였고, 다른 하나는 1920년 수신기와 송신기에 사용하도록 개발한 바르크하우젠-쿠르츠 관(또는 마그네트론)이었다—외국에서도 특허를 얻은 까닭에 다른 이들도 연구에 쉽게 활용할 수 있었다. 1920년대 말과 1930년대 초에 역시 산업화된 세계 전역에서 이루어진 텔레비전의 상업적 발달도 음극선관을 비롯한 중요한 방식으로 레이더의 진화에 기여했다―음극선관은 레이더 설비에서 탐지한 대상의 이미지를 쉽게 판독하는 데 쓰였다. 독일의 텔레풍켄 사, 미국과 영국의 제너럴 일렉트릭 사, 일본의 닛폰 전기 사 등의 민수산업은 공학의 중요한 혁신을 담당하여 레이더 사용을 가능하게 해주었다. 과학의 초국적 성격을 감안하면, 레이더 개발로 귀결된 관찰이 나중에 전쟁을 치른 모든 주요국에서 거의 동시에 이루어진 것은 놀랄 일이 아니다. 레이더는 어떤 한 사람이나 나라가 '발명'한 게 아니었다.

1930년대에 레이더 개발이 필연적 결과였다 할지라도, 레이더의 초기 기원은 선견지명만큼이나 우연의 결과였다. 1934년 말 영국 공군부의 과학연구 국장 해리 윔페리스Harry Wimperis는 전파를 집속하면 다가오는 항공기에 '죽음의 광선'으로 작용할 수 있다는 세르비아계 미국인 발명가 니콜라 테슬라Nikola Tesla의 주장에 감명을 받아, 전파연구소 소장 로버트 왓슨-와트Robert Watson-Watt에게 이 주장을 조사해달라고 요청했다. 왓슨-와트는 그 주장은 과학적으로 타당해 보이지는 않지만 전파 빔(지향성 전파)을 "무선 파괴가 아닌 무선 탐지"를 위해 사용할 수 있을지도 모른다고 보고했다. 왓슨-와트는 전파 펄스와 반사파를 이용해 전리권을 측정한 자신의 연구에 근거해 1935년 2월 26일 대번트리에 있는 BBC 송신기로부터 수 킬로미터 떨어진 곳에서 실험을 실시했다. 핸들리 페이지 헤이퍼드Handley Page Heyford 항공기가 빔을 따라 비행하며 지상 수신기에 명확한 신호를 돌려보냈다. 마침내 적기의 공격에 대한 보호를 약속하는 실험 결과에 흥분한 왓슨-와트는 "영국이 다시 섬이 되었다!"라고 소리쳤다.[107]

이른바 '거리 측정과 방향 탐지'의 발명자로 자주 평가받은 영국 팀은 알지 못했지만, 미국 해군의 공학부는 1934년 11월 '무선에 의한 물체 탐지'와 관련해 특허를 출원했고, 한 달 후 해군 연구소는 펄스 레이더로 1.5킬로미터 거리에서 항공기를 탐지할 수 있음을 입증했다. 같은 해 미국 육군 통신대 연구소는 이미 '무선 위치 탐지' 프로그램을 시작한 터였다. 독일 물리학자로 해군 전파연구소 소장인 루돌프 퀸홀트Rudolf Kühnhold는 1934년 전파를 이용해 선박을 탐지했고, 대번트리 실험으로부터 채 석 달도 지나지 않은 1935년 5월 펄스 레이더의 쓸모를 입증하는 데 성공했다.[108] 소련은 더 이른 1933년 8월에 연구를 시작했는데, 레닌그라드의 중앙전파연구소가 포병행정본부Main Artillery Administration의 승인을 받아 대공방어를 돕기 위한 무선 탐지를 연구했다. 1934년 1월 3일 파벨 오셉코프Pavel Oshchepkov는 레닌그라드의 한 건물 옥상에서 진행한 실험에서 전파신호가 원거리 물체에 의해 반사될 수 있음을 보여주었다.[109] 상술한 거의 모든 경우에 각국은 과학적 발견의 군사적 용도를 곧장 알아채고서 레이더에 별안간 비밀의 장막을 둘렀다.

레이더 발견은 세계 곳곳에서 엇비슷한 시기에 이루어졌지만, 그 이후의 양상은 국가별로 달랐다. 영국, 미국, 독일이 채택한 펄스 레이더와, 반복 펄스가 아닌 지속파 전송에 기반하는 무선 탐지 사이에는 운용상 중요한 차이가 있었다. 실제 레이더는 대략 100만 분의 1초 동안 펄스를 송신하고, 펄스 사이 수백만의 1초 동안 탐지된 대상에 부딪혀 되돌아오는 반사파를 수신했다. 이 방법으로 전파 빔의 출력을 높이는 한편 항공기의 방향을 탐지할 뿐 아니라 수신기와 대상 사이 거리까지 측정할 수 있었다(거리 측정은 방공에서 결정적 요인이었다). 고도—또는 방위각—를 어림하는 것은 더 어려운 일이었으나 부품을 추가하는 방법으로 해결했다(영국의 경우 항공기의 방위를 측정하는 측각기를 추가했다). 레이더와 달리 지속파 전송 방법은 거리, 고도, 방향을 불완전하게 추정하거나 아예 추정하지 못했다. 소련의 경우 공군은 펄스 레이더를 고집한 반면에 육군은 지속파로도 대공포의 요건을 충족할 수 있다고 판단한 탓에 연구가 꼬였다. 지속파로는 항공기의 거리를 추정할 수 없었으므로 육군의 확신은 결국 막다른 골목에 봉착했다. 게다가 1937~1938년 대숙청 기간에 정치가 개입해 무선통신과 레이더 분야의 선임 연구자들을 대부분 체포했는데, 그중에는 굴라크 수용소에서 10년을 보낸 레이더 연구의 선구자 파벨 오셉코프도 포함되었다.[110] 일본의 경우 1930년대에 해군과 육군 모두 무선 탐지에 어떤 이점이 있는지 확신하지 못했다. 1941년 마침내 중국 해안선과 본토에 엉성한 레이더 체계가 설치되긴 했지만, 지속파 탐지소에서 항공기의 존재를 추정할 수 있었을 뿐 그 거리나 방향을 알려주지 못했으므로 이 체계는 비록 남은 전시 내내 유지되긴 했으나 운용해봐야 쓸모가 없었다. 육군과 해군은 레이더 개발에 협력하지 않으려 했으며, 전파 연구에 몰두한 소규모 과학자와 공학자 공동체는 민간의 개입을 불신하는 군부에 의해 소외되었다.[111] 이탈리아의 상황은 훨씬 나빴다. 1940년 전쟁에 돌입했을 때 이탈리아는 가용한 레이더 능력이 전무했고 무선 탐지 연구를 경시하고 있었다. 게다가 군부에서 지속파를 선호했거니와 부적절한 레이더로 구축한 해안 탐지망마저 없었다. 1941년 해안 방어와 함상 방어를 위해 펄스 레이더를 사용하는 두 종류의 레이더 장비 '폴라가Folaga'(물닭)와 '구포Gufo'(올빼미)를 주문했지만, 겨우 12대만 생산되는 데 그쳤다. 육군은 '린크스Lynx'라는 항공기 탐지 장치를 개발했지만, 이탈리아가 항복하기 전에 겨우 몇 대만 사용할 수 있었다. 1943년 마침내 이탈리아에 구축된 레이더망은 독일군을 보호하기 위한 독일의 망이었다.[112]

초기에 무선 탐지에 대한 육해군의 관심은 접근 중인 적기를 조기에 탐지하여 방공체계를 가동하고 요격용 항공기를 긴급 출격시킬 만큼의 정보와 시간을 얻을 수 있을지 여부에 집중되었다. 1930년대 중반에 영국에서는 정치인과 대중 모두 조만간 벌어질 전쟁에서 결정타가 될 듯한 폭격의 잠재적 위협을 줄이려면 조기 경보가 꼭 필요하다고 보았다. 대번트리 실험을 하고 채 1년도 지나지 않은 1935년 말, 영국 남해안과 동해안에 5개 '체인홈Chain Home'〔영국이 항공기 탐지를 위해 2차대전 이전부터 구축한 조기 경보 해안 레이더망〕 탐지소를 건설하라는 명령이 떨어졌다. 1940년이면 잉글랜드 남서부의 콘월부터 스코틀랜드 북단까지 영국 곳곳에 30개의 탐지소가 펼쳐져 있었다. 또 저공비행 항공기를 탐지하기 위해 31개 '체인홈 로우Chain Home Low' 탐지소로 이루어진 경계선이 구축되었다. 이 방공망은 완벽하게 기능하지 못했다. 초기 레이더는 지상 교란 때문에 해상의 항공기만 탐지하고 내륙으로 들어간 항공기는 추적하지 못했다. 고도는 여전히 정확하게 측정하기 어려웠는데, 한 가지 이유는 대다수 인력이 급하게 훈련받은 터라 레이더를 충분히 활용하려면 실전에서 수습 기간을 거쳐야 한다는 데 있었다.[113] 그럼에도 레이더는 무선망 및 전화망과 통합된 이후 1940년 독일 공군이 주간에 자주 침입하던 시기에 영국 전투기가 제때 요격할 수 있도록 경보를 발령하는 중요한 역할을 했다. 전시 동안 적기의 출격 횟수가 줄어드는 중에도 영국 레이더의 성능은 꾸준히 개선되었다.

미국은 라틴아메리카에 기지를 둔 일본이나 독일의 항공기가 불시에 기습할지 모른다는 우려에 1930년대 말부터 해안 방어 레이더를 설치하기 시작했다. 1937년 장거리 탐지용 레이더가 승인을 받았고, 1939년까지 이동식 레이더와 고정식 레이더 모두 개발되었다. 첫 고정식 SCR-271 레이더는 1940년 파나마 운하를 방어하기 위해 설치되었다. 그해 2월 미국 방공사령부는 영국 방공체계와 마찬가지로 요격부대와 연계된 레이

더 탐지소 망을 구축하기 시작했다. 훈련된 인력이 부족하고 재무장에 대한 요구사항들이 상충된 탓에 이 구조가 발전하는 데에는 시간이 걸렸으며, 그런 이유로 진주만 공습 무렵 레이더 탐지소는 동해안에 고작 2개, 태평양 해안에 6개밖에 없었다. 미국 레이더는 방향과 거리는 탐지했으나 고도는 탐지하지 못했다. 레이더 다수는 전쟁부의 지시에 따라 부적절한 구릉 정상에 설치했다가 성능 최적화를 위해 더 낮은 위치로 옮겨야 했다. 해안 레이더는 장비를 변경하면서 점차 영국 표준에 다가갔으며, 결국 태평양 해안에 65개, 동해안에 30개로 이루어진 광범한 레이더망이 구축되었다. 전시 후반에 지상관제요격 레이더 SCR-588은 적군기와 아군기를 같은 스크린에서 추적하며 거리, 방향, 방위각을 알려주었으며, SCR-516은 영국의 '체인홈 로우'와 동등하게 100킬로미터 이상 떨어진 거리에서 저공비행하는 항공기를 탐지할 수 있었다.[114] 결국 미국의 어느 해안도 공습을 받지 않았으므로 레이더, 전투기 기지, 무선통신, 지상관측으로 이루어진 정교한 구조, 1940년 영국의 생존에 그토록 중요했던 구조는 끝내 검증되지 않았다. 오히려 레이더 탐지소는 항공대가 국내에서 수시로 진행하는 훈련 비행에 대처해야 했다. 예컨대 로스앤젤레스 방공 지역에서는 1942년 7월에만 훈련 출격을 11만 5000회 모니터링했으나 적기는 단 한 대도 나타나지 않았다.[115] 전시에 검증받지 않은 방공체계의 아이러니는 이것이 필요했던 단 한 번의 사건, 즉 전전 일본이 진주만 해군기지를 공격한 사건에 의해 확연히 드러났다. 1941년 12월 이전에 오아후 섬 북해안의 오파나 능선에 레이더가 설치되었고, 12월 7일 이른 아침 두 명의 레이더 조작수가 대규모 항공기 무리가 접근하고 있다고 제대로 보고했다. 그러나 보고를 들은 상관은 태평양 기지들을 보강하기 위해 비행 중인 아군 폭격기들이라고 대꾸했다. 배경 간섭 때문에 스크린에 불

필요한 반사상이 생기자 두 조작수는 레이더를 내버려둔 채 조식을 먹으러 갔다.[116]

가장 정교하고 폭넓은 레이더 방어망은 독일 공군이 독일 서부 국경과 유럽 점령지의 북해안을 따라 구축했다. 이곳에서는 1940년 5월 영국 공군의 첫 공습부터 1945년 5월 교전 종식까지 항공전이 끊이지 않았다. 독일의 대공경보 레이더는 두 민간기업 GEMA와 텔레풍켄이 개발했고, 그 이후 공군 통신국장 볼프강 마르티니Wolfgang Martini 장군이 방공체계를 책임지는 공군의 몫으로 이 레이더의 사용권을 넘겨받았다. GEMA 사는 장파장으로 작동하고 해안 탐지거리가 130킬로미터인 '프레야Freya' 레이더도 고안해냈다. 1939년 설치된 이 레이더는 표적의 고도를 측정하는 기능을 추가함으로써 전투기의 요격을 정확하게 유도할 수 있도록 해주었다. 독일군은 1940년 프레야 8개를 연결해 성능을 높인, 탐지거리가 300킬로미터에 달하는 암호명 '바서만Wassermann' 레이더를 개발했고, 1941년 프레야 16개를 연결해 비슷한 탐지거리를 가진 암호명 '매머드Mammut' 레이더를 만들었다. 이 향상된 레이더 모델들은 영국 항공기가 잉글랜드 동부의 기지에서 이륙할 때부터 그것을 탐지할 수 있었다. 텔레풍켄의 레이더 연구소 소장 빌헬름 룽게Wilhelm Runge는 정확한 대공 포격을 위한 포 조준 레이더인 암호명 '뷔르츠부르크Würzburg'를 개발했다. 프레야와 뷔르츠부르크 레이더는 독일 방공체계에서 표준 장치가 되었다. 전쟁 후반에 뷔르츠부르크 레이더는 '뷔르츠부르크-리제Würzburg-Riese'('특대형 뷔르츠부르크')와, 탐지거리 30킬로미터에 정확도가 더 높은 관제 레이더인 '만하임Mannheim'에 의해 보완되었다. 1944년, 독일은 전투폭격기의 저공 공습에 대처하기 위해 이동식 관측 레이더인 FuMG407을 도입했다. 개조 트럭에 탑재한 이 레이더는 장소를 옮겨가며 프레야와 뷔르츠부르크 탐

지소들 사이의 넓은 빈틈을 메워주었다.[117]

레이더는 전투기 방어부대, 탐조등, 대공초소로 이루어진 방어선에 통합되었다. 이 방어선의 암호명은 '히멜베트Himmelbett'(하늘 침대)였지만, 독일 전투기 방어부대의 초대 사령관인 요제프 캄후버Josef Kammhuber 장군의 이름을 따서 보통 '캄후버 선'이라 불렸다. 이 레이더 벨트는 스위스 국경부터 프랑스 북부와 벨기에를 거쳐 저 멀리 독일-덴마크 국경까지 뻗어 있었다. 영국과 미국의 체계와 마찬가지로 이 체계도 완벽하게는 작동하지 않았다. 숙련된 레이더 조작수가 부족했고, 레이더의 정보가 느리게 출력되었다. 1942년 봄, 대공포대의 3분의 1만이 뷔르츠부르크 포 조준 레이더를 갖추고 있었다.[118] 나중에 이 레이더는 전파 방해에 매우 취약한 것으로 밝혀졌다. 특히 1943년 여름부터 연합군이 적 레이더 스크린을 뒤덮기 위해 공중에서 수십만 개씩 떨어뜨리는 작은 금속박(영국에서는 '윈도window', 미국에서는 '채프chaff'라고 알려졌다)의 전파 교란에 취약했다. 그럼에도 장거리 탐지 레이더, 포 조준 레이더, 전투기 요격용 레이더 관제를 낮이고 밤이고 가동하는 이 방어 벨트는 영국과 미국의 폭격기에 심각한 타격을 입히는 데 성공했고, 1943년 겨울 폭격기 공세를 거의 다 차단했다.

해군의 레이더 개발은 1930년대 중반에 이루어진 초기 발견을 빠르게 뒤따라갔다. 실제로 영국, 미국, 독일의 해군 연구소는 고정식 해안 탐지 체계 이외의 다양한 레이더 응용법을 개발하는 과정에서 중심적 역할을 했다. 각국의 연구 속도는 대체로 군함과 항공기 사이에서 공군력과 해군력의 균형이 바뀌었다는 사실을 해군이 받아들이거나 받아들이지 않는 정도에 따라 달랐다. 다가오는 적기에 대한 무선 탐지는 항공모함에 제때 경보를 발하거나 군함의 방공체계를 가동함으로써 공습의 치명적인 결과를 피하는 유일한 방법이었다. 또한 레이더는 항해를 보조하고, 교전이나 호송 중 충돌을 피하도록 돕고, 수상함과 잠수함을 탐지할 수 있었다. 포 조준 레이더가 있으면 야간에, 또는 안개나 연기 속에서도 적함을 타격할 수 있었다. 적함은 위험하다는 것을 알지도 못한 채 공격을 당했다—1941년 3월 28일 그리스 마타판 곶 해전에서 이탈리아 군함들이 파괴된 것이 초기 사례였다. 그렇지만 해상에서의 레이더 사용은 새로운 문제를 야기하기도 했다. 레이디에 물과 얼음이 닿지 않도록 주의해야 했다. 안테나는 악천후와 교전의 영향에 취약했다. 레이더에는 안정적인 받침대가 필요했지만, 바다의 함정은 상하좌우로 요동을 쳤다. 또 함정이 주포를 발사할 때 생기는 진동 때문에 레이더가 작동하지 않을 수도 있었다. 독일 전함 비스마르크의 레이더는 영국 해군과의 첫 교전 이후 작동 불능이 되어 결국 이 함정에 심각한 손상을 입힌 소드피시 뇌격기를 탐지하지 못했다.[119] 이 모든 문제의 해법이 결국 발견되었고, 그 덕에 레이더는 해전에서 결정적으로 중요한 요소가 되었다. 특히 영국과 미국의 해군은 레이더 연구와 개발을 통해 이 신기술의 여러 응용법을 개척했다.

영국의 경우 해군부 실험국에서 함상의 조건을 고려할 때 해안 조기 경보를 위해 개발 중인 체계와는 다른 레이더가 필요하다는 이유로 1935년 독자적인 연구 프로그램에 착수했고, 9월에 펄스 레이더를 사용해 대번트리 실험을 되풀이하는 데 성공했다. 1937년 영국 해군의 통신학교가 이 연구를 넘겨받았고, 1년 후 항공기와 수상함을 탐지하는 해군 최초의 운용 레이더 79Y형을 개발하고 시험 삼아 전함 로드니Rodney에 장착했다. 그다음 2년간 이 체계가 변경되고 개량된 덕에 해군은 야간에 정확한 거리의 대공 사격을 지시하거나 멀리 떨어진 수상함을 향해 주포를 겨눌 수 있게 되었다. 79Y형은 여러 응용 형태로 진화했다. 281형은 함선을 탐지하는 데 사용되었고, 282형과 285형은 무기 사거리측정기로서 개발되었다. 다만 세 유형 모두 해군 인력이 새로운 장비의 성능을 활용하는 데 익숙해지기 전까지는 완벽하게 작동하지 않았다. 286형은 저공비행 항공기를 탐지하기 위해 공군의 공대함ASV 레이더를 변경한 형태였다.[120] 함재기에는 ASV Mk II가 장착되었는데, 1941년 5월 항공모함 빅토리어스의 소드피시 뇌격기들은 바로 이 레이더를 이용해 낮은 구름과 거센 풍랑, 해거름이라는 악조건에도 불구하고 전함 비스마르크를 발견할 수 있었다. 독일에서도 해군은 레이더 개발을 촉진하는 중요한 역할을 했다. 독일이 연안과 해상에서 운용한 첫 레이더는 보통 제탁트Seetakt라고 알려진 DeTe-I이었다. 1938년 DeTe-II로 개량된 이 레이더는 공군 프레야 레이더의 모형이 되었다. 이 레이더는 불운한 포켓전함 아트미랄 그라프슈페Admiral Graf Spee에 처음 장착되었다. 또 해군은 1938년 피아식별장치IFF('만이Erstling'라고 불렸다)를 도입했고, 이후 공군에서도 이것을 채택했다.[121] 조종사는 레이더 조작수가 사격을 지시하지 않도록 미리 정해둔 펄스 신호를 이용해 자신이 적기가 아님을 본국 레이더에 알렸다. 피아 식별 장치는 1940년까지 모든 주요 공군에서 표준이 되었다. 그러나 적이 이 장치를 방해하거나 역으로 써먹을 수도 있었다. 미국에서는 해안 인근에서 연습 비행을 할 때 주변에 적기가 없다는 이유로 대다수 조종사가 위험하게도 이 장치를 무시했다. 피아 식별 장치를 개발하지 못한 이탈리아는 동맹 독일의 대공포대가 이탈리아 항공기까지 마구잡이로 사격한다고 자주 불평하곤 했다.

미국의 해군 연구소도 1934년 독자적인 레이더 연구 프로그램에 착수했고, 1937년 4월 군함의 함상에서 장비를 시험해 성공을 거두었다. 미국의 첫 운용 레이더 XAF는 1939년 1월 전함 뉴욕New York에 장착되었다. 이듬해 두 명의 해군 장교가 두문자어로 'RADAR'라는 용어를 만들고 이를 연구의 위장용 명칭으로 채택했지만, 곧 이것이 영어권에서 모든 형태의 무선 탐지를 가리키는 용어로 널리 쓰이게 되었다. 레이더는 해군의 모든 요구사항에 맞추어 빠르게 개량되었다. 1941년 말에는 또 하나의 근본적 혁신, 즉 전투 환경과 그 주변 지리의 이미지를 보여주는 평면 위치 지시기Plan Position Indicator를 사용하는 SK 레이더가 도입되었다. 이 레이더는 항공모함에서 아군 함재기와 비행 중인 직기를 식별할 수 있게 해준다는 점에서 중요했다. 또한 미국 해군은 1937년 자체 피아 식별 장치를 개발하기 시작했다. 해군은 1941년 모든 함재기에 ASV 레이더를 장착했고, 야간이나 구름 속에서도 레이더로 적 함정을 조준해 폭격할 수 있도록 폭격조준기를 개발하기 시작했다. 1944년 중국에 주둔 중인 미국 제14공군은 야간에 작은 표적을 겨냥한 레이더 폭격으로 일본 함선 11만 톤을 격침했다고 주장했다. 종전 때까지 표준 ASV 레이더 2만 7000대가 생산되었다.[122] 각국의 육군과 공군은 해군의 거의 모든 레이더 응용법을 채택해 사용했다. 정확한 포 조준을 위한 레이더는 해상뿐 아니라 지상에서도 대공포에 필수적인 부가물이었다. 영국에서 포 조준 레이더를 장착한 Mark IIGL-Mk II는 평균 4100회 사격으로 항공기 한 대를 파괴할 수 있었던 반면에 레이더가 없는 이전 모델 Mark I은 평균 1만 8500회 사격을 퍼붓고서야 항공기 한 대를 파괴할 수 있었다. 해군의 선례를 따라, 야간이나 악천후에 수상 레이더의 지원을 받아 적기에 접근할 수 있도록 해주는 공중 요격AI 레이더는 모든 주요 공군의 공통 장비가 되었다. 1941년 초 영국 공군이 야간전투기를 위해 지상관제 요격을 도입한 이후 독일 공군의 평균 작전 중 손실률은 0.5퍼센트에서 7퍼센트로 올라갔다. 전쟁 후반에 독일이 개발한 공중 요격 레이더인 리히텐슈타인Lichtenstein과 SN2는 야간전투기의 진로를 적군의 폭격기 행렬 쪽으로 인도하는 데 반드시 필요했다.

펄스 레이더의 초기 응용법들은 모두 장파장을 이용했다. 독일 레이더는 파장이 1미터 이하인 데시미터파, 보통 50센티미터의 파장으로 작동했고, 다른 대다수 레이더들은 1.5미터에서 3미터의 파장으로 작동했다. 1930년대 초부터 레이더에 마이크로파를 적용하면 정확도를 높이고 용도를 늘릴 수 있다는 것이 알려졌지만, 독일과 일본에서 초기 연구를 진행하다가 기존 진공관으로는 마이크로파 레이더를 작동시킬 만큼의 출력을 낼 수 없다는 것이 밝혀지자 연구를 중단했다. 전파 반사를 처음으로 관측한 경우처럼, 마이크로파 기술은 일련의 행운 덕분에 결정적인 돌파구를 찾았다. 1939년 영국의 '진공관 개발 조정 위원회'는 10센티미터 파장으로 작동할 수 있는 고출력 진공관을 개발하기 위해 옥스퍼드 대학, 브리스틀 대학, 버밍엄 대학에 연구 용역을 발주했다. 버밍엄 대학의 오스트레일리아 물리학자 마커스 올리펀트Marcus Oliphant는 자신의 연구팀에 두 명의 젊은 박사과정 학생 존 랜들John Randall과 헨리 부트Henry Boot를 충원했다. 클라이스트론이나 마그네트론(그때까지 마이크로파 연구에 주로 쓰인 두 가지 진공관)으로 센티미터 파장에 필요한 출력을 낼 수 있는지에 대한 오랜 논쟁에 익숙하지 않았던 두 사람은 두 진공관을 섞어서 공진 공동 마그네트론resonant cavity magnetron이라고 알려진 장치를 만들었다. 첫 실험에서 이 새로운 장치가 고출력을 낼 수 있다는 것이 밝혀졌다. 1941년 2월 21일, 두 사람은 이 마그네트론을 올리펀트 연구진 앞에서 시연하여 9.8센티미터의 파장을 생성할 수 있음을 보여주었다. 제너럴 일렉트릭 사〔토머스 에디슨이 설립한 미국 기업과는 다른 영국 기업이다〕에서 곧장 새로운 장치의 생산을 맡았는데, 영국 해군에서도 이곳의 클라이스트론과 마그네트론 연구를 후원하고 있었다. 5월에 실물 모델이 생산되었고, 8월에 TRE Telecommunications Research Establishment(통신연구소)에서 시연을 통해 공진 공동 마그네트론을 사용하는 펄스형 시스템이 작은 물체(이 경우에는 절벽 꼭대기 근처를 달리는 자전거에 부착된 금속판)까지도 확실하게 탐지한다는 것을 의심의 여지 없이 보여주었다. 같은 달에 정부 소속 과학자 헨리 티저드Henry Tizard가 이끄는 과학자 파견단은 E1198로 명명된 공동 마그네트론을 금속 상자에 담아 미국으로 가져갔다. 9월 19일, 워싱턴에서 열린 주요 과학자들의 회의에서 이 비밀이 공개되어 극적인 반응을 자아냈다. 영국에서 공동 마그네트론을 안전하게 가져간 에드워드 보언Edward Bowen이 회고한 대로, 과학자들은 "우리 눈앞의 탁자에 놓인 물건이 연합국의 대의를 구원할 수도 있다"는 것을 불현듯 깨달았다.[123]

공진 공동 마그네트론은 영국과 미국의 레이더를 변혁했다. 티저드 파견단은 미국 측이 대량생산을 담당한다는 양해에 따라 이 마그네트론을 미국 마이크로파 위원회에 건네주었다. 벨 전화연구소가 생산을 맡아 종전 때까지 100만 대 넘게 생산했다. 생산된 물량 대부분은 1941년 주파수 안정도를 높이기 위해 개발한 '스트랩형strapped' 공동 마그네트론이었다. 이제 레이더 연구는 미군에 극히 중요해졌다. 보스턴 매사추세츠 공과대학에 복사연구소Radiation Laboratory가 설립되었고, 리 두브리지Lee Dubridge가 소장을 맡아 마이크로파 기술 개발에 주력했다. 그리고 미국의 전쟁 첫해에 같은 연구를 군이 이중으로 진행했던 전례를 되풀이하기 않기 위해, 1943년 여름 이 연구소의 지부가 영국에 설립되었다.[124] 이제는 전장 레이더의 이전 모델들을 모두 더 정확하고 다용도인 신형 장비로 교체할 수 있었다. 초기의 우선 과제는 마이크로파 공중 요격 레이더와, 대공포의 자동 사거리 측정 및 사격을 위한 마이크로파 포 조준 레이더를 생산하는 일이었다. 공중 요격 레이더는 1942년 여름 SCR-520으로 개발되었고 결국 SCR-720으로 개량되었다. 이 레이더는 미국의 모든 항공기에 도입되었으며, 우수한 성능 때문에 영국 공군에도 AI-Mk X라는 명칭으로 채택되어 지난 1942년 4월에 도입되었던 기존의 마이크로파 레이더 AI-Mk VII를 대체했다. 포 조준 레이더 SCR-584는 2차대전에서 가장 성공을 거둔 레이더 중 하나였다. M9 예상위치 산정기에 설치된 아날로그 컴퓨터를 이용해 사거리와 고도를 측정하는 대공포는 적기를 자동으로 정확하게 사격했다. 대공사격을 위해서만이 아니라 지상 교전에서도 사용된 이 레이더는 포탄의 궤도를 추적하고 안개나 연기, 어둠 속에서도 적의 박격포, 차량, 심지어 군인 한 명까지 탐지할 수 있었다. 연합군은 디데이에 이 레이더 39대를 해안까지 가져갔다. 그 덕분에 미군은 한 치의 오차도 없는 정확도로 포격과 대공사격을 가할 수 있었다.[125]

마이크로파 레이더의 파장은 종전 때까지 먼저 10센티미터, 그다음 3센티미터, 끝으로 1센티미터가 개발되었다. 3센티미터 파장은 폭격기에서 지상을 측량하여 표적의 위치를 더 정확하게 탐지하는 수단을 개발하는 데 사용되었다. 이것은 두 연합국이 연구 경쟁을 벌이다가 마찰을 빚은 경우 중 하나였다. 영국 측은 H2S 장치를, 보스턴의 복사연구소는 H2X 장치를 개발했고, 양측 모두 공통 시스템을 받아들이지 않으려 했다. 더 유익한 협력의 결실은 대공포탄 속 신관을 위해 설계한 마이크로 시스템이었다. 이 시스템은 소형 레이더를 사용해 표적을 추적한 뒤 적절한 순간에 폭발할 수 있었다. 영국에서 레이더를 연구하던 오스트레일리아 물리학자 윌리엄 부트먼트William Butement가 처음 제안한 이 발명 계획을 티저드 과학자 파견단이 미국으로 가져갔고, 그곳에서 1년에 걸쳐 충분히 개발했다. 그 결실인 '근접신관'은 1943년 1월 태평양에서 적기를 격추하는 데 처음 사용되어 이 전구에서 함대공 전투의 양상을 크게 바꾸어놓았다. 그렇지만 유럽에서는 근접신관을 드문드문 사용했는데, 이 기술이 독일의 수중에 들어갈 것을 우려했기 때문이다. 그럼에도 근접신관은 영국 영공에서 사용될 수 있었고, V1 순항미사일에 맞서는 영국 방공체계에 활용되어 이 미사일을 50퍼센트가량 격추하는 성과를 거두었다. 근접신관은 결국 1944년 말 프랑스와 벨기에 전역에서 사용되었다. 벌지 전투 시기에 근접신관이 들어간 포탄은 독일 항공기를 최소 394대 격추했다. 1945년까지 약 2200만 개의 근접신관이 생산되었다.[126]

해전을 위한 마이크로파 레이더는 귀중한 자산으로 밝혀졌다. 영국 해군부는 독일 잠수함을 더 정확하게 탐지할 수 있는 ASV 레이더의 개발을 독려했다. 1941년 초, 최초의 운용 마이크로파 레이더인 271형이 준비되었다. 마이크로파로 잠수함뿐 아니라 수중에서 수면 위로 올라오는 잠망경까지 탐지할 수 있다는 것이 밝혀졌다. 마이크로파 레이더를 사용해 잠수함을 탐지하고 격침한 첫 사건은 1941년 11월 16일 지브롤터 앞바다에서 일어났다. 영국 해군의 함상 마이크로파 레이더는 더 나은 포 조준 장치, 항행 원조 장치, 표적 지시기를 포함했다. 미국 해군은 MIT의 복사연구소가 아니라 해군 연구소에서 해군 레이더를 계속 개발할 것을 고집했고, 함재기와 항공모함, 군함을 위해 다양한 센티미터파 레이더를 생산했다. 주요 군함과 경항공모함에는 항공기를 3차원으로 탐지할 수 있는 SM과 SP 레이더를 도입했다. 1942년 말부터 10센티미터파 Mk VIII 레이더가 도입되어 함포로 맹목사격하고 포탄의 궤도를 추적할 수 있게 된 이후로 포 조준은 더욱 정교해졌다. 또 이 레이더는 스크린상의 표적이 제거되는 것까지 보여주었다. 이 레이더는 과달카날에서 처음 사용되어 경계를 풀고 있던 일본 함정을 야간에 12킬로미터 넘는 거리에서 격침하긴 했지만, 대다수 함장들에게 너무 버거운 신기술이었다. 1942년 11월 니미츠 제독은 함장들이 지휘에 집중할 수 있도록 모든 주요 군함에 레이더 정보를 통합하고 전파하도록 돕는 전투작전실을 도입하도록 지시했다. 암호명 '프로젝트 캐딜락Project Cadillac'에 따라 미국 함대 전반에 전투작전실에서 명칭을 바꾼 전투정보실Combat Information Center이 도입되었다. 각각의 전투정보실에는 여러 명의 무전병과 레이더 조작수가 있었지만, 핵심 인력은 작전 상황을 평가하는 '평가관evaluator'과, 항공작전이나 대공포, 함정의 주포 등을 위해 필요한 정보를 전하는 '전달관talker'이었다.[127] 지휘관들이 이 신기술에 익숙해진 이후로 이것은 전시 후반 2년간 중대한 역할을 했다. 1944년 태평양에서 미군의 해전은 일본군으로서는 대적할 수 없는 완전한 전자전으로 전개되었다.

　마이크로파 레이더에 힘입어 영국과 미국의 전자전은 독일과 일본의 성취를 훌쩍 넘어서는 수준에 도달했다. 독일은 레이더 연구를 바탕으로 전시 초기 50센티미터 파장을 이용하는 뛰어난 레이더를 생산했지만, 1930년대 초의 마이크로파 연구는 결실을 맺지 못했고 전시 동안 본격적인 연구가 재개되지도 않았다. 전시에 독일의 레이더 개발은 어떠한 직무 태만이든 처벌받기 십상인 독재정에서 연구를 둘러싼 기밀 문화 때문에 차질을 빚었다. 1940년 괴링이 임명한 고주파 연구 전권위원 한스 플렌들 Hans Plendl은 1944년 다하우 강제수용소에 수감된 유대인 과학자들을 동원해 레이더를 수리했다가 "비독일인에게 기밀 자료를 넘겼다"는 이유로 해임되었다. 플렌들은 수용소에 끌려가지 않았으니 운이 좋은 편이었지만, 전자기업 지멘스의 연구부장 한스 마이어Hans Mayer는 "부주의한 발언" 을 했다는 이유로 다하우 수용소에 감금되었다. 또 연구의 중심이 여럿이고 그들 간의 소통이 원활하지 않은 데다 연구의 우선순위를 명확하게 정하지 않은 상황도 레이더 개발을 방해했다. 심지어 독일 측은 1943년 2월에 격추된 스털링 폭격기에서 공동 마그네트론을 입수하고도 그것을 거의 활용하지 못했다. 폭격기가 격추된 도시의 이름을 따서 로테르담-게 레트Rotterdam-Gerät라고 부른 이 장치를 텔레풍켄 연구소로 가져갔고 그곳에서 1943년 여름까지 여러 마이크로파 장치들을 생산했지만, 이 장치들은 거의 활용되지 않았다. 암호명 '마르부르크'인 10센티미터파 포 조준레이더를 개발했으나 불과 몇 대만이 독일군 대공포대에 배치되는 데 그쳤다. 1945년 1월 독일 야간전투기를 위해 암호명 '베를린'인 또다른 마이크로파 레이더가 개발되었고 1945년 3월에 실제로 운용되었지만, 항공전에 변화를 가져오기에는 너무 늦은 조치였다.[128] 근접신관이 생산되었다면 연합군 폭격작전을 방어하는 데 중대한, 아마도 결정적인 기여를 했을 테지만, 결국 생산되지 않았다.

일본의 경우 육군 연구시설과 해군 연구시설 간의 껄끄러운 관계, 그리고 대학과 민영 연구소 출신인 민간인 과학자들—야기 히데쓰구에 의하면 '외국인' 취급을 받았다—의 개입에 대한 군부의 전반적 불신 때문에 레이더 연구가 차질을 빚었다. 일본의 마그네트론 연구는 국제 기준으로 앞선 편이었지만, 군부는 마그네트론 활용에 관심을 보이지 않았다. 1940년과 1941년 두 차례 일본 대표단이 독일을 방문해 제한된 대수의 독일 레이저 장비를 보고 나서야 일본 측은 레이더를 진지하게 받아들이기 시작했다. 1942년 초 싱가포르와 코레히도르에서 영국과 미국의 레이더를 입수한 덕에 일본 연구소들에서 그것들을 역설계하여 나름의 레이더를 개발할 수 있었다. 그러나 개발이 더디게 진행되어, 이때 입수한 기술을 이용한 첫 레이더는 1944년에야 운용되기 시작했다. 독일처럼 일본에서도 연구 프로그램들이 분산되었고 기밀 엄수 방침이 합리적인 개발을 가로막았다. 주요 전파연구소에서 마그네트론과 레이더를 연구하던 엔지니어들 중 절반이 군에 징집되어 일반 보병에 불과한 신세로 삶을 마치기도

했다. 소재와 숙련 인력이 부족한 상황은 연구의 우선순위를 왜곡했다. 핵심 소재가 부족한 비숙련 작업장에서 하도급을 받아 생산한 터라 많은 전자부품이 품질 불량이었다. 그나마 마련한 레이더조차 미국의 전자방해책을 통한 전파 방해에 매우 취약했는데, 1942년 하버드 대학 전파연구소의 소장으로 임명된 미국 과학자 프레더릭 터먼Frederick Terman이 이런 방해책 연구를 이끌었다. 1945년 일본 본토를 겨냥한 항공작전에서는 호저豪猪, Porcupine라 불리는 전파방해기가 사용되어 일본의 방어 레이더를 방해하는 강력한 전파 잡음을 발생시켰다. 전쟁 후반에 일본군은 마침내 제한된 탐지 범위를 가진 마이크로파 레이더를 도입했다. 먼저 단일 함정용 22형 레이더를, 그 후 야간전투기용 FD-3을 도입했는데, 후자는 단 100대만 생산되었다. 두 레이더에는 전투를 이미지화하는 데 필수적인 평면 위치 지시기가 달려 있지 않았다―1945년 7월에야 겨우 이 지시기를 마련했다. 고출력을 낼 수 있는 공동 마그네트론은 종전 무렵에도 여전히 개발 중이었다.[129] 기묘하게도, 지난 1934년에 영국의 로버트 왓슨-와트가 요청을 받아 조사해본 '죽음의 광선' 아이디어를 1945년에 일본 연구자들이 불리한 전황을 타개할 절박한 계책으로서 받아들였다. 그들은 전파 빔을 집속하여 30미터 거리의 토끼를 10분 만에 죽였다. 몇 달 후, 각각 네 개의 레이더 신관을 장착한 원자폭탄이 히로시마와 나가사키에 각각 떨어졌다.[130]

무선과 레이더는 연합군의 전투력을 대폭 높여주었다. 일각에서 이따금 주장하듯이 두 기술 때문에 전쟁에서 이겼던 것도 아니고, 두 기술이 늘 효율적으로 작동하거나 기술 문제를 일으키지 않았던 것도 아니다. 하지만 무선과 레이더는 전쟁 후반에 연합국 육해공군에 중요한 이점을 선사했다. 그리고 이 이점에는 정부, 과학자, 엔지니어, 군부 간의 긴밀한 연계가 반영되어 있었다. 영국과 미국에서 전파 연구는 정부에서 임명한 위원회의 후원과 넉넉한 자금을 제공받았다. 미국의 경우 참전하기 한참 전부터 연구자들과 기술 사용자들 사이에 상당한 수준의 열린 협력이 이루어졌다. 미국은 선진 전자산업 덕분에 엄청난 제조 역량을 갖추고 있었다. 적격 인력을 훈련시키는 규모도 엄청났다. 태평양 함대의 레이더 본부 한 곳에서만 1942년에서 1945년 사이에 장병 12만 5000명을 훈련시켰다. 레이더와 무선 연구를 지원하는 해군과 육군의 연구소들은 종전 무렵 1만 8000명이 넘는 인력을 고용하고 있었다.[131] 이런 이점을 추축국은 거의 누리지 못했다.

정보와 기만: 전력승수?

1944년 6월 23일, 독일의 전쟁 노력을 위해 연합군의 봉쇄를 뚫고 금, 텅스텐, 몰리브덴, 아편, 퀴닌, 고무, 주석을 실어나르던 일본 수송잠수함 I-52는 독일 잠수함과 접촉한 뒤 비스케이 만으로 접근하던 도중 미국 어벤저 폭격기가 투하한 음향지뢰에 격침되었다. 미국 전투정보부는 몇 주간 이 잠수함의 수많은 무선 신호를 해독하면서 정확한 위치를 파악하고 추적해온 터였다. 독일과 일본의 고관들로 이루어진 환영단은 잠수함이 봉쇄를 뚫고 무사히 당도하면 그 성공을 축하하고 선전에 써먹을 요량으로 일본 승조원들이 프랑스 서해안의 로리앙에 도착하기를 초조하게 기다리고 있었다. 그러나 시간이 지나도 침몰한 함정에서 더 이상 무선 신호가 오지 않자 그들은 잠수함을 잃었다고 판단했고, 연합군이 노르망디 교두보에서 빠져나오자 황급히 환영식을 취소했다. 1944년에 수송잠수함 27척 중 18척의 신호 정보가 누설되었고, 그 18척 모두 격침되었다. 봉쇄를 돌파하려 시도한 마지막 수상함은 동일한 정보망에 걸려 1944년 1월에 격침되었다.[132]

I-52의 운명을 결정한 것은 연합국이 무선 신호에서 얻은 전술정보—보통 SIGINT(신호정보)라고 불렸다(다만 이 경우에는 COMINT(통신정보)가 더 적절하다)—를 활용하는 능력이었다. 무선 신호는 방수하고 해석할 수만 있다면 전선에서 작전정보와 전술정보의 단연 중요한 원천이었다. 연합군은 프랑스 침공 기간에 독일 육군에 관한 정보자료 중 약 3분의 2를 무선 신호로부터 얻었으며, 독일 육군 정보기관인 서부정보국의 수장은 신호정보를 "모든 정보요원의 총아"로 여겼다.[133] 신호정보는 정보 목적으로 활용된 유일한 원천은 결코 아니었지만 가장 중요한 원천이기는 했다. 육군과 해군의 정보기관이 의존한 다른 원천으로는 공작원이나 전쟁포로로부터 얻는, 대개 그 가치가 의심스러운(특히 적이 공작원을 회유해 오정보를 제공할 경우) 이른바 '인간정보'가 있었다. 또한 노획문서(대체로 적의 의도나 계획을 살짝 엿보게 해주는 데 그쳤다)와 항공사진(자료를 적절히 해석할 경우 적어도 신호정보에 이어 두 번째로 중요한 정보의 원천이었다)이 있었다.[134] 무선 방수의 이점은 넓은 지리적 범위에서 적의 작전활동과 전술활동의 모든 측면에 관한 정보를 대량으로 얻을 수 있다는 데 있었다. 미국 해군의 해독부서 OP-20-G는 대서양 전투 기간에 독일 해군의 신호 11만 5000건을 해독했다. 영국 정부암호학교Government Code and Cypher School: GCCS는 독일 에니그마 기계의 교신을 1943년 초에는 한 달에 3만 9000건을 해독했지만, 1943년 말부터 종전 때까지는 한 달에 평균 9만 건을 해독했다.[135] 2차대전에서 무선 교신이 육해군 작전의 일부가 되었던 만큼 무선 신호로부터 얻는 정보는 아주 많았다.

모든 교전국은 적의 전술정보와 작전정보를 활용했다. 적의 계획, 의도, 행동에 관한 더 폭넓은 '전략'정보는 얻기가 한층 더 어려웠다. 전략정보를 파악하는 데 명백히 실패한 유명 사례로는 미국 군부와 정계 수뇌부가 1941년 12월 일본의 임박한 공격을 예측하지 못한 일, 일본 측이 미국의 총력전 의욕을 꺾을 수 있다고 오판한 일, 1941년 독일 측이 소련군의 전력을 과소평가한 일, 스탈린이 독일의 침공이 임박했다는 80차례 이상의 경고를 철저히 묵살한 일, 연합국 측이 폭격만으로도 독일을 붕괴시킬 수 있다고 줄곧 기대한 일 등이 있다. 이런 그릇된 확신을 부추긴 것은 대부분 정보였지만, 희망적 관측이나 억측, 인종적·정치적 편견, 덜 까다로운 외교 암호를 쉽게 해독한 경우에도 그것을 대체로 불신하는 경향—미국은 진주만 공격 전에 일본의 '매직' 통신을 해독했을 때도 그것을 불신했다—등도 그런 확신에 영향을 주었다. 전략정보 파악 실패는 십중팔구 승리가 확실해 보이는 상황에서의 오만 때문이었다. 1944년 12월 독일군의 반격작전 '가을 안개'가 초반에 성공을 거둔 것은, 연합군 측에서 고급 통신정보의 반대 증거에도 불구하고 이제 독일군이 기진맥진해 효과적으로 반격하지 못할 거라고 믿었기 때문이다. 독일군 역시 온갖 반대 증거에도 불구하고 소련군이 공격을 받으면 무너질 거라고 줄곧 확신했으나 실제로 소련군은 예상보다 훨씬 오랫동안 버텨냈다.

'전력승수'의 관점에서 보면, 작전정보와 전술정보가 전략정보나 정치정보보다 한층 중요했다. 작전정보의 조직과 관행에는 그 정보를 수립하고 운용하는 방식이라는 측면에서 특정한 군사문화가 반영되었다. 또한 더 폭넓은 전쟁수행 기구에 작전정보가 얼마나 통합되어 있는지가 반영되었다—작전정보를 무시한 강대국은 없었다. 일본의 군사정보는 육군 참모본부 제2부와 해군 군령부 제3부에 의해 양분되었다. 육군과 해군 모두 작전을 짤 때 정보를 별반 중시하지 않고 정보참모진을 경시했다. 일본 연합함대의 사령부에는 정보장교가 단 한 명만 배속되었고, 각 함대에도 정보장교가 한 명씩밖에 없었다. 해군 부대 지휘관들은 교전 시 적에 대해 스스로 판단을 내려야 했다.[136] 정보를 통합하는 중앙 기관이나 위원회는 없었고, 양군은 서로 거의 협력하지 않았다. 일본 육군은 암호분석으로 미국 육군의 M-94와 M-209 암호장비를 일부 해독하고도 그 정보를 일부러 해군에 알려주지 않았다.[137]

이와 비슷하게 독일 군사정보 조직도 정보 인력이 작전에 너무 긴밀하게 관여하는 것이나 민간인 중에서 정보 인력을 두루 모집하는 것을 꺼렸다. 독일 육군 참모부의 1c 부서는 정보 업무 외에도 군에 대한 선전 작업을 비롯해 여러 활동을 담당했다. 공군도 자체 정보부서를 두었고, 해군도 마찬가지였다. 공군의 정보부서 D5는 1939년에 참모가 29명밖에 없었고, 전시에도 별반 확대되지 않았으며, 작전 지휘관들에 끼치는 영향력이 제한적이었다. 육군과 마찬가지로 공군에서도 정보 인력은 본업 외에 항공기 승무원의 복지, 보도자료, 검열, 선전 등의 활동까지 담당했다.[138] 삼군의 정보참모부는 모두 규모가 작고 담당 업무가 많았으며, 모든 직급의 독일 지휘관들은 정보참모와 상의를 하든 안 하든 작전에 대해 스스로 판단할 수 있어야 했다. 일본의 경우처럼 독일에서도 정보 수집과 전파 활동은 각 군별로 분산되었고 그 활동을 통합하는 중앙 기관은 없었다. 각 지역 사령관을 도와 정찰기의 항공사진을 해석하는 하급 참모가 있긴 했지만, 잉글랜드 메드멘햄 마을에서 항공사진을 해석하여 영국 삼군에 전달한 부대와 같은 중앙 기관은 없었다.[139] 또 영국의 경우처럼 삼군을 위해 신호정보를 통합하는 하나의 국가 본부가 존재하지도 않았다. 독일은 전술 수준에서 대개 체계적이고 풍부한 정보를 수집하긴 했지만, 작전 수준에서의 정보 통합은 부족했다.

영국과 미국은 정보를 더 중시했고, 자체 정보부서를 둔 삼군뿐 아니라 민간에서도 전쟁 노력의 일환으로 정보 활동에 관여했다. 군사적 필요를 위한 과학정보 활동은 영국에서는 1940년에, 미국에서는 1년 후에 제도화되었다. 1936년에 설립된 영국 합동정보위원회Joint Intelligence Committee는 전시내각과 삼군에 다양한 주제에 관한 정기적 정보 평가를 제공했고, 전략 수준부터 전술 수준까지 작전 수립 과정에서 정보를 통합했다. 삼군 모두를 위한 신호정보는 정부암호학교가 자리한 블레츨리 파크에서 총괄했는데, 절정기에 이곳에는 대부분 민간인에 그중 다수가 여성인 1만 명이 고용되어 있었다. 이렇듯 민간의 전문지식을 활용한 데에는 두 민주국가의 전시 동원의 성격이 반영되었는데, 양국 군부는 군인이든 아니든 정보 인력이 작전을 수립하고 평가하는 과정에 참여하는 것에 대한 편견이 덜했다. 번역이나 해독 업무에 채용된 이들 중 다수는 고전학이나 현대 언어에 재능을 지닌 대학생이었다. 영국 공군의 정보부서는 전시 동안 인력 700명을 채용했는데 그중 공군의 정규 장교는 불과 10명이었다.[140] 무엇보다 두 민주국가는 정식 협정에 따라 정보 평가와 첩보를 공유하고 결국 일정한(거의 무제한의) 정보 협력을 이루었다. 양국은 소련과의 정보 공유도 확대하고자 노력했지만, 이 협력은 거의 언제나 일방적이었고 서방의 정보원을 위태롭게 할 가능성이 있었다. 소련은 당혹스러울 정도로 옹색하게 정보를 받기만 했다.[141]

전쟁 전에 미국의 군사정보 체계는 강대국들 중에서 가장 낮은 수준이었다. 전투부대에 전담 정보참모가 없었고 특수훈련 시설도 없었다. 1941년 미국 육군과 해군은 각 군의 정보 부문인 G-2와 해군정보국을 확대하기 시작했지만, 일본과 마찬가지로 두 기관을 제대로 통합하지 못했다. 1941년 여름 미국 육군은 항공대의 별도 정보 부문인 A-2를 설립하기 시작했으며, 초기에 A-2는 영국 공군이 아낌없이 제공하는 자료와 오스트레일리아 정보기관의 협력에 크게 의존했다. 영국의 경우처럼 민간 전문가나 학자, 유자격 학생을 두루 채용하는 대안은 택하지 않았다. 육군은 군사정보대Military Intelligence Service를 창설했고, 군사언어학교에서 독일어나 일본어를 익힌 졸업생들이 전쟁포로를 심문하거나 노획문서를 즉각 번역할 수 있도록 결국 모든 연대에 전투정보팀을 도입했다. 해군 정보기관은 태평양에서의 임무에 주력했는데, 1941년만 해도 이 전구에 대해 아는 바가 별로 없었다. 일본 항공기에 관한 해군 안내서에서 미쓰비시 '0식' 전투기를 다루는 페이지는, 이 전투기에 관한 상세 정보를 이미 구할 수 있었음에도, 텅 비어 있었다.[142] 해군 정보기관의 본부는 워싱턴에 있었지만, 야전 전투정보팀과 사진정찰 비행대는 태평양 지역 합동정보위원회에 정보를 보냈고, 그곳에서 다시 다량의 정보 보고서를 작성하여 태평양 전구에서 싸우는 부대들에 배포했다.[143] 미국 육군의 신호정보는 영국 정부암호학교와 유사한 기관으로 버지니아에 자리한 알링턴홀 Arlington Hall에서 확인했다. 해군은 워싱턴 DC에 별도의 신호정보 본부를 두었지만, 양군은 전시를 거치며 긴밀한 협력관계를 구축했다. 전시 막판에 정보는 미국 전쟁 노력의 모든 층위에서 없어서는 안 되는 요소였다.

소련의 군사정보 조직은 다른 주요 교전국들의 조직과는 근본적으로 달랐다. 정보 수집razvedka은 1941년 한참 전부터 소련군 작전교리의 핵심 부분이었다. 정보 수집은 최고사령부부터 최소 전술 단위까지 육군과 공군의 모든 조직에서 필수 요소였다. 전선에서 수집한 더 폭넓은 작전정보 자료는 적의 의도를 종합적으로 파악할 수 있도록 붉은군대 정보총국 GRU으로 보냈다. 그 외에 전선군, 군, 사단의 사령부에서도 작전정보와 전술정보를 수집하고 분석하고 전파했다. 각 수준의 사령부에는 작전지휘관과 긴밀히 협력하는 정보책임자와 정보참모가 있었으며, 작전지휘관은 어떤 정보가 필요한지, 정보를 얻기 위해 어떤 수단과 병력이 필요한지 확정해야 했다. 교전 중에 전선군 사령관은 두세 시간마다, 군 사령관은 한두 시간마다 정보 보고를 요구했다. 그런 정보는 사실상 전부 전선에서 수집하는 전투정보였고, 주된 수집 방법은 공중정찰(가능한 경우), 적 전선에 대한 기습과 매복 공격, 여러 명이 수행하는 무장정찰이었다. 1942년부터 파르티잔 분견대의 지원을 받은 공작원과 잠입자는 적 전선 뒤편으로 15킬로미터까지 침투했다. 위험하게도 적 전열에 가까운 잠복처에 몸을 숨긴 전방 관측자는 적 포병 진지와 기관총 진지의 위치를 보고했다. 필요한 정보 가운데 아주 큰 비중을 차지한 것은 인간정보였으며, 신호정보는 전쟁 후반에 들어서야 인간정보보다 더 자주 이용되었다. 소련군에서 정보는 군사작전에 매끄럽게 통합되었으므로 독일군과 일본군처럼 정보를 불신하는 일은 거의 없었다.[144] 정보 업무의 원칙과 조직은 1942년 소련 육군과 공군의 다른 개혁들과 더불어 한층 강화되었으며, 1943년부터 정보 수집이 더 통합적이고 체계적으로 이루어졌다. 하지만 결코 완벽하진 않았다. 1943년 4월 스탈린은 현장 정보요원들에게 지령을 내려 적군이 병력을 집중하는 축을 알아내기 위해 더욱 분발할 것을 요구했지만, 소련군은 쿠르스크 전투에서도 여전히 독일군 부대들의 균형을 위험할 정도로 오판했다.[145]

그럼에도 정보 활동에는 그 특성에 내재하는 명백한 한계가 있었으며, 그런 한계는 군 지휘관들이 정보를 신뢰하거나 의심하는 정도에 영향을 주었다. 정보 그림은 대개 성기거나 조화롭지 못했고, 적의 신호를 읽어내는 능력에 긴 공백이 생기곤 했다. 또 공작원이나 적국의 변절자가 제공한 정보를 잘못 평가하거나, 공중정찰 보고를 잘못 해석하기도 했다—
가장 악명 높은 사례는 1940년 5월 서부전선의 아르덴에 집결한 독일군
기갑부대를 목격했다는 조종사들의 보고를 프랑스군 사령관들이 귀담아
듣지 않은 것이다. 또 입수한 온갖 정보를 평가하던 사람들은 지나친 낙
관론, 혼란스러운 그림에 질서를 부여하고픈 욕구, 제도적 자기이익 등
으로 인해 평소 여러 인간적 오류를 범할 수 있었다. 기밀 유지는 어디서
나 중시되었다. 정보 활동에 다양한 집단이 관여한 영국에서도 서로 다
른 부문들 간의 소통을 금했다. 정부암호학교에서 작업하던 하급 암호해
독자들에게는 보안 유출을 우려하여 울트라에 관해 알려주지 않았다. 영
국에서 울트라 메시지는 특수연락부대Special Liaison Unit만이 전달할 수 있
었으며, 미국에서는 특수보안장교가 전달했고 메시지를 읽고 나면 즉시
파기해야 했다.[146] 무엇보다 모든 교전국이 신호정보에 쓰이는 부호와 암
호를 주기적으로 변경했기 때문에 새로운 부호와 암호를 판독하는 데 몇
주나 몇 달이 걸리곤 했다. 영국과 미국의 암호해독자들은 1942년 2월부
터 12월까지 독일 해군의 에니그마 교신을 판독하지 못했고, 1943년 3월
에 또다시 판독 불능을 경험했다. 독일 해군의 정보기관은 1942년 대부분
과 1943년 초에 영국 해군의 제3암호를 판독할 수 있었지만, 6월에는 그
것을 대체한 제5암호를 읽어낼 수 없었다.[147] 디데이 전에 연합국은 파리
의 독일군 최고사령부와 베를린이 주고받는 신호를 판독할 수 있었지만,
6월 10일 전투의 결정적 시점에 독일의 암호가 바뀐 뒤로는 교신을 읽을
수 없었고 9월까지 판독 능력을 되찾지 못했다.[148]

설령 메시지를 판독할 수 있다 해도 암호해독문이 며칠 후에나 도착해
막상 작전에 활용하지 못하는 경우도 많았다. 프랑스에서 독일 잠수함 사
령부는 암호해독문을 받고도 대부분 제때 활용하지 못했다. 통신 내용을

글로 옮기는 것도 난관이었다. 방수한 통신 메시지가 최종 정보 번역문이 되려면 여러 단계를 거쳐야 했다. 먼저 적의 암호화 메시지를 무선수신소에서 방수한 뒤 해독 과정을 거치고, 메시지를 번역하고, 끝으로 타이핑까지 마치고서야 정보부서의 책상에 올릴 수 있었다. 또 정보를 활용할 수 있으려면 그전에 언어 능력을 길러둬야 했다. 영국에서 독일어나 일본어 메시지를 번역한 이들의 독해 실력은 겨우 작업에 투입할 만한 정도였고, 초기에 일본어를 훈련받은 이들은 구식 교과서와 사전을 바탕으로 단기간 입문 강좌를 듣는 데 그쳤다. 실수는 불가피했다. 특히나 작업량이 워낙 많았기 때문이다. 이미 과로하고 있던 정부암호학교 직원들이 번역을 요청받은 노획문서의 수는 전시 동안 비약적으로 늘어났다. 해군 정보기관의 번역을 기다리는 문서의 수는 1943년 초에는 1000건이었지만 이듬해 여름에는 1만 건이었다.[149] 미국에서는 일본어에 능통한 백인 미국인이 턱없이 부족했던 까닭에 육군이 1941년 일본계 미국인을 일본어 번역자 겸 통역자로 채용하기 시작했고, 1942년 일본계 미국인을 강제 억류한 이후로도 이 프로그램을 이어갔다. 1945년까지 일본계 미국인 2078명이 군사정보대 언어학교를 졸업했으며, 그중 다수가 부대와 함께 태평양 전장에 파견되어 섬 전투가 벌어지는 가운데 죽음과 부상의 위험을 무릅쓰고 일본군 포로를 심문했다.[150] 해군은 일본계 미국인의 입대를 거부했다. 그 대신 해군과 해병대는 콜로라도 볼더에 있는 해군 일본어학교를 수료한 대학생들에 주로 의존했다. 일본어 군사용어를 어설프게 아는 그들은 태평양의 격전지에 파견되어 자신들이 심문하기 전에 일본군을 전부 죽이지 말라고 아군 해병대를 설득하느라 애를 먹었다.[151]

정보 활동을 저해한 가장 중요한 요인은 적이 방수할 수도 있는 무선으로 전달하는 모든 정보의 보안을 강화하려는 노력이었다. 정보 수집자들의 주목적은 시의적절하고 포괄적인 방식으로 강력한 보안 장벽을 허무는 것이었으며, 이는 무선 교신을 생성하는 기계 시스템이 갈수록 정교해짐에 따라 매우 힘겨운 과제가 되었다. 이따금 보통문 메시지를 판독하여 문제를 해결할 가능성이 있기는 했다―다만 메시지를 오독할 수도 있었다. 특히 항공기 승무원들이, 그중에서도 미국과 소련 승무원들이 무선 보안에 부주의하여 보통문으로 교신하는 경우가 잦았다. 교전 중인 지상군도 암호화 과정이 너무 오래 걸릴 때나 부대 간에 보통통신문을 교신할 때 그런 부주의를 범하곤 했다. 소련-독일 전선에서 독일 통신정보대는 비암호 메시지의 95퍼센트가량을 방수했다. 1944년 9월 이탈리아 전선에서 독일군이 방수한 보통문 메시지는 2만 2254건, 암호 메시지는 1만 4373건이었다.[152] 비암호 신호라 해도 문제가 될 수 있었다. 영국에서 무선정보를 방수하던 어느 'Y' 통신소에서는 독일군 항공기 승무원들 간의 비암호 무선 메시지를 처음으로 감청해 기뻐했으나 이내 그곳의 어느 누구도 독일어를 알지 못한다는 사실을 깨달았다.[153] 그렇지만 가장 중요한 등급의 메시지는 거의 언제나 적 감청자를 좌절시키기 위해 고안된 방식으로 암호화되었으며, 일부 메시지는 다른 메시지보다 더 안전했다. 암호 변경은 해독자에게 난관이었다. 독일 에니그마 교신에는 52가지 이형異形이 있었고, 일본 해군과 육군의 교신에는 최소 55가지 이형이 있었다.[154] 이런 기밀을 밝히려는 복잡한 노력에서 영국과 미국의 정보기관은 전시 동안 유의미한 우위를 누렸다.

영국과 미국이 신호 해독에 노력을 쏟은 것은 세계 도처의 전장에서 작전을 수행했기 때문이다. 특히 양국은 해군과 공군의 신호 해독을 중시했다. 전쟁 초반에 영국 공군과 해군은 영국 본토를 공습으로부터 보호하고 독일과 이탈리아의 잠수함, 군함, 상선기습함에 맞서 해로를 유지하기 위해 적의 무선통신 내용을 반드시 알아내야 했다. 미국 해군은 태평양 전쟁 초반에는 패배를 피하기 위해 일본군의 암호를 반드시 해독해야 했지만, 전쟁 종반에는 해독 암호를 공세의 핵심 수단으로 삼아 일본 해군과 상선을 파괴했다. 영국의 방수 이야기에는 항상 '울트라'가 따라붙는데, 독일 에니그마 기계 신호의 해독을 가리키는 이 명칭은 1941년에 최종 확정되었다(그전까지 해군은 '허시Hush'라고 불렀고 처칠은 '보니페이스Boniface'를 고집했다). 그렇지만 울트라에 초점을 맞추면 에니그마의 키 변경 때문에 메시지를 판독하지 못한 기간을 무시하게 될 뿐 아니라, 울트라로부터 얻은 자료를 다른 신호정보 형태들이 보충하거나 보완하거나 때때로 대체한 정도를 간과하게 된다. 초기에 에니그마 해독은 독일 공군의 덜 안전한 통신문으로 국한되었고, 1939년 9월 독일의 침공을 피해 달아난 폴란드 암호해독자들이 에니그마 장비와 지원을 제공한 덕분에 1940년 5월 처음으로 해독에 성공했다. 에니그마를 해독하는 데에는 시간이 걸렸지만, 해독 과정의 속도를 높이기 위해 고안한 전기기계식 장치인 '봄브bomb'를 도입해 점차 그 시간을 줄여나갔다. 이 장치는 처음에 3개 회전자 에니그마 교신의 해독에 사용되었고, 1943년 미국식 '봄브'가 도착해 더 복잡한 4개 회전자 교신의 해독에 사용되었다. '봄브'는 영국 전투와 런던 '대공습' 기간에는 거의 사용되지 않았고, 알람 엘 할파 전투와 엘 알라메인 전투를 앞두고 마침내 독일 육군의 통신을 알아내기 전까지는 지중해에서 별반 쓸모가 없었으며, 대서양 전투가 한창이던 좌절의 10개월 동안에는 사용이 중단되었다. 게다가 서유럽에서는 아예 쓰이지 못했는데, 독일 측이 점령지에서 지상 통신선을 이용해 통신했기 때문이다. 에니그마 교신은 독일군 전투서열과 여러 병참 및 편제 정보를 알아내는 데에는 유용했지만, 독일군의 전략과 작전의 의도에 대한 단서는 별로 알려주지 않왔다. 울트라는 유효하게 쓰일 때면 연합국에 적을 감시할 수 있는 창을 제공했다. 다른 방식으로는 그런 창을 얻지 못했을 것이다. 그러나 연합국은 독일 측이 자기네 통신이 위태롭다는 것을 결코 알아채지 못하도록 울트라를 매우 조심스럽게 사용해야 했다.

영국 전투와 대서양 전투 기간에 영국 측이 입수할 수 있었던 정보를 살펴보면, 울트라를 앞뒤 맥락에 집어넣어야 하는 이유를 알 수 있다. 영국의 항공전에는 공군의 'Y' 서비스〔영국에서 신호정보를 수집한 Y-통신소들의 네트워크〕가 참여해 독일 공군이 사용하는 무선 주파수를 감청했는데, 독일의 메시지는 때로는 보통문이었고 때로는 해독하기 쉬운 하급 암호와 호출신호였다. 이를 위해 독일어 사용자들이 '컴퓨터computor'〔글자 그대로〕로서 채용되어 독일 공군의 부대와 이동에 관한 현용정보를 제공했다. 이에 더해 향토방위대 부대들이 전파 방향탐지 기법을 이용해 적 항공기의 이륙·경로·고도에 관한 실시간 자료를 제공하고 폭격기와 전투기를 구별했다ㅡ레이더로는 이 구별을 할 수 없었다. 맨체스터 인근 치들Cheadle에 있던 'Y' 서비스의 주요 통신소는 영국 전투 기간 내내 전투기 기지들에 적 항공기가 접근한다는 필수 정보를 대개 1분 내에 제공했다ㅡ레이더는 기껏해야 4분 내에 제공했다. 울트라 해독문은 독일군 전투서열을 확인하는 데 기여하긴 했지만 유용한 전술정보는 거의 제공하지 못했다. 영국 전투기 사령부의 총사령관은 독일군의 작전이 거의 끝난 10월까지 울트라에 대해 듣지도 못했다.[155]

이와 비슷하게 대서양 전투에도 여러 정보원이 이바지했다. 그중 중요했던 정보원으로는 영국, 미국, 캐나다(그리고 결국 세계 도처)의 통신소들에서 가동한 고주파 방향탐지기(HF/DF)가 있다. 독일 해군의 신호는 모두 필요한 거리에 도달하기 위한 고주파 신호였으므로 연합국은 전쟁을 치를수록 적의 메시지를 방수하여 잠수함이나 상선기습함의 위치를 점점 더 정확하게 알아낼 수 있었다. 게다가 독일 잠수함은 연합국 호송선단을 발견하고 나면 해군의 신호첩Kurzsignalheft에서 간단한 '베타' 신호를 골라 사용하곤 했다. 그 신호를 방수한 경우에는 굳이 해독할 필요가 없었는데, 잠수함을 마주쳤다는 것과 회피해야 한다는 것이 분명했기 때문이다. 두 가지 정보원 모두 적 해군 에니그마 신호의 울트라 해독문을 더 이상 제공할 수 없는 기간에 반드시 필요했지만, 그 외에도 정기적인 '교신 분석' 보고서를 제공하여 잠수함들이 어디에서 어떤 전력으로 운용되고 있는지 알려주는 정보망이 있었다. 무선 방수는 처음에는 호송선단이 잠수함을 마주치지 않도록 하는 방어적인 용도로 쓰였지만, 1943년 봄부터는 항공기와 대잠 함정으로 독일 잠수함 무리를 사냥하는 것을 돕는 공격적인 용도로 쓰였다. 무선 방수는 잠수함의 위협을 물리치는 필수적인 수단으로 밝혀졌다.[156]

태평양 전구에서 연합국이 일본의 고급 무선 교신을 방수해 얻은 신호정보도 똑같이 암호명 '울트라'로 불렸다. 일본 해군의 주요 암호인 JN-25b를 해독하는 데 별다른 노력을 기울이지 않은 진주만 공격 이전에 연합국의 신호정보 활동은 비참한 실패로 판명났다. 필리핀 캐스트국Station Cast의 미국 방수부대가 1941년 말에 일본 메시지의 일부분을 해독했지만 (하지만 해군 정보기관은 이 메시지를 거의 활용하지 않았다), 진주만 공격 1주일 전에 일본 해군은 미국 측이 판독하지 못하는 새로운 암호를 채택했다.[157] 1942년 봄의 정신없는 몇 주 동안 하와이에 본부를 둔 함대무선부대Fleet Radio Unit는 새로운 암호를 간파하고자 분투했고, 일본의 미드웨이 섬 작전을 앞두고 제때 간파하는 데 성공했다. 그 후로 미국 해군의 통신정보 조직 OP-20-G는 JN-25 암호를 거의 연속으로 판독할 수 있었다. 이 '울트라'는 일본 호송선단, 호위함, 태평양 섬들에 배치된 수비대의 전력에 관한 상세 정보를 제공했다.[158] 심지어 길버트 제도와 솔로몬 제도의 방어군을 정기 시찰하는 야마모토 제독의 비행일정을 알아내기까지 했다. 니미츠 제독의 승인을 받은 P-38 전투기들이 이 일본 연합함대 사령관이 탑승한 항공기를 요격해 격추했다. 이 사건이 일어나고도 일본 측은 해군의 주요 암호가 위태롭다는 사실을 알아채지 못했다. 1943년 미국 암호해독자들은 마침내 일본 육군 수비대들에 물자를 공급하는 호송선단이 사용하던 육군의 수운암호를 해독했다. 이렇듯 일본의 무선정보를 해독한 덕에, 미국과 오스트레일리아의 잠수함과 항공기는 일본 상선과 해군 호위함 상당수의 위치를 알아내 파괴할 수 있었다.

일반적으로 육군의 무선교신을 해군의 무선신호와 동일한 정도로 입수하는 것은 더 어려운 일로 밝혀졌다. 한 가지 이유는 육군이 지상선 통신을 선호하고 그 통신을 방수하려면 적군의 전열 뒤에서 감청하는 위험을 무릅써야만 한다는 데 있었다. 전선이 더 유동적인 곳에서는 무선신호가 더 널리 사용되었지만, 정기적인 현용정보를 충분히 얻을 수 있는 경우는 거의 없었다. 그래서 부족한 육군 통신정보를 공격적인 척후 활동이나 사진정찰, 전쟁포로 심문 등으로 보충했다. 일본군은 1939년 소련 육군의 암호 OKK5를 해독했지만, 그해 8월 노몬한 전투에서 패할 때 해독 암호를 가지고도 별반 유익을 얻지 못했고, 그 후 1945년 8월 소련이 일본에 선전포고할 때까지 그것을 다시 사용할 일이 없었거니와, 그 무렵이면 이미 소련군 암호가 바뀌어 있었다.[159] 소련을 침공한 독일 육군은 제한된 인력으로 전선에서 하급 암호를 풀어내 1943년과 1944년에 적 메시지의 3분의 1가량을 해독했지만, 적 최고사령부의 통신은 뚫기 어려운 장벽이었다.[160] 북아프리카 전쟁에서 로멜은 영국 육군의 정기 교신을 판독할 수는 없었지만, 1942년 여름에 암호가 바뀌기 전까지 영국 공군과 육군 부대들 간의 통신을 입수할 수는 있었다. 독일에는 서방 연합국을 상대로 울트라처럼 장기적으로, 또는 일관되게 사용할 만한 암호 해독 수단이 없었다. 다른 정보원들은 신뢰할 만하지 못했다. 공중정찰은 영국이 정교한 기만술로 주요 산업·군사 표적을 위장하고 독일 정찰기가 갈수록 취약해진 탓에 저해되었다. 공작원은 적의 방첩 활동에 의해 변절하거나 그저 인상에 의한 정보 이상을 제공하지 못할 수도 있었으므로 위험했다.

연합군은 독일, 이탈리아, 일본의 육군 통신에 접근하고자 여러 방안에 의존했다. 태평양 전쟁 초기에는 일본 해군에 맞서는 작전이 주를 이루었으므로 육군의 메시지를 해독하는 데에는 관심을 덜 쏟았다. 1942년 여름만 해도 일본 육군의 암호와 씨름하는 해독자는 25명에 불과했지만, 1년 후에는 270명이었다. 일본 육군의 암호는 JN-25보다 해독하기가 훨씬 어려웠지만, 1944년 초 일본 제21사단이 뉴기니에서 퇴각하다가 두고 간 암호책을 발견했다. 그때부터 연합군은 일본 육군의 통신문을 정기적으로 해독할 수 있었다.[161] 지중해 전구에서는 이탈리아군의 암호―블레츨리 파크에서 처음에는 '조그Zog', 나중에는 '무소Musso'라고 불렀다―를 해독하기가 거의 불가능한 것으로 밝혀졌다. 이탈리아군은 암호를 무작위로 부호화한 다음 무작위로 암호화했다. 그렇지만 이탈리아 함선용 하급 암호는 1941년에 해독하여 북아프리카의 추축군에 물자를 공급하는 호송선단에 관한 정보를 꾸준히 모을 수 있었다.[162] 북아프리카 사막에서 독일 육군의 에니그마는 1942년 여름에 마침내 해독할 수 있었다. 카이로에 설립된 영국 정부암호학교 지부는 알람 엘 할파 전투와 엘 알라메인 전투 이전에 독일 육군의 통신문 내용을 연합군에 신속히 전달했다. 하지만 울트라는 사막에서 추축군을 장거리 추격하고 결국 튀니지에서 물리치는

데에는 별로 유용하지 않았다.[163]

전쟁의 이 시점에 영국 암호해독자들은 에니그마 해독보다도 중요한 정보원을 발견했다. 독일 육군은 에니그마 특유의 모스부호에 의존하지 않고 높은 등급의 메시지를 보내기 위해 로렌츠Lorenz 사의 슐리셀추자츠Schlüssel-Zusatz(암호 부가장치) 40(나중에는 모델 42)을 사용하는 무선 인쇄전신기 링크를 개발했다. 각각의 인쇄전신기 링크는 고유한 암호를 지녔다. 그런 링크는 1943년에 10개였다가 1944년 초까지 26개로 늘었다. 독일 육군은 작전 및 전략 메시지를 주고받는 데 그런 링크를 이용했고, 그것이 완벽하게 안전하다고 생각했다. 블레츨리 파크에서는 이 신호에 '피시Fish'(독일군의 암호명 '제게피시Sägefisch'에서 따온 표현)라는 암호명을 붙이고 1942년 초부터 수작업으로 해독을 시작했으나 제한된 성공을 거두는 데 그쳤다. 각각의 링크에는 해양생물 암호명을 붙였다—베를린-코펜하겐 링크는 '넙치Turbot', 베를린-파리 링크는 '해파리Jellyfish', 베를린-아테네 링크는 '붕장어Conger' 등등.[164] 발칸 반도의 독일 육군 사령부가 사용한 교신의 암호가 맨 먼저 해독되었고, 그다음으로 1943년 5월 이탈리아에서 케셀링 원수 휘하 부대들이 사용한 링크가 해독되었다. 영국은 해독의 속도를 높이기 위해 마침내 최초의 운용 컴퓨터 콜로서스Colossus I을 개발했다. 보통 울트라 해독과 관련지어 생각하긴 하지만, 1944년 초에 콜로서스 I(뒤이어 1944년 6월 1일 마크Mark II가 설치되었다)은 에니그마가 아니라 '어류' 해독을 위해 고안한 장치였다. 콜로서스 II는 초당 알파벳 2만 5000자를 처리할 수 있어 초기에 사용한 컴퓨터들보다 기계적 처리의 속도가 125배나 빨랐다.[165] 1944년 3월, 영국은 컴퓨터를 이용해 베를린과 파리의 독일 육군 총사령관 간의 작전통신을 해독했다. 독일군이 암호를 정기적으로 바꾼 탓에 1944년 9월까지 때때로 해독 능력을 잃곤 했지만, 전쟁의 마지막 9개월 동안 '어류' 해독은 새로운 에니그마 설정 탓에 울트라의 가치가 떨어지던 시기에 독일군의 고급 신호를 정기적으로 알려주었다.[166] '어류' 해독은 다른 정보원들로 보완되었다. 'Y' 서비스는 1943년 4월부터 독일 육군의 중급 교신을 방수해 해독했고, 그해 말부터 전차 부호를 비롯한 하급 교신을 해독해 디데이 침공 전에 독일군의 배치를 더 완전하게 파악하는 데 기여했다. 프랑스 국내와 프랑스 레지스탕스 부대 내 특수작전집행부 요원들의 인간정보도 빈틈을 메워주었다. 몽고메리의 정보부장이 인정했듯이, 디데이의 연합군만큼 "적에 대해 잘 파악한 채로 전투에 임한 군대는 별로 없었다".[167]

정보 수집—특히 신호정보 수집—이 작전 성공에 얼마나 기여했느냐는 물음은, 엄청난 분량의 역사 문헌이 그런 정보의 필수적 가치를 입증하려 노력했음에도 불구하고, 골치 아픈 문제로 남아 있다. 분명 적군을 상대로 무턱대고 작전을 펴는 것은 불필요한 헛수고이며, 2차대전 기간에 어떤 군대도 적군의 배치나 능력, 기술 혁신, 그리고 가능하다면 의도까지 파악할 필요성을 무시하지 않았다. 그러나 어떤 정보를 활용할지 여부는 그 정보가 모든 수준의 작전계획에 통합되는 정도, 또는 전선의 현 상황을 판단해야 하는 사령관들이 그 정보를 신뢰하는 정도에 달려 있다. 정보가 복잡한 의사결정 단계들을 거치면서 굴절되어 작전에서 효과적으로 활용되지 못하는 경우가 너무나 많았다. 최고의 정보마저 결실을 맺지 못하기도 했다. 독일군이 크레타 섬 함락 작전을 펴기 전날 전장의 영국군 지휘관들에게 울트라 해독으로 얻은 경고를 처음으로 전달했지만, 그 경고는 영국군의 패배를 막지 못했다. 웨이벌은 1941년 3월 30일 로멜의 공격이 임박했다는 긴급 메시지를 받았지만, 불운하게도 그것을 무시하기로 했다. 심지어 1940년 말 영국 과학정보단이 독일 공군의 항법 전파를 알아내 일부러 왜곡하는 유명한 성과를 거둔 후에도 영국은 수개월에 걸친 폭격을 막아내지 못했다. 실은 영국 항구와 산업 표적을 노린 독일 공습의 정확도가 더 떨어지는 바람에 민간인 사상자가 늘어나는 결과를 맞았다. 정보가 작전에서 효과를 발휘한 가장 분명한 사례는 해전에서 찾을 수 있다. 해전에서는 무선신호가 통신의 수단이었고, 세계 도처의 전장에서 방수와 해독이 전투에 필수적이었다. 해상에서 연합군의 성공적인 정보 활동은 추축군의 잠수함 작전을 물리치고, 호송선단을 보호하고, 적의 해상 보급로를 차단하는 데 크게 기여했고, 이 모든 성과는 더 폭넓은 전쟁을 효과적으로 수행하는 데 반드시 필요했다. 이렇게 장기적인 해상작전에서 정보전은 분명 연합군 측에 전력승수였다. 다만 그 정보전의 성공은 어느 정도는 일본 해군도 독일 해군도 그들의 부호와 신호가 위태롭다는 것을 알아채지 못한 행운에 달려 있었다. 스파이 세계 하면 떠올리는 온갖 화려함과 대담함에도 불구하고, 전쟁이라는 맥락에서 연합군과 추축군의 차이를 가져온 것은 날마다 수행하는 정보 분석과 해석 업무였다.

2차대전 동안 정보 평가와 마찬가지로 기만 평가에도 양면가치가 있었다. 기만은 정보라는 동전의 뒷면이었다. 기만의 목적은 아군의 의도 및 병력 배치와 관련해 적에게 혼동을 주어 기습작전을 개시할 때 적을 혼란에 빠뜨리고, 아군 병력의 효과를 극대화하고, 전투의 비용을 줄이는 데 있다. 현대전에서 기만은 적 정보기관으로 하여금 거짓을 참으로 믿도록 하고 그런 허구를 필요한 기간만큼 유지하는 경우에만 통할 수 있다. 2차대전 동안 기만은 주요 전략작전을 감추는 것에서 군사기지, 비행장, 보급물자 집적소를 적의 면밀한 항공관측으로부터 보호하는 위장 계획에 이르기까지 다양했다. 연합국과 추축국 공히 모든 전구에서 이따금 기만

작전을 구사하긴 했지만, 전시 동안 기만은 영국과 소련 두 국가의 군사 조직에서만 제도화되었다. 추축국이 전략적 기만을 시도한 주요 사례는 1941년 6월 독일의 소련 강습과, 1941년 12월 일본의 진주만 및 동남아시아 공격 말고는 거의 없었다. 두 경우 모두 완전한 기습은 아니었다. 독일이 감추려 애쓰긴 했지만 '바르바로사' 작전은 1941년 6월경 소련의 넓은 첩보망 때문에 훤히 알려져 있었다. 스탈린이 고집스레 현실 직시를 거부한 덕에 이 작전을 기습으로 시작할 수 있었을 뿐이다. 일본은 하와이에 접근하는 동안 해군 기동부대의 무선통신을 거의 완전히 멈춤으로써 진주만 작전을 감추긴 했지만, 사전에 미군을 속이려는 의도적인 노력은 전혀 하지 않았다. 두 경우 모두 소련과 미국의 지도부는 스스로 속아 넘어갔다.

영국은 전후에 공식 역사서를 쓸 때 한 권을 오로지 기만작전에만 할애했을 정도로 전시에 이 작전을 폭넓게 구사했다.[168] 대수롭지 않게 시작한 기만은 전시를 거치며 대전략의 목표가 되기에 이르렀다. 초기에 영국은 기만술을 주로 방어용으로 썼는데, 우선 혹시 모를 독일의 폭격 공세에, 그 이후 1940년 여름의 침공 위협에 대비하기 위함이었다. 이미 1936년에 영국 참모본부는 무엇보다 취약하고 중요한 표적들을 적 폭격기로부터 어떻게 보호할지 권고하기 위해 위장 자문위원회를 설립했다. 1939년 개전 이후 발족한 국내안보부는 민방위 위장청을 설립하고 위장 자문위원회의 브리핑 업무를 넘겨받았다.[169] 대체로 미술계, 건축계, 영화계, 연극계에서 채용된 위장 기술자들은 며칠을 들여 중요한 군수공장을 가리거나 철로에 녹색을 칠해 주변 시골과 어우러지도록 했다. 영국 공군은 공군부 국장 존 터너John Turner 대령이 이끄는 자체 기만부대를 창설했으며, 이 부대는 모형 비행장들을 건설하여 독일 항공기가 실제 비행장이 아닌 가짜를 공격하도록 유인했다. 가짜 항공기와 격납고를 갖춘 모형 비행장이 100곳 이상 건설되었고, 가짜가 진짜보다 두 배 많은 공습을 유도했다.[170] 1940년 개설된 삼군 공통 위장 훈련 과정을 이수한 영화제작자 제프리 드 바커스Geoffrey de Barkas가 그해 말에 위장 기술자들로 이루어진 작은 부대의 책임자로서 북아프리카로 파견되었고, 그곳에서 웨이벌 장군의 지휘 아래 영국의 기만술이 작전의 진지한 부문으로서 처음으로 자리를 잡았다.

1차대전 기간에 팔레스타인에서 터키군을 상대할 때 기만술의 성공을 목격했던 웨이벌은 기만이 전력승수라고 확신하고 있었다. "나는 항상 적을 미혹하고 호도하기 위해 할 수 있는 모든 일을 해야 한다고 믿어 왔다."[171] 1940년 12월 웨이벌은 기만의 가치를 믿는 처칠을 설득해 중동사령부에서 온갖 형태의 기만을 담당할 'A 부대' 신설에 대한 승인을 받아냈다. 웨이벌은 화려한 중령 더들리 클라크Dudley Clarke를 이 부대의 책임자로 임명했다. 클라크의 임무는 적을 호도하는 모든 방법을 작전의 보조 수단으로 구사하되 공작원 활동, 무선 역정보, 바커스의 위장부대에 역점을 두는 것이었다. 초기에는 기만의 성과가 신통치 않았지만, 처칠은 전 육군장관 올리버 스탠리Oliver Stanley를 기만술을 조율하는 런던 본부의 명목상 수장으로 발탁할 정도로 열의를 보였다. 1942년 5월, 웨이벌이 기만의 여러 장점을 설득력 있게 논증하는 의견서를 제출한 이후 참모본부는 마침내 정식 직책이 필요하다는 데 동의했다. 기존 본부는 영국이 세계 곳곳에서 수행하는 기만작전들을 계획하고 감독하고 조율하는 런던 통제과London Controlling Section로 개칭되었고, 스탠리는 존 베번John Bevan 중령으로 교체되었다. 베번의 임무는 "적으로 하여금 군사자원을 낭비하도록 하는" 기만 수법을 찾아내는 것이었다. 미군은 기만을 훨씬 회의적인 시선으로 보면서도 육군과 해군을 위해 기만 임무를 수행할 수 있도록 영국의 조직에 상응하는 합동보안통제소Joint Security Control(처음에는 장교가 둘 뿐이었다)를 설립하기로 했다.[172] 초기의 활동은 대부분 사막 전역에서 추축군을 물리칠 방법을 찾는 데 집중되었다. 불모지인 사막 지형의 성격상 위장에 특히 어려움이 있었지만, 연합군을 공격으로부터 보호하고 적에게 혼동을 주려면 위장이 꼭 필요했다. 연합군은 막대한 양의 회갈색 페인트를 항구시설과 철로에 칠하고, 페인트와 그림자를 교묘하게 이용해 공군기지를 주택 단지처럼 위장하고, 공중에서 전차가 화물차처럼 보이도록 현지 재료를 활용해 이른바 '햇빛 가리개'를 고안했다—화물차를 전차처럼 보이도록 하는 것은 더 어려운 일이었지만, 현지의 윗가지를 이용해 이것 역시 해냈다. 적의 정찰로부터 연합군을 감추는 이 속임수가 얼마나 성공을 거두었던지 바커스는 훈련용 팸플릿 〈전장 은폐Concealment in the Field〉를 작성했고, 이것이 작전의 필수 자료로 채택되어 4만 부 이상 인쇄되었다.[173]

기만의 성공은 언제나 좀처럼 판단하기 어려웠으며, 연합군은 알지 못했지만 로멜은 미국 무관이 카이로에서 보내는 메시지와, 영국 사막공군과 제8군 간의 무선통신을 입수하여 적의 의도와 배치를 훤히 알고 있었다. 기만은 1942년 가을 제2차 엘 알라메인 전투를 준비할 무렵에야 효과를 발휘했는데, 그때쯤이면 로멜은 두 가지 정보원을 모두 잃은 상태였다. 이때의 기만은 지중해 전쟁을 통틀어 단연 정교한 기만이었으며, 연합군은 그때까지 무찌르지 못한 로멜과 그의 이탈리아 동맹군을 카이로와 수에즈 운하로부터 떼어놓으려면 기만이 필요하다고 판단했다. 암호명 '버트럼Bertram'이 붙은 이 기만 계획에는 여섯 가지 계책이 있었는데, 적으로 하여금 연합군이 전선의 남쪽에서 주공을 펼 것이라고 믿게 해놓고는 실은 전선의 북쪽에서 기갑부대로 대규모 공격을 가한다는 구상이었다. 계획의 성공에는 위장이 필수였다. 전선 북쪽에서는 대량의 석유, 식량, 탄약 보급품을 화물차 주차장인 것처럼 위장해 교묘하게 감추었고, 남쪽에서는 공중에서 보면 실제처럼 보이도록 모형 집적물을 쌓아두었다. 실제 화물차와 전차는 남쪽에 대기시켰다가 밤중에 무선통신을 완전히 중단한 채로 북쪽으로 이동시키고 원래 대기하고 있던 공간에는 모형을 두었다. 또 북쪽에서 포 360문을 화물차처럼 보이도록 위장했다. 연합군은 총 8400개의 모형 차량과 포, 집적물을 만들어 적으로 하여금 몽고메리가 남쪽에서 공격할 계획이라고 확신하도록 유도했다. 더들리 클라크는 25개의 가짜 무선통신소를 세워 독일과 이탈리아가 공중정찰을 할 때 연합군 전력이 대부분 남쪽에 집결해 있다는 인상을 받도록 조장했다.[174] 모든 기만과 마찬가지로 이 기만도 그 규모와 복잡성을 감안하면 자칫 틀어질 수 있었지만, 로멜이 미끼를 덥석 물고는 기갑부대를 엉뚱한 장소에 집결했다. 뒤이은 전투에서 연합군은 압도적인 제공권, 전차와 차량의 우위에도 불구하고 간신히 승리했다. 이 경우에 승부를 가른 것은 기만이었다. 포로로 잡힌 독일군과 이탈리아군 지휘관들은 적의 주공이 남쪽 측면에서 올 것으로 예상하고 전투가 벌어진 후에도 며칠간 계속 그렇게 믿었다고 확인해주었는데, 그 무렵이면 상황을 되돌리기에는 너무 늦은 때였다.

'버트럼' 계획의 성공은 영미군이 전략에서 기만술의 사용을 한층 늘리기로 결정한 이유를 잘 설명해줄 것이다. 1943년 여름, 1944년의 프랑스 침공을 준비하는 장기 계획의 일환으로 영국 참모본부는 '은폐와 위장' 계획인 '커케이드Cockade' 작전을 승인했다. 이 작전의 목적은 독일군이 1943년 늦여름에 연합군의 영불 해협 횡단 침공이 예정되어 있다고 믿게 만들어 그들을 서유럽에 묶어두고, 그로써 이탈리아와 소련에서 연합군의 전역을 유리하게 끌고 가는 데 있었다. 미군 사령관들은 이 계획에 열의를 보이지 않았다. 이중간첩을 활용해 경각심을 불러일으키려던 얄팍한 시도를 독일 측은 꿰뚫어 보았고, 강습 준비를 가장한 '스타키Starkey' 작전의 한정된 공중 및 해상 활동에 별다른 반응을 보이지 않았다.[175] 이 시도를 비롯해 전시 동안 실패로 끝난 여러 기만 시도에서 위장 계획의 신뢰도가 떨어진 것은 애써 감출 만한 실제 작전이 없었기 때문이다. 런던 통제과에서 진행한 '커케이드' 작전의 대실패로 인해 1944년에 적을 속이려 시도해볼 전망이 하마터면 사라질 뻔했다. 두 번째 기만 시도인 '야엘Jael' 작전을 구상하기는 했다. 1944년에 영미군이 지중해를 주된 전략 전구로 삼을 것이라는 믿음을 독일군에 심어주고 실제 침공이 아닌 폭격기 공세로 이 믿음을 뒷받침한다는 구상이었다. 그러나 미국 육군 사령관들은 이 제안에 전혀 설득력이 없다고 올바로 판단했고, '야엘'은 취소되었다.[176] 거기서 그치지 않고 1943년 7월, 이듬해의 실제 침공과 관련해 독일군이 연합군의 의도를 혼동하도록 만들기 위한 또다른 '토렌트' 작전이 구상되었다. 연합군 주력이 노르망디를 침공하는 동안 소수의 사단이 파드칼레를 공격하는 양동작전으로 적의 주의를 돌림으로써 적의 증원병력이 아군 주력 쪽으로 가는 것을 막는다는 계획이었다. 이 계획도 곧 폐기되었는데, 양동작전의 규모가 너무 작아서 독일군을 유효한 시간만큼 묶어둘 수 없을 것으로 예상되었기 때문이다.[177]

기만은 처칠 덕분에 연합군 침공 전략의 한 요소로서 살아남았다. 처칠은 노르망디 침공을 확정한 테헤란 회담 이후 이 침공의 성공은 적을 속여서 그들의 병력을 프랑스 북부에서 떼어놓는 데 달려 있다는 견해로 기울었는데, 이 견해에는 상륙작전의 성공적인 결과를 확신하지 못하는 그 자신의 의구심이 반영되어 있었다. 베번과 런던 통제과는 새로운 기만작전인 '보디가드Bodyguard' 작전에 착수하라는 지시를 받았다. 독일로 하여

금 1944년에 연합군의 주요 작전들이 발칸 반도, 이탈리아 북부, 스칸디나비아를 겨냥할 것이고 프랑스 침공은 일러도 1944년 후반으로 연기될 것이라고 믿게 하려는 작전이었다. 그러나 '토렌트' 및 '커케이드'와 마찬가지로 '보디가드'도 대체로 목표 달성에 실패했다. 1943년 말 독일군 최고사령부뿐 아니라 히틀러까지도 영국 제도에 집결하고 있는 대군이 이듬해 봄이나 여름의 어느 시점에 프랑스를 침공할 의도임을 이미 알고 있었다. 독일은 노르웨이나 발칸에 대한 위협을 무시하지 않았고 두 지역에서 상당한 병력을 유지했지만, 연합군의 의도에 대한 독일의 계산에서 그 위협은 언제나 부차적인 문제였다.

노르망디 침공을 위한 기만 계획은 결국 지중해 전구에서 실제로 기만 작전 경험을 쌓은 인력에 달려 있었다. 더들리 클라크의 부관 노엘 와일드Noel Wild 대령은 1943년 12월 런던으로 전출되어 신임 최고사령관 아이젠하워 장군의 사령부에서 기만 임무를 책임지게 되었다. 그리고 몽고메리가 노르망디 침공을 위해 제21집단군의 사령관에 임명되어 인사 이동이 마무리되었다. 아이젠하워와 몽고메리는 둘 다 기만을 선호하고 기만으로 득을 본 경험이 있었다. 와일드와 '특수수단' 부서는 제21집단군에서 데이비드 스트레인지웨이스David Strangeways 중령이 이끄는, 'R' 부대라 불린 기만술 참모진과 함께 진짜 작전을 위한 기만 계획인 '남부 포티튜드Fortitude South'를 구상했다. '보디가드' 작전은 '북부 포티튜드North Fortitude' 작전으로 계속 진행했다. 노르웨이와 스웨덴의 철광산을 위협한다는 1943년의 발상을 이어간 이 작전은 비록 그럴듯하긴 했으나 이전 작전들과 마찬가지로 독일군의 계획 수립에 별다른 영향을 끼치지 못했다. 상당한 규모의 독일군 병력이 줄곧 노르웨이에 주둔하고 있어서 더 증강될 가망이 없었기 때문이다.

핵심 계책은 '남부 포티튜드'였는데, 독일 군부와 정치 지도부로 하여금 노르망디 침공은 영불 해협의 좁은 물길을 건너 파드칼레로 들이닥칠 더 큰 침공의 서곡에 불과하다고 믿게 하려는 작전이었다. 엘 알라메인에서 구사한 '버트럼' 작전과 마찬가지로, 이 작전의 목적은 한 지역에 주된 위협을 가하는 척 가장함으로써 다른 지역을 겨냥하는 실제 위협의 규모와 시기를 감추는 데 있었다. 연합군은 잉글랜드 남동부에서 가상의 미국 제1집단군FUSAG을 창설한 뒤 실제 사령관—패튼 장군—을 임명하고 위장 무선교신과 모형 장비로 부대를 유지하는 척했다. 잉글랜드 동부에 줄줄이 늘어선 가짜 전차와 포는 사막에서 얻은 경험에 의존했다. 다만 모형 상륙정은 예외였는데, 이것은 너무 조잡해서 곧잘 해변에 얹히거나 파손되는 것으로 밝혀졌다(그렇지만 독일의 제한된 공중정찰에 발각되지는 않았다). 엘 알라메인에서처럼 기만의 큰 장점은 실제 병력 중 일부를 잉글랜드 남동부에 두었다가 침공 직전에 남서부로 이동시킨 뒤 그 빈자리를 실제 예비군과 문서상으로만 존재하는 부대들을 섞어서 채울 수 있다는 데 있었다. 이 기만은 아주 세세하게 준비되었고 가장 엄밀하게 보안이 유지되었다.

연합군은 이중간첩을 활용함으로써 독일 측이 신호정보와 공중정찰로부터 얻을 만한 정보를 더 강화했다. 1942년, 영국 국내 보안기관 MI5는 자국 내 독일 간첩들을 거의 전부 붙잡아 그중 다수를 연합국을 위해 활동하는 공작원으로 전향시켰다. '남부 포티튜드' 작전을 위해 암호명 '가르보Garbo'를 쓰는 연합국 공작원(에스파냐인 간첩 후안 푸홀 가르시아Juan Pujol García)은 존재하지 않는 가상의 공작원 연락망을 지어내고 독일 방첩국 Abwehr에 고급 정보를 제공했다. 1944년 1월부터 6월까지 그는 500통의 메시지를 제공해 잉글랜드 남동부와 스코틀랜드에 연합군이 집결하고 있다는 생각을 독일 감독관들의 머릿속에 각인시키려 했다. 또한 덜 성공하긴 했으나 연합군의 침공이 1944년 후반에 이루어질 것이라는 생각도 각인시키려 했다. 이 이야기에서 더 주목할 만한 측면은 독일 방첩국이 자신들은 유럽 점령지에서 연합국 스파이를 자주 잡아내는 데 비해 영국 첩보기관은 적의 스파이 활동을 추적해 제거하지 못한다고 수년간 믿었다는 것이다. 공작원 정보는 방첩국을 거쳐 작전사령부에 도달해야 했지만, 전후에 밝혀진 대로, 독일군 최고사령부에서 영국 내 병력의 위치에 관한 보고서에 정식으로 기록된 메시지 208통 중 188통이 이중간첩의 것이었다.[178] 독일군 정보기관의 문제는 침공이 다가오는 가운데 입수 가능한 대량의 자료를 어떻게 활용하느냐는 것이었다. 독일 육군의 서부정보국은 영국에 집결한 병력의 규모를 완전히 오판했다. 독일 측은 미국 제1집단군의 기만 때문에 연합군의 규모를 50퍼센트 과대평가했고, 그 탓에 연합군이 적어도 두 방향의 작전, 즉 노르망디 작전과 더 큰 규모의 파드칼레 작전을 계획했을 공산이 크다고 판단했다. 두 작전 모두 그럴듯했으므로 히틀러와 그의 사령관들로서는 어느 쪽이 양동작전인지 확신하기가 매우 어려웠다. 4월에 노르망디 아니면 브르타뉴로 침공해올 가능성이 높다고 평가하긴 했다. 하지만 5월 중순 미국 제1집단군에 관한 정보가 늘어나면서 연합군이 잉글랜드 남동부에서 침공해올 가능성이 더 높고 노르망디를 먼저 공격하되 그것이 부차적인 작전일 것이라는 예측이 제기되었다. 울트라와 매직을 통한 해독 덕분에 연합국 기만자들은 자신들의 계책이 통했는지 판단할 수 있었고, 5월 말이면 히틀러와 그 부하들이 파드칼레에 대한 위협을 진지하게 받아들인다고 확신할 수 있었다. 6월 1일, 베를린 주재 일본 대사 오시마 히로시가 그 무렵 히틀러와 나눈 대화를 도쿄에 보고하는 메시지의 해독문은 히틀러가 노르망디에서의

견제공격과 뒤이어 "도버 해협 건너편에서의 총력 제2전선"을 예상한다는 것을 확인해주었다.[179]

침공 시기도 불분명했다. 이중간첩을 통해 1944년 후반으로 침공을 연기했다는 믿음을 심어주려는 노력이 "계획적인 적 의도 감추기"라는 것을 독일 육군 정보기관에서 인지하기는 했다.[180] 하지만 실제 침공 날짜를 알 수는 없었다. 해안을 따라 배치된 독일군은 4월에서 6월 사이에 최고 등급 경보를 열 차례 들은 터라 디데이 무렵이면 예전만큼 경보에 귀를 기울이지 않고 있었다. 침공 함대가 해안에 당도하기 불과 몇 시간 전인 6월 5일, 서부 총사령관 룬트슈테트에게 제출된 요약 보고서는 침공이 임박했다는 "징조가 아직 보이지 않는다"고 결론지었다.[181] 그렇지만 '남부 포티튜드' 기만의 핵심 요소는 가상의 미국 집단군이 노르망디 침공이후 어느 시점에 두 번째 침공에 나설 것이라는 허구를 유지하는 것이었다. 후속 상륙에 대한 우려에도 불구하고 로멜은 기갑사단들을 급히 노르망디로 이동시켰지만, 독일군 최고사령부는 프랑스 북동부를 무방비로두는 위험을 무릅쓰지 않으려 했다. 연합국이 무선 기만을 계속 활용하고이중간첩을 통해 믿을 만해 보이는 정보를 꾸준히 제공한 결과, 독일군사령관들의 머릿속에 미국 제1집단군이 더욱 각인되었다. 뒤죽박죽 첩보들—모두 이중간첩의 첩보였던 것은 아니다—은 미국 제1집단군이 독일 예비병력이 노르망디 거점으로 몰려갈 때까지 기다렸다가 프랑스 북동부 해안을 겨냥해 두 번째 상륙작전을 개시할 가능성을 시사했다. 입수정보를 고려하면 이것이 그럴듯한 시나리오이긴 했지만, 그에 대응해 독일군은 무려 22개 사단을 7월 들어서도 한참 동안 파드칼레에 남겨두어야 했다. 7월에 독일군 사령관들은 노르망디 전선의 성공에 고무된 연합군이 마음을 바꿔 미국 제1집단군을 제2전선이 아닌 기존 전선에 투입했다고 결론을 내리면서 가상의 집단군이 존재한다는 믿음을 마지막까지 고수했다. 결국 8월에 히틀러는 파드칼레의 병력을 노르망디 전투에 투입할 것을 명령했지만 이미 너무 늦은 조치였다.[182] 연합군의 위장이 들통날 온갖 위험에도 불구하고 이 기만은 끝까지 통했는데, 적의 머릿속에서는 완전히 합리적으로 보이는 전략적 계산에 들어맞았기 때문이다. 그 결과, 서부전선의 기만작전들 중 가장 정교했던 이 작전은 적의 전력을 갈라놓음으로써 연합군의 전력을 대폭 강화하는 효과를 거두었다. 그 덕분에 서방 연합국은 실패할 시 감당할 수 없는 작전의 높은 위험도를 낮출 수 있었다.

서부전선에서 '남부 포티튜드' 작전을 전개하는 동안, 동부전선의 소련군은 벨라루스의 독일 중부집단군을 상대로 두 번째 주요 기만작전을 개시했다. 규모 면에서 '오버로드' 작전을 위한 기만에 필적했던 이 기만은 소련 내 독일군의 전선에 재앙적인 결과를 가져왔다. 1944년 6월 22/23일 개시한 '바그라티온' 작전의 기만 계획은 '포티튜드'와 마찬가지로 전략과 작전 수준의 기만술을 오래도록 연마하여 숙달한 경지를 보여주었다. 소련군은 1920년대부터 군사교리에서 마스키로브카maskirovka(은폐 또는 위장)와 브네자프노스트vnezapnost(기습)를 극히 중시했다. 붉은군대의 야전 규정은 늘 기밀 유지의 이점을 강조했다. "기습은 적의 혼을 빼놓는다." 기밀 유지의 목적은 언제나 병력 집결을 숨겨서 아군의 의도를 적에게 감춘 다음 예상 밖의 강습을 개시하여, 전시의 야전 규정에 따르면, "적을 아연실색케 하고, 적의 의지를 마비시키고, 적에게서 조직적 저항에 나설 기회를 빼앗는" 데 있었다.[183] 그러므로 소련군이 1941년 6월에 허를 찔리고 조직적 저항이 일시적으로 혼란에 빠진 것은 아이러니한 일이었다. 1941년 9월 소련군 최고사령부는 마스키로브카를 전략 수준, 작전 수준, 전술 수준 등 모든 수준에서 실행할 것을 역설했고, 이후 마스키로브카가 140차례의 전선 작전에 거의 언제나 포함되었다. 소련 군인들은 위장을 제2의 본성으로 삼았고 전술 수준의 은폐와 매복에 능숙해졌다. 그렇지만 더 폭넓은 작전 수준의 기만은 야간의 조심스러운 병력 이동, 엄격한 보안 유지, 완전한 무선 침묵(무전기가 부족했던 초기에는 그리 어려운 일이 아니었다), 예상치 못한 지형의 활용 등에 달려 있었다. 1941년 말 독일 육군이 모스크바 전방에 포진했을 무렵, 독일 정보기관은 이미 소련 3개 군 전체의 존재를 놓치고 있었다. 1942년 소련군 작전사령부들에는 기만을 전담하는 참모가 한 명씩 있었으며, 그들은 은폐 활동이 전진해오는 독일군에 맞서 붉은군대의 전력 균형을 회복하는 데 도움이 되기를 기대하며 작전 수립에 맞추어 마스키로브카를 조정했다.

이런 개혁이 성공했다는 사실은 1942년 11월 스탈린그라드에서 독일군의 퇴로를 차단하려던 '천왕성' 작전, 8개월 후의 쿠르스크 전투, 그리고 1944년 여름 독일 중부집단군의 경악스러운 패배로 명확히 드러났다. '천왕성'의 성공을 위해서는 작전을 최대한 철저하게 숨겨야만 했다. 추축군의 길게 늘어진 측면들에 역공을 가할 위치로 이동한 지휘관들, 참모들, 부대들은 그곳에 배치된 이유에 대해 듣지 못했다. 스탈린은 구두 지시만 내리고 지도나 인쇄물을 일절 사용하지 말라고 강조했다. 또 소련 측은 처벌 위협으로 무선 보안을 강화하고 적 항공기가 나타나면 곧잘 발포하던 보병에게 발포를 금했다.[184] 스탈린그라드로 이어지는 독일군 회랑지대의 남쪽과 북쪽으로 병력 30만 명, 전차 1000대, 포와 박격포 5000문이 보이지 않게 이동해 자리를 잡았다. 대부분 이 회랑지대에 배치된 헝가리군, 이탈리아군, 루마니아군 등 추축군은 이 소련군의 이동을 얼추 알아차렸지만, 독일군 동부정보국 수장 라인하르트 겔렌 장군은 대공격이 예상되지 않는다며 그들을 안심시켰다. 독일 육군 참모총장 쿠르트 차이츨러 장군은 소련 예비병력이 더 이상 없어 보이므로 붉은군대는 '대규모 공세'를 개시할 수 없다고 결론지었다. '천왕성' 개시 전날인 1942년 11월 18일, 위기에 처한 추축군에 대한 겔렌의 보고서는 모호하고 어정쩡했다.[185] 뒤이은 작전에서 소련군은 기습의 효과를 극대화하는 데 성공했다. 추축군이 전열을 가다듬은 무렵이면 이미 너무 늦은 상태였다. 스탈린그라드의 독일군은 퇴로를 차단당했고, 그들을 구하려던 시도는 수포로 돌아갔다.

1943년 7월, 쿠르스크 전투를 위해 소련군은 마스키로브카의 레퍼토리를 전부 이용했다. 돌출부 일대의 방어지대에서 소련군은 수많은 가짜 포대, 전차 정비고, 지휘 본부를 건설하는 한편 실제인 모든 것을 정교하게 위장하는 등 독일의 공중정찰에 혼동을 주고자 갖은 노력을 기울였다. 그 지역에서 지뢰밭을 얼마나 감쪽같이 위장했던지, 일부 독일 기갑부대들은 첫 전차가 나가떨어지기 전까지 간파하지 못했다. 소련군은 거짓 무선교신으로 독일군이 적군의 전력과 배치를 오판하도록 조장했고, 엄격한 무선 규율로 아군의 실제 규모와 위치를 감추었다. 또 모형 비행장들을 건설했는데, 작전 개시 전에 독일 공군이 소련 공군기지들을 겨냥한 25차례의 공격 중 불과 세 차례만 진짜 표적을 타격했을 정도로 대성공을 거두었다.[186] 그렇지만 이 기만의 핵심 요소는 쿠르스크 돌출부의 배후에 집결한 대규모 예비병력이었다. 이 예비병력은 방어군의 일부로 위장했으나 실은 독일군이 방어지대에서 약해지고 나면 대규모 역공에 나설 준비를 하고 있었다. 이곳에서도 실제 전력을 감추고 적에게 돌출부의 방어군을 지원할 예비병력이 별로 없다는 인상을 주기 위해 대대적인 은폐 활동이 이루어졌다. 독일 정보기관은 적군이 돌출부 북쪽의 오룔과 남쪽의 벨고로드, 하르키우를 겨냥해 갑자기 역공에 나설 가능성을 전혀 예측하지 못했다. 소련군은 새로운 공세의 개시 지점으로 전진하는 것을 감추기 위해서도 정교한 기만술을 사용했고, 더 남쪽에서 대규모 양동공격으로 독일 기갑부대 예비병력의 주의를 돌리는 데 성공했다. 브네자프노스트의 성공은 1943년 8월에 개시하여 소련 중부전선의 독일군을 11월경 저 멀리 드니프로 강까지 몰아낸 대대적인 공세를 통해 입증되었다.

1944년 6월 '바그라티온' 작전의 기만술은 이런 경험을 바탕으로 했다. 1944년 붉은군대의 야전 규정은 은폐와 기만을 "각 행동과 작전에 대한 전투지원의 의무적 형태", 소련 작전술의 필수 요소로 규정했다. 다섯 사람만―주코프와 바실렙스키 외 세 사람―이 이 작전의 전모를 알고 있었고, 그들은 전화로든 서신으로든 전보로든 '바그라티온'을 언급하지 말아야 했다. 전략 수준에서 소련군은 주요 공세작전을 남쪽의 추축국 발칸 국가들과 북쪽의 발트 해안에서 수행할 것이라는 온갖 암시를 독일 측에 주었다. 독일 육군 정보기관은 적이 하계 공세에서 남쪽에 더 힘을 실을 것이라고 미리 짐작하고 있었고, 그 결과로 기만에 쉽게 속아 넘어갔다. 소련군이 실제로 주요 공세를 펼칠 무대인 벨라루스에 있던 독일 중부집단군 지휘관들은 육군 정보기관으로부터 그곳에서는 공세가 예상되지 않는다는 말을 들었다.[187] 이 기만을 위해 소련군은 벨라루스 전선으로 9개 군, 11개 전차·기갑·기병 군단을 비밀리에 재배치했을 뿐 아니라 포 1만 문, 연료 30만 톤, 식량 50만 캔을 감추었다. 남쪽에서는 모형 포와 전차, 비행장을 설치하고, 속임수에 현실감을 더하고자 대공포 실사격과 전투기 초계로 모형을 보호하는 척했다. 기밀 유지는 벅찬 과제였다. 전선 부대들은 평소처럼 사격하며 '정상적인' 외양을 유지하고 정기 무선교신을 지속하라는 명령을 받았다. 새로 이동해온 부대들은 모두 완전한 무선침묵을 유지하고 야간에만 움직여야 했고, 사로잡힐 우려가 있어 척후 활동에 나설 수 없었으며, (변절할 우려 때문에) 공세 계획에 대해 아무것도 듣지 못했다. 공병들은 프리페트 습지 북쪽의 질퍽질퍽한 땅에 나무 둑길을 비밀리에 건설했으며, 소련 기갑부대는 지난 프랑스 전투 시기에 아르덴 숲에서 불쑥 뛰쳐나왔던 구데리안의 전차부대처럼 이 둑길을 따라 이동해 독일 방어군을 별안간 덮칠 계획이었다.[188] 중부전선 현지 독일군 지휘관들이 전방에서 대규모 공세 준비의 징후가 보인다고 알리려 했지만, 독일 육군 최고사령부는 이것을 속임수로 치부하고 중부집단군에 필요한 추가 자원을 보내지 않았다. 6월 22/23일 밤 공세가 시작되었고, 몇 주 만에 독일 육군이 벨라루스에서 밀려나고 붉은군대가 바르샤바가 시야에 들어오는 비스와 강변까지 진격했다. 이는 전시에 독일군이 당한 대참패 중 하나였다.

소련군의 작전에 기만을 집어넣는다고 해서 성공이 보장되는 것은 아니었다. 성공은 몇 주간 녹초가 되도록 싸우는 전투에 달려 있었다. 그러나 독일군을 겨냥한 모든 주요 작전에서 기만은 적을 혼란에 빠뜨려 지상군과 공군이 한결 쉽게 임무를 수행할 수 있도록 한다는 목적을 달성했다. 기만의 가치를 입증하는 증거가 필요하다면, 만주의 일본 관동군에 대한 소련군의 전시 마지막 공세작전에서 찾을 수 있다. 일본군은 그때까지 대대적인 기만작전의 대상이 된 적이 없었다. 미군 사령관들은 전략 요소로서의 기만에 끌리지 않았는데, 기만을 일본군이 1941년 12월에 구사한 비열한 작전과 동일시했기 때문이다. 영국의 런던 통제과에 상응하는 미국의 합동보안통제소는 태평양 전구 사령관들이 기만을 진지하게 받아들이도록 설득하는 데 애를 먹었다. 1943년 말 합동보안통제소 장교들은 미군 작전계획에 덧붙일 기만 관련 부속문서를 작성하라는 지시를 받았지만, 야전 지휘관들은 그 문서의 영향력에 분개했다. 몇 안 되는 기만작전 — '웨드락Wedlock', '허즈번드Husband', '밤비노Bambino', '발렌타인Valentine', '블루버드Bluebird' — 은 별 효과가 없었는데, 무엇보다 일본 정보기관이 순전히 허구인 이 작전들을 간파하지 못하거나 그에 대응하지 않았기 때문이다. 1944년 쿠릴 열도 북부에서, 1945년 대만에서 일본군이 증강된 것은 십중팔구 일본 군부에서 필요하다고 판단한 선제 조치였지 '웨드락'(알류샨 열도에서의 가짜 침공)이나 '블루버드'(대만과 남중국 해안에 대한 가짜 상륙) 기만작전의 직접적인 결과가 아니었다.[189] 인도에서 붙잡은 일본 스파이들을 이중간첩으로 활용하려던 영국의 노력은 대체로 실패했는데, 그들이 일본 정보기관과 이따금씩 접촉했을 뿐인 데다 역정보가 실제로 일본군 작전에 영향을 주는지 여부를 확인할 길이 없었기 때문이다.[190]

그에 비해 만주 공세는 소련 마스키로브카의 본보기였다. 일본 측은 소련군이 동쪽으로 이동한다는 사실은 간파했으나 그 규모는 알지 못했다. 철도 수송은 야간에만 진행했고 만주와 가까운 철도 노선들에는 임시변통한 터널을 덮어 그 안에서 무엇을 수송하는지 감추었다. 일단 배치된 소련군은 다양한 위장과 은폐 수법을 구사했다. 관동군은 소련군의 전력을 절반으로 과소평가했거니와 공격 방향(붉은군대는 적이 기갑부대로는 통과할 수 없다고 생각한 지형을 빠져나갔다)과 시기를 예측하는 데에도 실패했다. 소련군이 침공할 의도라는 것은 분명했지만, 일본군은 붉은군대가 1945년 늦겨울까지, 또는 1946년 봄까지도 침공 준비를 마치지 못할 것이라고 추정했다. 전혀 예상치 못한 공격이 닥치자 일본군의 전열은 소련군의 신속한 전개와 침투에 의해 흐트러졌다. 당초 30일을 예상한 전역은 15일 만에 일본 최대 규모의 집결 병력, 14년 전인 1931년에 교전을 시작했던 100만 관동군이 섬멸되는 것으로 완료되었다.[191]

신중하게 계획하고 조율한 기만이 연합군이 승리를 거두는 데 중요한 역할을 했음을 뒷받침하는 확실한 논거가 있다. 기만이 없었다면 연합군은 전쟁 노력을 더 오랫동안 이어갔거나 손실을 더 많이 봤을 것이다. 엘알라메인, 스탈린그라드, 쿠르스크에서, 또 노르망디, 벨라루스, 만주에서의 강습에서 기만이 전력승수로 입증되었다는 데에는 의문의 여지가 없다. 다른 요인들도 승리에 꼭 필요하긴 했지만 말이다. 영국과 소련은 일련의 참패를 당한 뒤 이점을 얻을 수 있는 방법들을 찾아야만 했고, 그중 한 가지 방법이 기만이었다. 기만이 통한 데에는 연합국 정보기관이 우위를 누리고 독일과 일본이 정보 평가에서 약점을 보였다는 이유도 있다. 그럼에도 정보와 기만이 작전의 결과에 얼마나 기여했느냐는 물음은 기갑부대와 공군력, 무선과 레이더, 상륙강습의 기여도와 비교해 역사가들에게 더 열린 문제로 남아 있다.

승자와 패자: 전시의 학습곡선

'학습곡선learning curve'은 전시 위기 당대의 용어로, 1936년에 신조어로 등장한 뒤 전시 동안 미국 조선업의 생산력 발전을 평가하는 데 적용되었다. 학습곡선은 경영자와 노동자가 제품 한 단위를 생산하는 데 소요되는 시간을 얼마나 줄이는지 측정하는 방법으로서 도입되긴 했지만, 전시 동안 군대가 전투능력을 개선한 방법을 나타내는 은유적 표현으로 쓰기에 매우 적절해 보인다. 이 이론은 두 종류의 학습, 즉 조직학습과 노동학습을 상정한다. 경영자 측이 중요한 이유는 경영자가 기술 혁신을 추진할 수 있고 성과 지표를 보고서 어떤 개선책이 필요한지 알 수 있기 때문이다. 노동자 측은 낯선 환경과 장비에 적응하고 능숙하게 활용하는 법을 배워야 한다.[192] 비록 언제나 균일하게 해내거나 잘 해내지는 못했지만, 이 것은 바로 전시 동안 군대가 한 일이었다. 군 관리자는 결점을 파악하고 전술을 수정하고 혁신적 기술 및 편제를 촉진했고, 육해군의 일반 병사는 필요한 기술적 지원을 받는 가운데 훈련을 통해 전투를 더 능숙하고 효율 적으로 치르는 능력을 길렀다. 전시 교전의 승자와 패자를 평가할 때, 학 습하고 적응하는 능력은 극히 중요한 요인이었다.

그렇다 해도 학습곡선은 결과를 평가하고, 바로잡을 점을 확인하고, 노동력을 훈련시키는 데 시간이 걸린다는 것을 의미한다. 연합국으로서 는 초기에 연달아 재앙을 맞은 이후에 전세를 뒤집을 만한 시간이 충분 히 있었다는 것이 아주 중요했다. 연합국의 세 주요 국가 모두 초기에 일 련의 패배를 당하긴 했지만, 추축 국가들은 1940년 독일군이 프랑스에서 했던 것처럼 군사력으로 적에게 신속하고 결정적인 패배를 강제할 수 없 었다. 독일과 이탈리아는 영국 제도를 침공할 수 없었고 북아프리카에서 저지당했다. 일본은 미국이나 영국을 침공할 수 없었다. 소련은 한입에 삼 키기에는 너무 거대한 지리적 실체로 밝혀졌다. 추축 국가들은 모두 시간 보다는 공간을 가지고 있었는데, 그 공간이 1942년에 그들의 진군 속도를 늦추고 결국 멈춰 세웠다. 연합국은 1942년에 일본, 독일, 이탈리아의 본 토를 침공할 수는 없었지만 이제 시간과 전 세계적인 세력권을 가지고 있 었고, 그것을 바탕으로 군사능력을 재건하고 개선하는 방법을 알아내 전 시 마지막 2년간 침공에 나설 수 있었다. 연합국의 군사조직은 조직이론 가 트렌트 혼Trent Hone이 말한, 학습곡선을 그려갈 수 있는 '복잡적응계'가 되었다.[193]

연합국이 학습과 개혁이 얼마나 필요한지 이해한 것과 학습과 개혁을 위한 제도적 메커니즘을 개발할 수 있었던 것도 극히 중요했다. 평가와 학습의 과정은 1941년 소련이 물자와 정규군의 극심한 손실을 입은 이후 생존하는 데 무척 중요했다. 1942년 동안 소련 육군 참모본부는 주로 독일군의 실전에 견주어 무엇이 잘못되었고 무엇을 배워야 하는지를 전반적으로 재검토하기 시작했다. 그런 다음 통신과 정보 수집을 대폭 개선하고, 작전 수준과 전술 수준에서 기갑부대, 보병사단, 공군 부대를 근본적으로 재편했다.[194] 독일군 사령관들이 손실을 입고서 알 수 있었듯이, 소련군 개혁의 효과는 심대한 결과를 가져왔다. 영국군 능력의 기반은 육군을 대체로 기계화된 전력으로 양성한 중대한 편제 개혁, 효과적인 전술공군(1940년만 해도 사실상 전무했다), 디에프 항에서 참패한 이후에 갖춘 대규모 상륙작전 개시 능력이었다. 이런 교훈을 배우는 데 전념한 위원회들—됭케르크의 여파에 관한 바살러뮤 위원회Bartholomew Committee, 공군-육군 협력에 관한 우돌 보고서, 통신에 관한 고드윈-오스틴 위원회 Godwin-Austen Committee—이 여러 개혁을 촉진하기도 했지만, 주로 개혁을 촉진한 것은 개전 초부터 엘 알라메인에서의 첫 승리와 그 이후까지 이어지는 굴욕스러운 실패의 긴 목록이었다.[195] 이에 더해 영국 지상군은 맹렬하고 정확한 포격과 광범한 항공지원에 계속 의존하면서도, 전시 초반에 비해 전술적으로 더 능숙해지고 상명하복에 덜 구애받게 되었다. 1942년 12월 몽고메리가 작성해 배포한 〈상급장교의 전투 수행에 관한 간략한 메모〉는 휘하 지휘관들에게 특정 임무 완수를 위해 저마다 판단을 내릴 재량권을 훨씬 많이 허용했는데, 이는 당대에 영국 육군의 관행을 비판하던 대다수 사람들이 허용한 방식보다 독일군의 유명한 임무형 전술 Auftragstaktik 개념에 더 가까운 지휘 방식이었다.[196]

미군의 경우 학습을 시작하는 것 외에 달리 뾰족한 수가 없었다. 규모가 작고 기술적으로 뒤진 데다 허술한 정보를 제공받던 미국 육군과 항공대는 대체로 징집병을 불러모아 급조한 군대를 전문적인 군사조직으로 바꿔야 하는 힘겨운 과제에 직면했다. 미국 해군은 더 크고 자원을 더 많이 제공받긴 했지만, 아직 배워야 할 게 많았다. 과달카날과 북아프리카의 초기 전역에서 수많은 결점을 드러낸 해군은 무엇을 바꿔야 하는지 신속히 재평가해야 했다. 튀니지 카세린 고개에서 거의 재앙을 맞은 뒤, 미국 육군 지상군 사령관 레슬리 맥네어Lesley McNair 중장은 끊임없이 학습하는 '훈련 기반' 육군을 요구했다. 야전에서는 적과 그 대응법에 관한 전술정보를 식별하고 전파하는 일이 매우 중시되었다. 전투정보실은 전투 경험으로부터 정보를 모아 적에 대항하고 있거나 곧 대항해야 할 부대들에 간추린 정보와 조언을 전달했다. 태평양에서(그리고 유럽에서) 미군의 엄격한 명령 하달 문화는 일본군이 죽음을 무릅쓰고 방어하는 전술상황에 대처할 수 있도록 소부대 장교들에게 재량권을 허용하는 쪽으로 점차 바뀌어갔다.[197] 유럽에서는 중앙집중식 명령과 통솔이 언제나 가능하지가 않았다. 1944년 6월 미국 제5군 제2군단에 하달된 지시문에는 그런 상황에서 "지휘관들은 각자의 책임, 결단, 판단에 따라 행동해야 한다. 행동하지 않는 것은 용서받지 못한다"고 명시되어 있었다.[198] 미군과 영국군은 기계화된 육군, 효과적인 통신, 적절한 정보, 대폭 개선된 상륙전 교리와 실천, 공격적인 전술공군—모두 학습곡선의 필수 단계였다—등을 갖추며 전투력을 전반적으로 강화해나갔다.

추축군 역시 군사자원에 대한 투자를 늘리고 적을 면밀히 관찰하는 등 학습으로 성과를 거두었다. 그러나 초기의 빛나는 승리가 도리어 더욱 혁신적인 변화를 저해했다. 거의 전시(그리고 전후) 내내 독일군 지휘관들은 어느 전선에서 적을 상대하든 적의 군사적 자질이 전반적으로 떨어진다고 보았다. 1942년 독일 아프리카군단은 엘 알라메인에서 거의 완패를 당하기 불과 몇 주 전에 적의 "느림과 서투름, 결기 및 전술계획의 부재"에 주목했다.[199] 동부전선에서는 소련군의 초기 실패가 적에 대한 독일군의 견해에 영향을 주었다. 1941년 가을 헤르만 가이어Hermann Geyer 장군은 "모든 독일 군인은 러시아인에게 우월감을 느낄 권리가 있다"고 썼다.[200] 그무렵 이런 견해가 바뀌고 있긴 했지만, 너무 늦은 변화였다. 기갑부대와 공군의 조합은 독일 육군이 스탈린그라드에 도달할 때까지 큰 효과를 발휘했지만, 그 후로는 통하지 않았다. 독일군의 무선통신과 레이더는 전시 초반에 연합군에 비해 앞서 있었지만, 그 우위는 1943년경에 사라졌다. 독일의 잠수함전은 1차대전의 선례를 연상시켰고, 결국 똑같이 실패로 끝났다. 1940년 프랑스 기습이나 '바르바로사' 기습의 성공은 결코 되풀이되지 않았다. 일본군도 비슷한 결과를 맞았다. 장비가 허술한 중국군을 상대하던 일본군 최고사령부는 개혁에 나서야 한다는 압력을 별로 받지 않았다. 1941~1942년 일본군은 무엇보다 상륙작전에 힘입어 성공을 거두고도 태평양 외곽을 확보하자마자 상륙작전을 경시해버렸다. 끝으로 1942년 초 전투를 포기하느니 죽음을 택할 각오였던 일본군은 연합군이 항복하자 그들을 몹시 경멸하는 견해를 갖게 되었다.

그와 달리 연합군이 활용한 전력승수들에는 전시 초반 군사적 유효성의 열세와 적응의 필요성이 반영되어 있었다. 적응의 과정은 순조롭지 않았고 실책이나 낭비, 기술적 제약으로 점철되었다. 하지만 그 과정을 거치며 승리를 거둘 수 있었다. 추축군이 군사적 유효성을 유지했음에도, 또는 독일군의 경우 그들이 대적한 연합군보다 명백히 우세했음에도 그저 연합군의 엄청난 군사자원 때문에 서서히 소진된 것이라고 보는 오랜 전통이 있다.[201] 그러나 더 뛰어난 교리와 편제, 훈련, 정보를 바탕으로 자원을 활용하지 않는다면—1941년에 전차와 항공기의 수에서 크게 우세했던 붉은군대가 속절없이 밀려났던 것처럼—자원 이점은 별 의미가 없다. 연합군은 자원 이점이 유의미해질 수 있도록 이 모든 분야를 개선할 필요가 있었다. 전장은 개선점을 실제로 시험해보는 무대였으며, 태평양이나 북아프리카, 이탈리아, 프랑스, 광대한 동부전선 도처에서 추축군은 결국 값비싼 대가를 치르며 학습해온 연합군에 패했다. 이론에 따르면 산업계의 '학습곡선'은 그 과정의 끄트머리에 이를수록, 경영자와 노동자가 학습 성과를 최적화하는 데 성공할수록 평평해진다. 1945년 연합군의 승리는 학습곡선의 평평한 끄트머리였다.

제6장

전쟁경제:
전시의 경제

전쟁 막바지 2년간 일본을 장거리 폭격하기 위해 대량 생산된 미국 보잉 B-29 '슈퍼포트리스' 폭격기의 수직 꼬리날개를 점검하는 여성 노동자. 1944년경 여성은 미국 항공기 공장 노동력의 3분의 1을 차지했다.

생산 문제의 해결에 있어서 전 세계를 통틀어 타의 추종을 불허하는 미국 산업계의 천재성이 그 기지와 재능을 발휘할 것을 요청받았습니다. 시계, 농기구, 라이노타이프, 금전등록기, 자동차, 재봉틀, 잔디깎이, 기관차의 제조업자들이 지금 퓨즈, 폭탄 수송용 상자, 망원경 가대, 포탄, 권총, 전차를 만들고 있습니다.

— 프랭클린 루스벨트, '노변담화', 1940년 12월 29일[1]

따라서 우리의 무기와 장비 생산의 효율성을 필요한 만큼 높여야 한다. 1) 현대식 원리에 따른 대량생산을 가능케 한다는 의미에서 무기와 장비의 구조를 세밀하게 수정하고 이 방법으로 제조법의 합리화를 달성해야 한다.

— 아돌프 히틀러, '효율성 명령', 1941년 12월 3일[2]

미국에서 무기와 군장비의 대량생산은 당연시되었다. 1940년 5월, 루스벨트 대통령은 연간 항공기 5만 대 생산을 요구하며 공중 재무장을 개시했다.[3] 또 나중에 전차 생산 계획에 개입해 연간 2만 5000대 생산을 고집했다. 당시 이런 목표를 달성할 수 있느냐는 의구심이 일었지만, 루스벨트가 1940년 12월 '노변담화'에서 말한 "미국 산업계의 천재성"은 재무장과 전쟁의 요구사항에 부응했다. 1943년 미국은 벌써 적국들의 생산량을 모두 합한 것보다 더 많은 양의 군수물자를 홀로 생산하고 있었다. 히틀러는 군사전문가들로부터 미국의 군수물자 생산 능력을 과소평가하지 말라는 경고를 들었지만, 이 경고도 그의 선전포고를 막지 못했다. 일본의 진주만 공격 며칠 전에 히틀러 본부는 그의 서명이 들어간 명령을 내려 독일 군수산업에서도 대량생산이 가능하도록 생산 간소화와 표준화 프로그램을 채택할 것을 요구했다.

일반적으로 히틀러는 전략적 이해도가 높았다고 인정받지는 못하지만, 사태의 추이를 보건대 전시 초부터 가능한 한 최대 규모의 군수생산이 성공적인 전쟁 수행에 필수적인 전제조건임을 인식하고 있었다. 위에서 인용한 1941년 12월의 명령을 하달하기 앞서 몇 달간 히틀러는 최고 사령관으로서 개입해 산업계와 군부의 협력을 통해 독일의 막대한 자원으로 생산량을 최대한 늘릴 수 있는 방법을 찾으려 했다. 1941년 5월 히틀러는 군수탄약부 장관 프리츠 토트, 국방군 군수경제국장 게오르크 토마스 장군과 함께 회의를 열고서 전쟁경제를 더 효율적으로 운영하기 위한 자기 구상의 요점을 전달했다. 히틀러는 군부가 복잡한 기술적 요구로 산업계에 지나친 부담을 안긴다고 나무라고 "더 기초적이고 견고한 건설"과 "조잡한 대량생산의 촉진"을 요구했다.[4] 또 별도의 지령에서 삼군이 무기의 수를 줄이고 복잡도를 낮출 것을 요구했고, 여름과 가을의 다른 지령들에서 현대식 생산법에 적합한 무기에 초점을 맞출 것을 지시했으며, 12월의 지령에서 마침내 자신이 기대하는 바를 명확하게 설명했다. 알베르트 슈페어의 보좌관 카를-오토 자우어Karl-Otto Saur는 1945년 억류된 처지로 이렇게 회상했다. "중요한 점은 히틀러의 1941년 12월 3일 명령 이후에야 독일에서 모든 실용적 목표를 위한 합리화가 실제로 추진되었다는 것과 이론을 실천으로 옮기는 데 그의 개입이 필요했다는 것이다."[5] 그렇지만 이 명령은 이야기의 끝이 아니었다. 2년 후, 독일 항공엔진 생산 부문 책임자인 빌헬름 베르너Wilhelm Werner는 생산이 여전히 "수공예의 특징을 강하게 띠고 있다"고 불평하고 "미국식 모델을 따르는" 조립라인 생산을 요청했다.[6] 두 가지 생산 문화 사이의 간극은 메우기 어려웠고, 전쟁의 최종 결과에 큰 영향을 끼친 요인으로 밝혀졌다.

무기 대량생산

2차대전 교전국들의 군수품 생산량에 비하면 그 이전과 이후의 생산량은 적어 보인다. 그렇지만 2차대전 기간에 생산의 규모가 컸다 할지라도 관습적 견해의 대량생산에 들어맞는 것은 무기와 차량, 함정의 일부일 뿐이었다. 대량생산은 20세기 초반 미국 자동차산업(특히 헨리 포드)이 선도한 생산 기법의 혁명에 기원을 두는 '포디즘'과 관련이 있었다. 포디즘은 해석에 열려 있었다. 미국에서 포디즘은 값싼 표준 소비재의 생산량을 극대화하는 수단이었으며, 구체적으로는 자원과 부품의 흐름에 대한 합리적 통제를 생산라인에 적용하고 조립을 쉽게 배울 수 있는 반복 작업으로 세분하는 방식이었다. 소련에서는 신진 공산당 정권이 포디즘을 소비에트 근대성의 상징으로서 받아들였을 뿐 아니라, 새로 권력을 얻은 프롤레타리아트에게 합리적 대량생산으로 값싼 상품을 공급할 수 있다는 측면에서도 받아들였다. 오직 독일에서만 포디즘을 양가적 관점에서 바라보았다. 1920년대에 포드의 생산성 모델을 칭송하는 이들이 몇몇 부문에서 대량생산 방식을 채택하긴 했지만, 1929년 시작된 경제 붕괴를 계기로 미국식 생산 모델을 거부하고 독일식으로 전문화된 생산과 고품질 공학— 두 요인은 정교하고 기술적으로 앞선 무기 부문의 발전에 기여했다—을 강조하는 추세가 나타났다. 이렇듯 상이한 생산 문화들은 2차대전 기간에 두고두고 영향을 끼쳤다. 예컨대 생산 문화의 차이는 대량생산된 미국 셔먼 전차 및 소련 T-34 전차와 상대적으로 적게 생산된 독일 티거 전차 및 판터 전차 간의 차이로 나타났다. 독일제 두 전차는 성능 면에서 연합군의 대량생산된 기갑차량을 월등히 앞서긴 했으나 생산 대수가 턱없이 부족했다.

전간기에 표준 내구소비재의 생산이라는 의미로 이해하던 대량생산은 현대식 무기의 생산에 적용하기에는 명백한 한계가 있었다. 1차대전 기간에 군장비의 대량생산은 필수가 되었으며, 노동력의 생산 효율을 높이고 자원을 절약하기 위해 신식 공장에서 소화기小火器, 군수품, 포 부품 등을 생산하는 관행이 도입되었다.[7] 그러나 2차대전 기간의 대량생산은 전차와 기갑차량부터 항공엔진과 기체에 이르기까지 복잡한 공학 제품의 생산량을 늘리는 것을 의미했다. 군용기 한 대를 생산하려면 보통 10만 개 이상의 부품이 필요했으므로 최종 조립이 비교적 순조롭게 진행될 수 있도록 수백 곳의 하도급업체로부터 부품을 제대로 납품받는 것만 해도 만만찮은 난관이었다. 소총이나 기관총은 평시의 생산 관행을 그대로 적용해 비교적 적은 수의 표준 부품으로 쉽게 생산할 수 있었지만, 항공기나 전차, 잠수함을 생산하려면 극히 복잡한 과정을 거쳐야 했다. 미국 콘솔리데이티드 사의 B-24('리버레이터Liberator') 폭격기를 조립하는 데에는 도면 3만 장이 사용되었다. 헨리 포드는 승용차와 트럭을 제작한 경험을 바탕으로 이 폭격기를 대량생산하려 시도하면서 생산 과정을 2만 가지 공정으로 나누었는데, 그러자면 지그jig 및 고정장치 2만 1000개와 금형 2만 9000개가 필요했다. 이 프로젝트는 실행하기까지 너무 지체된 탓에, 생산을 시작했을 무렵 B-24 폭격기는 이미 구식이 되어 있었다.[8] 포드는 평시의 대량생산을 무기류에 적용할 수 있다는 자신감에 1940년 표준 공작기계를 사용해 하루에 전투기를 1000대씩 생산하겠다고 제안했다. 하지만 이 제안은 조사 이후 퇴짜를 맞았는데, 값싼 자가용을 위한 공학 표준은 신식 항공기 생산의 요건에 전혀 들어맞지 않았기 때문이다. 똑같은 문제가 신식 고속 전투기 XP-75를 생산하려던 제너럴 모터스 사를 괴롭혔다. 이 기업은 전투기 전체를 제작하기보다 다른 항공기 설계도들에 들어간 기성 부품들을 사들임으로써 지름길로 가려고 했다. 그러나 4년 후인 1945년 여름 제너럴 모터스 사는 이 프로젝트가 완전히 실패했다고 발표하고 폐기해버렸다―이는 제품을 대량생산하던 대기업이 평시의 관행으로 전시의 요구에 부응하기가 얼마나 어려웠는지 입증하는 증거일 뿐 아니라, 미국이 무익한 프로젝트에 노력과 자원을 허비하면서도 여타 경제권보다 더 많이 생산했음을 입증하는 증거이기도 하다.[9]

첨단 무기의 대량생산과 관련된 여러 문제는 민간의 평시 생산과 전쟁 경제의 차이를 잘 보여주었다―평시에는 소비시장과 민간의 취향이 무엇을 어떤 품질로 생산할지 결정하는 반면에 전시에는 군대라는 단일한 소비자가 불확실하고 계속 바뀌는 독단적인 요구를 한다. 전시에 장기적인 생산 계획을 실행하고 그에 상응하는 규모의 경제를 달성하려던 노력은 자주 좌절되었는데, 그 원인으로는 예측할 수 없는 전략 변경, 적의 전술적 성취를 따라잡거나 능가할 필요성, 기존 무기의 생산을 중단하고 단기간에 전술적 개조를 하자는 군부의 요구 등이 있었다. 이런 상황에서는 표준 모델, 호환 부품, 컨베이어 벨트 생산을 확정하기가 어려웠다. 끊임없는 변경은 전시 대량생산의 적이었다. 영국 항공기생산부에서 부품 조달 계획을 담당한 알렉 케언크로스Alec Cairncross는 당시의 "생활은 엉망진창과의 오랜 싸움이었다"고 회고했다.[10] 독일 융커스 Ju88 중형 폭격기는 생산에 들어가고 첫 3년간 설계가 1만 8000번이나 변경된 탓에 장기간 안정적으로 생산할 가망이 아예 사라졌다. 설계 변경은 항공기나 전차의 최종 조립에 영향을 주었을 뿐 아니라, 주요 조립 공장들과 조율해가며 생산해야 하는 수백 개의 부품 공급업체들에도 영향을 주었다. 개별 공급업체들은 대개 대량생산 능력에서 서로 현저한 차이를 보였는데, 소기업이라서 새로운 요구사항에 유연하게 부응하거나 더 효율적인 생산 방식을 도입하기가 여간 어렵지 않았기 때문이다. 1942년 미국의 전차 생산량은 주요 부품이 부족했던 까닭에 목표치인 4만 2000대에서 2만 대가 부족했다. 전시 중반 독일에서는 부품 하도급업체들이 군령에 따라 모두 최선의 관행을 채택하도록 유도하려는 노력이 이루어졌다. 최고 실적과 최저 실적의 차이는 5대 1이었고, 공장 관행을 합리화한 이후의 차이는 1.5대 1이었다.[11]

이탈리아와 중국을 제외한 모든 주요 교전국은, 더 복잡하고 비용이 많이 드는 군사공학과 관련된 여러 문제에도 불구하고, 결국 재래식 '대량생산'의 요소들을 포함하는 대량생산 프로그램을 개발했다. 전시 성과는 표 6.1에 나와 있다. 총계 통계는 서로 딴판인 정치체제와 행정체제가 생산 기록에 끼친 영향을 가리고, 각국이 선택한 우선순위의 이유를 설명해주는, 변동하는 전략적 필요조건을 감춘다. 일본과 영국은 항공기와 함선의 대량생산에 초점을 맞추었는데, 섬나라로서 이 우선 과제가 그들이 선택한 전략의 성격에 부합했기 때문이다. 소련과 독일은 해군 장비는 적당량 생산하되 육군과 공군의 무기는 이례적으로 많이 생산했다. 서반구의 자원에 접근할 수 있는 미국만이 육해공 삼군의 장비를 최대 규모로 생산할 가능성이 있었다. 통계 수치는 상이한 생산량들 간의 질적 차이도 감춘다. 군 당국들이 대체로 적에 대항하고자 장비 개량에 열중하긴 했지만, 이미 기존 장비에 주력하고 있거나 그저 경제의 공학 능력이 부족해서 개량하기 어려운 경우도 많았다. 그럼에도 질의 차이가 양의 부족분을 상쇄할 만큼 크게 나는 경우는 거의 없었다. 전시 경제가 성숙해짐에 따라 군부, 재계, 정부는 서로 협력하며 전투에서 성능이 입증된 데다 많은 양을 효율적으로 생산할 수 있는 일군의 무기들에 초점을 맞추었고, 다수의 남아도는 무기 모델들에 노력을 허비하지 않았다.

표 6.1 주요 교전국들의 군장비 생산량, 1939~1944

항공기	1939	1940	1941	1942	1943	1944
영국	7,940	15,049	20,094	23,672	26,263	26,461
미국	5,836	12,804	26,277	47,826	85,998	96,318
소련	10,382	10,565	15,735	25,436	34,900	40,300
독일	8,295	10,247	11,776	15,409	24,807	39,807
일본	4,467	4,768	5,088	8,861	16,693	28,180
이탈리아	1,750	3,257	3,503	2,821	2,024	–
군함						
영국	57	148	236	239	224	188
미국	–	–	544	1,854	2,654	2,247
소련	–	33	62	19	13	23
독일 (U보트만)	15	40	196	244	270	189
일본	21	30	49	68	122	248
이탈리아	40	12	41	86	148	–
전차						
영국	969	1,379	4,837	8,622	7,217	4,000
미국	–	331	4,052	24,997	29,497	17,565
소련	2,950	2,794	6,590	24,719	24,006	28,983
독일 (a)	794	1,651	3,298	4,317	5,993	8,941
(b)	–	394	944	1,758	5,941	10,749
일본	559	1,023	1,216	1,271	891	371
이탈리아	(1940~1943) 전차 1862, 자주포 645					
포						
영국	1,400	1,900	5,300	6,600	12,200	12,400
미국	–	c.1,800	29,615	72,658	67,544	33,558
소련	17,348	15,300	40,547	128,092	130,295	122,385
독일	c.2,000	5,000	7,000	12,000	27,000	41,000

군함에 상륙정과 소형 보조함은 포함되지 않는다. 독일의 수치에서 (a)행은 전차, (b)행은 자주포와 구축전차다. 소련의 전차 수치는 자주포를 포함한다. 영국, 미국, 독일의 포는 중구경과 대구경만 포함하고, 소련의 포는 모든 구경을 포함한다. 'c.'는 추정치다.

교전국들은 생산하는 모델들의 수를 줄이고 개조를 더 효과적으로 관리함으로써 무기 생산량을 대폭 늘릴 수 있었다. 표준화를 강화하면 가장 크고 유능한 기업들에 대량생산을 몰아줄 수 있다는 이점이 있었다. 이것은 순탄치 않은 과정이었으며, 특히 삼군이 생산 자원을 두고 경쟁을 벌여 협력을 저해하는 경우에 그러했다. 일본에서는 해군과 육군의 조달정책에 대한 통제가 거의 이루어지지 않았고, 그 결과 해군은 항공기 53개 기본 기종과 112개 변형 기종, 육군은 37개 기본 기종과 52개 변형 기종을 생산하기에 이르렀다. 1942년경 해군은 총 52가지 항공엔진 유형을 보유하고 있었다. 그 결과로 유형별 생산량이 제한되었고 예비 부품과 정비 관련 문제가 자주 발생했다. 그럼에도 전시 마지막 2년간 항공기와 항공엔진의 생산량이 급증하긴 했지만 말이다.[12] 영국의 경우 기술이 빠르게 바뀌면서 표준 모델들을 정하기까지 시간이 걸렸지만, 전시 중반에 이르러 전차 생산은 처칠과 크롬웰 모델(아울러 후자의 파생 모델인 코멧과 챌린저)에 집중하고 항공기 생산은 랭커스터와 핼리팩스 폭격기, 스핏파이어와 호커 템페스트 전투기/전투폭격기, 드 하빌랜드 모스키토de Havilland Mosquito에 집중했다. 그리고 전차 엔진 생산은 미티어Meteor, 항공기 엔진 생산은 롤스로이스 멀린Rolls-Royce Merlin에만 집중했다. 미국은 분쟁 초기부터 표준 모델들을 대량생산하는 작업에 착수해 전차 생산은 셔먼 M4와 그 파생 모델들, 육군 항공기 생산은 B-17과 B-24 중폭격기, 그리고 P-38, P-47, P-51 전투기, 더글러스 DC-3 수송기에 초점을 맞추었다. 육군과 해군은 다 합해서 18종의 항공기 모델들만 생산했다. 육군의 트럭 생산은 성능 시험을 거친 4개 모델만을 기반으로 했으며, 어디에나 존재하던 윌리스 '지프'가 주로 쓰인 소형 통신차량이었다. 소련은 거의 전시 내내 T-34 전차와 그 개량 모델들만 생산하다가 마지막 몇 달간 IS-1 중

전차를 선보였다. 소련 공군은 Yak 1-9 전투기와 일류신 II-2 '슈투르모비크' 급강하폭격기를 엄청나게 많이, 각각 1만 6700대와 3만 6000대를 생산했다.[13] 독일이 표준화 생산에 성공한 몇 안 되는 모델들 중 하나인 메서슈미트 Bf109 전투기는 전시 동안 3만 1000대가 생산되었다. 주요 모델을 선정하고 장기간 생산을 가동하면 규모의 경제는 거의 자동으로 뒤따라 생겨났다.

모델을 선정하고 표준화함으로써 더 안정적인 프로그램을 추진하더라도 대량생산 과정에 문제가 없었던 것은 아니다. 생산 중인 모델을 개조하려면 군부와 협의해야 했는데, 군부의 우선사항은 중단 없는 생산 가동보다는 전장에서의 성능이었다. 영국에서는 지나친 가동 중단을 피하기 위하여 점진적인 설계 변경 정책을 통해 가능한 한 기존 생산라인에서 항공기 모델들을 개조했다. 스핏파이어는 생산 중단이나 전반적인 재설계 프로그램 없이 주요 설계 개선을 20차례 거치는 것만으로도 1940년에 비해 1944년에 훨씬 효과적인 전투기가 될 수 있었다. 이와 대조적으로 미국의 관행은 비용을 절감할 수 있는 흐름생산기법으로 항공기를 일단 대량생산한 다음 완성된 항공기를 20곳의 개조 센터 중 하나로 보내는 식이었다. 그런데 센터에서 각 항공기의 개조를 마치는 데 추가로 25∼50퍼센트의 인시人時가 소요되어 애초에 대량생산으로 얻은 이점이 다 사라지기도 했다. 미시건 주에서 B-24 폭격기를 제조한 포드 사의 거대한 시설 윌로런Willow Run에서는 생산 이전에 이루어진 수차례 개조 때문에 기계류, 지그, 고정장치를 자주 바꿔야 했고, 그 바람에 폭격기 생산을 시작하기도 전에 시간과 돈을 허비했다. 1944년경 미국 항공기산업은 공급 지연을 방지하고 개조 센터에서 전장 부대들의 온갖 전술적 요구사항을 취합하는 데 따른 혼란을 피하기 위해 영국식 관행으로 전환하라는 권유를 받았다.[14]

대량생산은 경비 절감 관행과 저숙련 노동을 이용한 까닭에 최종 제품의 품질에도 영향을 주었다. 영국 전차들은 거의 전시 내내 조립 상태가 형편없는 것으로 악명을 떨쳤고, 그 결과로 자주 고장이 났다. 영국은 1942년 9월 전투차량 검사국을 설립하고 1940년 900명이던 검사관 수를 1943년 중반까지 1650명으로 늘림으로써 1944년에 이르러 기계적 결함을 보고하는 건수를 줄일 수 있었다. 영국군은 미국이 무기대여 원조로 보내준 셔먼 전차에서도 비슷한 문제를 발견했다. 1942년 북아프리카로 수송된 셔먼 전차 38대에서 조립 검사를 건성으로 혹은 부실하게 해서 생긴 결함 146가지가 발견되었다.[15] 소련에서는 T-34 전차를 신속하게 대량생산하다가 노동력의 숙련도가 뚝 떨어졌다. 1943년 여름 쿠르스크 전투를 치를 무렵, 공장의 품질 관리 검사를 통과한 전차는 7.7퍼센트에 불과했다.[16] 메릴랜드 주의 육군 애버딘 성능시험장에서 소련 측이 제공한 T-34 견본 한 대를 살펴본 미국 엔지니어들은 조잡한 공학과 부실한 마감을 드러내는 숱한 결함을 발견했다. 이 전차는 주행 시험으로 343킬로미터를 달린 뒤 흙먼지가 저질 공기필터를 통과하는 바람에 수리할 수 없을 정도로 고장이 났다. 또 용접한 장갑판에 금이 가고 비가 내리자 전차 내부로 물이 스며드는가 하면 저질 재료로 만든 강철궤도에 자주 균열이 생기기도 했다.[17] 대량생산이 이상적이긴 했지만, 대량생산을 담당한 주요 기업들마저 고품질 제품을 납품하려다가 심각한 장애물들에 부딪혔다.

대량생산 경험의 예외는 중일 전쟁이었다. 중국의 전시생산은 산업이 성숙한 단계까지 발달하지 못한 탓에 제한되었다. 게다가 중국의 자원 기반과 한정된 산업능력이 대부분 몰려 있던 북부와 동부의 지역들을 일본군에 빼앗겼다. 침공에 직면한 중국은 병공창兵工廠에서 기계와 장비를 대량으로 빼내 남서부와 새 수도 충칭 일대의 산업지대로 통째로 운반했다.

충칭 주변에 밀집한 13개 병공창은 1930년대 말부터 중국의 전시 무기 생산량 중 적어도 3분의 2를 공급했다.[18] 그 이후 중국의 전시 기록은 다른 교전국들에 비하면 변변찮았다. 이 병공창들은 신식 기계가 없거나 원료를 충분히 공급받지 못했으며 수작업에 크게 의존했다. 국민당 정부는 병공창들에 강철을 연간 1만 2000톤밖에 배분하지 못했고, 생산량이 가장 많을 때도 군수노동자는 5만 6500명을 넘지 않았다. 생산 노력은 대체로 소화기와 군수품, 85밀리 박격포, 수류탄에 집중되었다. 1944년 300개 사단의 300만 병력으로 추산되는 육군을 위한 연간 생산량은 소총 6만 1850정, 중기관총 3066정, 경기관총 1만 749정, 박격포 1215문에 그쳤다. 1941년에 37밀리 포를 개발하긴 했으나 연간 20~30문밖에 생산하지 않았고 포탄의 품질마저 형편없었다.[19] 중국은 항공기도, 중포도, 전차도, 기갑차량도 전혀 생산하지 않았다. 이런 수치를 보면 국민혁명군이 어떻게 수년간 더 중무장한 적에 대항할 수 있었는지, 특히 일본의 세력 확장으로 인해 국외로부터의 물자 공급이 심각하게 제한된 이후에도 싸움을 이어갈 수 있었는지 이해하기가 어렵다. 전쟁 이전에 수입해둔 비축 무기가 있긴 했으나 소규모인 데다 다시 채우기가 불가능했다. 중국군은 지리적으로 유리한 환경에서 벌이는 소모전에 의지했지만, 개활지 전투에서는 이렇게 취약한 자원 기반 때문에 대개 패배를 면할 수 없었다.

1938년 고노에 내각이 국가총동원법을 제정했음에도, 대중국 분쟁을 위한 일본의 전시생산 역시 제약을 받았다. 1937년부터 1941년까지 일본 산업계는 중국 전역용 경전차와 중형 전차를 연평균 600대 생산했고, 육군과 해군을 위한 항공기를 다양한 기체와 엔진 모델에 기반해 연평균 4000대 조금 넘게 생산했다.[20] 일본은 해군 함정 건조에 더 많은 자원을 투입했다―다만 이것이 대중국 전쟁에 끼친 영향은 크지 않았다. 조직화와 기계설비의 측면에서 건함 부문과 항공 부문은 비교적 신식이었지만 군함과 군용기의 대량생산은 제한되었다. 육군과 해군의 생산 영역이 명확히 분리되었거니와, 생산효율이 천차만별인 소규모 하도급업체들이 생산을 분담했기 때문이다. 일본의 전시생산은 태평양에 전쟁이 도래하면서 크게 바뀌었다. 일본은 군함과 상선, 항공기 생산에 자원을 쏟아부었다. 육군의 태반이 여전히 중국 전쟁의 수렁에 빠져 있었음에도 육군의 기계화나 차량화 수준을 높이려는 시도는 없었다. 태평양 전쟁 기간에 전차 생산량은 1942년 최고치인 1271대에서 1944년 불과 371대로 감소했다. 1942년에 시작한 기갑차량 생산의 실적은 전시를 통틀어 1104대에 지나지 않았다. 미국이나 유럽의 기준으로 보면 저발전 상태였던 일본 차량산업은 4년 동안 군대와 경제를 위해 대형 트럭 5500대를 생산하는데 그쳤다.[21] 전장에서 탄약이 바닥나자 일본 군인들은 총포 대신에 칼과 총검을 사용했다. 가뜩이나 모자라는 강철을 비롯한 금속 재료가 미국의 해상 봉쇄로 인해 더욱 부족해진 상황은 일본의 전시생산량이 적었던 이유를 어느 정도 설명해주지만, 이는 소규모 공업경제로 어떤 물자를 주로 생산할 것인지에 대한 전략적 결정의 결과이기도 했다.

1943년경 일본은 제국의 외곽을 지키는 데 필요한 항공기를 가장 우선시했다. 항공기 생산량을 최대로 늘린다는 결정은 전시 생산체제 전체에 심각한 압박이 되었고, 1943년 11월 일본 정부는 전쟁의 이 늦은 시점에서야 항공기 생산 노력을 감독하는 군수성을 신설했다. 1944년 항공기 생산은 전체 제조업 생산의 34퍼센트를 차지했고, 군수성은 그해 항공기를 5만 대 이상 대량생산하기 위해 정교한 계획을 수립했다.[22] 군수성은 항공산업협회를 설립하여 다시 14개 전문협회로 나누었고, 각각의 전문협회는 대폭 늘어난 하도급업체들이 생산하는 주요 항공기 한 종의 조립과 부품을 감독했다.[23] 일본은 전쟁경제의 구석구석까지 항공기에 집중하도록 강요하는 방법으로만 1943년과 1944년에 항공기를 대량으로 생산할 수 있었다—그마저도 (알루미늄 생산에 필요한) 보크사이트 수입이 중단되기 전까지였다. 그럼에도 부품 공급업체에 대한 통제가 제대로 이루어지지 않고, 국산 공작기계의 내구성과 정확성이 떨어지고, 대량생산 경험을 가진 생산 엔지니어가 부족했던 탓에 항공기 생산은 제약을 받았다. 1942년 대형 공장 두 곳을 지어 대량생산 방법을 적용할 계획이었지만, 연간 5000대의 항공기를 생산하도록 설계된 고자高座(가나가와현 소재)의 시설은 겨우 전투기 60대를 생산하는 데 그쳤고, 쓰津(미에현 소재)의 항공엔진 공장은 전쟁이 끝날 때까지 단 하나의 제품도 생산하지 못했다.[24] 나머지 항공산업은 프로그램을 완수하고자 분투했다. 그러나 다급한 생산 일정과 저숙련 노동력의 도입은 품질의 저하로 이어졌고, 그 결과 전시 후반에 일본 공군에서 항공전으로 인한 사상자보다 저품질 항공기로 인한 사상자가 더 많이 생겼다. 생산성은 줄곧 낮았다. 1944년 일본 노동자 한 명의 일일 항공기 생산량은 파운드로 0.71이었던 데 비해 미국의 수치는 2.76이었다.[25] 설령 일본의 생산 효율성이 더 높았다 할지라도 결국 재료가 부족해 목표 달성에 제약을 받았을 것이다. 전시를 통틀어 일본 경제가 생산한 전쟁물자의 양은 미국 경제가 생산한 양의 10퍼센트에 불과했다.

전시 동안 진짜 대량생산국은 소련과 미국이었다. 1941년부터 1945년까지 양국은 합해서 각종 유형의 항공기 44만 3451대, 전차와 자주포 17만 5635대, 포 67만 6074문을 생산했는데, 이는 다른 주요 산업국들의 생산량뿐 아니라 오늘날의 군수품 생산량까지도 압도하는 성취였다. 미국은 소련보다 항공기를 더 많이 생산하고 소련은 미국보다 전차와 포를 더 많이 생산했지만, 양국 모두 전시 내내 이례적으로 높은 생산량 수준을 유지했다. 그럼에도 두 주요 대량생산국이 직면한 상황에는 심대한 차이가 있었다. 소련 체제는 권위주의적 명령경제로서 중앙에서 계획했고 경영자나 노동자의 어떠한 일탈이든 아주 엄격하게 단속했다. 미국 경제는 자유기업 자본주의 체제로서 국가 개입이 적고 사기업이 많고 노동력이 자유로웠다. 소련은 독일의 침공 전에는 풍부한 물적 자원을 이용할 수 있었지만 그 후로는 강철과 석탄 산출능력의 3분의 2를 잃고서 쪼그라들었다. 1941년에 강철 1800만 톤과 석탄 1억 5000만 톤을 산출했던 소련 산업은 1942년에 강철 800만 톤과 석탄 7500만 톤, 그리고 알루미늄 5만 1000톤을 산출하는 데 그쳤다. 이와 대조적으로 다른 어떤 교전국보다도 풍부한 자원을 보유한 미국은 1942년에 강철 7680만 톤, 석탄 5억 8200만 톤, 알루미늄 52만 1000톤을 산출했다. 아마도 가장 중요한 차이는 전쟁 이전 군수품 생산의 배경이었을 것이다. 소련은 1930년대 초부터 대규모 군수품 생산을 시작했고 1941년경 문서상으로 세계 최대 규모의 공군과 전차를 보유하고 있었다. '바르바로사' 작전으로 발생한 위기에도 불구하고, 소련 엔지니어와 노동자들은 다년간 무기를 대량생산한 경험이 있었다. 미국은 1941년 이전에 군함 건조 말고는 그런 경험이 없었으므로 대부분의 경우 재무장을 맨땅에서 시작했다. 1940년 크라이슬러 사의 엔지니어들이 전차 생산을 맡을 수 있기를 기대하며 록아일랜드 조병창을 방문했을 때, 그들 중 누구도 전차를 본 적이 없었다.[26] 크라이슬러 사는 업체로 선정되긴 했으나 미시건 주의 농지에 새로 공장을 짓고서야 생산에 들어갈 수 있었다 — 그럼에도 1941년 말에 이 공장은 하루에 전차를 15대씩 생산했는데, 이는 미국 체제에서 기업과 공학의 저력이 어느 정도인지 보여주는 기념비적인 성과였다.

소련의 성취는 공산주의 독재정의 특성 덕분에 가능했다. 1941년 6월

30일, 경제에 대한 절대적 권한을 지닌 스탈린 본인이 의장을 맡은 국방위원회GKO가 설립되었다. 국방위원회는 생산과 무기에 대한 모든 결정을 관장하고 국가 인민위원부들에 생산 책임량을 할당했다. 그리고 평시처럼 엄격히 통제하기보다는 관료와 엔지니어들에게 어느 정도의 유연성과 임시변통 능력을 발휘할 것을 주문했다. 국방위원회는 부품이나 재료 공급과 관련된 문제라면 무엇이든 보고받았고, 이따금 격분한 스탈린이 직접 거는 위협적인 전화 지시를 포함해서 생산의 장애물을 치우는 조치를 즉각 실행할 수 있었다.[27] 전쟁 노력을 절대적으로 우선시한 소련은 모든 자원을 공장과 기계, 원료 공급에 투입했다. 이 체제의 실효성은 독일 침공 이틀 후에 설립된 철수위원회가 작업장과 공장 5만 개(주요 공장 2593개 포함), 노동자와 그 가족 1600만 명을 우랄 산맥, 시베리아, 러시아 남부의 새로운 부지들로 옮기는 데 성공한 것으로 곧장 입증되었다.[28] 그렇다 해도 이런 대이동을 성사시킬 수 있었던 것은 영하의 날씨에 편의시설이나 주거시설마저 부족한 여건에서 생산을 재건하고자 분투한 엔지니어와 노동자들의 비상한 노력 덕분이었다. 1942년에 소련 경제는 규모가 대폭 줄었음에도 사실상 1941년보다 더 많은 군장비를 생산했고, 나머지 전시 내내 독일보다 더 많은 항공기, 전차, 포, 박격포, 포탄을 만들어냈다. 더욱이 이들 무기는 전투에서 탄탄한 품질을 보여주었다. 무기를 선정하는 군인과 엔지니어들은 대량생산에 적합하고 독일의 기술에 대항할 수 있고 적에게 최대한 피해를 입힐 수 있는 좁은 범위의 설계를 선택했다. 카튜샤 로켓이 적절한 예다. 쉽게 배치할 수 있도록 화물차에 장착한 다연장 로켓발사기는 무작위로 장전하는 고폭탄을 적군에 퍼부었다. 생산하고 사용하기 쉬운 카튜샤는 여러 소련제 무기에서 나타난 단순성과 충격의 혼합을 상징했다.

소련 생산량의 그런 규모가 가능했던 것은 생산체계의 특성 덕분이었다. 소련 공장들은 많은 경우 부품과 장비를 생산할 뿐 아니라 최종 제품의 조립까지 마치는 통합적인 시설로서 계획되어 거대한 규모로 지어졌다. 공장에서는 특수 공작기계를 사용해 컨베이어 방식으로 크고 작은 부품을 생산한 다음 조립실에 공급했는데, 때로는 속을 파낸 나무로 만든 컨베이어에 올려서 조립실까지 운반했다. 공장 설비를 배치한 생산 엔지니어는 시간이나 자원의 낭비를 줄이는 것을 목표로 삼았다. 우랄 산맥 첼랴빈스크의 트랙터 공장은 소련의 생산 방식을 잘 보여주는 사례다. 독일의 침공 이후 수개월간 이 트랙터 공장은 전차산업 부인민위원인 이사크 잘츠만Isaak Zaltsman의 지시에 따라 전차를 생산하는 공장으로 바뀌었다. 레닌그라드로부터 옮겨온 무려 5800대의 공작기계가 새로 짓고 있어 아직 지붕도 완성되지 않은 네 개의 거대한 조립작업장에 설치되었다. 당장 연속생산을 시작하라는 지시가 떨어졌고, 1941년 10월 처음 생산한 KV-1 중전차들을 인도할 준비를 마쳤으나 아직까지 시동모터가 없었다. 잘츠만은 시동모터를 모스크바 인근 역으로 운반하도록 지시해놓고 전차들을 철도편으로 수도로 보내 시동모터를 장착하도록 했다. 1942년 8월 이 공장은 T-34 중형 전차 생산으로 전환하라는 지시를 받았고, 새로운 모델에 맞추어 장비를 갖추는 데 따르는 온갖 문제에도 불구하고 한 달 만에 새 전차를 생산할 준비를 마쳤으며, 그해 말까지 1000대 이상을 인도했다.[29] 노동자 4만 명 가운데 43퍼센트는 25세 이하였고 3분의 1은 여성이었다. 대다수가 공장 노동에 익숙하지 않았던 그들은 1940년에 개교한 직업산업학교에서 속성 교육을 받은 뒤 비교적 간단한 조립라인 작업에 투입되었다. 노동조건은 가혹했고 근무 태만은 전부 처벌받았지만, 대규모 표준화 생산의 결과로 노동자 1인당 생산성은 대폭 높아졌다. 방위 부문에서 노동자 1인당 순부가가치는 (고정가격으로) 1940년에는 6019루블이었지만 1944년에는 1만 8135루블에 달했다.[30] 그럼에도 소련 생산체계의 변덕스러운 성격은 결코 바뀌지 않았다. 잘츠만이 첼랴빈스크 시의 별명이 '탄코그라드Tankograd'(전차 도시)로 바뀔 정도로 영웅적인 노력을 기울였음에도, 스탈린은 전후에 그가 반혁명에 동조했다고 비난하며 그를 하찮은 감독관 역할로 강등시켰다.

미국 재계는 소련의 경우와 달리 자원 제약을 거의 받지 않았고 강제수용소에 수감될 위험도 없었다. 그럼에도 첼랴빈스크의 경영진이 전차 컨베이어 조립을 위해 트랙터 공장을 재건하면서 정력과 진취성을 보여준 사례와 크라이슬러 사가 거대한 전차 공장을 신속히 건설한 사례를 비교해볼 만한 근거가 있다. 두 공장 모두 건설 후 수개월 만에 일일 10대의 전차를 생산하기 시작했고, 매일 반복되는 대부분의 조립 작업에 저숙련 노동력을 이용했다. 생산 전선의 이런 유사성은 대량생산에 성공한 이유를 얼마간 설명해주지만, 미국에서 성공을 낳은 체계는 소련의 체계와는 근본적으로 달랐다. 루스벨트는 1930년대 뉴딜의 경험을 바탕으로 연방 기관들을 통해 전시생산을 지시할 수 있기를 바랐지만, 미국에서 국가는 생산 계획을 수립해온 전통이 없었거니와, 평시에 대개 시장의 힘에 좌우되는 재료와 부품의 흐름을 규제할 방법에 대한 이해도 턱없이 부족했다. 미국은 전쟁 노력에 기여할 재계를 끌어들여야 했고, 그 결과로 공식적으로 책임이 있는 연방 기관들보다는 기업들이 주도해서 임시변통으로 대량생산의 조건을 창출하게 되었다. 1942년 1월 설립된 전시생산국War Production Board은 육군과 해군에 사전 승인 없이 무기 및 군수품 계약을 맺을 권리를 넘겨줄 수밖에 없었고, 그로써 총 생산량을 감독한다는 이 기관의 목표가 무색해졌다. 원료 배급제를 이용해 육군과 해군의 독립성을 제한할 목적으로 생산 요건 계획을 세우긴 했지만, 여기에는 우선순위를 강제하는 데 필요한 관료제 구조가 빠져 있었다. 전시생산국 산하에 설립된 생산집행위원회는 필수적인 표준 부품들의 배분 현황을 통제하고 추적하려 했다. 이 위원회는 핵심 부품이 절실히 필요한 곳에 제때 공급되도록 86가지 부품의 종합 일정을 정해주었지만 결과는 신통치 않았다. 전쟁경제의 이런저런 부분을 통제하기 위해 출범한 과하게 많은 기관들은 행정 면에서 혼란스럽고 걸핏하면 서로 협력하기보다 대립하는 체계를 낳았다.[31]

소련 모델과 같은 치밀한 계획 수립이나 지시가 없는 상황에서 미국 전쟁경제는 사기업들의 기회주의와 야심에 의존했다. 양국의 대비는 제너럴 모터스의 사장 윌리엄 크누센William Knudsen이 국장을 맡은 전시생산국의 초기 조치 중 하나로 나타났다. 크누센은 주요 기업들의 임원들을 소집하고는 우선순위 계약의 목록을 읽어주고 응찰을 요청했다. 이 기회를 주요 기업들은 덥석 물었다.[32] 초반 계약 가운데 5분의 4는 불과 100개 기업에 돌아갔지만, 수천 개의 부품과 새로운 장비의 하도급을 따내기 위해 더 작은 기업들도 생산과 이윤 경쟁에 뛰어들었다. 제너럴 모터스 사는 1만 9000개의 공급업체로부터 부품을 받아 자사의 주요 공장들에서 최종 조립을 했으며, 그렇게 조립을 마친 완제품에는 항공기 1만 3450대가 포함되었다. 항공산업 전체의 하도급업체 수는 16만 2000개였던 것으로 추정된다.[33] 전시 동안 대체로 특수한 전쟁물자에 대한 막대한 수요를 충족하기 위해 50만 개의 사업체가 새로 생겨났다. 기업인들은 연방 기관들의 운영을 돕는 역할에도 채용되어 재계와 정부의 노력을 잇는 공식적 연계를 창출하기도 했다─제너럴 모터스 사의 크누센, 시어스 로벅 사의 도널드 넬슨Donald Nelson(크누센의 전시생산국 후임자), 제너럴 일렉트릭 사의 찰스 윌슨Charles Wilson, 투자은행가 퍼디낸드 에버스타트Ferdinand Eberstadt 등. 소련 체계가 국가 경영자들의 면밀한 감독에 의존했다면, 미국 체계는 반국가적 자발성, 치열한 경쟁, 기업가의 상상력에 의존했다.[34] 헨리 포드는 하루에 전투기를 1000대씩 생산하겠다는, 끝내 실현하지 못한 제안을 하면서 연방의 개입이 전혀 없어야만 제안을 이행할 수 있다는 경고를 덧붙였다. 관료제와 형식주의에 대한 편견에도 불구하고, 포드의 기업은 결국 다양한 군장비의 주요 생산자가 되어 지프 27만 7896대, 트럭 9만 3718대, 폭격기 8685대, 항공엔진 5만 7851대, 전차 2718대, 기갑차량 1만 2500대를 공급했다. 자동차산업은 전체가 거의 군사용 주문만 받았다. 1941년에는 승용차를 350만 대 넘게 생산했지만, 분쟁이 한창일 때는 겨우 139대에 그쳤다.[35]

전시생산을 감독하려다 생기는 여러 문제―아울러 생산업체와 기관 사이에서 이따금 불가피하게 발생하기 마련인 낭비나 부패, 무능의 사례―는 다른 어떤 교전국보다 미국에서 훨씬 덜 중요했다. 봉쇄나 폭격을 당하지 않은 미국 경제에는 자원과 자금이 풍부했기 때문이다. 독일은 영공과 도시를 방어하는 데 자원을 쏟아부어야 했지만, 미국은 그런 방어에 거의 아무것도 지출하지 않았다. 오늘날 대다수 역사가들은 당시 미국이 중앙집중화와 강압 조치에 더 힘썼다면 생산 기록을 한층 경제적으로 달성할 수 있었을 것이라고 생각하지만, 그럼에도 무기 부문에서 미국의 생산성은 줄곧 충분히 높았다. 이는 엄청난 규모의 생산량에서 비롯된 경제성과, 함선 건조까지 포함해 산업 전반에 폭넓게 도입된 조립라인과 흐름생산 덕분이었다. 4년간 항공기 30만 3713대와 항공엔진 80만 2161대를 생산한 것은 연방국가와 산업계가 맺은 한시적 동맹의 결점보다는 긍정적 강점이 반영된 성과였다. 노동자 한 명의 일일 항공기 생산량은 파운드로 1941년 1.05에서 3년 후 2.70으로 증가했다. 육군 무기를 생산하는 데 중점을 두고 있었던 점을 감안하면, 군함과 상선을 건조하는 규모도 놀라운 수준이었다. 전함부터 호위구축함에 이르기까지 미국이 진수한 군함 1316척에 비하면 다른 해군 강국들의 건조량은 모두 빛이 바랬다. 여기에 더해 상륙작전을 위한 상륙정 8만 3500척을 비롯해 소형 함정 10만 9786척도 있었다.[36] 미국 상선 조선업은 대형 선박 5777척을 건조했으며, 그중 대량으로 건조한 가장 유명한 예는 전형적인 미국 기업가인 헨리 카이저Henry Kaiser가 건조한 '리버티선'이었다.

카이저의 인생은 뉴욕의 작은 사진관을 운영하다가 주요 건설사의 대표가 되어 후버 댐과 베이 브리지를 건설하기에 이르는, 가난뱅이에서 부자로 출세하는 이야기의 전형이었다. 그는 불가능해 보이는 프로젝트의 난관을 좋아했다. 조선업 경험도 없었지만, 1940년 자신의 건설사에서 새로운 조선소들을 조립하기 시작했을 때 선박의 진수 장면을 본 적조차 없으면서도 선박까지 건조하기로 결정했다. 캘리포니아 리치먼드에 있는 퍼머넌트 메탈스Permanente Metals 사의 조선소에서 카이저는 독일 잠수함에 격침된 상선의 교체를 돕기 위해 1만 톤급 표준 화물선을 대량생산하기 시작했다. 표준 부품과 조립으로 단순하게 설계한 '리버티선'은 해안에서 수 킬로미터 떨어진 생산라인을 따라 이동했다. 24미터 길이의 컨베이어와 거대한 도르래를 사용해 부품과 하위부품을 공급했고, 시간 동작 전문가들이 감독하는, 제한된 훈련을 받은 노동자들이 반복 작업을 수행하기 위해 생산라인을 따라 배치되었다. 그렇게 건조한 첫 선박을 볼티모어의 한 조선소에서 진수하기까지 355일, 150만 인시가 걸렸다. 그렇지만 1943년 카이저의 캘리포니아 조선소들은 평균 41일, 불과 50만 인시만에 조립라인에서 선박을 한 척씩 완성해 내보냈다. 전쟁 막판까지 그의 조선소들은 리버티선 1040척과 호위항공모함 50척, 다수의 더 작은 함선들을 건조했다. 카이저가 전시에 미국이 건조한 함선 중 거의 3분의 1을 건조한 것은 개인 기업가의 열의와 산업 합리화에 대한 숭배 위에서 꽃을 피운 문화의 산물이었다.[37]

문제는 대량생산한 군수품 중 일부의 전반적인 전투 품질이었다. 선체 전체를 용접한 신형 '리버티선'마저 대양 한가운데서 격랑에 부서지곤 했다. 미국 군부는 이미 생산하고 있거나 대량생산용으로 재빨리 개조할 수 있는 설계에 주력했고, 그 결과로 미군의 전투에서 이런 조달 방식의 결점이 드러났다. B-17과 B-24 폭격기는 독일 방공체계에 취약한 표적으로 밝혀졌고, 신형 전투기들의 호위를 받은 덕에 겨우 살아남을 수 있었다. 신형 전투기들이 독일 상공의 전투에 가담할 수 있었던 것도 1943년 말에 미국에서 추가 연료탱크를 아주 단기간에 대량생산해 도입한 덕분이었다. 선봉의 B-29 중폭격기는 1944년 말에야 작전에 투입할 수 있었고, 그 후에도 전투에서 설계 문제를 일으켰다. 1942년 10월 벨 XP-59A 실험용 항공기가 처음으로 제트추진식 비행을 했지만, 전시 전투에 적합한 제트기를 제때 생산하기에는 개발의 속도가 너무 느렸다.[38] 글레이던 반스Gladeon Barnes 소장이 이끄는 육군 병기부의 기술과는 신속히 양산할 수 있다는 이유로 M4 셔먼과 그 파생 모델들의 단일한 중형 전차 설계를 고수하기로 결정했지만, 그 설계는 독일과 소련의 최신 전차 모델들에 비해 열등한 것이었다. 병기부는 실제로 전차를 설계해본 경험도 없었고, 기갑부대의 교전 시 요구사항을 잘 알고 있지도 못했다. 셔먼 전차는 비록 얼마간 개량되긴 했지만 장갑의 방호력이 떨어졌고, 전장에서 공격받기 쉬운 외형이었으며, 포격의 속도가 충분히 빠르지 않았다. 1943년과 1944년의 전투에서 M4 승무원들은 독일 전차를 정면이 아니라 측면이나 후면에서 타격하는 전술을 고안해야 했는데, 정면에서 싸우다가는 파괴당할 가능성이 높았기 때문이다. 미군 기갑사단의 어느 부사관은 "아군 전차는 열병이나 훈련 용도로는 훌륭하지만, 전투 용도로는 잠재적인 관棺에 불과하다"고 썼다. 독일 판터 및 티거 전차와 대적할 수 있는 M26 '퍼싱Pershing' 중전차는 전시의 마지막 몇 주간 소량 도입되었을 뿐이다. 총 310대가 유럽 전구에 배송되었고, 그중 200대가 전차부대들에 전달되었다.[39] 미군이 지상전에서 성공할 수 있었던 것은 무엇보다 군수품 품질의 결점을 보완하고도 남을 정도로 많은 장비를 공급받았기 때문이다.

전시 동안 독일 경제는 주요 대량생산국들 중 하나가 될 잠재력을 지니고 있었다. 산업이 상대적으로 덜 발전하고 심각한 자원 제약에 시달린 이탈리아나 일본과 달리, 독일은 전쟁 목표를 위해 동원할 수 있는 산업적·공학적·과학적 역량을 갖추고 있었고, 1941년경 유럽 대륙 대부분의 자원에 접근할 수 있었다. 1943년 소련이 강철 850만 톤을 생산한 데 비해 독일 제국은 3060만 톤을 생산했다. 1943년 석탄 가용량은 독일이 3억 4000만 톤, 소련이 9300만 톤이었고, 알루미늄 생산량—항공기와 여타 전쟁 관련 제품들의 생산에 필수적이었다—은 독일이 25만 톤, 소련이 겨우 6만 2000톤이었다. 제3제국의 자원이나 산업 투자가 충분하지 않았다는 주장은 어불성설이다. 그러나 독일 경제는 1943~1944년에야, 주요 공업도시들이 맹폭격을 당하는 와중에도, 이런 자원을 효과적으로 활용하여 연합국의 대량생산 수준에 근접하기 시작했다—다만 끝내 대등한 수준에 이르지는 못했다. 그간 이 수수께끼를 설명해온 주장은, 히틀러 정권이 1943년에 전황이 바뀌어 어쩔 수 없을 때까지 노동인구의 민심 이반을 우려해 경제를 완전히 동원하는 조치를 꺼렸다는 것이다. 이는 1945년 미국 전략폭격조사단 소속 전문 경제학자들이 내린 결론으로, 그들은 군사경제를 위해 사용할 수 있는 온갖 자원을 가지고 있던 독일이 전시 초반에 그토록 적은 양의 항공기와 전차, 차량을 생산하는 데 그친 이유가 무엇인지 알아내려 했다.[40]

역사적 현실은 전혀 딴판이었다. 개전 초부터 히틀러는 최고사령관으로서 전시생산량을 조속히 늘려 지난 1차대전 종반에 달성했던 수준을 넘어서기를 기대했다. 1939년 12월 독일 육군 병기국은 1918년의 생산량과 현재의 생산량, 그리고 1940~1942년의 군수품과 무기에 대한 히틀러의 최종 목표Endziel를 비교하는 보고서를 작성했다. 포 생산량은 1918년에 1만 7453문, 히틀러의 최종 목표는 연간 15만 5000문이었다. 기관총 생산량은 1918년에 19만 6578정, 히틀러의 목표는 연간 200만 정 이상이었다. 1918년의 화약과 폭발물 생산량은 2만 6100톤이었지만, 히틀러는 매달 6만 톤을 원했다. 히틀러 본부에서 내려온 명령은 "최대한 높은 수치의 프로그램"을 달성하기 위해 "총력으로" 독일 경제를 전쟁경제로 전환하라는 것이었다.[41] 히틀러는 이런 통계를 평가 기준으로 삼아 당시 군수생산의 비효율성에 대해 불평했다. 1942년 2월 군수장관에 임명된 알베르트 슈페어가 전후에 심문관들에게 말하기를 히틀러는 "지난 전쟁의 공급 수치를 상세히 알고 있었고, 1917/18년의 생산량이 우리가 1942년에 보여줄 수 있었던 생산량보다 더 많았다는 사실을 들어 우리를 질책할 수 있었다".[42] 독일의 전시생산량은 1939년부터 1942년까지 증가하긴 했지만, 1942년경 제조업 노동력의 거의 70퍼센트가 군대의 명령에 따라 노동했고(전시에 영국이나 미국이 도달한 수준보다 한참 높은 동원 수준이었다) 독일 강철 생산량 중 무려 4분의 3이 군사경제에 할당되었던 사실을 고려하면, 대량생산 가능한 수준에 한참 못 미치는 생산량이었다.[43] 전시 초반 영국과 소련은 더 적은 물적 자원과 노동력으로 독일 경제보다 더 많이 생산했다.

이 차이에 대해 여러 설명이 제시되었다. 히틀러는 전시생산물을 어디로 보내고 싶다는 자신만의 견해를 가지고 있었지만, 스탈린처럼(혹은 처칠처럼) 전략, 산업능력, 기술 개발을 통합하고 조정할 수 있는 중앙 국방위원회를 설립하지 않았다. 의사결정의 중심이 없는 상황에서 독일의 전시생산 체계는 줄곧 분산되었고 행정의 요소들이 따로따로 작동했다—4개년 계획을 괴링, 경제부, 노동부, 1940년 봄에 신설된 군수부, 항공부 등 여러 기관이 통제했다. 주된 문제는 군부 측에서 무엇을 누가 얼마나 생산할지를 통제할 절대적 권한이 자신들에게 있다고 주장한다는 것이었다. 삼군은 서로의 계획을 조정하지 않았고, 저마다 긴급히 필요한 것을 주장했으며, 산업적으로 무엇이 가능한지에 대해서는 거의 신경쓰지 않았다. 군부는 본능적으로 대량생산을 불신했고, 전문화된 고품질 작업과 주문 제작 무기의 전통을 지닌 기존 도급업체들을 이용하는 편을 선호했다. 신식 군비는 정교한 기술과 정밀한 마감을 필요로 했는데, 대량생산할 경우 이런 기준을 충족하지 못할 것으로 예상되었다. 전쟁 종반에 대량생산 잠재력을 지닌 독일 자동차산업을 철저히 동원하지 않은 이유에 대한 질문을 받았을 때, 슈페어 군수부의 어느 고위 관료는 여전히 "그것은 전시생산에 적합하지 않았다. … 우리는 대량으로 생산하는 하나의 유형에 집중하지 않았다"고 주장했다.[44] 오히려 군 엔지니어와 감찰관은 산업계가 전투 경험에 기반하는 끊임없는 개조 요구에 유연하게 대응해야 한다고 역설하는 한편 다양한 모델과 실험적 프로젝트를 주문하여 표준화와 장기 생산을 어렵게 했다. 1942년 히틀러는 산업계가 "오늘은 곡사포 10문, 내일은 박격포 2문 등을 찔끔찔끔 주문하는 절차"에 대해 정당하게 불평하는 모습을 보았다.[45] 민간 산업계는 명령에 복종해야 했고, 민간 엔지니어나 설계자들은 군복을 착용해야만 전선에서 활동할 수 있었으며,

민간 행정관들이 더 많은 무기를 공급하는 데 열중하던 군수부조차 육군 병기국에서 "미숙한 훼방꾼" 취급을 받았다.[46] 대체로 계획이 없는 가운데 대량생산의 가능성을 없애는 군사적 요구에 시달린 전쟁경제의 귀결은, 1941년 슈페어의 보좌관 자우어에 따르면 "완전히 비합리적"으로 보이는 체계였다.[47]

1941년 12월 히틀러의 생산 합리화 명령은 이런 난국을 타개하고 독일 산업계가 소련의 대량생산 관행에 필적할 수 있도록 군부의 용인을 얻어내려는 시도였다. 그 결과는 엇갈렸다. 히틀러의 명령 직후, 프리츠 토트의 군수부는 전시생산 방식에 근본적인 변화를 도입했다. 주요 무기의 종류별―기갑차량, 소화기, 군수품, 공작기계, 군함―로 주±위원회들을 설립하고 군부 인사가 아니라 엔지니어와 실업가들로 각 위원회를 구성하는 변화였다. 그렇지만 전시생산에 할당된 자원 중 40퍼센트 이상을 잡아먹은 항공기 생산은 줄곧 토트 군수부의 관할 밖에 있었다. 항공기 생산은 괴링의 항공부에서 관할했으며, 항공부 차관 에어하르트 밀히는 항공기, 항공엔진, 부품의 생산을 담당하는 주요 기업들로 이루어진, 주위원회와 비슷한 '연합ring'들을 창설했다―그리하여 1942년 여름까지 출현한 178개의 연합과 주위원회는 독일 체계를 또다시 수렁에 빠뜨릴 참이었다.[48] 연합과 주위원회의 목표는 가장 효율적인 기업들이 주도적 역할을 맡을 수 있도록 하는 것이었다. 건함 주위원회의 수장 오토 메르커Otto Merker는 "가장 유능한 기업의 주도하에 기업들을 재촉한다는 이 발상은 성공적인 합리화의 실현으로 나아가는 큰 첫걸음이었다"고 주장했다.[49] 1942년 2월 토트가 항공기 사고로 사망하자 히틀러는 자신이 총애하는 민간인 건축가로 군비 생산 경험이 전무한 청년 알베르트 슈페어를 군수부 장관에 임명했다. 토트의 작업을 이어간 슈페어는 3월에 중앙계획원Zentrale Planung을 도입해 핵심 원료의 공급을 규제하고자 했는데, 그전까지는 우선순위를 거의 감독하지 않은 채 원료를 할당하여 상당량이 허비되고 있었다. 히틀러의 명령 이후 합리화는 경제적으로 필요한 것일 뿐 아니라 정치적 의무이기도 했다. 효율성 전문가 테오도어 후파우어Theodor Hupfauer는 전시산업 전반의 생산 성과를 보고하라는 지시를 받았다. 1945년 후파어우가 심문관들에게 말한 대로, 그의 조사는 "독일 산업은 물론이고 가장 현대적인 기업들마저 효율성이 좋지 않다"는 것을 보여주었다. 후파우어는 기업별로 각 공정의 생산시간이 20배까지, 최종 조립의 생산시간이 4∼5배까지 차이가 난다는 사실을 발견했다. 그가 썼듯이 남은 전시 동안 독일의 생산 표어는 "가능한 모든 수단을 사용해 최대한 광범하게 **효율성을 높인다**"가 되었다.[50]

전쟁 노력을 위해 독일의 산업능력을 더 합리적으로 활용하려는 시도는 군수품 조달 정책을 가장 우선시할 것을 고집하는 육군의 저항에 부딪혔다. 슈페어는 결국 1944년 여름이 되어서야 군수품 생산의 모든 부문에 대한 통제를 확립했지만, 히틀러의 직접적 지지를 받은 생산 합리화 노력은 누구도 쉽사리 이의를 제기할 수 없는 과제였다. 1942년 초 토트가 육군의 반대를 무릅쓰고 도입한 중요한 변화 중 하나는 육군의 원가가산 계약을 의무적인 고정가격 계약으로 대체한 것이었다. 고정가격 계약에서는 제조업체가 이익을 충분히 남기기 위해 비용을 줄여야 하는 반면에 원가가산 계약에서는 기업이 가격과 비용에 대한 군부의 엄격한 통제를 피하기 위해 덜 효율적인 공장 관행을 채택할 유인이 있었다. 고정가격 제도에서 합의된 기준가보다 10퍼센트 낮은 가격으로 생산할 수 있는 기업에는 상여금이 주어졌다. 또한 기준가보다 한참 낮은 가격을 수락하고 효율성 제고를 통해 비용을 줄일 수 있는 기업은 전시 특별이윤세를 내지 않고도 추가 이윤을 얻을 수 있었다. 1942년 1월 토트는 독일 실업가들의 모임에서 "가장 합리적으로 일하는 기업이 가장 큰 이익을 얻습니다"라고 말했다. 다시 말해 효율성 향상에 더 성공하는 기업일수록 이익을 더 많이 얻었다.[51] 독일군은 더 이상 자신들이 가격을 결정하지 못한다는 사실을 마지못해 받아들였고 나치당 급진파는 토트 개혁의 노골적인 '자본주의적' 성격을 싫어했지만, 1942년 5월 슈페어는 새로운 고정가격 체계를 도입하면서 생산성 향상이라는 시험을 통과하지 못하는 기업은 계약 업체 명단에서 배제될 것이라고 위협했다. 군수기업들 중 일부는 국영이었으므로 생산 성과의 증가량 중 얼마만큼이 이윤 장려책의 결과인지 추정하기는 어렵지만, 군부를 가격 형성에서 배제한 덕에 자유로워진 기업들은 전쟁물자를 어떻게 생산할지 스스로 결정할 수 있었다.[52]

군수품 주문의 혼란스러운 상태를 개선하고 표준 제품의 장기 생산에 집중하는 것은 더 어려운 일로 밝혀졌지만, 스탈린그라드에서 큰 손실을 입고 나자 그런 변화를 강행할 수밖에 없었다. 슈페어는 1943년경 부품과 공작기계 생산에 집중하고, 더 효율적인 기업들에 보상을 하고, 나머지 기업들의 문을 닫게 하는 데 성공했다. 공작기계의 경우 1942년에는 900개 기업에서 생산했지만 1943년 가을에는 369개 기업에서만 생산했다. 300종을 생산하던 프리즘 유리는 14종으로, 관련 기업은 23개에서 7개로 줄었다.[53] 군부의 기술적 요구사항과 산업능력을 조화시키기 위해 슈페어가 설립한 군비위원회Rüstungsstab는 육군과의 합의를 통해 경보병무기를 14종에서 5종으로, 대전차무기를 12종에서 1종으로, 대공포를 10종에서 2종으로, 차량을 55종에서 14종으로, 기갑차량을 18종에서 7종으로 줄이기로 했다. 마침내 육군 최고사령부는 "대량생산"을 지원하기 위한 "군비의 간소화"를 지시했다.[54] 항공기 모델은 42종에서 20종으로, 다시 9종으로 감소했고, 1944년 봄 폭격에 긴급히 대응하기 위해 설립된 '전투기위원회Jägerstab'의 감독하에 결국 5종으로 줄었다.[55] 선정된 항공기 모델과 그 부품은 컨베이어와 도르래를 사용하는 기계화된 생산 방식을 도입해 장기간 생산할 수 있었다. 독일에서 신식 공장 가동법은 보편화되지 않았고 맹렬한 폭격과 생산업체들을 분산시킬 필요성 때문에 지장을 받았다. 독일 기업들은 흐름생산에 필요한 특수목적 공작기계보다 다목적 공작기계를 선호하여 가능한 경우에는 여전히 숙련노동자에게 지나치게 의존했지만, 마침내 대량생산을 달성한 1944년경 노동력의 태반은 조립라인 생산에 더 적합한 반숙련 외국인 노동자였다. 개별 기업들의 성과는 천차만별이었지만—융커스 사 항공기 공장들의 연간 생산성 증가율은 69퍼센트였던 반면에 하인켈 사는 겨우 0.3퍼센트였다—노동생산성에 관한 전반적 통계는 전시 마지막 2년간 생산성이 가장 큰 폭으로 증가했음을 보여준다.[56] 어느 추정치에 따르면 독일 방위산업의 1인당 생산량은 1939년 수치를 100으로 잡았을 때 1941년 75.9로 내려갔다가 1944년 160으로 올라갔다. 다른 추정치들은 1939년에서 1941년 사이에 소폭 증가한 뒤, 군수산업이 마침내 학습곡선을 숙달함에 따라 1942년부터 1944년까지 더 가파르게 증가했음을 시사한다. 전후에 미국 전략폭격조사단은 독일 공식 통계를 이용해 관련 부문들—화학물질, 철강, 액체연료—의 생산성이 전시 초반보다 1944년에 훨씬 낮았다는 사실을 밝혀냈다. 독일 군수산업의 생산성이든 관련 부문들의 생산성이든 소련이나 미국의 경험에 비하면 덜 인상적인 성취였다.[57]

독일은 마침내 대량생산에 성공하긴 했지만 바로 그 시점에 연합군의 폭격과 독일 본토로의 진격 때문에 가용 자원이 줄어들었다. 게다가 1944년 생산량을 늘려가던 일본의 경우와 마찬가지로, 그 단계에서는 이미 연합국의 생산량이 추축국이 생산할 수 있는 양을 훌쩍 넘어서고 있었다. 그 결과로 1943~1945년 생산량이 대폭 늘어난 항공기와 차량은 소모전에 계속 투입되었고, 손실이 급증하는 바람에 대량생산의 군사적 효과를 거둘 수가 없었다. 독일의 경우 군부에서 너무도 중시한 무기의 품질에 중점을 두었지만, 전쟁경제의 무질서한 성격과 신무기 개발 실패 때문에 품질 면에서 우위를 점하지 못했다. 독일 공군은 차세대 항공기의 진화 전망을 오판하고 결국 1938년에 보유하고 있던 모델들—Bf109, Bf110, He111, Do17, Ju52, Ju87, Ju88—을 개량하여 생산하는 데 그쳤다. 중폭격기 하인켈 He177과 중전투기 메서슈미트 Me210은 모두 설계상 실패작으로, 자원은 많이 잡아먹으면서도 활약은 별로 없었다.[58] 제트엔진을 탑재한 Me262는 1943~1944년 낡아가는 피스톤엔진 항공기를 대체하기 위해 신속히 개발되었는데, 제트엔진 쪽이 더 짧은 시간에 가뜩이나 부족한 재료를 더 적게 사용해서 생산할 수 있었기 때문이다. 그러나 이 제트전투기는 제작과 검증이 부실했다. 전쟁 종반까지 생산된 1433대 중에서 358대만이 실전에 투입되고 나머지 수백 대는 폐기 처분되었다.[59] 항공기 연구와 개발은 전황과 관계없이 진행되었고, 전쟁 노력에 거의 기여하지 못한 갖가지 첨단 프로젝트들 사이에서 와해되었다. 예컨대 로켓추진식 하인켈 He162 '국민전투기'는 Me262와 마찬가지로 전쟁의 마지막 몇 달간 지하 공장에서 부리나케 제작된 뒤 독일이 항복하기 전 3주 동안 소수만이 작전에 투입되는 데 그쳤다.[60]

해전의 경우 잠수함 설계의 약진을 보여주는, 완전 잠항이 가능한 XXI형과 XXIII형 U보트는 전투에 참가할 만큼 신속히 개발되지 않았다. 티거 I과 티거 II 중전차는 화력이 강력하긴 했지만 많이 생산되지 않았을 뿐 아니라 기술적으로 너무 복잡했고, 급하게 생산한 탓에 기계적 결함이 있었다. 끝으로 1943년 히틀러가 개입해 대량생산하기로 결정한 '보복무기', 즉 V1 순항미사일과 V2 로켓은 전략적 이익을 약속하지 못했고 다른 효과적인 무기들에 할애할 수 있었을 만한 생산능력을 많이 잡아먹었다. 독일 군부에서 양보다 질에 그토록 중점을 두었음에도, 1944년에 도달한 첨단 기술의 수준은 독일과 연합국 사이에 점점 벌어지는 전장 자원의 격차를 상쇄하기에 충분하지 않았다. 독일의 전시생산은 소련의 방식도 아니고 미국의 방식도 아니었다. 한편으로는 중앙 지휘관이 없는 일종의 명령경제였고, 다른 한편으로는 군부의 개입이 기업가의 진취성을 해방시키기보다 질식시키는 자본주의 체제였다. 이런 상황이 낳은 역설은 1941년 히틀러의 명령에 담긴 대량생산의 비전을 실현하기에는 너무 늦게 해소되었다.

민주주의의 조병창: 임대와 대여

1941년 10월 초 영국과 미국 대표들은 모스크바에서 소련 정부와 역사적인 협정을 체결했다. 소련의 전쟁 노력을 위해 양국이 무기와 장비를 제공한다는 협정이었다. 모스크바에서 회담에 참여했고 조만간 워싱턴 주재 소련 대사로 부임할 예정이었던 막심 리트비노프Maxim Litvinov는 협정이 체결되자 벌떡 일어나 소리쳤다. "이제 전쟁을 이길 수 있다!"⁶¹ 지난 몇 주간 원조가 부족하다는 이유로 싸늘한 언쟁을 주고받았던 스탈린도 협정 타결에 리트비노프 못지않게 열광했다. 소련 수도 근처에서 전투가 한창인 가운데 스탈린은 루스벨트에게 보낸 서신에서 미국이 약속해준 물자에 "심심한 감사"를, 그 물자의 대금을 설령 언젠가 갚는다 해도 적어도 종전 때까지는 갚지 않아도 된다는 데 "진실한 감사"를 표했다.[62] 같은 날인 1941년 11월 7일, 미국 대통령은 이제 소련을 무기대여 원조의 수령국에 포함시키라고 정식으로 지시했다. 다른 연합국들이 국내에서 가능한 정도 이상으로 군장비 공급량을 늘릴 수 있는 유일한 방도는 대금을 받지 않고도 장비를 공급하려는 미국에 의존하는 것이었다. 모스크바 협정은 추축국과 싸우는 국가들에 자원을 재분배하려는, 전례 없는 전 세계적 병참 노력의 일부였다. 하버드 대학 정치학 교수로 당시 임시 군인이었던 찰스 마셜Charles Marshall은 전시에 무기대여를 평가하면서 "국제적 경제전략의 거대한 체제. 지표면의 3분의 2를 차지하는 국가들과 그 인구가 참여하고 있다"고 말했다.[63] 연합국의 전쟁경제 잠재력은 미국이 적극적인 교전국이 되기 전부터 워싱턴에서 내린 전략적 선택으로 인해 크게 바뀌었다. 1940년 12월 미국이 "민주주의의 거대한 조병창"이 되겠다고 했던 루스벨트의 약속은 500억 달러어치 이상의 원조 프로그램을 통해 1945년까지 이행되었다.

추축국 동맹들은 미국의 원조에 비견될 만한 이점을 누리지 못했다. '독재정의 조병창'은 없었다. 미국 경제가 연합국 경제와 관계를 맺은 것과 비슷하게 독일 전쟁경제가 이탈리아 및 일본의 전쟁경제와 관계를 맺고 있긴 했지만, 독일은 약한 파트너들의 전쟁경제를 뒷받침하는 것은 고사하고 스스로의 군사적 수요를 채우는 것 자체가 버거운 실정이었다. 독일이 동맹국들에 건네준 소량의 군수품, 그마저도 동맹국들이 값을 치러야 했던 군수품은 미국의 후한 원조에 비하면 별것 아니었다. 1943년 독일은 자국에 절실히 필요한 석유, 식량, 광물을 받는 대가로 이탈리아, 핀란드, 루마니아, 헝가리, 불가리아, 슬로바키아에 대부분 비전투용인 항공기 597대를 수출했다. 미국은 1941년에서 1945년 사이에 동맹국들에 항공기 4만 3000대와 항공엔진 4만 8000대를 배분했다.[64] 설령 병참능력으로 가능할지라도 이탈리아와 일본이 독일에 군사적 원조를 제공할 리는 만무했다. 유럽 추축국이 일본에 원조를 제공할 가능성은 지리 때문에, 그리고 영국과 미국의 외양 해군력 때문에 제한되었다. 1943년 일본에 도착한 독일 군수품은 항공기 7대와 BMW 항공엔진 1대였다. 남방을 함락한 일본은 만약 독일이 프랑스와 네덜란드를 정복한 뒤 남방에 대한 권리 주장을 하지 않는다는 것이 분명해지고 나면 그곳의 물자를 독일에 공급한다는 데 동의했고, 봉쇄돌파선(이른바 야나기센柳船)을 이용해 주로 고무와 주석인 11만 2000톤의 물자를 인도했다. 하지만 1943년에 이르자 연합국의 대양 통제 때문에 이 방법을 계속 사용하기가 불가능해졌다. 1943년에 연합국의 봉쇄를 무릅쓰고 보낸 물자 1만 7483톤 가운데 6200톤만 도착했는데, 이는 연합국끼리 주고받는 물자에 비하면 극히 적은 양이었다. 일본은 봉쇄돌파선 대신에 더 큰 화물수송용 잠수함을 이용해 독일에 원료를 보내려 했지만 수송 중에 대부분 격침되었다. 1944~1945년 유럽으로 2606톤을 보냈으나 611톤만 도착했다.[65] 독일은 이탈리아에 주로 석탄과 강철을 공급하긴 했지만, 베를린 측이 보기에 이탈리아는 독일의 물자 인도를 기대하기보다 보유 자원에 맞추어 전략을 세워야 했다. 이탈리아가 독일에 요청한 석탄과 강철 중 일부만이 실제로 공급되었다. 독일 기업들은 이탈리아에 어떤 장비를 판매하거나 물물교환으로 공급할 경우 전후의 경쟁시장에서 이탈리아 기업들이 그 장비를 모조하지 않을지 우려했다. 이탈리아 관료들은 이탈리아의 군수공장을 위한 기계류는 우선순위의 맨 아래에 있다는 말을 들었는데, 독일의 군비 주문에 따라 일하는 유럽 기업들에 산업장비를 공급하는 것이 우선이었기 때문이다. 1942년 이탈리아 공군이 첨단 레이더 장비를 요청했을 때, 주요 공급업체

텔레풍켄은 상업적 해적질을 방지하기 위해 독일 인력이 이탈리아에서 장비를 손수 운용하는 방안을 고집했다.[66] 추축 삼국 간에 직접적인 기술적 또는 과학적 원조는 거의 이루어지지 않았다. 1942년 독일 엔지니어들은 일본에 뷔르츠부르크 레이더의 견본을 하나 보내기로 했지만, 이 장비를 수송하던 잠수함 2척 중 1척이 도중에 격침되었다.

추축 삼국은 국내의 전쟁 노력을 촉진하기 위해 저마다 정복한 영역의 물적 자원에 의존해야 했다. 추가 군장비는 대개 적의 무기를 노획하는 방법으로만 확보할 수 있었는데, 이런 임시변통은 기껏해야 예측할 수 없는 단기 편익에 지나지 않았다. 독일군이 입수한 가장 유용한 군장비는 프랑스의 패배 이후 노획한 프랑스제와 영국제 자동차 20만 대와 징발된 다량의 프랑스 항공기였다. 프랑스 항공산업과 자동차산업에 대한 독일의 착취는 정복 기간 내내 지속되었다. 프랑스 기업들이 독일에 공급한 항공기는, 비록 다수가 훈련기와 보조항공기이긴 했지만, 1942년에 1300대, 1943년에 2600대였다. 이는 전시 동안 독일에서 생산된 항공기 중 극히 일부였으며 그 비용을 지불해야 했다.[67] 독일군은 프랑스 기갑차량을 노획해 사용했지만 이것 역시 대수가 적었다. 1943년 5월 독일 육군의 한 보고서에 따르면 독일군의 모든 전선에서 운용 중인 프랑스 전차는 670대였다. 독일 육군 최고사령부에서 소련제 전차를 최대한 다시 운용하려 했지만, 계속 사용할 만한 상태의 소련제 노획 전차는 매우 적었다. 동부전선에서 독일 육군이나 보안부대는 어느 시점에서든 소련 T-34 전차 300대를 보유했던 것으로 추정되지만, 위에서 언급한 1943년 5월의 보고서는 그 무렵 육군 부대들이 운용 중인 T-34는 63대뿐이라고 말한다. 전투에서 큰 손실을 입은 후, 1945년 4월 독일군이 아직 운용하고 있던 노획 전차는 310대였다. 당시까지 미국이 전시 동맹국들에 공급한 전차는 3만

7323대에 달했다.[68]

그렇다 해도 추축국에 맞서 싸우는 국가들에 지불 약속도 없이 원조를 제공한다는 방침을 정한 것은 미국으로서도 힘겨운 결정이었다. 1940년 재무장을 시작한 이후 미국 군부가 군사 자원에 대한 우선권을 원했을 뿐 아니라, 군사 원조가 아직 전쟁 중이지 않은 이 나라에서 중요한 법적·제도적 문제들을 야기했기 때문이다. 미국이 원조 결정을 내린 것은 영국이 1941년 초반 수개월 이후로는 군비 주문의 대금을 달러로 지불할 수 없을 것이라는, 반박할 수 없는 증거가 있었기 때문이다. 1939년 루스벨트가 미국의 중립법을 개정하는 데 성공한 뒤, 영국은 2년 동안 주로 항공기와 항공엔진을 비롯한 군장비의 계약 대금을 '현찰 박치기cash-and-carry' 방식으로 지불했다. 1940년 미국 공장들은 영국으로부터 항공기 2만 3000대 주문을 수주한 상태였지만, 영국은 달러와 금 보유고가 고갈되어 항공기 대금을 지불할 방도가 없었으며, 미국의 물자 공급이 없는 가운데 영국의 전쟁 노력은 위험하리만치 축소되었다. 미국은 이미 1940년 여름 동안 프랑스 내 영국 원정군의 손실을 보충할 다량의 소총과 기관총, 포, 탄약을 판매한 터였다. 1940년 9월 루스벨트는 영국 호송선단의 호위를 돕기 위해 1차대전 시기의 녹슨 구축함 50척을 양도하는 방안을 승인하면서도, 영국 정부가 뉴펀들랜드부터 버뮤다까지 산재하는 군사기지들을 미군에 제공해야 한다는 조건을 달았다. 미국의 개입에 반대하는 로비 단체들은 이 거래에 강력히 반발했으며, 루스벨트는 해당 군사기지들이 미국의 유럽 전쟁 관여를 위한 기착지가 아니라 서반구의 안보를 위한 전초지라고 주장하며 의회를 달래려 했다. 루스벨트는 영국의 곤경에 십분 공감하면서도, 미국인 다수의 여론이 전쟁 개입에 반대할 뿐 아니라 영국 혐오증까지 보인다는 것을 알고 있었다. 루스벨트의 측근 군사고문들마저 미국의 지원으로 영 제국의 보존에 일조한다는 발상에 강한 반감을 보였다. 그들은 미국의 차후 안보를 우선시했고 이런 관점에서만 지원 의사를 표명해야 한다고 보았다. 군 수뇌부 중에서 가장 열렬한 개입주의자였던 해럴드 스타크Herold Stark 제독은 영국에 대한 지원은 오로지 "서반구의 현 상황을 보장하고 우리의 국익을 증진하기 위함"이라고 주장했다.[69] 1941년 1월 미국 의회에 제출된 대영국 지원 법안의 이름은 어색하게도 "미합중국의 방위 증진과 그 밖의 목표들을 위한 법안"이었으며, 대법관 펠릭스 프랭크퍼터Felix Frankfurter가 주도해 이 법안에 부여한 번호는 애국적인 (그리고 반영국적인) H. R. 1776이었다〔1776년은 미국이 영국으로부터의 독립을 선언한 해다〕.[70]

무기대여는 한 통의 서신에서 비롯되었다. 1940년 11월 전례 없는 세 번째 대통령 선거 승리 이후 카리브 해로 휴가를 떠나 터스컬루사Tuscaloosa 호 선상에 있던 루스벨트에게 12월 9일 수상비행기로 전해진 처칠의 서신이었다. 처칠은 영국이 미국발 물자와 해운의 대금을 더 이상 현찰로 지불할 수 없는 순간이 왔으며 이제 도움이 없으면 "우리는 도중에 쓰러질지도 모릅니다"라고 인정했다.[71] 11월 말 뉴욕 라구아디아 공항에 도착한 워싱턴 주재 영국 대사 로디언 경은 이미 이 위기를 더 직설적으로 밝힌 바 있었다. 그는 기다리던 기자들에게 "여러분, 영국은 파산했습니다. 우리는 여러분의 돈을 원합니다"라고 말했다. 12월 초 루스벨트 내각은 미국의 안보를 증진하기 위해 영국을 구제해야 하느냐는 쟁점을 논의했고, 영국 정부의 주장대로 국가의 자산이 실제로 고갈되었는지 아직 의심하면서도 구제하기로 결정했다.[72] 문제는 중립법과 1934년의 존슨법Johnson Act—영국을 포함해 1차대전 시기의 부채를 상환하지 않은 모든 국가를 상대로 대부를 금한 법—을 위반하지 않으면서 영국의 주문에 자금을 댈 수 있는 방도를 찾는 것이었다. 터스컬루사 호의 갑판에서 처칠의 서신을 읽고 또 읽은 루스벨트는 마침내 12월 11일 선상에 함께 있던 해리 홉킨스에게, 며칠 후 기자회견에서 말했듯이, "우스꽝스럽고 어리석고 낡은 달러 기호" 없이 영국 측에 물자를 임대하거나 대여하는 방안을 털어놓았다.[73] 루스벨트는 영국의 교전을 지원함으로써 미국은 교전을 피할 수 있기를 바랐던 것이 거의 확실하다. 적어도 임대-대여Lease-Lend(처음에는 이렇게 불렸다) 방안은 영국의 붕괴를, 또는 추축국과 화해하겠다는 영국의 결정을 막기 위해 고안되었다. 루스벨트가 '민주주의의 조병창'이라는 표현을 지어낸 1940년 12월 29일의 '노변담화'는 미국이 이제 "전쟁의 고난과 고통을 모면"하게 되었다고 국민들을 안심시키기 위한 방송이었다.[74] 루스벨트는 자신의 결정을 반영하는 법안을 기초하도록 지시했고 1941년 1월 6일 그 법안이 의회에 제출되었다.

처칠은 비서에게 말했듯이 "선전포고나 다름없는" 이 결과에 기뻐했다.[75] 이는 미국인 대다수가 원하던 결과가 아니었다. 1941년 3월 이 법안이 결국 하원에서 가결된 주에 여론조사 응답자의 83퍼센트는 미국의 참전에 반대했다. 무기대여법은 미국 여론을 깊이 갈라놓았다. 개입 반대파는 이 법이 실질적으로 전쟁을 의미한다는 처칠의 견해를 공유했다. 심지어 민주국들을 원조하기 위해 수년간 로비를 벌여온 사람들조차 무기대여법이 너무 나아간 조치가 아닌지 우려했다. '연합국 원조를 통해 미국을 방어하는 위원회Committee to Defend America by Aiding the Allies'의 의장 윌리엄 앨런 화이트William Allen White는 이 법안에 항의해 사임하고 그 과정에서 "양키는 가지 않는다"라는 표어를 제시했다. 고립주의 운동의 한 갈래는 이 표어를 팸플릿의 제목으로 삼아 30만 부를 판매했다. 여성들은 의회의 조치에 반대하는 시위에서 검은 옷을 입은 채 "우리 아들이 아니라 1776법안을 죽여라"라고 적힌 플래카드를 들었다.[76] 또한 이 법안은 법률 제정에 따른 대통령의 권한에 대한 중요한 항의도 불러일으켰다. 고립주의자들은 이 법안에 '독재자 법안'이라는 별명을 붙였는데, 루스벨트가 의회와 관계없이 어떤 나라들이 무기대여를 받을 자격이 있는지, 그들에게 어떤 생산품을 어떤 규모로 제공할지 결정하는 권한을 행사할 터였기 때문이다.[77] 이런 규모의 집행 재량권은 전례가 없었지만, 국민의 3분의 2가 법안에 찬성한다는 여론조사에 힘입어 루스벨트는 반대 의견을 무시했다. 그 과정에서 루스벨트는 두 가지 주된 양보를 했다. 첫째로 무기대여 프로그램으로 제공하는 물자를 미국 측이 호송하지는 않기로 했고, 둘째로 이 법을 2년 동안만 유지하기로 했다. 또한 루스벨트는 분기별로 의회에 원조의 진척 상황에 대한 보고서를 제출하기로 했으며, 의회는 일련의 '방위원조보충법'에 따라 필요한 자금을 표결에 부칠 권리를 행사하기로 했다.[78]

최종 상환이라는 문제와 관련해 루스벨트는 전후에 '현물'로 돌려받겠다고 모호하게 말했다. 영국의 중요한 양보를 기대한다고도 했다. 루스벨트는 영국의 여러 달러 자산을 압류하고 그 밖의 자산을 강제로 매각하라고 지시했다. 코델 헐 국무장관은 영 제국 내 특혜관세 제도를 전후에 더 개방적인 무역 제도로 변경한다는 약속을 런던 정부로부터 받아냈는데, 영국이 마지못해 건넨 이 양보는 두 나라 간의 변화하는 권력관계와 전후에 제국-경제 블록을 제거하려는 미국의 의도를 분명하게 보여주었다. 그러나 이 약속을 받아내기까지 진통이 없었던 것은 아니다. 주主무기대여협정을 체결하기까지의 지난한 교섭에 7개월이 걸렸으며, 그동안 영국 관료들과 정치인들은 전후 영국에 자유무역 의무를 지우는 제7항에 저항하려 했다. 이 협정은 1942년 2월 23일, 루스벨트가 영국 측에 타결을 보지 않으면 원조를 중단할 수도 있다는 의사를 밝힌 후에야 체결되었다.[79] 처칠은 공석에서는 무기대여법을 "가장 이타적인 법"이라고 치켜세우면서도 사석에서는 영국이 피부만 까지는 게 아니라 "뼈만 남는" 건 아닌지 우려했다. 약속한 물자를 루스벨트가 실제로 인도할지에 대한 의구심도 있었다. 워싱턴에서 로비를 벌였으나 성과를 거두지 못한 어느 영국 관료는 미국의 약속이 "실제로는 대개 흐지부지된다"고 불평했다.[80] 중국도 비슷한 의구심에 시달렸다. 루스벨트는 중국의 대일본 전쟁 노력을 이유로 들어 무기대여 원조를 중국으로까지 확대하려 했다. 처음에 루스벨트는 워싱턴에서 장제스의 손위처남인 쑹쯔원宋子文이 수장을 맡는 중국방위 물자공사를 설립하고 이를 통해 광범한 원조를 제공하기로 약속했다. 그러나 먼저 서방 군대에 물자를 공급하라는 압력 때문에 대중국 원조는 미미한 수준에 그쳤다. 약속과 현실 사이의 괴리에 소외감을 느낀 장제스는 1943년 무기대여가 자신의 기대치에 부응하지 않는다면 일본과 강화협정을 맺겠다고 위협했다.[81]

실제로 무기대여는 어디서나 더디게 추진되었다. 초기 책정액 70억 달러 중 1941년 말까지 10억 달러만 지출되었다. 1941년 미국에서 영국으로 넘어간 물자 대부분의 대금은 여전히 현찰로 지불되었다. 그해 항공기 2400대 중 100대만이 무기대여로 공급되었다. 대규모 재무장에 힘쓰고 있던 미군 부대들은 자기네 항공훈련학교에 훈련기가 태부족하고 육군 훈련을 모형 전차를 가지고 진행해야 하는 마당에 영국에 군장비를 제공하는 처사에 분개했다. 초기에 무기대여 프로그램은 해리 홉킨스가 의장을 맡은 임시위원회에서 운영하며 루스벨트의 새로운 집행권한의 뒷받침을 받았지만, 무기대여법으로 물자를 승인하고 조달하는 체계는 기껏해야 임시변통이었다. 영국이 필요로 하는 물자의 해상 운송이라는 문제에서 루스벨트는 별 도움이 되지 않았고 여론은 더더욱 열의를 보이지 않았는데, 물자를 호송하다가 독일 잠수함과 충돌할 위험이 있었기 때문이다. 미국 해군 함정들이 위험을 무릅쓰고 대서양으로 나아가 무기대여 물자를 실어나르는 영국 호송선단을 지켜주기 시작했을 때, 루스벨트는 공석에서 이것이 호송선단 보호가 아니라 '초계'라고 주장했다. 또 그는 무기대여 관련 정부 홍보물에서 미국 군함이 실제로 선단을 호위한다는 의심을 사지 않도록 "우리가 물자를 배송할 것이다"가 아니라 물자가 "배송될 것이다"라고 표현하라고 지시했다.[82] 1941년 영국 상선대에 대한 미국의 상선 공급은 주로 미국 항구에서 징발한 추축국과 중립국의 선박들을 영국의 교역로에서 운항하도록 배치하는 것으로 국한되었다.[83] 루스벨트가 무기대여를 미국의 유럽 전쟁 개입으로 나아갈 디딤돌로 여겼다고 주장할 수도 있지만, 증거는 확실치가 않다. 무기대여가 다른 국가들의 전투를 도움으로써 미국의 이권을 보호하는 전략이라는, 루스벨트가 공석에서 자주 했던 주장을 무시해서는 안 된다. 1941년 5월 루스벨트는 한 하원의원에게 쓴 편지에서 미국의 전략에 관한 신문 사설을 인용했다. "우리가 우려하는 것은 영 제국의 문제가 아니라 우리의 안전, 우리 무역의 안보, 우리 대륙의 통합성이다." 루스벨트는 "나는 이 사설이 아주 좋다고 생각합니다"라고 덧붙였다.[84] 미국 여론은 줄곧 대영국 원조에 확고히 찬성하면서도 그 결과로 미국이 참전한다는 생각에는 확고히 반대했다.

　추축국과 싸우는 국가들에 대한 원조의 원칙은 1941년 6월 22일 독일군과 추축군이 소련을 침공했을 때 다시 한 번 시험받았다. 이것은 한층 어려운 시험이었는데, '민주주의의 조병창'은 전체주의 정권을 지원하려는 의도가 아니었거니와 소련과 미국 내 공산주의에 대한 대중의 적대감이 만연해 있었기 때문이다. 국무부 관료 새뮤얼 브레킨리지 롱Samuel

Breckinridge Long은 7월 일기에 이렇게 적었다. "우리 국민의 절대다수는 공산주의란 억압해야 할 무언가이자 법과 질서의 적이라고 배워왔다. 그들은 우리가 어떻게 공산주의에 조금이라도 동조할 수 있는지 알지 못한다."[85] 영국 원조에 찬성하는 개입주의 단체들조차 소련으로 원조를 확대하는 방안에는 반감을 보였는데, 개입주의 단체 '자유를 위한 투쟁Fight For Freedom'이 발표한 성명에 따르면 원조의 목적은 "민주주의를 확대하는 것이지 제한하는 게 아니"었기 때문이다.[86] 영국의 반응은 루스벨트가 결정을 내리는 데 거의 확실히 도움이 되었다. 6월 22일 처칠은 조건 없는 지원을 약속했고, 1주일 후 런던에서 소련 관료들이 자기네가 원하는 포괄적인 원조 목록을 제시했다. 처음 인도한 물자는 여전히 값을 치러야 했지만, 9월 4일 영국 정부는 사실상 무기대여의 한 형태를 통해 대소련 물자 공급을 감추는 데 동의했다. 실제로 대부분의 대소련 물자는 동일한 프로그램에 따라 미국에서 영국으로 넘어오는 물자로 공급할 예정이었다.

독일의 소련 침공 며칠 후, 루스벨트는 기자회견을 열어 미국 역시 "우리가 할 수 있는 모든 원조를 러시아에 제공할 것"이라고 발표하고, 물자의 대금을 치를 수 있도록 4000만 달러어치 소련 자산의 동결을 해제하라고 지시했다. 6월 26일 미국 주재 소련 대사 콘스탄틴 우만스키Konstantin Oumansky는 원조를 정식으로 요청했고, 며칠 후 항공기, 전차, 군수품뿐 아니라 경합금, 타이어, 항공연료 생산을 위한 공장 전체까지 포함하는 과도한 쇼핑 목록이 모스크바로부터 도착했다.[87] 이는 1941년 미국이 제공할 수 있는 수준을 훌쩍 넘어서는 요구였거니와, 당시 소련이 독일의 맹공에서 살아남을 수 있을지 확실하지도 않은 상황이었다. 런던에서나 워싱턴에서나 중론은 독일이 수개월 내에 승리한다는 것이었고, 이는 곧 서방의 물자가 독일의 수중에 들어간다는 뜻이었다. 7월 말 홉킨스가 모스크바 여정에서 돌아와 소련의 전쟁 노력이 당장 무너지지는 않을 것이라고 자신하고 나서야 루스벨트는 마침내 8월 2일 "실행 가능한 모든 경제적 지원"을 제공하기로 했다. 다만 영국의 경우처럼 대소련 지원도 비용을 받으며 느리게 진행할 계획이었다. 런던에서는 미국의 소련 원조 프로그램 때문에 영국의 몫이 줄어들지 않을까 우려했다. 군수부 장관 비버브룩 경은 영국이 자국에 들어온 무기대여 물자의 일부를 소련에 할당하는 방법으로 이 새로운 동맹국에 대한 원조의 흐름을 통제하기를 원했지만, 미국 측이 거부했다.[88] 10월 모스크바 회담 이후에야 미국과 영국은 제1의 정서(모두 4개의 의정서가 작성될 터였다)에 따라 1941년 10월부터 1942년 6월까지 총 150만 톤의 물자와 장비를 소련에 함께 제공하기로 확약했다. 미국 여론이 소련 원조에 찬성하는 쪽으로 기울어짐에 따라 루스벨트는 소련에 공급하는 물자를 무기대여 물자처럼, 따라서 "미국의 국방에 필수적인" 물자처럼 취급할 것을 의회에 요청해 승인을 받았으며, 11월 7일부터 소련은 더 이상 물자 대금을 지불하지 않게 되었다. 이로써 미국은 모두의 조병창이 되었다.

무기대여 프로그램의 규모와 성격은 이 법을 도입할 때 상상했던 수준을 훌쩍 넘어섰다. 종전 때까지 무기대여 물자 예산으로 500억 달러 넘게 책정되었고, 전 세계 40개국 이상에 물자가 인도되었다. 미국의 원조 비용은 전시 연방 지출 총액의 16퍼센트에 달했다. 소련에 대한 영국의 무기대여 비용은 극히 적은 2억 6900만 달러로, 전시 영국 지출의 9퍼센트 가량이었다.[89] 이 프로그램은 영국과 미국의 공동 과제가 되어 양국의 합동위원회에서 전시생산과 원료 공급을 감독했다. 영국 군사파견단은 워싱턴에서 미군 수뇌부와 우선순위를 논의했다. 소련에 대한 할당량은 매년 모스크바 관료들과 따로 협의했다. 1941년 10월 28일, 루스벨트는 사업가 에드워드 스테티니어스Edward Stettinius가 이끌 무기대여국을 신설하고 홉킨스의 임시위원회를 폐지했다. 미국의 원조가 절정에 달한 1943∼1944년에는 11개 기관이 물자의 생산, 할당, 배포에 관여한 탓에 상당한 논쟁과 업무 중복이 발생했다. 그렇지만 1943년 3월 무기대여법을 개정할 때, 의회는 2년 전 논쟁의 앙금 없이 거의 만장일치로 가결했다.[90] 미국 원조의 주요 수혜국은 영 제국이었는데, 전체 해운 물자의 달러화 가치 중 58퍼센트에 해당하는 약 300억달러를 받았다. 이 원조 물자의 대부분은 영국의 몫이었고, 일부는 영연방의 몫이었다. 대소련 원조는 전체 지출의 23퍼센트로 106억 달러에 달했고, 자유프랑스군에 대한 원조는 약 8퍼센트였으며, 일본이 버마를 점령한 이후로 원조를 제공하기 어려웠던 대중국 원조는 불과 3퍼센트였다. 라틴아메리카 국가들에 대한 원조는 전체의 1퍼센트가량이었다.[91]

처칠이 루스벨트에게 "우리는 무기대여 채무를 상환하지 못할 것입니다"라고 솔직하게 말하긴 했지만, 무기대여 계획의 본래 의도 중 하나는 수혜국들로부터 미국의 넉넉한 물자와 용역 제공에 대한 일종의 보상을 현물로 받는다는 것이었다.[92] 미국의 참전 이후 호혜적 무기대여나 역逆무기대여가 하나의 가능성이 되었다. 1942년 2월 28일 영국과 미국은 '상호원조협정'을 정식으로 체결했다. 영국은 1942년부터 자국에 주둔하는 미국 육군과 항공대가 필요로 하는 자원과 용역의 비용을 대부분 지불했고, 북아프리카에서 석유와 기타 용역을 제공했으며, 필요할 경우 선편도 마련해주었다. 오스트레일리아 정부는 태평양 전쟁 기간에 자국 주둔 미군이 필요로 하는 시설과 용역의 비용을 대부분 지불했다. 전시 동안 영국의 원조액은 56억 달러, 오스트레일리아의 원조액은 10억 달러에 달했다.

영 제국의 총 원조액는 미국의 총 원조액의 15퍼센트가량인 75억 달러였다.[93] 소련은 원조 의정서들의 조건에 따라 비슷한 약속을 했지만, 결국 미미한 220만 달러어치 상호원조를 제공하는 데 그쳤다. 이는 1941년부터 1945년까지의 원조 총액으로 보면 극히 일부에 불과했다. 루스벨트가 처음부터 의도한 대로, 모든 무기대여협정에는 마치 미국이 물자를 증여하기보다 대여하는 것처럼 하여 전후에 가능하다면 물자를 반환해야 한다고 명시되어 있었다. 하지만 전쟁과 굶주린 사람들의 채울 수 없는 수요에 의해 거의 모든 무기, 원료, 식량이 소비되었으므로, 반환할 만한 물자는 별로 남지 않았다. 미국 전쟁부의 계산에 따르면 주로 미군이 사용할 예정이던 11억 달러어치 물자가 반환되었다. 국가들 중에서는 중국이 무기대여 물자를 반환했는데, 인도 내에 있는 모든 비축 물자를 종전 전에 중국으로 수송하기가 너무 어려웠기 때문이다.

캐나다와 영국이 협의한 원조 프로그램은 무기대여 계획의 공식적 일부가 아니었다. 국제 원조에 캐나다가 기여한 부분은 무기대여에 관한 서술에서 대개 간과되어왔지만, 그것은 더 넓은 제국이 영국의 제국주의적 전쟁 노력에 제공한 경제 지원에서 중요한 요소였다. 미국의 경우처럼 캐나다 역시 영국이 식량과 군수품의 대금을 캐나다 달러로 지불하지 못할 지경이 되자 경제 지원에 나서기로 했다. 또한 영국이 무기대여 조건에 따라 미국 쪽으로 주문을 돌릴 것을 우려한 것도 경제 지원의 한 이유였다. 캐나다 지도부는 미국의 대규모 프로젝트에 비하면 자기네 지원이 미미해 보일 것이라고 판단해 무기대여를 모방하진 않으면서도 민주주의의 조병창 중 하나로 남고자 했다. 캐나다 내각은 프랑스어권 퀘벡 주가 영국 원조에 반대한 탓에 거북한 논쟁을 벌인 뒤, '10억 달러 선물'을 마련하여 1942년 1월부터 1943년 3월까지 영국 주문의 비용을 자부담하고 나중에 가서 원조를 재평가하기로 결정했다. 이 선물이 공개되었을 때 오타와를 방문 중이던 처칠은 그 너그러움에 깜짝 놀랐다. 수치를 제대로 듣지 못했을까봐 처칠은 다시 말해달라고 부탁했다. 캐나다 총리 매켄지 킹은 캐나다 의회에 "영국은 그간 자유를 지키기 위해 해온 일의 보상을 받는 것"이라고 말하고 이런 기조로 캐나다 국민에게 선물을 공개했지만, 갤럽 여론조사의 결과는 원조에 찬성하는 캐나다인이 절반을 조금 넘을 뿐임을 보여주었다. 그 결과 캐나다의 선물은 되풀이되지 않았고, 1943년 초 상호원조 프로그램으로 교체되었다. 이 프로그램은 미국의 무기대여 프로그램과 마찬가지로 영국 한 나라만이 아니라 연합국을 위해 캐나다의 자원을 제공하되 별도의 캐나다 정체성은 지켜가기로 했다.[94]

무기대여―그리고 다른 상호원조 프로그램들―로 마련할 수 있는 자원의 종류는 엄청나게 많았지만 그중 핵심은 군장비와 군수품이었다. 무기대여 프로그램의 군수물자와 해상 운송 가운데 영국이 가져간 몫은 1943년에 70퍼센트로 최대치를 기록했다. 소련은 산업물자와 식량의 비중이 더 높았고, 그리하여 군사 원조의 비율은 1942년 총 원조의 63퍼센트에서 1945년 41퍼센트로 떨어졌다―다만 군사 원조의 양은 늘었다. 미국이 연합국에 제공한 군수물자의 총량은 표 6.2에 나와 있다. 비군수물자에는 석유, 금속, 대량의 식량이 포함되었다. 해상 운송에 여유가 없었으므로 귀중한 적하공간을 차지하지 않고 식량을 보낼 수 있는 방도를 찾아야 했다. 핵심 요소는 스팸―돼지고기를 압착한 통조림―으로, 이것을 먹은 소련 군인들은 '제2전선'이라는 별명을 붙였다. 소련 각료평의회 의장을 지낸 니키타 흐루쇼프는 회고록에서 "스팸이 없었다면 우리 육군을 먹이기 어려웠을 것이다"라고 말했다. 전쟁이 끝날 때까지 거의 80만 톤의 통조림 고기가 소련으로 배송되었다.[95] 신선식품을 건조하면 적하공

표 6.2 미국의 무기대여 군장비 공급량, 1941~1945[96]

장비 유형	영 제국	소련	중국	기타	총계
전차	27,751	7,172	100	2,300	37,323
장갑차	4,361	0	0	973	5,334
장갑수송차	27,512	920	0	1,580	30,012
정찰차	8,065	3,340	139	499	12,043
경트럭	119,532	77,972	11,982	30,529	240,015
중형 트럭	97,112	151,053	2,616	9,167	259,948
중트럭	64,646	203,634	10,393	13,768	292,441
트레일러	20,282	888	5,842	17,745	44,757
대공포	4,633	5,762	208	888	11,491
기관총	157,598	8,504	34,471	17,176	217,749
기관단총	651,086	137,729	63,251	28,129	880,195
소총	1,456,134	1	305,841	126,374	1,888,350
무전기	117,939	32,169	5,974	7,369	163,451
야전전화기	95,508	343,416	24,757	14,739	478,420
항공기	25,870	11,450	1,378	4,323	43,021
항공엔진	39,974	4,980	551	2,883	48,388

간을 절반 이하로 줄일 수 있었고, 특히 소고기의 경우 90퍼센트, 달걀과 우유의 경우 85퍼센트를 줄일 수 있었다. 그 결과물은 먹기 전에 물을 붓지 않으면 도무지 식욕이 동하지 않을 정도였지만, 건조식품은 영국의 식단에 꼭 필요한 양분을 보충해주었다. 그 보답으로 영국은 유럽에 주둔하는 미군에게 대부분의 비건조 식품에 더해, 영국 소비자들이 기껏해야 배급으로 소량 구할 수 있을 뿐인 커피, 설탕, 코코아, 잼을 대량으로 제공했다. 먼 타지에 주둔하는 미군을 위해 영국 정부는 '이동 클럽차Clubmobile'로 쓰일 버스를 징발했는데, 이 차량은 영국 빵집에서는 판매 금지된 도넛을 비롯한 음식과 오락을 군인들에게 제공했다.[97]

영국과 미국 사이 물자와 용역의 제공은 기술적·과학적 혁신을 공유하는 중요한 조치를 통해 보완되었다. 무기대여와 마찬가지로 이는 전략적 필요성의 산물이었다. 미국이 참전한 이상 추축국에 대항하는 공동 대의에 도움이 된다면 서로 정보를 공유하지 않을 이유가 별로 없었다—다만 원자폭탄 프로그램이라는 특정한 경우 양국의 관계는 한층 복잡했다. 서방 지도부는 거의 전시 내내 독일의 과학과 공학이 더 정교하고, 군사기구와 더 긴밀하게 통합되어 있고, 연합국의 가용 기술보다 위험하고 예상할 수 없는 과학적 혁신을 이루어낼 가능성이 더 높다고 생각했다. 오늘날 돌아보면 연합국이 독일의 과학-군사 조직을 과대평가했던 게 분명하지만, 당시에는 불안감 때문에 대서양을 사이에 두고 전례 없는 수준의 협력이 이루어졌다. 더 주목할 점은 이 협력이 무기대여와 마찬가지로 미국이 참전하기 한참 전부터 시작되었다는 것이다. 1940년 8월, 영국 정부소속 과학자 헨리 티저드 경은 영국 기술파견단의 단장으로서 워싱턴을찾아 미국 군부와 민간의 과학자들에게 기밀에 해당하는 기술 및 과학 정보를 제공했다. 그중 무엇보다 기밀을 요하는 것은 버밍엄 대학에서 개발한 공동 마그네트론으로, 이것을 이용하면 훨씬 효과적인 마이크로파 레이더를 개발할 수 있었다. 그 무렵에 발족한 미국 국방연구위원회 위원장배너바 부시Vannevar Bush는 미군을 위해 이 신기술을 개발할 기회를 얻었다. 그가 매사추세츠 공과대학에 설립한 복사연구소는 미국 레이더 개발을 선도하는 연구기관이 되었다. 티저드 파견단이 다녀간 이후 미국과 영국의 과학자들은 협력 방안을 마련하고 핵무기 개발을 제외한 군사 연구의 모든 영역에서 종전 때까지 협력을 이어갔다.[98]

원자력 연구 혹은 핵 연구는 너무나 중요해서 잠재적 동맹국과도 공유할 수 없는, 민간과 군부 모두 관여하는 첨단 기술이었다. 영국에서는

1940년 4월 원자력 연구를 감독할 모드 위원회Maud Committee를 설립하고 서 원자폭탄의 가능성을 탐색하기로 결정했다. 1941년 7월 이 위원회는 원자폭탄이 현실적 제안이라고 보고했지만, 티저드와 그가 만난 미국 과학자들은 단기간에 원자폭탄을 개발하기란 불가능하다고 생각하고 있었다. 1941년 10월 루스벨트는 처칠에게 양국이 핵 연구에서 협력하자고 제안했지만, 영국 측은 미국 과학자들과 소통하다가 무심코 연구 기밀을 누설할 것을 우려해 거절했다. 그런데 1942년 여름 미국이 핵 연구에서 영국을 앞지르자 이제 영국 과학자들이 협력 문제를 꺼내기 시작했다. 그때 미국 측은 영국 측이 전후에 상업적 동기로 자신들의 개발을 활용할 것으로 우려해 협력에 응하지 않았다. 그러자 영국과 캐나다의 과학자들은 몬트리올 연구소를 설립해 핵 연구를 이어갔다. 미국 측은 이 연구소에 재료를 제공하긴 했으나 기술적 정보는 거의 주지 않았다. 1943년 8월 퀘벡에서 열린 연합국 회담에서 처칠이 미국의 연구를 영국 자체의 목표를 위해 활용하지 않겠다고 확약하고 나서야 몇몇 영국 과학자들이 미국 프로그램에 참여할 수 있었다―다만 참여하면서도 원자폭탄 개발의 전체 과정은 알 수 없었다. 미국 측은 협력으로 인해 다른 국가들이 핵무기를 획득하여 새로운 전후 질서를 구축하려는 미국의 노력을 저해할지도 모른다고 우려했다. 스탈린은 원자폭탄이 사용되기 직전인 1945년 7월까지 이것이 제조되었다는 말을 듣지 못했지만, 소련은 이미 1942년부터 이고르 쿠르차토프Igor Kurchatov가 이끄는 핵무기 프로그램을 추진해오고 있었다. 그 과정에서 소련은 미국 내 스파이망의 조력을 받았는데, 아이러니하게도 여기에는 퀘벡 협정에 따라 미국 연구에 참여한 과학자들 중 한 명으로 소련의 핵심 정보원이었던 클라우스 푹스Klaus Fuchs가 포함되어 있었다.[99]

지적인 교류의 과정이 결코 순탄치 않았다 할지라도, 이 쟁점은 병참 문제와 물질적 원조 프로그램으로 인해 연합국 간에 발생한 마찰에 비하면 아무것도 아니었다. 전 세계적 분배 체계를 조직하는 것은 수많은 난관으로 가득한 엄청난 과제였다. 영국까지 이어지는 대서양 해로는 무기대여 초기 2년간 해전의 무대였다. 상선 공급은 제한되었고, 미국 의회에서 중립법을 다시 개정하는 데 동의한 1941년 11월까지 미국 함선은 전쟁물자 수송에 사용될 수 없었다. 독일 잠수함도, 진주만 이후 미국 군부의 수요도 무기대여 물자의 흐름을 결정적으로 저해하진 않았지만, 자기들에게 물자를 달라는 영국 군부와 미국 군부의 상충되는 요구 때문에 우선순위를 둘러싼 논쟁이 자주 일어나고 영국 항구에 도착하는 물자의 양이 제한되었다. 1941년 미국 상선대의 3배 규모였던 영국 상선대의 주된 문제는 어느 시점에서든 수리를 받고 있는 상선의 톤수였다—1941년부터 독일 잠수함의 위협이 잦아든 1943년 3월까지 매달 평균 310만 톤이었다.[100] 대부분의 영국 상선은 무기대여 프로그램에 따라 미국 조선소들에서 수리를 받았지만, 수리 일정이 계속 늦어져서 화물 적재공간이 늘 부족했다. 미국의 상선 조선업이 새 선박을 무려 1230만 톤이나 건조해낸 1943년에야 루스벨트는 영국이 필요로 하는 군사 원조와 식량의 흐름을 유지할 만큼 미국 선박을 투입하겠다고 약속할 수 있었다. 1943년 여름이면 화물을 다 싣고도 적재공간이 남았다.[101]

더 힘겨운 일은 물자를 소련에 인도하는 것이었는데, 그러자면 영국과 미국의 선박을 대서양 해상 공급로에서 빼내야 했다. 세 가지 주요 경로—대서양 해로, '페르시아 회랑지대', 알래스카-시베리아 항로—모두 심각한 병참 문제를 야기했다. 가장 위험한 경로는 호송선단이 북극해를 가로질러 소련 북부의 항구 무르만스크와 아르한겔스크로 향하는 것이었다.

이 경로에서 함선은 혹독한 날씨와 거친 물결, 배를 기울일 정도로 심각한 선상 착빙, 이따금 나타나는 부빙과 빙산만이 아니라 노르웨이에 기지를 둔 독일 잠수함과 항공기, 수상함의 끊임없는 위협에도 대응해야 했다. 이렇듯 가혹한 상황이었음에도 연합국의 손실은 예상보다 적었다. 스코틀랜드와 아이슬란드에서 출발해 북극항로를 따라간 42개 호송선단의 848차례 항해에서 사고, 잠수함, 항공기로 인한 선박 손실은 총 65척이었고, 돌아오는 길에 추가로 40척의 손실이 발생했다.[102] 가장 악명 높은 손실은 1942년 6월 호송선단 PQ17의 함선 36척이 독일 군함의 위협을 피하려고 흩어졌다가 24척을 잃은 사건이었다. 이 재앙 탓에 1942년 여름 수개월 동안 북극해 호송선단의 일정이 연기되어 소련 지도부의 격한 분노를 자아냈다. 1943년부터 호송선단 호위가 강화되어 사상자가 감소했고, 1945년 4월 전시 마지막 호송선단이 스코틀랜드 클라이드 강에서 출발할 때까지 함선들이 계속 이 항로를 지나다녔다. 대소련 원조의 22.6퍼센트에 해당하는 약 400만 톤의 물자가 북극항로를 통해 전달되었다.[103]

대소련 원조의 다른 주요 경로들은 적의 존재나 악천후의 위협을 덜 받았다. 가장 중요한 경로는 비교적 안전한 북태평양 경로였지만, 이 항로마저 겨울철에는 얼음으로 뒤덮여 선박이 옴짝달싹 못하고 이따금 파손되기도 했다. 일본 홋카이도 섬의 북쪽 경로를 지나는 선박은 소련 선박이든 미국 선박이든 소련 깃발을 내걸었는데, 일본의 동맹국인 독일의 적을 지원하는 물자를 싣고 있음에도 1941년 4월 체결된 일본-소비에트 불가침 조약이 일본의 개입을 막아주었기 때문이다. 전체 대소련 원조의 47퍼센트인 약 800만 톤의 물자가 이 경로를 따라 운송되었다. 목적지는 초반에는 마가단 항, 그 후에는 페트로파블롭스크에 새로 건설한 선거였다.

이곳에서 하역한 물자는 저장하거나, 시베리아를 횡단하는 장거리 철도를 통해 우랄 지역의 공업도시들이나 더 먼 전선까지 운송했다. 알래스카와 시베리아를 잇는 항로들을 따라 설비를 건설하고 운용하는 데 들어간 비용은 운송한 물자의 실제 가치를 한참 상회했다.[104]

군수물자의 거의 4분의 1은 1942년 초부터 쓰이기 시작한, 페르시아(지금의 이란)를 통과하는 세 번째 경로를 통해 소련에 전해졌다. 이란의 도로 상태가 열악한 데다 소련 남부 아제르바이잔까지 이어지는 철도 노선이 단 하나밖에 없었던 까닭에 이 경로는 위태로웠다. 또한 1942년 여름과 가을에 독일군이 캅카스 지역과 스탈린그라드의 볼가 강으로 진격할 때 이 경로가 잠시 위협을 받기도 했다. 영국의 페르시아-이라크 사령부는 이 경로를 개설할 책임을 졌는데, 그러자면 이란과 이라크에서 항만 시설을 확충하고, 철도 노선을 신설하고, 중트럭 수송대에 적합하도록 도로를 정비하는 등 대대적인 작업을 수행해야 했다. 이 경로는 사막, 소금(혹은 카비르로 알려진 노란색의 두꺼운 점액질 물질)으로 덮인 기다란 지역, 굽이굽이 휘어진 산길을 가로질러야 했다. 지구상에서 가장 뜨거운 장소 중 하나인 이곳의 기온은 섭씨 49도까지 오르기도 했지만, 겨울철 눈에 갇힌 산길에서는 영하 40도까지 떨어지기도 했다. 운전사들은 겨울에 운전석에서 얼어죽거나 여름에 열사병으로 사망했다.[105] 도적으로부터 철도를 지키기 위해 배치된 인도군 병력은 조명이 없는 터널 220개를 빠져나가다가 살해되거나, 느릿느릿 움직이는 과열된 기관차가 내뿜는 연기에 질식할 위험이 있었다. 이렇듯 심신을 쇠약하게 만드는 여건에서 군인, 엔지니어, 노동자들은 물자 공급의 기적을 이루어냈다. 이곳 철도는 1941년 하루 200톤을 실어날랐지만, 1942년 미국 페르시아만 사령부가 철도를 통제한 이후로는 일일 평균 톤수가 3397톤으로 껑충 뛰었다. 전쟁이 종점에 가까워짐에 따라 페르시아 회랑지대는 흑해를 가로질러 러시아 남부 항구들로 가는 더 수월한 경로로 대체되었다.[106]

영국과 미국의 노력을 돕기 위해 소련 수송 당국은 1942년과 1943년에 건설된 새 고속도로를 따라 이란 남부부터 소련까지 물자와 차량을 운반할 이른바 '특수파견단'을 조직했다. 그 거리는 2000킬로미터가 넘었으며, 차량 수송대는 사고와 절도, 모래폭풍과 눈보라에 시달렸다. 영국군과 미군은 이란 남부와 이라크에 6개의 조립 공장을 세우고서, 희망봉을 돌아가는 긴 항해를 위해 분해된 채로 화물선에 실려온 차량들을 조립했다―총 18만 4000대 이상이었다. 1943년 8월 창설된 소련 제1특수자동차파견대는 한 달이 넘는 수송 기간을 평균 12~14일로 줄이는 데 성공했다. 또한 해발 2000미터 이상까지 올라가기도 하는 먼지투성이 도로를 따라 음식을 제공하는 휴게소와 수리 창고가 들어서 수송의 속도를 높여주었다. 소련 영토로 들어선 후에는 일선 부대들까지 가는 길고도 힘겨운 두 번째 여정이 시작되었다. 세 갈래 주요 공급로를 통해 소련에 인도한 물자의 총량은 1600만 톤이었으며, 이를 위해 북대서양과 태평양 서쪽 가장자리의 항구들에서 2600회의 출항이 이루어졌다.[107]

대소련 원조 못지않게 국민당 중국에 대한 무기대여 원조도 힘겨운 과제였다. 중국이 처음부터 원조를 받을 자격이 있는 국가들에 포함되긴 했지만, 영국과 소련을 위한 물자에 비하면 중국을 위한 물자는 우선순위에서 한참 아래에 있었다. 중국에 할당된 자원은 대부분 발이 묶였는데, 처음에는 버마 랑군의 부두와 철도에 쌓여 있었고, 일본이 버마를 침공한 이후로는 인도 북동부 해안의 항구들에서 한정된 수송망을 통해 배송되기를 기다리고 있었다. 진주만 이전에는 태평양을 횡단해 중국에 물자를 원조할 수 있었지만, 그 후로는 대서양과 인도양의 항로를 통해 수송해야 했다. 중국에 도착한 후에도 세계에서 험하기로 손꼽히는 지형에서 부족한 도로와 부실한 철도에 의존해 물자를 중국군이 있는 곳까지 실어가야 하는 심각한 지리적 곤경이 남아 있었다. 1941년 버마 북부의 라시오부터 중국 남부 윈난성의 쿤밍까지 철도를 부설하기 위해 중국인과 버마인 노동자 10만여 명을 동원했지만, 참혹한 노동조건으로 인해 수천 명이 말라리아나 장티푸스로 쓰러졌는가 하면 전체의 절반가량이 시련을 극복하고자 아편을 흡입한 것으로 추정된다.[108] 버마 경로를 상실한 이후 남은 전망이라곤 인도의 기지들에서 히말라야 산맥을 넘어 쿤밍까지 항공기로 물자를 수송하는 것뿐이었다. 항간에서 '험프The Hump'(낙타 등의 혹이라는 뜻이며 중국어로는 타봉항선駝峰航線이라 불렸다)라고 부른 이 경로는 위험천만했다. 해발 6000미터가 넘는 산맥 상공의 결빙 온도, 아찔한 뇌우, 세찬 바람 때문에 항공기는 연료 소모량이 늘어났고 비상착륙을 시도할 수밖에 없었다. 게다가 중국에는 쇄석으로 만든 조잡한 활주로마저 단 두 곳밖에 없었다. 항공 수송 과정에서 적어도 항공기 700대가 손실되고 승무원 1200명이 목숨을 잃었다. 1943년까지는 시설, 항공기, 승무원이 부족해 물자 흐름이 줄곧 미미한 수준에 머물렀다. 1943년부터 공수가 확대되었지만, 중장비나 차량, 기계류를 항공기로 수송하기란 불가능했다. 1944년 들어서도 해상으로 실어온 물자 중 절반은 여전히 중국으로 운반되기를 기다리고 있었다.[109] 어렵사리 중국에 도착한 물자의 대부분은 현지 미군에, 주로 셔놀트의 제14공군에 할당되었다. 중국 관료들은 원조물자의 98퍼센트를 미군이 사용했다고 추산했지만, 이토록 높은 수치에도 불구하고 장제스의 미국인 참모장 스틸웰은 무기대여 원조의 흐름을 미군의 목적에 맞게 통제할 수 있도록 조처했다.[110]

모든 측면에서 병참에 엄청난 노력이 필요했음에도 연합국은 애써 이를 달성하려 했다. 경제 원조를 연합국 전략에서 결정적인 요소로 여겼을 뿐 아니라, 연합국 각국 지도부가 원조 협정을 교섭하고 그 결과를 감독하는 일에 직접 관여했기 때문이다. 그러나 병참 노력의 명백한 성공에도 불구하고 연합국 진영은 공급의 속도와 증여의 성격을 놓고 줄곧 마찰을 빚었다. 영국은 미국제 전차를 수령하면서도 M3와 그 후속 모델인 M4 셔먼을 전장 여건에 맞추어 개조해야 한다고 불평했다. 1944년 전차 공급의 부족분은 무려 3400대 이상이었고, 그해 말 미군 기갑부대들의 예상치 못한 손실률 때문에 모든 무기대여 전차의 수송이 별안간 취소되었다.[111] 더 중요한 문제는 항공기 공급을 둘러싼 논쟁이었다. 1940년 여름 독일 폭격이 연합국의 전략적 우선순위가 된 까닭에 영국 공군은 미국 항공산업이 1943년까지 중폭격기를 매달 500대씩 공급해주기를 바랐지만, 미군 항공대의 우선적 요구 때문에 그만큼 인도할 수가 없었다. B-17 폭격기와 B-24 폭격기가 처음 도착했을 때 영국 공군은 그 전투 잠재력에 실망하여 부차적인 역할로만 사용하는 방안을 논의했다. 팽창 중인 미군 폭격기 부문에서는 이들 항공기를 애용하고 있었으므로 영국의 비판에 격렬히 반발했으며, 항공대 총사령관 헨리 아널드는 1942년 한 해 동안 400~500대 이상의 폭격기를 공급한다는 약속을 거부하고 결국 공급하지 않았다. 1940년과 1941년에 영국이 제공받은 구식 전투기와 경폭격기는 영국 공군부 장관 아치볼드 싱클레어Archibald Sinclair에 따르면 "거의 무가치"했다.[112] 결국 미국이 영국과 그 제국에 2만 6000대 가까운 항공기를 공급하긴 했지만, 그중 B-17은 162대뿐이었고 경폭격기가 3697대, 훈련기와 수송기가 8826대였다.[113]

대소련 원조는 소련 측의 장황한 불평을 자아냈다. 1941년 6월 영국 정부의 초반 약속은 더디게 이행되었고, 수개월 만에 도착한 장비의 태반은 소련 측이 보기에 기준 미달이었다. 허리케인 전투기는 장갑이 부족하고 무장이 약하다는 비판을 받았다. 영국 전차들, 그중에서도 마틸다는 무장이 불충분하고 결빙 온도에서는 사실상 기동하지 못해 소련의 여건에 부적합하다는 판정을 받았다. 영국 전차들의 실사용률은 평균 50퍼센트에 불과했다. 미국 셔먼 전차가 등장하기 시작했을 때 소련 엔지니어들은 장갑 방호력이 형편없고 전고가 높아 표적이 되기 십상이라고 판단했다. 소련 기갑부대는 적의 대전차 사격에 취약하다는 이유로 셔먼 전차에 (매정하게도) '칠형제의 무덤'이라는 별명을 붙였다.[114] 서방 양국 모두 불가피한 경우가 아니라면 일급이 아닌 장비를 보내는 편을 선호했던 것은 분명하다. 마틸다 전차는 1942~1943년에 영국과 캐나다에서 계속 제작되어 소련군에 공급되었는데, 당시 영국 기갑부대에서는 이 모델을 단계적으로 퇴역시키고 있었다. 소련이 B-17과 B-24 중폭격기를 요청했을 때 미국은 거부했다.[115]

소련에서 무기대여 장비의 효과적인 운용은 제대로 이루어지지 않았다. 소련 측이 서방 인력의 훈련과 수리 지원을, 또는 장비 활용법에 관한 정보 제공을 고집스레 거부했기 때문이다. 1943년경 소련에는 물자가 대량으로 비축되어 있었지만, 소련의 협조 없이는 그 이유를 확인할 수도, 추가 운송을 제한할 수도 없었다. 서방은 당시 소련의 비밀주의 탓에 전투 실패에 대한 잦은 비판에 대응하기가 어려웠으며, 소련 관료들은 약속을 해놓고도 1942년 미국에 보낸 T-34 단 한 대를 제외하면 소련제 전차와 항공기의 개발에 관한 정보를 거의 알려주지 않았다. 모스크바의 미국 군사 파견단 단장 존 딘John Deane은 마셜 장군에게 "우리는 여전히 그들의 요구를 능력껏 최대한으로 들어주고 있고, 그들은 우리의 비위가 상하지 않는 선에서 우리의 요구를 최소한으로 들어주고 있습니다"라고 불평했다.[116]

소련이 요청하는 무기대여 물자에 대한 의심은 점점 커져 1944년과 1945년에 절정에 이르렀는데, 그중에는 소련이 전후 재건을 위해 물자를 사용하려는 의도가 아니냐는 의심도 있었고, 그 결과 대소련 원조를 제한하라는 정치적 압박이 워싱턴에 가해졌다. 1945년 8월 일본이 항복한 뒤 트루먼 대통령은 주요 수령국들과 상의하지 않은 채 모든 무기대여 수송을 당장 끝내겠다고 발표했다.[117]

무기대여의 지리적 범위의 특성과 물자를 긴급히 공급해달라는 상충되는 요구를 감안하면, 관련국들의 관계에 긴장이 생기는 것은 불가피했다. 그러나 결국 막대한 자원, 주로 미국의 생산 잉여물에서 나온 자원을 연합국끼리 공유하게 되었다. 이 자원 공유 기록이, 무기대여국장 에드워드 스테티니어스의 말대로, "승리의 무기"였을까? 그 답은 생각보다 복잡하다. 전후 수년간 소련의 공식 노선은 자국의 전쟁 노력에서 무기대여의 역할을 경시하거나 아예 무시하는 것이었다. 이는 의도적인 역사 왜곡 행위였다. 종전 직후 소련의 비공식 지침(스탈린 치하에서 분별 있는 저자라면 무시할 수가 없었다)은 무기대여가 "러시아의 승리에 그다지 뚜렷한 기여를 하지는 않았다"라는 것이었다.[118] 1980년대까지 소련의 공식 노선은 무기대여 물자가 뒤늦게 인도되었고 대개 품질이 나빴으며 소련의 자체 노력으로 생산한 무기의 4퍼센트에 불과했다고 주장하는 것이었다. 그렇지만 전시 동안 소련 지도부는 사석에서는 모든 형태의 원조가 얼마나 요긴한지 인정했다. 흐루쇼프는 일찍이 회고록을 위해 녹음한 인터뷰에서 스탈린이 원조를 중시했다고 밝혔지만, 다음 발언은 1990년대에야 공개되었다. "나는 스탈린이 소수의 측근들에게 [무기대여를] 인정하는 말을 몇 차례 들었다. 스탈린은 … 만약 우리가 독일을 일대일로 상대해야 했다면 감당할 수 없었을 것이라고 말했다." 베를린의 승리자 주코프 원수는

1969년에 낸 회고록에서 당의 노선을 그대로 따랐지만, 그보다 6년 전에 도청된 대화에서는 외국의 원조가 없었다면 소련은 "전쟁을 지속할 수 없었다"고 말했다.[119]

소련의 생산량 대비 연합국 물자의 비율이 4퍼센트였다는 수치는 비록 틀리진 않았지만 무기대여의 실제 성과를 완전히 감춘다. 전시 초반 무기대여로 공급된 전차와 항공기는 소련의 군장비에서 더 높은 비중을 차지했는데, 교전 초기 수개월간 손실이 매우 컸기 때문이다. 전쟁이 진행될수록 소련이 생산량을 회복했고, 그에 따라 무기대여 군장비의 중요도는 점차 낮아졌다. 스탈린그라드 전투 때까지 무기대여 전차는 소련 생산량의 19퍼센트에 달했다. 하지만 6개월 후, 2차대전의 최대 전차전 중 하나인 쿠르스크 전투를 치를 무렵에는 소련제 전차가 3495대였고 무기대여 전차는 11퍼센트가량인 396대에 불과했다.[120] 그렇지만 전차, 항공기, 무기는 연합국 원조에서 결정적 요소가 아니었다. 한층 더 중요했던 것은 소련 통신체계의 변혁, 과부하가 걸린 철도망에 대한 지원, 대량의 원료·연료·화약류 공급이었다. 이런 원조가 없었다면 소련의 전반적인 전쟁 노력과 군사작전만으로는 독일 육군의 주력을 물리치기에 역부족이었을 것이다. 전시 초반 항공전과 전차전에서 소련군의 중대한 약점 중 하나는 전자장비 부족이었다. 이것은 통신이 원활하지 않거나 거의 이루어지지 않는 가운데 광대한 전장을 관리하려 애쓰던 지휘관들에게도 큰 문제였다. 서방 연합국은 무기대여를 통해 군용 무전기 3만 5000대와 야전전화기 38만 9000대, 그리고 150만 킬로미터 이상의 전화선을 공급했다.[121] 1943년 초 소련 공군은 마침내 항공 전투부대들을 중앙에서 통제할 수 있었으며, 전차에 무전기를 장착하는 간단한 방법은 전력승수인 것으로 밝혀졌다. 무전기는 붉은군대가 무척 효과적으로 활용한 기만과 역정보 활동에도 기여했으며, 그로 인해 독일 육군은 몇 번이고 적군의 규모나 위치, 의도를 짐작할 수가 없었다.

붉은군대의 보급 상황을 대폭 개선하는 데 무엇보다 이바지한 것은 무기대여를 통해 공급된 트럭과 지프였다. 소련 국내 수송차량 생산량이 20만 5000대였던 데 비해 이들 차량은 결국 40만 대 이상 공급되었다. 1945년 1월까지 붉은군대 차량의 3분의 1은 무기대여로 공급되었다.[122] 또한 미국의 원조는 소련이 전쟁 노력에 투입하는 차량의 종류를 정찰차, 인원수송 장갑차, 반+궤도차량, 포드 수륙양용차량, 그리고 4만 8956대의 지프 등으로 늘려주었다. 게다가 이들 차량에 무전기가 장착된 덕에 붉은군대 지휘관들은 휘하 부대를 한층 효율적으로 통솔할 수 있었다.[123] 철도를 통한 병력 및 장비의 이동을 뒷받침한 것도 미국이 제공한 기관차 1900대 (소련의 생산량은 겨우 92대였다)와, 전시 동안 사용된 철로의 56퍼센트였다. 1942년 말 소련 철도체계는 스탈린그라드의 전방 병력에 일일 열차 15대 분량을 보급할 수 있었다—독일은 평균 12대 분량을 보급했다.[124] 끝으로 연합국은 전체 항공연료의 58퍼센트, 전체 화약류의 53퍼센트, 알루미늄과 구리, 합성고무 타이어 필요량의 절반 정도를 공급했다.[125] 이런 규모의 연합국 원조는 결정적이었다. 소련 산업계는 무기를 대량생산하는 데 집중하는 한편 전쟁경제에 필요한 다른 많은 물자를 공급하는 과제는 연합국 원조의 몫으로 남겨둘 수 있었다.

무기대여가 영국의 전쟁 노력에 끼친 영향에 대해서는 논쟁할 여지가 훨씬 적다. 그렇지만 영국 대중의 2차대전 관련 기억에서 무기대여의 역사적 중요성은 좀처럼 부각되지 않는다. 무기대여를 대하는 소련의 태도처럼 영국도 다른 동맹국에 지나치게 의존했던 기억이 국가의 기록을 퇴색시킨다고 보기 때문이다. 그럼에도 당시 영국의 의존도는 절대적이었다.

1941년부터 미국의 넉넉한 원조가 없었다면 영국의 전쟁 노력은 도중에 무너졌을 것이다. 영국은 달러로 구입하는 자원의 대금, 무엇보다 석유의 대금을 치를 방도가 없었다. 영국 전쟁경제는 미국산 공산품, 식량, 원료를 이용할 수 없었다면 전 세계적인 전쟁 노력을 지속하거나 독일을 물리치는 데 필요한 수준에 한참 못 미쳐서 한계에 부딪혔을 것이다. 세계 도처에서 영국의 군사작전은 미국 무기와 미국 함선의 이동에 의존하게 되었다. 무기대여 물자는 1941년에는 영국 군장비의 11퍼센트를 차지했지만, 1943년에는 거의 27퍼센트였고, 영국의 군사작전이 절정에 이른 1944년에는 29퍼센트에 육박했다. 1942년 10월 말 제2차 엘 알라메인 전투를 치를 무렵까지 미국은 북아프리카에 중형 전차와 경전차 1700대, 항공기 1000대, 트럭과 지프 2만 5000대를 공급했다.[126] 미국은 영국과 영국군의 전구들에 다 합해서 전차 2만 7751대, 인원수송 장갑차 2만 7512대, 항공기 2만 5870대를 보냈다. 소련의 경우와 마찬가지로, 영국 산업계는 미국의 지원 덕택에 다른 무기들을 생산하는 데 집중하거나 더러 생산 품목을 완전히 바꿀 수 있었다. 1944년 미국 전차가 공급되자 영국은 전차 생산량을 줄이는 대신에 철도망의 흐름을 개선하기 위해 기관차 생산량을 늘렸다.[127] 연합국 간 협정은 같은 노력을 중복하지 않고 자원을 합리적으로 할당할 수 있도록 해주었다. 영국과 소련의 생산 기록에는 미국 원조의 패턴이 반영되었다. 두 나라에 자국의 자원에만 의존하지 않아도 된다는 인식은 추축국에는 없었던 심리적 완충제였다. 미국은 국내 경제에 비교적 적은 부담을 주면서도 국내 생산량의 거의 7퍼센트를 무기대여에 할당했으며, 루스벨트가 애초부터 의도했던 대로 연합국 주요 국가들이 미국의 이해관계를 보다 효과적으로 방어할 수 있게 되어 결국 큰이득을 얻었다.

자원 차단하기: 봉쇄와 폭격

상호원조가 전쟁물자를 늘리는 경제 전략이었다면, 경제전은 적이 입수할 수 있는 완제품 무기와 물적 자원을 줄이는 수단이었다. 문자 그대로 경제적인 본래 의미의 경제전—자산 동결, 선제 구매, 적국 교역에 대한 방해와 통제—은 2차대전을 거치며 잠수함과 폭격기로 실전을 벌이는 경제전쟁으로 바뀌었으며, 연합국과 추축국 모두 장기간 경제적 소모전을 치르면서 인력과 장비에 큰 손실을 입었다. 2차대전 기간에도 종래의 경제전을 수행하긴 했지만, 적이 수송하는 자원이나 국내 경제에서 생산한 자원을 겨냥해 군사적 수단으로 경제전쟁을 벌이는 노력에 비하면 그 중요성이 떨어졌다. 무제한 잠수함전과 도심지 폭격은 추축국과 연합국 모두 구사한 경제전쟁 전략이었다.

이렇듯 적의 자원이 전장에 도착하기 전에 물리적으로 파괴한다는 더 넓은 의미의 경제전쟁에서 잠재적 성공은 무엇보다 교전국들이 드러내는 경제적 취약성의 정도에 달려 있었다. 이 측면에서 양편은 전쟁의 범위가 넓어짐에 따라 현저한 차이를 보였다. 미국은 경제전의 영향을 거의 받지 않았다. 지리적 여건상 미국 산업은 폭격의 위협으로부터 안전했고, 서반구의 막대한 자원 덕에 소수 품목을 제외한 물자의 전시생산을 차질 없이 이어갈 수 있었다. 그런 소수 품목 중에서 특히 천연고무 생산에 차질을 빚긴 했지만, 합성고무를 대량생산하는 방식으로 급선회하여 부족분을 메울 수 있었다. 1942년 첫 두 달간 독일 잠수함들이 미국 동해안을 따라 배치되어 호위 없는 선박을 격침한 짧은 기간은 금방 지나갔고 전쟁 노력에 별 영향을 주지 못했다. 대서양 해로를 오가는 미국 선박은 공격에 노출되었지만, 압도적인 양의 물자와 군장비가 호위를 받으며 대양 건너편 목적지에 도착했다. 소련은 1941년 서부를 잃은 뒤 공업지대에 대한 독일의 장거리 폭격에 시달릴 수도 있었지만, 독일 공군은 폭격을 수행할 만한 수단이 없었고 소련의 생산은 중단되지 않았다. 소련 국내의 풍부한 천연자원에 더해 (북극해 호송선단을 방해하려는 독일의 시도에도 불구하고) 점점 늘어나는 무기대여 원조 덕분에 소련을 겨냥한 경제전 전략은 큰 성과를 거둘 가망이 별로 없었다. 연합국 가운데 가장 취약한 쪽은 영국이었으며, 독일은 1940년부터 1943년까지 해상과 공중 연합작전으로 영국의 생산과 무역을 겨냥했다. 이는 추축국이 경제전 전략을 구사해 주요 적국의 전쟁 노력과 의지를 약화시키려던 가장 진지한 시도였다. 그렇지만 영국은 상대적으로 취약할 뿐이었다. 해외의 식량과 원료, 석유—나중에는 무기대여 군수품—공급에 크게 의존한다는 것은 곧 해로를 유지하기 위한 전투에 자원을 대량으로 투입한다는 뜻이었다. 영국은 비록 상선이 무한하진 않아도 세계에서 단연 최대 규모인 상선대를 보유하고 있었기에, 영국의 무역을 한계점까지 몰아가려면 아주 많은 톤수의 선박을 격침해야 했다. 미국의 지원에 힘입어 진 세계적 상선망을 구축한 연합국은 어디에 있는 물자든 필요하다면 세계 각지로 운반하는 한편 적이 비슷한 이점을 누리는 것을 막을 수 있었다. 추축국이 이 체계와 싸우려 했다면 그에 상응하는 전 세계적 해상 봉쇄의 수단이 필요했을 테지만, 설령 그것이 전략적 우선순위였다 할지라도 추축국에는 그런 수단이 없었다.

추축 삼국에는 공통적으로 취약점이 있었다. 삼국 모두 영국의 전력과 뒤이어 미국의 해군력 및 공군력 때문에 해상 봉쇄를 당할 수 있었다. 특히 이탈리아와 일본은 든든한 천연자원 기반이 없어서 해외 물자 공급에 의존해야 하는 허약한 전쟁경제로 버티고 있었다. 지중해는 비교적 쉽게 봉쇄할 수 있는 닫힌 바다였다(그리고 실제로 영국의 봉쇄는 1943년까지 양방향으로 효과가 있었다). 일본은 동남아시아의 함락 지역들까지 이어지는 장거리 항로뿐 아니라 대만, 만주, 한반도의 식량과 자재에도 의존했다. 그렇지만 1939년 영국과 프랑스의 대독일 전략에서 핵심 요인이었던 재래식 봉쇄, 자산 동결, 금융 위기에 독일이 민감하게 반응하리라던 전망은 과대평가로 밝혀졌다. 1914~1918년 전시 봉쇄의 효과에 집착하던 히틀러는 1930년대에 국내의 자급자족 달성에 박차를 가했다. 1939년경 독일은 기본 식품의 80퍼센트를 생산했고, 석유와 직물, 고무를 비롯한 여러 전쟁 관련 제품을 합성하는 프로그램을 운영했다. 1939년에 독일은 벌써 군사경제용 필수 물자를 구입하기 위한 금과 외화가 명백히 부족했지만, 유럽 내 자산을 강탈하고 중립국들에 압력을 가하는 포괄적인 전략으로 이 난관을 극복했다.[128]

독일이 서방과의 전쟁을 개시한 후 연합국은 해상 봉쇄로 독일의 대양 횡단 수송을 차단했지만, 1938년부터 영토 확장에 나선 독일의 목표 중 하나는 봉쇄 위협에서 벗어나는 것이었다. 독일은 노르웨이를 장악해 스웨덴으로부터 철광석을 안전하게 들여올 수 있었고, 발칸 반도를 점령해 더 많은 원료를 확보하고 터키와 교역할 길을 열었다. 또 1939년 8월 독일-소비에트 조약을 맺어 1941년 6월까지 소련으로부터 상당한 양의 원자재를 공급받았다. 소련의 석유 제품 공급량은 1939년 5100톤에서 1940년 61만 7000톤으로, 곡물은 1939년 200톤에서 1940년 82만 톤으로 늘었고, 1939년에 물량 0이었던 구리와 주석, 백금, 크롬도 공급받았다.[129] 소련의 자원이 아니더라도, 독일이 1938년에서 1941년 사이에 형성한 '광역경제' 때문에 재래식 해상 봉쇄로 독일의 전쟁 노력을 약화시킬 전망은 사실상 없었다. 추축 삼국 모두 부족한 자원은 석유였다. 이는 결정적인 문제였는데, 석유가 독일의 기계화전과 일본 제국해군의 연료였기 때문이다. 석유를 찾아 일본은 동남아시아를 침공했고 히틀러는 1942년 소련 캅카스 지역을 장악하려 시도했다.[130] 연합국은 세계 천연석유 산출량의 90퍼센트 이상을 통제하거나 소유하고 있었다. 반면에 추축국은 기껏해야 석유 산출량의 3퍼센트와 정유 능력의 4퍼센트를 통제했다. 독일은 합성연료를 대량으로 생산하여 1943년 한 해 동안 자국이 소비한 석유의 4분의 3에 해당하는 700만 톤을 마련했다.[131] 추축국의 석유 취약성은 그들의 자원을 차단하고 궁극적 승리를 거두기 위한 서방 연합국의 전략에서 핵심 요인이 되었다.

제국 프로젝트에 사로잡혀 있던 추축 삼국으로서는 경제전을 벌이는 것이 장기적 전략계획의 일부가 아니었다. 삼국 중에서 독일만이 영국을 공중과 해상에서 봉쇄함으로써 전략적 간극을 줄이려 시도했지만, 1939년에 그 전망은 암울했다. 독일 해군은 외양잠수함 보유량이 25척에 불과했고, 한 시점에 최대 6~8척만 해상에 둘 수 있었다. 독일 공군은 지상작전을 지원하기 위해 제공권 확보에 주력하고 있었고 향후 적의 수송이나 산업을 겨냥하는 자체 작전을 수행할 계획이 없었다. 1939년 발표된 독일 해군의 'Z계획', 즉 대규모 외양함대를 건설한다는 계획은 그 성과를 맺으려면 몇 년이 걸릴 터였다. 그럼에도 1939년 11월 히틀러는 독일군에 영국에 대한 경제전쟁을 시작하라고 지시했다. "잉글랜드를 쓰러뜨리는 것은 최종 승리의 전제조건이다. 가장 효과적인 방법은 결정적인 지점들을 타격함으로써 잉글랜드 경제를 악화시키는 것이다."[132] 독일 공군과 해군은 서로 협력해 영국 교역로에 기뢰를 부설하고, 항만시설과 창고, 저유소, 식량 재고를 파괴하고, 함선을 격침하고, 군수산업과 무엇보다 모든 항공기 생산시설을 폭격하라는 지시를 받았다. 1차대전 시기 연합국이 독일의 식량 확보를 봉쇄했던 데 유의한 히틀러는 영국으로의 식량 공급을 봉쇄하는 데 역점을 두었다. 영국 침공을 계획했다가 무산된 짧은 막간 이후에 히틀러는 "전쟁을 위한 결정적인 봉쇄"라는 테마로 다시 돌아가 항공기와 잠수함의 협동작전으로 가까운 미래에 "영국의 저항을 붕괴"시키려 했다.[133]

독일군이 아직 준비되지 않은 상황에서 히틀러가 경제전쟁에 몰두한 것은 당시 전략적으로 말이 되지 않았지만, 여기에는 전쟁이 군사적 성공 못지않게 경제력의 함수라는 그의 전쟁관이 반영되어 있었다. 이 전쟁관은 어느 정도는 1914~1918년의 독일 잠수함전에서 비롯되었는데, 그 기간에 독일은 잠수함과 기뢰로 총 1250만 톤의 함선 6651척을 격침함으로써 연합국의 전쟁 노력을 무너뜨릴 뻔했다.[134] 히틀러의 낙관론에 고무된 독일 해군 참모부는 그들의 표현대로 "역사상 최대의 경제전쟁"을 벌이고자 했다. 함선 격침이야말로 영국 타도의 관건이라는 믿음은 그것을 휘하 소규모 잠수함부대의 주목적으로 삼은 카를 되니츠 준장(훗날 대제독)의 견해이기도 했다.[135] 새로운 상선을 공급할 막대한 잠재력을 지닌 미국이 참전한 이후에도 히틀러는 경제전을 자원 차단의 핵심 요인으로 보았다. 1942년 6월 해군 총사령관 에리히 레더 대제독은 이렇게 보고했다. "총통은 결국 잠수함전이 전쟁의 승패를 판가름할 것이라는 사실을 알고 있다."[136]

해상과 공중 봉쇄를 위해 사용할 수 있는 자원의 상대적 약세에도 불구하고 독일은 전시 초반에 큰 성과를 거두었다. 영불 해협과 북해에서는 항공기가 선박을 공격했고, 대서양에서는 잠수함, 상선기습함, 장거리 여객기를 개조한 포케-불프 200 '콘도르'의 조합이 1939년 9월에서 1940년 12월 사이에 선박 1207척을 격침했다. 독일 해군 정보기관B-Dienst은 영국 호송선단의 교신을 해독하는 능력으로 봉쇄를 지원했다. 마침내 영국 전투기가 투입되어 덩치 크고 굼뜬 포식자 콘도르를 뒤쫓고 파괴하기 전까지, 1941년경 콘도르 홀로 한 달에 선박을 15만 톤씩 격침하고 있었다. 독일 항공기로 인한 연합국의 선박 손실은 1940년 58만 톤, 1941년 100만 톤 이상으로 총 500척이었다. 같은 기간 잠수함으로 인한 손실은 869척이었으며, 독일 어뢰의 심각한 기술적 결함, 결국 1942년 가을까지도 고쳐지지 않은 결함이 아니었다면 손실이 훨씬 컸을 것이다. 해상 원인으로 인한 손실(충돌, 난파, 화재 등)은 653척이었다. 영국의 수입 물량은 1940년 4180만 톤에서 1941년 3050만 톤으로 급감했다.[137]

영국은 해상 전쟁뿐 아니라 공중 봉쇄에도 시달렸다. 독일 공군은 1940년 여름부터 잉글랜드 남서부의 항구와 항만시설을 공습한 데 이어, 9월 중순 히틀러가 '바다사자' 작전을 연기한 이후 영국 제도의 주요 항구도시들로 공습을 확대했다. 당시 독일의 폭격을 경험한 영국 사람들은 사기를 꺾으려는 테러 폭격이라고 생각했지만, 독일 공군이 받은 지시는 창고, 원통형 저장고, 저유소, 선박, 선박 수리시설뿐 아니라 영국 해상 무역의 항구 진입지점들(주요 표적은 런던, 리버풀, 맨체스터)까지 파괴함으로써 해상작전을 지원하라는 것이었다. 이에 더해 독일 공군은 영국에서 항공엔진 생산의 중심지인 잉글랜드 중부를 비롯한 군사-경제 표적들도 공습했다. '영국 공습'은 경제전의 한 형태였고, 독일은 1940년 9월부터 1941년 5월까지 아홉 달 내내 이런 시각을 염두에 두고서 공습을 수행했다. 독일은 봉쇄에 성공한다면 영국의 전쟁 수행 능력이 저하되고 국민 전반의 분쟁 지속 의지가 약해질 것으로 기대했다. 171차례의 주요 공습 중 141차례는 항구도시들을 겨냥했으며, 그중에는 1939년 영국에서 해외 무역 물동량을 가장 많이 처리한 런던이 포함되었다. 영국에 투하된 3116톤의 소이탄 중 항구를 겨냥한 비율은 86퍼센트였고, 2만 4535톤의 고폭탄 중 그 비율은 85퍼센트였다.[138] 1941년 1월부터 독일 공군은 화재에 취약한 물자가 비축되어 있는 항만 지역들에 소이탄을 더 많이 투하하라는 지시를 받았다. 또한 대서양 교역의 장소를 브리스틀, 클라이드뱅크, 스완지, 카디프, 리버풀 등 서부 항구들로 바꾼다는 영국의 결정에 대응해 이들 항구를 우선 공격하라는 새로운 지령이 독일 공군에 하달되었다.[139] 공습작전이 중단되고 독일 공군 부대들이 동부의 전장으로 이동할 때까지 영국의 주요 항구도시들은 모두 맹렬한 폭격을 당했고 그중 헐, 플리머스, 런던, 사우샘프턴은 연신 폭격에 시달렸다.

영국 폭격으로 입힌 손실에 관한 상세한 정보를 독일군 최고사령부에서 입수하기란 거의 불가능하긴 했지만, 폭격작전은 해상 전쟁에 비해 효과가 훨씬 떨어지는 것으로 밝혀졌다. 히틀러는 곧 폭격의 결과에 대한 환상에서 벗어났다. 1940년 12월 히틀러는 영국 군수산업에 대한 폭격의 영향이 미미하다고 생각했다. 두 달 후 히틀러는 영국인의 사기가 폭격으로 "흔들리지 않았다"는 레더의 견해에 동의했고, 2월 6일 경제전의 더 결정적인 방식으로서 선박 톤수를 겨냥하는 잠수함 및 항공기의 작전을 우선시하라는 지령을 내렸다.[140] 그래도 영국 폭격은 이어갔는데, 어느 정도는 근 1년간 영국 공군의 공습에 시달려온 독일 국민에게 폭격을 그만두는 이유를 설명하기가 어려웠기 때문이고, 어느 정도는 소련 침공을 비밀리에 준비하는 동안 히틀러의 일차적 관심사가 영국이라는 것을 스탈린에게 납득시키기 위해서였다. 이 경우에는 히틀러의 직감이 들어맞았다. 1941년 후반 독일 항공부에서 추산해보니 급증하고 있는 영국 전시생산량 가운데 폭격작전으로 인한 손실은 불과 5퍼센트였다. 공습을 당한 도시들에서 통상적인 생산율을 회복하기까지 걸린 기간은 3~8일이었다—다만 1940년 11월 대규모 공습을 당한 코번트리는 예외로, 공습 이전의 활동으로 돌아가기까지 6주가 걸렸다. 영국의 석유와 식품 비축을 방해하려던 시도 역시 별 성과를 거두지 못했다. 영국은 비축 석유의 0.5퍼센트, 제분시설의 5퍼센트, 기름종자 산출량의 1.6퍼센트, 냉장시설의 1.5퍼센트를 잃는 데 그쳤다. 급수는 어디서도 24시간 이상 중단되지 않았고, 철도 교통은 전시 동안 거의 정상적인 서비스를 제공했으며 어느 노선도 하루 이상 멈추지 않았다.[141] 독일 공군은 상당한 대가를 치러야 했다. 1941년 1월에서 6월 사이에 폭격기 572대를 대부분 사고로 상실하고 496대에 손상을 입었다. 1941년 5월경 폭격기 부문의 가용 폭격기는 769대로, 1년 전 프랑스를 침공할 때의 가용 대수보다 훨씬 적었다.[142] 영국이 치른 가장 큰 대가는 1940~1941년에 결판이 나지 않은 공중 봉쇄 때문에 성인 남녀와 어린이 4만 4652명을 잃은 것이다.

히틀러는 영국 내 표적을 노리는 폭격이 봉쇄에 기여할 것이라는 발상을 단념하고 다시는 그런 용도로 공군을 운용하지 않았다. 그 대신 봉쇄의 중점을 잠수함전과 해상 공중전에 두었다. 독일 수상함대는 별 기여를 하지 못했으며 —전시 내내 47척을 처리하는 데 그쳤다— 1941년 5월 신식 전함 비스마르크 호가 격침된 이후 주요 군함들은 원양 작전에서 물러나 스칸디나비아에서 독일로 실어오는 물자를 보호하고 소련으로 향하는 북극해 호송선단을 위협하는 역할을 했다. 1941년 여름 해상-공중 전쟁의 조건이 바뀌었다. 공군 총사령관 괴링은 항공 자원을 전용해 해상작전을 지원하는 것을 달가워하지 않았고 공군이 '바르바로사' 작전에 대거 투입된 이후로는 더더욱 그랬다. 프랑스 서부의 기지에서 해군을 지원하도록 지정된 항공부대인 제40폭격비행전대는 존속하는 내내 자원을 적절히 공급받지 못했다. 1941년 7월부터 1942년 10월까지 독일 항공기가 격침한 선박 수는 한 달 평균 4척에 불과했다.[143] 봉쇄의 주된 수단은 잠수함이었다. 잠수함 수는 1941년 1사분기 총 102척에서 연말 233척으로 대폭 증가했다. 그러나 손상된 잠수함의 수리가 더디고, 훈련용 함정이 많이 필요하고, 북극해·대서양·지중해 전구로 작전이 분산된 탓에 대서양의 영국 항로를 강습하는 작전에 투입할 수 있는 잠수함은 최대 17척을 넘지 않았다. 대서양 전투를 지원하기 위해 파견된 약간의 이탈리아 잠수함은 외양에 대처하지 못해 더 안전하고 온난한 해역들에 재배치되었다. 1942년 들어서야 독일의 잠수함 수는 되니츠가 봉쇄에 성공하려면 꼭 필요하다고 생각한 수준에 근접하기 시작했다. 1942년 7월에 352척, 연말에 382척, 1943년 내내 400척 이상이었다. 잠수함대의 해상 운용 규모는 1943년 1월부터 3월까지 110척으로 최고치를 기록했다.[144]

이 단계에서 연합국의 대항책이 잠수함전에 중대한 영향을 끼치기 시작했다. 영국 해군부는 리버풀에 서부접근해역 사령부Western Approaches Command를 설치하고서 잠수함의 공격에 대비해 영국으로 진입하는 모든 상업용 해상교통을 통제했다. 사령부 내 잠수함 추적실은 다양한 정보원으로부터 잠수함 이동에 관한 정보를 모아 제공했는데, 여기에는 1941년 5월부터 1942년 2월까지 독일 해군의 에니그마 교신을 방수한 울트라 정보가 포함되었다―1942년 2월 독일군이 암호를 바꾸는 바람에 이후 6개월간은 해독할 수 없었다. 정보 제공의 목적은 호송선단으로 하여금 대기 중인 잠수함을 회피하도록 하는 것이었다. 1941년 봄에 발행된 〈서부접근해역 호송선단 지침〉에서 호위함 지휘관의 주목적은 잠수함을 추적하는 것이 아니라 회피하는 것이었다. 개전 초부터 거의 모든 선박은 호송선단에 속한 채 항해했다―15노트 이상으로 속도를 낼 수 있어 항로를 독립적으로 정할 수 있는 선박은 예외였다. 1941년, 비록 완전하진 않아도, 항공기의 공중 엄호 덕에 적 잠수함이 부득이 장기간 잠항하게 되면서 호송선단의 호위함은 대폭 강화되었다. 호위함과 항공기에는 잠수함 탐지를 돕는 1.7미터 레이더와, 1차대전 마지막 해에 발명된 음향탐지기인 ASDIC의 최신형이 장착되었다. 두 장치 모두 대서양의 잦은 폭풍과 격랑이라는 조건에서 완벽하게 작동하진 않았지만, 1940년에 훨씬 짧은 파장을 생성할 수 있는 공동 마그네트론이 도입되어 레이더 개발에 돌파구가 열렸다. 1941년 중반부터 271형 센티미터파 레이더가 먼저 선박에, 뒤이어 항공기에 장착되어 안개나 낮은 구름, 야간 등의 악조건에도 잠수함의 존재를 한층 정확하게 간파할 수 있도록 해주었다. 잠수함 대응책을 개선했다고 해서 독일의 잠수함 손실이 유의미하게 늘었던 건 아니지만(1941년에 19척, 1942년에 35척을 잃었을 뿐이다), 이제 독일 잠수함은 이전에 활개치던 사냥터에서 대서양 중부의 '무방비 해역gap'으로, 또는 호송선단이 지브롤터와 시에라리온에서 출발해 영국으로 향하는 더 남쪽의 항로들로 물러날 수밖에 없었다. 1940년에 독일 항공기와 잠수함이 영국 연안 호송선단을 공격해 거둔 성공은 되풀이되지 않았다. 1941년과 1942년에 스코틀랜드와 런던 사이를 왕복한 608개 호송선단의 2만 1570회 운항 중에 잃은 선박은 61척에 지나지 않았다.[145] 1941년에 선박 손실 톤수는 최고치인 3월의 36만 4000톤에서 12월의 5만 682톤으로 급감했다.

독일의 봉쇄가 절정에 이른 시기는 1942년 봄부터 1943년 봄까지로, 이 기간에 격침 톤수가 갑자기 다시 급증했다. 이렇듯 손실 감소 추세가 뒤집힌 것은 어느 정도는 미국의 참전으로 상황이 변했기 때문인데, 이 변동은 독일 잠수함과 항공기의 작전이 장기적으로 연합국의 대응 규모와 창의성으로 인해 얼마나 약화되었는지를 감추는 결과를 가져왔다. 1941년 12월 미국에 전쟁을 선포한 독일은 대서양 서부 연안을 거의 무방비로 오가는 선박을 타격할 수 있는 기회를 별안간 붙잡았다. 12월 9일 히틀러는 이제 미국이 중립국이 아니라는 이유로 아직 남아 있던 잠수함전의 모든 제한을 해제했다. 되니츠는 미국의 참전에 깜짝 놀랐는데, 가용 잠수함이 처음에는 6척뿐이었고 1942년 1월 말에도 10척에 불과했다. 장거리용 IXC형 U보트는 남쪽의 멕시코 만과 트리니다드에서 출발하는 석유와 보크사이트 수송 경로로 이동했다. 더 작은 VII형 U보트는 미국 해안으로 향했다. 이곳에서 U보트는 이례적인 수확을 거두었다. 워싱턴 정부는 독일 잠수함이 그토록 가까운 거리에서 위협을 가하리라고는 미처 생각지 못했다. 도시의 전등은 여전히 해안가를 따라 빛을 내며 연안 교통의 윤곽을 드러내고 있었고, 선박들은 무선통신을 거의 제한하지 않고 조명을 환히 밝힌 채 독자적으로 운항하고 있었다. 미국 해군 총사령관 어니스트 킹 제독은 호송선단이 필요하다는 지적을 받아들이지 않았으며, 대잠수함전 전용 호위함이나 항공기는 거의 없었다. 그 결과 1942년 전반기 6개월 동안 독일은 연합국 선박을 학살하며 매달 격침 신기록을 경신했다—2월에 71척, 6월에 전시 최고 기록인 124척이었다. 거의 모든 선박이 미국 해역에서 격침되었고, 그중 57퍼센트가 미국 산업과 대영국 무기대여 원조를 위해 대서양 북서부로 향하던 유조선이었다.[146] 그리하여 월별 손실 톤수는 되니츠가 연합국 해운을 결정적으로 저해하는 데 필요하다고 생각한 70~80만 톤 수준에 근접하기 시작했다. 이제 잠수함전은 새로이 긴급한 과제가 되었는데, 분쟁의 성격이 영국으로의 자원 공급을 차단하기 위한 경제전쟁에서 미국이 유럽의 군사작전을 위해 대양 건너편으로 병력과 장비를 보내는 것을 막는 작전으로 바뀌었기 때문이다.

1942년을 거치며 다른 요인들도 독일에 유리하게 작용했다. 대서양 북서부는 급히 증강 중인 캐나다 해군이 책임지는 해역이었다. 그러나 호위

함이 부족한 데다 호위부대 장교들이 훈련을 제대로 받지 못하고 ASDIC
이 구식인 상황에서 캐나다 해군은 호송선단을 위해 대서양 중부까지 초
계하는 것만도 버거운 실정이었다. 1942년 여름과 가을에 독일 잠수함들
이 세인트로렌스 만에서의 작전을 위해 대서양 북서부로 이동했을 때, 그
곳의 저항은 미약했다. U보트 5척은 함선 19척을 격침하고 상선의 세인
트로렌스 만 진입을 차단했다.[147] 마침내 킹 제독이 호송선단과 공중/해상
호위를 도입한 이후 미국 해역과 카리브 해에서의 공격은 줄어들었다. 되
니츠는 잠수함 '이리떼'를 여전히 공중 초계 범위 밖에 있는 대서양 중부
의 '무방비 해역'으로 다시 이동시켰다. 새로운 작전을 펴면서 독일은 해
군 에니그마 암호의 설정을 바꾸는 유리한 결정을 내렸으며, 그 바람에
영국은 1942년 2월부터 12월까지 울트라 정보를 얻지 못했고 잠수함 회
피는 아직 가능하긴 해도 더욱 위험한 일이 되었다. 영국은 호위함을 강
화하고 센티미터파 레이더를 장착하긴 했지만, 공중 초계의 결여는 결정
적 요인이 되었다. 영국 해군은 장거리 항공기, 무엇보다 미국 B-24 '리버
레이터' 폭격기를 개조한 항공기를 연안 사령부에 추가로 보내라며 공군
을 압박했지만, 무방비 해역을 없애는 과제의 주요 장애물은 처칠인 것으
로 밝혀졌다. 처칠은 1942년 위기 동안 항공 자원을 독일 폭격에 최우선
으로 할당할 것을 줄곧 역설하고 호송선단의 방어적인 필요성보다 공격
적인 경제전을 선호했다. 폭격기 사령부 총사령관 아서 해리스 중장의 강
력한 지지를 받은 처칠은 잠수함 생산시설을 폭격하는 방책이 바다의 잠
수함을 공격하는 방책보다 성과가 클 것으로 전망했는데, 이는 믿을 만
한 증거가 전혀 없는 견해였다. 1943년 영국의 수입량이 견딜 수 없는 수
준까지 감소할 것이라는 냉엄한 현실에 직면하고 나서야 처칠은 더 많은
항공 자원을 해전에 투입해야 한다는 데 동의하면서도, 그로 인해 폭격기

공세가 약화되지 않기를 바랐다. 1943년 늦봄, 한 달 선박 손실이 60만 톤을 상회하는 지경이 되자 처칠은 드디어 장거리 항공기의 용도 변경을 허용했다. 같은 시기 호송선단에 대한 공격이 얼마나 심각해졌는지 인지한 루스벨트는 서쪽에서도 대서양의 무방비 해역을 없애기 위해 캐나다 공군에 리버레이터 폭격기 15대를 양도할 것을 육군 항공대에 지시했다. 그 결과로 5월에 무려 41대의 초장거리 항공기가 마침내 서쪽부터 동쪽까지 대서양의 너비 전체를 엄호하게 되었다.[148]

1942년과 1943년 초 U보트의 성공은 여러 면에서 착시 현상이었다. 그 성공은 미국 해군이 잠수함의 위협에 부주의하게 대응하고 대서양 중부에서 독일 이리떼를 몰아내는 데 필요한 항공 자원을 일시적으로 불충분하게 공급한 덕분이었다. 비록 상선에 큰 손실을 입긴 했지만, 통계는 대부분의 선박이 무사히 운항했음을 보여준다. 1942년 5월부터 1943년 5월까지 대서양의 호송선단 174개 중 105개는 적의 탐지에 걸리지 않았고, 독일 잠수함에 발각된 나머지 69개 가운데 23개는 공격을 피했고 30개는 작은 손실을 입었으며 10개만이 큰 손실을 입었다. 독일이 잠수함으로 성공을 거둔 기간에 대부분의 피해 선박—1942년 전반기에 미국 해역에서 침몰한 308척 중 277척—은 항로에서 이탈하거나 호송선단에 속하지 않은 채 독자적으로 운항해 더 취약했던 선박이었다. 캐나다 노바스코샤의 기지에서부터 주요 호송선단 항로를 따라 항행한 암호명 HX와 SC 호송선단은 1941년(116척)보다 1942년(69척)에 손실을 더 적게 입었다.[149] 잠수함 척당 격침 기록은 작전이 진행됨에 따라 급격히 감소했다. 1940년 10월에는 일일 920톤이었지만, 대서양 무방비 해역에서의 총 격침 톤수가 최고조에 달한 1942년 11월에는 불과 220톤이었다.[150] 1942년을 거치며 연합국 측은 수많은 기술적·전술적 이점을 활용할 수 있게 되었다. 예컨대 센티미터파 레이더, 무선통신을 이용하는 잠수함의 정확한 위치를 알아내는 새로운 고주파 방향탐지기, 호송선단을 위한 최초의 호위항공모함, 개량된 폭발물, 항공기가 잠수함에 너무 근접해서 레이더를 효과적으로 사용할 수 없을 때 전방의 해상을 비추는 리 라이트Leigh Light 탐조등, 1942년 10월 동지중해에서 나포한 U-559 함상에서 새로운 '트리톤Triton' 암호첩을 발견해 12월 에니그마 교신을 다시 판독할 수 있게 된 일 등이 그런 이점이었다. 1차대전 시기 잠수함 승조원을 지낸 신임 사령관 맥스 호튼Max Horton의 주도하에 서부접근해역 사령부는 호위함 지휘관의 훈련을 변경하는 한편 이리떼가 출현하는 즉시 추적하여 파괴하기 위해 강력한 타격력을 갖춘 지원함대를 도입했다. 1943년 3월 최대 규모의 호송선단 전투에서 두 호송선단 SC121과 HX229가 21척을 잃어 중상을 입긴 했지만, 모든 해역에서 독일 잠수함의 손실도 급작스레 전시 최고조에 이르러 2월에 19척, 3월에 15척을 잃었다.

상술한 모든 요인은 함께 작용하여 봉쇄 위협의 갑작스러운 종식에 이바지했다. 미국이 추가로 공급한 상선 덕분에 영국의 수입 물량은 1942년 2280만 톤에서 이듬해 2640만 톤으로 증가했다. 처칠이 애태우며 걱정한 '수입 위기'는 대체로 보아 함선을 태평양의 작전과 북아프리카의 연합군 상륙작전에 투입하느라 발생한 일시적 위기였다. 독일 해군 정보기관은 연합국이 1942년에 새로운 상선을 500만 톤 이상 건조하지 못할 것이라고 추정했지만, 연합국은 1942년에 700만 톤, 1943년에 1450만 톤을 건조했다. 1942년과 1943년 초의 선박 손실에도 불구하고 연합국이 선박을 계속 건조한 탓에 독일은 소모전으로 결정적 타격을 입히기가 어려웠다. 영국에 비축된 식량과 물자의 양은 1942년 12월 1840만 톤에서 1943년 2월 1730만 톤으로 소폭 감소했으나 6월에 1830만 톤으로 다시 증가했다.[151] 미국의 선박 건조 덕에 1943년 연합국의 상선 건조량은 손실량보다 1100만 톤 더 많았다. 1944년 독일 해군은 연합국이 프랑스 침공을 위해 대서양 건너편으로 실어나르는 장비와 인력의 흐름을 저지할 수단이 거의 없었다.

이제 대양 해전의 전세는 완전히 뒤집혔다. 1943년 5월 11일, 느리게 움직이는 호송선단 SC130이 노바스코샤에서 영국으로 향하는 동안 해군은 일부러 중무장한 호위함대를 붙였다. 호송선단은 이제 상공에서 신형 리버레이터 초계기들이 작전을 펴고 있는 대서양 중부에서 이리떼를 만났다. 잠수함은 6척이 침몰했으나 상선은 단 한 척도 가라앉지 않았다. 5월에 잠수함 손실량은 대서양에서 33척, 모든 전구에서 41척이었다. 이는 운용 가능한 잠수함의 3분의 1이었다. 되니츠는 이런 손실을 견딜 수 없다는 결론을 내리고 5월 24일 잠수함들에 전투를 다시 유리하게 바꿀 만한 새로운 장비를 이용할 수 있을 때까지 기지로 복귀하라고 명령했다. 5월 31일 되니츠가 일시적 패배에 대해 보고하자 히틀러는 물러서지 말라는 특유의 반응을 보였다. "잠수함전을 늦추는 것은 말도 안 된다. 대서양은 서부에서 나의 제1방어선이다."[152] 그럼에도 봉쇄의 구멍은 종전 때까지 메워지지 않았다. 1943년 하반기에 연합국 상선의 손실량보다 독일 잠수함의 손실량이 더 많았으며, 1944년 모든 전구에서 연합국의 선박 손실량은 1942년 손실량의 3퍼센트인 17만 톤에 불과했다. 대잠수함 전력이 확대되고 강화됨에 따라 잠수함 작전은 지속 불가능한 자살행위가 되었다. 침몰한 잠수함이 자그마치 1943년에 237척, 1944년에 241척이었다. 진정한 잠수정으로서 수중에서 들키지 않고 항행하며 어뢰를 발사할 수 있고 작전 범위가 저 멀리 케이프타운까지 미치는 XXI형과 XXIII형 U보트에 장착할 새로운 장비를 한창 개발하고 있기는 했다. 그러나 연합군에 폭격을 당하고 더욱 절박한 다른 부문들로 자원을 전용한 까닭에 개발의 속도가 느렸다. 차세대 잠수함이 처음으로 작전에 투입되어 템스 강 하구로 향한 시점은 독일의 전쟁 노력이 끝나가는 1945년 4월 30일이었다.[153]

추축국의 경우와 달리 영국과 미국의 전쟁 전 계획에는 대체로 지리적 사실에 의해 결정되는 경제전의 핵심이 담겨 있었다. 두 나라 모두 지상으로 침공당할 리 없었기에 주력을 해상과 공중으로 마음 놓고 투사할 수 있었다. 대일본 전쟁을 염두에 둔 미국의 계획은 1차대전 이전까지 거슬러 올라가며, 만일 일본이 서태평양에서 미국을 몰아내려 시도한다면 일본을 경제적으로 포위한다는 것을 전제로 하는 계획이었다. 미국의 오렌지(일본을 가리키는 색) 전쟁계획은 처음 구상된 후 25년간 여러 차례 수정되었지만, 무제한 경제전에 진력한다는 내용은 변하지 않았다. 미국 남북전쟁에서 남부연합을 포위 봉쇄하는 데 성공했던 경험이 이 계획의 본보기였다. 해외에서 들여오는 모든 자원을 차단하고, 선박을 파괴하고, 상업적·재정적 고립을 강제하는 것이 모두 오렌지색 적의 "궁핍화와 고갈"을 가져오는 수단이었다.[154] 일본과의 극한 전쟁에 직면한 미국 경제의 힘은 일본 경제를 확실히 파괴할 것으로 전망되었다. 1930년대에 계획 수립자들은 전쟁 방정식에 공군력까지 집어넣고 폭격과 봉쇄를 경제전쟁의 보완 수단으로 추가했다. 1936년판 오렌지 전쟁계획은 장거리 폭격을 시도할 수 있는 항공기가 등장하기 한참 전인데도 태평양의 섬 기지들에서 장거리 항공기로 일본의 산업과 수송 표적을 폭격할 가능성을 예견했으며, 이 가능성은 태평양 중부의 전역 후반에 마침내 그런 수단을 입수할 때까지 줄곧 미국의 염원이었다.[155] 항공기는 독일이 미국의 잠재적 적이 된 이후 유럽 전구에서도 경제전쟁 계획의 중추였다. 유럽에서는 당장 폭격이 가능했으며 1941년 늦여름에 미군 계획 수립자들이 동의한 대로 그 목표는 적국 "산업 및 경제 구조의 와해"였다.[156]

영국의 경제전 본보기는 1차대전이었는데, 당시 동맹국이 무너진 주요 원인이 자원과 식량을 차단하여 1918년경 산업 위기와 사회 위기를 촉발한 해군 봉쇄에 있었다고 판단했기 때문이다. 1차대전 말기에는 경제전의 한 형태로서 독일 공업시설을 폭격할 가능성이 봉쇄에 추가되었다. 연합국이 1919년 다발폭격기 수백 대로 대규모 공중 공세를 펴려던 계획은 1918년 11월 휴전으로 중단되었지만, 적국 경제를 공중에서 포위한다는 발상은 그다음 20년간 공군의 사고에서 핵심적 요소로 남아 있었다. 1928년 영국 공군 참모총장 휴 트렌처드Hugh Trenchard 원수는 공군의 핵심적 전쟁 목표를 적국 공업도시 및 인구의 전쟁의지에 대한 공격으로 규정했다. 공업도시와 전쟁의지야말로 "적이 가장 방어하기 어렵고 공격에 가장 취약한 요인들"이었다.[157] 이 공격은 1940년 5월 전시 폭격기 공세를 시작할 때까지―이때 폭격기 공세가 전반적인 봉쇄 전략에 통합되었다―줄곧 영국 공군의 핵심 임무였다. 해상에서 적국의 통상을 공식적으로 봉쇄하는 것도 전간기 내내 하나의 선택지였으며, 1937년에는 독일과의 전쟁 가능성에 대비해 봉쇄 계획을 더 구체적으로 세우라는 지시가 떨어졌다. 1937년 7월에 '대독일 경제압박위원회Economic Pressure on Germany Committee'가 설립되었고, 이 위원회에서 독일의 경제적 약점에 대해 숙고하여 내놓은 보고서가 독일과의 경제전을 영국 대전략의 주요소로 삼아야 한다는 발상에 영향을 주었다. 1938년 9월 뮌헨 위기 때는 경제전부府를 일시적으로 가동하기도 했다. 이 부서명에는 경제전(이 용어는 1936년에 처음 만들어졌다)의 개념을 단순한 해상 봉쇄에서 확장하여 물자나 금융, 용역에 대한 독일의 접근을 제한할 수 있는 모든 방식―'전투부'로서의 공세적 조치까지 포함해—을 포괄하려는 의도가 담겨 있었다. 경제전부의 이런 책무는 결국 폭격기 사령부에서 경제 표적을 규정하고 평가하는 활동으로 확장되었다.[158] 1939년 9월 경제전부는 영국의 전쟁 노력을 담당하는 한 기관으로서 정식으로 설립되었다.

그럼에도 서방의 경제전은 상선과 적국 산업에 대한 잠수함 및 항공기의 사용을 제약하는 법적 규제 때문에 일정한 범위로 한정될 가능성이 있었다. 1936년 런던 잠수함 의정서—독일과 일본을 포함해 주요 열강이 합의했다—는 잠수함의 적법한 공격 대상을 병력수송선, 군함이 보호하는 호송선단에 속한 상선, 교전에 가담하는 무장상선으로 한정했다. 무제한 잠수함전은 불법으로 명시되었다. 상선을 제지할 경우 일단 정지시키고 밀수품을 수색하고 선원의 안전을 존중해야 했다. 동일한 제약이 항공기에도 적용되었다. 1940년 초 영국 공군부에서 발표한 지침에 따르면 공격할 수 있는 대상은 군함뿐이었다. 공중에서 상선을 제지할 경우, 그 목적은 상선의 본래 항로를 바꾸려는 것이어야 했다.[159] 잠수함과 항공기는 합법적인 '정지 및 수색' 방책에 쉽게 관여할 수 없었으므로 해상 경제전에 끼치는 영향이 미미할 터였다. 독일 표적을 겨냥하는 폭격과 관련해서도 영국은 비슷한 문제에 봉착했다. 1939년 영국 정부와 참모본부에서 발표한 지침에 따르면 고의로 민간인을 표적으로 삼는 작전, 표적이 쉽사리 식별할 수 있는 군사 표적이 아닌(구름 위에서 폭격하거나 야간에 폭격해서는 안 된다는 뜻이었다) 작전, 과실로 인해 민간인이 사망할 가능성이 있는 작전은 모두 불법이었다.[160]

1940년을 거치며 영국 정부는 상선과 산업에 대한 이런 제약을 뒤집었다. 독일군이 이미 국제법을 너무도 뻔뻔하게 위반했으므로 영국은 독일과 관련해 더 이상 국제법을 준수할 의무가 없다는 전제하에 1940년 5월 중순부터 독일 공업도시들을 폭격하기 시작했다. 10월에는 모든 제한을 해제하여 1941년 중반 공업도시의 민간인 주민을 적법한 표적으로 규정하는 전략으로 나아갈 길을 닦았다.[161] 영국은 잠수함전에 대해서도 똑같이 추론했다. 독일이 명백히 무제한 잠수함전을 채택했으므로—실은 그러지 않았다—독일 선박에 대한 무제한 전쟁을 허용하지 않을 법적 논거가 없다는 추론이었다. 독일이 노르웨이 전역을 개시하자 영국은 함선과 항공기를 보호하기 위해 '보는 즉시 격침'하는 제한구역들을 설정했다. 이들 구역은 이듬해를 거치며 점차 확대되었는데, 그 무렵이면 추축국 선박은 대개 무제한 전쟁의 표적이었다. 미국의 경우 일본의 진주만 작전으로 법적 쟁점이 매우 간단해졌다. 공격당한 기지의 지휘관들은 6시간 후 전보를 받았다. "일본을 상대로 무제한 항공전과 잠수함전을 실행하라."[162]

무제한 경제전은 지중해 전구에서 맨 먼저 나타났다. 1940년 6월 13일, 이탈리아 해군이 '위험'으로 지정해둔 해역에서 이탈리아 잠수함이 경고도 없이 노르웨이 유조선을 격침했다. 게다가 이탈리아는 국제법상 필요한 공표 절차 없이 기뢰를 부설한 것으로 보였다. 7월 중순 영국 전시내각은 이탈리아 선박을 상대로 '보는 즉시 격침' 지침을 채택하자는 제안을 토의한 끝에 승인하기로 결정했다. 이 지침은 먼저 리비아 앞바다에, 뒤이어 이탈리아 영토의 해안에서 50킬로미터 떨어진 모든 해상에 적용되었다. 영국 잠수함, 수상함, 항공기는 이탈리아의 교역, 군장비 공급, 북아프리카 전선으로의 병력 수송을 자유롭게 방해할 수 있었다.[163] 그럼에도 영국의 작전은 실현되기까지 시간이 걸렸다. 1940년 지중해에 영국 잠수함은 10척밖에 없었는데, 모두 구식인 O급과 P급으로서 동체가 너무 큰 데다 얕은 수역에서 너무 느리게 잠수하고 내해에서 확연히 눈에 띄는 단점이 있었다. 항공기는 수가 너무 적고 이집트 방어에 주력하고 있었다.

1941년 지중해의 여건에 더 알맞은 새로운 T급과 더 작은 S급 및 U급 잠수함이 대거 도착하기 시작했다. 1940년 10월 영국 해군은 이탈리아 잠수함 암호첩을 입수하고 1941년 6월 이탈리아 C38m 암호를 해독하여 호송선단의 운항과 항로에 대한 상세 정보를 알아냈다.[164] 영국은 공중 활동을 늘리고 기뢰 부설을 확대하고 수상함대로 호송선단 사냥에 주력함으로써 이탈리아 함선과 독일 함선에 회복할 수 없는 손실을 입히고(후자는 이탈리아 측에 빌려주었으나 독일 국기를 달고서 항해했다) 이탈리아 상선을 점차 줄여나갔다.

1943년 1월부터 5월까지 극적인 마지막 수개월 동안 이탈리아 호송선단들은 튀니지에 갇힌 추축군에 물자를 전달하기 위해 연합군의 기뢰밭 사이의 좁은 항로를 통과하려 했다. 그 항로에서 호송선단은 인근 영국 기지와 미국 기지에서 날아온 항공기에 난타를 당하고 수상함과 잠수함의 공격을 받았으므로 무탈하게 살아서 통과할 가망이 거의 없었다. 이탈리아 승조원들은 그곳을 '죽음의 항로'라고 불렀다. 해군 함정 손실로 인해 이탈리아가 하루에 투입할 수 있는 호위구축함은 10척을 넘지 못했고, 2월에는 불과 5척이었다. 3월과 4월에 이탈리아 물자의 41.5퍼센트가 해저로 가라앉았고, 이탈리아가 항복하기 직전인 5월에는 그 수치가 77퍼센트였다. '죽음의 항로'가 유지되는 동안 자그마치 보급선 243척이 격침되고 242척이 손상을 입었다.[165] 지중해 전역 3년 동안 이탈리아 상선, 독일 상선, 나포하여 활용한 상선 등을 합해 총 310만 톤 중에서 280만 톤이 감소했다. 총 1826척의 선박과 유조선이 격침되었는데, 42퍼센트는 잠수함, 41퍼센트는 항공기, 17퍼센트는 수상함과 기뢰에 의해 가라앉았다.[166] 그럼에도 이 손실이 북아프리카에서 추축군의 전쟁 노력에 끼친 영향은 엇갈렸다. 호송선단 공격에 쏟은 모든 노력에도 불구하고, 대략 15퍼센트를 제외한 나머지 물자는 아프리카에 도착했다. 하지만 그렇게 실어온 물자는 물동량이 적은 작은 항구에서 오도 가도 못하는 선박에 실린 채로 중동에 기지를 둔 영국 공군 부대들의 끊임없는 공습에 파괴되거나, 전선까지 차량으로 장거리 운송하는 도중에 상실되었다.[167] 문제는 해상에서 실제로 호송선단을 얼마나 잃었느냐는 것이 아니라 물자를 실어나를 선박이 점점 부족해진다는 것이었다. 수천 톤의 선박은 자원이 부족한 이탈리아 조선소에서 수리를 하느라 움직일 수가 없었다. 북아프리카 전선으로 매달 물자를 가장 많이 보급한 시기는 1941년 2월부터 6월까지였다. 1942년 7월부터 12월까지, 보급 필요 병력이 훨씬 늘어난 기간에 월평균 보급량은 이전 수치의 62퍼센트에 불과했다.[168]

이탈리아 상선의 해운을 방해한 것이 이탈리아의 전시생산량 감소와 석유 부족을 심화시켰다는 것은 논쟁의 여지가 더 적은 문제다. 연합국의 봉쇄는 이탈리아와 아프리카 간의 운항뿐 아니라 이탈리아 산업계에 필요한 핵심 원자재와 연료를 들여오는 항구에서의 정기 교역과 이탈리아 인구를 위한 식량 공급까지 겨냥했다. 이탈리아 선박의 파괴 또는 손실이 이탈리아 본국의 곤경에 얼마나 영향을 끼쳤는가 하는 것은 아프리카 보급항로에 비해 주목을 덜 받았으며 통계적으로 입증하기가 더 어려운 문제다. 이탈리아군은 매년 필요한 석유 수입량을 830만 톤으로 추정했지만, 1940년부터 1943년까지 연평균 수입량은 110만 톤이었다. 구리와 주석은 매년 15만 9000톤씩 필요했지만 평균 수입량은 3만 톤이었다. 알루미늄은 연간 필요량 3만 3000톤에서 한참 모자라는 5000톤만 수입되었다.[169] 1942년 목화와 커피의 공급량은 1940년 수치의 겨우 1퍼센트였고, 양모는 4퍼센트, 밀은 11퍼센트, 강철은 13퍼센트 등이었다.[170] 이런 결핍이 어느 정도나 연합국 경제전의 직접적 결과인지는 추측에 달린 문제이지만, 1943년 여름까지 이탈리아가 전시 해운 능력의 90퍼센트를 상실했다는 것은 자명한 사실이다.

독일을 겨냥한 경제전은 훨씬 큰 규모로 수행되었고, 지중해의 보급전과 달리 대체로 항공 노력이었으며 초기에는 영국 공군 폭격기 사령부에서 담당했다. 1942년부터 영국에 주둔하던 미국 제8공군이 가세했고, 1943년 말부터 이탈리아 남부에 기지를 둔 미국 제15공군이 참여했다. 독일의 해상 교통을 봉쇄하는 조치는 별로 효과가 없었는데, 독일이 유럽 점령지와 중립국의 자원에 접근할 수 있었기 때문이다. 전시 동안 북유럽 해역에서 영국 잠수함은 선박 81척을 격침하는 데 그쳤으며, 연안 사령부의 항공기가 추가로 366척을 격침하긴 했지만 그중 다수가 경량 연안항행선이었다. 또 대부분 소형인 638척의 선박이 기뢰 때문에 침몰한 것으로 추정된다.[171] 영국 군함이 이른바 '밀수품 통제' 작전으로 독일로 향하는 대양 상선을 가로막고 전쟁물자를 노획 화물로서 몰수했지만, 이런 화물의 중요성은 1939년 가을부터 금세 감소했다. 그 이후 독일과 일본이 소수의 봉쇄돌파선을 이용하긴 했으나 높은 비율로 격침되거나 몰수되었고 그 전략적 효과는 미미했다. 전쟁 전부터 연합국은 독일의 전쟁 자원을 차단하는 최선의 방법은 장거리 항공기로 자원의 공급원을 공격하는 전략이라고 판단하고 있었다. 개전 이전 수개월 동안 영국 공군부는 총 16개에 달하는 서부 공군 계획을 작성했는데, 이는 당시 폭격기 사령부의 능력을 한참 넘어서는 희망사항 목록이었다. 핵심 계획은 군수산업 전반, 루르 지역, 독일 석유 공급원을 겨냥하는 제5계획 '독일 제조업 공급원 공격 계획'과, 야간에 독일 전시물자 저장소를 공격하려는 제8계획이었다. 1940년 5월 중순 처칠의 새로운 전시내각이 민간인 사상자가 발생할 수밖에 없는 야간 작전을 승인한 이후, 공군은 두 계획을 섞어 항공작전을 펼쳤다.[172] 초기 공습은 독일 국내전선과 유럽 점령지 생산시설을 노리는 장장 5년간의 전역으로 이어졌는데, 이 전역이 이토록 오랫동안 대규모로 진행되리라고는 거의 아무도 예상하지 못했다. 영국 공군과 미국 공군 둘 다 공중에서 펼치는 경제전의 효과가 당장 나타날 거라고 기대했지만, 해상 소모전과 마찬가지로 경제 자원의 기반을 무너뜨리려는 싸움은 더디고 답답하고 값비싼 과정으로 밝혀졌다.

실제로 폭격기 사령부는 전역 초기 2년간 거의 아무런 성과도 거두지 못했다. 처칠이 전쟁의 실상을 독일 국민에게 똑똑히 각인시킬 유일한 방도라며 폭격기 공세를 힘껏 지원했음에도, 독일 산업과 수송을 큰 혼란에 빠뜨릴 수 있다는 생각은 작전의 현실에, 아울러 영국 생산량에 대한 독일 폭격의 효과가 별로 없다는 증거에 부딪혔다. 폭격기 사령부는 보유 항공기가 너무 적고 중폭격기가 전혀 없었으며, 신식 폭격조준기나 조종 보조장비가 부족했고, 소구경 고폭탄과 소수의 소이탄을 사용했으며, 독일 서부의 핵심 표적들로 접근하는 경로를 보호하는, 버거울 정도로 많은 대공진지를 상대해야 했다. 폭격기 사령부의 어느 조종사는 1940년에 군사-경제 표적을 겨냥했던 작전들이 "무의미"했다면서 다수의 승무원이 폭격해야 할 도시조차 찾지 못했다고 회상했다. 폭탄은 높은 비율로 시골 개활지에 떨어졌고, 그중 상당수는 불발탄으로 밝혀졌다.[173] 1941년 8월 처칠의 과학고문 프레더릭 린데만Frederick Lindemann이 젊은 통계학자 데이비드 벤수전-버트David Bensusan-Butt에게 폭격기 사령부 항공기들에서 찍은 사진 650장을 분석해 폭격의 정확도를 평가하라고 지시했을 때, 이 전역의 실패상이 확연히 드러났다. 버트가 확인해보니 항공기 5대 중 1대만이 표적 8킬로미터 이내로 접근했고, 루르-라인란트 공업 지역에서는 10대 중 1대뿐이었으며, 달빛이 없거나 안개가 낀 야간에는 15대 중 1대에 불과했다. 2개월 후, 폭격기 사령부에서 그 무렵 발족한 작전연구과는 가을 공습의 더욱 심각한 실패상을 확인했다. 항공기 중 15퍼센트만이 표적 8킬로미터 이내로 접근했던 것이다.[174]

버트가 보고서를 제출하기도 전에 폭격기 사령부는 당시 조건에서는 폭격이 부정확할 수밖에 없다는 문제를 고려하여 경제전의 전략을 바꾸었다. 독일의 폭격이 영국에 끼친 영향에 대한 분석을 바탕으로 영국 공군부는 첫째로 고폭탄보다 소이탄 폭격으로 훨씬 큰 피해를 입힐 수 있으므로 소이탄을 중시해야 하고, 둘째로 노동자들과 그들의 도시 환경에 대한 폭격이 특정한 공장에 대한 성과 없는 공격보다 적의 군수생산을 줄이는 더 효과적인 방법이라는 결론을 내렸다. 1941년 4월, 폭격 방침을 검토한 보고서는 "독일 도시와 소도시의 노동계급 구역 중심부에 공격을 가하는, 면밀한 계획에 따른 집중적이고 연속적인 '공습'"을 권고했다. 공군부 정보국장은 노동자가 "가장 기동성이 떨어지고 전면적인 공습에 가장 취약"하다고 주장했다.[175] 거의 같은 시기에 경제전부는 개별 공장보다 "노동자 주거지와 상점가"를 파괴하는 경제전 전략이 더 성공적일 것이라는 결론을 내리고 도시들 전체를 겨냥하는 작전을 채택하도록 공군부를 압박했다.[176] 영국 측의 사고에서 독일 노동자는 추상적인 경제 표적으로 변해 있었다. 이런 정의를 염두에 두고서 영국 측은 1941년 7월 폭격기 사령부에 새로운 지령을 내려 작전의 4분의 3은 노동계급과 공업 지역을 겨냥하고 나머지 작전은 가능하다면 운송 표적을 겨냥하라고 명령했다. 1942년 2월 14일의 두 번째 지령은 운송수단을 표적에서 제외하고(공격해서 성공을 거둔 경우가 거의 없었다) 적국 민간 인구, 특히 산업노동자의 사기를 겨냥하는 작전을 주요 목적으로 삼았다. 또한 독일 도시들을 구획해 취약한 주거 지구를 강조했다. 예컨대 "구역 1: 완전히 구축된 도시 중심가. 구역 2(a): 완전히 구축된 조밀한 주택가"부터 "구역 4: 공업 용지"까지 나누었다. 폭격기 사령부는 주거지인 구역 1과 2(a)를 공습하고 더 분산된 산업 지대에는 폭탄을 허비하지 말아야 했다.[177] 경제전부는 핵심 공장들의 수에 대한 분석을 바탕으로 각 도시의 경제 점수를 매긴 58개 도시 목록(이른바 '폭격기용 여행안내서')을 작성했다. 베를린의 점수가 가장 높아서 545점이었고, 훗날 화재폭풍으로 파괴된 뷔르츠부르크의 점수는 11점에 불과했다. 이 목록을 작성한 것은 폭격의 정확도를 높이기 위함이 아니라 도시 지역을 파괴할 때 노동력의 죽음과 부상, 이동을 초래하여 여러 중요한 생산기업들에 확실한 타격을 입히기 위함이었다. 이 목록은 나중에 120개 도시로 확대되었다. 1942년 2월 폭격기 사령관에 임명된 해리스는 도시 목록을 소지하고 다니면서 충분히 제거했다고 판단한 도시에 줄을 그었다. 1945년 4월, 독일이 항복하기 며칠 전 마침내 도시 폭격을 중단할 때까지 해리스는 목록의 72개 도시에 줄을 그었다.[178]

미국 육군 항공대는 자신들의 경제전 잠재력을 아주 다른 관점에서 보았다. 1940년, 영국 공군 정보기관에서 제공한 자료의 도움을 받아 미국 항공대 정보기관은 독일의 전쟁 노력을 결정적으로 약화시킬 가능성이 가장 높다고 판단한, 경제체제 관련 표적 서류철을 작성했다. 1941년 8월 전쟁부로부터 루스벨트의 '승리 프로그램'의 일환으로 항공 계획을 작성하라는 지시를 받은 분석가들은 전략적 항공 공세의 주요 표적으로 전력電力, 운송수단, 연료유, 사기(영국의 영향에 바치는 헌사)를 선택했다. 영국의 모든 계획과 달리, 미국의 계획 AWPD-1은 독일 공군과 이를 지원하는 산업 및 하부구조를 근본적인 '중간 표적'으로 정하고 다른 목표물들을 효과적으로 파괴하려면 그 전제조건으로 먼저 이 표적을 파괴해야 한다고 분별 있게 판단했다.[179] 1942년, 제8공군은 대서양을 건너 잉글랜드 기지로 향하면서 초기 계획을 수정했다. 1942년 9월, AWPD-42 계획에서는 유익한 표적에서 사기를 빼고 잠수함 생산, 합성고무, 알루미늄을 핵심 표적에 집어넣었다. 정확하게 계산된 두 계획에서 개별 표적의 수는 1941년 154개에서 1942년 177개로 늘어났다.[180] 미국은 필요한 폭격기 부대의 규모와 공격의 중량까지 계산했다. 미국은 효과적인 폭격조준기를 사용하는 폭격기들이 주간에 독일까지 날아가 주요 목표물인 공장들을 확인하고 정확하게 공습할 수 있을 것으로 가정했고, 그렇게 지정 표적들을 파괴하고 나면 그 효과가 "결정적일 것이고 독일은 전쟁 노력을 지속할 수 없을 것"으로 전망했다.[181] 미국 항공대의 주간 폭격과 영국 공군의 야간 폭격, 양자의 대비는 1943년 1월 연합국이 카사블랑카 회담에서 마침내 합의한 연합 폭격기 공세로 제도화되었다. 6개월 후에 하달된 '포인트블랭크 지령'은 경제전의 두 형태를 명확히 구분했다―하나는 주간에 특정한 산업 표적 체계를 공격하는 형태였고, 다른 하나는 야간에 독일 노동자의 전쟁 지속 능력과 의지를 파괴하는 형태였다. 두 형태는 서로 별개이되 양립 불가능하지 않은 전략이었다. 그러나 미국 항공대 수뇌부는 영국의 공세가 과연 정치적으로나 경제적으로 결정적인 성과를 거둘 수 있을지 줄곧 의심했다. 유럽 내 미국 전략공군 사령관 칼 스파츠는 이렇게 결론지었다. "전체주의 사회에서 통제 패턴이 효과적으로 작동하는 한, 사기는 중요하지 않다."[182]

처음 1년간 미국 제8공군은 힘겨운 학습 과정을 거쳐야 했다. 무려 177개나 되는 특정 표적들을 무력화하려던 계획은 당시 조건에서는 불가능한 것으로 밝혀졌다. 성능 좋다고 자랑하던 노든 폭격조준기는 4500미터 이상의 상공에서 폭격하기에는 부적합한 도구로 밝혀졌다. 구름이나 공장 연무가 독일 공업도시들을 자주 가린 탓에 1943년에서 1945년 사이에 미국은 폭탄의 거의 4분의 3을 레이더 보조장치를 이용해 '맹목' 투하했는데, 이는 영국의 지역 폭격과 별반 다를 게 없었다. 게다가 주간에 전투기의 호위 없이 폭격한 결과, 견딜 수 없는 손실률을 기록했다. 1943년 8월과 10월 두 차례에 걸쳐 단 하나의 핵심 표적인 슈바인푸르트의 볼베어링 공장을 겨냥한 대규모 공습에서 미국 폭격기들은 중상을 입었다. 8월 공습에서는 폭격기의 31퍼센트가 파괴되거나 심하게 손상되거나 부득이 북아프리카의 기지들까지 날아가야 했고, 10월 공습에서는 229대 중 65대를 잃었다.[183] 이런 손실률은 견딜 수 없는 수준이었으며, 1944년 2월까지 제8공군은 독일 북부 해안이나 유럽 점령지의 더 쉬운 표적을 선택했다.

1944년 2월 독일 산업에 대한 주간 공세를 재개했을 때의 상황은 전혀 딴판이었다. 1943년 말 유럽 내 미국 전략공군의 총사령관에 임명된 스파츠와 1944년 1월 제8공군의 사령관에 임명된 제임스 두리틀 소장의 지휘하에 전개한 경제전쟁의 성패는 독일 산업을 방어하는 독일 공군을 군사적으로 무찌르는 데 달려 있었다. 여기에는 경제적 차원이 있었는데, 항공기 산업이 주요 산업 표적이었기 때문이다. 1944년 2월 19일부터 26일까지 이른바 '대주간Big Week'에 영국에 주둔 중인 제8공군과 이탈리아에서 날아오는 제15공군은 독일 항공기 조립 공장 18곳을 잇달아 공격했다. 이로써 광범한 피해를 입히긴 했으나 아직 결정타는 아니었다. 실질적인 피해는 전술 변경에서 비롯되었다. 해상의 상선과 마찬가지로, 폭격기부대에는 엄호기가 필요했다. 1943년 말부터 미국 전투기들—P-38 라이트닝, P-47 선더볼트, 고성능 P-51 머스탱(미국에서 라이선스 생산한 영국 멀린 엔진을 탑재)—은 독일 영공까지 침투할 수 있도록 추가 연료탱크를 장착했다. 그중 일부는 취약한 폭격기를 보호했지만, 전투기는 폭격기의 경로에서 수 킬로미터씩 벗어나 적 전투기, 공군기지, 시설 등을 찾는 '프리랜서' 작전을 수행할 수도 있었다. 1944년 동안 독일 전투기 생산량이 매우 큰 폭으로 증가했음에도, 미군의 공격적 엄호로 인한 독일 공군의 소모율은 재앙적 수준이었다. 독일 공군은 2월에 전투기 전력의 3분의 1을 잃었고 4월까지 손실률 43퍼센트를 기록했다.[184] 게다가 숙련된 조종사들을 상실하는 바람에 인력을 제때 충원하지 못하고 훈련 기준을 낮추어야 했다. 이런 손실률은 견딜 수 없는 정도였고, 폭격에도 불구하고 1944년 내내 항공기 생산량이 높은 수준으로 유지되긴 했으나 독일 공군은 결국 자국 영공에서 제공권을 두고 경쟁할 힘을 잃어버렸다.

독일 공군이 패배하자 미국 폭격기부대는 대폭 늘어난 폭격기 수를 바탕으로 다시 경제전쟁에 뛰어들 수 있었다. 이번에는 초기 계획에서 타격하려 했던 다양한 표적들을 단념하고 독일의 석유 공급원을 강습하기로 했다. 1944년 3월 '적 목표물 위원회'는 한 보고서에서 석유가 가장 취약한 표적이자 독일의 전투력 전반에 중대한 영향을 끼칠 가능성이 높은 표적이라며 타격할 것을 권고했다. 6월에 연합군의 프랑스 침공을 지원하기 위해 폭격기를 그쪽에 투입하기로 되어 있었음에도, 스파츠는 석유를 노리는 작전을 계속 실행하라고 지시했다. 그리고 4월에 독일의 주요 천연석유 공급원인 루마니아 플로이에슈티 유전을 공습해 엉망으로 만들었다. 5월과 6월 초에는 합성연료를 생산하는 주요 공장들과 정유시설들을 대대적으로 공습했다. 폭탄의 절대다수가 표적 지역 바깥에 떨어지긴 했지만, 그래도 충분한 수가 석유 목표물들에 떨어져 생산에 심각한 피해를 입혔다.[185] 독일의 항공연료 생산량은 3월 18만 톤에서 6월 5만 4000톤으로 감소하고 10월 2만 1000톤으로 줄어들었다. 합성석유 생산량은 4월 34만 8000톤에서 9월 2만 6000톤으로 급감했다. 쉽게 분산시키거나 감출 수 없는 자본집약적 공장을 공격한다는 결정은 군수품 생산에 필요한 그 밖의 기본적인 화학물질 공장에 대한 공격으로 확대되었다. 1944년 동안 화학물질 생산량을 보면 질소는 4분의 3, 메탄올은 5분의 4, 소다는 60퍼센트, 황산은 55퍼센트가 감소했다. 석유에 더해 핵심 군사자원으로 꼽힌 합성고무의 생산량은 1944년 3월 1만 2000톤에서 11월 2000톤으로 줄었다.[186] 누적 효과로 인해 독일의 핵심 자원 비축량은 1945년 봄을 지나면서 전쟁을 얼마 지속할 수 없을 수준까지 감소했다.

주요 석유 공장과 화학물질 공장에 피해를 입힌 데 더해, 1944년 9월 아이젠하워는 미국과 영국의 공군력에 석유뿐 아니라 교통수단까지 폭격하는 데 집중하라는 지령을 내렸다. 해리스는 폭격기 사령부의 자원을 도시 폭격에서 다른 목표로 돌리는 데에는 반대하면서도, 석유와 철도 표적이 있는 도시를 지역 폭격하는 데에는 동의했다. 독일 공군을 꾸준히 제압하는 활동을 포함해 지정 표적들을 겨냥한 전역 막바지 활동은 대부분 스파츠가 수행했다. 경제적 관점에서 보면, 1944년 9월부터 철도와 운하 표적을 노린 연이은 공격이 결정적이었다. 연합군은 운 좋게도 쾰른-뮐하임 교량을 타격해 라인 강의 수로를 봉쇄했고, 1944년 마지막 몇 달간 루르-라인란트 공업 지역과 독일 중부를 잇는 미텔란트 운하를 사실상 사용하지 못하게 만들었다. 11월에 이르자 독일의 가용 철도 화차 25만량 중 절반의 발이 묶였다. 루르 지역에서는 운송을 기다리는 석탄과 강철이 철도 종착역들에 쌓여갔다. 1944년 9월에서 1945년 1월 사이에 철도 화물 운송량은 거의 절반으로 줄었다.[187] 독일은 자원이 말라감에 따라 군수품 생산량이 급감하는 경제 구역들로 쪼개졌다. 독일 군수생산을 책임졌던 관료들과 기업인들은 거의 모두 전후 심문을 받을 때 수송체계의 쇠퇴를 경제 위기의 주원인으로 꼽았다. 그에 반해 독일군 수뇌부는 석유를 상실한 것이 군사적 붕괴의 핵심 원인이었다고 보았다. "연료 없이는

어느 누구도 전쟁을 수행할 수 없다"고 괴링은 말했다.[188]

　미국 전략폭격조사단과 이보다 규모가 작은 영국 폭격조사단은 전후에 경제전쟁에 대해 조사하면서 독일 인사들의 심문 증언이 대체로 사실임을 확인했다. 두 조사단은 정치적·군사적 결과보다는 경제전의 결과에 초점을 맞추었다. 5년간 폭탄 130만 톤을 투하했음에도 독일 군수생산량이 1944년 가을까지 대폭 증가했다—전투기는 13배, 전차는 5배, 중포는 4배—는 사실을 감추려는 시도는 조금도 하지 않았다.[189] 5년을 통틀어 독일 군수생산량이 가장 빠르게 증가한 시기는 바로 연합군이 맹렬한 폭격을 꾸준히 이어갈 수 있게 된 시기였다. 물론 폭격이 없었다면 생산량이 더 늘어났을 테지만, 폭격은 전쟁경제의 성과에 영향을 주는 요인들 중 하나였을 뿐이다. 미국 〈종합 보고서〉의 작성자들은 폭격으로 인한 독일 경제의 잠재적 생산량 손실률이 1942년에 2.5퍼센트, 1943년에 9퍼센트, 그리고 산업 표적을 겨냥한 미국의 공세가 마침내 실효를 거둔 1944년에 17퍼센트였다고 추산했다(이 통계는 군수품뿐 아니라 비군수품의 생산량까지 포함한 것이다). 전후 심문 기록과 마찬가지로, 이 보고서는 석유와 수송체계를 파괴한 작전이 독일의 전쟁 노력을 저해한 주된 요인이었다고 결론지었다—다만 전략폭격조사단 석유 부서의 보고서에 따르면, 석유 시설을 조준한 폭탄 중 3.4퍼센트만이 실제로 공장과 송유관에 명중했고 84퍼센트는 표적을 빗나갔다.[190] 예상대로 미국 보고서는 영국의 지역 폭격이 "생산에 별 영향을 주지 못했다"고 주장했으며, 1년 후 영국 폭격조사단은 자체 보고서를 작성하면서 미국 측의 주장이 대체로 옳다는 것을 확인했다. 21개 공업도시에 대해 조사한 결과, 지역 폭격으로 인한 생산량 감소율은 1942년 0.5퍼센트, 1944년 1퍼센트에 불과했다. 폭격을 당하지 않은 14개 도시(역시 조사 대상이었다)보다 폭격을 당한 도시들에서 생산량이 더 빠르게 증가했다.[191] 영국 보고서는 수송체계를 겨냥한 미국의 전략이 옳은 선택이었다고 결론지었다. 영국은 지역 폭격으로 독일 시가지의 약 40퍼센트를 파괴하여 남녀노소 35만 명 이상의 죽음을 초래하긴 했지만, 이토록 전례 없는 피해를 입히고도 1944년 가을까지 생산량 증가세를 막지 못했다.

수송체계와 석유 시설을 공격하기 전까지 폭격기 공세의 경제적 성과가 변변찮았던 이유는 여러 요인으로 설명할 수 있다. 독일 경제 조사단의 일원으로 선발된 경제학자 니컬러스 칼도Nicholas Kaldor는 전시 조건에서 현대 산업경제는 폭격의 충격을 '쿠션'으로 얼마간 흡수한다고 주장했다. 독일의 경우 그런 쿠션을 제공한 것은 어느 정도는 유럽 점령지에서 수탈한 자원과 노동력이었고, 어느 정도는 군수생산의 합리화였으며, 어느 정도는 임시변통으로 생산을 분산시킨 조치였다.[192] 역시 조사단의 일원으로 파견된 미국 경제학자 J. K. 갤브레이스Galbraith는 독일 경제는 연합국 정보기관의 의견처럼 "정적이고 취약한" 경제가 아니라 "팽창하고 있으며 회복력을 갖춘" 경제라고 결론지었다.[193] 1941년 영국 공군과 경제전부에서 수립한 전략, 즉 폭격을 통해 사기가 떨어진 노동력의 높은 결근율을 유도하려던 전략은 결국 통하지 않았다. 맹폭을 당한 도시들은 거의 모두 3개월 내에 공습 전 생산량의 80퍼센트 이상, 6개월 내에 100퍼센트 이상을 달성했다. 함부르크에서는 1943년 7월 화재폭풍이 발생한 후 9월까지 노동력의 90퍼센트 이상이 일터로 복귀했다.[194] 1944년 폭격이 한창일 때 산업계에서 공습 때문에 노동자가 결근해서 발생한 시간 손실률은 4.5퍼센트에 불과했다—다만 잠수함과 항공기 생산 부문처럼 표적이 된 부문들에서는 손실률이 더 높았다.[195] 이 무렵 독일 노동력의 3분의 1은 외국인 강제노동자였는데, 그들은 공습을 당하는 와중에도 도시의 폐허에서 일하도록 강요받았다. 공습으로 독일 전쟁경제가 치른 가장 큰 대가는, 폭격 피해자를 위한 복지 및 복구 프로그램를 운영하고 노동력 일부를 민방위, 구조, 수리 등에 전용한 것이었다. 수송체계 파괴 이전에 이 대가로 인해 독일 군수생산량의 증가세가 얼마나 둔화되었는가 하는 것은 통계적으로 계산하기 어려운 문제이며 1945년에 연합국 조사단도 이를 계산하려 시도하지 않았다. 하지만 설령 공습 이후에 자원 일부를 전용하지 않았더라도 기존의 군수생산량이 현저히 증가했을 가능성은 근본적으로 없어 보인다.

독일이 치른 군사적 대가는 훨씬 컸다. 1944년 8월경 전투기 전력의 80퍼센트가 폭격 방어를 위해 독일에 집결한 데다 폭격기 생산량이 전투기 대수의 불과 10분의 1까지 감소한 결과, 전선에서 두 종류의 항공기 모두 자취를 감추었다. 1944년 독일 내에 대공포 5만 6400문이 있었고 월별 대공포 생산량이 4000문에 달했다. 그리고 독일 전자산업 생산량의 절반, 광학산업 생산량의 3분의 1이 대공장비였다.[196] 연합국은 폭격을 시작할 때만 해도 독일이 대공방어를 위해 이 정도로 자원을 전용할지 미처 예상하지 못했지만, 운 좋게도 폭격을 통해 전쟁의 결정적 시점에 전선의 독일군이 사용할 수 있는 장비를 줄이는 결과를 가져왔다.

이에 비해 일본과의 경제전쟁은 주로 해상에서 싸우는 전역이었다. 미군이 마리아나 제도를 함락한 이후인 1944년 말과 1945년 초에야 연합군은 중폭격기가 일본 본토까지 비행하는 데 필요한 기지들을 확보할 수 있었다. 일본의 군수생산을 저해하는 전략으로서의 폭격은 규모를 막론하고 전시 마지막 6개월 동안만 실행할 수 있었다. 이 해상 전쟁은 간접적인 경제전의 형태로서 그 목적은 일본 군수산업을 위한 물적 자원, 육군과 해군을 위한 석유, 일본 인구를 위한 식량을 차단하는 데 있었다. 이것이 '오렌지 계획'의 의도였지만, 애초 계획에는 미군이 서태평양에 주둔한다는 전제가 깔려 있었다. 하지만 일본이 필리핀에 더해 괌과 웨이크 섬의 미군 기지까지 함락하자 미국으로서는 지상기지와 항구를 되찾을 때까지 잠수함과 해군 항공기로 봉쇄를 수행할 수밖에 없었다.

일본 지도부는 자국이 수입 물자, 특히 남태평양과 동남아시아의 점령 지역들에서 들여오는 수입 물자에 크게 의존하는 만큼 혹시 상선을 잃더라도 보충할 수 있도록 충분한 수의 상선을 확보하는 것이 급선무임을 알고 있었다. 1941년과 1942년에 일본은 상선 가용 공급량에 근거해 물자 동원 계획을 구상했는데, 이 상선 요인은 1945년까지 일본 전쟁경제의 발전을 좌우했다. 1942년 3월 공포된 전시 해운 관리령에 따라 설립된 상선 운영회는 모든 일본 선박의 징발과 이동, 운영을 통제했다.[197] 상선은 군수 생산의 우선 과제가 되었다. 1941년 12월 가용 상선 톤수는 520만 톤이었으며, 기존 조선소들을 확장하고, 대규모 조선소 6곳을 새로 짓고, 선박의 설계와 건조를 표준화하는 방법으로 전시 동안 350만 톤을 추가로 건조할 수 있었다.[198] 전시의 대부분 동안 일본 경제의 주된 문제는 육군과 해군이 태평양 북단의 알류샨 열도부터 인도양의 버마까지 광대한 바다에서 작전을 지원하기 위해 징발한 상선의 양이었다. 병력과 장비를 보충해달라는 끊임없는 요구와 그로 인한 군사적 징발 때문에 전시 대부분 동안 본국에 식량, 원자재, 석유를 공급하는 데 사용할 수 있는 민간 선박은 채 200만 톤에도 미치지 못했다. 일본 군부는 1942/43년 겨울 과달카날 섬에서 벌어진 결정적 전투 하나에만 상선 41만 톤을 투입했고, 1943년 6월 버마에서의 제한된 작전을 위해 민간 부문에서 16만 5000톤의 선적 공간을 앗아갔다.[199]

미군이 일본 해외 공급망의 취약한 상태를 효과적으로 활용할 수 있기까지는 거의 2년이 걸렸다. 1942년 미군은 해양 전장의 규모에 비해 가용 잠수함이 너무 적었거니와 잠수함을 어떻게 운용하겠다는 뚜렷한 전략도 없었다. 근 2년 동안 미국 표준 어뢰에는 독일 어뢰와 동일한 문제, 즉 자기감응식 신관과 접촉식 신관이 자주 고장나는 문제가 있었다. 전시 동안 미군은 상선과 군함 1314척을 격침하는 데 어뢰 1만 4748발을 사용했다. 1942년에는 일본 선박 180척, 총 72만 5000톤을 침몰시키는 데 그쳤다.[200] 그러나 1943년 들어 찰스 록우드Charles Lockwood 중장의 지휘하에 진주만의 확대된 기지들과 오스트레일리아 항구 프리맨틀 및 브리즈번에서 출항한 미국 잠수함들은 일본 제국 주변의 주요 해상 보급로들을 초계하며 상선과 유조선을, 혹은 가능하다면 적 군함을 사냥하기 시작했다. 1943년 일본 선박 총 180만 톤이 침몰했고, 그해 말까지 침몰한 선박의 톤수가 새로 보충한 선박의 톤수보다 더 많았다. 일본의 수입량은 1950만 톤에서 1640만 톤으로 감소했는데, 위험하긴 해도 아직까지 위기 국면은 아니었다. 암호 해독(태평양에서도 울트라라고 불렀다)으로 얻은 적절한 정보, 레이더 탐지의 발달, 개량된 폭약과 더 튼튼한 신관을 사용하여 함선을 더 높은 확률로 격침할 수 있는 Mk 14와 Mk 18 어뢰의 개발 등은 잠수함 작전의 효과를 높여주었다. 미국 잠수함부대의 규모는 결코 크지 않았으나 표준 1500톤 함대형 잠수함은 항속거리가 1만 해리에 달하고 60일치 보급품을 적재할 수 있었는데, 둘 다 태평양에서 장거리 기동에 필요한 조건이었다. 1944년 초에 심각한 피해를 입힌 미국 잠수함부대의 규모는 여전히 75척에 불과했다. 전시 동안 미국 해군은 잠수함을 288척 취역시켰는데, 이는 독일 산업계가 대서양 전쟁을 위해 건조한 잠수함의 수에 비하면 적은 양이었다.[201]

일본 해군은 가용 상선이 급감하는데도—1943년 말 비군사작전에 사용할 수 있는 상선은 다 합해 150만 톤에 불과했다—서방 연합국이 대서양에서 취약한 해상 무역을 보호하기 위해 노력했던 것과 같은 모습을 거의 보이지 않았다. 게다가 단파 레이더가 없고—1944년 가을이 되어서야 사용할 수 있었다—폭뢰나 무선 탐지법을 활용하는 가장 효과적인 전술을 알아내지 못한 탓에 대잠수함전을 제대로 치르지 못했다. 미국 잠수함의 손실은 삼엄한 호위를 받는 군수품 선단을 공격할 때 가장 많이 발생해, 1943년에 15척, 1944년에 19척이 격침되었다. 그러나 상선을 전략적 우선 표적으로 삼는 장기 소모전을 중단할 만큼의 손실은 발생하지 않았다. 일본은 1943년에야 주요 항로들에서 정기적 호송을 시작했지만, 우선 목표는 해군과 육군을 위한 보급품을 호송하는 데 있었다. 일본은 제901해군항공대의 지원을 받는 대규모 호위함대를 창설했지만, 대잠수함 초계를 효과적으로 수행하기에는 함정과 엄호기가 너무 얇게 흩어져 있었다. 대잠수함 작전에 투입된 항공기 대부분이 1944년 미국 함재기에 의해 파괴되었는가 하면 소형 호위항공모함 4척 중 3척이 격침되었다.[202] 1944년 일본 상선을 사냥하는 미국 잠수함에 항공기까지 가세하자 일본으로서는 마땅한 대응책이 없었고, 결국 주요 해상 공급로들이 하나씩 차단되었다. 양쯔강에서 일본까지 철광석을 수송하던 경로는 광범하게 부설해둔 기뢰에 방해를 받아 공급량의 4분의 3이 감소했고, 남방에서 실어오던 석유의 공급량은 한 달 70만 톤에서 1944년 12월 20만 톤으로 감소하더니 1945년 2월에는 공급로가 아예 막혀버렸다.[203] 일본의 임시변통은 별 소용이 없었다. 선박이 아닌 철도를 이용해 중국이나 한국의 항구까지 물자를 운반하더라도 어차피 일본 본국까지 운송하려면 항공기와 잠수함에 공격당할 위험을 무릅써야 했다. 일본은 가용 톤수를 늘리고자 소형 선박인 정크선과 삼판선을 징발하고 강철 부족에 대처해 목재로 선박을 건조했지만, 1944년 표적으로 삼을 만한 크기의 함선이 부족해진 미국 잠수함들은 조그마한 배들이 전쟁물자를 실어나른다는 가정하에—실제로 상당수가 그런 용도로 쓰이고 있었다—그것들까지 격침하기 시작했다.[204]

적 함선을 겨냥하는 미국 해군의 항공 및 해상 전역에 더해, 1944년 11월부터 육군 항공대가 일본 본토를 겨냥해 전략폭격 작전을 전개하기 시작했다. 항공대 계획자들은 일본 본토의 산업을 직접 파괴해 광범한 봉쇄의 효과를 더욱 높이고자 했지만, 보잉 B-29 '슈퍼포트리스'의 초기 공습은 일본 영공의 예상치 못한 기상 조건(강력한 제트 기류 탓에 높은 고도에서 정확히 폭격하기가 거의 불가능했다), 표적 도시를 자주 가리는 구름과 공장 연무 같은 난관에 부딪혀 차질을 빚었으며, 유럽에서 사용한 H2X 레이더를 바탕으로 개발한 표준 레이더 장비 AN/APQ-13은 표적 지역의 영상을 충분히 선명하게 제공하지 못했다.[205] 유럽에서처럼 일본에서도 우선 과제는 항공기와 항공엔진 조립공장을 파괴하는 것이었지만, 1945년 1월까지 단 하나의 지정 표적에도 폭탄을 제대로 명중시키지 못했다. 이런 작전 실태에 미국은 지난 1941년에 영국이 그랬듯이 공격 우선순위를 변경했다. 이미 1943년에 미국 항공대 작전분석관위원회는 일본 주요 공업도시 6곳에 대한 지역 공격을 권고하면서 산업노동자와 그들의 환경이 적법한 경제 표적이라는, 영국 공군 및 경제전부의 주장과 동일한 주장을 펼친 바 있었다. 그리고 1944년 10월에 같은 위원회에서 다시 권고한 이 우선순위는 1945년 3월 10일 밤의 도쿄 대공습을 시작으로 그해 봄에 일본 도시들을 소이탄으로 공격한다는 결정에 기여했다.[206]

기상 조건이 허락하는 한 항공기 공장에 대한 정밀 공습은 종전 때까지 계속 이어갔지만, 대부분의 후속 작전들은 지역 공격이었다. 유럽 전쟁과 달리, 석유와 교통은 잠재적으로 결정적인 표적이 아니었다. 그 대신 일본에 관한 경제 정보에 따르면, 주요 도시들의 주거 구역에 감추어진 소규모 작업장들로 생산이 널리 분산되어 있었다. 소이탄을 사용한 지역 공격은 불에 아주 잘 타는 일본 도시 건축물을 고려한 작전이었고, 그 명시적 목적은 노동자를 죽이거나 불구로 만들고, 그들의 주택과 편의시설을 파괴하고, 소규모 작업장을 불태우는 데 있었으며, 공격의 기저에는 파괴 활동으로 "군수공장 수십 곳"의 생산 실적에 영향을 주려는 의도가 줄곧 깔려 있었다.[207] 마리아나 제도에 주둔한 제21폭격기 사령부의 사령관 커티스 르메이 장군은 정밀 공습의 효과가 없다는 이유로 마침내 야간에 저고도 소이탄 공습을 개시했다. 훗날 르메이는 이것이 일본의 산업 분산 전략에 대처하는 유일한 방법이었다며 자신의 부대가 지상에 일으킨 화재폭풍을 변호했다. 그는 회고록에 이렇게 썼다. "당신이 해야 하는 일이라곤 우리가 구워놓은 표적들 중 하나를 방문해서, 폐허가 된 수많은 초소형 주택들과 더불어, 모든 집의 잔해를 뚫고 삐져나온 드릴 기계를 확인하는 것뿐이었다. 전 국민이 항공기나 군수품을 만드는 작업에 동참했다."[208] 이것은 결국 입증할 수 없는 주장으로 밝혀졌으며, 훗날 작전분석관위원회와 1945년 여름 태평양 전구에 설치된 미국 전략폭격조사단은 당시 일본의 가정 작업장은 더 이상 널리 쓰이지 않고 있었고 지역 공격을 정당화하지 못한다고 주장했다.[209] 그럼에도 르메이의 주장은 실제로는 민간인과 그들의 도시 환경에 치명적이었던 전쟁을 경제전으로 윤색해주었다.

전략폭격이 일본 경제에 끼친 영향을 평가하는 것은 독일의 경우보다 한층 더 어려운 일로 밝혀졌다. 1945년이면 일본의 군수생산과 군사적 노력은 올가미를 조이는 해상 봉쇄—일본이 항복하기 전 1년간 절정에 이르렀다—의 결과로 이미 무너지기 직전이었기 때문이다. 일본의 군수품 생산량은 폭격 시작 이전인 1944년 9월에 최고조에 달했고, 비축 자재를 전부 사용하고 민간 소비를 최대한 줄이는 방법으로만 이런 생산량을 유지할 수 있었다. 공장을 대폭 증설하고 공작기계 보유량을 늘렸음에도, 해외에서 새로 들여오는 자재 공급이 끊기면서 군수품 생산량은 급속히 감소했다. 군수품 생산량 지수(1941년을 100으로 치면)는 1944년 9월에 332, 1945년 7월에 156이었다.[210] 1944년 벌크 상품 수입량은 1941년 수치의 절반인 1010만 톤으로 감소한 데 이어 1945년에는 고작 270만 톤으로까지 떨어졌다. 1945년 2분기에 아직 가용한 일본 상선은 89만 톤에 불과했거니와, 미국 잠수함이 일본 근해까지 침투한 탓에 이 적은 양의 상선마저도 대부분 동해의 항구들에 갇혀 있어야 했다. 제21 폭격기 사령부는 해전 지원을 위해 일본 연안에 기뢰 1만 2000발을 부설하는 작전을 개시하여 1945년 3월부터 8월까지 선박 293척을 추가로 격침했다. 일본은 다 합해서 상선 890만 톤, 즉 1942년부터 1945년까지 이용할 수 있었던 상선의 90퍼센트 이상을 잃었다.[211] 일본 상선 톤수의 손실과 이 손실이 전략물자 수입에 끼친 영향은 표 6.3에 나와 있다.

경제전쟁은 수년간의 소모전으로 이어졌지만, 1945년 봄이면 일본의 산업 생산과 식량 공급은 바닥을 드러내고 있었다. 일본 경제가 1945년 연말 이후에도 잔여 산업 생산량으로 버틸 수 있을 가망은 거의 없었다.

경제전은 본질적으로 더디게 불붙는 전략이며 그 결과도 모호하다. 1947년 영국의 폭격작전을 검토한 영국 정부 소속 과학자 헨리 티저드 경은 "경제를 파괴할 수는 없다"고 말했다.[212] 실제로 현대 산업경제들은 전쟁 전에 예상했던 것보다 더 유연하게 공격에 대응하는 모습을 보여주

표 6.3 일본의 상선과 상품 교역, 1941~1945 (단위: 1000용적톤) [213]

	1941	1942	1943	1944	1945
상선(grt)	5,241	5,252	4,170	1,978	1,547
민간용 상선	1,513	2,260	1,545	896	594
상선 건조	210	260	769	1,699	503
상선 손실(grt)	–	953	1,803	3,834	1,607
벌크 상품 수입	20,004	19,402	16,411	10,129	2,743
점결탄	6,459	6,388	5,181	2,635	548
철광석	6,309	4,700	4,298	2,153	341
보크사이트	150	305	909	376	15
생고무	67	31	42	31	18
쌀	2,232	2,269	1,135	783	151

상선 톤수 수치는 매년 10~12월 평균치이며 1945년은 8월 수치다. 1945년 상품 수치는 1~8월만 포함한 수치다. grt는 '등록 총톤수'를 의미한다.

었다. 어느 경우에나 경제전을 거는 쪽은, 특히 주요 교전국들이 그런 싸움에 거의 대비되어 있지 않다는 이유로, 경제전의 효과가 얼마나 빠르고 결정적으로 나타날 것인지를 지나치게 낙관적으로 평가했다. 독일은 공중과 해상을 봉쇄하여 영국의 저항을 1년 이내에 끝낼 수 있을 것으로 내다보았다. 영국과 미국의 공군 사령관들은 폭격으로 적의 전쟁 노력을 수개월 내에 뒤흔들 수 있기를 바랐다. 하지만 실제로 경제전쟁은 구체적인 표적을 선택하고 타격하여 경제 전반에서 승수효과를 일으켰을 때 가장 큰 성과를 거두었다. 예컨대 일본의 상선을 강습하고 독일의 석유 및 교통을 폭격한 경우가 그러했다. 그리고 두 경우에도 경제전쟁의 영향은 아주 뒤늦게야, 독일과 일본이 경제 자원 상실이 아닌 다른 이유들 때문에 전선에서 패배에 직면했을 때에야 감지되었다. 소련이 경제전쟁에 관여하려 시도하지 않았던 것은 중요한 사실인데, 어느 정도는 지리적 제약 때문에 그럴 기회가 별로 없었기 때문이지만, 주된 이유는 소련 군사교리에서 전장의 우위와 적군의 패배를 강조한다는 데 있었다. 그 대신 소련은 대량생산에, 그리고 승리를 위한 경제적 여건을 마련해주는 연합국의 원조에 의존했다. 경제전쟁이라 해도 그 추이와 결과를 결정지은 것은 군사 분쟁이었다. 독일의 영국 봉쇄가 실패한 것은 잠수함 부문이 연합국 해군과 공군에 패했기 때문이다. 미국의 독일 폭격이 결국 성공한 것은 그에 앞서 독일 공군을 무찌르고 꾸준히 압박했기 때문이다. 일본과 이탈리아가 상선을 잃은 것은 이미 수년간 군함, 호위함, 잠수함끼리 소규모 전투를 치른 결과였다. 경제전쟁의 전선은 사실상 군대의 전선이 되었다.

경제전은 양측 모두에게 엄청난 비용을 지우기도 했다. 적에게로 가는 자원을 차단하려면 충분한 자원을 투입해야 했다. 1940~1941년 대영국 폭격전쟁과 1940~1945년 대독일 폭격전쟁에는 군수품 생산량 중 상당 부분이 투입되었으며, 방어하는 쪽도 방공에 자원을 할당할 수밖에 없었다—다만 두 경우 모두 폭격으로 인한 경제적 영향은 대부분의 기간 동안 제한적이거나 미미했다. 영국 폭격기 사령부에서는 4만 7268명이 전사했고 독일을 폭격한 미국 전략공군에서는 3만 99명이 전사했다. 두 폭격기부대가 상실한 항공기는 2만 6606대였다.[214] 경제와 노동력의 사기를 겨냥한 폭격전쟁으로 독일과 일본의 민간인 65만 명 이상이 목숨을 잃었다. 독일 잠수함 승조원들은 결국 적을 봉쇄하는 데 성공하지 못한 채 지원병 5명 중 4명(그리고 무려 잠수함 781척)을 잃는 등 거의 섬멸을 당했다. 상선 선원들 역시 민간인 신분임에도 불구하고 마치 군인인 양 고통을 받았다. 영국 호송선단 항로에서 선원 2만 9180명이 사망했으며, 일본 상선 선원 중에서 사망, 실종, 근로 불능 등의 사상자는 총 11만 6000명에 달했다.[215] 미국 잠수함 승조원들은 비록 대성공을 거두긴 했지만 미군에서 가장 높은 손실률을 기록해 자원 병력의 22퍼센트인 장교와 사병 3501명을 잃었다.[216] 같은 시기 폭격기 수천 대는 지상에서 고철이나 다름없는 상태로 최후를 맞았고 선박 수백만 톤은 대양의 바닥으로 가라앉았다. 적국 자원 차단은 총력전 개념에 부합하는 목표였지만, 결국 승리를 가져오는 데 더 확실하게 기여한 경제 요인은 대량생산과 군수물자 공유인 것으로 밝혀졌다.

제7장

정당한 전쟁? 부당한 전쟁?

1940년 4월과 5월 소련 내무인민위원부가 카틴 숲 인근에서 살해한 폴란드 장교와 지식층의 부패한 시신들 사이에 독일 군인이 홀로 서 있다. 1943년 4월 독일 점령군이 공동묘지를 발견하고 유해를 파냈다. 소련 정권은 1990년까지 이 학살이 독일 측의 잔혹행위라고 주장했다.

도덕적·윤리적 문제는 그것을 유지하거나 혁파하여 궁극적 승리에 기여할 수 있는 경우를 제외하고는 총력전에서 유효하지 않다. 총력전에서는 도덕성이 아닌 편법이야말로 인간 행위의 유일한 기준이다.

— 데니스 휘틀리,《총력전》, 1941[1]

2차대전에서 모든 교전국은 자국이 정당하게 싸운다고 생각했다. 서로 다른 이유와 도덕적 관점에서 그렇게 생각하긴 했지만, 어느 나라도 죄책감을 느끼지는 않았다. 전쟁 정당화하기는 이내 전쟁은 정당해야 한다는 신념으로 바뀌었다. 전후 문헌들은 거의 만장일치로 정당한 대의를 위해 싸운다는 침공국들의 주장이 완전히 거짓이었다고 판정했지만, 양측 모두 자기편이 옳다고 믿었다는 사실을 고려하지 않으면 거의 모든 국민이 최후까지 전쟁을 수행한 이유를 도저히 이해하기 어렵다. 추축국과 연합국 모두 자기네 대의의 고결함과 적 진영의 비열함을 국민에게 납득시키고자 다방면으로 노력했으며, 그 과정에서 무력 분쟁을 '문명'의 상이한 형태들 간의 투쟁, 완승을 거둘 때까지 이어가야 하는 투쟁으로 바꾸었다. 윤리적 이유로 전쟁에 공공연히 반대한 이들은 극소수의 고립된 소수집단이었다.

전시 도덕에 관한 견해로 이 장의 첫머리를 열어준 영국의 대중 저술가 데니스 휘틀리Dennis Wheatley는 1940년 영국군 합동계획참모부에 선발되어 총력전과 그 도덕적 함의에 관한 의견서를 작성했다. 그의 글은 분쟁이 한창일 때 모든 교전국이 수용했을 만한 내용이다. "총력전에서 교전국의 선택지는 단 두 가지뿐임을 명확하게 인식하고 명확하게 표명해야 한다. 바로 완전 승리와 완전 괴멸이다." 이렇듯 냉혹한 상황에서 휘틀리는 전쟁을 단축하거나 승리를 가져오는 행동 방침이라면 그것의 "'합법적' 또는 '불법적' 함의와 무관하게" 도덕적으로 정당화된다고 결론지었다.[2] 2차대전 기간의 이런 절대적 총력전은 역사적으로 유례가 없는 것이었다. 양편의 정권들은 죽기 아니면 살기, 국가의 소멸 아니면 존립과 같은 수사법을 채택했다. 어떤 대가를 치르더라도 승리를 추구하는 것이 전쟁 노력을 굳건히 하는 접합제였다. 대부분의 경우 완전 괴멸의 위협을 지나치게 과장하긴 했지만, 전멸의 가능성은 추축국에서나 연합국에서나 전쟁 노력에 완전히 순응하도록 강제하고 극도의 국가적 분투를 정당화하는 편리한 도덕적 명령을 제공했다. 생존을 위한 전쟁은 그 정의定義상 어디서나 정당한 전쟁으로 여겨졌는데, 이는 다원주의적 투쟁이 아닌 자연적 정의正義에 따라 전쟁의 정당성 여부를 판가름해야 한다는 종래의 법적 · 윤리적 설명을 왜곡하는 견해였다.

전쟁 정당화하기

추축 침공국들은 1930년대에 아시아, 아프리카, 유럽의 영토를 차지하려는 제국 프로젝트를 시작했을 때만 해도 절대적 의미의 총력전을 의도한 게 아니었다. 삼국은 지역 규모의 야심을 품었고, 기존의 세계 권력 구조 탓에 세계의 자원에서 정당한 몫을 얻지 못하고 특히 충분한 영토를 확보하지 못한다는 가정에 근거해서 자신들의 정복을 정당화했다. 그런데 이런 의미의 정의는 인종적·문화적으로 우월하기 때문에 제국을 갖기에 적합한 민족들이 있고 또 식민화를 당하기에만 적합한 민족들이 있다는 종래의 가정—분명 유럽 팽창의 최근 역사를 거치며 정당화된 가정—에서 도출한 것이었다. 추축 삼국은 제국 건설의 권리를 제한한다는 이유로 1930년대의 세계 질서를 불법적인 질서로 여겼으며, 강성한 민족들에게 제국으로 발돋움하고 세계의 천연자원에 더 공정하게 접근할 수 있는 길을 허용하지 않는 불의를 1931년 만주부터 1939년 폴란드까지 일련의 정복 전쟁을 통해 바로잡으려 했다.³ 1940년 9월 추축 삼국이 체결하여 유럽, 지중해 분지, 동아시아에서 새로운 제국 질서를 도모한 삼국 동맹 조약은 세계의 모든 국가(다시 말해 모든 '선진' 국가)가 "저마다 권리를 가진 공간을 얻는" 경우에만 항구적인 평화가 가능하다고 천명했는데, 이는 더 확고한 국제 정의 의식을 새로운 질서의 기반으로 삼아야 한다는 뜻이었다.⁴ 어느 일본 관료가 불평했듯이 영국이 인도를 지배하는 것이 도덕적으로 용인할 만한 일이라면, 일본이 중국을 지배하는 것을 용인하지 못할 이유는 무엇이란 말인가?

추축 삼국은 새로운 지역 제국을 추구하면서 머뭇거리고 임시변통에 의존했는데, 특히 삼국 모두 공세적 팽창에 대한 자신들의 정당화 논변을 세계 공동체 전반이 지지할 리 없다는 것을 알고 있었기 때문이다. 전쟁이 발발한 1939년 9월 무렵 서방은 이미 추축국의 침공은 세계를 지배하려는 더 큰 계획의 일부라는 견해를 가지고 있었다. 그리고 연합국은 추축국이 세계 정복 음모를 꾸몄다는 생각을 전후에 주요 전범들이 재판—

침략전쟁을 모의했다는 것이 주요 죄목이었다─을 받을 때까지 고수했다. 추축국, 특히 히틀러의 독일이 '세계 지배'를 꾀한다는 주장은 결코 명확하게 규정된 적이 없지만, 그럼에도 침공국들의 위협감을 최대화하는 수사적 도구로 사용되었다. 사실 세계 지배를 어떻게 규정하든 간에, 세계 지배를 달성하려는 일관된 계획이나 의도적인 음모는 존재하지 않았다. 오히려 추축국은 상황을 정반대로 보았다. 지역 수준에서 추구하던 제국주의 야망이 아시아와 태평양에서는 1937년부터, 유럽에서는 1939년부터 결국 전쟁이라는 난관에 부딪혔을 때, 추축 삼국은 이제 전쟁 정당화 논변을 바꾸어야 한다고 보았다. 그것은 이미 제국의 결실을, 또는 풍부한 땅과 자원을 누리는 국가들의 완강한 적의와 적나라한 이기주의에 맞서 추축 삼국이 스스로를 방어하고자 총력전을 벌인다는 논변이었다. 독일의 경우, 폴란드 침공에 그늘을 드리운 영국과 프랑스의 선전포고를 독일을 '포위'하여 동등한 제국 지위에 대한 정당한 요구를 억누르려는 새로운 시도로 여겼다. 어느 독일 청년이 회고했듯이 1939년 9월 대중의 견해는 "우리는 공격을 받았고 우리 스스로를 방어해야 했다"와, 독일이 아닌 서방 열강이 음모에 관여했다는 것이었다.[5] 적들에 맞서 독일의 중핵을 지켜내는 것이 독일 국민의 긴요한 도덕적 의무가 되었으며, 이는 독일의 침공이라는 불의를 국가의 생존을 위한 정당한 전쟁으로 뒤집은 격이었다.

이런 식의 도덕적 전도는 추축 삼국에 공통되는 점이었다. 삼국이 보기에 자신들의 정당한 영토 권리를 제한할 뿐 아니라 제국의 중핵인 국가의 존재까지 없애려는 음모를 꾸미는 쪽은 연합국이었다. 무솔리니는 '금권정치 열강'이 서로 공모하여 문명국 이탈리아를 지중해에 가두고 새로운 문명을 세울 수 있는 생존공간을 내주지 않고 있다고 거듭 주장했다.[6] 일본의 경우, 과거 1차대전 시기에 일본을 동맹국으로서 전쟁에 끌어들이고 중국을 상대로 함께 '불평등 조약'을 강요했던 서방이 1930년대 들어 일본의 아시아 야심에 강한 편견을 드러냈다는 사실에 무척 분개하는 정서가 있었다. 1937년 중일 전쟁이 발발한 뒤 서방이 중국을 지원하자 일본 측은 그에 대해 자국의 정당한 제국 권리를 방해하기 위해 만주 점령 때부터 꾸며온 더 큰 음모의 일부라고 판단했다. 일본 군부나 정계, 지식층의 엘리트들에게 이런 '백화白禍'는 일본인의 역사적 공동체인 국체의 존립 자체를 위협할 뿐 아니라, 아시아 민족들을 일본 제국의 보호하에 두려는 신성한 사명까지 위협하는 것이었다. 일본 정치인 나가이 류타로永井柳太郎가 썼듯이 일본의 도덕적 책무는 "백인의 전 세계적 전제정을 타도"하는 것이었다.[7] 일본이 미국 및 영 제국과의 전쟁을 무릅쓴다는 최종 결정을 내린 데에는 확실한 군사경제적 이유가 있긴 했지만, 도조 총리가 표명한 더 근본적인 이유는 '작은 일본'을 만들어내 2600년에 걸친 제국의 영광을 끝내려는 서구의 위협에 맞서 일본의 역사적인 천황제 국가를 지켜야 한다는 것이었다.[8] 진주만 공격 당일, 일본 정부는 〈정보 및 선전 정책 요강〉이라는 문서에서 전쟁의 원인으로 서구의 "이기적인 세계 정복욕"을 지목했다.[9] 독일의 경우와 비슷하게 일본 국민도 전도된 현실에 근거하여 총력전에 윤리적으로 헌신했는데, 그런 현실 속에서 일본의 중국 및 태평양 침공은 백인 열강의 포위에 대항해 스스로를 방어하는 전쟁으로 바뀌었다. 1941년 12월 일본 시인 다카무라 고타로高村光太郎는 서구와의 분쟁에 대한 일본의 견해를 이렇게 요약했다.

우리는 정의와 삶을 옹호하건만
저들은 이익을 옹호하고

우리는 정의를 수호하건만

저들은 이익을 위해 공격하네

저들이 오만하게 고개를 쳐들고 있는 동안

우리는 대동아 가족을 건설하네

1년 후《재팬 타임스Japan Times》는 독자들에게 자기방위 전쟁은 "절대적으로 정당하다"는 점을 상기시켰다.[10]

가장 정교하고 유해한 음모론은 독일에서 대두했다. 히틀러와 국가사회주의당 지도부가 보기에 독일 국민을 상대로 전쟁을 개시하려는 음모를 꾸미는 적은 '세계 유대인'이었다. 1939년 9월 유럽 전쟁을 시작할 때부터 히틀러는 서방 연합국과의 전쟁을 더 광범한 유대인과의 전쟁과 관련지었다. 또한 국가의 적을 악랄한 국제 유대인 관계망의 한낱 도구로 치부했고, 유대인이 음모를 꾸며 독일의 정당한 제국 권리를 방해할 뿐 아니라 독일 국민을 소멸시키려 한다고 생각했다. 이 환상은 2차대전 이전의 신화에 깊이 뿌리박고 있었다. 독일의 과격한 민족주의 유권자들은 그전부터 지난 1918년 패전의 원인으로 국내 유대인 패배주의자들과 선동가들의 이른바 '등뒤에서 찌르기'를 꼽아온 터였다. 1920년대 초에 히틀러는 작은 국가사회주의당의 당수로서 연설을 하면서 이 혐의 씌우기를 더욱 종말론적인 '생사의 투쟁', '유대인과 독일인 간'의 진짜 전쟁으로 확대했다.[11]

히틀러와 그의 동료 반유대주의자들은 유대인과의 분쟁을 세계사적 관점에서 바라보았다. 국가사회주의 선전에서 '세계 지배'를 노리는 쪽은 독일이 아니라 유대인이었다. 개전을 몇 해 앞둔 1936년, 친위대 수장이자 훗날 유대인 제노사이드의 설계자가 될 하인리히 힘러는, 독일의 주적은 유대인이며 "그들의 바람은 세계 지배이고, 그들의 기쁨은 파괴이 며, 그들의 의지는 절멸이다"라고 썼다. 1938년 11월 힘러는 친위대 고급 장교들로 이루어진 청중에게 전쟁이 발발하면 유대인이 독일을 소멸시 키고 독일 국민을 절멸시킬 것이라고 경고했다. "독일어를 말하고 독일 인 어머니를 두기만 한 사람도 죽일 것이다."[12] 이렇듯 유대인이 독일과의 전쟁을 원하고 음모를 꾸며 그런 전쟁을 도발할 것이며 독일 국민—또는 '아리아인'—을 절멸시킬 것이라는 주장은 국가사회주의자들의 정신 속 에서 전쟁과 유대인의 책임이라는 상관성으로 명확하게 연결되었다. 히 틀러는 총리 취임 기념일인 1939년 1월 30일의 제국의회 연설에서 마침 내 악명 높은 예언을 발표하기로 결정했다. 유대인이 (지난 1914년에 그랬 듯이) 유럽을 다시 한 번 전쟁에 빠뜨리는 데 성공한다면, 그 결과로 유럽 내 유대인이 전멸할 것이라는 예언이었다. 역사가들은 이 발언을 액면 그 대로 받아들이는 것을 경계했지만, 히틀러는 전쟁 발발과 확산의 배후에 '세계 유대인'의 악의적이고 계획적인 노력이 있다는 이 주제로 거듭 되 돌아갔다.[13]

독일 측은 개전 초부터 국가 간 전쟁과 어둠에 가려진 '세계 유대인' 음 모단과의 전쟁을 하나로 엮기 시작했다. 1939년 9월 4일의 대국민 연설 에서 히틀러는 "국제 유대-민주주의 적"이 두 서방 국가 영국과 프랑스 로 하여금 그들이 원치 않는 전쟁을 선포하도록 종용한 것이라고 주장했 다.[14] 반유대주의 잡지 《벨트딘스트Weltdienst》는 위서僞書인 《시온 장로 의 정서》(당시까지 독일에서 15만 부 넘게 팔렸다)의 제7의정서가 서방의 선전포 고로 현실화되었다고 주장하기까지 했다. "유대인의 전쟁계획이 이보다 더 명확하게 표현될 수 있겠는가?"[15] 세계유대인회의 의장 하임 바이츠만 Chaim Weizmann이 9월 말 영국의 대의를 공개적으로 지지하자 잡지 《디 유덴프라게Die Judenfrage》는 독자들에게 영국에 "세계 제1의 적: 국제 유대인과 권력에 굶주리고 증오심으로 가득한 세계 유대인"이 있다고 알렸다.[16] 독일의 자기방위 전쟁은 하나로 합쳐진 두 전쟁, 즉 연합국과의 전쟁과 배후에 숨은 유대인 적과의 전쟁이었다. 독일은 프랑스의 패배 이후 영국이 강화협정을 받아들이지 않은 것을 처칠에 대한 유대인의 영향력 탓으로 돌렸다(자주 꺼낸 주제였다). 또한 경제 자원과 영토를 차지한다는 확실한 동기가 있었던 소련 공격에 나서면서 런던과 모스크바 사이 유대인의 음모를 막기 위한 선제공격이라고 주장했는가 하면, 이 주장을 바탕으로 도무지 믿기지 않는 금권정치와 볼셰비즘의 동맹을 선전의 소재로 활용했다.[17]

영국과 미국의 협력을 알린 1941년 8월 대서양 헌장 발표부터 그해 12월 미국의 참전에 이르기까지 전 세계적 전쟁으로 귀결된 막바지 단계를 가리켜 독일 지도부는 독일 국민을 소멸시키려는 유대인 음모의 결정적 증거(과연 증거가 필요했을지 모르겠지만)라고 공개적으로 비난했다. 무명의 시어도어 카우프만Theodore Kaufman이라는 사람이 미국에서 자비로 출간한 100여 쪽짜리 책《독일은 사라져야 한다!Germany Must Perish!》가 1941년 7월 독일에 들어왔을 때, 그것은 미국 지도부가 유대인의 장단에 놀아난다는 명확한 증거로 여겨졌다. 7월 23일 나치당 기관지의 헤드라인은 "범죄적인 유대인 사디즘의 산물: 루스벨트, 독일 국민 박멸을 요구하다!"였다. 8월 14일의 대서양 헌장 발표 이후 나치당 기관지의 헤드라인은 "루스벨트의 목표는 유대인에 의한 세계 지배"였으며, 히틀러는 독일 국민이 그들 사이의 적을 확실히 알아볼 수 있도록 이제 독일 유대인은 노란색 '다윗의 별'을 달아야 한다고 명령했다.[18] 12월 11일 히틀러가 제국의회 연설에서 미국에 전쟁을 선포했을 무렵, 반유대주의 신봉자들은 유대인이 다시 음모를 꾸며 루스벨트를 전쟁으로 몰아갔다는 생각을 당연하게 받아들였다. 진주만 공격 이튿날 독일 당국은 언론 보도자료에서 아시아 전쟁은 "유대인의 시종으로서 지난 수년간 처칠과 함께 끊임없이 전쟁을 위해 분투해온 전쟁광이요 세계적 범죄자인 루스벨트의 작품"이라고 주장했다.[19] 히틀러는 미국의 교전 상태를 일본에 침공당한 결과로 보기는 커녕, 제국의회 연설에서 "사탄처럼 비열하기 그지없는 유대인"의 탓으로 돌렸다.[20] 히틀러의 언론담당관이 언론에 보내는 지시문에서 자주 지적했듯이, 미국의 참전으로 "볼셰비즘과 자본주의는 운영진만 다를 뿐 유대인의 동일한 세계 기만술이다"라는 주장이 확인되었다는 것이 독일의 입장이었다.[21]

독일이 소멸 위협에 맞서 자기방위 전쟁을 치르는 이유를 설명하면서 유대인의 세계 음모를 거듭 강조한 것은, 분명 독일 국민이 이번 전쟁을 생존을 위한 정당한 투쟁으로 여기도록 유도하려는 수사적 계책 그 이상이었다. 그런 목표라면 유대인을 관련짓지 않고도 달성할 수 있었다. 독일의 유대인 음모 주장은 오늘날 얼토당토않아 보이지만—그리고 당시 많은 독일인에게도 틀림없이 그렇게 보였을 테지만—히틀러와 그의 주변 사람들이 실제로 그런 주장을 믿고자 했다는 사실을 받아들이지 않기는 어렵다. 독일이 1차대전에서 패배한 책임이 유대인에게 있다는 인식틀은 결코 의문시되지 않았고, 그 인식틀에서의 유추를 통해 2차대전의 책임도 유대인에게 씌워졌다. 유대인 음모는 히틀러와 측근들이 침략전쟁의 책임을 유대인에게 전가할 수 있도록 해주는 강력한 역사적 은유가 되었다. 나치당 지도부와 대다수의 당원들은 예상치 못한 사태 전환, 이를테면 영국과 프랑스의 선전포고, 1940년 여름 영국의 강화협정 거부, 소련과의 필연적인 전쟁, 미국의 참전 등을 유대인 음모의 결과라고 설명할 수 있었다. 1944년 가을 지역당 연설가들을 위한 회람용 선전물에는 "유대인을 안다는 것은 곧 전쟁의 의미를 안다는 것이다"라고 적혀 있었다.[22] 1945년 봄에 히틀러는 죽음을 앞두고 마르틴 보어만에게 구술하면서 너무나 많은 일들이 자신의 기대와 다르게 진행된 이유로 유대인의 역할을 꼽았다. 히틀러는 다음과 같이 결론지었다. 이미 1933년에 "유대인은 우리에게 전쟁을 선포하겠다고 … 은밀히 결정했다". 영국과의 강화는 "유대인이 용인하지 않으려 했기 때문에" 불가능했다. "그리고 유대인의 종복인 처칠과 루스벨트가 강화를 막았다." 루스벨트는 일본의 공격에 대응했던 게 아니라 "유대인의 부추김을 받아 이미 국가사회주의를 소멸시키겠다고 굳게 결심한 터였다". 이번 전쟁만큼 "유대인의 특성이 전형적으로, 동시에 온전하게 드러난" 분쟁도 없었다.[23] 심지어 독일 포로들은 전후에 연합국 측에 심문을 받을 때에도 신중한 사람이라면 벌써 단념했을 법한 수사법을 구사했다. 예컨대 독일노동전선의 전 수장 로베르트 라이는 심문관들이 반유대주의를 부당하게 비난한다고 판단하고서 독일에서 유대인을 전쟁의 원인으로 지목한 이유를 그들에게 납득시키려 했다. "우리 국가사회주의자들은 … 이제는 지나가버린 투쟁에서 오로지 유대인과의 전쟁만을 목격했습니다. 프랑스군도, 영국군도, 미군도, 러시아군도 우리의 상대가 아니었습니다. 우리는 그들이 유대인의 도구에 불과하다고 믿었습니다."[24]

유대인 음모는 독일이 일으킨 전쟁을 정당한 전쟁으로 보이도록 하는 기능을 했다. '아리아인'과 유대인의 투쟁은 생사를 건 사투였고, 모든 독일인의 도덕적 책무는 그 투쟁에 전력을 다하는 것이었다. 또한 유대인 음모는 1941년 제노사이드로의 이행을 정당화하는 기능을 했다. 독일은 유대인을 자국과 전쟁 중인 적으로 묘사함으로써 모든 유대인 공동체를 그들도 모르는 사이에 비정규 전투원으로 군사화하고, 그로써 섬멸해도 되는 존재로 정당화했다. 또한 유대인이 독일인을 절멸시킬 것이라는 생각을 '세계 유대인'에 투영함으로써 유대인을 소멸시키고 절멸시키고 말살하고 뿌리 뽑겠다는 식으로 되풀이한 공개적 위협을 완전히 정당한 대응으로, 심지어 인종 공동체를 방어하는 도덕적 행위로 보이도록 했다. 유대인과의 실제 전쟁과 공상 전쟁은 히틀러와 제노사이드 공범들의 정신 속에서 공생하면서 적 군인을 살해하는 것과 유대인을 살해하는 것이 도덕적으로 동등하다는 끔찍한 등식을 만들어냈다. 독일이 유대인을 추방하고 게토화하는 방침에서 대량 살인으로 이행한 주원인이 무엇인지는 여전히 널리 논의되는 문제이지만, 히틀러 파벌이 유대인 권모술수의 산물로 여긴 전쟁과 훗날 힘러가 말한 절멸의 '철의 이유' 사이에 연관성이 있는 것은 자명해 보인다.[25] 대량 살인으로의 최종 이행이 얼마나 임시변통으로 이루어졌든 간에, 나치 정권의 전쟁관을 형성한 설명틀은 그 이행의 필수적 전제조건이었다. 유대인 희생자의 과반을 이미 살해한 시점인 1943년 5월에 요제프 괴벨스는 일기를 쓰면서 이렇게 생각했다. "총통의 예언적 발언 중에서 유대인이 두 번째 세계대전을 유발하는 데 성공한다면 그 결과는 아리아인의 파멸이 아니라 유대인의 말살이 되리라는 예측만큼 필연적으로 현실이 된 발언은 없다."[26]

독일이 세계 유대인 음모와의 싸움에 집착한 것은 동맹국 이탈리아와 일본이 '유대인 문제'에 대응하는 방식에 영향을 주었다. 일본 지도부는 오랫동안 유대인 공동체와 접촉한 적이 없었기에 대체로 그 문제에 중립적이었다. 일본 군부는 1930년대에 두 명의 격렬한 반유대주의자인 육군의 야스에 노리히로安江仙弘 대좌(《시온 장로 의정서》를 일본어로 번역했다)와 해군의 이누즈카 고레시게大塚惟重 대좌에게 유대인 문제에 관한 연구를 맡겼고, 후자는 유대인을 "세계의 암"으로 묘사할 수 있었다. 그러나 두 사람 모두 유대인 음모에 관한 일관된 견해를 개진하지 않았고, 폭넓은 영향력을 누리지도 못했다. 두 사람은 주로 상하이에 거주하는 유럽 출신 유대인 난민 2만 명을 활용해 유대인 금융업에 접근하고 미국과의 관계를 개선하기를 바랐다. 이 전망이 삼국동맹 조약 체결로 사라지자 유대인 난민에 대한 일본의 공식 대응은 그들을 더 제약하는 쪽으로 바뀌었다. 하지만 일본의 대응과 독일의 대응에는 공통점이 없었다. 일본은 상하이에 모든 난민을 위한 유대인 지구를 조성했고, 비록 이상적인 조건과 거리가 멀긴 했지만 유럽의 유대인 게토와 수용소처럼 운영하진 않았으며, 반유대주의를 전시 선전의 주제로 삼지 않았다.[27]

이탈리아의 상황은 달랐다. 이탈리아는 1938년 독일의 압력과 무관하게 반유대인 인종법을 도입해 가혹한 유대인 차별 제도의 기반을 마련했다. 하지만 이곳에서도 1943년 말 무솔리니의 이탈리아 사회공화국이 수립된 뒤에야, 맹렬한 반유대주의자인 전 사제 조반니 프레치오시Giovanni Preziosi(1921년《시온 장로 의정서》의 번역본을 출간했다)의 영향을 받아 세계의 적 유대인에 맞선 전쟁이라는 관념이 파시스트의 전쟁 정당화 논변에 더 명시적으로 포함되기 시작했다. 1943년 무솔리니의 신생 공화국이 작성한 '베로나 선언'에서 유대인은 '적 민족'으로 명확히 규정되었다.[28] 선전 포스터는 반유대주의 이미지를 사용해 연합국 지도부를 세계 유대인의 꼭두각시로 낙인찍었다. 파시스트 신문들은 유대인에게 간첩과 테러 행위 혐의를 씌우는 한편 유대인이 "이번 전쟁의 최대 지지자들"이며 "세계 지배라는 정신 나간 기획을 추구"한다고 단정했다. 다만 이 신문들의 선전은 체계적이지도 않았고, 히틀러의 세계관처럼 음모라는 핵심 관념과 연결되지도 않았다. 오히려 유대인은 1943년 여름 무솔리니의 실각 때

"배반"을 했다는 이유로, 국제 위협이 아닌 국내 위협을 가했다는 이유로 훨씬 더 비난받았다.[29]

연합국으로서는 침략전쟁을 인종이나 다른 무언가를 위협하는 외부 세력에 맞서 스스로를 지키는 정당한 전쟁으로 가장할 필요가 없었다. 연합국은 자기네 대의가 옳다는 것을 당연시했다. 그럼에도 영국과 프랑스 정부 측에 자기방위는 복잡한 논점이었는데, 독일이 양국에 전쟁을 선포한 게 아니라 양국이 독일에 전쟁을 선포했거니와, 1939년 9월까지 양국 모두 독일의 직접적 침공 위협을 받은 적이 없었기 때문이다. 양국은 제3제국의 영토 야망과 적나라한 폭력을 막기 위한 더 일반적인 의미의 자기방위를 주장하면서 독일의 팽창이 실제로 서방의 이권에 정면으로 도전하기 전에 저지하려 했다. 폴란드 방어는 부수적인 관심사, 양국 모두 폴란드가 패하기 전에는 진지하게 고심하지 않은 문제였다. 그럼에도 폴란드의 편에서 전쟁을 선포함으로써 프랑스와 영국은 독일군과 전선을 두고 대립하게 되었으며, 히틀러가 충분히 실행 가능한 방어적 교착 상태를 그만두고 공격하기로 결정한 이후 양측은 이 대립을 자기방위 수사법으로 쉽게 바꿀 수 있었다. 연합국 진영의 다른 크고 작은 국가들은 명백히 자신들은 정당한 이유 없는 침공의 희생자로서 자기방위 전쟁을 치르는 것이라고 주장할 수 있었다. 1941년 11월 스탈린은 러시아 혁명 기념 연례 연설에서 "두 종류의 전쟁: 정복 전쟁, 결과적으로 부당한 전쟁과 해방 전쟁, 정당한 전쟁"이 있다고 선언했다.[30] 파시스트의 침공으로부터 모국을 방어하는 것은 소련의 전시 수사법에서 핵심 목표가 되었다. 분쟁 내내 소련에서 사용된 '대애국 전쟁' 개념은 1941년 6월 23일 교전 개시 바로 이튿날에 공산당 기관지《프라우다》가 만들어낸 표현이다.[31] 미국에서는 진주만 공격이 국내 여론에 전기충격과 같은 영향을 주었다. 1941년

12월까지 미국 여론은 고립주의파와 개입주의파로 극명하게 갈라져 있었다. 여간해서는 연합하지 않는 정치 세력들을 하나로 결속한 접합제는 루스벨트의 말마따나 인류를 노예로 만드는 데 골몰하는 "힘세고 간악한 깡패들"에 맞서 미국을 방어하겠다는 확고한 의지였다.[32] 영국과 프랑스를 뺀 연합국 국가들에 자기방위는 정당한 전쟁 전통에 부합하는 것이었다.

연합국 측은 전쟁을 치러야 한다는 도덕적 옹호론을 펴는 데 어려움을 겪지 않았다. 1939년 9월 3일, 네빌 체임벌린은 영국의 선전포고를 알리는 라디오 방송을 그런 도덕적 옹호론으로 끝맺었다. "우리가 싸워야 하는 대상은 악한 것들—완력, 악의, 불의, 억압, 박해—이며 저는 의로움이 이길 것이라고 확신합니다."[33] 스탈린은 1941년 기념 연설에서 청중에게 독일군은 "도덕적 타락"으로 "야수의 수준까지" 떨어졌다고 일갈했다. 1942년 추축 삼국을 모두 대적하게 된 루스벨트는 미국의 전쟁을 "세계의 해묵은 악폐들, 해묵은 병폐들을 일소하기 위한" 싸움으로 규정했다.[34] 같은 해에 장제스는 일본과의 장기전 5년째를 맞아 중국 국민 역시 "선과 악, 왕도와 패도" 간의 전쟁을 치르고 있으며 이 싸움에서 중국이 "도덕적 우위"에 있다고 선언했다.[35] 구제불능으로 부도덕한 적과 싸운다는 인식은 분쟁을 지속하는 내내 전쟁을 정당화하는 강력한 소극적 논거로 쓰였다. 적이 사악하다는 가정은 1930년대의 증거에 의존했는데, 그 시기 서방 국가들은 조치는 별로 취하지 않으면서도 추축국의 폭력적 팽창과 억압적 권위주의를 맹비난했다. 전쟁 발발 무렵 서방 국가들은 이런 도덕적 대비를 당연시했고, 도덕적 비난의 언어를 가차없이 동원해 사악한 적을 물리치기 위해서는 어떠한 수단을 사용하든 정당화된다는 일관된 서사를 제공했다. 1940년 5월 중순 영국 전시내각에서 민간인 살해를 수반할 수 있는 독일 표적에 대한 폭격을 허용할지 여부를 논의할 때, 처칠은 독일 범죄의 긴 목록이 폭격작전을 "충분히 정당화"한다고 주장했다.[36] 영국 국민은 적국 독일을 혐오한 나머지 이 분쟁에 거의 성경과 같은 성격을 부여했다. 평화주의 저자 A. A. 밀른Milne은 1940년에 히틀러와 싸우는 것은 곧 "진정으로 악마, 적그리스도와 싸우는" 것이라는 이유로 전쟁 반대를 그만두었다. 역시 평화주의에서 벗어난 신학자 라인홀트 니부어Reinhold Niebuhr는 선량한 사람들이 역사상 "이보다 더 선명하게 규정된 '악'"을 마주한 적은 없다고 생각했다.[37] 미국에서 프랭크 카프라Frank Capra의 영화 시리즈 〈우리는 왜 싸우는가Why We Fight〉 제1편에 담긴 반쯤 공식적인 서사는, 이 다큐멘터리가 역대 최고의 갱스터 영화라고 주장하는 예고편으로 시작했다. "이제껏 당신이 본 그 어떤 공포영화보다도 더 잔인하고 … 더 악마적이고 … 더 끔찍하다."[38]

전쟁을 정당화하는 적극적 논거를 제시하는 것은 더 복잡한 일이었다. 데니스 휘틀리는 《총력전》에서 영국의 전쟁이 정당하다는 거의 보편적인 믿음에도 불구하고 영국의 적극적인 전쟁 목표와 평화 목표에 "애석하게도 정신적 탄약이 부족하다"고 지적했다.[39] 미국에서 루스벨트가 정부 정보기관 한 곳의 운영을 맡긴 아치볼드 매클리시Archibald MacLeish는 1942년 4월 메모를 쓰면서 어떻게 해야 전쟁에 대한 긍정적 견해를 심어줄 수 있을지 고민했다. "1. 전쟁을 십자군 운동으로 제시해야 하는가? 2. 그렇게 한다면, 무엇을 위한 십자군 운동인가? 사람들은 무엇을 원하는가? a. 질서와 안보? 세계 질서 등? b. 더 나은 삶? 3. 이런 것들을 어떻게 얻을 것인가?"[40] 분쟁의 도덕적 성격에 관한 적극적 서사를 제공한 것은 결국 연합국이 추축국의 야만성과 파괴성으로부터 문명과 인류를 구하고 있다는 수사법이었다. 1939년 문명화된 가치를 지키고 있다는 영국과 프랑스 측의 오만한 주장에는 1930년대의 경제 붕괴, 정치적 권위주의, 군국주의에 기인하는 위기로 말미암아 서구가 아는 문명이 정말로 위태로워진 것인지도 모른다는 양국 학계와 정계 엘리트들의 깊은 우려가 반영되어 있었다.[41] 히틀러와 히틀러주의는 서방의 여러 불안의 원흉으로 지목되었으며, 그런 이유로 1939년 대독일 전쟁은 그저 세력균형을 회복하는 문제가 아니라 세계의 향후 운명을 결정지을 근본적 항쟁으로 여겨졌다. 이는 매우 거창한 관점이었다. 1939년 말 영국 하원의원 해롤드 니콜슨은 《영국은 왜 전쟁하는가Why Britain is at War》에서 "우리의 책임은 막중하고도 끔찍하다"고 썼다. 영국은 자국의 생존을 위해 싸울 뿐 아니라 "인류를 구하기 위해서"도 전쟁이 끝날 때까지 싸울 것이었다.[42] 동일한 수사법을 프랑스에서도 활용했다. 프랑스 총리 에두아르 달라디에는 1939년 12월 프랑스 상원 연설에서 프랑스를 위해 극한까지 싸우는 "동시에 우리는 다른 국가들을 위해, 그리고 무엇보다 높은 도덕적 기준을 위해 싸우고 있습니다. 그 기준이 없다면 문명은 더 이상 문명이 아닐 것입니다"라고 설명했다. 이번 전쟁은 그 정의상 정당한 전쟁으로 비쳤는데, 1939년 프랑스 철학자 자크 마리탱Jacques Maritain이 말했듯이 "인간의 삶을 인간답게 하는 기본적 현실을 위한" 전쟁이었기 때문이다.[43]

그럼에도 전쟁으로 문명을 지킨다고 주장하는 영국과 프랑스의 방식에는 불분명한 점들이 있었다. 더 낫고 더 안전한 전후 세계에 대한 명확한 약속을 원하는 국민들에게 이런 주장은 너무 거창하고 모호하다는 비판이 제기되었다. 문명이라는 용어를 굳이 깊게 따지지 않더라도 서구 국민들이 그 의미를 이해할 것이라는 가정하에 문명 자체는 규정하지 않다시피 했다. 온갖 수사법으로 민주적 생활방식과 전통적 자유의 존립을 강조하긴 했지만, 전쟁을 '기독교 문명'을 구하는 일종의 십자군 운동으로 여기는 사람들과 현대 문명을 더 세속적인 관점에서 바라보는 사람들이 서로 거북하게 대비되었다. 처칠은 1940년 6월 프랑스 함락 이후 행한 유명한 연설에서 '기독교 문명'이라는 표현을 사용하긴 했지만, '영국 전투'를 선언하고 전쟁 목표를 표명할 때는 종교적 용어를 거의 사용하지 않았다. 영국과 프랑스의 기독교 저술가들은 서구 사람들 사이에서 기독교적 가치관이 이미 사라진 게 분명하다는 이유로 기독교 문명을 구한다는 모든 주장에 비판적 입장을 보였다.[44] 1945년 2월, 폭격제한위원회Bombing Restriction Committee는 영국에서 배포한 〈모든 기독교인에게 보내는 호소문〉에서 "무제한 폭력을 통한 승리 추구에 몹시 괴로워하는, 드러나지 않은 광범한 기독교적 양심"이 존재한다고 역설했다.[45]

무엇보다 민주적 가치를 수호한다는 영국과 프랑스(아울러 영국의 백인 자치령들)의 끊임없는 주장에는 양국 모두 거대한 식민제국을 통제하고 있으며 전시에든 전후에든 그 제국에서 민주적 가치를 제도화할 의향이 거의 없다는, 곤혹스러운 이중 잣대가 담겨 있었다. 1939년의 실상은 영국과 프랑스 모두 그저 민주적인 모국만이 아니라 더 큰 제국까지 방어하기 위해 출정한다는 것이었다. 니콜슨이 썼듯이, 제국을 잃는다면 영국은 "권위, 부, 속령만이 아니라 국가의 독립까지 잃을 것"이었다.[46] 처칠은 전시 내내 영 제국이 분쟁 이후에도 오랫동안 존속할 것이라는 믿음을 굳게 고수했다. 그 결과로 민주적 문명을 방어한다는 주장과 영국 제국주의를 유지하고픈 욕구는 전시 동안 줄곧 긴장 관계에 있었다. 영국은 서구 민주주의와 그 시민들의 자유를 지키는 데 헌신하면서도, 식민지에서는 그 자유를 부인하고 식민 통치의 비민주적 성격에 대한 모든 항의를 억압했다. 제국 단결의 중요성에 대한 전시 선전은 식민지 지역들이 모국과 도덕적 목표를 공유한다고 주장했지만, 이 주장은 그보다 덜 확실한 역사적 현실을 가리는 것이었다. 1940년 노동당의 한 팸플릿은 이렇게 주장했다. "연합국의 승리는 세계 최대 제국의 공고화를 의미할 것이다. 그 제국이 나치에게 강제수용소의 용도를 가르쳐주었고, 그 제국의 감옥에서 간디와 네루 같은 사람들이 생애의 긴 시간을 보냈다."⁴⁷ 인도는 전시의 명백한 실제 사례였다. 영국 정부가 전후 인도의 자치를 용인하지 않으려는 데 항의하여 1942년 가을 마하트마 간디가 '인도를 떠나라' 운동을 개시했을 때, 군대와 경찰은 인도 민족주의자 수천 명을 투옥하고 시위대에 발포하여 수백 명을 살해했다. 아프리카계 미국인 신학자 하워드 서먼Howard Thurman은 간디가 "자유를 위해 전쟁을 치른다"는 영국의 주장을 "도덕적 부조리로 일축"했다고 생각했다.⁴⁸

미국에서는 이번 전쟁을 방어 전쟁 이외의 무언가로 어떻게 제시할 것이냐는 초기의 불확실성이 점차 분명한 국제주의로 대체되었다. 루스벨트 본인이 승리를 거두어 세계의 더 많은 이들이 자유를 누리도록 해야 한다는 견해로 그런 국제주의를 주도했다. 더 나은 세계를 만들겠다는 루스벨트의 도덕적 의지는 미국이 부득이 참전하기 한참 전부터 나타났다. 1941년 1월, 루스벨트는 자신이 생각하는 필수적인 자유—결핍으로부터의 자유, 공포로부터의 자유, 종교적 신념의 자유, 표현의 자유—를 규정했다. 이 네 가지 자유는 왜 전쟁을 치러야 하는가에 대한 미국 공식 서사의 주춧돌이 되었다. 화가 노먼 록웰Norman Rockwell은 네 가지 자유를 연작으로 표현했으며, 그의 네 작품은 전시 내내 끊임없이 복제되었다. 1943년에는 네 그림을 이용해 전쟁채권 구입을 독려하는 전단 250만 장을 배포하기도 했다.⁴⁹ 네 가지 자유 중 두 가지는 도덕적 의지에 관한 루스벨트의 두 번째 전전 성명인 대서양 헌장에 포함되었다. 이 헌장은 1941년 8월 9일부터 12일까지 뉴펀들랜드 플러센치아 만에서 이루어진 루스벨트와 처칠의 첫 정상회담의 결실이었다. 이것은 기껏해야 우연히 나온 성명이 었는데, 비록 루스벨트 쪽에서 기대하긴 했으나 회담장에 도착했을 때만 해도 두 사람 모두 성명을 발표할 준비가 되어 있지 않았기 때문이다. 두 정치인이 사심 없는 동기를 가지고 있었던 것은 아니다. 루스벨트가 일종 의 성명을 낸 것은 국내 개입주의파의 영향력을 강화하려는 의도였다. 처 칠과 영국 정부는 아무리 어정쩡한 성명이라 할지라도 이것으로 미국이 연합국의 대의를 공개적으로 지지한다는 것과 교전국으로서 온전히 참 전할 가능성이 있다는 것을 알리려 했다.[50]

대서양 헌장 자체는 대체로 더 나은 세계를 희망하는 루스벨트의 수사 법에 부합하도록 고상한 국제주의적 언어로 표현한 8가지 성명 목록에 지나지 않았다. 헌장의 '공통 원칙들'에는 전후의 군비 축소에 대한 바람, 해양의 자유, 승전국과 패전국을 위한 경제적 정의가 포함되었다. 세 번 째 성명이 가장 중요했다. "자신들이 살아갈 정부의 형태를 선택하는 모 든 국민의 권리를 존중한다." "나치 폭정"을 물리치는 방법 외에 어떤 방 법으로 이런 원칙들을 실현할 것인지에 대한 설명은 없었다.[51] 헌장에 대 한 영국 측의 반응은 잠잠했다. 특히 처칠은 헌장의 원칙들을 영 제국에 적용할 마음이 없었다. 귀국 후 처칠은 하원에서 대서양 헌장이 "식민제 국의 유색인종들에게 적용"되지 않고 유럽 국가들과 민족들에게만 적용 된다고 말했다.[52] 스탈린은 이미 소련의 전쟁 노력을 위해 물자를 공급하 고 있는 연합국 측에 선의를 표하는 몸짓 정도로만 대서양 헌장을 지지했 다. 중국의 장제스는 넓게 보아 "나치 폭정"에 일본이 포함된다고 해석하 면서도 대서양 헌장이 지나치게 유럽만을 염두에 두었다고 생각했다. 장 제스는 1942년 1월 루스벨트에게 식민 통치를 받는 아시아 민족들에게 도 대서양 헌장을 적용해달라고 정식으로 요청했다가 실망했고, 1943년

11월 카이로에서 루스벨트, 처칠과 더불어 정상회담을 할 때 대서양 헌장을 전 세계에 적용해달라고 다시 한 번 요청했으나 이번에도 성공을 거두지 못했다.[53]

그럼에도 루스벨트는 미국의 참전 이후 대서양 헌장을 중심 기준점으로 삼았다. 이 헌장은 미국이 자국에만 유리한 게 아니라 전 세계에 영향을 끼치는 더 도덕적인 전후 질서를 위해 노력한다는 신호였다. 1942년 2월 '노변담화' 방송에서 루스벨트는 미국 청취자들에게 대서양 헌장은 대서양에 면한 국가들만이 아니라 전 세계에 적용된다고 말하고 '네 가지 자유'의 확립을 연합국의 원칙으로 추가했다(다만 헌장에 포함된 것은 공포와 결핍으로부터의 자유뿐이었다).[54] 이 시점에 루스벨트는 이미 처칠의 미지근한 동의를 얻어 연합국의 명칭을 'United Nations'로 바꾸고 여기 속한 모든 국가의 서명을 받아 1942년 1월 1일 대서양 헌장의 원칙들을 재확인하는 선언을 발표한 터였다. 그렇다고 해서 전후의 국제기구를 지지한다는 뜻은 아직 아니었는데, 지난날 우드로 윌슨이 국제연맹 가입에 대한 미국 국내의 반대에 부딪혀 겪었던 곤경을 자신도 겪게 될까봐 주저하고 있었기 때문이다. 하지만 1943년 1월 미국의 세계적 이권은 평화와 인권을 증진하는 새로운 국제기구를 통해 지키는 것이 최선이라는 국무부의 주장에 루스벨트는 완전히 설득되었다.[55] 루스벨트의 목표는 민주국가들, 제국주의 국가들, 권위주의 독재국가들이 공동 보조를 취하는 데 어떤 모순이나 양면성이 있든 간에 연합국이 공식적으로 도덕적 우위를 점하는 데 있었다. 1943년 1월 연합국은 카사블랑카 회담에서 적의 무조건 항복을 요구함으로써 도덕적으로 타락한 국가들과는 어떠한 협정도 불가함을 분명히 하고 대서양 헌장과 연합국 공동 선언의 윤리적 결의를 강조했다. 그전 1942년 1월에 루스벨트는 의회에 제출한 연두교서에 "선과 악의 타협은 성공한 적이 없고 성공할 수도 없습니다"라고 적었는데, 연합국은 이 대비에서 선을 자처함으로써 전쟁을 치르면서 느낄 만한 도덕적 가책을 무시할 수 있었다.[56]

추축국은 전쟁이 불리하게 돌아가자 그들 나름대로 더 국제적인 관점에서 전쟁을 정당화하고자 애를 썼다. 1943년부터 독일의 선전은 이번 자기방위 전쟁이 볼셰비키의 야만성으로부터 유럽 문명을 구하는 전쟁이라고 주장했다. 일본의 선전은 일본을 백인 압제자들의 귀환으로부터 아시아를 구하는 존재로 묘사하려 했다. 두 주장 모두 임박한 패배 앞에서 설득력을 잃었다. 1945년에 양국은 국가가 실제로 소멸될 전망을 피하고자 최후의 필사적 투쟁을 벌였다. 연합국은 전쟁을 공개적으로 정당화하면서 보편적 권리의 언어를 채택하여 큰 이점을 누린 반면에 추축국의 주장은 언제나 특정한 국민과 영토 정복의 권리를 방어하기 위한 것이었다. 이 대비는 1945년 뉘른베르크와 1946년 도쿄에 설치된 군사법정으로 제도화되었다(이탈리아는 1945년에 연합국의 맹방이었으므로 이탈리아에는 설치되지 않았다). 처칠과 영국 내각의 일부는 독일 지도부를 무법자로 선언하여 그들의 신원을 제대로 확인하는 즉시 처형할 수 있는 편을 선호했다.[57] 그러나 미국과 소련은 정식 재판을 열어 추축국의 악의와 연합국의 정의에 대한 전시 주장을 세계의 여론 앞에서 입증할 수 있기를 원했다.

두 군사재판에서 주요 죄목은 침략전쟁을 벌인 것이었다. 전쟁 수행 자체는 공식적으로 국제법을 위반하는 행위가 아니었기에 연합국 검찰진은, 2차대전에 참전한 주요 국가들을 포함해 결국 63개국이 동참한 1928년의 켈로그-브리앙 조약을 이용했다. 이 조약의 조인국들은 정책 수단으로서의 전쟁을 포기하고 그러지 않을 경우 "국제법 위반국"으로 간주될 것이라는 데 동의했다.[58] 조인국들은 이 조약을 국제법의 수단보다는 도덕적 의도의 성명으로 취급했지만, 연합국 검찰진은 독일과 일본의 지도 부를 상대로 소송을 제기하기에 충분히 강력한 조약이라고 생각했다. 미국 수석검사 로버트 잭슨Robert Jackson은 불특정 '문명'을 대표하여 뉘른베르크 재판을 시작했으며, 피고들은 나머지 세계에 계획적이고 악의적이고 파멸적인 범죄를 자행한 죄로 기소되었다. 승자의 정의로 인해 숱한 절차적·사법적 문제가 발생하긴 했지만, 두 군사재판은 부당한 전쟁과 정당한 전쟁을 규정하려는 의도의 재판이었다. 1946년 12월 뉘른베르크에서 발표된 원칙들은 전시 비공식 연합국United Nations의 후속 기구인 국제연합의 국제법에 7가지 '뉘른베르크 원칙'으로 포함되었으며, 이들 원칙은 21세기인 지금도 여전히 유효하다.[59]

그리 '선한 전쟁'은 아니다

추축국은 세계 여론의 눈에 자신들이 대체로 도덕적 열세로 보인다는 것을 알고 있었다. 하지만 추축국은 연합국의 도덕적 우위 주장에 회의적이었다. 1945년 4월 독일의 패전 직전에 히틀러는 미국의 "유치한" 도덕적 우위 주장을 가리켜 "고상하지만 터무니없는 원칙과 이른바 기독교 과학에 기반하는 일종의 도덕적 설화"라고 경멸했다.[60] 일본 시사평론가들은 서구의 민주적 수사법과 식민지 억압 및 국내 인종주의의 현실을 대비시키는가 하면 인도에서의 모든 제국주의적 억압 행위와 미국에서의 모든 린치나 인종 폭동을 영국과 미국의 위선을 드러내는 증거로서 기꺼이 보도했다. 어느 신문은 미국의 '야만성'에 대한 일본의 공통된 견해를 이렇게 표현했다. "그들이 미국 인디언, 흑인, 중국인에게 자행한 잔혹행위를 고려하면, 문명의 가면을 쓰고 있는 그들의 가식에 놀라움을 금할 수 없다."[61] 연합국 측의 비판자들도 연합국 수사법의 도덕적 이중성을 감추는 전시의 변론을 일축했다. 미국의 베테랑 민권운동가 W. E. B. 듀보이스Du Bois는 전후에 "나치의 잔혹행위—강제수용소, 대대적인 신체 훼손과 살해, 여성 욕보이기, 끔찍한 아동 학대—가운데 유럽의 기독교 문명이 세계 각지의 유색인에게 오랫동안 자행하지 않은 행위는 없었다"고 주장했다.[62] 무엇보다 전후 재판이 추축국의 반인도적 범죄와 반평화 범죄를 드러내는 자리라는 연합국의 주장은 어떻게 서방 국가들이 야만스럽도록 억압적인 소련 독재정권, 일찍이 독일과 공모해 동유럽에서 1919년 이후의 합의를 파기해버린 정권과 협력할 수 있느냐는 거북한 의문을 불러일으켰다. 자본주의 국가인 영국·미국과 공산주의 국가인 소련의 지속 불가능해 보이는 동맹은 전쟁이 끝날 때까지 이 대동맹이 언젠가는 깨질 것이라는 추축국의 공상을 부채질했다.

서방 연합국과 소련의 예상치 못한 동맹이 불러온 두드러진 결과 중 하나는 세 대국이 분쟁 기간에 서로 간의 심대한 정치적·도덕적 차이를 무시할 수 있었다는 것이다. 독일-소련 전쟁이 발발할 때까지 서방 열강은 소련을 히틀러의 독일보다 조금 나은 국가로 간주했고, 국내외의 공산주의를 민주적 생활방식과 가치관에 대한 심각한 위협으로 여겼다. 1939년 8월 독일-소비에트 조약 체결에 이어 소련이 9월에 폴란드 동부를 침공하고 11월 말에 핀란드까지 침공하자 서방에서는 두 독재자가 서로 비슷하다는 견해가 굳어졌다. 영국과 미국에서 진보파라는 사람들이 소련의 실험에 공감하긴 했지만, 우세한 견해는 대규모 테러에 몰두하고 침공을 자행하고 파시스트 적과 협력하는 정권을 개탄하는 것이었다. 핀란드 침공 시 런던 주재 소련 대사 이반 마이스키는 영국 국민과 정계의 "광적인 반소비에트 캠페인"을 목도했다. "문제는 누가 제1의 적이냐는 것이다. 독일인가 소련인가?"라고 그는 일기에 썼다.[63] 그는 1940년 3월 소련이 핀란드에 강요했던 휴전에 대한 영국 의회의 성난 토의에서 하원의원들의 "분노 … 생생하고 끓어오르고 넘쳐흐르는 분노"를 목격했다.[64] 핀란드는 루스벨트에게도, 많은 친소련 자유주의자들에게도 하나의 전환점이었다. 1939년 말 루스벨트는 청중에게 스탈린의 소련은 "세계의 어느 독재정 못지않게 절대적인 독재정"이라고 말했고, 소련에 미국제 무기와 장비를 수출하는 것을 금지하는 도덕적 조치를 요구했다. 그리고 "끔찍한 핀란드 강간"을 개탄했다.[65] 미국에서 잠시 '적색 공포'가 되살아났지만, 공산주의에 대한 대중의 적대감은 소비에트 체제와 스탈린 본인에게 더 집중되었다. 워싱턴의 가톨릭 대주교는 스탈린을 가리켜 "세계 역사상 최악의 살인자"라고 주장했다.[66] 국제 사회는 1939년 12월 14일 소련을 국제연맹에서 제명함으로써 도덕적 반감을 표명했다. 1940년 봄 런던과 파리에서는 독일에 더해 독일의 새로운 동맹 소련과도 분쟁을 벌일 가능성에 대비해 진지한 계획을 세웠다. 루스벨트는 유럽에서 독일-소련의 승리로 문명이 위태로워지지 않을지 우려했다.[67]

서방 세계가 소련이 도덕적 상궤를 벗어났다고 판단했다면, 소련 지도부도 소련 국경 밖의 자본주의 세계를 똑같이 가혹하게 평가했다. 그들이 살아가는 도덕적 세계는 자유주의 서구의 가치관으로부터 동떨어져 있었고, 역사적 현실을 뒤집는 언어의 베일로 덮여 있었다. 스탈린은 1939년 전쟁 발발 이전 수년 동안 언젠가 자본주의 국가들이 역사적 필연성에 따라 소련의 실험을 파괴하려 시도할 것이라고 생각했다. 비록 비합리적인 우려로 판명나긴 했지만 거듭되는 전쟁 공포 탓에 소련에서는 자본주의가 평화의 주된 위협이며 부르주아 지도부가 비도덕적인 계급 억압의 대리인이라는 고정관념이 계속 유지되었다.[68] 이런 관점에서 소련 정권은 1939년 8월 히틀러와 체결한 조약을 독일의 침공을 소련 쪽으로 돌리려던 부르주아의 계획을 좌절시킨 수단으로 정당화할 수 있었다. 또한 핀란드와의 전쟁을 종결한 것도 "소련 평화정책의 승리"라고 공산주의 추종자들에게 설명할 수 있었는데, 그들이 보기에는 소련-독일 동맹에 맞서전 세계적 전쟁을 벌이려던 영국과 프랑스의 계획을 선수를 쳐서 차단한결정이었기 때문이다.[69] 소련 정권은 서구의 전쟁을 영국과 프랑스의 지배계급이 벌이는 제국주의 전쟁으로 묘사했다. 영국 공산당은 모스크바측으로부터 파시스트 독일이 아니라 "거대한 식민제국을 거느린 반소비에트 잉글랜드야말로 자본주의의 보루"라는 통보를 받았다. 그에 반해 소련은 1939년 9월 폴란드 동부의 노동자들을 "해방"시킴으로써 "평화를 사랑하는 모든 세력의 강력한 보루"임을 보여주었다. 독일과의 조약을 유지하는 동안 소련은 줄곧 주적은 영국 제국주의라고 주장했고, 독일을 제국주의 열강 때문에 부득이 방어적 침공에 나선, 평화를 위한 대의로 여겼다. 1940년 말 스탈린은 지난 9월에 추축국이 체결한 삼국동맹 조약에 소련이 가입하는 선택지까지 고려했다.[70] 어느 나라에서나 공산당들은 소련 공산당의 노선을 따랐다. 영국 신문《데일리 워커Daily Worker》는 1941년 1월 정부에 의해 폐간되기 전날, 어디서나 대중은 레닌주의식 계급투쟁 수단을 통해 "제국주의 전쟁에서 벗어날 길을 찾고 있다"라는 사실을 환영했다.[71]

　양측의 도덕적 비난은 1941년 6월 22일 추축국의 소련 침공과 함께 사라졌다. 공격 며칠 후 마이스키는 영국 국민이 변화에 당황하고 있다고 적었다. "최근까지도 '러시아'는 독일의 은밀한 동맹으로, 거의 적으로 간주되었다. 그런데 별안간, 24시간 만에 러시아는 친구가 되었다."[72] 6월

22일 저녁 처칠은 러시아 국민의 투쟁을 지지한다는 유명한 방송을 했다—다만 오랫동안 공산주의에 반대해온 일관된 입장에서 조금도 물러서지 않겠다는 경고를 덧붙이긴 했다. 서구의 많은 사람들에게 그랬듯이 처칠에게도 히틀러는 세계 최대 위협이었다. "나치즘과 싸우는 어떤 사람이나 국가든 우리의 지원을 받을 것입니다"라고 처칠은 이어서 말했다. 루스벨트는 독일의 위협이 즉각적이고 더 크다는 견해를 공유하고 소련의 침공에 대한 도덕적 우려는 제쳐두었다. 정기적인 '노변담화' 방송에서 루스벨트는 청취자들에게 미국과 소련을 갈라놓는 해결 불가능한 불화는 없다고 주장했다. "우리는 그[스탈린]와 러시아 국민과 정말로 잘 지낼 것입니다."[73]

　모스크바 측은 전쟁이 발발하자마자 제국주의적 자본주의에 반대하는 운동을 즉시 종료했다. 침공 당일 스탈린은 코민테른 서기장 게오르기 디미트로프Georgi Dimitrov에게 새로운 노선은 "파시즘을 궤멸시키는 것"이라고 말하고 외국에서 사회주의 혁명에 대한 모든 언급을 당장 중단하라고 지시했다. 이번 전쟁을 "파시스트 야만성에 맞서는 방어 전쟁"으로 보기 시작한 소비에트 지도부는 서구의 강력한 반파시즘 물결이 곧장 소련의 투쟁에 동참하여 지원을 보내주기를 바랐다.[74] 결국 서방과 소련 양측은 독일 사탄을 몰아내기 위해 마왕을 활용할 각오를 했다. 양측의 협력은 피차간에 결코 쉽지 않은 일이었지만, 군사적 필요성이, 그리고 어쩌면 공산주의와 자본주의가 모종의 공통 기반을 마련하여 평화로운 전후 질서를 구축할 수 있을지도 모른다는 희망이 협력의 동인으로 작용했다.[75] 서방에 대한 소련의 견해는 유럽 내 제2전선과 무기대여 지원의 속도를 둘러싼 논쟁을 겪으며 악화되었다. 서방의 선의는 소련 내 서방의 인력이 여러 사소한 제약에 부딪히고 소련 지도부가 동유럽에서 공산주의식 '민주주의'를 도입할 의도라는 증거가 늘어나면서 시험대에 올랐다. 양편은 상대편이 히틀러와 모종의 합의를 맺지 않으리라는 것을 완전하게 믿지 않았다. 하지만 서방 지도부는 적어도 공개적으로는 1939년에서 1941년 사이 소련의 침공 기록과 소련 국내외의 정치적 탄압을 못 본 척했는데, 영국과 미국, 소련 세 나라 모두 독일의 패배라는 핵심적인 도덕적 책무를 공유하고 있었기 때문이다.

소련을 파트너이자 동맹으로 받아들이겠다는 서방 지도부의 의지는 영국과 미국에서 소련의 전쟁 노력을 지지하는 대중의 열의로 뒷받침되었다. 그런 열의는 어느 정도는 서방에서나 소련에서나 공식 선전의 산물이었다. 선전과 관련해 영국에서는 소련의 이데올로기를 옹호하지 않으면서 소련의 전쟁 노력에 대한 평판을 어떻게 높일 것인가 하는 곤란한 문제가 제기되었다. 이 문제에 영국은, 처칠이 6월 22일 연설에서 그랬듯이, 소련이 아닌 '러시아'라는 명칭을 사용하는 방법으로 대응했다. 정치 선전을 책임진 영국 정치전집행부Political Warfare Executive: PWE는 "가급적 소비에트 정부"가 아니라 "러시아 정부"라고 말하고, 전시회와 연설에서 러시아의 역사나 예술, 특성을 강조하고 러시아 정치를 피하라는 지시를 받았다.[76] 미국에서는 소련의 실험에 전반적으로 호의적인 자유주의자들로 구성된 전쟁정보국Office of War Information이 미국 대중을 염두에 두고서 이상적이고 감상적인 소련 이미지를 만들어냈고, 러시아 영웅주의에 호소하는 장편영화—〈북극성The North Star〉,〈반격Counter-Attack〉,〈러시아의 노래 Song of Russia〉—와 대중매체로 그런 이미지를 강화했다. 잡지《라이프》는 1943년 3월 독자들에게 소련 국민이 "미국인처럼 보이고, 미국인처럼 옷을 입고, 미국인처럼 생각한다"고 말하고 그해 스탈린을 '올해의 인물'로 선정했다.[77] 서방에서 소련의 선전은 러시아에 대한 감상적인 이미지와 스탈린이 평화와 민주주의에 헌신하는 인물이라는 이미지를 활용했는데, 오로지 선전 이미지를 통해서만 소련에 대한 지식을 얻은 서방 대중은 그런 견해를 무비판적으로 받아들였다. '영국-소비에트 통합을 위한 전국 위원회'의 의장인 첼름스퍼드 주교는 1944년 11월 런던에서 총회를 개최하면서 연합국을 가리켜 "위대한 세 민주국가"라고 말했다. 총회에서 또 다른 성직자는 "소비에트 정부의 진정으로 종교적인 성취"와 "삶의 윤리적 측면"에 대한 소비에트 정권의 커다란 기여에 대해 말했다.[78]

그럼에도 소련의 전쟁 노력에 대한 서방 대중의 지지는 대부분 자발적이었다. 그들은 영국군과 미군의 제한된 군사적 성공과 대비되는 소련의 저항에 열렬히 환호했다. 스탈린그라드 탈환을 마치 서방의 승리인 양 받아들였다. 마이스키는 1942년 2월 일기에 붉은군대에 대한 "열광적인 찬탄"이라고 기록했고, 그해 6월에는 "열렬한 친소비에트 정서"라고 적었으며, 스탈린그라드 전투 이후 누구나 "스스럼없고 거리낌없이" 드러내는 기쁨을 관찰했다.[79] 영국에서는 1941년부터 전국 도처에서 '우호와 원조'를 위한 위원회와 단체가 생겨났고, 1944년이면 '영국-소비에트 통합을 위한 전국위원' 아래 조직된 그런 위원회와 단체가 400개를 넘어섰다. 영국에서 소련의 전쟁 노력과 대소련 친선을 위해 일하는 조직들에 속한 사람들은 약 345만 명으로 추산되었다.[80] 미국에서는 '소비에트-미국 우호를 위한 위원회'가 전국 도처에서 국기의 날, 이동 전시회, 모금 위원회 등을 통해 표현된 대중의 열의를 결집하는 비슷한 역할을 했다. 양국에서 반소비에트를 표방하는 것은 이제 악의적인 행위, 심지어 반역적인 행위로 간주되었다. 1938년 마틴 디에스Martin Dies 하원의원이 주로 공산주의 전복 활동을 뿌리 뽑기 위해 설립한 '하원 비미 활동 위원회House Un-American Activities Committee'는 전시 동안 파시즘에 대한 동조를 힘차게 비판하고 고발하는 작업을 이어갔다. 1941년 이전만 해도 정계의 주류였던 반소비에트주의는 전시 동안 주변부로 밀려났다.[81]

서방 당국은 파시즘과 싸우는 소련을 도덕적으로 미화하면서도 공산주의, 특히 국내 공산주의 운동에 대한 불신이나 적대감을 거두지 않았다. 영국에서 MI5는 소련이 예상 밖의 동맹국이 된 이후 영국 공산당에 대한 면밀한 감시를 이어갔다. 1943년 영국 공산당의 전국 조직가인 더글러스 스프링홀Douglas Springhall은 기밀 정보를 입수한 죄로 기소되어 징역 7년형을 선고받았다. 허버트 모리슨Herbert Morrison 내무장관은 처칠에게 소련의 대의에 "동조하는 기류" 때문에 특별한 경계가 필요하고 공산당원들은 "'자본주의 국가'에 충성할 의무가 없다"고 경고했다.[82] 하지만 구태여 처칠을 부추길 필요는 없었다. 마이스키는 1943년 4월 저녁식사 자리에서 처칠과 대화한 이후 그가 러시아에 존경을 표하면서도 러시아의 현행 체제에 혐오감을 드러냈다고 기록했다. "저는 공산주의를 원하지 않습니다. … 누군가 우리나라에 와서 공산주의를 확립하고자 한다면, 저는 지금 나치와 싸우는 것처럼 맹렬하게 그에 맞서 싸울 것입니다."[83] 대체로 소련의 대의에 더 공감하던 노동당마저 〈공산당과 전쟁: 유럽 노동자들에 대한 위선과 배반의 기록〉이라는 전시 팸플릿을 발행했다.[84] 공산당원 수가 10만 명 정도로 증가한 미국에서는 소련의 전쟁 노력을 지지하는 이들이 국내 공산주의의 위협을 더 경계했다. 선량한 애국자로 인식되길 원하던 미국 공산당은 1944년 스스로 당을 해산하고 공산주의 정치협회Communist Political Association로 재편했지만, 그 이후 미국에서 공산주의에 대한 적극적 지지는 영국에서와 마찬가지로 저물어갔다.

전쟁 마지막 해에 이르자 서방에서나 소련에서나 공산주의와 자본주의가 도덕적으로 양립 불가능하다는 견해가 다시 부각되기 시작했다. 소런 지도부에게 서방과의 동맹은, 모스크바 주재 미국 군사파견단 단장 존 딘의 표현대로, 언제나 "편법 결혼"이었다.[85] 모스크바 측은 파시스트 국가와 민주주의 국가를 도덕적으로 별로 구분하지 않았는데, 둘 다 궁극적으로 자본주의라는 결점이 있다고 보았기 때문이다. 독일의 패배가 임박하자 소련 외무장관 뱌체슬라프 몰로토프는 "이제 자본주의와 싸우기가 더 쉬워졌다"고 주장했다. 스탈린은 교전이 끝난 뒤 모종의 평화적 공존이 가능하기를 바라면서도, 1945년 초 파시스트 파벌의 패배 이후 미래의 분쟁은 "자본주의 파벌"과의 분쟁이 될 것이고 소련은 익숙한 대립으로 돌아갈 것이라고 예상했다.[86] 1946년 가을 미국의 의도를 파악하기 위해 워싱턴에 파견된 소련 대사 니콜라이 노비코프Nikolai Novikov는 "미국 제국주의자들이 보기에 미국의 세계 지배를 가로막는 주된 장애물인 소련과의 전쟁을 전망하며" 향후 전쟁에 대비하는 현황을 모스크바에 보고했다.[87]

소련이 붉은군대로 해방시킨 동유럽 국가들에서 진정한 대중민주주의를 수립할 의향이 없다는 증거가 나오자, 이전에 평화와 민주주의에 대한 소련의 수사를 진실한 표현으로 받아들였던 미국 자유주의 진영과 진보 진영의 중요한 세력들이 소련에 등을 돌렸다. 좌파 잡지 《네이션The Nation》의 편집장 루이스 피셔Louis Fisher는 1945년 5월 영국과 미국을 '악마들'로, 스탈린을 '대천사'로 여기겠다는 동료들의 결정에 항의해 사임했다. 피셔는 대서양 헌장에 담긴 원칙들을 소련 측이 위반한 사례들의 긴 목록을 제시하며 자신의 결정을 정당화했다.[88] 루스벨트가 비판자들에게 어느 나라도 대서양 헌장에 서명하거나 이 헌장을 비준하지 않았다고 지적하긴 했지만, 헌장의 정신은 소련과의 무비판적 협력에 대한 논쟁에서 자주 거론되었다. 1944년 허버트 후버 전 대통령은 대서양 헌장을 "병원으로 보내 국가들 간 자유를 대폭 절단했다"고 불평했다. 루스벨트의 마지막 모스크바 대사로 한때 대소련 협력을 적극 지지했던 애버렐 해리먼Averell Harriman은 1945년 대통령에게 소련의 프로그램은 "전체주의를 확립해 우리가 알고 있고 존중하는 개인 자유와 민주주의를 끝내는 것"이라고 경고했다. 몇 달 후 해리먼은 루스벨트의 후임 트루먼에게 유럽에서의 "야만적인 침공"을 방지하기 위해 할 수 있는 일을 해달라고 요청했다.[89] 전시 막판과 평시 초반에 양측 모두 '편법 결혼'을 유지하기가 얼마나 어려운지 알아가는 가운데 서방에서 소련과의 허니문은 금세 인기를 잃었다.

그럼에도 소련이 전시 연합국의 다른 국가들과 동등한 자격으로 국제연합을 설립하고 전후 독일의 주요 전범들을 재판하는 동안에는 평화와 인권을 침해하는 소련의 행태를 묵과할 수밖에 없었다. 소련 정부는 전시에 폴란드와 핀란드를 정당한 이유 없이 침공한 기록도, 리투아니아와 라트비아, 에스토니아, 북부 루마니아를 강제로 병합한 사건도 일절 논의하지 않으려 했다. 미국 검찰진은 두 독재국가가 폴란드를 분할하기로 한 독일-소비에트 조약의 비밀의정서를 알고 있었지만(1939년 한 독일 외교관이 모스크바 주재 미국 대사에게 제공했다), 상단에 '침공'이라는 단어를 휘갈겨 쓰고 파일에 철한 뒤 재판하는 동안 한 번도 거론하지 않았다.[90] 소련 검찰진은 침략전쟁을 일으킨 범죄를 독일의 침공 사례들에만 적용하고 더 보편적인 원칙으로 삼지 않기를 원했고, 서방 검찰진은 마지못해 동의했다. 1945년 11월 모스크바 측은 뉘른베르크에 특별보안부대를 파견해 소련의 국제 범죄가 언급되지 않도록 했다. 소련 정권이 독일의 폴란드 침공에 얼마나 예민하게 반응했던지, 소련 검찰진은 재판을 개시하는 연설에서 거북한 질문이 제기되지 않도록 이 침공을 아예 거론조차 하지 않았다. 소련의 전 검찰총장 안드레이 비신스키Andrei Vyshinsky는 소련 법률가들에게 재판이 진행되는 동안 1939~1940년의 영토 강탈을 소련이 공모했다는 변호인이나 피고의 주장을 모조리 차단하라고 지시했다. 누군가 소비에트-핀란드 전쟁을 언급하자 소련 측은 예상대로 시끄럽게 개입했다.[91]

연합국은 소련의 미지근한 태도에도 불구하고 독일 피고들에게 '반인도적 범죄'의 책임까지 묻기로 했다. 독일 정권이 추방, 강제노동, 대량 살인 등을 비롯해 독일인에게 저지른 테러 행위와 비독일인에게 자행한 범죄 행위를 기소장에 집어넣기 위해서였다. 이와 관련해 서방 측은 스탈린주의 정권의 비인도적 행위를 눈감아주었을 뿐 아니라 확실한 정보를 별로 얻지도 못했는데, 소련에서나 동유럽의 점령 지역에서나, 전쟁 이전에나 이후에나 소비에트 체제에 적대적이거나 그 체제와 공존할 수 없는 사람들이 실제로 어떻게 처리되었는지를 가리는, 도저히 들여다볼 수 없는 베일이 드리워져 있었기 때문이다. 소련의 억압기구는 체계적인 제노사이드를 제외하고 뉘른베르크에서 열거된 반인도적 범죄를 거의 전부 저질렀다. 예컨대 엄청나게 많은 사람들을 노동수용소와 강제수용소로 추방했고, 독일 제국 최악의 수용소들에 버금가는 학대와 일상적 죽음의 기록을 가진 수용소들을 운영했으며, 어떤 형태의 종교도 용인하지 않았고, 언론과 결사의 자유 같은 자유주의적 자유를 일절 허용하지 않았으며, 법치를 존중하지 않았다.[92] 뉘른베르크 재판에서 독일의 강제수용소에 분노를 표출하는 동안, 소련 보안기구는 엘베 강변의 뮐베르크에 있는 옛 독일 수용소에 격리시설을 세우고 독일 포로 12만 2000명을 재판 없이 수감했다—그중 4만 3000명이 죽거나 살해되었다.[93] 독일 수용소와 소련 수용소를 모두 경험한 아나톨리 바카니체프Anatoli Bakanichev는 사적인 회고록에 둘 사이에는 "사소한 차이밖에 없었다"고 썼다.[94]

서방이 충분히 알고 있던 한 사례는 1940년 4월 카틴 숲 일대에서 소련 내무인민위원부가 폴란드군 장교들을 학살한 사건인데, 독일 당국이 1943년 그곳에서 발견한 대규모 무덤들을 선전의 소재로 한껏 활용했기 때문이다. 당시 알려지진 않았지만, 뉘른베르크에서 소련 측 수석검사를 맡은 로만 루덴코Roman Rudenko는 실제로 1940년 스탈린에 의해 하르키우에 파견되어 폴란드군 장교들 살해를 감독한 바 있었다. 무엇보다 현지 내무인민위원부 장교들이 그 범죄의 자행을 견디지 못했기 때문이다. 소련 당국은 이 학살이 독일의 잔혹행위라는 이야기를 굳게 고수했으며, 영국은 이 범죄를 소련이 자행했다고 거의 확신하면서도 증거를 너무 면밀하게 조사하지 않는 편이 정치적으로 현명하다고 판단했다(실제로 논쟁의 여지가 없는 진실은 1990년 소련이 붕괴한 후에야 드러났다). 소련이 저지른 반인도적 범죄나 전쟁범죄를 보여주는 이런 증거와 그 밖의 모든 증거에 대해 서방이 말을 아낀 것은, 전시 연합국 두 나라 사이에 점점 커지는 균열을 독일 피고들이 악용하지 못하도록 부득이 그래야 한다고 판단했기 때문이다. 심지어 그 균열이 명백하고 냉전이 불가피했던 1948년 무렵에도 소련 지도부는 자신들이 유일하게 인도적인 체제를 대표한다는 허구를 고수했다. 1948년 파리에서 국제연합 인권선언 초안을 논의할 때 비신스키는 적어도 소련은 그 선언과 무관하다면서, 공산주의 체제가 민중 해방의 주요 주체로서 "행동하는 인권"을 대표하기 때문이라고 주장했다.[95]

서방 연합국은 소련만큼 무자비한 방식으로 영토 침공과 대중 탄압을 자행하지도 않았고, 도덕적 전도에 의지해 그런 방식을 정당화하지도 않았다. 하지만 추축국은 서방이 스스로의 민주적 자아상에 부합하지 못한다고 조롱하면서 인종 문제로 그들이 취하는 도덕적 입장의 주요 단층선이 드러났다는 이유를 들었다. 특히 미국은 영국과 달리 민주적 자유의 수호를 강조했지만, 미국에는 아프리카계 소수집단을 겨냥한 오랜 차별과 분리, 폭력의 역사라는 중대한 인종 문제가 있었다. 그 소수집단에게 완전한 시민권이 없다는 사실과 주로 미국 남부 절반의 백인 공동체가 인종 분리를 지지한다는 사실은 루스벨트 행정부가 전쟁 이전 10년간 애써 회피한 사회적 쟁점이었는데, 특히 대통령이 의회에서 흑인 소수집단에 대한 어떠한 양보에도 단호히 반대하는 남부 민주당의 지지에 의존하고 있었기 때문이다. 그러던 중 국가 통합과 자유 수호를 외치는 전쟁이 도래하자 흑인 지도부는 기존의 불평등에 대한 불만을 표출하고 '민주주의'를 지키는 전쟁에서 그들 역시 해방되기를 바라는 희망을 표현할 기회가 왔다고 보았다. 낙관적인 듀보이스는 이 전쟁이 "인종 평등을 위한" 전쟁이라고 선언했다.[96]

1942년 1월, 미주리 주 사익스턴에서 한 흑인 용의자에게 석유 5갤런을 들이붓고 불태워 죽이는 광경을 구경꾼 300명이 지켜본 전시 최초의 린치가 발생한 달에, 주간지 《피츠버그 쿠리어Pittsburgh Courier》는 미국 흑인들이 "이중의 VV 승리를" 위해 싸울 것을 촉구하는 흑인 청년으로 식당 노동자인 제임스 톰슨James Thomson의 편지를 게재했다. 첫 번째 V는 미국의 외적들에 대한 승리이고 "두 번째 V는 우리 내부의 적들에 대한 승리"라고 톰슨은 설명했다.[97] 아프리카계 미국인의 2등 지위에 반대하던 흑인과 백인 다수가 보기에 독재에 맞서 민주주의를 수호하는 전쟁은 민주적 이상이 비백인 소수집단에게로 확대되지 않았다는 사실을 인정하지 않는다면 허울뿐인 공허한 전쟁이었다. "나는 민주주의를 굳게 믿기에 / 미국의 모든 사람이 / 민주주의의 일부를 얻기 바란다 / 흑인들 … 그들도 민주주의의 일부를 얻어야 한다"고 시인 로자 워커Rhoza Walker는 1942년 9월에 썼다.[98] 루스벨트 정권이 '네 가지 자유'와 대서양 헌장의 약속을 지키겠다고 맹세했을 때, 흑인 활동가들은 미국 인종주의와 독일 인종주의를 비교할 수 있다는 것을 알아챘다. 전시에 세인트루이스에서 만든 어느 민권운동 팸플릿의 제목은 "국내에서 히틀러가 되려는 자들을 저지하자. 우리가 설교하는 그대로 민주주의를 실천하자"였는데, 이는 민권운동 전반의 공통된 정서였다.[99] 아프리카계 미국인 언론이 여론조사에서 미국 흑인들에게 루스벨트와 그의 정부가 표명하는 고상한 정서에 공감하느냐고 물었을 때, 응답자의 82퍼센트는 그렇지 않다고 답했다.[100] 전쟁을 계기로 전시의 공식 선전과 수백만 흑인의 현실 사이의 도덕적 대비를 활용할 기회가 생기자 미국에서는 흑인 행동주의가 대폭 증가했다. 전시 동안 흑인 언론의 발행부수가 40퍼센트 증가했고, 월터 화이트Walter White가 이끄는 전미유색인지위향상협회NAACP의 회원 수가 10배 늘었으며, 1941년 필립 랜돌프A. Philip Randolph가 설립한 더 급진적인 워싱턴행진운동March on Washington Movement의 지부가 전국에 생겨났다.[101] 평등 요구는 전쟁이 발발하기 한참 전부터 있었지만, 전쟁은 인종에 대한 백인의 통념에 더 공개적·전면적으로 도전하기에 적절한 맥락을 제공했다.

행동주의의 신장은 엇갈린 결과를 가져왔다. 흑인의 시위가 늘어나긴 했지만, 많은 경우 백인의 비타협적 태도는 강경해지기만 했다. 남부 의원들은 시민권과 경제적 평등에 대한 요구의 확대가 이 나라에 재앙이 될 거라고 믿었다―어느 의원은 "그보다 더한 위협은 없다"고 했다.[102] 남부 주들에서는 흑인 유권자를 투표소에 오지 못하게 했고, 시골의 흑인 노동자를 백인 소유 농장에 속박하는 방법을 찾으려 했다. 일부 지역에서는 흑인에게 어디를 가든 고용주의 이름과 노동 일정이 적힌 배지를 패용하도록 강제하고 이를 어기면 체포하겠다고 위협했다. '노동 아니면 감옥' 문화는 흑인이 호전성을 드러낼 가능성을 철저히 억누르려는 문화였다.[103]

북부 출신의 많은 미국 흑인은 전시에 징집되거나 점점 커지는 방위 부문에서 근무하면서 익숙하지 않은 수준의 인종 분리와 차별에 노출되었다. 고용주가 시장의 노동력 압박에 굴복한 경우라 할지라도, 흑인 노동자는 그가 어떤 자격을 갖추고 있든 간에 보통 비숙련 작업만을 배정받았다. 군대에서는 인종 분리가 널리 시행되었다. 흑인 신병들은 생활 여건이 더 열악했고, 식당 종업원이나 노무자의 역할을 수행해야 했으며, 남부 일부 지역들에서는 병영 밖에서 군복 차림으로 붙잡힐 경우 린치를 당할 위험마저 있었다. 어느 병사는 흑인 징집병들이 바닥에서 잠을 자고 양동이를 변기로 사용해야 하는 병영에서 《피츠버그 쿠리어》에 편지를 보냈는데, "노예제라는 게 존재한다면 바로 지금이 그렇다"고 불평했다.[104] 흑인 군인에 대한 차별 대우는 군 당국의 편견 때문에 더 심해졌다. 환멸을 느낀 또다른 신병은 미국 육군이 "히틀러만큼이나 나치와 비슷하다"고 썼다.[105] 1944년 전쟁정보국은 백인 장교들에게 "흑인의 특성"에 관한 기밀 교범을 배부했는데, 그 특성에는 "사교를 좋아하고, 외향적이고 … 성마르고 … 정신적으로 게으르고, 기억력이 좋지 않고, 살 잊어버리고 … 이성보다는 본능과 감정에 따르고 … 리듬감이 예민하고 … 얼버무리고 … 곧잘, 자주, 태연히 거짓말을 한다" 등이 포함되었다.[106] 뉴욕 할렘 지구에서 인종 폭력이 발생했다는 소식을 전해들은 유럽 전구의 어느 흑인 군인은 답장을 쓰면서, 흑인 전사들이 "우리는 누구를 위해 싸우는가?"라고 자문하고 있다고 주장했다.[107]

전쟁으로 드러난 모순은 결국 인종 폭력의 물결을 촉발했다. 이른바 '증오 파업'에 참여한 백인 노동자들은 전시 초반에 점점 많이 고용되던 흑인 노동자들을 겨냥했다. 백인 분리주의자들은 백인 전용 거주 구역이나 학교를 지키기 위한 폭력적 대립에 관여했다. 또한 전시에 흑인 노동자 100만 명이 북부와 서부의 도시들로 이주함에 따라 인종 간 긴장감이 고조되다가 1943년에 폭력적 정점에 이르렀다. 그해 미국 47개 도시에서 242건의 인종 충돌이 발생한 것으로 추정된다.[108] 앨러배마 주 모빌과 펜실베이니아 주 포트체스터의 조선소, 미시시피 주 센터빌, 로스앤젤레스, 그리고 뉴저지 주 뉴어크에서 폭동과 시가전이 발생했다. 가장 치명적인 사태는 1943년 여름 먼저 디트로이트에서, 뒤이어 할렘에서 일어났다. 디트로이트의 폭력 사태는 새로운 흑인 노동력의 유입에 부글부글 끓고 있던 백인 노동자들이 6월 20일 분노를 터뜨리면서 발생했다. 질서가 회복되기까지 폭동으로 37명이 사망(그중 25명이 흑인)하고 700명이 다쳤다. 8월 1일, 할렘에서 폭동이 발생해 6명이 사망하고 상점 1450곳이 불타거나 약탈당했다. 루스벨트는 주변의 설득에 인종 문제에 대한 공식 성명을 내지 않기로 했는데, 어느 정도는 남부의 백인 여론을 우려했기 때문이고, 어느 정도는 단층선의 존재를 인정했다가 인종 간 긴장을 더 부채질하는 꼴이 될까 우려했기 때문이다. 그 대신 잠재적 위기에 대한 정보를 더 수집하여 향후 폭력을 예상하고, 사회적 분쟁이 전쟁 노력을 저해하기 전에 현지에서 분쟁의 뇌관을 제거할 만한 수단을 강구하기로 했다.[109]

인종 간 긴장이 고조된다는 증거에 대한 루스벨트의 차분한 반응은 시민권과 인종 평등이라는 더 큰 쟁점에 대한 그의 접근법을 시사하는 것이었다. 루스벨트는 정치적 입지를 위해 의회에서 남부 민주당의 지지가 반드시 필요했기에 그 지지를 위태롭게 할 만한 그 어떤 빌미도 흑인 여론에 제공하는 것을 꺼렸다. 전쟁 전에 루스벨트가 행한 한 가지 양보는, 민권운동 지도부의 압력을 받은 뒤(또는 언론비서 스티븐 얼리Stephen Early의 표현대로 "오랫동안 유색인들로부터 아우성을 들은 뒤") 행정명령 8802를 발하여 공정고용실천위원회Fair Employment Practice Committee를 설립함으로써 방위 부문에서 인종 차별을 줄이려 시도한 것이었다. 전시 방위산업에서 흑인 고용률은 1942년 초 3퍼센트에서 1944년 8퍼센트까지 증가했지만, 흑인 가정의 평균 소득은 여전히 백인 가정 소득의 40~60퍼센트 수준이었다. 1942년 공정고용실천위원회가 전쟁인력위원회War Manpower Commission에 흡수되는 바람에 전자를 활용해 인종 불평등과 싸울 전망은 제한되었다. 남부의 행정 당국은 백인 농장의 생산성을 높이기 위해 보조금과 훈련 프로그램을 제공하는 한편 전시 개혁을 가능하게 해준 흑인 노동자에 대한 통제 강화에는 눈을 감았다.[110] 루스벨트 대통령은 자유를 운운하는 자신의 수사법과 국내에 인종 분리 및 차별이 존속하는 현실 사이의 모순에 대해 대체로 침묵을 지켰다.

영 제국의 인종주의를 대하는 루스벨트의 견해도 마찬가지였다. 사적으로 루스벨트는 식민제국들이 도덕적으로 파산했으며 그들 제국을 국제 신탁통치하에 두거나 그 속령들의 독립을 허용해야 한다고 생각하면서도, 전시 동맹을 훼손하지 않기 위해 신중한 태도를 취했다. 1942년 8월 영국 당국이 인도에서 간디와 함께 '인도를 떠나라' 운동의 지지자 수천 명을 체포했을 때, 루스벨트는 그 결정과 뒤이은 폭력을 비난하는 공식 성명을 내지 않았다. 그에 항의해 전미유색인지위향상협회 사무국장 월터 화이트는 전쟁정보국을 위해 하기로 했던 연설을 취소했고, 미국의 민권운동과 서구 제국주의로부터 해방되기 위한 세계적 투쟁을 관련짓는 전보를 루스벨트에게 보냈다. "태평양의 갈색과 황색 사람들 10억 명은 인도 지도부와 인민에 대한 무자비한 처분을 연합국이 승리할 경우 백인이 유색인에게 행할 조치의 전형으로 여길 것이 틀림없습니다."[111]

미국의 시민권 투쟁과 식민지 해방을 위한 더 폭넓은 세계적 운동 사이의 연관성은 전쟁이 진행될수록 뚜렷해졌다. 1944년 화이트는 북아프리카 전구와 유럽 전구를 방문한 뒤, "미국 흑인의 투쟁이 인도, 중국, 버마, 아프리카, 필리핀, 말라야, 서인도, 남아메리카에서 제국주의 및 착취에 맞서는 투쟁의 중요한 부분"이라는 것을 보여주기 위해 회고록《거세지는 바람A Rising Wind》을 썼다.[112] 1945년 5월 국제연합 창설에 동의할 각국 대표들이 샌프란시스코에 모였을 때, 흑인 로비 단체들은 미국 대표단이 미국 흑인의 권리를 인정한다는 내용만이 아니라 "식민지와 종속민"에게도 권리를 허용한다는 내용까지 들어간 인권 성명을 채택하도록 유도하려 했지만, 이 활동은 인종 차별에 대한 긍정적 반응을 이끌어내는 데 실패했다. 미국 대표단의 일원인 존 포스터 덜레스John Foster Dulles는 인권 때문에 "남부의 흑인 문제"가 부각될 것을 우려했다.[113] 1948년 국제연합 대표들이 무엇보다 인권선언 초안을 논의하기 위해 파리에서 만났을 때, 인권위원회 의장인 루스벨트의 아내 엘리너Eleanor는 듀보이스가 작성한 청원서로 미국 내 흑인 억압과 인권 의제를 직접적으로 관련짓는 〈세계를 향한 호소문An Appeal to the World〉을 거부하면서 그것이 정치적인 문제를 제기한다는 이유를 들었다. 주요국 대표들은 보편적 권리에 관한 성명이 그런 권리를 명백히 악용하고 있는 나라들에 개입할 권리를 함의하지 않기를 원했다.[114] 민주주의를 수호하기 위한 전쟁을 벌였음에도, 1945년 전쟁을 끝마쳤을 때 미국과 제국주의 열강은 여전히 차별을 내포하는 서구식 인종관을 가지고 있었다.

연합국은 국내 인종주의 상황을 전시의 수사적 표현에 부합할 만큼 개선하지 못했거니와, 적의 인종주의, 무엇보다 반유대주의를 더욱 모호한 방식으로 대했다. 오늘날 2차대전에 대한 공적 기억에서 홀로코스트 또는 쇼아에 대해서는 관심이 높기 때문에 일각에서는 연합국이 독일과 그 유럽 동맹국들을 상대로 전쟁을 벌인 주된 이유가 제노사이드를 끝내고 아직 남은 유대인 인구를 해방시키는 데 있었다고 가정해왔다. 이 가정은 대체로 환상이다. 2차대전은 유럽 유대인을 구하기 위해 치른 전쟁이 아니었으며, 실제로 연합국 주요 삼국의 정부는 국민들이 그렇게 생각할까 봐 우려했다. 유대인 해방은 추축국을 그들의 정복지에서 쫓아내고 모든 피정복국과 피해를 입은 국민의 국권을 복구한다는 더 큰 목표의 부산물이었다. 유대인에게 연합국 열강은 무관심하거나, 조심스럽거나, 모호하거나, 도덕적으로 의문스러운 태도를 보였다.

이른바 '유대인 문제'에 대한 연합국 열강의 견해는 한편으로는 전쟁 이전에 독일 반유대주의에 대응하던 방식에 영향을 받았고, 다른 한편으로는 시오니즘의 부상과 유대인 민족성에 대한 주장에 영향을 받았다. 특히 소련의 유대인 정책을 좌우한 것은 소비에트 체제에 대한 유대인의 충성에 도전하는 시오니즘적 열망에 대한 적대감이었다. 스탈린은 오래전부터 소비에트 유대인은 새로운 소련에 동화될 수 없다고 보았고 '분리'를 바라는 그들의 염원에 분개했다. 소련 당국은 시오니스트를 박해하고 억압했다. 소련으로의 유대인 이주는 1930년대 초에 미미한 수준으로 감소했고 1934년부터 완전히 금지되었다. 유대인 노동자가 안식일을 지키기 위해 휴가를 내는 것은 허용되지 않았고 유대교 회당 수백 곳이 폐쇄되었다.[115] 1939년과 1940년에 폴란드 동부와 발트 국가들을 점령하면서 추가로 유대인 200만 명을 통치하게 된 소련은 그들의 전통적 생활방식을 파괴해버렸다. 이 지역에서 유대인 대략 25만 명을 소련 내륙으로 강제 이주시켰고, 랍비와 유대교 지도자 수천 명을 체포해 소련 강제수용소로 보냈으며, 유대교 회당을 폐쇄하거나 다른 용도로 전환했고, 사업체를 국유화했으며, 유대인의 공개적인 종교적·문화적 의례를 억압했다. 작은 유대인 마을shtetl 공동체들의 전통적인 삶은 1941년 독일군이 도착하기

한참 전에 거세되었다.[116]

영국과 미국에서 유대인 문제는 유럽의 유대인이 박해를 피해 대규모로 이주할 것이라는 걱정과 맞물려 있었다. 또한 영국의 경우 유대인 이주가 중동에 있는 국제연맹 위임통치령들의 위태로운 안보를 어지럽히지 않을까 우려했다. 양국 모두 명시적이거나 공공연하게 반유대주의를 표방하진 않았지만, 유대인 문제에 대한 양국 정부의 대응을 좌우한 것은 유대인 난민에게 무제한으로 문을 열어주었다가 맞이하게 될 사회적 또는 정치적 결과에 대한 우려였다. 그럼에도 1930년대에 꽤 많은 유대인 이주민이 독일과 1938~1939년 독일에 병합된 지역들에서 탈출하는 데 성공했다. 1933년부터 1939년까지 그 총원은 대략 36만 명이었다. 이 인원 가운데 5만 7000명은 미국에서, 5만 3000명은 영국의 팔레스타인 위임통치령에서, 5만 명은 영국 제도에서 피란처를 찾았다. 또한 1930년대에 반유대주의가 극심해진 다른 국가들에서도 상당수의 유럽 유대인이 이주에 나섰다. 1933년부터 1939년까지 유대인 총 21만 5232명이 팔레스타인으로 이주하여 이 지역의 유대인 인구를 갑절로 늘렸다.[117] 바로 이 팔레스타인으로의 유입이 유대인 난민 문제에 대한 영국 정부의 접근법에 가장 큰 영향을 주었다. 1936년 유럽에서 팔레스타인으로 흘러드는 유대인의 물결이 광범한 아랍인 봉기를 촉발했다. 이 봉기는 1936~1939년 팔레스타인 위임통치령에 있는 소규모 영국군 부대를 대부분 옭아매고 중동에서 영국의 전략적 입지를 위협했다. 그 결과로 영국 정부는 1939년 최종 결정을 내리고 5월에 백서白書를 발행하여 향후 5년간 유대인 이주를 7만 5000명으로 제한하고 그 후에는 아랍인 공동체의 동의를 얻지 않는 한—아랍인이 그런 동의를 해줄 리 만무했다—완전히 중단하기로 했다. 초기 6개월간 영국 정부는 대규모 불법 입국에 대한 처벌로서 유대인의 팔레스타인 이주를 전면 금지했다. 1939년에 합법적으로 팔레스타인 입국을 허가받은 유대인은 1만 6000명뿐이었지만, 그 외에 1만 1000명이 이런저런 불법적인 방식으로 입국하는 데 성공했다. 상처에 소금을 뿌리는 격으로, 영국 정부의 백서는 독립적인 유대 국가 건국이라는 시오니즘의 주요 목표를 배제하기까지 했다.[118] 1939년 봄에 정한 이런 지침이 전시 내내 영국의 정책을 좌우했는데, 그것은 유대인 난민에게 긴요했던 탈출로들 중 하나를 차단하는 재앙적인 지침이었다.

1938년 11월 '수정의 밤' 포그롬에 이어 독일 반유대주의의 심각한 차별과 박해가 새로운 수준에 도달한 시점에 영국은 자국으로 이주할 수 있는 유대인의 규모를 축소했다. 이른바 '어린이 수송Kindertransport' 계획에 따라 동행인 없는 다수의 어린이를 구출하여 1939년 7월까지 7700명이 영국에 도착했지만, 성인 난민은 영국의 입국 기준을 충족하고 필요한 비자를 받기가 갈수록 어려워졌다. 영국 당국은 유대인 단체의 지원을 받을 수 있고 유용한 기술을 익히고 있거나 노동시장의 빈틈을 메워줄 만한 유대인 이주민을 선호했지만, 내무부는 영국에 도착한 후 재이주를 떠날 것을 약속하는 유대인을 선호했다. 유대인의 이주 가능성은 전쟁이 다가올수록 줄어들었다. 서방 세계는 유대인 이주의 할당 인원수와 제약을 공유했다. 미국은 유대인 개개인을 특정 국가의 시민으로 대했으므로 그 제약을 유대인에게 직접 적용하지는 않았지만, 이는 미국 비자를 받기까지 길게는 최대 2년간 기다려야 하고 특정 국가의 인원 할당수가 다 차고 나면 예외가 없다는 것을 의미했다. 이와 관련해 미국 정부는 유럽 유대인이 직면한 위기를 고려해 양보하기를 거부했다. '수정의 밤' 이후 유대인의 입국을 더 쉽게 허용하라는 압력을 받았을 때, 루스벨트는 "아직 때가 무르익지 않았습니다"라고 말하는 데 그쳤다. 루스벨트가 항상 신경을 쓴 여론조사 결과를 보면, 미국인의 75퍼센트는 유대인에게 "바람직하지 않은 특성"이 있다고 보았고 72퍼센트는 유대인의 추가 이주에 반대했다.[119] 1939년 1월에는 향후 2년간 어린이 난민 2만 명의 미국 입국을 허용하자는 법안(이른바 '어린이 법안')이 의회에 제출되었지만, 대중의 호응이나 대통령의 지지를 얻지도, 의회에서 심의 단계를 통과하지도 못했다. 여론조사는 대중이 그 법안에 강하게 반대한다는 것을 다시 한 번 보여주었다.

절박한 난민들이 쏟아져 들어올 전망을 수긍하지 않으려던 영국에서는 유대인을 남아메리카의 식민지 기아나로 보내자는 제안("유럽 유대인과 관련해 영국 정부의 양심의 가책을 덜기 위해"라고 어느 외무부 관료는 퉁명스럽게 말했다)이 나왔지만, 기아나 현지의 반대를 우려해 결국 제안을 실행하지 않았다. 미국에서는 알래스카에 유대인 거주지를 조성하자는 제안이 나왔지만, 루스벨트가 국가 내에 유대 국가가 생겨날 것을 우려해 거부했다.[120] 양국 모두 유대인 유입을 허용할 만한 어떤 도덕적 근거가 있든 간에 국내전선에서 유대인의 존재감이 커지는 것을 원치 않았다. 루스벨트의 모스크바 대사 로런스 스타인하트Laurence Steinhardt는 1940년 난민 운동의 압박을 지켜보다가 본국 정부가 직면한 선택지를 이렇게 요약했다. "나는 미국의 인도주의와 복지가 충돌할 가능성이 조금만 있더라도 전자가 후자에 양보해야 한다는 의견이다."[121]

전쟁의 도래는 이런 확신을 더 강화하기만 했다. 1939년 9월부터 독일이나 독일의 유럽 점령지에서 영국으로의 유대인 이주는 더 이상 허용되지 않았다. "우리와 프랑스에 관한 한, 독일 내 유대인의 처지는 이제 실질적으로 중요한 문제가 아니다"라고 어느 영국 외무부 관료는 썼다.[122] 미국에서는 의회가 기존의 엄격한 이주민 할당 제도를 변경하는 데 반대했다. 독일 당국은 1941년 힘러가 마침내 유대인 섬멸을 위해 이주를 금하기 직전까지 최대한 많은 유대인을 추방하는 데 열을 올렸다. 그러나 곤경에 처한 유대인 가운데 서방으로 가는 방도를 찾을 만큼 운이 좋았던 이들은 극소수였다. 인원 할당수가 아직 남아 있던 팔레스타인으로의 이주는 영국 백서에서 허용한 수준에 결코 도달하지 못했는데, 유럽에서 유대인의 도피를 촉진하는 노력이 전혀 이루어지지 않았기 때문이다. 유대인이 독일과 그 제국에서 떠날 수 있었던 39개월 중 15개월 동안 영국 당국은 점점 줄어드는 불법 이주민에 대한 처벌이라면서 모든 이주를 중지시켰다. 1940년 유대인 3만 6945명이 미국으로 이주했지만, 또다른 수천 명은 할당수가 다 찼다는 이유로 유럽에서 대기해야 했다. 어렵사리 영국에 도착한 유대인은 또다른 모욕을 당했다. 대중이 '제5열'[적과 내통하는 집단을 가리키는 표현]에 대한 공포에 사로잡힌 뒤 1940년 6월 영국 정부가 유대인 대다수를 적국인으로서 억류하라고 명령했기 때문이다. 피억류자들은 대부분 나중에 풀려났지만, 초기에 영국, 캐나다, 오스트레일리아에 있는 임시 수용소의 가혹하고 굴욕스러운 여건에서 고통을 당해야 했다.[123]

　유럽에서 압도적인 위기에 직면한 유대인 인구는 서방의 규제를 무릅쓰고 탈출할 방도를 찾았다. 그러자 영국 당국은 냉담한 태도를 보이며 자신들이 바람직한 가치를 위해 싸우고 있다는 주장이 전적으로 거짓임을 드러냈다. 굶주림과 두려움에 떠는 중부유럽 출신 유대인 난민들을 넘치도록 태운 선박 3척이 루마니아에서 출발해 팔레스타인 앞바다에 도착했을 때, 영국 당국은 먼저 그 도피자들의 하선 권리를 부인했다가 결국 해안으로 데려가 조악한 수용소들에 억류했고, 그사이 그들을 팔레스타인에서 내쫓을 방법을 찾았다. 당국은 그들 중 일부를 식민지 모리셔스 섬으로 보내기로 결정했지만, 학대를 당해 절망하고 시르죽은 난민들은 그곳으로 가기를 거부했다. 강제로 이송될 날에 그들은 침대에 나체로 누워 저항했다. 식민지 경찰은 그들을 곤봉으로 때리고 벌거벗은 남녀를 배까지 옮겼으며, 그들의 소지품은 바다에 버리거나 압수 후 매각해 팔레스타인 정부의 기금으로 사용했다. 섬까지 가는 도중 장티푸스나 신체 쇠약으로 40명 넘게 사망했다. 섬에 도착해서는 철조망이 둘러져 있고 무장 경비가 감시하는 장소에 난민들을 억류함으로써 기존의 가혹한 제도를 또다른 가혹한 제도로 바꿔놓았다. 영국 당국은 종전을 몇 달 앞둔 시점까지 남자들과 그들의 아내 및 자녀들을 분리한 상태로 줄곧 감금했다. 식민부 부차관 존 셕버러John Shuckburgh 경은 난민들의 항의가 "유대인은 유머 감각과 균형 감각이 없다"는 것을 보여준다고 생각했다.[124] 1941년 봄부터 팔레스타인으로의 불법 입국은 중단되었다.

 1941년 여름부터 먼저 동부전선에서, 뒤이어 추축국 유럽 도처에서 제노사이드가 본격적으로 시작된 후로 서방 측은 유대인의 운명에 무관심한 공식적 입장을 유지하기가 어려워졌다. 초기에 런던과 워싱턴으로 들어오는 여러 갈래의 정보를 취합하느라 애를 먹긴 했지만, 1942년 초여름이면 독일이 유럽 유대인을 체계적인 방식으로 대량 살해하고 있다는 것이 명백한 결론으로 보였다. 1942년 5월 폴란드 지하조직은 폴란드 유대인의 절멸에 대해 자세히 알리는 이른바 '연맹 보고서Bund Report'를 폴란드 망명정부에 보냈다. 6월에 BBC는 당국의 허가를 받아 유대인 70만 명이 이미 살해되었다는 이 보고서의 결론을 유럽에 방송할 수 있었지만, 영국 외무부는 이 정보가 의심스럽다고 생각했고 팔레스타인으로의 추가 이주를 정당화하기 위한 책략일지도 모른다고 우려했다.[125] 1942년 8월 초, 세계유대인회의 제네바 대표 게르하르트 리크너Gerhart Riegner가 영국 외무부를 통해 영국 하원의원 시드니 실버먼Sydney Silverman에게 독일 정보원으로부터 얻은, 절멸수용소와 독가스 살해에 대한 상세한 정보를 담은 장문의 전보를 보냈다. 발송 날짜는 8월 8일이었다. 외무부는 검증되지 않은 정보를 줄곧 의심하면서도 8월 17일 이 소식을 너무 중시하지 말라는 경고와 함께 전보를 실버먼에게 건넸다.[126] 리크너는 세계유대인회의 수장인 랍비 스티븐 와이즈Stephen Wise에게 전달하기 위해 미국 국무부에도 전보를 보냈지만, 국무부 관료들은 "의혹의 허황된 성격" 때문에 어느 누구에게도 전보를 전달하지 않기로 결정했다. 미국 검열관들은 실버먼이 와이즈에게 직접 발송한, 리크너의 보고서를 동봉한 두 번째 전보를 놓쳤다. 하지만 그 소식을 공개하려던 와이즈가 국무부의 미적지근한 허가를 받기까지 석 달이 걸렸다.[127] 영국과 미국의 관료들은 여전히 입증되지 않은 정보를 경계하고 유대인 로비 단체들이 그 음울한 소식을 활용해 정부의 조치를 요구하지 않을까 우려하고 있었다.

1942년 12월이면 서방 양국 정부에 대한 대중의 압박을 높일 수 있을 만큼 많은 정보가 공개되어 있었다. 영국 갤럽 여론조사에서 응답자의 82퍼센트는 유대인 피란민을 더 받아들이는 데 동의했다.[128] 연합국의 무대응에 항의하는 목소리를 가라앉히기 위해 영국 외무장관 앤서니 이든은 하원에서 연합국을 대표해 독일의 유대인 살해를 강조하고 책임자들에 대한 전후 징벌을 약속하는 성명을 발표하겠다고 제안했다. 워싱턴 국무부는 그 성명이 유대인의 항의만 더 부추겨 "전쟁 노력에 악영향"을 줄 거라고 생각했다. 미국 관료들은 결국 성명 발표를 묵인하긴 했지만, 그전에 유대인 절멸에 관한 "의심의 여지가 없는 유럽발 보고서들"이라는 표현을 의심의 여지를 남기는 "유럽발 수많은 보고서들"로 수정할 것을 고집했다. 성명 발표 1주일 전, 루스벨트는 전시 동안 단 한 번 유대인 지도부를 만나 제노사이드 대응책을 논의했다. 루스벨트는 발언 시간의 5분의 4를 차지했고, 만남의 진짜 주제에는 겨우 2분만 할애했으며, 아무것도 약속하지 않았다.[129] 1941년 여름부터 내무인민위원부의 보안기구가 수집하고 작성한 제노사이드 관련 직접 증거를 충분히 가지고 있던(서방 측에 전달하진 않았지만) 모스크바 정부 역시 소련 희생자 일반이 아니라 유대인을 희생자로 규정하는 연합국 성명에 모호한 태도를 보였다. 그러나 소련은 결국 유대인 참사에 대한 전시의 유일한 주요 성명으로 판명난 이 성명에 서명국으로서 동참하기로 했다.[130] 12월 17일 이든은 하원에서 성명을 낭독했으며, 의원들은 자발적으로 일어나 2분간 묵념했다. 세계의 유대인 단체들은 연합국이 유대인 제한을 완화하고 유럽 유대인의 역경에 우호적으로 반응할 수도 있다고 내다보았다. 추축국의 그물에 걸린 유대인에게 연합국 성명은 좋기도 하지만 나쁘기도 한 소식이었다. 바르샤바 게토에서 아브라함 레빈Abraham Lewin은 일기에 "우리의 운명에 대한 '염려'에 기뻐해야겠지만 과연 그게 우리에게 도움이 될까?"라고 적었다.[131]

1942년 12월의 성명은 홀로코스트 소식에 대한 영국 정부의 가장 적극적인 대응으로 밝혀졌다. 하지만 아직 살아 있는 유럽 유대인에 대한 연합국의 정책에 중요한 변화는 거의 없었다. 소련은 미국 돈을 끌어올 수 있다는 이유로 유대인 반파시스트 위원회Jewish Anti-Fascist Committee(보안기구의 면밀한 감시를 받는 조건으로 스탈린의 승인을 받아 1942년 창설되었다)를 용인하긴 했지만, 이 위원회는 독일 점령하의 소련 유대인—1942년 말이면 이미 대다수가 사망한 상태였다—을 구하거나 지원하는 적극적 전략을 지지할 의도가 없었다. 영국 내무장관 허버트 모리슨은 유대인 난민을 더 수용하라는 요구를 거부하고 외무부에 멀리 떨어진 다른 목적지, 이를테면 1940년에 독일도 잠시 고려했던 마다가스카르 같은 목적지를 고려해 달라고 요청했다. 그래도 비판이 이어지자 영국 전시내각은 '유대인 난민

환영 및 수용 위원회'를 설립했다가 특정한 피해 집단에 특혜를 주는 모양새로 비치지 않도록 명칭에서 '유대인'을 뺐다. 1943년 1월 이 위원회가 스스로 인식한 대체로 부정적인 목표는 "이 나라와 영국 식민지들로의 대량 이주가 가능하다는 생각을 없애는 것"이었다. 모리슨이 내놓은 유일한 제안은 난민들이 영국의 전쟁 노력에 유용하다는 것을 보여줄 수 있다면 1000~2000명을 추가로 받아들일 수도 있다는 것이었다.[132]

12월 성명 이후 미국이 곧장 취한 실질적인 조치는 없었다. 루스벨트와 국무부는 유대인 로비 단체들의 제안을 경시하거나 무시했다. 1월에 워싱턴은 영국 정부로부터 난민 문제에 대한 최고위급 정상회담을 열자는 제안을 받았으며, 미국 측이 한참을 주저한 끝에 1943년 4월 중순 카리브해의 영국 식민지 버뮤다 섬에서 마침내 회담이 열렸다. 양편은 유대인만이 아니라 난민 전반을 논의하고 난민 구조에 대한 유토피아적 제안은 논의하지 않기로 했다. 그 결과는, 영국 대표단 단장이 보고했듯이, "빈약"했다. 회담에서 지난 1938년 처음 설립된 정부간난민위원회Intergovernmental Committee on Refugees를 복원하기로 합의했지만, 그 이후 수년간 유대인을 지원하는 이 위원회의 역할은 변변찮았다. 영국에서도, 팔레스타인에서도, 미국에서도 기존의 할당 인원 이상으로 유대인 난민을 받겠다는 양보를 하지 않았다. 1944년 루스벨트가 압박을 받아 겨우 1000명의 난민에게 뉴욕 포트온타리오Fort Ontario의 전시 피란처를 제공했을 뿐이다. 연합국이 점령한 북아프리카에 에스파냐 출신 유대인 난민을 위한 수용소를 세우자는, 버뮤다 회담에서 제기된 방안이 실현되기까지는 1년이 걸렸다. 무슬림 여론에 대한 우려와 프랑스의 반대 때문에 그 수용소는 결국 당초 의도대로 수천 명을 수용하지 못하고 고작 630명을 수용하는 데 그쳤다.[133] 버뮤다 회담의 주요 결론은 이든의 말대로 "최종 승리를 거둘 때까지” 아무것도 할 수 없다는 것이었다. 우연찮게도 그 회담이 열린 시점은 바르샤바 게토의 유대인 투사들이 봉기를 개시한 때였다. 회담 대표들이 버뮤다의 한 호텔에서 난민 문제를 어떻게 다룰지 의논하는 동안 유대인 반란자들은 억압자들에 맞서 실패할 게 뻔한 마지막 전투를 치렀다. 그들은 폴란드 국내군〔2차대전 시기 폴란드의 저항운동 조직〕의 지원은 조금 받았지만 연합군의 지원은 전혀 받지 못했다. 고통에 시달린 바르샤바 게토의 마지막 메시지 중 하나는 “자유와 정의의 세계는 침묵하며 아무것도 하지 않는다”였다.[134]

이것은 가혹한 평가이되 불합리한 평가는 아니었다. 유대인 박해와 절멸은 서방 연합국으로부터 홀로코스트의 참상에 걸맞은 반응을 이끌어내지 못했다. 오히려 유럽을 탈출하려던 유대인 난민들과 구출 작전을 이끌려던 유대인 조직들은 끊임없는 장애물과 매몰찬 거절에 직면했고, 이따금 인색한 지원을 받는 데 그쳤다. 무슨 일이 일어났는지 다 아는 전후 세대들은 연합국 대의의 도덕적 실패를 똑같이 가혹하게 평가했다. 실패의 이유는 많았다. 첫째, 1930년대에 유대인 난민 문제에 대처했던 서방 당국, 특히 팔레스타인의 영국 당국이 추가 지원에 매우 부정적인 반응을 보였다. 둘째, 신뢰도의 문제가 있었다. 홀로코스트 참상이 밝혀지면서 조금씩 들려오는 소식을 서방 대중은 도저히 믿을 수가 없었다. 심지어 유대인 공동체들도 마찬가지였다. 세계유대인회의 런던 지부는 뉴욕 본부에 “믿을 수 없는 것을 믿으십시오”라고 써 보냈다.[135] 1차대전을 겪은 서방에서는 잔혹행위 이야기를 조심스럽게 다루었으며, 유럽에서 자세한 소식을 전하던 언론인들은 1948년 레온 쿠보비츠키Leon Kubowitzki가 세계유대인회의 연설 중에 사용한 표현인 “회의주의의 껍질”을 깨뜨려야 했다. 언론은 똑같은 잔혹행위 이야기를 되풀이하기를 꺼렸는데, 전쟁 뉴스와 비교해 잔혹행위 뉴스가 박한 평가를 받았기 때문이다. 미국 유수의 일간지《뉴욕 타임스》는 전시 동안 제1면 기사를 2만 4000건 게재했지만, 그중 유대인 문제를 다룬 기사는 44건뿐이었다. 유대계 미국인 사주 아서 설즈버거Arthur Sulzberger는 독자들이 이탈하거나 반유대주의 반응을 불러일으키지 않을까 우려하여 자신의 신문에서 유대인의 비극을 지나치게 부각시키기를 주저했다. 그 결과, 대중은 홀로코스트에 관해 부분적·단편적으로 알게 되어 거기에 공감하기보다 믿지 못하겠다는 반응을 보이곤 했다. 1948년 연설에서 쿠보비츠키는 이렇게 말을 이었다. "유대인이 벌인 사투는 인간 정신으로 믿을 수 없는 일이었을 뿐 아니라 이해할 수 없는 일이기도 했습니다."[136]

이런 결과의 원인으로 반유대주의를 꼽을 수도 있겠지만, 반유대주의 역시 보기보다 복잡한 문제였다. 연합국 주요 삼국에 조야한 인종주의적 형태의 반유대주의가 존재하긴 했지만 주류 운동이 아니었고 정부 수준의 운동도 아니었다. 미국에서는 1930년대를 거치며 대중적 반유대주의가 확산되었다. 극우파는 1930년대 루스벨트의 경제 개혁에 반대하며 "뉴딜 정책은 곧 유대인 정책"이라는 구호를 외쳤다. 포퓰리즘적 반유대주의를 대표한 세력들로는 윌리엄 펠리William Pelley가 이끈 1만 5000명 규모의 파시스트 '은빛 셔츠단', 제럴드 윈로드Gerald Winrod 목사와 (미국인 10만 명에게 읽힌) 그의 반유대주의 신문《디펜더Defender》, 그리고《시온 장로 의정서》를 믿은 가톨릭 사제로서 1942년 시카고 대주교에 의해 침묵을 강요당하기 전까지 청취자 수백만 명에게 반유대주의 장광설을 늘어놓은 찰스 커플린Charles Coughlin 신부 등이 있었다. 유대교 회당 훼손과 유대인에 대한 잦은 공격은 전시 내내 계속되었다.[137] 영국의 반유대주의는 우파 과격파 사이에 존재하긴 했으나 1930년대 말에 주변부로 밀려났고

1940년에는 영국 파시스트연합 활동가들이 구금되었다. 그럼에도 서방의 많은 정치인과 관료들이 편견이나 불관용의 입장에서 '유대인 문제'를 대했고 대중 역시 대부분 그러했다는 것은 분명하다. '유대인'에 대한 고정관념은 소극적인 반유대주의를 부추겨 유대인 위기에 더 적극적으로 대응할 전망에 악영향을 주었다. 1942년 12월의 연합국 성명을 주도한 앤서니 이든은 그보다 1년 전에 개인비서에게 "우리가 어느 한쪽을 우선시해야 한다면 … 나는 유대인보다 아랍인을 선호하네"라고 말했다. 팔레스타인 문제나 유대인 문제에 대응해야 하는 영국 외무부와 식민부의 관료들은 회의록에 일상적인 인종주의를 잔뜩 집어넣었다. 1944년 어느 관료는 "내가 보기에는 이 부처에서 이런 울부짖는 유대인들에 대응하느라 너무 많은 시간을 허비하고 있다"고 썼다.[138] 처칠은 내각 동료들 중에서 특이하게도 시오니즘을 공공연히 지지하고 추축국의 그물에 걸린 유대인을 걱정했지만, 전시 동안 자기 주변 사람들의 무관심이나 적대감을 뒤집을 수는 없었다. 그에 반해 루스벨트는 국내 여론이 원한다고 판단하지 않는 이상 유대인 난민 문제를 다루거나 유대인 위기에 대응하는 조치를 거의 취하지 않음으로써 결국 인도주의적 우려를 정치적 계산으로 대체했다.

반유대주의는 또다른 의미로도 서방이 유대인 문제에 대응한 방식의 한 요인이 되었다. 전쟁 이전과 도중에 유대인 조직들과 로비 단체들은 유대인 행동주의가 반유대주의적 반발을 불러와 어디서든 유대인의 조건이 나빠지지 않을까 줄곧 우려했다. 영국과 미국에서 유대인 지도부는 중부유럽과 동유럽에서 유대인이 대규모로 이주해올 전망에 열광하지 않았는데, 그들이 기존의 유대인 공동체를 어지럽히고 쉽게 통합되지 않을 수도 있다고 보았기 때문이다. 유대인이 소요를 벌이면 유대인은 충성스럽지 않은 소수집단이라는 통념이 생길 것이라는 우려도 있었으며, 실제로 스탈린은 소련의 유대인 인구를 그렇게 바라보았다. 1943년 8월 랍비 와이즈는 미국 유대인회의에서 연설을 하면서 "우리는 시종일관 미국인입니다"라고 선언했다.[139] 이와 비슷하게 비유대인 정치인들도 유대인 난민들이 독일의 부추김을 받아 갑자기 입국을 요구할 경우 반유대주의가 강해질 수 있다고 우려했다. 영국에는 전시 대부분 동안, 심지어 히틀러의 유럽에서 유대인이 대부분 사망한 이후에도 그런 유입을 전망하는 이들이 있었다. 미국과 영국에서는 유대인을 유럽 전쟁의 주요 피해자로 인정하는 견해에 정치적으로 문제가 있다고 보았는데, 무엇보다 유럽 점령지의 다른 피해 집단들을 경시하고 유대인에게 특혜를 주는 견해로 여겼기 때문이다. (이런 이유로 1943년 1월 영국에서 난민을 위해 설립한 긴급 위원회의 명칭에서 '유대인'을 빼기로 결정했다.) 끝으로 유대인 지도부와 비유대인 지도부 모두 유대인 위기에 더 적극적으로 대응할 경우 독일에 맞서는 전쟁이 실은 '유대인 전쟁'이라는 독일의 선전에 놀아나는 모양새로 비칠 것을 우려했다.

홀로코스트에 대한 반응을 좌우한 것은 무엇보다 정치적 편의와 군사적 필요성이었다. 더 광범한 전쟁의 결과에 관심을 두는 서방 국민들에게 유대인 난민은 그리 대수롭지 않은 문제였다. 유대인 위기에 공감하는 국가들이라 할지라도 대체로 추축국에 점령당한 모든 피해자라는 더 폭넓은 관심사의 일부로서 이 위기를 다루었다. 대對유럽 선전에서 영국 관료들은 '국가'를 이루지 못한 유대인을 국가를 이룬 민족들보다 우선시해야 한다는 인상을 주지 않으려고 애썼다. 런던의 유럽 망명정부들은 점령당한 자국민의 곤경을 외면하고 유대인에 관심을 쏟을 경우 국민들이 분개할 것이라는 우려를 공유했다. 자유프랑스의 지도자 드 골 장군은 "유대인을 되찾는 사람이 되어서는 안 된다"는 조언을 들었다. 프랑스 우파는 1940년 패배의 책임을 유대인에게 돌렸으며, 폴란드 민족주의자들은 1939년 9월 유대인이 러시아군에 나라를 팔아넘겼다고 비난했다. 망명 정부들은 전쟁 도중과 이후에 자기네 '유대인 문제'를 만들지 않으려 애썼으며, 영국의 선전은 이런 정치적 우려를 존중했다.[140] 심지어 독일이 중립국들에 여권이나 신분증명서를 지닌 유대인을 본국으로 송환할 기회를 주었을 때에도 중립국들은 국내 민족주의 여론을 고려하여 조심스럽게 송환을 미루었다. 1943년과 1944년에 에스파냐 신분증명서를 지닌 유대인 5000명 중에서 667명만이 그나마도 다시 이주를 떠난다는 조건으로 에스파냐에 도착했다. 수천 명은 중립국 관료들이 깐깐하게 입국 요건을 따지고 서류를 확인하는 동안 살해되었다.[141]

연합국은 해방의 관건이라던 승전 이후에도 유대인이 겪은 참사에 계속 모호한 반응을 보였다. 1945년 뉘른베르크 국제군사재판의 심의에 '제노사이드' 용어를 도입해 독일 주요 전범들에게 죄를 묻자고 제안한 이는 1941년 미국에 도착한 폴란드 출신 유대인 법률가 라파엘 렘킨Rafael Lemkin이었다. 그가 규정한 제노사이드는 동료 유대인의 운명을 다루는 용어가 아니라 피정복민이 정치적·문화적·사회적 차원에서 국가정체성을 빼앗긴 사태를 가리키는 용어였다. 유대인 대량 살해는 마지막 순간에야 기소장에 포함되었는데, 유대인을 하나의 '국민'으로 규정하기 어려웠거니와 소련이 유대인을 피해 국민들 전체에 포함시키지 않고 한 집단으로 따로 다루는 발상에 적대감을 보였기 때문이다.[142] 제노사이드 용어는 재판을 치르는 동안 드물게 사용되었고 최종 판결에서는 전혀 쓰이지 않았다. 렘킨은 국제연합이 제노사이드를 국제 범죄로 규정하도록 운동을 벌였지만, 이 운동은 주요 열강의 지지를 받지 못하고 인도, 파나마, 쿠바의 지지를 받는 데 그쳤다. 1948년 12월 세계인권선언과 동시에 마침내 제노사이드 협약이 채택되었지만, 영국과 프랑스, 소련, 미국의 저항이 없지 않았다. 이들 국가는 모두 제노사이드 협약이 식민지 주민이나 국내에서 억압받는 소수집단의 처우에도 적용될 수 있다는 것을 우려했다. 스탈린은 이미 반유대주의 숙청을 승인하여 전시에 유대인 반파시스트 위원회를 운영했던 이들을 포함해 소비에트 유대인 수천 명을 살해하거나 투옥한 터였다. 미국에서 제노사이드 협약의 비준을 꺼린 것은 민권운동 소요가 더 일어날지 모른다는 우려와 관련이 있었다. 실제로 1951년 민권운동가 폴 로브슨Paul Robeson과 윌리엄 패터슨William Patterson은 국제연합에 미국 흑인의 처우에 관한 청원서 〈우리는 제노사이드를 고발한다〉를 제출했다. 렘킨은 유대인의 곤경과 흑인의 곤경을 비교하는 것을 유감스럽게 여겼다. "불평등하다는 것과 죽었다는 것은 같지 않다." 결국 미국 정부는 1986년에야 제노사이드 협약을 비준했다.[143]

비록 전시 동안 동맹국 간 협력이나 국내 인종주의, 유럽 유대인 지원 등과 관련해 도덕적으로 상대적인 입장을 취했다고 해서 연합국이 추축국과 같았던 것은 아니지만, 그 입장은 연합국이 공동으로 일군의 진보적이고 인도적인 가치들을 대변한다는 주장에 어긋나는 것이었다. 연합국의 '선한 전쟁' 서사는 분쟁이 진행되는 동안 이미 구성되었고 전후 들어 2차대전에 내한 기억에서 핵심적인 얼개로 남았다.[144] 그러나 현실은 그렇게 명확하지 않았다. 전시 동안 연합국이 도덕적·정치적 편의를 좇아 만들어낸 역사는, 전략적·정치적 필요성이나 이데올로기적 신념을 이유로 들어 '선한 전쟁' 서사를 더럽히는 도덕적 선택을 한 역사였다.

국민의 전쟁: '도덕적 결속체' 만들어내기

분쟁의 목표와 자국 인구에게 요구한 희생을 정당화하면서 도덕적 편의를 드러낸 모든 국가는 국민의 절대다수에게 이번 전쟁이 지지할 만한 가치가 있는 싸움임을 납득시킬 필요가 있었다. 만약 질문을 받았다면, 국민의 절대다수는 현실적인 이유로든 도덕적인 이유로든 거의 확실하게 전쟁을 하지 않는 편을 택했을 것이다. 1943년 영국 의회평화지향집단 Parliamentary Peace Aims Group의 지도부는 이렇게 썼다. "무엇보다 우리는 어느 문명국에서든 보통사람들은 전쟁 책임이 거의 없다는 것을 인식해야 합니다. 통치자들이 그들을 전쟁으로 끌고 들어가고, 천박한 말솜씨로 달래고, 온갖 참상과 모욕을 겪도록 했습니다."[145] 이 판단이 연합국보다 추축국에 더 들어맞는 것으로 보인다 할지라도, 모든 교전국 정권은 국민들이 그들이 유발하지 않은 분쟁에 동참하고 위기 또는 패배에 직면해서도 전쟁 노력에 대한 도덕적 헌신을 유지하도록 이끌 절박한 필요성이 있었다. 1차대전은 그런 노력에 실패했을 때의 대가를 여실히 보여주었다.

그런 헌신을 유지하는 주된 방법은 겉보기에 전 국민이 합심해 마지막까지 전쟁을 수행하는 '도덕적 결속체moral collective'를 만들어내는 것이었다. 그 결속체에는 현대전이란 정부와 군대만이 아니라 사회 전체가 벌이는 총력전이라는 인식이 반영되었다. 의무와 희생의 윤리를 중시하는 이 전시의 유기적 공동체 개념은 독재국가들에 국한된 현상이 아니라 보편적인 현상이었다. 1942년 초 장제스는 중국 국민에게 연설하면서 이 도덕적 결속체의 핵심 특징들을 포착했다.

여러분 모두 현대전이 그저 군사작전의 문제가 아니라는 것을 알아야 합니다.

현대전은 국민의 전력全力과 모든 자원을 동원합니다. 군인만이 아니라 모든 시민도 예외 없이 참전합니다. 시민은 국가의 위난이 개개인에게 영향을 준다는 것을 이해해야 하고, 온갖 부득이한 고난을 인내하는 데 동의해야 하며, 규율과 공익을 위해 필요하다면 사적 자유와 만족을 포기해야 합니다. … 이런 사회에서는 생활이 전시의 긴급 상황에 맞추어질 것입니다. 다시 말해 국익이 가장 중시될 것이고, 승리가 모든 시민이 노력하는 올바른 목표가 될 것입니다.[146]

전쟁 노력을 규정하려는 각국의 언어도 도덕적 결속체를 포착했다. 영국에서는 과거에 더 좁게 규정된 엘리트층을 위해 치렀던 전쟁들과 구별하기 위해 일찍부터 2차대전을 '국민의 전쟁'이라 명명했고, 폭정에 맞서 단결하는 '보통사람들'이 전시 서사의 핵심 특징이 되었다.[147] 독일에서는 인종 면에서 배타적인 '민족공동체'라는 대중적 관념, 즉 1930년대에 국가사회주의 이데올로기와 선전의 주된 특징이었던 관념이 전시 동안 '투쟁공동체Kampfgemeinschaft' 관념으로 쉽게 바뀌었고, 전쟁 종반에 패배가 다가오면서 최종 투쟁의 고난을 인내하는 '운명공동체Schicksalsgemeinschaft' 관념으로 다시 바뀌었다.[148] 소련은 스탈린의 말대로 파시스트 침공국을 몰아내기 위해 대애국 전쟁을 치르는 하나의 '무장 병영'이 되어야 했다. 전시 초반에 인기를 얻은 노래 〈국민의 전쟁voina narodnaia〉에는 그 제목과 같은 관념이 담겨 있었다. 1942년 9월 스탈린은 소련 역시 신체 건강한 시민이라면 남자든 여자든 누구나 기꺼이 싸워야 하는 '국민의 전쟁'을 치르고 있다고 선언했다.[149] 미국에서는 개인주의 윤리가 우세했던 까닭에 전시의 도덕적 공동체를 구성하는 데 더 애를 먹었지만, 루스벨트는 진주만 공격 이후 첫 전시 방송에서 그런 공동체를 표명했다. "우리 모두 그 안에 있습니다. 처음부터 끝까지. 모든 남성과 여성, 어린이를 막론하고."[150]

여기서 예외는 중국과 이탈리아로, 두 나라는 이미 1930년대에 전쟁을 치르느라 상대적으로 약한 경제에 엄청난 손실을 입은 바 있었다. 무솔리니가 마침내 다른 주요 열강과의 전쟁을 무릅쓰기로 결정한 1940년, 이탈리아 군부와 정계 엘리트층의 중요한 일부와 국민의 대다수는 또다른 전쟁을 치르고픈 마음이 별로 없었다. 다른 교전국들에서는 주요 전쟁을 계기로 새로운 도덕적 결속이 이루어졌지만, 이탈리아에서는 1940년부터 분쟁으로 인해 정권과 국민 사이의 간극이 점점 벌어졌다. 초기 패배는 대중의 비관론을 더욱 부채질했다. 경찰 보고서는 대중이 승리에 대한 자신감을 잃고 있고, 미군의 진입을 우려하고, 분쟁의 종식을 염원한다는 것을 보여주었다. 1940년 11월 제노바에서 보낸 전형적인 보고서는 "전쟁과 그 목표에 대한 열의가 전혀 보이지 않는다"고 강조했다.[151] 그 결과, 무솔리니가 총동원을 주저하게 되어 영국이나 독일, 소련과 비교해 이탈리아에서는 더 많은 국민이 분쟁에 관여하지 않을 수 있었다. 중국의 경우, 전쟁 노력을 위해 무엇이 필요한지를 장제스가 알고 있었음에도 그 노력에 동참하는 이들이 그리 많지 않았다. 1942년 말 장제스는 충칭에서 열린 국민참정회 본회의에서 연설을 하면서 동포들이 자신의 총력전 요구를 받아들이지 않는다고 꾸짖었다. "오늘날의 사회생활은 마치 평시인 것처럼 상당히 해이합니다. … 열정적인 애국심이 인민 사이에 두루 부재하고 이기적인 습관과 공익을 무시하는 태도가 여전히 장애물로 남아 있습니다."[152] 당시 중국의 문제들은 적절한 공동 노력이 없었던 이유를 충분히 설명해준다. 중국은 국가의 절반이 일본군에 점령된 상태였고, 피점령지에서 적과의 기회주의적 협력이 만연했다. 장제스의 국민당 정권과 중국 공산당은 잠재적 갈등 관계였으며, 공산당은 자기네 점령하에 있는 거점 지역들에서 '모든 인민의 대일본 전쟁'에 호소하여 대체로 더 성공을 거두었다. 농촌의 중국 농민 수백만 명은 물밀듯이 들어오는 피란민에 대처하고, 먹거리를 찾고, 사방에 퍼진 비적질을 막아내느라 허덕거리고 있었으므로 국민공동체를 위해 싸운다는 생각에 별반 감명을 받지 않았다. 비점령 중국 지역들에서는 최고위층 사이에 부패가 만연했고, 상인들이 물자 부족을 악용했으며, 부자들이 돈을 써서 자기 아들을 병역에서 빼냈다.[153] 장제스는 이런 분열상을 개탄하며 쟁반에 흩어진 모래라는 뜻의 '일반산사一盤散沙'라는 말을 입에 올리기도 했다.[154]

전시에 성공적으로 구성된 도덕적 결속체는 포용성을 지향했다. 다만 그 정의상 배제되는 이들은 예외였는데, 미국에서 1942년 수용소에 억류된 일본계 주민 12만 명, 독일 내 유대인과 외국인 노동자, 소련에서 '국민의 적'으로 규정된 넓은 범주의 사람들 등이 그런 예였다. 아동과 청소년까지 포함해 모든 인구 구성원은 아무리 사소하거나 수동적인 역할일지언정 모종의 역할을 수행하여 전쟁 노력을 유지하고 불가피한 희생을 감당할 것으로 기대되었다. 독일이나 소련, 일본에서 이런 참여는 더 폭넓은 공동체 조직화의 일부였으며, 그렇게 조직된 인구 대다수는 공동 목표를 위해 적극적으로 동참할 수밖에 없었다. 삼국은 기존의 공동체 헌신을 확장하는 방식으로 도덕적 합의를 공유하는 전시 결속체를 만들어냈다. 1939년 독일에서 이런저런 청소년 단체, 정당, 복지 제공 단체, 민방위 단체, 노무 단체 등으로 조직된 사람들은 인구 8000만 명 중에서 약 6800만 명에 달했던 것으로 추정된다.[155] 이 모든 단체는 개전 이후 후방에서 전쟁 노력의 일부를 담당했다. 일본 내무성은 1940년 주민 조직인 정내회町內會(조나이카이) 연결망을 구축하여 국내 인구가 전쟁 노력에 참여할 공식적인 구조를 만들어냈다. 1940년 말 전국의 정내회는 18만 개에 달했는데, 도시에서는 수백 가구, 시골에서는 각각의 촌락이 하나의 정내회를 이루었다. 그와 동시에 일본 당국은 보통 8~9가구로 이루어진 더 작은 마을 모임을 100만 개 이상 만들어 지역 공동체를 더 폭넓은 전쟁 목표에 더욱 단단히 묶어두고 도덕적 의무에 순응하지 않는 이를 쉽게 고립시켰다.[156] 반면에 영국과 미국 당국은 기존 공동체보다는 개인의 양심에 호소하고 권유하는 방법에 훨씬 의존하여 국민의 헌신을 이끌어내려 했다. 미국의 전시 서사는 시민권을 좁게 규정하는 일본 사회의 유기적 성격과, 각 개인이 타인에 대한 의무를 이해하게 될 것이라는 시민 자발성 관념을 대비시켰다. "당신은 오늘 자유를 위해 무엇을 했나요?"라고 어느 미국 포스터는 물었다.[157] 이렇듯 참여를 장려하는 선전은 강한 사회적 순응 압박을 보완하는 것이었다. 희생을 기꺼이 받아들이지 않거나 지역 공동체 활동에 참여하지 않는 사례는 관찰되고 보고되었다. 영국 국민들은 계급이나 지역의 명백한 차이에도 불구하고, 일시적인 전시 결속체가 승리를 위해 일할 수 있는 모든 사람에게 도덕적 의무를 부여한다는 생각을 공유했다.

이런 전시 결속체는 유달리 강력한 도덕적·감정적 구성체였다. 투쟁하는 공동체의 주변이나 바깥에서 방관하기는 어려웠으며, 권위주의 국가에서 그렇게 했다가는 위험에 처했다. 개개인이 사적으로 어떤 의구심을 품었든 간에, 전쟁 노력에 참여해야 한다는 도덕적 의무가 대부분의 교전국에서 광범한 지지를 받았다. 의무 기피자, 패배주의자, 평화주의자 혐의를 받은 사람은 곧 도덕적 낙오자였다. 소련에서 그런 사람은 처형당할 공산이 컸다. 선전이 필수이긴 했지만, 전시 공동체를 만들어내는 일은 더 폭넓은 참여의 문화를 발전시키는 일에도 달려 있었으며, 미디어나 청소년 단체, 교회, 여성 단체, 그리고 서방 국가들의 경우 상업 광고가 그런 문화를 발전시키는 데 제각기 일조했다. 전시 공동체에 어린이들이 참여한 사례는 그 공동체에 대한 담론이 어떻게 구성되고 받아들여졌는지를 특히 잘 보여준다. 진주만 공격 직후 미국에서 발행된 학교용 기본 지침서《승리를 위한 교육Education for Victory》은 교사가 어린이들이 당시의 도덕적 담론을 이해하도록 장려할 것을 제안했다. "민주적 이상에 대한 이해를 높임으로써 미국이 무엇을 위해 싸우고 있는지 깨닫도록 할 것 … 민주적 원칙을 위한 미국의 싸움은 자유를 위한 인류의 오랜 투쟁의 일부일 뿐임을 깨닫도록 할 것." 50만 부가 배포된《어린이의 도덕률The Children's Morality Code》은 어린이들이 가족, 학교, 주, 국가, 그리고 무엇보다 '인류'에 충성할 것을 권고했다. 헨리 모겐소 재무장관이 '저축하자, 봉사하자, 보존하자'라는 구호로 미국 청소년 3000만 명에게 자유를 위한 싸움에 동참할 것을 호소했을 때, 약 2만 8000개 학교가 호응했다. 학생들은 전쟁 저축우표war savings stamp(정해진 액수만큼 모으면 전쟁채권과 교환해주는 우표)를 구입하고, 집집마다 돌면서 고철, 폐지, 윤활유를 모으고, 지역 공동체 프로젝트에 참여했다.[158]

일본에서 어린이들은 공동체에 대한 도덕적 헌신을 인정하도록 배웠다. 문부성에서 발행한 윤리 교과서들은 수십 년간 학생들에게 복종, 충성, 용기를 장려했다. 1941년판 교과서들은 민족주의적 상징과 정서("일본은 훌륭한 나라 / 순수한 나라다. 세계에서 유일하게 / 신성한 나라다"), 천황을 위해 죽으려는 보통 시민들에 대한 언급들이 담기도록 새롭게 쓰였다. 노범적인 이야기는 어린이들에게 전쟁 노력을 위해 폐품을 모으고, 해외 파병 군인에게 편지를 쓰고, 위대한 황족의 일부라는 데 감사할 것을 장려했다. 교과서에 딸린 교사용 지도서는 새로운 '국가 도덕'이 이제 사회적 도덕 영역과 개인적 도덕 영역을 모두 흡수했다고 설명했다. 1945년 일본 어린이들은 교실에서 군가를 자주 부르고 최종 방어에 대비해 군사훈련에 참여했다. 어느 소녀는 일기에 백병전, 공으로 대신하는 수류탄 투척 연습, 목검 싸움, 적을 창으로 찌르는 연습 등을 포함하는 '정신 훈련'을 기록했다. "정말 재밌었다. 지치긴 했지만, 한 사람일지라도 적을 여럿 죽일 수 있다는 걸 깨달았다."[159]

그럼에도 전시 결속체를 만들어내는 데에는 분명한 한계가 있었다. 관점이나 연령, 이익, 기대치가 가지각색인 국민들 사이에서 전시의 헌신을 유지하는 것은 결코 저절로 되는 일이 아니었다. 전시 도덕적 공동체가 정당한 대의를 위해 전쟁을 치른다는 단연 중요한 서사를 유지하기 위해 모든 전시 정권은 체계적인 여론 감시, 검열, 선택적 선전을 통해 눈에 띄는 반대 의견이나 일시적 회의론 및 환멸감의 표출 등을 확인하고 그것을 누그러뜨리거나 억압하는 조치를 취했다. 전시 대중의 정신 상태를 묘사하는 유행 용어는 사기士氣였다. 1차대전 기간에 널리 쓰인 이 개념은 전간기 동안 국내 인구의 잠재적 회복력에 대한 대중의 인식에 깊이 새겨졌다. 예컨대 1940년 예일 대학 학자 아서 포프Arthur Pope는 비공식 기관인 국민사기위원회를 설립해 전시에 미국인의 사기를 유지할 수 있는 방법을 조사했으며, 이 연구의 결과는 정부가 미국인의 전쟁 헌신을 유지하는 방법에 대한 사고를 형성하는 데 도움이 되었다.[160] 사기는 정확하게 규정하기 어렵고 측정하기는 더더욱 어렵다. 전시 동안 영국에서 전쟁 노력에 대한 대중의 만족도를 조사한 여론조사들은 저점인 1942년 초의 35퍼센트에서 고점인 1945년의 80퍼센트까지 큰 변동폭을 보여주었지만, 종전 때까지 전쟁 수행에 대한 대중의 지지가 위태롭다고 할 만한 시기는 없었다.[161] 소련에서는 전쟁을 시작하고 나서 첫 위기를 맞은 해에 광범한 패배주의 징후가 있었다. 특히 군인 20만 명이 독일 측으로 변절한 것으로 추정된다. 그렇지만 내무인민위원부는 엄격한 치안 활동으로 패배주의 정서가 대중적 기반을 갖지 못하도록 했다.[162] 이탈리아를 제외한 모든 경우에 전쟁의 추이에 대한 대중의 불안이 꼭 사기 저하로 이어졌던 것은 아니다. 그럼에도 아무리 느슨하게 규정된 활동일지언정 국민 사기를 조사하는 활동은 도덕적 결속체를 유지하는 데 필수적인 수단으로 여겨졌다. 2차대전 기간에 자국민을 조사하는 국가의 역할은 그 범위와 야심에 있어서 1차대전의 경험을 훌쩍 넘어섰다.

대중의 분위기는 권위주의 국가들에서 한결 쉽게 가늠할 수 있었는데, 대중의 의견과 행동에 관한 상세한 보고서를 정권에 제공하는 구조를 전쟁 전에 미리 마련해두었기 때문이다. 자유언론과 자유주의적 정치체제가 없는 가운데 독재정권들은 정부 시책에 대한 국내외 대중의 반응을 보고하는 광범한 정보원 망에 의존했다. 독일 체제는 신중한 조직화의 모범이었다. 1930년대에 친위대 보안국Sicherheitsdienst의 한 부서는 국내 소식을 보고하는 업무에 전념했다. 1939년 9월 이 부서는 신설된 제국보안본부에서 친위대 집단지도자 오토 올렌도르프Otto Ohlendorf가 담당하는 제3국으로 재편되었고, 10월 9일부터 공식적인 '국내 정치 상황에 관한 보고서들'을 취합하기 시작했다. 11월에 이 명칭은 '제국발 보고서들'로 바뀌었고, 정보의 비관적 어조 때문에 패배주의라는 비난을 받고 정기 보고가 종료된 1944년 여름까지 같은 명칭으로 계속 취합되었다. 올렌도르프의 제3국은 여론과 사기의 모든 측면에 관한 정보를 최대한 수집하는 18개(나중에는 24개) 하위집단으로 나뉘었다. 3~5만 명으로 추정되는 정보원들이 정보를 수집했고, 지역과 지방의 지청들에서 먼저 그들의 보고서를 검토한 뒤 베를린에 제출했다. 그리고 베를린에서 총괄 보고서를 작성해 당 간부들과 선전부에 전달했다. 대체로 전문직―의사, 법률가, 공무원, 경찰관―중에서 채용한 정보원들의 임무는, 어느 지청의 설명에 따르면,

가족과 친구, 직장 동료를 시사 문제에 관한 대화에 끌어들이고, 직장이나 버스, 상점, 미용실, 시장, 지역 술집 등지에서 대화를 엿듣는 것이었다.[163] 이들의 보고서는 게슈타포의 활동으로 보완되었는데, 게슈타포는 자체 정보원 망을 활용해 패배주의적이거나 반대 의견을 내는 목소리의 잠재적 해악을 확인하고 경우에 따라 그런 목소리를 철저히 틀어막았다.

비슷한 체제가 이탈리아와 소련에서도 작동했다. 이탈리아 비밀정치 경찰OVRA은 정보원과 공작원 망을 활용해 1940년 여름부터 여론lo spirito pubblico 현황에 관한 정기 주간 보고서를 작성했다. 대다수 대중이 얼마나 비관적이고 불만이 많은지 밝혀지자 이탈리아 당국은 정보원의 수를 급히 늘렸다.[164] 비밀경찰의 정보는 지역 지사들의 보고서로 보완되었으며, 모든 정보와 보고서는 로마의 내무부에 전달되고 결국 무솔리니의 책상에 올라갔다. 소련에서는 지역 공산당 관료와 당원, 내무인민위원부의 대규모 정보원 망이 지역 공동체를 계속해서 속속들이 관찰했다. 패배주의나 정권 비판의 기미만 보여도 경찰 당국에 고발되었다. 이런 고발은 소련의 모든 시민이 잠재적인 정보원이 될 정도로 제도화되었다.[165] 전시 동안 소련 시민들이 실제로 이런저런 요구에 시달리며 얼마나 사기가 꺾였든 간에, 누구나 알았듯이 불평불만의 위험이 워낙 컸기에 적어도 소극적인 수준의 사기는 유지할 수 있었다. 그럼에도 세 독재국가 모두 강압과 양보 사이에서 균형을 잡았다. 대중은 대개 전쟁 수행이나 도덕적 행위보다 훨씬 사소한 문제들을 우려했고, 국가 당국은 적절한 대응이나 표적을 겨냥한 강압을 통해 그런 우려를 줄일 수 있었다.

영국과 미국의 상황은 크게 달랐다. 두 나라에는 여론 현황에 관한 정보를 수집하는 관계망이 구축되어 있지 않았다. 1930년대 말에 여론조사가 시작되긴 했지만, 전쟁이 발발했을 무렵 여론조사는 대중의 사기를 조사하기에는 아직 미숙한 도구였다. 루스벨트는 백악관에서 여론을 가늠하는 자체 체계를 갖추고 있었다. 매일 수천 통씩 도착하는 편지를 면밀히 분석하고 백악관 직원들을 시켜 날마다 미국 신문 400종 이상을 샅샅이 훑어보는 체계였다. 1939년 9월 정부보고서국Office of Government Reports이 설립되었는데, 그 이름과 달리 여론의 동향을 추적하는 부서였다. 루스벨트는 선별 여론조사의 개척자들 중 한 명인 해들리 캔트릴Hadley Cantrill을 상대로 정기적으로 여론조사 결과를 제공받는 비공식 계약을 맺었고, 1942년에 2주마다 그 결과를 받았다.[166] 전시 동안 미국 정부는 여론 동향을 추적하고 적절한 정보로 대중을 인도하기 위해 여러 부서를 설립했다. 1942년 6월에 설립되었고 CBS 기자 엘머 데이비스Elmer Davis가 이끈 전쟁정보국에는 국민의 사기 현황에 관해 정기적으로 보고하는 국내정보실이 있었다. 사업가나 성직자, 편집인, 노동지도자("기민하고 말을 조리 있게 하는 부류"라고 전쟁정보국은 주장했다) 중에서 채용된 지역 정보원들은 지역 여론에 관해 정기적으로 보고하고 가능하다면 여론에 영향을 끼치려했다.[167] 1941년 5월에 설립되었고 뉴욕 시장 피오렐로 라과디아Fiorello La Guardia가 이끈 민방위국Office of Civilian Defense 소속 정보원들은 이른바 '도덕 감시관'으로 활동하며 지역 현황에 관해 전쟁정보국에 보고했다. 전쟁정보국은 여론에 영향을 주고자 구상한 수많은 프로그램으로 여론조사를 보완했다. 전쟁정보국 산하에는 라디오과(라디오 청취자가 1억 명에 달했다), 영화과(1주일에 대략 8000~9000만 명이 영화를 관람했다), 모든 공적 공간에서 급증한 포스터와 이미지를 담당한 그래픽-인쇄물과가 있었다. 미국의 사기 진작 프로그램은 조야한 선전에 의존하기보다는 여론을 꾸짖지 않고 인도하는 데 도움이 될 만한 명확한 정보를 제공하고, 민간 상업 부문에서 광고를 통해 교화 메시지를 강화하도록 독려하는 데 중점을 두었다.[168]

영국은 전시 초기부터 여론 관찰 체계를 구축했으나 대체로 운영이 더디기만 했다. 1939년 12월 BBC 프로듀서 메리 애덤스Mary Adams가 정보부 국내정보과Home Intelligence 과장으로 임명되어 정부 홍보의 기반이 될 "신뢰할 만한 정보"와 "국내 사기에 대한 평가"를 꾸준히 제공할 것을 지시받았다. 국내정보과는 1940년 5월부터 일일 보고서를 제출하기 시작했고, 9월부터 주간 보고서를 작성해 주요 부처들과 전시내각에 제공했다.[169] 여론에 관한 정보를 체계적으로 수집해본 경험이 거의 없었던 까닭에, 애덤스는 1940년 4월 민간에서 운영하는 단체인 대량관찰Mass-Observation을 기용해 국민 사기에 대한 상세한 조사 결과를 제공받고 패배주의의 증거에 대해 보고받았다. 1937년 과학자 톰 해리슨Tom Harrison과 시인 찰스 매지Charles Madge가 사회적 행동과 태도를 조사하기 위해 창설한 대량관찰은 인터뷰와 표집 방법을 사용해 미가공 자료를 제공했다. 이 조직은 국민 사기를 가늠하는 과제에 두 방법을 곧장 적용했다. 그리고 각 보고서마다 시사 뉴스와 사건에 대한 일반적 질문에 기반하는 인터뷰를 60회가량 진행했다. 표본이 아주 적고 특정 지역에 국한되어 신뢰도가 떨어지긴 했지만, 이 조직이 1945년 5월까지 매주 월요일과 목요일에 제출한 '뉴스 쿼터News Quota'는 국민 사기에 대한 정보부 자체 보고서의 핵심 자료로 사용되었다.[170]

이런 보고서는 정보부 자체 정보원과 전시사회조사원Wartime Social Survey의 활동에 의해 보완되었다. 정보원은 의사, 법률가, 공무원, 성직자, 상점주, 선술집 주인 중에서 채용했으며, 1940년 6월 런던에서 학자들이 설립한 전시사회조사원은 사기뿐 아니라 다양한 사회 문제에 대해서도 상세한 보고서를 제공했다. 주로 사회심리학자들이 근무한 이 조직은 대중의 전망에 대한 한층 전문적인 평가를 제시했다. 1944년 10월까지 전시사회

조사원은 자그마치 29만 회의 방문 인터뷰를 포함해 101회의 조사를 진행했다.[171] 그 무렵 영국 내각은 1942년 말부터 대부분의 전쟁 소식이 긍정적이라는 사실을 고려해 그간 정기적으로 받아온 조사원의 사기 보고서를 그만 받기로 결정했다. 1941년 7월부터 처칠의 측근 브렌던 브래컨 Brendan Bracken이 통제한 정보부는 여론 관련 정보를 바탕으로 전시 국가 홍보를 조정하는 법을 배웠다. 예컨대 미국의 경우처럼 국민의 참여를 권유하기도 했고, 직접적으로 설명하고 인도하는 자료를 이용하기도 했다. 주요 국가들과 마찬가지로 영국에서도 사기를 관찰하면서 불거진 쟁점들은 전쟁에 끝까지 헌신하는 도덕적 공동체라는 거대서사보다는 낮은 층위의 문제들이었다. 대중의 비판과 우려는 대개 전쟁 노력을 더 효과적으로 만들거나 그 사회적 영향을 더 공평하게 만들기 위한 것이었지 폭넓은 집단 노력의 도덕적 얼개를 훼손하기 위한 것이 아니었다.

전쟁을 대하는 대중의 태도를 면밀히 감시하던 국가들에서는 전쟁을 정당화하는 거대서사를 대중에게 얼마나 효과적으로 주입하고 있느냐는 문제가 제기되었다. 대부분의 국가들에서 정당한 전쟁을 수행하는 전시 공동체 관념이 전반적으로 지지를 받았다 할지라도, 과연 대중이 보통 전시 수사법으로 표현된 전쟁의 구체적인 도덕적 목표들까지 충분히 이해했을지는 의문이다. 몇 년간이나 전쟁에 휘말린 수많은 보통사람들은 전쟁의 경과와 목표를 불완선하고 불분명하게 이해하곤 했다. 그들의 이해는 부실한 정보에 근거했고 시간이 흐름에 따라 곧잘 바뀌었다. 오늘날의 역사적 관점에서는 2차대전을 하나의 전체로서 이해할 수 있다 할지라도, 당시 사람들은 전시 사건들의 양상과 예측 불가능한 분쟁의 미래에 대한 주관적 관점에서 전쟁을 바라보았다. 그들의 관점은 무엇을 알 수 있고 무엇을 말할 수 있는지 정해준 당국에 의해 본질적으로 제한되었는데, 이 조건은 교전국마다 천차만별이었다. 뉴스는 항상 군사 당국과 민간 당국 양편의 검열을 받았다. 독재국가들에서는 대중이 무엇을 읽을 수 있는지를 정해주는 중앙 기관들이 뉴스를 관리했다. 민주국가들에서 언론과 미디어는 중앙정부의 통제를 받진 않았지만, 그렇다고 해서 원하는 대로 다 발행하거나 방송할 수 있었던 것은 아니다. 예를 들어 오스트레일리아에서 정부는 줄곧 비판에, 특히 동맹국 미국에 대한 비판에 예민하게 반응하여 1942년부터 1945년까지 언론 자료에 대한 검열을 무려 2272차례나 지시했다.[172] 어디서나 언론은 진실의 전모를 얼마간 감추고 여간해서는 온전히 신뢰할 수 없는 공식 발표에 의존했다. 1941년 2월 밀라노에서 보낸 한 보고서는 도시 주민들이 "허황된 말, 사실무근이거나 쓸데없는 억측 … 유치한 주장"으로 가득한 언론 보도에 "몹시 실망했다"고 전했다.[173] 일본의 점령 이후 정규 일간지들이 무너진 중국에서는 소규모 지역 신문들이 급증하여 단조로운 정부 통지문을 그대로 게재하거나, 헌신적인 종군기자들이 없는 상황에서 소문과 추측을 섞어 뉴스를 지어냈다. 글을 읽을 줄 아는 소수마저 뉴스 매체의 신뢰도가 낮다고 보았다. 글을 모르는 대다수 중국인은 마을 주민에게 뉴스 보도를 읽어주는 활동가를 통해, 또는 항간에 떠도는 소문을 통해 뉴스를 구전으로 접했다.[174]

소문이나 '낭설'은 전시 동안 어디서나 공식 뉴스를 보완하는 중요한 역할을 했다. 온갖 소문은 전선에서든 국내에서든 보통사람들에게 어느 역사가가 말한 '비밀스러운 우주'를 제공하여 전쟁과 그 목표에 대해 나름대로 의견을 낼 수 있도록 해주었다.[175] 독재국가들에서 소문은 공공장소에서 신중하게 침묵을 지킬 필요성에 도전하고 모종의 자율성을 주장하는 한 가지 방법이었다. 독일 친위대 보안국의 내신 부서는 1939년 10월부터 1944년 7월까지 2740건의 소문에 대해 보고받았다. 소문은 사소한 것부터 히틀러가 죽었다거나 정부가 전복되었다는 것까지 다양했으며, 눈 깜짝할 사이에 전국으로 퍼져나갈 수 있었다. 1941년 3월 13일의 명령은 소문과 농담을 구별하고 농담에는 긍정적 가치가 있다고 여기되, 누구든 "국가에 해로운 악의적 성격"의 소문을 유포하다가 붙잡힌 자는 가혹하게 처벌하라고 지시했다.[176] 신뢰할 만한 뉴스가 없는 이탈리아에서는 온갖 소문이 무성했고, 지역 파시스트들은 소문꾼vociferatore을 붙잡았을 때 구타하거나 피마자유를 먹이라는 부추김을 받았다.[177] 소련의 대응은 패배주의자와 "선동적 소문의 유포자"를 색출하는 것이었다. 1941년 6월부터 12월까지 6개월간 총 4만 7987명이 소문꾼과 패배주의자 혐의로 체포되었다.[178]

영국에서는 정보부가 소문을 조사하고 경찰이 "악의적인 소문 유포자들"을 기소했지만, 1940년 여름 가혹한 판결이 급증하여 심각한 대중 시위가 발생하자 8월 들어 입건을 중단했다. 그 이후로 영국 당국은 정보를 개선하는 방법으로 소문에 대응했다.[179] 미국에서는 특히 전시 현실로부터 동떨어진 고립된 공동체들에서 소문이 만연했다. 전쟁정보국은 유진 호로비츠Eugene Horowitz가 이끄는 공공조사과에 소문통제단을 설치하고서 소문의 출처를 조사하고 그것을 불식시키는 데 필요한 정보를 제공하는 임무를 맡겼다. 자원자들이 설립한 '소문 진료소Rumor Clinics'에서는 지역 시민사회 인사들이 소문을 확인하여 보고했고, 가능하다면 지역 언론과 라디오를 이용해 헛소문을 바로잡았다.[180] 일본에서도 소문이 만연했는데, 어느 정도는 일본의 믿기 어려운 '성공'에 대한 언론의 허위 보도 때문이었다. 1937년 가을부터 1943년 봄까지 일본군 행동규범인 '전진훈戰陣訓'을 위반한 1603건의 소문에 대한 조사가 이루어져 646명이 기소되었다. 그 외에도 1942년부터 소문에 대한 대중의 우려를 불식시키려는 취지에서 수백 명이 '치안유지법'에 따라 조사를 받았다.[181] 허황된 소문은 전시 동안 기승을 부린 숱한 미신과 마찬가지로 두려움을 해소하는 기능을 했다. 미국의 '소문 진료소'는 얼마나 그럴듯한가에 따라 소문을 듣는 사람들 중 5분의 1에서 5분의 4까지 그것을 믿는다는 사실을 밝혀냈다. 미국 당국은 소문을 심각하게 받아들여 그 출처와 추이를 애써 감시했지만, 소문이 지배적인 서사에 모종의 위험한 방식으로 도전했다는 증거는 거의 없다.

전쟁 수행을 거대서사의 관점에서 이해하는 데 한계가 있었다는 사실은 대중이 전쟁의 도덕적 정당화를 받아들인 균일하지 않은 방식에 반영되었다. 자신의 태도와 감정을 표현할 길을 찾으려던 일반 시민과 군인의 일기나 편지에서 전시의 공식 수사법이 거듭 쓰인 것을 확인할 수 있다. 그러나 전쟁의 도덕적 목표에 대한 전시 선전의 언어는 대중이 원하던 수준보다 더 추상적이고 사변적이었다. 미국에서 실시한 여론조사들을 보면, 루스벨트의 거대서사를 받아들인 응답자의 비율은 실망스러울 정도로 낮았다. '네 가지 자유'에 대해 들어본 경우의 비율은 약 35퍼센트였지만, 거기에 공포와 결핍으로부터의 자유가 포함된다는 것을 기억하는 경우의 비율은 겨우 5퍼센트였다. 1942년 여름 응답자의 5분의 1만이 대서양 헌장에 대해 들어봤다고 답했다.[182] 1943년 《라이프》지는 "전쟁의 의미와 관련해 당혹해하는 군대 내 소년들"을 관찰했다. 이탈리아 주둔 미국 병사들을 대상으로 그들이 싸우는 이유에 관한 작문 대회를 열었을 때, 우승자의 글은 짧은 두 문장으로만 되어 있었다. "나는 왜 싸우는가. 나는 징집되었다."[183]

더 주목할 만한 사례는 유대인에게 전쟁 책임이 있고 독일 국민은 유대인의 위협에 맞서 국가를 지킬 도덕적 의무가 있다는 나치당과 정부의 주장을 독일 대중이 얼마나 믿었느냐 하는 것이다. 독일 인구의 상당수가 유대인 공동체의 강제 추방에 대해 알았다는 것, 그리고 소문이 돌아서든, 동부전선에서 구전된 소식을 들어서든, 독일 지도부가 공언한 유대인 섬멸 위협을 문자 그대로 받아들여서든 유대인이 체계적으로 살해되고 있음을 알았다는 것에는 더 이상 의문의 여지가 없다. 실제 비율은 더 높았을 테지만, 한 추정치는 독일 인구의 3분의 1이 제노사이드에 대해 알았거나 의심했음을 시사한다. 하지만 그것이 독일 인구가 정부의 주장을 받아들였다는 의미인지에 대해서는 따져볼 여지가 훨씬 많다.[184] 독일인이라면 제노사이드로의 이행과 관련된 반유대주의 선전이 자기 주변을 숨이 막히도록 에워싼다는 것을 모르려야 모를 수가 없었다. 전시 중반에 독일 대중은 유대인의 위협에 대한 공식 자료를 잔뜩 제공받았다. 1941년 11월 괴벨스는 유대교 다윗의 별이 그려져 있고 "독일인이여, 이것이 여러분의 숙적이다"라는 글귀가 적혀 있는 작은 검은색 전단을 주간 배급 카드와 함께 발송하라고 지시했다. 그해 겨울 각종 포스터는 유대인이 "독일을 파괴하기 위해 이번 전쟁을 원했다"고 설명했다.[185] 이 메시지를 수백만 장의 벽보와 팸플릿이 거듭 전했다. 《유대인 문제에 관한 소책자 Handbuch der Judenfrage》는 33만 부가 팔렸다. 1941년 가을 괴벨스의 선전부에서 카우프만의 《독일은 사라져야 한다!》에 근거해 제작한 소책자 《세계 금권정치의 전쟁 목표 Das Kriegsziel der Weltplutokratie》는 500만 부가 인쇄되었다.[186]

그러나 독일 국민이 유대인 관련 선전을 얼마나 믿었고 마음속에서 전쟁을 정당화하는 데 그런 선전을 얼마나 활용했는가에 대한 증거는 여전히 모호하다. 나치당 일부는 물론이고 군부의 일부까지 세계의 적 유대인과 싸우는 투쟁을 정말로 믿었음을 보여주는 일기와 편지의 인용문이 부족하지 않게 남아 있다. 나치당에 가입하지 않은 고위 공무원 게오르크 마켄젠Georg Mackensen이 1944년에 쓴 원고는 독일 정권이 만들어낸 반유대인 문화가 국민의 전쟁관에 얼마나 깊숙이 스며들었는지 알려준다. "이 전쟁은 평범한 전쟁이 아니다. 왕조를 위하거나 영토를 얻기 위해 벌이는 전쟁이 아니다. 그렇지 않다! 이 전쟁은 서로 대립하는 두 이데올로기, 두 인종 간의 투쟁이다. … 여기에 우리 아리아인이 있고 저기에 유대인이 있다. 이 전쟁은 우리의 서양 문명이 존립하느냐 아니면 소멸하느냐는 싸움이다."[187] 그런가 하면 정권의 유대인 정책에, 아울러 이번 전쟁이 실제의 적을 상대하는 관례적인 방어 전쟁이 아니라 세계의 적 유대인을 상대하는 정당한 전쟁이라는 주장에 독일 국민이 반신반의하고 의심하고 심지어 적대시하는 반응을 보였다는 증거도 많다. 거대서사에 유보적 태도를 취한 사람이라고 해서 반유대주의 정서, 유대인 배제로부터 이익을 얻고픈 욕구, 유대인의 운명에 대한 무관심—널리 퍼져 있었다—등이 없었던 것은 아니지만, 그런 태도는 독일 국민이 이번 전쟁은 "전형적인 유대인" 전쟁이라는 히틀러의 견해에 선뜻 동조하지 않았다는 것을 시사한다. 유대인 관련 선전을 대하는 두 가지 태도는 전쟁 종반에 가서야 하나로 합쳐졌는데, 연합군의 폭격이 거세지고 붉은군대가 점점 다가오는 가운데 패전할 경우 유대인이 무시무시한 복수에 나설 것이라는 줄기찬 선전을 독일 국민이 더 쉽게 믿었기 때문이다. 하지만 대체로 보아 독일 국민이 그런 두려움을 품었던 것은 세계 유대인 음모론을 뒤늦게 받아들여서가 아니라 히틀러의 독일이 이미 유럽 유대인에게 저지른 짓을 확실하게, 또는 일부나마 알고 있었기 때문이다.[188]

어느 교전국에서나 인구의 태반은 보통 지배적 서사의 도덕적 문제보다 더 한정적이고 구체적인 도덕적 문제에 관심을 두었다. 군인이든 민간인이든, 주변에서 벌어지는 전쟁을 이해하고 그 안에서 자신의 위치가 어디쯤인지 가늠하기 위해 저마다 주관적인 사적 서사를 구성했다. 가족들은 국가의 대의와 그들 자신을 동일시함으로써 사랑하는 이들의 죽음을 우발적이거나 무의미한 죽음이 아니라 가치 있고 고결하기까지 한 죽음으로 받아들이며 상실감을 극복했다. 국가의 핵심 과제는 전쟁을 끝내는 것이었고, 국민들은 바로 이 과제를 위해 폭넓은 집단 노력을 전반적으로 지지했다. 심지어 스탈린과 공산당 통치에 대한 잠재적 적대감이 국민들 사이에 널리 퍼져 있던 소련에서도, 또 전쟁과 국가의 주장에 국민들이 내심 의문을 품은 일본에서도 이 과제는 지지를 받았다.[189] 자발적으로든 그렇지 않든 국가에 순응하는 것 말고도, 국민들은 전시 조건에서 아직 남아 있는 사적 영역에도 적응해야 했다. 그 영역에서 도덕적 의무는 가족과 친구, 동료, 전투에 불참한 남녀에게로 확대되었다. 남녀 현역군인의 경우, 보병이든 폭격기 승무원이든 잠수함 승조원이든 직속 부대에 따른 도덕적 의무를 지녔다. 미국에서 사적인 전시 서사는 대부분 추상적인 의무를 개인적인 책임감으로 바꾸어 가족과 규칙적인 가정생활을 보호한다는 내용이었다. 노먼 록웰은 네 가지 자유 연작 그림에서 전통적인 가정의 면모—추수감사절 만찬, 침대에 누운 아이, 주민 총회—를 활용해 사적인 영역과 더 넓은 윤리적 메시지를 이해하기 쉬운 방식으로 관련지었다.[190] 국민들이 기대하는 바를 자유롭게 검토하고 발표할 수 있었던 서방 국가들에서 조사를 해보니, 국민 대다수는 정상 상태, 전쟁이 없는 생활로 돌아가기를 원했다. 영국 너필드 칼리지의 사회재건조사원은 전시 중반에 국민들 사이에 원대한 전후 계획에 대한 열의가 별로 없으며 오히려 국가가 지나치게 개입하지 않고 더 나은 경제적 안정을 약속하는 규칙적인 사생활로 돌아가기를 바라는 욕구가 크다는 것을 확인했다. 이와 비숫하게 미국에서 실시한 여론조사에서도 고용, 주거, 신변 안전 등 더 즉 각적이고 경험적인 목표에 대한 욕구가 크고 미국이 세계의 양심으로서 행동했으면 하는 욕구는 적다는 것을 확인했다.[191]

독일이나 소련, 일본의 인구도 사적인 의무의 영역, 사적인 기대와 희 망을 전쟁의 공적인 세계와 분리했다고 믿지 않을 이유가 없다. 소련 시 민들은 자신의 희생으로 전후에 더 나은 삶, 공산당의 통제와 경제적 고 난으로부터 더 자유로운 삶을 얻기를 바랐다. 분쟁 초기부터 소련 당국은 보통사람들이 원하는 것은 마르크스-레닌주의의 이상을 위해 싸우라는 호소가 아니라는 사실을 알고 있었다. 오히려 당국의 선전에는 소련 군인 과 노동자가 국가의 관점보다 사적인 관점에서 전쟁을 바라보는 지배적 인 현실이 반영되어 있었다. 국영 언론은 사랑하는 사람에 대한 효심과 충정이 담긴 개인 편지의 게재를 허용했는데, 1930년대였다면 용인하지 않았을 그런 편지는 공산주의 국가를 위한 싸움의 양가감정이 어떻든 간 에 사적인 동기를 위해 싸우는 대중의 분위기에 분명 잘 들어맞는 것이었 다.[192] 독일에서 사적인 불안과 희망은 공개적으로 표현하기 어렵긴 했지 만 충분히 현실적인 것이었다. 1945년 지중해 전구에서 독일 전쟁포로들 의 대화를 도청한 기록에서 어느 독일군 중위는 싸울 의무와 전쟁이 평범 한 삶을 침해하는 현실 사이의 긴장을 이렇게 바라보았다.

전쟁 때문에 나와 나의 세대가 치른 대가를 생각하면 말문이 막힐 지경이야! ⋯ 내 인생에서 가장 좋은 시절은 지나가버렸어. 화학 박사학위를 따고, 결혼 을 하고, 가정을 꾸리기 시작하고, 나의 세대와 국가에 무언가를 기여했을 만 한 소중한 6년이. 정말로 중요한 일들에서 지금의 나는 6년 전보다 훨씬 보 잘것없지.[193]

아직 싸우는 동안에는 이런 감정을 공개적으로 표출할 수가 없었다. 그 결과, 심지어 독재국가들에서도 전쟁 노력을 지속하는 데 필요한 의무나 희생의 공적 윤리와 전쟁에 대한 다양한 사적 인식, 이를테면 전쟁에 비판적이거나 회의적이거나 무관심한 인식 사이에 심각한 양립 불가능성은 거의 존재하지 않았다. 무솔리니의 이탈리아에서만, 그것도 침공과 패배가 임박해서야 사적인 불만이 도덕적 결속체를 깨뜨렸다. 다른 나라들에서는 소수만이 전쟁 참여를 거부함으로써 사회가 계속 싸울 수 있도록 해주는 도덕적 유대를 깨뜨리는 선택을 했다.

전쟁 반대: 평화주의의 딜레마

1942년, 뉴욕 커뮤니티 교회Community Church의 창립자로 미국에서 마하트마 간디의 비폭력 저항 노선을 추종하던 제이 홈스 스미스Jay Holmes Smith 목사는 총력전에 반대하는 데 필요한 것은 '총력 평화주의'라고 주장했다.[194] 이는 도전적인 주장으로 밝혀졌다. 전쟁을 거부하는 절대적 평화주의는 양심에 호소하며 병역을 거부하는 것이 허용되는 국가들에서마저 소수가 취한 윤리적 입장이었다. 총력전 참여는 양심적 폭력 거부를 압도하는 도덕적 의무가 되었는데, 심지어 진쟁 전에 분쟁 재개 추세를 비난했던 교회들과 성직자들마저 이 의무를 받아들였다. 그럼에도 평화주의는 개전 이후 전쟁에 참여하라는 선전의 온갖 숨막히는 영향에도 불구하고 살아남았다. 전시 폭력을 거부하는 도덕적 입장은 전쟁 이전의 튼실한 뿌리와 1945년 이후의 오랜 역사를 가진 반대 목소리였다.

1939년 이후 소수만이 전쟁에 반대하는 도덕적 입장을 취한 것은 1920년대와 1930년대에 서구에서 대중의 반전 정서가 광범하고 뚜렷했던 사실을 고려하면 일종의 역사적 역설이다. 1920년대의 전쟁 반대는 막 끝난 분쟁에 대한 반작용이자, 국제연맹 창설로 구체화된 국제적 이상주의의 새로운 물결에 대한 지지였다. 반전운동은 군국주의 징후에 철저히 반대하는 급진적 평화주의자, 그리스도의 가르침과 전쟁은 근본적으로 양립 불가능하다고 주장하는 기독교 평화주의자, 이상적인 평화를 염원하는 사회주의자와 공산주의자, 공식적으로 평화주의자는 아니지만 평화로운 세계를 위해 열심히 활동하는 더 보수적인 반전 로비 단체 등을 망라하는 열린 운동이었다. 반전운동을 구성하는 여러 요소들 간의 심대한 견해차를 가리는 것이라곤 어떤 대가를 치르든 전쟁을 피하고자 하는 공통된 바람뿐이었다. 예컨대 폭력에 대한 윤리적 거부를 강조하는 이들—특히 급진적인 평화주의적 행동주의와 전쟁을 가능케 하는 체제 및 정권에 대한 정치적 거부를 결합한 기독교 평화주의자들—과 평화를 바라되 정당한 대의를 위한 전쟁의 가능성을 배제하지 않는 이들 사이에는 늘 긴장감이 감돌았다.

대규모 반전 단체들은 1918년의 승전국들에 있었지만, 패전한 독일에서도 1920년대에 독일평화연맹Deutsches Friedenskartell으로 느슨하게 묶인 다양한 평화주의 단체들이 성장했다. 그중 가장 성공한 단체는 '전쟁 그만 운동No More War Movement'의 독일 지부로, 독일의 다른 모든 평화 단체들과 마찬가지로 히틀러 정권에 의해 폐쇄되고 지도부가 투옥될 때까지 잡지 《다스 안데레 도이칠란트Das andere Deutschland》의 창간자 프리츠 퀴스터Fritz Küster가 이끌었다.[195] 프랑스와 영국, 미국에서 평화주의 정서와 반전 정서는 1920년대와 1930년대에 20세기의 정점에 이르렀다. 프랑스 평화주의는 1차대전의 전직 군인들, 즉 분쟁이 되풀이될 전망을 거부하는 평화주의 참전용사들을 비롯해 다양한 구성원들로 이루어졌다. 1930년대 초 프랑스에는 정치적으로 '제국주의 전쟁'에 반대하는 이들부터 도덕적인 이유로 모든 형태의 폭력에 반대하고 이른바 '통합적 평화주의'를 설파하는 이들까지 모종의 평화주의 프로그램을 주장하는 단체가 최소 50개는 있었다. 특히 성공한 운동 단체들 중 하나는 1930년 빅토르 메리크Victor Méric가 설립했고 회원이 2만 명에 달한 국제평화투사연맹Ligue internationale des combattants de la paix이었다. 첫 호소문에서 이 연맹은 정치, 철학, 종교가 주목적을 방해한다고 역설했다. "단 한 가지만 중요하다. 평화."[196] 1936년 프랑스 사회당 당수이자 총리인 레옹 블룸Léon Blum은 파리에서 100만 명을 이끌고 평화를 지지하는 대중시위를 벌였다. 프랑스 평화주의자들은 1936년 9월 국제 평화운동을 위한 세계평화연합 창설에 일조했는데, 이 단체는 명목상 회원이 100만 명가량이었고, 유럽 최대 반전 단체였던 영국의 국제연맹연합League of Nations Union을 포함해 서구 민주국가들의 반전 활동을 결속하기도 했다.

영국에서 평화 지지 세력은 1920년대에 전국평화위원회를 창설하여 기반을 다졌다. 이 통솔 기구는 '전쟁 그만 운동'을 비롯해 수많은 제휴 단체들을 대표했지만, 영국 평화주의자 H. 런햄 브라운Runham Brown이 런던 북부의 자택에서 조직한 더 급진적인 전쟁저항자 인터내셔널War Resisters' International은 배제했다. 전쟁저항자는 "전쟁은 반인륜적 범죄"이며 직접적으로든 간접적으로든 전쟁 참여를 절대적으로 거부해야 한다는 원칙을 엄격히 고수했다.[197] 영국에서 평화에 대한 대중의 헌신은 일반적이고 비당파적이었다. 1934년 국제연맹연합은 다른 평화운동단체들과 함께 연합의 국제주의에 대한 지지를 투표를 통해 표명해달라는 전국 캠페인을 개시했다. 곧 '평화 투표'라고 명명된 이 캠페인의 진행자들은 약 1200만 명으로부터 연합의 평화 증진 활동에 대한 찬성표를 얻었다. 영국 평화주의 정서를 상징하는 이 투표는 승리로 일컬어졌다. 국제연맹연합의 의장 로버트 세실 경은 1934년 세계가 직면한 선택은 "협력과 평화 아니면 혼돈과 전쟁"이라고 썼다.[198] 같은 해에 장차 최대 규모의 절대적 평화주의 로비 단체가 될 평화서약연합Peace Pledge Union이 발족했다. 영국 성공회 성직자 딕 셰퍼드Dick Sheppard는 남자들에게 향후 전쟁에 결코 참여하거나 조력하지 않겠다는 서약을 해달라고 요청했다(나중에 여자들에게도 요청했으나 소수만이 참여했다). 1936년 서약 운동이 정식으로 평화서약연합이 되었을 때, 회원 수는 12만 명이었다. 1939년 전국에 연합의 지부가 1150개 있었다. 1937년 10월 셰퍼드가 자기 책상에서 숨을 거둔 뒤 안치된 시신 앞에 조문객 줄이 이틀간 늘어섰고, 세인트폴 대성당까지 가는 장례 행렬의 양편으로 군중이 구름처럼 몰려들었다. 절대적 평화주의는 비록 반전 운동 지지층에서 소수의 목소리이긴 했지만, 영국 국민들 사이에 평화를 바라는 염원이 훨씬 넓게 퍼져 있음을 알려주었다.[199]

미국에서 평화에 대한 헌신은 1차대전 경험의 반작용으로서 제도화되었다. 미국이 교활한 유럽인들, 신세계로부터 돈과 인력을 받아놓고 아무것도 돌려주지 않은 자들에게 속아 참전했다는 인식이 미국인들의 통념이었다. 1920년 미국 상원이 국제연맹 참여를 거부하긴 했지만, 평화 추구는 미국적 가치의 핵심으로 여겨졌다. 공히 1910년에 설립된 카네기 국제평화기금Carnegie Endowment for International Peace과 세계평화재단World Peace Foundation은 1919년 이후 전쟁 없는 세계를 추구하는 주요 기관이 되었다. '전쟁의 원인과 치유에 관한 전국위원회National Committee on the Cause and Cure of War'는 600만 명가량의 여성을 대변했다. 1921년 시카고의 변호사 솔로몬 레빈슨Solomon Levinson은 '전쟁 위법화를 위한 미국 위원회American

Committee for the Outlawry of War'를 설립했다. 여성평화그룹Women's Peace Group 은 의회에서 "어떤 목적의 전쟁이든 불법이다"라는 헌법 수정안을 추가 하려 했으나 성공하지 못했다.[200] 1928년 미국 국무장관 프랭크 켈로그 Frank Kellogg는 프랑스 외무장관 아리스티드 브리앙Aristide Briand과 함께 분 쟁을 해결하는 수단으로서의 전쟁을 불법화하는 조약에 서명하도록 59개 국을 설득했는데, 이 평화운동은 국제연맹 국가들이 실패했던 과제를 달 성한 것으로 보였다. 미국 상원에서 이 조약을 비준한 후, 미국 잡지《크리 스천 센추리Christian Century》는 "오늘 국제 전쟁이 문명에서 사라졌다"고 주장했다.[201]

1930년대에는 뚜렷한 국제 위기, 고립과 중립을 지지하는 정치 캠페 인에 반응해 대중의 반전 정서가 확대되었다. 이 10년 동안 주요 평화 주의 단체들—전쟁저항자연맹War Resisters' League, 화해친교단Fellowship of Reconciliation, '평화와 자유를 위한 여성국제연맹Women's International League for Peace and Freedom'—은 모두 회원 수를 늘렸다. 1915년 설립된 여성국제연 맹은 1930년대에 회원이 5만 명이었고 25개국에 조직을 두고 있었다.[202] 설립자인 미국 사회학자 제인 애덤스Jane Addams는 1931년 노벨 평화상 을 받았다. 전쟁을 용인하지 않겠다는 현 세대의 의지를 보여주고자 대학 생 75만 명은 평화를 위해 동맹휴학하고 자신들 입장에 동의하지 않는 교 수들을 향해 피켓을 들었다. 프린스턴 대학생들이 '미래 전쟁의 참전용사 들'이라는 아이러니한 기치 아래 조직한 비공식 로비 단체는 곧 미국 전역 의 300개 교정에서 모방되었다. 한 여론조사에서 학생 2만 1000명 중 39 퍼센트는 자신이 '비타협적 평화주의자'라고 답했다.[203] 루스벨트 대통령 은 평화주의자가 아니었지만 전쟁을 피하고픈 대중의 열망을 공유했다. 1939년 4월 뉴욕 세계박람회 개막 연설에서 루스벨트는 미국의 미래가

"국제적 선의의 운명, 무엇보다 평화의 운명"에 달려 있다고 보았다. 세계가 전쟁으로 빠져드는 가운데 박람회 운영진은 그 모토를 '내일의 세계'에서 '평화와 자유'로 바꾸었다.[204]

대서양 양편에서 수백만 명이 받아들였던 전쟁 거부 입장은 세계를 집어삼킨 위기를 견뎌내지 못했다. 1939년 9월 3일 영국 의회에서 전쟁에 반대하는 표는 평화주의자이자 사회주의자인 존 맥거번John McGovern의 단 한 표뿐이었다. 맥거번은 의회에 자기 입장을 설명하면서 전쟁 선포에 이상주의는 전혀 담기지 않고 "인간의 이익을 위한 격렬하고 영혼 없고 지독한 물질주의적 투쟁"만 담겼다고 말했다.[205] 1941년 내내 반전 소요가 광란의 지경에 달했던 미국에서도 진주만 이후 전쟁 반대 표는 경험 많은 평화주의자이자 몬태나 주의 공화당 의원인 지넷 랜킨Jeannette Rankin의 한 표뿐이었다. 반전운동의 붕괴는 1939년 9월 유럽 전쟁이 도래하기 한참 전부터 이미 확연했다. 인종의 미래를 위한 투쟁이든 혁명의 미래를 위한 투쟁이든, 투쟁 이념에 몰두하는 정치문화를 가진 독재국가들에서는 1930년대에 평화주의 또는 반군사 정서가 들어설 여지가 없었다. 히틀러의 독일에서 주요 평화주의자들은 강제 추방되거나 감옥 혹은 강제수용소로 보내졌는데, 새롭게 군사화된 공동체에서 그들의 반전 신념을 아예 정치적으로 용납할 수 없는 신념으로 여겼기 때문이다. 1939년 히틀러는 도덕적 이유로 병역을 거부하는 사람들을 어떻게 다루어야 하느냐는 질문에 국가 비상사태 시기에는 "더 높은 윤리적 목적"이 개인의 신념에 우선한다고 답했다.[206] 반군국주의를 부르주아적 탈선으로 여긴 스탈린의 소련에서도 평화주의는 금세 진압되었다. 살아남은 주요 평화주의 단체였던 톨스토이 채식주의협회는 1929년에 폐쇄되었다. 평화주의를 핵심 원칙으로 삼은 다른 종파들은 기존 입장을 포기해야 했고, 포기하지 않으

면 독일 평화주의자들과 마찬가지로 강제수용소로 보내졌다.[207]

　민주국가들에서 평화주의는 직접적인 박해를 당하진 않았지만, 전쟁 위기가 고조됨에 따라 광범한 반전운동 내부에서 봉합할 수 없는 균열이 생겨났다. 에스파냐 내전은 전쟁에 대한 도덕적 거부와 파시즘에 대한 혐오를 조화시키기 어려웠던 많은 세속적 평화주의자들에게 중요한 분수령이 되었다. 주요 평화주의 지도자들은 자신들의 대의를 포기하고 독재정에 맞서는 정당한 전쟁이라는 이념을 받아들였다. 경험 많은 평화운동가 페너 브록웨이Fenner Brockway는 회고록에서 "나는 파시즘의 위협이 있던 때에 더 이상 평화주의를 정당화할 수 없었다"고 썼다.[208] 프랑스 평화주의는 1939년 독일이 위협을 재개하자 증발해버렸다. "지금은 무력에 대한 호소가 곧 평화에 대한 호소다"라고 레옹 블룸은 주장했다.[209] 미국에서 유명 신학자요 평화주의자인 라인홀트 니부어는 평화주의를 단념한 채 민주행동연합Union for Democratic Action을 설립하여 파시즘의 위협을 근절하기 위한 "완전한 군사적 참여"를 촉구했다. 1940년 미국 징병제를 막기 위해 설립된 연합평화주의위원회United Pacifist Committee는 1941년 평화주의란 공산주의의 침투를 위한 간판이거나 미국 극우파의 미끼라는 혼란스러운 비난을 받으며 지지를 잃었다.[210]

　어느 나라에서나 더 온건한 반전 단체들은 국제연맹이 실패하고 경쟁적 재무장이 시작되자 딜레마에 빠졌고, 평화 상태로 돌아가려면 전쟁이 불가피할 것이라는 역설적인 주장으로만 그 딜레마를 해소할 수 있었다. 이 딜레마는 1934년 국제연맹연합의 '평화 투표'에서 전쟁을 침공 저지를 위한 궁극적 수단으로 사용해야 하느냐는 질문에 680만 명이 그렇다고 답했을 때 이미 분명하게 드러났다. 반전운동 참가자들 중 과반수는 평화주의자가 아니었고, 전쟁의 현실에 직면하자 전후의 더 나은 세상을 위해 반전운동의 조직과 계획을 정리하는 것 외에 할 수 있는 일이 거의 없다는 데 동의했다. 절대적 평화주의자들은 점점 줄어드는 소수파가 되었고, 고의든 그렇지 않든 간에 갈수록 적의 대의를 돕고 있다는 의심을 받았다. 전쟁 발발 이후 대중은 런던 평화서약연합의 활동에 불안감을 느끼고 연합의 폐쇄를 요구했으며, 정부는 절대적 평화주의자들의 활동을 전면 금지하진 않았지만 정보기관을 통해 면밀히 감시했다. 연합의 임원 여섯 명은 "인간이 싸움을 거부할 때 전쟁은 멈출 것이다"라는 포스터를 배포한 죄로 기소되었다.[211] 1942년 12월, 평화서약연합 사무국장 스튜어트 모리스 Stuart Morris는 방위규정 18B에 따라 체포되어 공무상 기밀엄수법을 위반한 죄로 기소되었다.[212] 평화를 지키려던 전간기의 운동이 명백히 실패한 데다 대중이 전시 반체제 인사에 적대감을 보이는 상황에서 주요 절대적 평화주의 단체들은 회원 수를 유지하기가 어려웠다. 같은 평화주의자들마저 비타협적 태도로 인해 빚어진 문제들에 분개하곤 했다. 영국 평화주의자 베라 브리튼 Vera Brittain은 "구제불능 소수주의자들"이 평화에 대한 도덕적 헌신을 유지하려는 노력에 득보다 해가 되기 십상이라고 불평했다.[213]

살아남은 평화주의자들은 기독교 교회로부터 모종의 지원을 기대했을 텐데, 1930년대에 많은 성직자들이 전쟁에 대한 도덕적 반대 여론을 형성하는 과정에서 일익을 담당했기 때문이다. 런던 세인트폴 대성당의 주임사제 윌리엄 인지 William Inge는 "기독교도로서 우리는 평화주의자일 수밖에 없습니다"라고 말했다.[214] 기독교 평화주의자들은 예수의 가르침에서, 특히 '악에 대한 무저항 교리'에서 영감을 얻었다. 1936년 미국 감리교는 전쟁이란 "그리스도의 이상을 부인하는 것"이라고 공식적으로 선언했다.[215] 1939년 10월, 전미교회협의회는 전쟁 발발에 대응해 전쟁이란 "그리스도의 정신에 반하는 악한 것"이라는 결의안을 통과시켰다.[216]

1940년 여름 대주교들에게 평화를 호소하며 로비 활동을 펼치던 잉글랜드 성공회 평화주의 성직자들은 전쟁 반대가 "예수 그리스도의 진리와 명료성"을 표현한다고 주장했다.[217] 그렇지만 성공회 교계제는 공식적으로 평화주의를 표방한 적이 없었다. 일찍이 1935년에 전쟁 참여를 받아들이는 기독교도의 역설을 설명해달라는 요구에 캔터베리 대주교 코스모 랭 Cosmo Lang은 강압의 가능성이 없다면 그 결과는 무정부 상태일 것이라고 주장했다. "기독교가 저에게 이런 결론을 강요한다고는 생각하지 않습니다." 1년 후 랭은 요크 대주교 윌리엄 템플William Temple과 함께 평화주의 성직자들에게 "전쟁 참여와 그들의 기독교도로서의 의무가 서로 모순되지 않는" 상황이 생길 수도 있다고 설명했다.[218] 치체스터 주교이며 영국에서 현대전의 주요 비판자였던 조지 벨George Bell마저 1940년 현 전쟁은 "하느님의 심판", "사람들과 국가들 사이에 횡행하는 폭력, 잔인함, 이기심, 증오"의 불가피한 결과이며 그에 맞서 기독교도들은 떳떳한 양심으로 무기를 들 수 있다고 주장했다. 그는 기독교도가 "통치자의 명령에 따라 무기를 들고 전쟁에 나가는 것"은 적법하다는 영국 성공회 제37신조를 인용했고, 이번 전쟁이 "야만적인 압제자"에 대항하는 전쟁인 만큼 더더욱 적법하다고 여겼다.[219] 성공회 주교로는 버밍엄의 어니스트 반스Ernest Barnes만이 전시 동안 평화주의 신념을 고수했다. 전쟁을 위해 "기독교는 당장은 매춘을 하고 있다"고 그는 불평했다.[220]

성공회와 마찬가지로, 어느 나라에서나 기독교 교회들은 지난 1차대전 기간에 그랬듯이 서로 힘을 모아 국가의 전쟁 노력에 도덕적·실천적 지원을 제공했다. 심지어 세속적 국가 당국이 교회를 차별하거나 박해한 나라에서도 그러했다. 교회들은 고통받는 신자들을 위로하고 국가의 전쟁 노력을 위해 애국적 기도를 드리는 것과 같은 관례적인 도덕적 헌신에 더해, 제도적 자기이익을 추구했다. 전쟁을 무조건 지원하겠다는 교회들의 태도는 종교와 국가를 통합하고 교회의 이익을 보호할 전망을 열어주었는데, 이런 전망을 고려해야 교회들이 전쟁을 지지한 이유를 더 충분히 이해할 수 있다. 독일 교회들은 히틀러 정권의 반교권적 성격에도 불구하고 대체로 전쟁 노력을 지원했다. 루터교회 주교들은 1939년 9월 "우리의 총통과 제국, 군대, 조국을 위해 의무를 수행하는 사람들을 위한 중보기도"를 바칠 때 폴란드와의 전쟁에 부당한 점은 전혀 없다고 보았다. 고백교회는 1934년 국가의 종교정책에 비판적인 프로테스탄트 성직자들이 독립하여 설립한 교회였음에도, 지배하는 권위에 복종하라는 바울의 명령(로마서 13장)에 따라 매 단계마다 전쟁을 지원했다. 신학적 관점에서 이번 전쟁이 정녕 '정당한 전쟁'인지에 대한 불확실성은 남아 있었지만, 가장 급진적인 성직자들마저 신자들이 "하느님의 명령에 순종"하고 국가에 복종해야 한다는 데 동의했다.[221] 고백교회 성원들은 자진해서 입대하고 양심적 병역 거부를 비난했는데, 정권과의 이런 제휴 덕에 고백교회는 전시에 국가의 적의에 덜 시달릴 수 있었다. 1930년대에 정권의 반기독교 운동으로 프로테스탄트 성직자들보다 더 고통받았던 가톨릭 성직자들은 전쟁 노력을 지원하는 데 더 신중을 기했다—눈에 띄게도 승리가 아니라 '정당한 평화'를 위해 기도를 드렸다. 하지만 가톨릭 주교들은 이번 전쟁이 '정당한 전쟁' 전통에 속한다고 보고 군인으로서의 의무를 수행하는 사람들에 대한 애국적 지원자로서의 역할을 받아들였다. 장애인을 살해하는 '안락사' 프로그램을 규탄한 것으로 유명한 갈렌Galen 주교는 동부전선에서 죽어가는 군인들을 "사탄 같은 이데올로기 체제"에 맞서는 십자군으로 칭송할 수 있었다.[222] 이런 십자군 이미지는 무신론 쪽인 소련에 대항하는 전쟁을 규정하는 데 널리 쓰였다. 핀란드에서 1941년 군 사목을 맡은 최초의 야전주교 요한네스 비외르클룬트Johannes Björklund는 핀란드 루터교회 성직자들이 "볼셰비즘에 맞서는 범유럽 십자군"에 참여하여 "성전"을 치르는 군대와 교회를 결속할 것을 촉구했다. 핀란드 군목들은 그들 중 한 사람이 주장한 대로 "십자군 전사, 십자가 깃발을 든 군인"이 치르는 하느님의 전쟁이라는 이미지를 유지했다.[223]

명목상 기독교 국가가 아닌 소련과 일본에서 교회들은 전쟁을 지원함으로써 충성심을 보여주고 국가의 또다른 탄압이나 감독을 피하려 했다. 전쟁이 발발한 1941년경 러시아 정교회는 극히 위태로운 처지였다. 대숙청 시기에 성직자와 평신도 관리 약 7만 명이 죽고 교회와 수도원 8000곳이 폐쇄되었다. 그럼에도 개전 첫날, 레닌그라드의 관구장주교 세르게이Sergei는 동포들에게 모국을 방어하고 "파시즘 적군을 분쇄"할 것을 촉구했다.[224] 러시아가 전쟁 중일 때 교회가 지원하는 오랜 전통을 이어간 정교회는 매우 현실적인 애국심을 보여주었다. 개전 초부터 교회는 부상자를 위한 복지시설과 병원시설, 군인과 피란민을 위한 의복, 그리고 '모국을 위한' 비행대대를 비롯한 부대의 무기 구입비를 제공하기 위해 정교회 신자들로부터 기부금을 모으기 시작했다. 교회는 분쟁 기간에 3억 루블을 기부한 것으로 추정된다. 오랫동안 사실상 종교의 자유를 누리지 못했던 정교회 신자들이 자연스레 교회 문을 다시 열게 해달라고 요구하자 스탈린은 반종교 캠페인의 고삐를 늦추고 새로운 총대주교를 임명했다. 러시아 정교회는 전쟁에 도덕적 지지를 보내긴 했지만 공산당 정권까지 지지하진 않았다. 1945년 2월 정교회 총회Sobor에서 성직자단은 세계의 모든 기독교도에게 그리스도의 말 "칼을 쓰는 사람은 칼로 망하는 법"을 기억할 것을 요청함으로써 전쟁을 소비에트 공산주의의 승리가 아닌 파시즘에 맞서는 기독교 십자군 운동으로 바꿔놓았다.[225] 공산당 정권은 전쟁을 치르는 동안에도 종교적 박해를 멈추지 않았다. 정교회에서 연원한 종 파로서 비타협적인 자세로 독재정에 줄곧 반대한 요셉파는 보안경찰에 의해 색출되어 굴라크 수용소로 보내졌다. 아니나 다를까, 스탈린의 종교 적 해빙기는 종전 2년 후에 끝났지만, 교회의 지지는 2차대전을 정당한 전쟁으로 바라볼 수 있는 또 하나의 시각을 정교회 신자들에게 제시함으로써 전쟁 노력에 보탬이 되었다.[226]

일본의 경우는 더 복잡했다. 쇼와 천황 히로히토 시대에 토착 종교인 신도神道는 '국가신도'로 바뀌었고 모든 일본인은 신사를 참배하여 신-천황에게 충성심을 보여야 했다. 이렇듯 일본 사회에서는 천황제에 복종하는 문화가 깊숙이 뿌리를 내렸다. 일본의 주요 기독교 교파들에게 이 문화는 유럽 독재국가들에서 국가를 찬미하는 문화보다는 기독교 신앙을 덜 위협하는 문화였다. 기독교도의 신에 대한 충성과 천황에 대한 충성은 서로 경합하기보다는 병존하는 책무로 여겨졌다. 오랜 아시아 전쟁 기간에 하나를 제외한 모든 기독교 교회는 이번 전쟁이 아시아에서 유럽의 잔재를 털어낸 이른바 '순수한 기독교'를 확립하기 위해 유럽인의 권리 주장을 박탈하는 정당한 전쟁 혹은 신성한 전쟁이라는 인식을 받아들였다. 일본식 기독교의 확립과 전쟁의 연관성은 1942년 10월 교회일치구현연합이 발표한 성명에서 명확하게 드러났다.

그리스도를 믿는 우리는 순수한 기독교의 확립에 봉사하고 기여하기 위해 적의 사고와 지성의 의도를 파괴하고, 영국과 미국의 색깔, 냄새, 맛을 근절하고, 영국과 미국에 의존하는 종교, 신학, 사상, 조직을 일소해야 하는 막중한 책임이 우리에게 있음을 함께 확신한다.[227]

그리스도의 재림을 기다리는 성결교회, 그리고 여호와의 증인만이 천황-신 관념을 받아들이거나 전쟁 노력을 지원하기를 거부하다가 1939년의 종교단체법과 국가의 신성함에 도전한다는 이유로 그 성원들이 투옥되었다.

가톨릭교회의 상황은 근본적으로 달랐다. 교황이 특정 국가의 대표가 아니라 국제적 권위였기 때문이다. 교황과 그의 교계제는 사면팔방에서 참전하는 사람들 중 중요한 일부를 대표했다. 전쟁 기간에 바티칸은 침공을 규탄하는 것도, 기독교의 가치에 도전하는 전쟁에 가톨릭교도가 참전하는 것은 무언가 모순이라고 주장하는 것도 꺼렸다. 1939년 개전 직전에 선출된 교황 비오 12세는, 1차대전 때의 교황 베네딕토 15세와 마찬가지로, 처음부터 비당파성을 유지하는 것이 중요하다고 판단했다. 비오 12세는 자신의 주된 관심사는 가톨릭교도가 어디서 싸우든 "영혼의 구원"이며 구원의 길은 속죄와 기도를 통하는 길이라고 주장하면서도, 자신이 독재자들을 지나치게 도발할 경우 교회 제도에 닥칠 위험을 알고 있었다. 바티칸은 물리적으로 파시스트 국가의 수도에 있었고, 1943년 9월부터 그 수도가 독일의 수중에 들어갔다. 비오 12세는 유대인 박해라는 눈에 띄는 사례를 제외한 불의와 학대의 사례를 규탄했지만, 교회가 먼저 행동에 나섰다가 부득이 한쪽 편을 들어야 하는 상황을 만들지는 않으려 했다. 비오 12세의 한 차례 중요한 개입은 1939년 크리스마스 전날에 이루어졌는데, 이날 교황은 추기경단에게 명예롭고 정당한 평화의 기초를 위한 다섯 가지 선결조건을 공표했다. 분명 가톨릭 폴란드의 당시 운명을 염두에 둔 제1선결조건은 "크든 작든 강하든 약하든 모든 국가의 생존과 독립의 권리를 보장하는 것"이었다. 제5선결조건은 정치인들이 그리스도의 산상수훈과 "정의를 향한 도덕적 갈망"을 명심하고, 보편적 사랑의 인도를 받고, "하느님 율법의 신성불가침한 기준"에 근거하는 책임감을 보여주는 것이었다.[228] 이 평화안은 암묵적으로 추축국의 침공을 비난했지만, 첫 개입이 실패한 이후 비오 12세는 분쟁을 끝내려는 노력에 다시 관여하기를 꺼렸다.

히틀러에 대한 비오 12세 개인의 견해는 악마에 사로잡힌 인간이라는 것이었다. 교황은 히틀러를 악마의 손아귀에서 빼내기 위해 여러 차례 장거리 구마驅魔를 행했지만, 1945년 종전 후에야 추기경단에게 자신이 보기에 히틀러는 진정으로 사탄 같았다고 알렸다.[229] 그럼에도 전시에 바티칸의 입장은 추축국의 소련 침공으로 인해 복잡해졌는데, 가톨릭 교계제와 성직자단의 다수가 추축국이 무신론 볼셰비즘을 파괴하기를 바랐기 때문이다. 가톨릭은 공산주의에 반대했으므로 독일 침공군과 추축 동맹국들이 하는 일을 비난하기 어려워했다. 심지어 독일 제노사이드 프로그램의 규모가 바티칸 당국에 알려진 후에도 그러했다. 트리에스테의 주교는 비오 12세를 만나 유대인 문제를 논의한 뒤 "전 세계가 불타는 와중에 바티칸 사람들은 영원한 진리를 묵상하고 열렬히 기도하고 있다"고 불평했다.[230] 이 경우에도 비오 12세는 신중을 기할 줄 아는 것이 진정한 용기라고 믿었다. 비오 12세는 이탈리아 군병원의 스카비치Scavizzi 신부에게 유대인의 운명과 관련해 "그들을 위해, 그들과 함께 고뇌"하고 있지만 교황의 개입이 "더욱 무자비한 박해"를 유발하여 득보다 해가 되지 않을지 우려스럽다고 말했다.[231] 전장의 가톨릭교도들은 저마다 양심과 씨름하고 있었지만, 그들이 싸워야 하느냐는 문제와 관련해 바티칸은 신중하게 중립을 지켰으며, 각국 가톨릭교회는 애국심이 부족하다는 인상을 주지 않으려고 무진 애를 썼다.

프로테스탄트와 비국교파 교회들은 평화주의를 신학적 명령으로 받아들이고 있었기에 더욱 심각한 도덕적 딜레마에 직면했다. 퀘이커교, 감리교, 제7일 안식교, 메노파, 회중교회, 침례교는 모두 전쟁 자체에 반대했지만, 흔히 기독교 문명과 어둠의 세력 간 충돌로 규정된 전쟁에서 평화주의 교회들은 타협하지 않을 수 없었다. 소련의 메노파 신자들은 1941년 박해를 피하기 위해 전투원이 되었다. 독일의 소수 퀘이커교도들은 1935년 평화주의에 대한 종교친우회(퀘이커교의 공식 명칭)의 헌신을 재확인하는 '평화 증언'을 발표했지만, 이는 교도들에게 구속력이 없었고 징집된 교도들 중 한 명을 제외하고 전원이 비전투원으로서 복무했다.[232] 영국에서 주요 비국교파 교회들은 흠잡을 데 없이 정당해 보이는 전쟁에 대한 접근법을 놓고 분열되었다. 침례교는 신자들이 전쟁에 참여할 수 있는지를 결정하기까지 4년이 걸렸고, 감리교는 그 결정을 보류했다. 퀘이커교는 폭력 거부 입장을 유지하는 것이 허용되었는데, 역설적으로 '전선 평화주의 봉사'라고 불린 활동의 실례로서 국내에서든 전장에서든 민방위와 의료 구호에 적극 참여했기 때문이다.[233] 이와 비슷하게 미국 프로테스탄트 교회들도 진주만 이전 수년간 전쟁이 발발할 가능성이 높다는 데 대해 숙고하면서 양가적 반응을 보였다. 이른바 '평화교회들'이 모두 평화주의를 엄격히 고수했던 것은 아니지만, 그들은 악에 대한 '무저항' 교리를 받아들이고 폭력 사용을 거부했다. 1940년 감리교 총회는 "공식적으로 전쟁을 지지하거나, 지원하거나, 참여하시 않는다"고 결의했지만, 1941년 이후 감리교도들은 비록 공식적으로 전쟁 **중**에 있지는 않더라도 신과 교회가 전쟁 **안**에 있다는 이유로 스스로 참전 결정을 내릴 수 있었다. 1944년 감리교 대회의 대표들은 결국 전쟁을 축복하지 않는다는 결정을 부인하고 "승리를 위한 기도"를 드릴 수 있다는 결정을 받아들였다.[234] 장로교 총회는 이번 전쟁이 "필요하고 올바른" 전쟁이라는 것을 1943년에야 받아들였는데, 그 무렵이면 장로교 신도 다수가 이미 군복을 입고 있었다. 회중교회 기독교도들은 1942년 집회에서 499표 대 45표로 전쟁 노력 지원에 찬성했는데, "추축국의 침공이 말할 수 없을 정도로 잔인하고 무자비하고, 그들의 이데올로기가 우리가 소중히 여기는 자유에 해롭기" 때문이었다.[235] 메노파와 제7일 안식교는 무저항 원칙을 지켰지만, 두 교파의 성원들은 다른 방식으로 전쟁 노력을 위해 봉사했다. 영국과 미국에서 종교적 평화주의는 전쟁 참여를 직접적으로 거부하지 않았고, 그로써 암묵적으로 전쟁의 도덕적 목표를 지지했다.

단 하나의 교회만이 연합국에서나 추축국에서나 전쟁 참여를 철저히 거부했다. 성서연구자협회, 1931년 뉴욕 본부에서 교파를 설립할 때 채택한 이름인 여호와의 증인으로 더 잘 알려진 이 교회는 전쟁과 전시 복무뿐 아니라 국가의 요구에도 무조건 반대했다. 그럼에도 이 운동은 절대적 평화주의를 지향하는 것은 아니었는데, 사탄의 세력과 하느님의 세력 간의 최종 전투인 아마겟돈을 기다리고 있었기 때문이다. 여호와의 증인 신자들은 신을 믿지 않는 국가를 위한 징집병으로는 복무하지 않고 '하느님의 군대'에만 복무하려 했으며, 전쟁에 줄곧 완강히 반대했다.[236] 그들은 어디서나 양심적 신념 때문에, 특히 전쟁이란 어둠의 세력들의 징후라고 역설했기 때문에 처벌을 받았다. 심지어 평시에 그들의 신념을 용인해 준 영국과 미국에서도 그렇게 역설했다. 독일에서 이 교파는 1933년 말에 금지되어 신자들이 비밀리에 만나고 조직을 꾸려야 했다. 신도 2만 3000명 중 여성을 포함해 1만 명이 투옥되거나 강제수용소로 보내진 것으로 추정되며, 아이들은 국가의 양육을 받게 되었다. 신앙을 철회한 이들만이 풀려났지만, 실제로 철회한 사람은 거의 없었다. 병역을 거부하는 사람은 1939년 이전에는 1년 징역형을 선고받았지만, 1939년 8월 26일 새로운 병역 법령은 병역 거부자에 대한 의무적 사형을 도입했다. 여호와의 증인 신자들은 제국군사법원에서 재판받은 이들 중 높은 비중을 차지했고, "국가 군사력 전복" 혐의로 기소된 신도 408명 중 258명이 처형되었다. 막스 바스티안Max Bastian 제독이 이끈 이 군사법원은 신자가 신념을 철회하면 더 가벼운 처벌을 내리기도 했지만, 독일 군법과 프로이센 군법의 전통에 속한 판사들은 대개 가혹하게 판결하곤 했다.[237] 일본에서 여호와의 증인은 신-천황 개념을 악마의 소산이라며 부인했고, 비록 다섯 명뿐이긴 했지만 병역 대상자들이 군복무를 거부했다가 그 대가를 치렀다.[238] 영국과 미국에서 여호와의 증인은 평화주의 및 반전 단체들 중에서도 특히 가혹한 대우를 받았다. 미국에서 징병 거부 때문에 투옥된 사람들 중 3분의 2는 여호와의 증인 신자였다. 또 신자들은 애국심이 부족하다는 이유로 집단폭력을 당했다(애리조나 주 플래그스태프에서 군중은 신자 한 명을 구석으로 몰고서 "나치 스파이! 목을 매달아! 머리를 잘라버려!"라고 외쳐댔다).[239] 영국에서 여호와의 증인 신도 1만 4000명 개개인이 전도 의무를 지닌 교회 목사라는 주장은 무시되었고 그들의 단체는 교파로서 인정받지 못했다. 신도 집회는 방위규정 39E에 따라 금지되었다.[240] 비록 여호와의 증인 측에서 상정하는 적그리스도와의 최종 전투를 믿기 어렵다 할지라도, 그들이 불경한 전쟁과 경건한 전쟁을 구별하는 것은 전쟁 자체에 반대하는 것은 아니라는 증거, 따라서 작금의 분쟁에 양심상 반대할 권리가 그들에게 없다는 증거로 여겨졌다.[241]

도덕적 이유로 전쟁 참여를 거부한 이들은 결국 개인으로서 양심적 병역 거부를 선언할 각오가 된 남자들(그리고 다수의 여자들)로 국한되었다. 이는 대중의 확고한 반감과 전시 국가의 강압적 성격을 무릅쓰는 용기 있는 입장이었다. 얼마나 더 많은 이들이 살상 훈련과 명령에 대한 도덕적 가책을 표현했을지는 결코 알 수 없지만, 더 존재했던 것은 분명하다. 겁쟁이라는 낙인과 처벌의 위협은 강력한 억제제였다. 더욱이 전시에 국가와 공동체를 방어해야 하는 시민의 의무는 양심에 어긋나지 않는 올바른 의무로 여겨졌고, 그렇게 하기를 거부하는 사람은 더 숭고한 도덕적 책무를 어기는 자로 치부되었다. 공식적인 병역 거부는 미국과 영연방에서만, 그것도 엄격한 조건에 따라 가능했다. 독재국가들에서 양심적 병역 거부는 전쟁이 발발한 무렵 사라졌다. 소련에서 양심적 병역 거부는 일찍이 1919년의 자유주의적 법령에 따라 허용되었지만, 평화주의 정서에 대한 국가의 적대감이 커짐에 따라 1930년경 거의 중지되었다. 병역 거부자는 감옥이나 굴라크에서 최대 5년간 갇혀 있어야 했다. 대숙청 기간인 1937년부터 1939년 사이에 병역 거부 신청은 전혀 없었고, 1939년 본래의 병역 거부권이 법령집에서 삭제되었다.[242] 제3제국에서 1935년에 도입된 징병법에는 양심적 병역 거부 조항이 없었으며, 병역 거부자는 탈영병으로 취급되어 투옥되었다. 나치 정권은 군사재판을 무시하고 병역 거부자들을 강제수용소로 보낼 것을 고집했는데, 그중 다수는 여호와의 증인 신자였다. 병역 거부자의 첫 처형은 1939년 9월 작센하우젠 수용소에서 집행되었고, 전시 동안 300명 넘게 사형에 처해진 것으로 추정된다. 처형을 도덕적 병역 거부의 해독제로 여긴 정권하에서 거부 입장을 견지하려면 굳건한 신념과 특별한 용기가 필요했다.[243]

영국과 미국, 영연방에서 양심적 병역 거부를 허용한 결정에는 1차대전 기간에 병역 거부자들을 취급한 방식에 대한 우려뿐 아니라 자유민주주의 국가에서 목소리를 크게 내는 평화주의 소수자들을 징집해야 하는 난제에 대한 우려까지 반영되었다. 모든 민주주의 국가에서 양심의 자유는 추축국의 획일화와 대비되었으므로, 일부 시민들이 그 자유를 행사하여 병역을 거부할 수 있다는 것을 부인하기 어려웠다. 전시에 전후 복지 국가를 위한 계획을 세운 윌리엄 베버리지William Beveridge는 국가가 병역 거부를 허용하려는 것을 "영국식 자유의 극단적 사례"로 보았다.[244] 이 견해는 국가가 병역 거부자를 대하는 방식을 불편하게 바라보았다. 미국에서처럼 영국에서도 일반적으로 세속적 병역 거부는 용인할 수 있는 도덕적 입장으로 여겨지지 않았다. 병역 거부자의 진실성을 판정하기 위해 설립된 지역 법원들 중 하나의 재판장이 동료 법관들에게 "전쟁이 끔찍하거나 무익하거나 불필요하다는 믿음은 전쟁이 나쁘다는 신념으로 이어질 수도 있다"는 것을 유념하라고 당부하긴 했지만, 다른 법관들은 세속적 평화주의에 회의적이었다. 어느 법관은 가장 납득할 만한 정치적 병역 거부자는 파시스트일 것이라고 주장했다.[245] 병역 거부자로 등록되어 재판에 회부된 사람들은 대부분 종교적 신념의 진실성을 입증할 수 있을 것으로 예상되었는데, 종교적 이유로 병역을 거부하는 것이 곧 용인 가능한 도덕적 입장으로 받아들여졌기 때문이다.

영국의 양심적 병역 거부자 6만 명 가운데 모든 형태의 전시 활동을 아무 조건 없이 면제받은 이들은 극소수였다. 법원에서 병역 거부자들은 그들 입장의 도덕적 모호성을 드러내려는 법관의 엄정한 심문을 받았다. 어느 거부자처럼 "무력이 아닌 사랑이 우주의 궁극적 힘"이라고 주장하는 것으로는 결코 충분하지 않았다. 평화주의 교회를 꾸준히 옹호하고 그 성직자단을 지지하는 것이 조건 없는 병역 면제를 얻거나, 농업이나 민방위 부문에서 다른 형태로 복무할 권리를 얻는 데 가장 중요했다. 전체 신청자 중 전자는 4.7퍼센트뿐이었고, 후자는 38퍼센트였다. 나머지 중에서 27퍼센트는 군대와 동행하는 비전투원 복무를 배정받았고, 30퍼센트는 법원을 충분히 설득하지 못해 병역 거부자 등록부에서 제외되었다. 병역을 계속 거부한 사람들 중에서 여성 500명을 포함해 5500명은 투옥되었고, 1000명은 군사 당국에 의해 군사재판에 회부되어 영창 처분을 받았다. 민간인 노동력도 징용 대상이었으므로, 추가로 남성 610명과 여성 333명이 군수산업 노동을 거부한다는 이유로 유죄 판결을 받았다.[246] 공동체 활동을 수행한다는 조건으로 병역 거부를 허용받은 사람들을 위해 평화주의자들은 소규모 시골 공동체들을 세웠으며, 그곳에서 거부자들은 '양심적 병역 거부자 중앙위원회Central Board for Conscientious Objectors'의 어느 직원이 훗날 말했듯이 "전쟁 바다의 반전 섬들"에서 일할 수 있었다.[247] 전쟁 전에 설립된 기독교평화주의삼림토지단Christian Pacifist Forestry and Land Units은 병역 거부자들에게 그들이 다른 곳에서 경험한 대중적 적대감이 없는 환경을 제공했다. 평화서약연합이 운영하는 300에이커의 농장에서는 공동체토지훈련협회Community Land Training Association가 병역 거부자들에게 농사일을 가르쳤다.[248] 민방위 복무를 지시받은 이들은 담당 업무의 준군사적 성격 때문에 다른 장애물들을 극복해야 했다. 약 2800명이 민방위 건강진단을 거부했다는 이유로 유죄 판결을 받았는데, 그 진단이 그들이 이미 거부한 군대 절차와 판박이였기 때문이다. 소방대에 자원한 일부 병역 거부자들은 소방서를 방어하기 위해 총기 사용을 요구받을 수도 있음을 깨달았다.[249] 1939년 설립된 '양심적 병역 거부자 중앙위원회'는 허버트 모리슨 내무장관(1차대전 시기의 병역 거부자)에게 평화주의자들이 그들의 신념을 굽혀야 하는 요구를 받지 않도록 해달라고 압력을 가했고, 1943년 말 모리슨은 마침내 병역 거부자라면 누구든 "양심에 반하는" 어떠한 요구도 받지 않아야 한다는 데 동의하여 그들의 도덕적 입장을 존중해야 한다는 것을 인정했다.

미국에서 양심적 병역 거부는 더 정치적인 논쟁거리였다. 평화주의와 교회는 1940년 선별징병법을 수정하여 종교적 이유로 병역을 거부할 권리를 포함시키도록 압력을 가했는데, 만약 수정되지 않았다면 이 권리는 계속 불법이었을 것이다.[250] 주요 평화주의 교회들은 '종교적 병역 거부자를 위한 전국봉사위원회The National Service Board for Religious Objectors'를 설립했으며, 정부는 이 위원회를 병역 거부자로 등록된 모든 사람을 대표하는 단체로 대했다. 병역 거부는 법적으로 허용되긴 했으나 대중에게 인기가 없었고 정치 지도부로부터 거의 지지를 받지 못했다. 루스벨트는 "병역 거부자들을 너무 편하게" 해주지 않으려 했고 육군이 그들을 훈련시키기를 바랐다. 후임 대통령 해리 트루먼은 자신이 만난 병역 거부자들이 "그저 평범한 겁쟁이와 기피자"라고 생각했다.[251] 선별징병 프로그램을 담당한 루이스 허시Lewis Hershey 장군은 병역 거부자를 "다루는 최선의 방법은 아무도 그의 말을 듣지 않는 것"이라고 생각했다.[252] 징병위원회들은 도덕적 병역 거부를 주장하는 사람들을 어떻게 처리해야 할지 확신이 없었다. 어느 관료가 보기에 "양심은 인간의 마음과 영혼에 숨겨져 있는, 식별할 수 없고 묘사할 수 없는 무언가"였다. 종교적 병역 거부만이 진정한 도덕적 기반을 가질 수 있다고 상정했으므로, 세속적 신청자 중에서 병역 거부자 지위를 얻은 이는 극소수였다. 정치적 이유로 병역을 거부한 사람들은 대개 인종 차별에 항의하는 흑인 징집병으로서 그렇게 했다. 그런 사례 중 하나에서 어느 징집위원회 심사원은 히틀러의 《나의 투쟁》에서 이 독재자가 흑인을 어떻게 대했는지 알려주는 대목을 읽었다. 그러고는 "어떻게 너는 가만히 앉아서 '내 인종을 반쪽짜리 인간이라고 생각하는 자에게 손가락 하나 까딱하지 않겠다'고 말할 수 있지?"라고 물었다. 그러자 당혹스러운 답변이 돌아왔다. "이곳에 그에게 동의하는 사람들이 많이 있습니다."[253] 정치적 항의를 계속하는 사람은 징역형에 처해질 수 있었지

만, 투옥된 이들 중에서 세속적 병역 거부자로 분류된 비율은 6퍼센트에 불과했다.[254]

동원된 미국인 1200만 명 중에서 병역을 거부한 이들은 총 4만 3000명 뿐이었다. 영국에 있었던 조건 없는 병역 거부라는 범주는 미국에 없었다. I-A-O 범주는 병역 거부자에게 비전투원 복무를 지시했다. IV-E 범주는 병역 거부자가 "국가적 중요성"을 지닌 업무를 수행하는 것을 허용했다. 어느 범주에서든 군은, 병역 거부자들이 좋아하든 싫어하든, 그들을 징집병으로 규정했다.[255] 병역을 전면 거부한 사람들 6000명은 장기 징역형을 선고받았다. 나머지 중에서 2만 5000명은 군대 내 비전투원 지위를 인정받았으며, 새로운 제도인 민간공공복무Civilian Public Service가 도입되어 병역 거부자 1만 2000명가량을 사회에 유익하되 전쟁 노력과 직접적인 관련이 없어 보이는 프로젝트에 동원했다. 민간공공복무 프로그램은 군 당국이 총괄하긴 했지만 '병역 거부자를 위한 전국봉사위원회'를 통해 평화주의 교회들이 운영했으며, 결국 병역 거부자들이 매달 생활비로 35달러를 내며 지내는 152개 수용소가 설치되었다.[256] 일부러 격리시킨 수용소들의 여건은 대체로 열악했고, 토지나 삼림에서의 미숙련 노동에 국가적 중요성이라곤 거의 없었다. 1942년 병역 거부자들은 강제노동 혹은 노예노동으로 여긴(급여를 받지 못했기 때문에) 복무와 이 제도에 대한 군 당국의 통제에 맞서 일련의 시위를 벌였다.[257] 시위자들은 결국 절대적 평화주의자들 및 여호와의 증인 신자들과 함께 감옥신세를 졌다. 감옥에서 병역 거부자들은 단식투쟁과 비폭력 대립으로 시위를 이어갔는데, 이는 어느 정도는 재소자들 사이의 인종 분리에 도전하려는 행위였다. 1942년 이 시위에 고무된 흑인 평화주의자 제임스 파머James Farmer는 시카고에서 인종평등회의Congress of Racial Equality를 설립하고 간디의 비폭력 방법을 사용해 인종 차별 반대 캠페인을 벌였다.[258] 이처럼 전시의 도덕적 병역 거부는 미국의 도덕적 주장과 관련된 더 폭넓은 쟁점들과 뒤얽히게 되었다. 1945년 트루먼 대통령은 여전히 감옥에 있는 병역 거부자 6000명의 사면을 거부하여 사면위원회가 주도하는 또다른 시위의 물결을 불러일으켰다. 1945년 10월 백악관 밖에서 열린 시위의 플래카드에는 "연방 감옥―미국의 강제수용소"라고 적혀 있었다. 트루먼의 임기에 병역 거부자 다수가 결국 석방되긴 했지만, 그는 대사면을 계속 거부했다. 오랫동안 단식투쟁을 벌인 병역 거부자 이갈 루덴코Igal Roodenko는 훗날 "자유와 민주주의는 우리가 국내에서 실천을 해야만 수출 가능한 상품이 될 수 있다"고 썼다.[259] 비록 수는 적었지만 양심적 병역 거부자들은 총력전 시기에도 개인의 도덕적 선택을 위해 공동체가 지우는 도덕적 의무를 거역하는 것이 가능하다는 원칙을 옹호했다.

전시 동안 평화주의자들은 대개 큰 희생을 치르며 그들이 생각하는 전쟁의 무익함과 도덕적 타락상을 계속 증언했다. 교전국 인구의 절대다수는 자의로든 그렇지 않든 침묵, 공모, 열광, 무관심 등을 통해 국가의 도덕적 주장을 지지했다. 전쟁 이전의 광범한 반전운동이 개전 이후 무력한 것으로 드러나긴 했지만, 평화주의는 전쟁 노력이 적법하고 정당한 노력으로 여겨질 수 있도록―실제로 적법하고 정당하지 않았던 많은 경우에도―통제 전략, 감시 전략, 사기 진작 전략을 받아들이는 방향으로 국가들을 몰아간 요인들 중 하나였다.

제8장

민간 전쟁

UtCon Collection/Alamy

1944년 8월부터 10월까지 벌어진, 무위로 끝난 바르샤바 봉기에 참여했던 여러 부대들 중 하나인 폴란드 국내군의 조스카 대대. 이 봉기는 독일 군대와 보안부대에 의해 매우 잔인하게 진압되었다.

오늘날의 전쟁은 전장에서만 싸우거나 승리하는 것도 아니고, 교전국 대함대들의 교전으로 결판이 나는 것도 아니다. 각국의 선전부, 충실한 공무원들, 공장에서 막일하는 남녀 노동자들, 사무원들과 시의원들, 낮에 논밭을 일구는 농민들 … 그리고 하루 일을 마친 뒤 집을 나서 깜깜한 거리를 순찰하는 수수한 주부들이 치르는 것이다. … 오늘날의 전쟁은 온갖 부류의 사람들이 온갖 단조로운 방식으로 치르고 있다.

— 레이먼드 대니얼, 1941[1]

1차대전과 반대로 2차대전에서 군인보다 민간인이 수백만 명 더 죽었다는 사실은 이제 잘 알려져 있다. 미국 기자 레이먼드 대니얼Raymond Daniell은 런던에서 독일의 '대공습'을 취재하면서 영국 군인 한 명당 영국 민간인이 대략 열 명씩 죽는다는 것을 직접 확인했다. 폭격당한 런던에서는 한 여성이 육군에 입대하겠다는 남자친구에게 흰 깃털[겁쟁이의 상징]을 주었다는 농담이 돌았다. 공습을 당하는 도시로 돌아간 군인들은 주변의 민간인들보다 더 불안해하는 모습을 보였다. 1914년부터 1918년까지 1차대전 기간에도 민간인, 특히 적에게 점령된 영토나 전쟁이 폭력적 혁명으로 끝난 국가의 민간인은 거의 모두 전쟁의 영향을 받았지만, 그들이 전시 폭력에 직접 관여하는 정도는 제한되었다. 1918~1921년 러시아 내전과 1936~1939년 에스파냐 내전은 민간인이 공동체와 신념을 지키기 위해 싸우고 죽은 1939~1945년 전쟁의 '민간화'를 미리 보여주었다.

2차대전 전시의 민간인을 그들 주변에 넘쳐난 폭력의 수동적인 피해자로 묘사하는 경우가 너무 많긴 하지만, 그들 중 상당수는 스스로를 방어하거나 해방시키는 활동에 관여함으로써 전쟁의 목격자에서 적극적인 참여자로 변모했다. 전시의 두드러진 특징은 민간인이 공습에 맞서, 침공과 점령에 맞서, 또는 유대인 제노사이드라는 극단적인 경우 절멸의 위협에 맞서 스스로 행동하려는 의지를 보였다는 것이다. 민간인은 군인과 달리 법적 보호나 그 밖의 보호를 거의 받지 못하는 상황에서 높은 위험을 무릅쓰고 그렇게 했다. 민방위 대원은 매일 밤 공습을 당해 즉사할 가능성에 노출되었다. 레지스탕스 투사는 정규 파르티잔이든 비정규 반란자든 간에 붙잡힐 경우 교전법규의 보호를 받지 못하고 억류자의 뜻대로 사살될 수도 있음을 알고 있었다. 적의 점령으로 인해 피점령 인구 사이에 인종적·이데올로기적 분열이 심화된 곳에서 민간인 투사는 대개 적에게 저항하는 동시에 같은 민간인을 상대로도 잔인한 내전을 치러야 했다. 그 결과, 민간인을 포함하는 전선은 군대가 담당하는 전선보다 더 무질서하고 위험한 전선이 되었다. 또한 저항운동과 내전은 대부분의 군사 교전보다 더 본능적이고 즉각적인 폭력을 유발했으며, 맹렬한 폭격은 민방위 대원을 전혀 익숙하지 않은 수준의 인체 손상에 노출시켰다. 민간 전쟁은 더 광범한 분쟁의 일부였으나 그 자체로 뚜렷한 특징을 보였다.

일부 민간인이 투사가 된 이유는 저마다의 환경과 기회, 기질에 따라 달랐다. 절대다수의 민간인은 민방위 대원이나 저항자, 파르티잔이 되지 않고 오히려 주변에서 벌어지는 전쟁에 사적 세계를 꿰맞출 다른 방도를 찾았다. 영국과 독일의 인구 중에서 정규 민방위 역할로 등록한 비율은 1~2퍼센트였으며, 비록 통계를 검증할 수 없긴 해도 일부 추정치에 따르면 프랑스 인구 중에서 적극적 저항에 참여한 비율은 고작 1~3퍼센트였다.[2] 민간인 저항자들은 이번 전쟁이 전장에서 끝나지 않으며 국내전선에서도 폭격에 맞서 방어해서든 정치적 전복에 관여해서든 파르티잔으로 싸워서든 전쟁을 치러야 한다는 신념을 두루 공유했다. 파르티잔 부대를 창설하거나 이끈 패전 군인들을 포함해 온갖 부류의 저항자들은 군사적 패배나 항복이 전쟁 종결을 의미한다는 것을 받아들이지 않았다. 다시 말해 그들은 휴전이나 군사 점령으로 교전을 끝낸 종전의 군사적 관례를 뒤집었다. 사회 전체를 포괄하는 총력전의 논리는 민간인들이 그들의 투쟁을 탈선이 아니라 더 폭넓은 군사 분쟁의 필수적 일부분으로 여긴 이유였다. 그 결과는 전쟁의 민간화라기보다는 민간인의 군사화였다.

문턱을 넘어 민간 교전에 적극 뛰어든 사람들 개개인의 동기는 일반적인 설명이 무의미할 정도로 많았다. 애국심이나 이데올로기적 신념, 새로운 전후 질서 추구, 적에 대한 깊은 증오, 절망, 복수하고픈 열망, 심지어 자기이익까지 온갖 동기가 교전 참여의 이유가 될 수 있었다. 일부 경우는 자발적 의지를 표명한 게 아니라 압박을 받아 참여한 터였다. 대개의 경우 민방위를 돕는 것은 자유로운 선택이 아닌 의무였다. 무장 항쟁에 대한 지원은 자발적인 것 못지않게 강압적인 것일 수 있었다. 소련의 파르티잔 부대들은 지역 마을 주민 중에서 때때로 잠재적 신병들을 뽑았는데, 그런 강압이 없었다면 가담하지 않았을 사람들이었다. 우크라이나 디아키브카 마을에서 파르티잔이 게시한 징병 명령서는 응하지 않는 자들을 "사살하고 그들의 집을 불태울 것이다"라고 간단히 통보했다.[3] 또다른 사람들은 점령군의 징용이나 추방 위협을 모면하는 방편으로 부득이 항쟁에 참여했기에 싸움을 꺼리는 민간인 전사가 되기도 했다. 민간 폭력이 내전으로 번진 경우에 서로 갈라진 양측의 민간인들은 애당초 원했든 그러지 않았든 예기치 않게 전투원으로 바뀔 수 있었다. 그리스 내전을 치른 어느 여성 파르티잔은 훗날 사람들이 상황에 떠밀려 마지못해 행동에 나섰다고 주장했다. "삶은 영웅이 되어라 강요했지만, 아무도 영웅이 되려 하지 않았다."[4] 그렇게 예상치 못한 요구에 맞닥뜨린 민간인들은 참여할 것이냐 물러설 것이냐, 참여한다면 어떤 조건으로 할 것이냐 하는 냉혹한 도덕적 선택을 내려야 했다.

민방위 대원

전시의 민방위 노력은 민간인이 종래의 불참 입장에서 벗어나 전쟁 수행에 직접 참여할 수 있는 가장 주된 맥락이었다. 도시를 군사경제적 표적으로 삼았기 때문이든 사기를 떨어뜨리려 했기 때문이든, 장거리 도시 폭격은 도시의 민간 인구 및 환경과 전선의 전투를 갈라놓는 경계선을 넘어섰다. 1차대전 기간에는 전선에서 먼 곳에 대한 폭격이 작은 규모로 이루어졌다. 예를 들어 독일 비행선과 비행기가 영국 해안 도시들과 런던을 폭격했고, 영국이 독일 서부 소도시들을 폭격했으며, 오스트리아와 이탈리아가 이따금 더 멀리 떨어진 도시 표적들을 폭격했다. 이런 초기 실험은 제한적이었지만 1914~1918년의 공중폭격은 전간기 동안 미래 전쟁에서 도시를 폭격해 금세 사회적·정치적 격변을 야기하고 전쟁을 신속히 끝낼 수 있을지도 모른다는 상상의 지평을 열어젖혔다. 이런 예측 가운데 가장 유명한 예는 이탈리아 장군 줄리오 두에Giulio Douhet가 1921년 이탈리아에서 출간한 저서 《제공권Il dominio dell'aria》에서 개진한 것으로, 거기서 그는 공군력만이 미래 전쟁에서 적국의 도시, 기반시설, 인구를 무자비하게 겨냥하여 승리를 가져올 수 있고, 또 민간 후방을 주요 전략적 목표로 바꾸고 국민을 방어하려는 육군의 노력을 무력화함으로써 조기에 승리할 수 있다고 주장했다.[5] 비록 1939년 이전 재래식 공군력의 실상과 별로 관계가 없긴 했지만, 장차 민간 인구에 파멸이 닥칠 것이라는 전쟁관은 보편적이었다. 그렇지만 미래의 재앙을 예상하는 문화는 기술 면에서 제한된 당시의 군사능력이 아니라 현대 도시에 단단한 공동체 의식이 부족한 까닭에 도시 인구가 공습으로 인한 패닉과 절망에 유달리 취약할 것이라는 믿음에 초점을 맞추었다.[6] 영국 군사이론가 J. F. C. 풀러Fuller는 런던이 공습을 당하면 "하나의 거대한 광란의 정신병원"이 되어 "교통이 멈추고, 노숙자가 도와달라며 악을 쓰고, 도시가 아수라장이 될 것"이라고 생각했다.[7] 또 한 명의 격변설 주창자인 케임브리지 철학자 골즈워디 로즈 디킨슨Goldsworthy Lowes Dickinson은 적 항공기가 3시간 내에 런던 인구 전체를 독살할 수 있다는 주장에 대해 논평하면서, 이제 공중전은 "군인만이 아니라 민간인과 문명"의 절멸을 뜻한다고 결론지었다.[8]

폭격이 도시 사회에 끼칠 극적인 영향은 한편으로 주요 열강에서 두루 우려하는 문제였지만, 다른 한편으로 미래의 전쟁이 총력전이 되리라는 예측에 담긴 역설을 드러내기도 했다. 폭격으로 도시 사회를 며칠 만에 손쉽게 허물어버릴 수 있다면, 국가의 자원을 충분히 활용하기 전에 전쟁이 끝날 테니 자원을 총동원하려고 준비해봐야 별 소용이 없었기 때문이다. 미래 전쟁을 바라보는 두 견해 사이의 간극을 메운 것은 1930년대에 대규모 전쟁의 발발 가능성이 높아지는 가운데 도입된 민방위 조치였다. 일찍이 1차대전 시기에 장거리 폭격(곧 '전략'폭격이라 불리게 되었다)을 경험하고 그에 대응해 민방위를 소규모로 도입하긴 했지만, 전국적인 민방위 조직들은 2차대전 발발 이전 10년간 수립되었다. 민방위 편성은 새로운 경험, 또 장차 밝혀질 것처럼 독특한 경험이었으며, 폭격 위협만이 아니라 다음번 전쟁에서는 민간인이라 해도 전쟁 불참을 기대해서는 안 된다는, 널리 지지를 받은 견해도 민방위 편성을 촉진했다. 민방위는 민간인을 분쟁의 현실에 밀접하게 연결하고 1차대전 시기에 부족했던 참여의식과 자존감을 심어주었다. 그 목표는 더 파국적인 예측들이 시사하는 위기를 피하기 위해 민간인을 그들 자신의 공동체를 방어하는 활동에 동원하는 데 있었다. 이는 전례가 없는 야심찬 목표였다. 현대 사회를 방어하기 위해 민간인을 대규모로 동원하는 것은 폭격기의 출현으로 필요해진 조치였을 뿐 아니라 총력전의 논리를 따르는 조치이기도 했다. 그 결과, 민방위는 국가가 민간인의 총력전 참여—등화관제에 복종해서든, 강제 방공 훈련을 받아서든, 화재 감시 당번에 동참해서든—를 주기적으로 감독하는 또다른 수단이 되었다. 전투전선과 민간전선을 연결하기 위해 민방위 대원들은 스스로를 군대식 규율과 제복을 갖추고 훈련을 받는 준군사 인력으로 바꾸었다. 이탈리아 당국은 1940년 8월 민방위 대원을 '동원된 민간인'으로 규정하여 국내전선에 더 공식적인 군사적 지위를 부여하고 대원의 도주를 막으려 했다.[9] 종전 무렵 영국 내무장관 허버트 모리슨은 그간 민방위 역할을 맡았던 수백만 명을 돌아보며 그들을 남녀 "서민 전사들"로 이루어진 "시민군"으로 일컬었다.[10]

민방위 조치는 결국 세계 도처에, 심지어 실제 폭격을 당할 가능성이 없는 지역들에까지 도입되었다. 민방위에 참여한 인원의 총수는 쉽게 추산할 수가 없는데, 무엇보다 공습 감시원, 보조소방관, 방공호 경비원, 응급처치 수습생, 복지 인력 등으로 민방위 직무를 상근직이나 비상근직으로 수행한 사람들과, 공습 훈련과 직무에 협조하되 공식적으로 민방위 대원 제복을 입지 않은 수백만의 가구원과 청년들을 구별할 필요가 있기 때문이다. 이 두 번째 범주에는 수천만 명에 달하는 방대한 도시(일부 경우에는 시골) 유권자들이 포함되었다. 민간인으로서 주민들은 공식 민방위 조직의 감독하에 독일 당국이 말한 가정과 직장의 '자기방위'에서 일익을 담당할 것으로 기대되었다. 민방위 대원과 수많은 보조원은 대개 그들 자신의 공동체를 보호하는 임무를 맡았고 그들이 거주하는 지역이나 도시에서 다른 곳으로 전출되는 경우가 드물었는데, 그들이 힘겨운 시절 내내 익숙한 장소를 지키겠다는 헌신을 유지한 데에는 이 요인이 중요하게 작용했다. 민방위는 사회적으로 포용적이었고 성별을 구별하지 않아 여성에게도 공동체 방어에서 중요한 역할을 맡겼는데, 이는 정식 군사기구에서 여성의 역할을 더 한정했던 것과 대비되는 측면이었다. 지역 공동체에서 청년 남성이 사라짐에 따라 많은 여성이 민방위 복무에 자원했다. 독일에서는 민방위 조직의 상근직 임원 20만 명가량이 여성이었다. 1940년 영국에는 보조소방관을 포함해 상근직과 비상근직 여성 민방위 대원이 15만 1000명 있었고, 응급처치를 지원하는 여성 인력이 따로 15만 8000명 있었다.[11] 미국 워싱턴에서는 향토방위 자원자의 3분의 2가, 디트로이트에서는 절반가량이 여성이었다.[12] 특정한 업무를 맡길 남녀 학생을 모집하기도 했다. 영국에서 보이스카우트 자원자는 긴급 메시지를 지니고서 방공초소들 사이를 자전거로 용감하게 오갔다. 소련은 청년운동 콤소몰Komsomol에서 구조대에 참여하거나 옥상에서 소이탄을 발견할 청소년을 선발했다. 연합군이 독일을 폭격한 마지막 몇 달간, 정규 공군 병력이 없는 가운데 히틀러청소년단 단원은 부사수Falkhelfer로서 대공포에 배치되었다.

최대 규모의 민방위 조직은 지역 공동체를 폭격의 영향으로부터 지키는 것이 거의 보편적인 의무가 된 일본, 독일, 소련에서 설립되었다. 일본의 방공 대비는 1920년대 말까지로 거슬러 올라가는데, 주요 도시들에서 주민 전체가 등화관제 연습과 방공 훈련에 참여했다. 1937년 4월 일본은 국민방공법을 제정해 전국 프로그램을 도입했고, 그에 따라 지역의 도시 구역별 단체와 소도시 및 촌락의 더 작은 주민 조직이 모든 민간인을 잠재적 민방위 대원으로 바꾸는 책임을 지게 되었다. 2년 후 일본 정부는 보조소방대와 경찰대를 창설하고 민간 공동체에서 공습 대응을 도울 인원을 선발했다. 일본의 민방위는 반발할 여지를 거의 남겨두지 않는 집단 헌신의 전통에 기반을 두었다. 이와 비슷하게 소련과 독일에서 창설된 대규모 민방위 조직들도 권위주의적이고 집단주의적이었으며, 거기에는 국민공동체의 목표에 대한 시민들의 공적 헌신을 강화하기 위해 그들을 다양한 활동에 동원하려는 두 독재국가의 야심이 반영되어 있었다. 1927년 설립된 소련의 '국방지원협회Osoaviakhim'는 폭격 위협이 미미했던 1933년에 여성 300만 명을 포함해 1500만 명의 회원을 두고 있었다. 그들은 가스 공격 대처법과 폭격 이후 응급처치법 등 기초적인 방공 훈련을 받았다. 1941년 7월의 '보편적·강제적' 대공습 준비 명령은 모든 시민을 임시변통 민방위 대원으로 바꾸어놓았다. 1944년 소련 당국은 모든 연령대의 시민 무려 7100만 명이 어떤 식으로든 민방위 훈련을 받았다고 주장했다. 폭격 위협에 더 가까운 도시들에서 당국은 도시 '자기방위' 부대들을 창설해 소방과 구조를 지원하도록 했는데, 종전 무렵 이들 부대의 인원은 290만 명에 달했다. 선발된 이들은 공동체를 폭격에 대비시키고 공습의 여파를 차단하기 위해 전력을 다힐 것으로 기대되었다. 이 민방위 부대와 나란히, 소련 국가는 1932년 지역방공총국MPVO을 설립해 민방위 인력을 훈련시키고, 주로 주거 건물들에서 방공호 망을 조직하고, 공습 이후 소방과 구조를 수행하는 공식 책임을 맡겼다. 지역방공총국 근무자들은 준군사적 민방위 대원이었고 전시에 최대 74만 7000명에 달했다.[13]

1933년 새로운 부서인 항공부가 설립한 독일 제국방공연맹Reichsluftschutzbund은 국민에게 공습 대응책을 교육하고 훈련시키는 주요 기관으로서 빠르게 팽창했다. 1937년 5월 '자기방위Selbstschutz'에 관한 법이 도입되어 공습에 대비해 모든 세대주에게 가정과 건물을 보호하게 하거나, 공공건물과 사무실을 위한 공습 대비책을 지원하거나, 공장의 '노동 보호'에 참여할 것을 강제했다.[14] 소련과 일본처럼 독일 정권도 공동체의 자기방위를 의무화했던 까닭에 방공연맹의 회원 수는 1937년 1100만 명, 1939년 1300만 명, 1943년 독일 인구의 4분의 1인 2200만 명에 달했다. 이 조직은 1942년 자체 근무자가 150만 명이었고 기초 훈련을 담당하는 3400개 '공습 학교'를 운영했다.[15] 방공경찰Luftschutzpolizei과 소방경찰 Feuerschutzpolizei, 독일 공군의 지역 사령부들이 공습 대비책을 제공하는 공식 구조도 갖춰져 있었지만, 그들의 활동은 방공연맹 회원들의 자발적 기여에 크게 의존했다. 방공연맹 회원들이 지역 공동체가 '자기방위'를 충분히 이행하도록 공습 대비를 조직하거나 점검하고, 민방위 역할에 필요한 남녀를 제공했기 때문이다.

삼국과 달리 서방 국가들의 민방위 체계는 전시에 시민의 의무를 이행하자는 정부의 호소에 호응하는 자원자들에 더 의존했다. 영국에서 어떤 규모의 선발이든 민방위 선발은 1930년대 후반에야 시작되었다. 독일이나 소련의 사례에 상응하는 대규모 공습 대비 조직은 없었지만, 1940년 가을 폭격이 시작되자 영국 정부는 자발적인 민방위 지원을 장려하던 기존 방침을 바꾸어 민방위 업무의 일부를 의무화했다. 전쟁이 다가오는 추세를 우려한 영국 정부는 1937년 말 공습대응법을 통과시켜 모든 지역 당국에 민방위 계획을 세우고 공습대응통제관(대개 지방자치체의 고위 행정관)과 비상 또는 전쟁 집행위원회를 임명하여 폭격이 현실화될 경우 민방위를 감독할 것을 지시했다. 1939년에는 지역별 대책을 조정하고 중앙

정부와 지역 공동체들 간의 가교 역할을 담당할 지역 고등집행관Regional Commissioners 제도를 마련했다.[16] 이 구조는 거의 전적으로 민간 성격이었고, 육군과 공군은 포와 전투기로 적극적인 대공 방어만을 책임졌다. 민간 성격을 강조하기 위해 1939년 9월 개전 이후 모든 민방위는 국토안보부의 민간인 장관이 관할했다. 1940년 여름 민방위 대원은 62만 6000명이었고 그중 5분의 1이 상근직이었으며, 추가로 비상사태 시 동원할 비상근 인력으로 35만 4000명이 있었다. 여기에 더해 소방대가 1937년 정규 소방관 5000명에서 1940년 상근 소방관 8만 5000명과 보조소방관 13만 9000명으로 확대되었으며, 1938년 말 창설된 공습대응여성자원봉사단의 전시 최대 규모가 거의 100만 명에 달했다.[17] 1940년 말 공장과 공공건물에 의무적 화재 감시를 도입한 이후 추가된 비상근 민방위 대원의 수는 400만 명 이상으로, 전체 인구의 10분의 1가량이었다.[18] 의무가 아닌 곳에서도 민간인들은 독일의 경우처럼 거리별로 주민 공동체 방위를 조직하여 모든 가구가 스스로를 보호하기 위해 일정한 역할을 할 것을 요구받았다.

프랑스와 이탈리아 양국은 1930년대 말에 장차 언젠가는 폭격을 당할 것으로 예상되었음에도 민방위 조직의 규모가 더 변변찮았다. 1935년 프랑스 정부는 '소극적 방어' 체계를 수립해 영국처럼 모든 지역 공동체에 공습 대비책을 마련하고 지역 민간인에게 민방위 역할을 훈련시킬 의무를 지웠다. 하지만 이 체계는 1940년 6월 프랑스가 항복하기 전까지 한 번도 제대로 검증되지 않았다. 비시 정권하의 민방위는 먼저 영국 공군이, 뒤이어 미국 항공대가 프랑스 내 표적들을 겨냥한 폭격을 시작할 때까지 작동하지 않았다. 페탱 정부는 프랑스가 외견상 더 이상 전쟁 중이지 않은 때에 민간인을 동원하거나 광범한 민방위 체계의 비용을 부담하는 것을 꺼렸지만, 독일 측이 압박을 가하자 자금과 인력이 몹시 부족한 실정인데도 지역 지사들과 시장들에게 소극적 방어의 책임을 지우는 체계를 되살렸다.[19] 이탈리아의 경우, 1934년 3월 정권이 법률을 공포해 지역 지사들에게 분산적 지역 민방위 체계를 수립할 것을 지시했지만, 그 결과물인 지방공습대응감독청들은 자원 배분의 우선순위에서 줄곧 아래쪽에 머물렀다.[20] 이탈리아 민방위는 1934년 8월 국방부가 민방위대를 편성하기 위해 설립한 전국방공연합UNPA의 자발적 회원들에 의존했지만, 1939년에 그 인원은 15만 명에 불과했거니와 영국과 프랑스를 상대로 전쟁을 시작한 1940년에 수천 명이 이탈했다. 민방위 간부로는 파시스트당 당원이 선호되었고, 주요 도시 지역들에서 민간인들이 훈련을 하고 '자기보호'를 받아들이도록 그들을 동원하고 편성하려는 조직적 노력은 거의 이루어지지 않았다.[21]

유럽과 동아시아의 주된 위협으로부터 멀리 떨어진 곳에서도 민방위는 전략상 필요한 조치였을 뿐 아니라, 전쟁 노력을 위한 시민의 의무를 이행하도록 국민을 동원하고 규율하는 방법이기도 했다. 1941년 11월 마셜 장군은 미국 라디오 청취자들에게 "민간인이 국가의 전반적인 준비 과정에 저마다 확실하게 참여해야 하는 역사적 순간에 도달했다고 저는 생각합니다"라고 말했다.[22] 1941년 5월 대통령령에 따라 설립된 민방위국은 일본군이나 독일군이 혹여 미국 서부나 동부 해안을 폭격할 방법을 찾아낼 가능성에 대비해 민간인 자원자를 훈련시켰을 뿐 아니라, 다양한 전시 사회 프로그램에 민간인의 참여를 장려하기도 했다. 처음에 뉴욕 시장 피오렐로 라과디아가 운영한 민방위국은 1942년 2월부터 하버드 대학 법학교수 제임스 랜디스James Landis가 맡아 미국인 수백만 명을 공습 감시원이나 보조소방관, 응급처치 자원봉사자, 구조대 같은 민방위 역할로 모집하는 업무를 감독했다. 다 합해서 700~800만 명이 자원한 것으로 추정되며, 학생을 포함해 또다른 수백만 명이 직장과 학교에서 기초 민방위 훈련을 받았다.[23] 민방위 잡지의 이름 《민간전선Civilian Front》은 미국의 총력전에 민간인이 직접 참여한다는 점을 명확히 드러냈다. 1943년 랜디스는 이렇게 썼다. "민방위는 무장 특수임무부대가 적 진지를 차지하고 사수하라는 명령을 받는 것만큼이나 확실한 군사 임무다."[24] 이상적인 '미국 폭격기'를 찾으려던 독일 공군의 야심에도 불구하고 미국 본토 폭격은 끝내 현실화되지 않았지만, 민방위 대원은 전쟁이 끝날 때까지 계속 훈련을 받았고 공습 감시원은 미국 해안 도시의 거리를 계속 순찰했다. 1941년 12월 태평양 전쟁이 발발한 뒤 공습 위협의 사정권에 들어간 영 제국의 멀리 떨어진 지역들도 사정은 마찬가지였다(홍콩, 싱가포르, 오스트레일리아 북부의 경우는 공습이 충분히 현실적인 위협이었다). 미국과 마찬가지로 끝내 폭격을 당하지 않은 뉴질랜드는 영국의 민방위를 본떠 1942년 3월 공습 감시(500명당 1명), 응급처치, 복지, 구조 서비스를 제공하는 비상사태대응단을 꾸렸다. 이곳에서도 민방위는 현대전이 군사적 노력에 그치지 않고 민간의 참여를 수반한다는 것을 국민들에게 매일 일깨워주었다. 민방위 모집 구호는 "영연방 시민 여러분 대비하세요. 여기서도 발생할 수 있습니다"였다.[25]

민방위 대원이 요구받은 공동체 보호의 실세 활동은 시간과 공간에 따라 아주 다양했다. 유럽이나 아시아의 여러 장소는 단 한 번만 폭격을 당했고 어떤 장소는 전혀 당하지 않았다. 공습을 더 많이 당한 장소라 해도 각각의 폭격 경험 사이에 몇 달이나 몇 년의 긴 시간차가 있기도 했다. 200회 넘게 폭격당한 독일 도시들─함부르크, 쾰른, 에센─은 통례가 아닌 예외였다. 아시아에서는 국민당 중국의 수도 충칭만이 1938년에서

1941년 사이에 218회 폭격을 당해 독일의 경험에 비견될 만했다.[26] 폭탄 적재량도 경우에 따라 크게 달랐다. 랭커스터 중폭격기 600대는 한 도시의 중심부를 몽땅 불태울 정도로 무시무시한 양의 고폭탄과 소이탄을 투하할 수 있었다. 비교적 적은 양의 폭탄을 실은 중형 폭격기 50대 규모의 부대는 심각한 국지적 손상을 입힐 수는 있었지만 대규모 파괴를 야기할 수는 없었다. 대다수 민방위 대원은 어쩌다 한 번씩 짧게 활동했고, 상당수는 때로는 몇 년씩이나 활동이 거의 또는 전혀 없었다. 일본의 민방위 체계는 1944년 말에 첫 공습을 당할 때까지 4~5년간 줄곧 대비 태세를 유지한 탓에 선발된 대원들 일부의 무관심과 분노를 자아냈다. 태평양 전쟁 종반 6개월 동안, 일본 도시들이 공습 사정권에 들어온 이후에야 민방위는 마침내 시험을 받았다. 그럼에도 민방위대가 폭격기 출현에 대비해 강제한 민방위 규정은 계속 지켜졌다. 어디서나 민방위 의무사항은 등화관제에 나서거나 화재 위험에 대비해 물과 모래를 준비해두는 것 같은 나날의 활동을 통해 주민들에게 그들이 새로운 민간전선에 있음을 상기시키는 효과적인 수단이었다. 1943년 도쿄의 어느 여성은 이렇게 썼다. "방공 훈련이 있을 때마다 우리는 어느 가구가 동참하지 않았다고 수군대면서 일렬종대로 늘어서 이름을 외치고 출석자 점호를 받는다."[27] 등화관제 규칙을 어기는 사람들은 어디서나 주기적으로 처벌을 받았다. 전시에 국가의 개입은 거의 모든 시민이 일상생활에서 직접 마주하는 현실이 되었다.

민간인을 겨냥해 채택한 항공전략의 성격도 경험의 차이를 가져왔다. 2차대전 기간의 거의 모든 폭격이 부정확했거니와 대개 오차 범위까지 컸지만, 일반적으로 폭격의 목표는 먼 곳의 군사 표적과 군사경제 표적을 공격하여 적의 군사능력을 약화시키는 데 있었다. 단 세 경우에만 항공전략으로 민간 환경의 파괴와 민간인의 죽음을 의도적으로 겨냥했다. 첫째 일본의 충칭 폭격, 둘째 1941년 여름부터 영국 공군 폭격기 사령부에서 채택한 독일 도시들에 대한 지역 폭격 전략, 셋째 1945년 3월 도쿄 소이탄 공습으로 시작해 원자폭탄 두 발로 끝난 미국 제21폭격기 사령부의 일본 도시 폭격이었다. 의도적으로 도시 지역을 파괴하여 적의 사기를 떨어뜨린다는 영국 공군의 전략은 폭격 전략에 대한 1930년대의 논의로부터 발전한 것인데, 그 논의에 의하면 현대전에서 전투원과 비전투원은 더 이상 구별되지 않았다. 영국 공군은 적이 전쟁 노력을 유지하는 데 물질적으로 기여한다는 이유로 민간인을 표적으로 여겼으며, 민간인 대중 역시 미래의 어떤 전쟁에서든 그들 자신의 지구력이 공격 목표가 될 공산이 크다고 확신했다. 1944년 영국 공군 소장으로 공보를 담당한 리처드 펙Richard Peck은 다음과 같은 주장으로 민간 도시 지역에 대한 무차별 공격을 변호했다.

> [노동자들은] 산업군대다—전부 제복 차림이다—개개의 남성은 육군이 남겨둔 예비 병력이다—개개의 여성은 그들이 없다면 남성이 채워야 하는 자리를 대신 채운다—그들은 인근 도시에서 숙영한다—그들의 주택은 군인의 막사나 예비 참호에 해당한다.[28]

독일 공업도시들을 겨냥한 폭격작전의 목표는 노동계급 수거 지구와 편의시설에 최대한 피해를 입히고 노동자들을 살해하는 것이었으며, 이 목표는 도시 중심부의 주거 지구에 소이탄을 집중 투하하는 방법으로 가장 쉽게 달성할 수 있었다.[29] 이것은 민방위와의 전쟁이었다. 영국 공군은 창문과 지붕을 날려버리고 민방위 대원들을 저지하기 위해 소량의 고폭탄을 소이탄에 섞어 사용했다. 또한 민방위 대원의 의지를 더 꺾기 위해 소이탄 일부(적재량의 10퍼센트가량)에 폭발 시점이 제각각인 신관이 달린 폭발물을 장착했다. 1942년에는 항공기 폭탄 적재에서 소량의 대인폭탄을 추가했다. 그 의도는 대인폭탄이 떨어질 때 불행히도 그 근처에 있는 민방위 대원을 살해하거나 불구자로 만드는 것이었다.[30]

미국 육군 항공대도 일본 민방위 체계를 무력화한다는 비슷한 방침을 채택했다. 일본 도시들이 불타기 쉽다는 것은 잘 알려진 사실이었다. 마셜 장군은 진주만 공격 직전에 비밀 기자회견에서 기자들에게 만약 전쟁이 나면 일본의 "종이 도시들"에 불을 지르겠다고 말했다. "민간인 폭격을 전혀 주저하지 않을 것입니다. 전면전을 벌일 것입니다."[31] 그렇지만 미국 폭격기는 1945년에야 맹렬한 소이탄 공습을 가할 만큼 일본 본토에 접근할 수 있었다. 폭격의 명확한 목표는 도시 환경을 파괴하고, 일본 노동자들을 살해하거나 불구로 만들고, 노동력의 사기를 꺾는 데 있었다. 1945년 항공대 부사령관 아이러 이커 장군은 "지역 전체를 불태워 숙련노동자들을 살해한 것은 매우 효과적인 조치다"라고 보았다.[32] 영국 공군처럼 미국 항공대도 소방대와 구조대를 압도하기에 가장 적절한 작전 조건을 면밀히 연구했다. 미국은 일본 주택을 불태우는 최적의 방법에 관한 연구를 공습 몇 년 전에 시작했으며, 그 과정에서 영국이 다른 연합국에 기꺼이 넘겨준, 소이탄 피해의 특성에 관한 과학적 계산의 도움을 받았다. 독일을 폭격한 영국 공군처럼 미국 항공대도 민간 환경과 도시 민간인의 대량 파괴 자체를 목표로 삼았다. 일본에서도 공군과 민방위대가 직접 대결하는 전쟁이 벌어졌다.

민간 인구를 의도적인 표적으로 삼은 이런 작전이 민방위대를 가장 참혹하게 시험하긴 했지만, 폭격을 경험한 어느 곳에서나 민방위 대원들은 결연히 공습에 나선 폭격기 대다수가 상공에서 지상의 민간인 구역에 폭탄을 쏟아붓는 현실과 씨름해야 했다. 가장 정교한 방공체계를 갖춘 곳도 마찬가지였다. 1944년경 레이더, 대공포, 전투기, 야간전투기로 이루어진 독일의 이른바 '캄후버 선'(이를 고안한 요제프 캄후버 장군에게서 따온 명칭)은 타의 추종을 불허하는 대공방어망이었지만, 공격부대의 주기적 소모에도 불구하고 연합군 폭격기 대다수는 매일 밤낮으로 표적 지역에 얼추 도달 했다. 방어가 약하거나 아예 없는 곳에서 폭격기는 적 전투기나 효과적인 대공사격의 위협마저 겪지 않았다. 1938년 말 중국 공산당의 수도 옌안을 공습한 초기에 일본군은 이 도시에 있는 명나라 시대의 탑에 소수의 대공 포가 설치될 때까지 사실상 아무런 저항에도 부딪히지 않았다. 충칭에서 는 중국의 허약한 전투기부대가 일본군에 제압되고 대공사격이 제한되 었던 터라 일본 폭격기 승무원들은 거의 마음대로 폭격하는 호사를 누릴 수 있었다.[33] 영국의 경우도 1940년 9월 독일 공군의 대공습 초기에 낮 동 안에는 다가오는 적 폭격기에 전투기부대로 심각한 손상을 입힐 수 있었 지만, 날이 저물고 야간 폭격이 시작되고 나면, 1941년 봄에 레이더 관제 요격을 도입하기 전까지는, 각 도시의 대공포 사격—명중률이 무척 낮긴 했으나 적 폭격기로 하여금 더 높이 비행하고 덜 정확하게 폭격하도록 강 제했다—과 전혀 효과 없는 야간전투기에 의존해야 했다.[34] 그 결과, 민방 위 대원들은 좋든 싫든 폭격기와 폭격 대상 사이의 전선, 그들을 위협하 는 적의 얼굴을 결코 볼 수 없는 독특한 전선에 서게 되었다.

1940/41년 겨울과 봄에 걸쳐 영국 도시들이 폭격에 시달린 9개월 동안 민방위 대원들은 조직된 민방위대가 무엇을 할 수 있는지 입증할 기회를 얻었다. 초기 경험은 명백한 문제들을 훤히 보여주었다. 우선 패닉이 무엇 인지, 그것을 어떻게 진정시킬 수 있는지를 거의 이해하지 못하고 있었다. 고참 정신분석가 에드워드 글로버Edward Glover는 1940년 폭격 공포에 관

해 쓴 글에서 평범한 패닉 해독제를 제시하는 데 그쳤다. 바로 더 강인한 시민들이 휴대용 브랜디 술병이나 비스킷 통을 가지고 다니면서 더 불안해하는 동지들을 진정시켜야 한다는 해결책이었다.[35] 당국이 방공호와 복지를 신속히 제공한 덕에 잠재적 사회 위기는 대체로 해소되었지만, 민간인 주민들이 두루 패닉에 빠지고 공습에 이어 도시 탈출을 시도한 사례가 여럿 있었다. '트레킹'(영국 대공습 기간에 도시 주민들이 야간에 인근 소도시와 시골 지역으로 가서 잠을 자던 관행)이라고 알려진 문제는 플리머스, 사우샘프턴, 헐에서 가장 심각했는데, 셋 모두 거듭 폭격을 당한 항구도시였다. 1940년 11월 말 사우샘프턴은 얼마나 맹폭을 당했던지 민방위 체계가 일시적으로 무너지고 어느 지역 행정관의 표현대로 "재앙의 규모에 압도되었다". 식품부의 한 관료가 보기에 공습 이튿날 사우샘프턴 주민들은 "멍하고 어리둥절하고 하릴없고 아무 지시도 받지 못한" 모습이었다.[36] 통신이 마비되고 공습 대응 중앙통제실을 잃은 타격도 민방위 대원들의 발목을 잡았다. 주민들은 인근의 숲과 마을로 피신했다. 다만 두 차례 공습에서 발생한 사망자 244명은 전쟁 후반에 연합군이 폭격으로 입힌 손실에 비하면 적은 수치였다.

초기 실패는 민방위 체계의 조속한 개혁을 촉진했다. 효과적인 통신과 정보, 더 많고 물자를 더 갖춘 복지관과 비상 조리실, 그리고 무엇보다 쉽게 수리할 수 있는 주택을 빠르게 복구하는 프로그램에 중점을 둔 개혁이었다. 공습경보가 울린 뒤 공동체에 경고하는 임무를 맡은 공습 감시단의 주된 어려움은 사상자를 줄이는 확실한 방법인 방공호에서 규율을 강제하는 것이었다. 독일과 소련에서는 방공호로 가는 것이 의무였으며, 경찰은 지역 감시단이 필요로 하는 고압적 조치로 방공호의 규율이 유지되도록 지원할 책임이 있었다(독일에서는 방공호에서 유대인과 외국인 강제노동자를 쫓아내고 '아리아인' 독일인만을 남겨두는 조치가 포함되었다). 반면에 영국 감시단은 법적 제재에 의존할 수 없었으므로 방공호 규율에 순응하는 것은 법적 의무가 아닌 개인의 결정이었다. 영국 정부도 방공호를 지하층과 지하저장실에, 또는 주택의 정원에 만든 '앤더슨 방공호'에 분산시키는 체계를 선호했다. 하지만 공습 위험에 시달린 인구 중 절반만이 지정 방공호를 이용할 수 있었거니와, 사실 폭탄을 견디는 내폭 방공호가 거의 없었다. 전시 후반에 진행한 조사에 따르면 주택에 방공호 시설을 갖추지 못한 가족들 중 9퍼센트만이 공공 방공호를 이용하려 했다.[37] 공공 방공호는 부실하게 건설된 데다 불결하고 대개는 적절한 수면시설을 갖추지 못했다는 사실이 금세 밝혀졌다. 1940년 12월 정부가 방공호에 침대와 생활편의, 적절한 위생을 제공하는 프로그램에 정력적으로 착수한 이후에도 대중의 신뢰도는 계속 낮았다. 수천 명이 민방위 체계를 무시하고 자택의 침대, 계단 아래, 탁자 아래 머무는 편을 택했는데, 이 사실은 전시 후반의 독일과 일본만큼 대대적인 공습을 겪지 않은 영국에서 사상자가 많이 발생한 이유를 어느 정도 설명해준다. 영국은 도시 지역의 3퍼센트만 파괴되었지만 독일은 39퍼센트, 일본은 이례적으로 높은 50퍼센트가 파괴되었다.[38]

대대적인 공습의 목적은 적의 민방위 구조를 무너뜨리고 무제한 파괴의 길을 여는 데 있었다. 그 방법은 거의 언제나 화재였다. 대규모 화재폭풍이 발생한 곳—1943년 7월 함부르크, 1943년 10월 카셀, 1945년 2월 드레스덴—에서는 실제로 민방위가 무력해졌다. 함부르크에 소이탄이 투하되는 동안 3만 4000명의 소방관과 군인, 비상근무자가 있었지만, 그들이 할 수 있는 일이라곤 대화재가 도시 외곽으로 번지지 않도록 막는 게 고작이었다. 시 경찰청장은 7월 27/28일 밤의 화재폭풍에 관한 보고서에서 민방위가 화재폭풍 앞에서 무력했음을 인정하면서—그날 발생한 사태를 묘사하려 애쓰다가 "말은 부질없습니다"라고 썼다—민방위 대원이 화재 위험에 대처하는 방식을 대폭 변경할 것을 권고했다. 모든 가정 방공호('내폭실')를 점검해 그 안에 있는 사람들이 산소를 빨아들이는 불길에 질식되지 않도록 비상구가 있는지 확인하고, 주민들이 화재폭풍에 휩쓸리기 전에 피신할 수 있도록 도시 중심부에 탈출로를 마련하라는 권고였다.[39] 민방위 인력은 작은 불길이 합쳐져 대화재가 되지 않도록 공습을 당하는 와중에 소이탄을 즉시 처리하는 법을 모든 가구원에게 훈련시키라는, 그리하여 훨씬 더 많은 민간인을 정식 민방위 대원이 직면하는 온갖 위험에 노출시키라는 권고를 받았다. 1944년 독일 소방관 170만 명 가운데 대다수는 여성 27만 5000명을 포함하는 민간인 자원자였다. 자원자 10만 명가량은 필요에 따라 장소를 옮겨가며 화재를 진압하는 700개의 비상소방대로 편성되었다. 1943년 8월, 특별 '자위단'이 창설되어 모든 민간인에게 각자의 주택을 스스로 보호하는 것을 넘어 법에 따라 집단 민방위에 적극 참여할 것을 강요했다.[40] 또한 함부르크 사례를 계기로 폭격을 당한 지역에 식량, 비상 방공호, 의료 지원을 제공할 필요성에 대한 관심이 높아졌다. 영국에서처럼 효과적인 정보, 식량, 복지를 제공하고 대피 또는 신속한 복구 프로그램(일부는 강제수용소 노무자들이 수행했다)을 가동할 경우, 폭격을 당한 도시에서 사회적 붕괴를 일으키려는 적의 노력을 적절히 조직된 민방위대와 구조대로 억지할 수 있다는 것이 밝혀졌다. 함부르크에서는 주택의 61퍼센트가 손상되거나 파괴된 것으로 추정되지만, 50만 가구 중 폭격 이후 도시에 남은 약 30만 가구의 90퍼센트는 수개월 내에 수리된 건물이나 조립식 건물에서 새 주거를 얻었다.[41]

일본 도시들이 겪은 소이탄 폭격은 심각한 곤경 속에서 민방위 대비 태세가 무너진 또다른 사례였다. 일본 당국은 경제 표적과 군사 표적에 대한 정밀 폭격을 예상했으며, 미국 항공대는 1944년 말부터 1945년 2월까지 일련의 폭격을 가했으나 별 성과를 거두지 못했다. 그렇지만 3월 9/10일 밤 도쿄를 겨냥한 대규모 공습으로 개시한 소이탄 폭격은 통제 불능의 대화재를 일으켰다. 민방위 자원자들은 더 제한된 공습에 대처하는 법을 훈련받은 터였고, 민간인 가구원들이 받은 공습 훈련은 도시권 전체로 급속히 번져가는 화재를 막기에는 턱없이 부족한 것으로 드러났다. 1945년 5월 어느 일본인 어머니는 피란을 간 딸에게 보낸 편지에서 "공습이 닥치면 집은 없는 셈 치거라"라고 당부했다.[42] 안전한 방공호 공간은 도시 인구의 2퍼센트밖에 수용하지 못했다. 일본 도시들은 목재와 종이류를 사용한 건축 때문에 소이탄 폭격에 특히 취약했다. 도쿄 건축물의 무려 98퍼센트는 가연성 재료로 지어졌으며, 주요 도시 지역들은 인구밀도가 유달리 높았다.[43]

이미 1939년과 1940년 일본 해군 항공대가 중국 수도 충칭을 폭격했을 때 그런 도시들이 화재에 얼마나 취약할 수 있는지 드러난 바 있었다. 주로 목재와 대나무로 지은 건물, 그런 건물들 사이로 나 있는 비좁은 통로는 제한된 소이탄 공격만 받더라도 불길이 확 번지기에 이상적인 조건이었다. 소수 항공기의 몇 차례 공습만으로도 도시 상업 중심지의 5분의 4가 화재로 전소되었다.[44] 그와 비슷한 재앙을 일본 본토에서 피하기 위해 민방위 당국은 도시 지역들에서 무려 34만 6629채의 건물을 철거해 방화선을 구축하도록 지시했다. 그렇지만 미군은 거대한 보잉 B-29 폭격기의 저공 폭격으로 좁은 구역에 소이탄 수천 톤을 쏟아부어 도시 지역을 불바다로 만들었다. 일본에 투하된 폭탄 16만 톤 가운데 9만 8000톤이 소이탄이었다.[45] 도쿄 공습으로 무너진 민방위, 복지, 응급처치의 실정은 병원 275곳 중 132곳, 미리 준비해둔 복지관 수백 곳뿐 아니라 응급처치소 857

곳 중 449곳까지 파괴되는 바람에 더욱 악화되었다. 당국은 사기를 유지하고 패닉을 막기 위해 '치안반'을 우선시했지만, 그 탓에 구조대와 소방대는 자원을 제대로 제공받지 못해 인력, 중장비, 특수구조장비가 부족했다. 그 결과, 도쿄에서 3월 9/10일의 화재폭풍으로 대략 8만 7000명이 사망하는 등 사상자가 이례적으로 많이 발생했다. 공식 통계에 따르면 불과 5개월간의 폭격으로 이 도시 지역에서 26만 9187명이 사망하고, 10만 9871명이 중상을 입고, 19만 5517명이 경상을 입었다.[46]

주로 민간인 사상자가 많이 발생하는 결과는 맹폭을 당한 모든 지역들에서 되풀이해 나타났지만, 비교적 가벼운 폭격을 겪은 지역들에서도 민방위는 민간 손실과 광범한 파괴를 막을 수 없었다. 독일에서는 당시 추정으로 35만 3000~42만 명이 목숨을 잃었다(1956년의 공식 수치는 62만 5000명이었다). 영국에서는 폭탄과 로켓, 순항미사일로 인해 6만 595명이 사망했다. 독일이 점령한 유럽 국가들의 경우, 비록 도시 지역에서 사상자를 줄이고자 가능한 한 소이탄을 사용하지 않았음에도, 프랑스에서 5만 3000~7만 명, 벨기에에서 1만 8000명, 네덜란드에서 1만 명의 민간인이 사망한 것으로 추정된다. 1943년 9월 항복하기 전까지 추축국이었고 1945년 5월까지 영토의 북부를 독일에 점령당한 이탈리아의 경우, 폭격으로 사망한 사람이 전후의 공식 수치로 5만 9796명이었다. 소련 표적들에 대한 독일의 폭격은, 비록 소규모 공습이긴 했지만, 공식 통계로 5만 1526명의 사망자를 낳았다. 폭격으로 사망한 중국인의 수에 대한 수긍할 만한 추정치는 9만 5522명이다.[47] 여기에 더해 공습으로 중상을 입은 사람들이 있었는데, 대부분의 경우 이들을 합하면 사상자 수가 얼추 두 배가 되었다. 대략 100만 명의 사망자와 그 비슷한 수의 중상자를 감안하면, 광범한 민방위 노력은 명백한 실패였다고 말할 수 있다. 민방위 전선은 분명 비대칭 전쟁의 사례였다. 갖가지 위압적인 공중무기를 잔뜩 실은 폭격기와 대부분 비상근 민간인 자원자로 이루어진 비무장 민방위대의 싸움이었다. 그러나 이런 격차에도 불구하고, 민방위 대원들과 여러 자기방위 계획에서 보조 역할을 수행한 각양각색의 민간인들은 일찍이 전쟁 이전에 픽션과 미래학에서 예측했던 통제 불능의 사회 붕괴를 막기 위해 심지어 소이탄 폭격을 당한 도시들에서도 적 공군에 대항했다.

민방위대가 없었다면 도시 공동체에서 사상자 발생과 사회적 혼란의 정도가 훨씬 더 심했을 것이고 폭격의 영향이 줄리오 두에 장군의 예상에 더 가까웠을 것이라는 점에는 의문의 여지가 거의 없다. 여러 실제 사례처럼 민방위가 무너진 경우, 특히 소이탄 공습 도중에 무너진 경우라 해도, 외부에서 피해 도시에 긴급 지원을 제공하여 그 위기를 국지화할 수 있었다. 폭격당한 영국 항구도시들에서 '트레킹'을 하는 주민들의 습관은 항구적인 사회 위기를 야기하지 않았다. 복지 당국은 도시 주변 시골에 긴급 '완충지대'를 마련했고, 그곳에서 가족들이 생활하고 노동자들이 매일 도시로 통근할 수 있었다. 모든 피해 도시에 도입된 공식적·비공식적 집단 소개疏開 계획은 더 많은 이들의 목숨을 구했다. 독일에서는 1945년 초까지 900만 명 가까이 도시를 떠났고, 일본에서는 종전 때까지 얼추 800만 명이 떠났다. 하지만 공습 도중 질서정연하게 방공호를 이용하도록 주민들을 설득한 민방위 대원들의 직접적인 노력도 목숨을 구하는 데 일조했다. 공습에 뒤이어 사람들이 갑자기 패닉에 빠지면 참변이 발생할 수도 있었다. 일례로 1941년 6월 5일 일본군이 충칭을 몇 시간 동안 공습한 뒤 그런 참사가 일어났다. 터널 방공호에 있던 사람들이 밖으로 나가려던 때에 일본 항공기들이 독가스탄을 싣고 되돌아온다는 소문을 들은 다른 사람들이 절박하게 터널 안으로 들어가려다가 그들 앞쪽의 사람들을 밀어

붙였다. 경찰 기록에 따르면 이 다중밀집 사고로 1527명이 사망했다.[48] 1943년 3월 3일 런던 베스널그린 지하철역에서 공습경보에 뒤이어 패닉이 발생했을 때도 사람들이 축축하고 어둑한 계단에서 아래쪽으로 쏠리는 바람에 173명이 깔리거나 질식해 목숨을 잃었다.[49]

이런 사례들은 예외로 밝혀졌다. 공습 감시원은 위협받는 공동체를 통제하고, 주민들을 공공 방공호로 질서 있게 인도하고, 가정 방공호의 이용을 감독하는 등의 임무를 용감하게 수행했다. 소방관과 응급처치원은 폭탄이 떨어지는 와중에 목숨을 걸고 소임을 다했다. 도시의 언덕에 1000개가 넘는 터널 방공호를 급조한 충칭에서도 공습 감시원은 터널로 피신하라는 사이렌이 울릴 때면 대개 공동체에 질서를 부여하는 데 성공했다. 1937년에는 50만에 달하는 충칭 인구 중 불과 7000명만 방공호에 수용할 수 있었지만, 1941년에는 37만 명을 수용할 수 있었다.[50] 1939년에는 충칭에 폭탄이 2발 떨어질 때마다 사상자가 11명 생겼지만, 1941년에는 폭탄 3.5발마다 사상자가 1명이었다.[51] 1940년 9월부터 11월까지 런던 대공습으로 사상자가 가장 많이 발생한 기간은 민방위 체계가 공습 대응법을 학습한 기간이기도 했다. 어디서나 민방위 대원은 폭격의 가장 심각한 영향과 그 직접적인 여파를 완화하고자 할 수 있는 일을 했다. 공습에 대한 당대의 서술에는 민간인이 영웅처럼 행동했다는 수많은 이야기가 담겨 있다. 독일에서 임무 수행 중 사망한 민방위 대원은 전사한 군인과 마찬가지로 신문의 사망자 명단에서 이름 옆에 철십자를 붙이는 것이 허용되었고, 살아남은 영웅은 철십자 훈장을 받을 수 있었다. 영국 대공습 기간에 조지 6세는 이례적인 용맹을 떨친 민간인을 위해 조지 훈장을 제정하고 폭격 도중 용감하게 행동한 많은 이들에게 수여했다. 첫 수훈자들 중에는 폭발물을 가득 실은 선박을 폭격 도중 구조한 도버 보조소방대의 소방관 2명과 보조소방관 1명, 공습 도중 중상자를 구조한 서퍽의 여성 구급차 운전사 2명이 포함되었다.

민방위대 및 그들과 함께 활동한 민간인 수백만 명은 폭격에 따른 사기 저하를 억지하고 공습의 트라우마적 영향을 완화하는 중대한 역할을 했다. 이 점에서 그들은 국가의 대리인으로 행동하며 지역 민간 행정의 기능을 제공한 셈이었다. 그들은 공습을 당한 공동체와 사기를 유지하려는 더 폭넓은 전국적 노력을 연결하는 동시에 폭격으로 인한 손실을 줄이는 데 이바지했다. 그것은 분명 평탄하지 않은 성공 이야기였지만, 전반적으로 민방위는 일종의 지역 공동체 연대의식을 유지하는 데 일조했다. 민방위의 조력이 없었다면 국가 당국은 그런 연대의식을 유지할 수 없었을 것이다. 폭격의 결과로 국가에 대한 의존도가 높아지긴 했지만, 그렇게 국가에 의존할 수 있었던 것은 거듭 공습을 당하는 와중에도 민방위, 복지, 구조에 참여하여 공동체 생활을 유지한 모든 이들의 노력 덕분이었다. 한편, 국가는 폭격에 맞서는 민간 전쟁을 통해 지역 공동체를 전쟁의 현실에 더 긴밀하게 연결했는가 하면, 정식 규율에 따라 민방위 준수를 감독하고 민간인 수백만 명을 훈련시킴으로써 국내전선을 대리 전투전선으로 바꿔 놓았다. 1941년 7월 12일 윈스턴 처칠은 민방위 대원들에게 연설하면서 군사 용어를 사용했다. "시민군을 훈련시키고, 화재와의 전투에 대비해 군수품을 준비하고, 소이탄 전사 대군을 동원하고 훈련시키고 장비를 갖추십시오."[52] 물론 민간인 자원자는 제복을 입고 있다 해도 군인이 아니라 독특한 형태의 전투를 훈련받은 비무장 시민이었다. 폭격의 영향으로 민간인들은 때로 몇 년간이나 상당한 사상자가 발생하는 감당 못할 전쟁을 직접 치러야 했다. 민방위 전쟁만큼 전쟁의 민간화를 명확하게 보여준 것도 없었다.

전시 저항의 여러 얼굴

민간 저항은 민방위와는 전혀 다른 전선이었다. 민간 저항의 관건은 공동의 위협에 직면한 공동체의 연대를 유지하는 것이 아니라 적이 점령한 사회를 불안하게 만드는 것이었다. 저항의 표적은 국군이나 제국군을 물리치고 이제 정복자로서 민간 지역들 전체를 통제하고 있는 적이었다. 그러나 민방위는 비교적 간단하게 정의할 수 있는 반면에 민간 저항은 예나 지금이나 간단하게 정의하기가 어렵다. 저항은 감추는 형태와 드러내는 형태 등 여러 형태로 나타날 수 있었다. 순응하지 않거나 반대 의견을 내는 사소한 행위는 비록 널리 행해지긴 했지만 전시 저항의 이미지에 별로 들어맞지 않았다. 프랑스 언론인 장 텍시에Jean Texier는 1940년 8월 익명으로 '점령당한 사람들을 위한 33가지 조언33 Conseils à l'occupé'을 발표했지만, 여기서 프랑스 국민이 독일인 적과 접촉도, 교감도, 심지어 대화조차 피해야 한다는 등 하지 말아야 하는 일들을 열거하는 데 그쳤다.[53] 이런 소극적 태도는 점령에 대처하는 가장 흔한 행동 양상이었다. 대다수 민간인은 언젠가 해방되기를 기다렸는데, 이런 '관망주의' 태도를 프랑스 레지스탕스는 'attentisme', 이탈리아 파르티잔은 'attendismo'라고 일컬었다.[54] 적의 점령하에서 주목을 받거나 위험을 무릅쓰지 않고 어떻게든 살아남으려는 이해할 만한 욕구는 유럽에서나 아시아에서나 피점령 지역들에 만연해 있었다. 피점령 사회들이 양극화되었다는 전후의 견해, 예컨대 프랑스 사회는 레지스탕스 활동가와 부역자로, 중국 사회는 항일과 한간漢奸(매국노)으로 나뉘었다는 견해는 역사적 타당성이 거의 없다.[55] 적극적으로 저항하지 않은 수백만 명은 양극단 사이의 넓은 공간을 발견했고, 이따금 상황에 따라 어쩔 수 없이 이런저런 방향으로 모험을 감행하기도 했지만, 그러지 않을 때면 점령군과 그들의 지역 대리인이 가하는 고통으로부터 사적 영역을 지키려 했다. 자발적이었든 그렇지 않았든, 저항자와 부역자 모두 언제나 피점령 인구 중 작은 부분에 지나지 않았다.

더 적극적인 의미의 저항은 상이한 성분들이 섞인 현상이었다. 거의 모든 주요 저항운동은 근본적으로 민족의 해방을 성취하려 했으며 이런 포부를 운동의 명칭에 반영했다. 이탈리아의 민족해방위원회, 프랑스의 전국저항평의회, 그리스의 민족해방전선과 인민해방군, 유고슬라비아의 민족해방군 등이 그런 예였다. 그러나 이런 운동들은 저항을 표현할 수 있는 매우 다양한 방식들을 감추었고, 이데올로기적·정치적·전술적 이유로 더 폭넓은 민족 해방 운동에 반드시 동조하는 것은 아닌 더 작고 대개 국지적인 운동들을 마치 하나인 양 얼버무렸다. 가장 적절하게 요약하자면, 저항이란 점령 당국과 적극적으로 대립하면서 점령군의 규칙을 위반하거나 그 정치적·군사적 존재에 도전하는 모든 형태일 것이다. 일부 운동은 전복적인 정치적 활동—신문이나 팸플릿, 벽보를 발행하고 불법 집회와 관계망을 조직하는 등—을 하면서도 게릴라/테러리스트 활동을 조직하는 다음 단계로 꼭 넘어가진 않았다. 가장 인기가 높았던 프랑스 저항신문으로 소르본의 한 지하실에서 인쇄한《데팡스 데 라 프랑스Défense de la France》는 점령 정권과 문화적으로 대립하는 형태였지만, 발행인들은 적극적인 폭력에 관여하지 않았다.[56] 중국에서는 전통적인 앙가秧歌(모내기 노래)를 기반으로 하는 통속적인 마을 연극이 피점령 지역들에서 문화적 저항의 형태로 쓰였고, 농민들이 쉽게 이해할 수 있는 저항 주제—'유격대 합류', '반역자 체포'—의 토막극을 선보였다.[57] 그렇지만 대부분의 경우 저항은, 설령 처음에는 정치적 투쟁에 관여하면서 테러를 삼가려 했던 조직이나 집단의 저항이라 해도, 결국 점령군에 대한 폭력 행위를 수반했다. 독일의 잔혹한 탄압을 수년간 겪은 뒤, 1944년 3월《데팡스 데 라 프랑스》는 다음과 같은 사설을 실었다. "살해할 의무: 우리의 의무는 분명하다. 우리는 살해해야 한다. 우리 영토를 정화하기 위해 독일인을 살해하고, 독일인이 우리 국민을 살해하고 있으므로 독일인을 살해하고, 자유를 얻기 위해 독일인을 살해하라."[58]

무장 저항은 서로 구별되는 여러 형태로 나타났다. 자발적이고 개인적인 테러 행위들도 있었고, 폭넓게 조직된 저항자 관계망을 통해 사보타주와 암살을 기도하는 집단들도 있었으며, 적의 후방에서 결성되어 적군을 괴롭히고 위협하는 주요 게릴라/파르티잔 부대들도 있었다. 그림자처럼 존재하며 지하 관계망을 통해 최대한 비밀리에 활동한 수백 명의 저항자들과, 전쟁이 끝날 때까지 활동한 대규모 파르티잔 부대들 사이에는 줄곧 큰 차이가 있었다. 1945년 중국 공산당 군대는 90만 명에 달했고, 1944년 그리스 인민해방군은 야전군 8만 명에 예비군 5만 명 규모였으며, 유고슬라비아 민족해방군은 8개 사단으로 세르비아 탈환에 기여하고 최대 6만 5000명의 파르티잔으로 붉은군대의 베오그라드 함락을 지원했다.[59] 이처럼 서로 크게 다른 무장 저항의 형태들을 좌우한 것은 어느 정도는 지리였고, 어느 정도는 시기의 문제였다. 유럽에서 싸우는 파르티잔들은 이탈리아의 산맥을 따라 널따랗게 펼쳐진 산과 울창한 숲, 유고슬라비아와 마케도니아, 그리스의 구릉과 산, 폴란드 동부와 소련 서부의 광대한 삼림 및 소택지를 활용할 수 있었다. 서유럽의 도시 지역이나 우크라이나와 러시아의 넓은 스텝지대에서 작전을 시도한 저항자들은 손쉬운 먹잇감이 되었다. 1943년부터 마시프상트랄Massif Central〔프랑스 중남부의 산악지대〕과 프랑스 알프스의 삼림이나 산악에서 마침내 대규모로 집결한 프랑스 레지스탕스는 적절한 지형학 용어인 코르시카어 단어 마키maquis(관목지대)

로 스스로를 지칭했다. 아시아에서 필리핀과 버마의 밀림, 중국 북부와 중부의 광대한 산악과 고원, 하곡 지역들은 지상에 얇게 퍼진 적으로부터 비교적 안전한 공간을 제공하여 대규모 저항군을 증강할 수 있도록 해주었다.

시기의 문제는 크든 작든 모든 저항운동이 직면한 문제였다. 초기 저항은 대개 침공에 대한 즉각적인 반발이었으므로 성과 없이 끝나기 마련이었다. 그 이후 저항자들은 언제 어떻게 행동할지 결정하기 위해 전쟁의 향방을 가늠해야 했다. 그들은 전쟁의 균형이 불분명해 보인 오랜 기간 내내 저항을 이어가면서도, 경우에 따라 연합군의 승리가 더 확실해 보이는 순간이 올 때까지 무장 행동을 삼가며 인력과 장비를 최대한 보존하려 했다. 폴란드 국내군은 피점령 지역들에서 언젠가 해방이 임박해 보일 때 최종 봉기에만 투입할 예비병력 망을 조직했다. 1943년 봄 스테판 로베츠키Stefan Rowecki 총사령관이 알린 전략은 "성급히 행동했다가 붙잡혀 유혈 패배로 귀결되지 않도록 무기를 부여잡고 기다려라"였다.[60] 북중국에서 일본 육군과 격전을 벌여 패한 뒤, 마오쩌둥은 대일 항쟁이 끝나고 내전이 일어날 때까지 공산당 병력을 보존하기 위해 공산당의 저항을 소규모 게릴라 공격으로, 심지어 장기간의 비활동으로 제한할 것을 고집했다. "우리는 신속한 결정을 통해 장기전을 치르고 교전하는 전략을 믿는다."[61] 다른 운동들은 해방되기 한참 전의 지항이 소용없거나 사기를 떨어뜨리는지 여부를 제쳐둔 채, 점령군에 소모전으로 대항하는 편이 더 타당하다는 견해를 취했다. 1941년 9월 그리스 민족해방전선은 운동의 목표에 관한 성명을 발표했다. "투쟁은 언제 어디서든 이어가야 한다. … 시장에서, 카페에서, 공장에서, 거리에서, 농지에서, 그리고 모든 일터에서."[62]

저항운동과 저항군 역시 상이한 성원들이 섞여 있었으며 시간이 흐름에 따라 조직의 구성이 바뀌었다. 초기 저항은 지식인, 전문직, 학생으로 이루어진 작은 집단에 크게 의존했는데, 그들 모두 운동의 목표를 설정하고, 저항 문서를 작성·발행하고, 관계망을 구축하는 데 도움을 줄 수 있었다. 패배한 군대 출신 장교들도 적에게 붙잡혀 전쟁포로 수용소로 끌려가지 않았다면 저항을 일으키는 주도적 역할을 맡을 수 있었다. 독일에 점령되지 않은 프랑스 남부에서 처음 결성된 주요 저항단체들은 초기 활동가들의 사회적 성격을 반영했다. 콤바Combat는 특이한 급진적 견해를 가진 육군 대위 앙리 프르네Henri Frenay가 1941년 여름에 결성했고, 리베라시옹-쉬드Libération-Sud('남부 해방')는 좌파 언론인 에마뉘엘 다스티에 드 라 비주리Emmanuel d'Astier de La Vigerie가 1940년 12월 결성했다. 점령 지역에서는 프랑스 정보부 출신 관료 크리스티앙 피노Christian Pineau가 노동조합 간부들과 함께 리베라시옹-노르Libération-Nord('북부 해방')를 1940년 12월 결성했다.[63] 전쟁이 계속되고 저항이 대중운동으로 번져감에 따라 조직의 사회적 구성도 바뀌었다. 초기 지도자들과 활동가들은 대부분 붙잡혀 처형되었고, 더 젊은 활동가들이 그 뒤를 이었다. 1943년과 1944년 프랑스 청년 남성 수천 명은 독일로의 징용을 피하고자 게릴라전에 가담했으며, 1943년 이탈리아의 항복 이후 이탈리아 청년 수천 명은 잔여 파시스트 국가의 육군에 징집되거나 독일군을 위해 강제노동을 하는 신세를 벗어나고자 파르티잔 부대로 달아났다.[64]

저항세력의 구성이 바뀐 큰 이유 중 하나는 추축군이 소련을 침공한 후부터 더 이상 독일-소비에트 불가침 조약에 구애받지 않는 유럽 내 공산당들이 저항에 동참했다는 데 있다. 이탈리아 파르티잔 전쟁에서 공산당원 부대들의 규모가 가장 컸고 그들의 '가리발디 여단들'이 게릴라군에서 약 50퍼센트를 차지했다.[65] 1942년 결성된 프랑스 공산당의 프랑-티외르에 파르티장Francs-Tireurs et Partisans('자유로운 사수와 파르티잔')은 1944년 당원 6만 명이 활동하는 대규모 주요 저항조직들 중 하나였다.[66] 그리스와 유고슬라비아, 소련에서는 공산당이 중심이 되어 대부분 농민인 신병들을 조직하고 동원했는데, 신병들과 달리 그들을 편성한 공산당 간부들과 당원들은 전부는 아닐지라도 대체로 도회지나 노동계급 출신이었다. 공산당 파르티잔 투사들은 결국 군대식 부대에 배치되었지만, 그들 중 상당수는 민간인 지원병이나 징집병이었으므로 살아남으려면 준군사적 전투의 혹독함과 규칙에 적응해야 했다. 중국 공산군에서 민간인 신병들은 겨우 한 달밖에 훈련받지 못했거니와 훈련 중 절반은 교전 대비가 아닌 정치와 역사 교육이었다. 군부대 외에 공산당은 지역 민병대를 전부 농촌 주민으로 이루어진 인민자위단으로 편성했으며, 여기에는 18~24세 청년 신병들로 이루어진 '항일전위대'와 더 연상의 남자들로 이루어진 '모범부대'가 포함되었다. 지역 민간인 신병들은 1945년 거의 300만 명에 달했고 그들의 공동체를 방어하는 데 헌신했다.[67]

저항자 중 상당수는 여성이었다. 이 사실은 민간인들이 남녀를 막론하고 민방위에 참여했듯이 저항전쟁에도 참여했다는 것을 분명하게 알려준다. 여성은 무장 저항이든 아니든 저항의 모든 단계와 유형에 동참했다. 저항 서사에서 여성은 대개 보조 역할로, 이를테면 파르티잔 부대의 보급을 돕고, 전령과 감시원으로 활동하고, 도주 중인 사람에게 은신처를 제공하고, 부상자를 돌보는 등의 역할로 나오지만, 적은 이 모든 활동을 저항 행위로 간주하고(실제로 그러했다) 여성을 무장 파르티잔만큼이나 가혹하게 대했다. 그렇다 해도 여성의 비중이 특히 높은 활동들이 있었다. 여성은 부실한 배급 식량에 항의하는 시위나 이제 그들 수천 명이 남성을 대신해 수행해야 하는 노동과 복지의 조건에 대한 시위에 두루 참여했다.

저항운동 안팎의 여성 대다수가 가장 우선시한 것은 가정 보호였다. 프랑스에서 가정과 관련된 문제로 여성들이 적어도 239차례 시위를 벌인 것으로 추정된다.[68] 한편 일부 여성에게 정치적 저항은 남성의 지배에 도전하고 여성 해방의 길을 닦는, 두 가지 해방을 동시에 추구하는 또 하나의 방편이었다. 이런 활동들이 꼭 적극적인 저항으로 나타났던 것은 아니지만, 가정이나 가족 문제로 시위를 벌이는 여성과 저항조직에 속한 여성을 가르는 경계는 투과할 수 있는 경계였다. 프랑스 레지스탕스 남성 대부분은 그들에게 음식, 피신처, 의료를 제공하는 여성의 활동을 가사의 연장으로 보았지 전투로 나아가는 단계로 보지 않았으며, 실제로 전투에 직접 참여한 프랑스 여성은 별로 없었다.[69] 유고슬라비아에서는 주로 농민인 여성 100만 명가량이 훨씬 적은 수의 여성 투사들에게 모종의 불법 지원을 제공했다. 또한 많은 여성이 여성반파시스트전선에 속해 있었는데, 지방과 지역에 위원회를 두고 자체 신문을 발행한 이 전선의 1945년 회원 수는 200만 명 이상이었다.[70] 이탈리아에서는 1943년 11월 무엇보다 가족, 여성 노동자, 폭격 피해자에게 복지와 지원을 제공하기 위해 설립된 여성방위단체Gruppi di difesa della donna가 파르티잔을 더 직접적으로 돕는 활동과 더불어 불법 신문과 전단을 제작하고 배포하는 활동에도 관여했다. 이 단체의 설립 헌장은 저항의 성격을 강조했다. "야만인들이 훔치고 유린하고 초토화하고 살해하고 있다. 우리는 포기할 수 없다. 우리는 해방을 위해 싸워야 한다."[71]

많은 여성이 남성과 나란히 싸우며 남성의 전유물로 여겨져온 영역을 침범했다. 리옹의 독일 법원에서 판사가 무기를 든 이유를 설명해달라고 요구하자 리베라시옹-쉬드의 지역 지도자 마르그리트 고네Marguerite Gonnet는 "남자들이 무기를 내려놓았기 때문"이라고 답했다.[72] 어느 젊은 여성이 총을 품에 안고 있는 아이콘 같은 이미지는 단순한 선전물이 아니었던 것이다. 이탈리아에서는 어림잡아 여성 3만 5000명이 삼림과 산지에서 파르티잔에 합류했고 그중 9000명에서 1만 명이 사망, 부상, 체포, 추방, 처형을 당했는데, 이 정도면 정규군도 좀체 감당하지 못할 사상자 규모였다.[73] 그리스에서 여성은 추축국과 파르티잔 전쟁을 벌이는 인민해방군에 가담했고, 나중에 공산당이 이끄는 그리스 민주군에서 전투 역할과 보조 역할로 전력의 20~30퍼센트를 담당했다.[74] 유고슬라비아의 경우, 1942년 2월 공산당 지도부가 예전부터 여성이 맡아온 간호와 보조 역할에 더해 무기를 드는 역할까지 허용하기로 결정한 이후 여성 10만 명이 민족해방군에서 복무했다. 파르티잔 병력에서 약 15퍼센트를 차지한 여성 파르티잔partizanka은 남녀가 섞인 부대로 전투에 참가했고, 참전자의 4분의 1로 추정되는 높은 사상률을 보였다. 그들은 대체로 훈련을 제대로 받지 못했고 사용하는 장비에 익숙하지 않았거니와, 아주 젊은 여성의 비중이 높은 신병들의 유입에 적대적이거나 별 도움이 되지 않는 일부 남자들에게 둘러싸여 있었다. 여성 참전용사들이 기억하기로 남성들은 그들이 전투 역할 외에도 병영의 허드렛일과 간호를 맡아줄 것으로 기대했다. 임신한 여성은 아이를 포기하거나 출산하자마자 죽여야 했으며, 소련 파르티잔 운동에 참여한 여성도 같은 요구를 받았다.[75]

남녀 모두 참여한 저항전은 정규군끼리 벌이는 전투와는 크게 다른, 전쟁의 특별한 형태였다. 저항자들은 고립되어 있었으므로 다른 단체들이 무엇을 하는지, 또는 어디서 작전을 펴는지에 대한 정보를 충분히 얻기가 어려웠다. 전투는 어디서 벌어지든 하나같이 잔인했다. 죽이거나 죽임을 당하거나 둘 중 하나였다. 게다가 그야말로 무법 전투였는데, 저항자들이 기존 교전법규의 영역 밖에 있어서 점령군이 스스로 생각하기에 적절한 방식으로 그들을 다룰 수 있었을 뿐 아니라, 저항자들이 평시라면 중범죄로 여겨졌을 만한 행위를 자행했기 때문이다. 실제로 1945년 이후 이탈리아 사법체계는 기존 법을 어기고 파시스트 관료와 민병대원을 살해했으니 처벌해야 한다는 이유로 수많은 이전 파르티잔을 재판에 회부했다. 저항운동에는 그 나름의 윤리 규범이 있었는데, 이는 저항자들이 활동한 위험천만한 환경의 산물이었다. 많은 경우 그들은 마치 비밀결사처럼 피의 맹세를 하고 혹여 배신이나 탈주를 하면 목숨으로 대가를 치르겠다고 다짐했다. 배반했다는 의심을 사거나 경솔한 행동으로 다른 사람의 목숨을 앗아갈 뻔한 저항자에게는 가혹한 처벌만이 기다리고 있었다. 일례로 프랑스 청년 공산주의자 마틸드 다르당Mathilde Dardant은 공산당의 오판에 희생되어 파리 불로뉴 숲에서 총에 맞은 나체로 발견되었다.[76] 실제로 배반자는 발각될 경우 곧장 살해되거나 추적과 암살을 당했다—다만 뇌물을 받거나 협박을 당하거나 환멸을 느끼는 사람이 보기에는 저항자나 배반자나 별 차이가 없을 수도 있었다. 또한 저항자들은 지역 주민을 존중할 것으로 기대되었고 그러지 않은 자는 대가를 치러야 했는데, 범죄는 저항운동을 돕는 주민을 멀어지게 하는 확실한 길이었기 때문이다. 그러나 많은 저항자들이 그런 기대에 부응하지 못했다. 그리스 민족해방운동은 자신들이 통제하는 마을들에 지역 '인민재판소'를 설치하고서 절도, 가축 살생, 강간 등을 저지른 파르티잔을 처형하곤 했다.[77] 한편 저항자들 사이에는 조직을 전복하거나 염탐하려는 시도에 대한 피해망상적 공포심이 있었다. 그리스의 한 저항운동 잡지는 "우리의 가장 중대한 의무는 경계다"라고 주장했다.[78]

저항자들이 규범 위반을 스스로 가혹하게 처벌한 사실에는 그들이 직면한 끊임없는 위험이 반영되어 있었다. 정규군 군인과 달리 그들은 붙잡히고 나면 고문을 당하고, 항소 가능성이 없는 특별재판소에서 재판을 받고(재판을 받기라도 한다면), 대개 처형되리라는 것을 알고 있었다. 많은 경우 저항자는 즉결로 사살되거나 목이 졸렸으며, 적 군인이나 민병대원도 불행히 포로로 잡힐 경우 똑같은 상황을 맞닥뜨렸다. 벨라루스에서 어느 파르티잔 어린이는 파르티잔이 당하는 처벌을 모방하여 독일인 포로 7명을 역으로 집단 처형하는 장면을 목격했다. 발가벗도록 지시받은 그들은 한 줄로 서서 총살을 당했다.[79] 저항전은 어디서 벌어지든 어느 쪽이나 무자비하게 수행했다. 점령군과 부역자의 두려움은 테러 공격이나 게릴라 급습을 전혀 예측할 수 없다는 데서 비롯되었다. 마오쩌둥은 1938년《지구전론》을 집필한 이후 항일 전쟁 게릴라 전술의 주요 주창자가 되어, 휘하 병력에 매복과 야음, 기습을 이용해 고립된 일본군 분견대를 상대로 소규모 작전을 편 다음 다시 시골로 사라질 것을 주문했다.[80] 시골과 달리 도시에서 시도하는 사보타주와 살해는 기밀 엄수, 공격 속도, 적은 수의 실행자에 달려 있었다. 그 목표는 정규군의 훈련과 무기의 수준이 더 높고 도망치기가 더 어려운 도시 지역에서 적과의 정면 대결을 피하는 데 있었다. 저항자들에게 치고 빠지기 전술은 엄청난 군사적 열세를 다소나마 만회하는 방법이었다.

중무장하고 조직된 적을 상대하는 모든 저항전의 비대칭적 성격은 무기와 장비, 심지어 제복조차 구하기가 매우 어려운 현실 때문에 더욱 심화되었다. 저항 투사들의 익숙한 이미지 중 상당수는 가지각색 옷을 입은 남녀 무리를 보여준다. 일부는 군복, 일부는 군복이 아닌 차림이고 대부분 보호헬멧이 없다—말쑥한 군인과 정반대되는 모습이다. 드 골 장군은 툴루즈 해방 이후 이 도시의 프랑스 파르티잔들을 사열할 때 게릴라전의 급조 의상을 걸친 비공식 병사들에 경악했다. 그리스 저항운동에 파견되었던 영국 대표는 그들의 안쓰러운 겉모습을 이렇게 회상했다. "그들의 형언하기 어려운 복장은 대부분 누더기였고, 다수는 … 눈밭에서 문자 그대로 맨발이었다. 총은 60년쯤 된 구닥다리였다."[81] 무기도 부족했지만 싸움을 이어가기 위한 탄약을 구하기가 훨씬 더 어려웠다. 중화기는 드물었다. 대체로 장비를 더 잘 갖춘 동부전선이나 유고슬라비아의 파르티잔 부대들은 예외였지만, 유고슬라비아 민족해방군의 제1프롤레타리아사단마저 군인 8500명 중 절반에게만 총을 지급할 수 있었다.[82] 타격 순간까지 수년간 무기를 비축한 폴란드 국내군은 대부분의 저항운동보다 가용 자원이 많았지만, 1944년 1월 제27사단이 드디어 행동에 돌입했을 때 병력 7500명에 소총 4500정과 기관단총 140정밖에 없었다. 이 부대는 전투를 시작한 지 두 달 만에 사실상 괴멸되었다.[83] 북중국의 공산군은 1940년경 문서상으로 대규모이긴 했지만 신병의 절반에게도 전장 무기를 지급하지 못했고, 총을 가진 군인에게도 귀중한 탄약을 거의 공급하지 못했다.[84] 영국은 유럽 저항운동들을 위해 보급품을 투하하기 시작한 뒤 자국의 전략적 우선순위인 사보타주 용도로 플라스틱 폭발물과 신관을 대량으로 공급했지만, 저항자들이 원하는 전장 무기는 훨씬 적게 제공했다. 정규군과 달리 저항군에 대한 병참 지원은 부정기적이고 비체계적이었으며 거의 언제나 불충분했다.

저항운동의 전투는 점령군과의 전투로 국한되지 않았다. 저항자는 적 뿐 아니라 부역자에게도 가혹했고, 때로는 동료 저항운동에도 가혹했다. 적은 여러 방식으로 규정될 수 있었다. 부역자는 타격하기 쉽고 반드시 무장 상태는 아닌 특정한 표적이었으며, 피점령 사회에서 부역자의 죽음은 적을 위해 활동하지 말라는 경고였다. 중국에서 부역은 일본 점령하에서 저마다의 이익을 지키려는 지역 엘리트나 군벌 사이에 만연했다. 북중국에서 어느 지역 공산당 행정기관이 보관한 통계에 따르면, 1942년 일본 군인은 1647명 살해된 반면에 중국인 부역자는 5764명이 살해되었다. 이 듬해의 수치는 더욱 대비되는 적 1060명 대 중국인 3만 3309명이었다.[85] 훗날 마오쩌둥 본인이 공산당은 저항 노력의 10퍼센트만 일본군과 싸우는 데 할애했다고 주장했다. 필리핀에서 공산당이 이끈 후크발라합 반란군은 첩자나 부역자로 의심되는 사람들에게 가한 폭력 때문에 일본 점령군보다 더 두려운 대상이었으며, 이 반란군에 희생된 약 2만 5000명 중 상당수가 그런 부류였다.[86] 그리스 민족해방운동의 게릴라들은 자기네 통제하의 지역들에서 괴뢰정권에 부역하는 것으로 의심되는 모든 사람에게 보복을 했다. 부역자를 협박하고 살해한 이 잔인한 작전의 대상에는 친영파까지 포함되었는데, 영국이 그리스의 문제에 개입하도록 조장한다는 죄목이었다.[87]

동부전선의 게릴라전에서 부역자들은 혐의가 있든 없든 간에 그들의 가족과 함께 시시때때로 살해되었다. 독일군과 민족주의적인 우크라이나국민군을 둘 다 상대한 난전에서 소비에트 파르티잔은 과도하게 무자비한 행태를 보이기도 했다. 올렉시 페도로우Oleksii Fedorov가 지휘한 어느 파르티잔 부대는 자기들 생각에 반란군에 협조한다는 이유로 리소비치 마을의 주민들을 몰살했다. 한 목격자는 당시의 무차별 공격을 이렇게 회고했다.

그들은 발견하는 족족 누구든 죽였다. 맨 먼저 스테판 마르치크, 그의 이웃 마트레나와 그녀의 여덟 살 난 딸, 미콜라 흐베시크와 마트레나 흐베시크, 부부의 열 살 난 딸을 죽였다. … 그들은 이반 흐베시크의 가족(아내, 아들, 며느리, 손자)을 죽이고 불타는 주택에 던져넣었다. … 무고한 50명이 목숨을 잃었다.[88]

파르티잔 부대들은 부역자 1명당 독일군 10명을 살해했다고 모스크바에 자랑했지만, 몇몇 독일 기록에 따르면 그 비율은 1.5:1에 더 가까웠으며, 파르티잔 회고록들은 부역자 살해의 비중이 훨씬 컸음을 시사한다. 부역자는 대개 고문을 당했고 때로는 산 채로 살가죽이 벗겨지거나 땅에 묻히기까지 했다.[89] 서유럽과 남유럽에서도 비록 수량화할 수는 없지만 저항 노력의 일정 부분이 부역자를 암살하거나 협박하는 일, 또는 독일의 전쟁 노력을 위해 물자를 생산하는 공장과 장비를 파괴하는 일에 투입되었다.

저항자들은 공동으로 추축군과 대적하면서도 같은 편으로 여겨지는 사람들을 적과 똑같이 무자비하게 대하기도 했다. 그리스 최대 저항운동으로 사실상 그리스 공산당이 통제한 민족해방전선은 더 작은 비공산계 저항단체들을 강제로 합병하려 했다. 1944년 4월, 그리스 인민해방군은 경쟁 단체인 민족사회해방EKKA을 공격해 제거하고 그 지도자 디미트리오스 프사로스Dimitrios Psarros 대령을 처형했다. 민족민주그리스연맹EDES은 거듭된 무력 충돌에도 불구하고 살아남았는데, 어디까지나 지도자 나폴레온 제르바스Napoleon Zervas가 영국의 확고한 지지를 받았기 때문이다. 그리스 공산당은 트로츠키주의자로 추정되는 저항자들을 추적하고 암살했으며, 프랑스 공산당도 똑같은 일을 했다.[90] 서로 딴판인 이데올로기적 신념과 정치적 의제는 저항운동 간 경쟁을 조장했다. 유고슬라비아에서 공산당이 이끄는 민족해방군과 드라자 미하일로비치Draža Mihailović 대령이 이끄는 '체트니크Chetnik' 반란군이 무력 충돌을 벌인 이유는 전후 유고슬라비아 국가상이 상반되었기 때문인데, 전자는 공산주의 국가를, 후자는 군주제 국가를 원했다. 1942년 봄 공산당 지도부는 저항운동 경쟁 단체들을 상대로 계급 테러 전략을 구사하기로 결정하고 4월에 체트니크 지도부 500명을 살해하여 양측 간에 오래도록 이어질 내전의 서막을 열었다.[91] 중국에서 장제스의 국민당과 마오쩌둥의 공산당은 초기에 침공군에 맞서 공동 전선을 펴자고 합의했음에도 일본군의 배후에서 게릴라전을 벌이는 동안 서로 거듭 충돌했다. 국민당 지도부는 사적으로 일본군과 공산당 둘 다 적으로 간주했다. 1941년 1월 공산당 신사군新四軍이 장쑤성을 통과해 일본군의 배후로 북진하던 중에 길을 잃었을 때, 국민혁명군이 그들을 공격해 1만 명을 살해했다. 그 이후 국공합작은 그 얄팍한 결속을 결코 회복하지 못했다.[92] 정치적 야심과 개인적 경쟁은 어디서나 저항운동에 영향을 주었다. 공동의 적에 의해 분열된 저항자들은 부역자와 정복군을 죽이듯이 서로를 죽일 수 있었다.

모든 저항 투쟁의 내부에는 부역자와 경쟁자에 맞서는 일종의 내전이 존재했지만, 중국과 유고슬라비아, 그리스에서는 공산당이 이끄는 유격대가 외부의 적에 맞서 게릴라전을 벌이면서도 자신들이 통제하게 된 지역에서 전시 위기를 활용해 사회정치적 지형을 바꾸려 시도한 까닭에 저항운동이 내전에 휘말릴 수밖에 없었다. 그런 내전의 관건은 국가의 정치적 미래였으며, 내전 참여자들은 암묵적으로 추축국의 신질서가 실패할 것이라고 가정했다. 1945년 중국 공산당은 활동 근거지인 광대한 지역들에서 1억 명을 통치하고 있었다. 그 영역에서 공산당은 아직 살아 있는 지주들에게 농민 나수를 위해 지대와 이자 지급액을 전반적으로 줄이는 조치를 받아들이도록 강요했다. 지난 1937년 공산당 정치국이 공표한 '항일구국 10대 강령'에는 사회적 평등과 지역 민주주의 증진에 힘쓰겠다는 약속이 들어 있었다. 공산당은 지역 엘리트들이나 지주들이 반대하는 곳에서 개혁을 강제하는 한편, 농민들에게 지역 정치구조에 참여할 수 있는, 아직 익숙하지 않은 권리를 주었다.[93] 1945년 공산당은 기존 엘리트층과 국민당 정권에 맞서 점증하는 폭력으로 더욱 급진적인 계급 대결을 벌일 준비가 되어 있었으며, 이 싸움은 곧 공개 내전으로 변모했다.

그리스에서도 공산당이 좌우하는 민족해방운동과 그 산하의 무장조 직이 시골 생활을 변혁하기 시작했다. 한 전설에 따르면 1942년 6월 청 년 공산주의자 아리스 벨루히오티스Aris Velouchiotis가 무장 대원 15명, 기 수 1명, 나팔수 1명과 함께 아테네에서 300킬로미터 떨어진 산골 마을 돔 니스타에 들어가 적뿐만 아니라 기존 계급제에도 대항하는 '반란의 기치' 를 선언했다고 한다.[94] 이 전설이 진짜든 아니든 간에, 게릴라가 장악한 영 역에 속한 마을들에서는 클레이스토스 마을에서 처음 공표된 '자치와 인 민정의' 원칙을 본보기로 삼아 지역민의 민주주의가 확립되었다. 각 마을 마다 생활을 조직하는 게릴라 인민위원회와 지역 '책임자ipefthinos'가 있었 지만, 농민들은 중국에서처럼 지방 의회와 위원회에 투표를 하고 이들 기 관에서 근무할 기회가 있었다.[95] 각 마을에는 일요일마다 정기적으로 모 여 지역 사건을 심리하는 '인민법원'이 있었다. 민족해방운동의 수사법은 '인민의 통치'에 대한 헌신을 강조했는데, 이 개념은 그 의미가 무엇인지 너무 엄밀하게 규정하지 않고도 대체로 문맹인 시골 주민들에게 쉽게 전 달할 수 있었다.[96] 새로운 질서에 저항하거나 그 정당성에 의문을 제기한 사람들은 임의적 처형의 위험에 직면했다. 시골의 변혁에 순응한 사람들 의 여건마저 수확물에 물리는 세금, 게릴라 부대에 내는 세금, 분쟁에 휘 말린 지역 경쟁 가문들 간의 잦은 앙갚음 등으로 인해 이상적인 여건과는 거리가 멀었다.[97] 수년 후에 쓴 글에서 공산당 지도자 야니스 이오아니디 스Yiannis Ioannidis는 당시의 광범한 폭력을 정당화했다. "내전을 치를 때 감 성에 젖어서는 안 된다. … 무슨 수를 써서라도 적을 쓸어버려야 한다."[98] 시골 변혁의 목표는 근본적인 사회혁명과 계급 전쟁을 위한 조건을 창출하는 것이었으며, 1944년 가을 독일군이 마침내 점령을 포기했을 때 게릴라에 의해 해방된 지역들—이 영역을 저항운동은 '자유그리스'라고 불렀다—은 그리스 공산당이 전국 권력 장악 시도를 개시하는 근거지가 되었다. 그리고 이 시도를 계기로 독일 점령기의 암묵적인 그리스 내전이 전후의 공개 내전으로 바뀌었다. 공산당 반란군과 1944~1945년 재건된 그리스 국군이 국가의 미래를 놓고 벌인 내전의 결과로 약 15만 8000명이 목숨을 잃었고(4만 9000명을 제외하고 모두 민간인이었다), 살아남은 이들도 수년간 혼란을 겪고 피란을 다녀야 했다.[99]

유고슬라비아에서는 전시 내내 공개 내전과 저항전쟁이 나란히 벌어졌다. 유고 내전은 종족적·종교적·정치적 분쟁이 뒤얽히고 민간인이 전쟁 참가자나 희생자만큼이나 극심한 폭력의 그물에 붙들린 복합적인 성격의 전쟁이었다. 수긍할 만한 추정치에 따르면 전시 동안 100만 명 조금 넘는 유고슬라브인이 목숨을 잃었고, 그중 다수가 적과의 싸움이 아니라 같은 유고슬라브인과의 싸움으로 사망했다. 유고슬라비아에서 저항은 점령군에 대한 저항과 내부의 적에 대한 저항이라는 이중의 의미가 있었다. 1941년 4월 침공한 독일군은 허약한 유고슬라브 국가를 파괴하고 국내 분쟁을 유도하는 점령 구조로 대체했다. 파시스트 지도자 안테 파벨리치Ante Pavelić가 통치하는 명목상 독립국 가톨릭 크로아티아에는 비록 소수집단이긴 해도 규모가 큰 보스니아계 무슬림들과 세르비아계 정교회교도들이 있었다. 이탈리아는 슬로베니아와 몬테네그로를 통제했고, 독일은 세르비아의 페탱 격인 밀란 네디치Milan Nedić를 수장으로 하는 친독일 괴뢰정부를 내세워 잔여 세르비아 국가를 통제했다. 새로운 크로아티아 정권은 독립 유지와 종족 면에서 깨끗한 국가를 원했다. 세르비아의 체트니크 저항운동은 군주제를 복원하되 무슬림을 배제하는 대大세르비아를 원했다. 소규모 유고슬라비아 공산당은 파시스트 적에 맞서는 공동 전선과, 향후 공산주의와 협력할 전망을 거부하는 모든 운동에 맞서는 무자비한 싸움을 원했다.[100]

내전은 거의 곧장 시작되었다. 크로아티아인은 세르비아계 주민을 살해하거나 추방했다. 세르비아 체트니크는 보스니아계 무슬림의 목을 베어 살해하고 그들의 마을을 파괴했다. 공산당 파르티잔은 세르비아 군주제 지지자, 크로아티아 파시스트와 가차없이 싸웠다.[101] 수천 명의 자원병은 자기네 공동체와 그 운동을 지키기 위해 비정규군을 결성했다. 체트니크는 보스니아인, 크로아티아인, 공산주의자를 살해하는 데 주력했다. 요시프 브로즈Josip Broz('티토')가 이끄는 공산당 인민해방군은 독일의 게릴라 진압전을 막아냈을 뿐 아니라 체트니크, 크로아티아 우스타샤 민병대, 유사 파시스트 조직인 세르비아 의용대와도 적극적으로 싸웠다. 어디서나 민간인은 임기응변으로 자위조직—무슬림 녹색간부단, 무하메드 판자Muhamed Pandža의 무슬림해방운동, 반공산주의 슬로베니아동맹—을 결성해 눈앞의 여러 위협에 저항했다.[102] 폭력은 끊이지 않았고 잔혹했다. "죽음은 전혀 드문 일이 아니었다"고 공산당원 밀로반 질라스Milovan Djilas는 전쟁 회고록에 썼다. "삶은 생존 이외의 모든 의미를 잃었다."[103] 독일 점령군과 이탈리아 점령군은 유고슬라비아 조직들끼리 싸우도록 유도하거나 그들과 일시적 협정을 맺고서 공동의 적인 공산당에 맞서 협력했다. 1944년 티토의 해방운동은 이전 군주제 지지자들을 포함해 각계각층으로부터 폭넓은 지지를 받기 시작했는데, 종교와 종족의 차이를 존중하는 새로운 연방 민족국가를 수립하여 그 차이를 넘어서겠다고 약속했기 때문이다. 공산당 파르티잔이 통제하는 시골 지역과 소도시 지역에는 그리스와 중국의 사례처럼 사회정치적 개혁이 도입되었다.[104] 1944년 가을 세르비아 해방을 위한 마지막 작전에서 티토의 운동이 가장 느리게 전진한 지역은 같은 유고슬라브인과 싸운 지역이었다. 독일 측은 소수의 경찰과 친위대 대대만을 동원할 수 있었고 오히려 러시아 반공산주의 자원병들의 지원을 받는 수천 명의 체트니크와 세르비아 의용대에 의존했다. 1944년 가을 세르비아 전쟁의 종결은 곧 내전의 종결이기도 했다.[105]

이데올로기적 분열과 정치적 분열은 전시 동안 저항운동들이 직면한 여러 장애물 중 단 두 가지일 뿐이었다. 점령하의 전체 인구 중 압도적 다수는 적극적으로 저항하지 않았으므로 저항운동을 대하는 대중의 태도는 줄곧 양면적이었고 때로는 명백히 적대적이었다. 주요 게릴라 운동들이 등장한 곳에서는 지역 촌락민들로부터 자원과 식량을 빼앗아야 했다. 더러 농장주들이 저항운동에 협력하기도 했지만, 중국에서나 우크라이나에서나 소농들은 파르티잔을 부족한 식량 비축분을 강탈하고 저항하는 이를 죽이는, 점령군보다 별반 나을 게 없는 부류로 여겼다. 소련에서 독일군 전선의 뒤편에 고립된 낙오병이나 탈영병 부대는 적에게 저항하는 시늉마저 그만두고 비적질로 살아남기도 했다. 독일군 배후에서 급조된 지역 무리들은 주변 공동체를 희생양 삼아 살아남는 데 열중했다. 키이우 인근의 지역 소비에트 파르티잔 지휘관은 보고서에서 "가족 파르티잔" 부대들이 독자적으로 활동한다고 비난했다. "그들은 술에 취하고 주민의 재산을 몰수한다. … 분견대들 사이에 무질서가 판을 친다."[106] 스테판 반데라가 이끄는 우크라이나 민족주의자조직, 일명 '반데라의 사람들banderivtsy'은 촌락민들에게 그저 비적bandity으로 알려져 있었다. 그들은 가축을 훔치고, 반데라 운동에 동조하지 않으면 비우크라이나인이든 우크라이나인이든 살해하고, 적대적인 마을을 불태우고, 장차 해방시키겠다는 사회를 먹잇감으로 삼았다.[107] 북중국에서는 일본의 침공 이전부터 소규모 지역 폭력단들이 실질적인 국가 권력의 공백을 활용한 터라 비적질이 만연했다. 저항전쟁에서 일부 비적단 두목들은 일본군으로부터 지켜주는 척하면서 촌락민을 약탈하고 갈취했다. 후진슈라는 어느 비적단 두목은 주민 보호를 명목으로 5000명의 수하를 모았지만, 그들은 일본군 돌격대에 의해 섬멸될 때까지 주민들을 지켜주기는커녕 마치 무법자처럼 살해와 절도를 일삼았다.[108] 점령하의 중국 소농층이 우선시한 일은, 설령 지역 게릴라와 비적에 맞서 일본군을 지지하는 셈이 될지라도, 어떤 식으로든 안정을 구하는 것이었다. 공산당 신사군은 어느 소도시에 들어갈 때 주민들이 일장기를 열렬히 흔드는 모습을 보고 놀랐다.[109] 이렇듯 혼란스럽고 폭력적인 환경에서 여전한 것은 자연상태뿐이었다.

지역 인구는 점령국의 보복에도 자주 희생되었다. 점령국은 저항 행위를 한낱 테러 범죄로 간주하고서 앙갚음에 나서곤 했다. 그 의도는 대중이 무고한 사람에게 닥칠 결과를 두려워하여 저항운동을 배척하도록 유도하는 데 있었다. 남동유럽이나 동유럽에서 독일 당국은 독일 군인 1명이 사망할 경우 최대 100명의 무고한 민간인 인질을 처형하는 것을 허용했다. 점령군의 잔혹행위를 더 제한한 프랑스에서의 비율은 독일인 1명 사망에 인질 5명 처형으로 고정되어 있었다.[110] 그런 환경에서 대중은 분명 저항의 대가가 너무 크지 않을까 불안해했다. 1940년과 1941년 프랑스에서 독일인 암살의 물결이 일었을 때 프랑스 대중과 런던의 자유프랑스 당국 모두 그런 행위를 비난했는데, 미리 공언한 대로 다수의 인질을 붙잡고 살해하는 독일 당국의 조치 때문이었다. 1943년 봄 네덜란드 저항위원회가 설립된 뒤 네덜란드 망명정부는 거의 같은 이유로 독일인에 대한 폭력 행위를 허용해달라는 이 위원회의 요청을 거부했다.[111] 저항자들은 자신의 행위가 점령군에 대수롭지 않거나 경미한 피해밖에 주지 못하

면서 무고한 동포들에게 해를 입히는 건 아닌가 하는 도덕적 딜레마에 줄
곧 직면했다. 점령 당국의 탄압은 처음부터 그야말로 무차별적이었는데,
나머지 인구를 위협해 순응하도록 만드는 것이 탄압의 목표였기 때문이
다. 1941년 중국에서 일본군 지역 사령관들은 공산당 게릴라의 급습에 시
달린 나머지 휘하 부대에 게릴라가 활동하는 것으로 알려진 지역들에서
"모두 죽이고, 모두 불태우고, 모두 빼앗으라"는 악명 높은 삼광정책三光政策
을 명령했으며, 전시 전반에 반파르티잔 부대들은 여러 차례 진군 경로상
에 있는 마을들을 전부 파괴하고 주민들을 살해하고 생산물을 모조리 강
탈했다.[112] 유럽에서 저항운동에 대응한 방식도 거의 같았다. 도시에서는
저항자를 재판에 회부하거나 추방하거나 처형하고, 인질을 대개 공개된
장소에서 보복 사살했다. 시골에서는 파르티잔이나 '자유로운 사수'에게
피신처를 제공한 것으로 의심된다는 이유만으로 마을 전체를 잿더미로
만들고 주민들을 살해했다. 1942년 라인하르트 하이드리히 암살에 대한
보복으로 체코 마을 리디체를 초토화한 사례, 1944년 6월 친위대 다스라
이히Das Reich사단의 1개 연대가 프랑스 마을 오라두르-쉬르-글란을 폐허
로 만들고 여성과 어린이를 포함해 주민들을 모조리 학살한 사례 등은 개
인의 저항 행위를 집단으로 처벌한 잔인한 사건들 중 빙산의 일각이었다.
우크라이나에서 친위대 장군 에리히 폰 뎀 바흐-첼레브스키Erich von dem
Bach-Zelewski가 이끄는 독일 보안부대와 군부대는 335개 마을을 불태웠고,
그들의 정확하되 섬뜩한 통계에 따르면 남녀노소 4만 9294명을—그중
3분의 2는 파르티잔 활동이 최고조에 달한 1943년에—살해했다. 그리스
에서는 보복 작전으로 7만 600명을 처형하거나 살해했다.[113]
　또한 점령군은 게릴라 활동을 겨냥한 더 큰 규모의 군사작전을 조직해
저항운동에 심대한 타격을 주었다. 유고슬라비아에서 1943년 1~3월의

'백색' 작전과 같은 해 5~6월의 '흑색' 작전은 비록 민족해방군을 제거하진 못했지만 큰 타격을 입혔다. 우크라이나에서 1943년 6월과 7월의 '자이틀리츠Seidlitz' 작전은 파르티잔 5000명의 목숨을 앗아갔다. 이탈리아 북부에서 1944/45년 겨울에 전개한 반파르티잔 작전은 약 7만 5000명의 남녀를 죽여 파르티잔 여단들을 괴멸시켰다. 프랑스와 저지대 국가들에서 게슈타포는 자주 현지 경찰력의 지원을 받으며 꾸준히 탐문 수사를 벌여 1944년 봄까지 초기의 저항 조직망과 운동을 대부분 와해시켰다. 저항운동 진압 작전에 투입된 병력 중 일부는 대부분의 서술에서 잔인한 임무의 성격을 즐긴 것으로 묘사되는 약탈자들—우크라이나 민병대, 친위대 한트샤르Handchar사단의 보스니아 무슬림들, 이탈리아의 카자크인 사단—이었다. 이런 완강한 반발에 맞서 저항운동이 할 수 있는 일에는 현실적 한계가 있었다. 연합군이 추축군의 전진을 격퇴하는 데 더 오래 걸릴수록 저항운동의 노력은 더 절박해 보였다. 해방이 오래 지연되자 사기가 떨어지고 심지어 연합국에 대한 적대감까지 생겼지만, 파르티잔 병력이 있는 지역에서마저 중화기가 충분하지 않고 효과적인 병력 구조가 없었던 까닭에 저항운동은 자력으로 해방을 달성할 가망이 거의 없었다. 저항운동은 이러지도 저러지도 못하는 난처한 상황이었다. 더 힘을 발휘하려면 연합국의 실질적 지원과 장비가 필요했지만, 그런 도움을 받으면 내부에서 국가를 해방시키고 미래를 설정하겠다는 야망이 훼손되었다. 프랑스 저항조직 콤바의 지도자 앙리 프르네는 이렇게 썼다. "사실상 우리는 침공국과의 싸움보다도 스스로의 해방을 위한 싸움을 더 원하는 파르티잔 집단들을 만들어낸 것이다."[114]

저항운동과 연합국

해방운동을 지원하는 것은 연합국의 우선순위가 아니었다. 대체로 연합국은 저항운동이 적의 패배에 기여하는 정도에 따라 그들에게 신경을 썼다. 저항세력을 지원할 수 있더라도 공급 장비를 전략적 목표를 위해 활용하고 연합국의 전략적 의도를 존중해야 한다는 조건을 달았다. 유럽 내 영국 특수작전 참모장은 "우리는 모든 제안과 모든 기획을 과연 승전에 기여할 것인가 하는 지극히 실용적인 관점에서 평가해야 했다"고 회고했다.[115] 연합국이 전쟁의 정치적 여파에 대해 생각하면서 저항의 정치적 함의를 무시했던 것은 아니다. 그러나 연합국의 전시 정책을 좌우한 것은 군사적 필요성이었다. 예컨대 1943년 영국 정부가 지원 대상을 군주제 지지자 미하일로비치에서 공산주의자 티토로 바꾼 것은 그저 후자의 민족해방군이 독일군과 더 효과적으로 싸우고 있었기 때문이다. (역설적이지만 스탈린은 미하일로비치의 체트니크 부대들을 지원하는 데 반대하지 않았고, 오히려 자신과 서방 연합국의 관계를 악화시킬 수 있는 티토의 공산당 야심을 경계했다.) 반면에 주요 저항운동들의 경우 적의 패배는 수단이지 목표가 아니었다. 중국이나 이탈리아, 프랑스, 발칸에서 해방의 관건은 승리를 거둔 이후 적의 침공으로 전복되거나 도전받은 사회보다 더 민주적이고 더 공정하고 더 포용적인 사회를 만들어내는 것이었다. 프랑스 레지스탕스 마키 민병대Service National Maquis의 수장 미헬 브로Michel Brault는 저항 노력에 대한 자신의 견해와 연합국의 견해를 대비시켰다. "반란 없이는 해방도 없을 것이다. … 이런 행동의 즉각적인 전략적 가치보다는 반란을 위해 투사들을 훈련시키는 것이 더 중요하다."[116]

그럼에도 연합국 주요 국가들이 저항운동을 활용하는 방식은 서로 달랐다. 소련의 경우, 소비에트 영내에서 활동하는 파르티잔의 저항이 전선 맞은편 소련 군대의 전쟁 노력과 긴밀하게 통합되었다. 그곳에서는 1943년 과 1944년에 소련군이 승리를 거둘 때마다 해방에 대한 기대감이 높아졌 다. 영국군이나 미군과 달리, 붉은군대와 그 진군을 돕는 파르티잔은 그 들 자신의 영토와 국민을 해방시키고 있었다. 1944년 소련의 본래 국경에 도달하기 전부터 파르티잔의 저항전쟁은 서서히 축소되었고 파르티잔은 정규군 부대에 통합되었다. 그 이후에야 소련은 동유럽에서 연합국의 광 범한 저항전쟁에 참여해 크게 엇갈린 결과를 가져왔다. 하지만 그 이전 에 소비에트 파르티잔은 외부의 지원을 받는 문제에서 유럽 도처의 저항 운동과 똑같은 곤경을 겪었다. 1941년 붉은군대가 퇴각할 때 소련 정권이 잔류부대들로 파르티잔 병력을 편성하긴 했지만, 남겨진 그들은 버티기가 어려웠고 스탈린은 그들의 잠재력에 대해서 전시 후반에 비해 관심을 덜 보였다. 우크라이나의 216개 분견대 중 1943년까지 12개 분견대, 241명 만이 살아남았다. 낙하산을 이용해 파르티잔 병력을 증원하려던 시도는 적에게 쉽게 발각되어 실패했다. 초기 민간인 신병들은 훈련을 제대로 받 지 못했고, 게릴라전의 요건에 익숙하지 않았으며, 곧잘 도주하거나 탈영 했다.[117] 게다가 지역 주민들은 겉으로는 해방과 소련의 권력 탈환을 촉진 하기 위한 파르티잔 전쟁을 지지하면서도, 그 투사들이 민간의 식량과 자 원을 강탈하고, 마을 전체를 점령군의 보복 위협에 빠뜨리고, 보호를 거의 제공하지 않고, 가혹한 공산당 통치를 복구하려는 행태에는 분명 양면적 인 태도를 보였다.

벨라루스 공산당 제1서기 판텔레이몬 포노마렌코Panteleimon Ponomarenko 가 1942년 5월 모스크바에서 파르티잔 중앙본부 참모장에 임명되어 상 황이 나아지긴 했지만, 모든 파르티잔 부대와 무선통신을 구축하거나 그들에게 탄약과 폭발물을 충분히 공급하는 것은 여전히 어려운 일이었다. 스탈린그라드 승리 이후에야 파르티잔을 대하는 대중의 적대감을 줄일 수 있었고, 독일군 전선 너머로 붉은군대의 장비를 공급하고 특기병들을 잠입시켜 파르티잔 분견대들로 이루어진 비정규군을 점차 군대화할 수 있었다. 1943년을 지나는 동안 파르티잔 부대들은 전력과 규모를 키워갔다. 비록 여전히 손실이 크긴 했으나 7월경 파르티잔 병력은 공식 기록으로 13만 9583명이었다. 1943년 독일군 배후 지역들로 잠입시킨 병력 중 절반을 조금 넘는 이들만이 살아남았고, 제대로 훈련받지 못한 채 파르티잔 분견대로 징집된 농민들의 사상률은 여전히 높았다.[118] 그렇지만 소련군 최고사령부가 보기에 파르티잔 활동은 마침내 뚜렷한 전략적 이익을 가져오고 있었다. 1943년 봄 파르티잔은 벨라루스 삼림지대의 약 90퍼센트, 곡물과 육류 생산량의 3분의 2를 통제하며 이들 자원을 점령군으로부터 지켜냈다.[119] 또한 1943년 하반기에 독일 수송체계를 9000회 넘게 공격했고, 독일 측 기록이 보여주듯이 독일 육군이 쿠르스크에서 참패를 당하고 비틀거리던 1943년 8월에만 철도 3000킬로미터를 파괴하고 약 600대의 기관차를 망가뜨렸다. 소련 측이 집계한 통계, 현실을 왜곡했을 가능성이 다분한 통계에 의하면 파르티잔 병력은 활동의 절정기 동안 교량 1만 2000개와 차량 6만 5000대를 파괴했다.[120] 파르티잔 개개인이 매달 '최소 5명의 파시스트와 반역자'를 제거한다는 기준을 얼마나 달성했는가는 통계로 밝혀낼 수 없는 문제다. 1944년 1월에는 파르티잔 본부의 참모부가 해산되고 이미 해방된 지역의 파르티잔 부대들이 붉은군대에 통합되었다.

1944년 초까지 소련군은 우크라이나를 휩쓸고 옛 소련 국경에 이르렀다. 이제 스탈린은 동유럽과 남동유럽에서 공산주의자들이 비공산주의 저항운동들과 경합하는 새로운 저항 환경에 직면했는데, 후자는 소련의 승리로 공산주의식 해방을 강요당하는 결말을 원하지 않았다. 게다가 유고슬라비아와 그리스를 비롯한 유럽 동부의 무력 저항운동은 설령 공산당의 조직이라 해도 모스크바의 당 노선을 따르지 않거나 심지어 이해하지 못하기도 했다. 소련은 그런 저항운동이 어떤 기여를 할 수 있겠느냐며 무시하거나 생색내는 태도를 보이곤 했다. 어느 소련군 장교는 그리스인민해방군을 "그저 무장한 오합지졸"로 보았고, 다른 붉은군대 지휘관은 티토의 파르티잔이 "더럽게 뛰어난 아마추어"이지만 그래 봐야 아마추어라고 생각했다.[121] 가장 비극적인 예는 폴란드였다. 폴란드 최대 저항조직인 국내군은 공산주의와 소련에 강하게 반발했지만, 주요 연합국 가운데 소련만이 폴란드 해방에 직접 관여할 것이라는 전망에 직면했다. 그렇지만 국내군은 가장 크긴 해도 유일한 저항운동 집단은 아니었다. 급진적인 반자본주의 강령을 가진 농민당은 국내군이 뚜렷하게 대변하는 보수적 사회세력들에 맞서 농민의 이익을 보호하기 위해 농민대대Bataliony Chłopskie를 창설했다. 폴란드 공산당 산하에는 나머지 저항운동과의 협력을 거부하는 자체 저항운동 집단인 인민군Armia Ludowa이 있었는데, 일찍이 독일군 점령 지역의 소비에트 파르티잔이 그랬듯이 1944년에 폴란드로 다가오는 붉은군대로부터 물자를 공급받고 있었다. 공산당 투사들은 비록 수는 많지 않지만—1943년 전국에 1500명가량, 1944년 바르샤바에 400명가량—우크라이나와 벨라루스로부터 독일 육군을 몰아내는 군사적 해일이 바로 공산당의 해일이라는 이점을 누렸다.[122]

폴란드 내 저항운동은 1944년까지 제한되었는데, 무엇보다 국내군이 때 이른 반란을 꺼렸기 때문이다. 1944년까지 모집한 잠재적 투사 40만 명 중 폴란드 여성 수천 명을 포함해 상당수는, 비록 당시에 사실상 민간인이긴 했지만, 군사훈련을 받은 경험이 있었다. 국내군은 병력을 재래식 부대들로 나누었고 최적의 타격 순간을 기다리며 무기와 식량 비축분을 전국 곳곳에 숨겨두었다. 그 순간을 결정하기란 어려운 일이었는데, 연합군과 독일군이 벌이는 광범한 전쟁의 추이에 달려 있었기 때문이다. 런던의 폴란드 망명정부는 국내군의 난처한 상황을 알고 있었다. 1943년을 거치며 폴란드의 대소련 관계는 급속히 악화되었으며, 1944년 6월 스탈린은 폴란드 공산당원들로 이루어진 민족해방위원회, 이른바 루블린 위원회를 지원하는 쪽으로 완전히 돌아섰다. 점점 다가오는 붉은군대의 최고사령부와 연락하려는 폴란드 국내군 사령부의 노력을 소련 측은 무시했다. 소련의 의도가 무엇인지는 불분명했다. 국내군 사령관 타데우시 부르-코모로프스키Tadeusz Bór-Komorowski는 런던으로부터 "러시아군의 군사적·정치적 태도를 전혀 고려하지 말고" 행동하라는 지시를 받았다.[123] 연합국은 폴란드 봉기를 지원할 계획이 없었다. 서방이 폴란드에 지원한 물자는 1941년 초부터 1944년 6월까지 305톤에 불과했다. 1943년과 1944년에 폴란드 지원병 수백 명이 서쪽에서 낙하산을 타고 폴란드로 들어가긴 했지만, 그들의 우선 과제는 연합국의 군사적 노력을 돕기 위한 사보타주였다. 1944년 여름 스탈린은 처칠에게 폴란드 내 비공산계의 저항은 "일시적이고 영향력이 없습니다"라고 말했다. 1944년 6월과 7월, 소련군의 하계 공세인 '바그라티온' 작전 중에 휘하 부대를 이끌고 폴란드 영토로 진입한 바실리 추이코프 장군, 스탈린그라드의 수호자는 폴란드 국내군이 "독일군과 전혀 싸우지 않았다"고 생각했다.[124]

1944년에 국한해서 보면 이 말은 참이 아니었다. 부르-코모로프스키는 본인의 결단에 따라 국내군과 농민대대들에 퇴각하는 독일군에 맞설 전투배치를 준비하라고 명령했다. 저항군은 은닉처에서 무기를 꺼내고 식량을 확보하고 화염병을 제조했다. 그들은 장비가 부실했고, 조잡한 군복 차림에 폴란드 국기의 색상인 붉은색과 흰색이 들어간 완장을 두르고 있었다. 1944년 1월, 저항군은 붉은군대가 당도하기 전에 폴란드 동부에서 폴란드 투사들로 국내 도시들을 해방시킬 수 있기를 바라며 '부자 Burza'('폭풍') 작전을 개시했다. 이 작전은 점점 다가오는 소련군의 힘을 빌리지 않고 국가 해방을 달성하려던 저항군의 바람이 얼마나 부질없는 기대인지 보여주었다. 저항군은 알지 못했지만, 스탈린은 이미 1943년 11월에 붉은군대 사령관들에게 폴란드 국내군 전체의 무장을 해제하고 누구든 거부하는 자는 살해하라고 명령한 터였다. 1944년 1월부터 10월까지 붉은군대는 저항군 2만 1000명을 체포했다. 그중 장교들은 소련으로 강제 이송했고, 사병들은 붉은군대가 7월에 해방시킨 마이다네크 강제수용소를 포함해 그 무렵에 비운 독일 수용소들에 집어넣었다.[125] 소련이 민족주의 저항운동을 탄압한다는 것을 부르-코모로프스키와 바르샤바 지역 사령관 안토니 흐루시치엘Antoni Chruściel 장군은 이미 알고 있었다. 붉은군대와 내무인민위원부는 서진하는 동안 걸림돌이 되는 우크라이나 민족주의자라면 누구든 추방하고 살해하는 등 가혹하게 탄압한 바 있었다. 1939년 9월의 폴란드 국가와 마찬가지로, 1944년 여름의 폴란드 국내군은 그들의 생존에 똑같이 적대적인 소련군과 독일군의 사이에 낀 처지였다.

이런 엄혹한 현실을 감안하면, 8월 1일 부르-코모로프스키와 그의 사령관들이 바르샤바에서 대봉기를 일으키기로 결정한 이유를 더 쉽게 이해할 수 있다. 군사적 상황이 썩 분명하진 않았지만, 붉은군대는 바르샤바를 가르는 비스와 강의 동안에서 불과 수 킬로미터 떨어진 지점에 있다고 알려진 반면에 바르샤바 일대의 독일 군사 당국과 민간 당국은 도시를 포기할 준비를 하는 것으로 보였다. 7월 말 모스크바에서 송출한 라디오 방송은 바르샤바 주민들에게 압제자들에 맞서 들고일어날 것을 권고했다.

이는 국내군보다 훨씬 작은 공산당 인민군을 염두에 둔 호소였지만, 소련군이 폴란드를 점령할 경우 나머지 저항군이 확실히 마주하게 될 위험을 일깨워주었을 것이다. 서방 연합국이 어떤 지원을 해줄지 확신하지 못한 런던의 폴란드 망명정부는 신중한 입장이었으며, 흐루시엘치 장군은 무기가 적고 저항군의 규모가 미덥지 못한 상황에서 위험을 무릅쓰는 데 반대했다. 결국 항거 결정은 원칙의 문제에 달려 있었다. 저항군은 소련군이 도착하기 전에 바르샤바를 해방시킴으로써 연합국의 지원에 의지하지 않고도 폴란드인의 피만으로 폴란드 국가주권을 획득할 수 있음을 보여주고자 했다. 국내군 사령부는 독일군을 몰아내고 러시아군을 해방군이 아닌 동맹군으로서 환영할 수 있는 시간이 이제 네댓새밖에 남지 않았다고 판단했다. 이런 상황에서 민족 봉기는, 훗날 부르-코모로프스키가 썼듯이, "현실적이고 실현 가능해 보였다".[126] 7월 31일, 어떻게 행동할지 결정하기 위해 저항운동 지도부가 한데 모였다. 그들은 소련군 전차가 바르샤바 동쪽 교외에 진입하고 있다는 소식 ─ 공교롭게도 거짓 정보였다 ─ 을 접할 때까지 의견 일치를 보지 못했다. 그 정보는 지금이 아니면 행동할 수 없다는 합의를 이끌어냈다. 이튿날 봉기를 시작하라는 명령을 하달한 후, 붉은군대가 이동하고 있지 않다는 정보가 전해졌다. 하지만 부르-코모로프스키는 명령 철회를 거부했다.[127]

　사실 봉기는 실패할 운명이었고 폴란드 국가주권의 회복은 허망한 염원이었다. 그러나 저항군에게는 그 순간이 복수에 나설 최적의 순간으로 보였다. 당시 폴란드 종족인 체했던 유대인 생존자 카지크Kazik는 "우리의 승리는 확실해 보였다. … 대중 봉기의 분위기 … 의기양양했던 시간"이라고 회고했다.[128] 8월 1일 오후 5시, 국내군은 바르샤바 곳곳에서 공격을 개시해 독일군을 깜짝 놀라게 했다. 추정에 의하면 병력은 5만 명 이상이었고 그중 4만 명이 봉기에 가담했다. 무기는 부족했다. 투사 8500명 정도만이 효과적인 무기를 제공받았을 것이다. 지원병 중 일부는 여성이었다. 폴란드 스카우트연맹의 준군사조직으로서 청소년 수천 명을 편성한 '회색 대오Szare Szeregi'도 있었는데, 16세 이상만 싸울 수 있었고 그중 5분의 4가 목숨을 잃었다.[129] 서진하는 붉은군대에 맞서 비스와 선을 보강하기 위해 급파했던 독일 육군과 무장친위대의 부대들이 저항군의 적수로 배치되었다. 봉기 소식을 들은 히틀러는 바르샤바를 지도에서 지워버리고 도시의 모든 시민을 살해하라고 명령했는데, 저항에 대한 그의 반응 중에서도 가장 극단적인 병리학적 반응이었다. 잔인하다는 평판의 2개여단—하나는 오스카어 디를레방거Oskar Dirlewanger가 지휘하는 친위대 부대, 다른 하나는 러시아인 변절자 브로니슬라프 카민스키Bronislav Kaminsky가 지휘하는 부대—이 파견되어 히틀러의 명령이 지켜지는지 확인했다. 국내군이 통제하지 못하는 구역들에서 공격군은 그로테스크한 살해와 파괴의 광란에 몰두해 저항군을 점점 줄어드는 고립지대로 몰아넣었다. 알려지지 않은 수의 민간인이 위험을 무릅쓰고 봉기에 동참했지만, 수천 명은 그러지 않았다. 폭격과 포격, 대량 살인으로 15만 명이 죽은 것으로 추정되는데, 2차대전을 통틀어 단일한 군사적 잔혹행위로는 최대 규모였다. 잔인한 반파르티잔 전쟁의 경험이 많은 친위대 장군 바흐-첼레브스키가 바르샤바 봉기 진압군의 사령관으로서 도착하고 나서야 모든 주민을 고의로 살해한다는 방침이 맹공격에서 살아남은 이들을 대거 추방한다는 방침으로 바뀌었다.

바르샤바 봉기에 대한 연합국의 지원은 미미했다. 반란군이 독일군을 쫓아내자마자 붉은군대가 바르샤바에 도착할 것이라는 낙관적인 기대는 거의 즉각 오판으로 드러났다. 8월 1일, 퇴각하는 독일군과 40일간 연속으로 싸우느라 녹초가 된 소련군은 공세를 멈추었다. 비스와 강에 당도한 소련군은 기진맥진했으며 더 밀고 들어가 바르샤바를 함락할 계획이 없었다. 설령 소련군 최고사령부가 도시 함락을 명령했을지라도, 로코솝스키 원수의 부대는 독일 육군이 대규모 반격에 대비해 서둘러 강화하고 있는 강 방벽 너머로 치열한 공세를 이어갈 여력이 없었다. 실제로 대항하는 독일군을 격퇴하기까지 6주가 더 걸렸다. 봉기 지원은 9월 중순 이전에는 가능하지 않았다. 벨라루스에서 독일 중부집단군을 격파한 이후 스탈린의 목표는 북쪽 축을 따라 발트 삼국으로 전진하고 더 쉬운 남쪽 축을 따라 발칸과 중부유럽으로 전진하여 두 지역을 확실히 지배하는 것이었다.[130] 스탈린은 폴란드 민족주의 세력을 돕는 일에 관심이 없었고 그들의 봉기를 태연하게 무시했다. "포, 전차, 공군이 없는 군대가 대관절 무슨 군대란 말인가? 그들은 휴대무기마저 충분하지 않다. 현대전에서 그들은 아무것도 아니다." 8월 중순, 스탈린은 처칠에게 보낸 메시지에서 바르샤바 봉기를 가리켜 "무모하고 끔찍한 도박"에 불과하다고 말했다.[131] 모든 예상을 깨고 폴란드 저항군이 네댓새를 넘어 몇 주 동안 싸움을 이어간 뒤에야 스탈린은 붉은군대와 함께 싸우는 폴란드인 부대들과 서방 연합국으로부터 정치적 제스처를 취하라는 압박을 받게 되었다. 소련은 9월 13/14일 밤부터 2주간 공중에서 보급품을 투하했지만, 항공기가 저항군의 좁은 고립지대를 식별하느라 너무 낮게 비행하는 바람에 공중 보급품에 부착된 낙하산의 태반이 펴지지 않아서 장비와 식량이 대부분 지면에 충돌해 엉망이 되어버렸다. 이탈리아에서 날아간 영국 항공기와 영국에서 날아간 미국 항공기도 보급품을 공급했지만, 대부분의 보급용기가 독일군 수중에 들어갔다. 미국 제3항공사단이 투하한 보급용기 1300개 중 388개만이 저항군에 의해 회수되었다. 영국과 폴란드 승무원들은 바르샤바에

도달하기가 어려웠고 높은 사상률을 기록했다. 항공기 199대 중 30대만이 바르샤바에 직접 보급품을 투하했으며 그중 일부만이 폴란드 저항군에 보탬이 되었다.[132]

연합국의 지원은 불가피한 결말을 늦추긴 했지만, 10월 2일 지치고 절망한 잔여 저항군의 전투는 끝이 났다. 부르-코모로프스키와 여성 3000명을 포함하는 반란군 1만 6300명은 포로가 되었다. 그들은 비정규군으로는 드물게도 전쟁포로 지위를 부여받았다. 저항군의 손실에 대한 추정치들은 다양하지만, 보수적인 수치는 1만 7000명가량인 듯하다. 전후에 바흐-첼레브스키는 휘하 병력 1만 명이 사망하고 7000명이 실종되는 등 저항군 못지않게 큰 손실을 입었다는 믿기 어려운 주장을 폈지만, 전시에 그의 보고서에 실렸던 본래 수치는 사망 1453명에 부상 8183명이었다. 이들 수치는 치열했던 바르샤바 전투, 스탈린그라드에서처럼 집집마다 거리마다 싸움이 벌어졌던 전투의 성격을 입증하는 증거였다. '회색 대오'에서 살아남은 청소년들은 노동수용소로 보내졌다. 그런데 지독한 아이러니처럼 나중에 연합군 폭격기들이 브로크비츠의 수용소들 중 한 곳을 오폭하여 바르샤바 반란에서 간신히 살아남은 폴란드인 청소년 다수의 목숨을 앗아갔다.

봉기 실패로 폴란드인의 조직된 저항은 막을 내렸다. 1945년 1월 붉은 군대가 비스와 강 건너편으로 대규모 작전을 개시하기 전 4개월 동안 폴란드 사회는 실패의 끔찍한 대가를 치르며 쪼그라들었다. 수도 주민 약 35만 명은 피란민의 불확실한 운명으로 내몰렸고, 수천 명은 강제노동자로서 독일로 끌려갔다. 10월 9일 히틀러는 바르샤바를 물리적으로 지워 버리라고 다시 요구했다. 독일군은 바르샤바를 체계적으로 약탈한 뒤 도시의 건물을 50퍼센트 넘게 파괴했다. 그리고 무려 2만 3500량의 화차에 약탈품을 가득 채워 독일로 가져갔다.[133] 봉기 실패가 나머지 저항운동에 끼친 영향은 온통 부정적이었다. 부르-코모로브스키의 글이라는 호소문이 발견된 뒤 붉은군대가 점령한 지역들에서 폴란드 국내군에 대한 소련의 탄압은 더욱 심해졌다. "러시아를 위하는 행동은 모국에 대한 반역이다. … 소비에트와 싸울 시간이 다가오고 있다."[134] 독일군이 점령한 지역들에 있던 농민대대들과 국내군 부대들은 해체되었다. 폴란드 인구는 바르샤바 참사에 반응하면서 가해자들보다 저항자들에게 점점 더 분개했다. 1944년 11월 폴란드 지하정부의 한 보고서는 대중의 "무력감"과 또다른 저항에 대한 광범한 반발심에 주목했다. "이 문제가 너무 오래 지속되었다. 피해자의 수가 너무 많고 결과가 좋지 않다."[135]

전시 내내 소련은 심지어 공산주의를 표방하는 저항운동들에도 불분명한 태도를 보였다. 스탈린은 1944년에 저항운동의 일환으로 투쟁한 폴란드 공산당마저 불신했는데, 자신이 지지하는 '모스크바 폴란드인들'로부터 너무 독립해 있다는 것이 그 이유였다. 모스크바 측은 비공산주의자들과의 대립을 피하고 그들과 협력하기 위해 각지의 공산주의자들에게 신중한 메시지를 보냈다. 1930년대부터 스탈린은 공산주의 수도 모스크바와 대체로 별개로 활동하는 중국 공산당을 특히 경계했다. 훗날 마오쩌둥은 소련 대사에게 스탈린이 "우리를 그리 신뢰하지 않았습니다. 그는 우리를 제2의 티토, 낙후된 국가로 치부했습니다"라고 불평했다. 스탈린은 마오쩌둥이 내전을 피하고 적국 일본에 맞선 공동 전선에서 장제스와 협력하기를 바랐다. 전쟁이 끝난 후에도 스탈린은 마오쩌둥의 군대에 군장비를 제공하는 데 미온적이었고 중국 전역을 통치하려는 중국 공산당의 야심에 적대적이었다.[136] 비공산주의 세력과의 연합 전선을 강조하는 것은 독일군에 침공당한 이후 소련의 공식 정책이었다. 스탈린은 공산당이 주요 저항운동들을 이끈 그리스와 유고슬라비아에서 혁명적 위기를 피하기를 원했는데, 분명 영국의 전략적 우선순위에 해당하는 이 지역에서 공산당의 권력 장악을 부추겼다가 서방 연합국과의 관계가 틀어질까 우려했기 때문이다. 소련 정권은 그리스 혁명가들을 별로 존중하지 않았다.[137] 스탈린은 그리스 공산당이 혁명적 언어나 반란 계획을 삼가고 자기방위에 집중하기를 원했다. 소련이 그리스 해방군에 제공한 보급품은 거의 없었다. 1944년 말 스탈린은 그리스 공산당에 영국이 후원하는 연립정부에 참여할 것을 권고하고 새로운 내전을 지지하기를 거부했다.[138]

유고슬라비아에서 코민테른은 공산당 중심의 작전을 개시하지 말고 파시즘에 대항하는 다른 모든 운동과 협력하도록 티토를 설득하려 했지만, 유고 내전은 스탈린이 통제할 수 없는 그 자체의 동력에 따라 움직였다. 그 결과, 1944년까지 스탈린은 망명 중인 유고 국왕과 그의 정부를 계속 지지했고, 티토에게 왕당파 조직 체트니크를 포함해 반히틀러 세력들 전부를 포용할 것을 권유했다. 서방 연합국이 티토를 못마땅해하지 않는다는 것이 분명해진 이후에야 스탈린은 1944년 6월 티토의 임시정부를 인정했다.[139] 소련이 군사적 지원을 해주었다면 유고슬라비아 파르티잔에게 도움이 되었을 만한 시점인 9월에 스탈린의 최고사령부는 붉은군대에 하달한 지령에서 다음처럼 퉁명스럽게 지시했다. "아군 병력이 분산될 수 있으므로 유고슬라비아로 진격하지 마라."[140] 9월 말 티토가 스탈린을 찾아간 뒤, 소비에트 지도자는 헝가리로 진군 중인 붉은군대에서 제한된 병력을 빼내 티토의 베오그라드 함락을 돕기로 하면서도 붉은군대는 작전을 마치고 유고슬라비아를 떠난다는 조건을 달았다. 스탈린은 유고슬라비아의 정치적 결말을 확신하지 못했고 육군 부대들이 티토의 게릴라군뿐 아니라 체트니크와도 협력하는 것을 용인했다.[141] 1944년 10월 베오그라드가 함락된 뒤, 붉은군대는 유고슬라비아 해방을 완수하는 과제를 티토의 게릴라군에 맡긴 채 떠나갔다. 공산당의 유고슬라비아 장악이 임박한 상황에 영국 측이 불안해하자 결국 티토는 그때까지 보급과 공습으로 자신의 병력을 지원해준 서방 연합국과 갈라서기로 했다. "나는 의장이자 최고사령관으로서 나의 행동에 대해 나의 국가 외부의 그 누구에게도 책임을 지지 않겠습니다"라고 티토는 영국 사절단에게 말했다.[142] 1945년 3월 티토는 각료 29명 중 23명이 공산당원인 정부를 구성하여 연합국 측에 그의 정권을 적법한 정권으로 인정하는 것 외에 다른 선택지를 거의 남겨두지 않았다. 사바 강의 독일군 전선에서 마지막으로 유혈 격전을 벌인 뒤—독일이 무조건 항복하고 1주일이 지난 5월 15일에야 싸움이 끝났다—티토 정권은 연합군이 직접 주둔하지 않는 가운데 마침내 국가 해방을 이루어냈다. 이는 전시 저항의 파란만장한 역사를 통틀어 유일무이한 승리였다.

동유럽에서 소련이 1945년 승전 이후로도 한참 동안이나 폴란드인을 비롯한 다른 민족들을 계속 억압한 것과 달리, 서유럽에서 연합국은 저항운동을 고립시키거나 박해하지 않았다. 하지만 서방 연합국이 저항운동에 그런 태도를 보인 것은 무엇보다 독일을 상대로 우선 승리할 필요성 때문이었다. 그 외에는 저항운동을 조심스럽게 대했다. 해방 이후 서방 연합국은 모든 파르티잔의 무장을 해제하고 저항운동이 해방된 지역의 정치적 재건에 끼치는 영향력을 제한하고자 했다. 이는 소련도 마찬가지였지만, 서방 연합국의 목적은 공산주의의 확산을 조장하는 게 아니라 제한하는 데 있었다. 서방이 저항운동을 지원하기 시작한 것은 1940년 7월 대안 전략이 없는 가운데 영국 측이 독일의 전쟁 노력에 대항할 간접적인 방법을 찾기로 결정하면서부터였다. 한 가지 방법은 해상 봉쇄였고, 다른 방법은 독일 산업을 겨냥한 폭격이었다. 세 번째 방법은 점령군에 맞서 사보타주와 테러를 감행할, 또는 처칠의 유명한 표현대로 "유럽을 불사를" 저항운동을 고취하는 것이었다. 이는 현대전에서 새로운 전략이었다. 그러나 1940년에 민간 인구가 언젠가 해방되기를 끈기 있게 기다리면서도 반란에 참여하리라는 발상은 현실적으로 별반 의미가 없었으며, 실제로 영국 측은 유럽 본토에 재진입할 수 있을 때까지 저항운동을 고취하는 데 제한된 노력만 기울였다.

그럼에도 이 전략은 곧장 실행에 옮겨졌다. 경제전 장관인 노동당 정치인 휴 돌턴은 피점령 유럽으로 요원과 자금, 물자를 들여보내기 위해 비밀 조직을 꾸리는 책무를 맡았다. 네빌 체임벌린은 새 기관의 창립 문서를 작성해달라는 요청을 받았고, 특수작전집행부라는 기관명을 지었다.[143] 유럽에서 억압받는 노동계급의 잠재적 혁명을 상상한 돌턴은 "이 내부로부터의 전쟁"에 엄청난 가능성이 있다고 생각했다.[144] 특수작전집행부 말고도 영국 정부는 피점령 유럽에서 온갖 종류의 저항을 고취하기 위한 선전 활동을 승인했는데, 여기에는 BBC 방송과 공중에서 뿌리는 전단이 포함되었다. 전시에 한창 활동할 무렵 BBC는 하루에 23개 언어로 16만 단어를 방송했고, 추축국의 라디오 방송보다 더 신뢰할 만한 뉴스를 갈망하던 유럽 각지의 사람들이 그 방송을 들었다. 그리고 전시 동안 항공기와 풍선을 이용해 15억 장에 달하는 전단, 낱장 신문, 잡지를 투하했다. 연합국의 선전물을 하나라도 지니고 있다가 발각되면 사형에 처해질 수도 있었지만, 피점령 인구는 그것들을 열심히 찾았다.[145]

두 번째 기관인 정치전집행부는 전직 외교관 로버트 브루스 록하트Robert Bruce Lockhart의 지시에 따라 설립되어 런던 중부 BBC 부시하우스Bush House의 본부에서 선전 활동을 조율했다. 정치전의 목적은 피점령 지역들에서 사기를 유지하고 적을 "해치거나 약화시키는" 은밀한 저항 행동을 독려하는 데 있었다.[146] 궁극적인 목표는 적절한 순간에 연합군을 지원할 만한 광범한 저항운동을 고취하는 것이었다. 록하트와 그의 동료들은 반추축국 항쟁을 자극하기를 바라며 다양한 프로그램을 구상했다. 이른 아침에 방송을 듣는 유럽 농민들('새벽 농민들')을 염두에 둔 '농민 반란' 캠페인은 그들에게 독일의 식량 요구를 거부할 것을 요청했다. 다른 많은 캠페인처럼 이 캠페인도 추측과 공상의 혼합에 근거했다. 어느 낙관적인 보고서는 "농민들이 협력하지 않는다면 국가사회주의 독재자들의 전쟁기구는 언젠가 작동을 멈출 것이다"라고 내다보았다.[147] 두 번째 캠페인, 암호명 '트로이 목마'는 독일 내 강제노동에 징용된 유럽 노동자들을 염두에 두었다. 1944년에 작성된 전략문서는 그 노동자들이 연합국의 침공 시작 이후 반란을 요청할 수 있는 "독특한 혁명 세력"이라고 주장했다. 믿을 만한 증거도 없고 강제노동자들의 실제 조건이 어떠한지 파악하지 못하고 있었음에도 정치전집행부는 이 캠페인을 정책으로 채택하도록 아이젠하워의 사령부를 설득하는 데 성공했다.[148] 체코 망명정부의 외무부는 더 현실적인 평가를 바탕으로 록하트에게 영국의 정치전은 유럽의 현실로부터 "2만 마일" 떨어져 있다고 경고했다. 전쟁 종반에 영국 합동정보위원회 수장 빅터 캐번디시-벤팅크Victor Cavendish-Bentinck는 정치전이 "최근 전쟁을 과연 1시간이라도 줄였을지" 의문이라고 결론지었다.[149]

미국이 참전한 후, 1942년 6월 윌리엄 도노번William Donovan 장군을 수장으로 창설된 전략사무국Office of Strategic Services은 영국 특수작전집행부에 상응하는 특수작전부SO와 영국 정치전집행부의 활동을 모방한 사기부(훗날 정치전부)를 신설했다.[150] 영국 특수작전집행부와 미국 특수작전부 모두 특수요원들을 조직하고 훈련시켰는데, 그들은 적 점령지에 침투한 뒤 사보타주나 정보 수집 활동에 착수하기 위해 현지 저항운동과 접촉할 예정이었다. 자력으로 헤쳐나가야 했던 양국은 민간인 저항자들이 무능한 아마추어가 아닐까 우려했다. 두 조직은 세계 도처에서 작전을 폈기에 기밀 업무가 중복되거나 혼동되지 않도록 지리적으로 활동 영역을 나누었다. 아시아에서는 미국 특수작전부의 작전단들이 주된 역할을 했다. 다만 버마는 예외로, 두 기관이 함께 담당했다. 유럽에서는 영국 특수작전집행부가 주역을 맡았으며, 1944년 1월 두 기관이 연합했을 때 미국 첩보원들은 많은 경우 특수작전집행부의 기존 부대들에 합류했다. 특수작전집행부의 규모는 결국 남녀 1만 3200명에 달했으며, 그중 절반가량은 현장 요원으로 근무하다가 지역 저항자들과 마찬가지로 밀고를 당하거나 발각되어 많은 사상자를 냈다. 미국 전략사무국은 종전 무렵 2만 6000명을 고용하고 있었는데, 일부는 특수작전부, 일부는 기밀정보 부문 소속이었다.[151]

요원의 일부는 영국에 체류 중인 난민이나 미국의 이민자 공동체에서 선발한 모국어 사용자였고 일부는 그렇지 않았다. 그들은 낙하산을 타고 적지로 침투한 뒤 위태위태하게 지냈는데, 전시 특수작전집행부의 마지막 수장인 콜린 거빈스Colin Gubbins 소장은 "날마다 온종일 끊임없는 불안"이라고 표현했다.[152] 그들이 위태로웠던 까닭은 그들을 테러리스트로 간주하는 적이 존재하기 때문만이 아니라 현지 저항자들과의 관계가 불확실하기 때문이기도 했다. 저항자들이 연합국 요원들과 협력한 주된 이유는 연합국이 자금과 무기, 폭발물을 제공했고 그것들이 없으면 저항 활동에 심각한 차질이 생겼기 때문이다. 그 외에 연합국의 전략적·전술적 우선순위에 부합하는 작전을 펴려는 요원들과, 연합국 측이 덜 지원하는 더 폭넓은 국가 해방 활동을 전개하려는 저항자들 사이에는 알력이 존재했

다. 티토와 처음으로 대면 접촉한 요원인 피터 윌킨슨Peter Wilkinson은 특수
작전집행부 본부에 파르티잔들이 독일군에 대항하는 일보다 내전을 일
으키는 일에 더 관심이 많아 보인다고 보고했다. "가능성은 엄청나지만
현재 진행 중인 사보타주 작업은 없다. 다시 말하지만 없다"고 윌킨슨은
이어서 보고했다.[153] 낙하산을 타고 그리스로 침투한 요원들은 그들이 돕
기로 되어 있는 마을 게릴라병들, 처칠이 "비참한 도적들"이라고 일축한
남녀의 전투 가능성을 더욱 낮게 보았다.[154] 서방의 지원은 항상 조건부였
다. 다시 말해 추축국의 패배라는 중심 목표에 기여할 갖가지 사보타주
를 기대했다. 서방은 내전을 부추기기 위해 무기를 제공한 게 아니었다.
1944년 가을 그리스에서 해방에 뒤이어 내전이 발발하자 12월에 영국 육
군은 연합군의 무기로 무장한 공산당 인민해방군이 아테네를 장악하지
못하도록 개입했다. 이는 연합군이 추축군과 대결하면서 지원했던 저항
단체와 싸움을 벌인 한 사례였다.[155]

저항운동에 대한 지원이 원칙적으로 자기네 전략적 우선순위에 부합
하기를 고집한 서방 연합국의 입장은 공중에서 공급한 자원과 침투한 요
원에 대한 통계 자료로 분명하게 드러난다. 1943년부터 1945년까지 영국
공군이 영국 기지들에서 날아가 각국 저항운동을 위해 투하한 물자의 양
을 보면, 프랑스에 8455톤, 벨기에에 484톤, 네덜란드에 554톤, 폴란드에
37톤, 그리고 승무원과 항공기가 과도한 위험을 감수하지 않고는 도달하
기 어려운 체코슬로바키아에 단 1톤이었다. 적어도 독일군 6개 사단을 붙
잡아둔 유고슬라비아 파르티잔에게는 1만 6500톤을 제공했지만, 군사적
가치가 더 의심스럽다고 판단한 이탈리아 파르티잔에게는 1944년 6월
부터 10월까지 이탈리아 전선에서 결정적인 전투가 벌어지는 동안 겨우
918톤만 투하했다.[156] 또한 저항운동을 지원하는 시기는 연합군의 군사계

획에 따라 결정되었다. 저항운동이 노르망디 침공을 뒷받침하는 사보타주를 벌일 것으로 기대된 1944년 초 이전까지 연합군이 프랑스에 투하한 물자는 별로 없었다. 1941년부터 1943년 말까지는 프랑스에 물자 602톤을 투하했지만, 1944년 1월부터 9월까지는 영국과 미국 공군이 9875톤을 투하했고 그중 거의 3분의 2를 6월 노르망디 상륙 이후에 공급했다. 연합군의 침공을 돕기 위해 낙하산으로 침투한 요원의 수도 물자의 흐름에 따라 늘어났다. 1941년부터 1943년까지는 요원 약 415명이 들어갔지만, 1944년 1월부터 9월까지는 1369명이 침투했고 그중 995명이 디데이 이후에 도착했다.[157] 저항운동이 전국에 흩어져 있더라도 연합군의 지원은 전선 인근 지역들에 집중되었다. 이탈리아에서 국토 북동단의 파르티잔 부대들은 지원을 거의 받지 못했다. 이탈리아 프리울리에서 어느 특수작전집행부 요원은 본부에 보내는 보고서에서 격분한 어조로 "영국 공군은 신화였는가?"라고 썼다. "사령부에서 관심을 기울일 의도가 없었다면 [파르티잔에게] 무기와 물자를 약속해 … 헛된 희망을 주지 말았어야 한다."[158] 프랑스에서 연합군 상륙 구역들에서 가까운 브르타뉴의 저항자들은 디데이 이후 무기 2만 9000개를 공급받았지만, 멀리 떨어진 동부 접경 알자스-아르덴-모젤 지역의 저항자들은 2000개밖에 받지 못했다.[159] 연합군으로서는 작전상 우선순위를 따져야 했지만, 전선에서 동떨어진 파르티잔들은 대독일 투쟁에서 자신들이 기여한 바를 연합군이 일부러 외면한다고 생각해 좌절했다.

적 전열 배후의 비정규군을 대하는 연합군의 모호한 태도는 전쟁 후반에 이탈리아와 프랑스에서 분명하게 드러났다. 두 경우에 연합군은 일종의 직접 통제권을, 더 나아가 파르티잔에 대한 지휘권을 원했다. 이탈리아에서는 그렇게 하기가 어려웠는데, 해방운동 측이 연합군 수뇌부 및 그 정식 군사계획에 공식적으로 충성하는 방안보다 대중적 반란을 꾀하는 방안을 선호했기 때문이다. 주요 반파시스트 저항운동 집단들—이탈리아 공산당, 행동당Partito d'Azione, 사회주의자들—은 1943년 3월 공동으로 민족 반란을 촉구하기로 뜻을 모으고 뒤이은 2년간 줄곧 해방을 위한 대중적 민간 전쟁에 역점을 두었다. 1943년 9월 이탈리아가 항복하고 연합군이 본토를 침공한 뒤, 반란 세력은 연합군의 지원 없이 독일군 지배하의 나폴리 시를 처음으로 해방시켰다. 이탈리아 대중의 봉기는 식량 부족, 독일 점령군의 수탈(이탈리아 정부가 항복하고 몇 시간 만에 이탈리아인을 적국민으로 대하기 시작했다), 노동 가능 연령의 모든 남성을 독일로 이송하려는 움직임에 대한 자발적인 반작용이었다. 9월 28일 무장 민간인 및 탈영병이 섞인 반란군과 독일군 간에 승패를 가리지 못한 총격전으로 시작된 전투는 급속히 규모를 키워갔다. 이튿날 독일군 보고서는 "[파르티잔] 부대들의 활동이 전 인구의 반란으로 바뀔 정도로 확대되었다"고 지적했다.[160] 나흘 동안 반란군은 즉흥적인 전투를 벌여 독일군을 나폴리에서 몰아냈으며, 그동안 당시 나폴리 만의 카프리 섬과 이스키아 섬에 포진해 있던 영국군은 반란군에 병력이나 탄약을 지원해달라는 요청을 거부한 채 가만히 지켜보기만 했다. 이탈리아인 663명(5분의 1은 여성)이 목숨을 잃은 것으로 추정되고 도시가 크게 파괴되긴 했지만, 나폴리 반란은 대중의 승리였다. 저항군 지도자 루이지 롱고Luigi Longo는 나폴리 반란이 나머지 피점령 이탈리아의 주민들에 대한 반란 요청에 "의미와 가치"를 부여하는 "본보기"였다고 썼다.[161]

독일군의 점령 이후 이탈리아에서 출현한 파르티잔 운동은 나폴리 반란의 성공에 뒤이어 빠르게 성장했다. 1944년 여름 남녀 8~12만 명이 파르티잔 부대들에 속했던 것으로 추정된다.[162] 1944년 2월 결성된 북이탈리아 민족해방위원회CLNAI가 그들을 느슨하게 조율했는데, 이 조직은 연합국이 점령한 남부에 기반을 둔 주요 저항운동 조직인 민족해방위원회 CLN와는 독립적으로 운영되었다. 영국 특수작전집행부 및 미국 전략사무국의 요원들과 접촉하긴 했지만, 북부 파르티잔들은 대체로 연합군의 통제 범위 바깥에서 활동하며 독일군을 나머지 반도로부터 몰아내는 데 힘썼다. 피점령 이탈리아에서 전략사무국 수장을 지낸 맥스 코르보Max Corvo는 훗날 북이탈리아 민족해방위원회를 설득해 "정식 군사계획과 공조하도록 그들의 준군사 활동을 통제"하기가 얼마나 어려웠는지 회고했다.[163] 연합군 수뇌부는 이탈리아 저항운동의 정치적 야심을, 무엇보다 공산주의에 고취된 사회혁명의 가능성을 경계했다. 해방된 도시들에서 영국 측은 지역 귀족들로 임시 당국을 꾸리려 했으나 지역 해방위원회와 대중의 분노에 의해 저지되었다. 이탈리아 내 영국 특수작전집행부의 제1특수부대는 9월 1일자 보고서에서 "공산주의자 무리들이 스스로 권력을 장악할 준비를 하고 있다"고 경고했다. 연합군은 군사적으로 가장 유용하되 정치적으로 가장 덜 위협적이라고 판단한 파르티잔들을 지원했다.[164] 그 결과 연합군은 대체로 저항운동 집단을 도구처럼 대했다. 저항운동이 필요하지 않거나 무슨 도움이 되는지 의문이라는 판단이 서면, 연합군 수뇌부는 냉담하게, 심지어 적대적으로 행동하기도 했다. 1944년 8월 8일 피렌체에서 파르티잔들과 더불어 민간인 지원자 수천 명이 참여한 무장 반란이 일어났을 때, 도시로 접근하던 연합군은 반란 지원을 주저했고, 독일군이 철수한 뒤 파르티잔 진영의 외곽으로 전차를 이동시켜 비정규군에게 무장 해제를 강요했다. 1944년 10월 독일군의 고딕 방어선에서 연합군이 결국 전진을 멈춘 후에는 전선 북쪽의 저항운동 집단을 사실상 포기했다. 10월에 투하한 물자의 양은 애초 약속한 600톤이 아닌 110톤뿐이었다.[165]

설상가상으로 연합군이 겨울철에 전선을 폐쇄하겠다고 예고한 까닭에 독일군과 파시스트군은 적의 개입을 우려하지 않고서 잔인한 반파르티 잔 전쟁을 벌일 수 있었다.

1944년 11월 13일, 이탈리아 내 연합군 총사령관 해럴드 알렉산더 장 군은 저항운동 라디오 방송국의 '이탈리아 콤바테Italia Combatte' 프로그램 을 통해 연합군은 겨울철에 작전을 중지하겠다고 알리는 한편 게릴라 조 직들에 공격을 멈추고 무기를 보존하고 봄철의 지시를 기다릴 것을 권 고하는 성명을 암호문이 아닌 보통문으로 방송했다.[166] 그 결과로 독일군 이 이제 파르티잔과 싸우는 데 집중할 수 있음을 알아챈 탓에 저항운동은 재앙적 타격을 입었다. 독일군은 이미 10월에 전선이 굳어진 뒤 파시스 트 '흑색 여단들' 및 카자크 지원병 사단과 함께 파르티잔을 노리는 대규 모 작전을 개시한 바 있었다. 알렉산더의 방송 이후 반란 진압전의 강도 는 더욱 강해졌다. 또한 무장 저항조직뿐 아니라 파르티잔 운동을 거들거 나 지원한다고 의심되는 사람이면 누구든 표적으로 삼는 '대게릴라' 특별 재판소가 설치되었다. 산악 피신처들이 공격을 받아 파르티잔 수천 명이 살해되었고, 다른 수천 명이 포 강 유역의 평원으로 달아나거나 내려갔다 가 고발이나 추격의 손쉬운 표적이 되었다. 1944년 말에 여전히 무장하고 있는 파르티잔은 2~3만 명으로 줄어들었던 것으로 추정된다.[167] 여름 동 안 파르티잔을 지원했던 지역 공동체들은 반파르티잔 부대들에 의해 잔 혹하게 희생되었고, 그 결과로 더 이상 파르티잔에 협력하는 데 갈수록 반감을 보였다. 훗날 특수작전집행부가 공식 서사에서 인정했듯이, 파르 티잔들은 "혼란과 절망"의 분위기에 빠졌다. 연합군은 곧 알렉산더의 호 소가 오판이었음을 깨달았으나 저항운동을 그들의 운명에 내맡겼다. 알 렉산더가 공산주의 반란의 가능성을 없애기 위해 파르티잔 운동을 일부러 희생시켰다는 주장은, 아무리 그럴듯할지라도, 입증되지 않았다. 오히려 알렉산더의 성명에는 연합군 수뇌부가 이탈리아 비정규전의 실제 성격, 즉 그들의 의도대로 지속하거나 중단할 수 없는 전투의 성격을 파악하지 못한 사실이 반영되어 있었다. 맥스 코르보는 당시 위기를 회고하며 "파르티잔 전투에는 소강기가 없었다. 휴식도, 한숨 돌릴 시간도 없었다"고 썼다.[168]

1944년 12월 북이탈리아 민족해방위원회는 로마를 찾아가 더 실질적인 지원을 제공해줄 것과, 그들의 조직과 비정규군이 독일군 전선 배후의 정치적 권한을 대표한다는 것을 인정해달라고 연합군 측에 요구했다. 두 번째 요구에 연합군은 조심스럽게 동의했는데, 자신들이 해방시킨 지역들에서 정치적 급진주의를 조장하는 꼴이 될까 우려했기 때문이다. 직접적인 지원을 늘려달라는 요구도 들어주기로 했지만, 어디까지나 연합군이 1945년 1월 포 강 유역의 독일군을 마지막으로 공격할 준비를 하고 있던 터라 독일군의 수송과 보급을 방해하는 파르티잔의 사보타주가 다시 한 번 필요했기 때문이다. 로마 의정서라고 불리게 된 문서는 알렉산더가 저지른 실수의 영향을 완화했다. 겨울철의 혹독한 위기에도 불구하고, 연합군이 새로 공세를 펴기 전에 이탈리아인이 곧 북부 도시들을 해방시킬 수 있을 것이라는 전망에 신병들이 저항운동에 유입되었다. 그에 더해 연합군의 물자가 갑자기 풍부하게 공급된 덕에 지난 몇 달간 유용한 자원에 굶주렸던 부대들이 다시 무장할 수 있었다. 초봄에 매달 1000톤 이상의 물자가 도착하면서 파르티잔 병력은 대략 3월에 8만 명, 4월에 15만 명으로 다시 불어났다.[169] 연합군과 로마 정부 당국은 게릴라군이 오로지 독일군과 싸우는 데 주력하기를 바랐다. 3월에 북이탈리아 민족해방위원회는 "군대를 전쟁의 목표만을 위해 사용한다"는 데 동의했다. 하지만 파르티잔들은 독일군 병참선을 노린 사보타주 작전을 늘리면서도 점령군과 그 파시스트 동맹들에 맞서는 마지막 반란—투사와 민간인을 아우르는—의 물결을 준비하는 데 더 신경을 썼다.[170] 4월 10일 연합군이 작전을 시작했을 때, 미군의 마크 클라크 장군은 파르티잔들에게 "연합군 최고사령부의 승인 없이" 움직이지 말라고 명령했다. 이 명령을 파르티잔 병력은 대체로 무시했다.[171]

연합군이 독일군 전선을 신속히 돌파한 뒤 포 강 유역을 가로질러 진군하기 시작했을 때, 해방운동 측은 무장을 했든 안 했든 연합군이 당도하기 전에 주요 도시들에서 독일군을 몰아낼 방도를 궁리하기 시작했다. 그들은 가능한 경우에는 지역 사법제도를 장악해 파시스트 괴뢰정권을 지지했던 이탈리아 사람들을 숙청—필요하다면 폭력적으로—하려 했다. 북이탈리아 민족해방위원회는 전범이나 반역자로 여겨지는 사람은 누구든 즉결로 처형될 수 있다고 발표했으며, 이 난폭한 응징을 당한 이들 중에는 4월 28일 스위스 국경을 넘어 달아나려다 붙잡혀 사살된 베니토 무솔리니와 그의 정부 클라라 페타치도 포함되었다. 1945년 4월 중하순의 2주 동안 수많은 지역 민간인 지원병들과 광범한 파업운동의 지지를 받은 무장 저항운동은 도시들을 차례로 해방시켰다. 볼로냐는 4월 20일, 밀라노와 제노바(독일군 1만 8000명이 더 작은 규모의 게릴라군에 항복했다)는 4월 25~26일, 토리노는 4월 28일에 해방되었다. 북이탈리아의 더 작은 도시들은 봉기에 의해 해방되거나 독일군이 철수하면서 해방되었는데, 다 합해서 무려 125개 도시였다.[172] 며칠 만에 도착한 연합군은 행정과 사법의 통제권 확립을 감독하고 급진적 혁명운동이 선수를 칠 가능성을 차단하는 데 열중했다. 파르티잔들은 무기를 넘겨주기를 주저하여 수천 개를 숨기고 대신에 손상되거나 낡아빠진 총기를 넘겨주었다. 연합군은 파시스트와 부역자를 살해하는 폭력적 복수의 물결이 북이탈리아 전역을 휩쓰는 결과를 막을 수 없었는데, 수긍할 만한 추정치에 따르면 총 1만 2000~1만 5000명이 목숨을 잃었다.[173] 파르티잔 전쟁이 연합군의 군사적 대의에 어떤 도움을 주었든 간에, 이탈리아 저항운동은 주로 파시즘을 근절하는 데, 그리고 폴란드인과 마찬가지로 연합군이 도착하고 전쟁이 끝나기 전에 국가 해방을 달성하는 데 관심을 두었다. 이탈리아는 독일군이 연합군에 정식으로 항복한 5월 2일이 아니라 4월 25일을 승전 기념일로 정해 공식적인 군사작전 종료와 1주일 전 반란군의 해방운동을 명확하게 구별했다.

연합군의 프랑스 경험과 이탈리아 경험은 여러 중요한 측면에서 서로 달랐다. 프랑스는 점령당한 동맹국이었고 이탈리아는 이전 적국이었다. 드 골 장군이 주도하는 프랑스 해방운동은 영국에서 활동했지만, 이탈리아의 경우 국외 해방운동이 없었다. 프랑스 저항운동들은 결국 영국에 근거지를 둔 드 골의 자유프랑스군 사령부 예하로 편입되어 1944년 연합군의 작전에 최대한 보조를 맞춘 반면, 이탈리아에서는 군이 지휘권을 전혀 행사할 수 없을 정도로 지휘권이 줄곧 민족해방운동 편에 있었다. 1944년 프랑스군 전체는 서방 연합군과 나란히 싸우면서 강대국으로 대우받을 프랑스의 권리를 다시 주장한 반면, 해방된 이탈리아는 주로 소수의 전투병으로 이루어진 보조군으로 연합군을 거드는 데 그쳤다. 그리하여 1945년 이탈리아에서는 파르티잔 운동이 기회를 붙잡아 북부 도시들을 자력으로 해방시킨 반면, 대다수 프랑스 도시들은 되살아난 프랑스군을 포함하는 연합군에 의해 해방되었다.

프랑스 내 저항운동들에 대한 통제권을 중앙에 집중시키는 것은 쉽지 않은 일이었다. 이탈리아처럼 프랑스에서도 지역 수준에서는 그런 시도에 분개하거나 거부 의사를 보였는데, 매일 전투의 위험을 무릅쓰는 사람들과 안전한 런던에서 저항의 우선순위를 정해주려는 사람들이 갈등을 빚었기 때문이다. 드 골은 프랑스에서 자신의 권위를 인정받기 위해서만이 아니라 동맹이라고 믿는 영국과 미국의 인정을 받기 위해서도 오랫동안 캠페인을 벌였다. 1942년 10월 주요 저항운동들—콤바, 리베라시옹, 프랑-티외르 에 파르티장—은 자유프랑스 측으로부터 지시를 받았다. 가용 자원을 모으고 퇴역 장군 샤를 들레스트랭Charles Delestraint이 느슨하게 지휘하는 비밀군Armée secrète이라는 총칭을 수용하라는 지시였다. 1943년 1월 이 저항운동들은 공식적으로 연합저항운동Mouvements unis de la Résistance으로 통합되었다. 비밀군의 인원수로 제시된 수치들은 기껏해야 어림짐작일 뿐이다. 1943년 3월 비밀군은 추정하건대 12만 6000명 정도였을 테지만 무기를 가진 병력은 1만 명을 넘지 않았을 것이고, 연합군의 공급 물자가 크게 증가한 1944년 1월에는 4만 명이 무장을 했을 것이다. 1943년 프랑스 내 드 골의 대표 장 물랭Jean Moulin이 저항운동의 정치적·군사적 파벌들을 조정하고자 전국저항평의회Conseil national de la Résistance를 결성했지만, 6월에 물랭이 체포되어 죽고 비밀군과 연합저항운동의 문서고가 게슈타포에 발각된 탓에 저항운동은 주요 간부진 다수가 테러에 희생되는 가운데 다시 한 번 파편화되었다. 전국저항평의회는 연합군과 함께 피신처를 찾았고 결국 적으로부터 탈환한 알제 시에서 차기 정부를 꾸렸다. 프랑스 저항운동이 되살아난 뒤 연합군은 프랑스 침공 계획에 이 운동을 더 직접적으로 통합하려 했다.

　노르망디 상륙작전 직전과 직후의 연합군 계획들을 조율하려는 노력은 이미 1943년 봄에 영국 특수작전집행부와 프랑스 저항운동의 중앙정보작전국이 계획 수립을 위한 공동 위원회를 창설하면서 시작되었다. 이

위원회는 철도, 통신, 병력 증원, 전기 공급을 방해하기 위해 '녹색Vert', '보라색Violet', '파란색Bleu', '거북Tortue' 계획을 수립했다. 연합군은 드 골의 야망을 경계하고 저항운동의 군사적 가치를 불신하면서도 1944년 3월 자유프랑스군 장군 마리-피에르 쾨니그Marie-Pierre Kœnig이 사령관을 맡고 사실상 드 골이 총지휘하는 프랑스 국내군Forces françaises de l'Intérieur: FFI의 창설을 받아들였다. 아이젠하워는 프랑스 국내군을 자신의 최고사령부에 통합할 것을 고집했고, 쾨니그에게 프랑스 저항군뿐 아니라 연합군 특수부대를 지원하는 책임까지 맡겼다. 아울러 전선과 그 뒤편에서 서방 연합군을 대신해 저항 활동을 통제할 프랑스 방위위원회가 구성되었다.

일부 프랑스 저항자들이 반감을 보이긴 했지만, 이는 연합국과 드 골의 자유프랑스 모두에게 적합한 결과였다. 프랑스에서 독일군을 방해하는 사보타주 활동이 연합군의 침공 전략에서 핵심 요소였을 뿐 아니라, 프랑스 저항군이 연합군에 통합되면서 경쟁적인 해방의 정치보다 군사작전을 우선시하는 중앙 지휘구조가 생겨났기 때문이다. 많은 경우에 훈련되지 않은 민간인들이 수행한 저항 노력이 효과를 발휘할 수 있도록, 영국 특수작전집행부와 미국 특수작전부 요원들이 특수작전집행부의 F과를 통해 잠입해 사보타주 작전을 위한 저항자 관계망을 조직하고 폭발물 사용법을 훈련시켰다. 디데이에 50개 관계망이 활동하고 있었으며, 디데이 이후 암호명 '제드버러Jedburgh'(스코틀랜드 마을에서 따온 명칭) 작전에 따라 특수요원 3인 팀들이 피점령 지역들로 들어갔는데, 총 92개 팀이 영국에서, 25개 팀이 지중해에서 침투했다.[174] 그 결과 사보타주 활동이 대폭 늘어났다. 1944년 4월부터 6월까지 프랑스 철도망을 노린 사보타주 활동이 1713건 있었고, 그해 전반기 6개월 동안 저항자들이 기관차 1605대와 철도 화차 7만 량을 파괴하거나 손상시켰다. 또 연합군 항공기들이 추가로

기관차 2536대와 화차 5만 량을 공격해 제거했다.[175] 독일군 증원병력이 노르망디 전선으로 가는 것을 늦추기 위한 '거북' 계획은 현장에서 교량을 파괴하고 도로를 가로막는 특수작전집행부와 저항운동의 행동에 크게 의존했다. 이 계획은 중요한 효과를 거두었다. 독일 제9기갑사단과 제10기갑사단은 6월 16일 로렌에 당도한 뒤 아흐레가 더 걸려서야 프랑스 서부에 도착했고, 제27보병사단은 180킬로미터를 이동하는 데 열일곱 날이 걸렸다.[176]

저항운동을 직접 통제하며 동원하려던 연합군의 노력은 소비에트 군대와 보안기관이 소비에트 파르티잔을 통제하게 된 방식과 비슷했다. 연합군이 전진하면서 해방된 프랑스 북부에서, 그리고 8월부터는 남부에서도, 프랑스 국내군에 자원했던 전투 연령의 투사들은 (소련의 파르티잔들이 그랬듯이) 정규병으로서 프랑스군에 통합되었다. 대부분의 프랑스 도시들과 소도시들은 연합군이 도착해 해방시켜줄 때까지 기다렸다. 212개 도시에 관한 연구에 따르면 179곳은 연합군에 의해 해방되거나 독일군이 퇴각한 결과로 해방되었고, 다른 28곳은 다가오는 해방군을 돕고자 제한된 반란에 참여했다.[177] 이 단계에서 독일 점령군—친위대든 게슈타포든 육군이든—은 무장 저항에 특히 무자비하게 대응했으므로 프랑스 도시들이 마지막까지 관망세를 유지한 것은 현실적으로 이해할 만한 일이었다.[178] 그렇다 해도 연합군의 프랑스 침공 한참 전부터 저항 활동에 대한 지지를 모았던 혁명적 충동이 완전히 사라졌던 것은 아니며, 공산주의자들의 대규모 '무장 반란' 요청이 그런 충동을 부채질했다. 1944년 6월 8일, 공산주의 저항운동이 좌우하던 파리 해방위원회는 주민들에게 대중 봉기를 개시해 점령군과 그 비시 동맹을 살해할 것을 촉구했다. "파리의 남녀에게는 각자의 독일인, 친독일 의용대원, 반역자가 있습니다!" 엿새 후, 일찍이 파르티잔 활동을 통제하려던 연합군의 의도를 거부했던 이 파리 기반의 저항운동 군사위원회는 프랑스 국내군에 "전국 반란"의 일환으로 "인민 대중"과 협력할 것을 요청했다.[179]

릴이나 마르세유, 리모주, 티에르, 툴루즈, 카스트르, 브리브뿐 아니라 더 작은 여러 공동체에서도 저항운동은 연합군 도착 이전에 도시를 해방시키는 데 성공했지만, 전반적인 반란은 일어나지 않았다. 툴루즈에서는 공산주의 세력이 좌우하는 프랑스 국내군 부대들이 해방 이후 도시를 통제했지만, 프랑스 정규군이 1개 사단을 배치해 임시정부의 권한을 회복하겠다고 위협하자 공산주의 지도부가 압력에 굴복했다.[180] 가장 중요한 반란은 파리에서 일어났는데, 급히 모인 민간인 반란자들과 국내군 부대들이 대규모 독일군 수비대와의 무질서한 분쟁을 피하고 연합군을 기다리라는 쾨닉과 알제의 프랑스 국민해방위원회의 지시를 거역하기로 결정했다. 절정은 연합군이 노르망디 교두보에서 뛰쳐나와 프랑스 북부를 가로지른 8월에 찾아왔다. 아이젠하워의 의도는 파리를 해방시키는 게 아니라 북쪽과 남쪽에서 센 강을 건너 독일군 수비대를 포위하는 것이었다. 그러나 독일군이 프랑스 북서부에서 패했다는 소식에 파리에서는 대중 반란 계획에 박차를 가했다. 8월 17일, 파리 저항운동 지도부는 회의를 열어 반란의 가능성을 따져보았다. 의견이 갈린 가운데 더 신중한 쪽은 드 골이 대중 폭력을 원치 않는다는 점뿐 아니라 당시 바르샤바의 저항운동이 직면한 위기까지 의식했다. 결국 반란 의견이 우세를 점했다. "반란 없이 [연합군의] 입성을 허용할 수 없다"고 회의록에 기록되었다.[181]

8월 18일, 파리 저항군의 공산주의 지도자 앙리 롤-탕기Henri Rol-Tanguy는 휘하의 남녀 병력 2만 명의 가용 무기가 고작 600개일 것이라고 어림하면서도, 도시 도처에 이튿날 주민들의 반란 개시를 촉구하는 벽보를 붙이라고 지시했다. 뒤이은 싸움은 바르샤바의 격전과 달리 산발적으로 일어났고 승패가 가려지지 않았다. 짧은 휴전이 선언되었지만, 스스로의 역량을 입증하고자 열망하던 프랑스 국내군 전사들은 그 선언을 위반했다. 그들은 파리의 오랜 혁명 전통을 상징하는 바리케이드를 주로 노동계급이 거주하는 구區들에 서둘러 설치했다. "자유가 돌아오고 있다"고 작가 장 게에노Jean Guéhenno는 일기에 썼다. "자유가 어디에 있는지 모르지만, 밤이면 우리 주변 어디에나 있다."[182] 어떤 결말이 날지 불확실한 가운데 파리 제20구에 있던 롤-탕기는 연합군 사령부에 밀사를 보내 도움을 청했고, 이튿날 드 골은 필리프 르클레르 장군이 지휘하는 프랑스군 1개 사단을 보내 파리를 해방시키고 공산주의자들의 도시 장악을 저지하자며 아이젠하워를 설득했다. 프랑스 정규군은 8월 24일에 도착했는데, 그전에 반란군은 사기가 떨어진 독일군 수비대를 상대로 마침내 목표를 이루어냈다. 파리의 독일군 사령관 디트리히 폰 콜티츠Dietrich von Choltitz는 바르샤바처럼 잿더미가 될 때까지, 최후의 일인까지 도시를 사수하라는 히틀러의 요구를 무시한 채 8월 25일 르클레르와 롤-탕기에게 항복했다.[183] 그럼에도 드 골이 정규군과 함께 파리에 입성하는 바람에 대중 반란의 빛이 바랬다. 파리 저항운동은 쾨닉의 권한, 프랑스 국내군과 연합군의 통합, 드 골이 꾸리는 프랑스 정부를 받아들여야 했다. 자신들이 해방시킨 프랑스 영토에서 초기에 군사정부를 세우려 했던 영국과 미국 당국은 드 골의 정부를 마지못해 지지했다. 결국 적어도 총원 5만 7000명에 달하던 프랑스 국내군의 35개 연대와 대대는 프랑스 제1군의 부대들로 통합되었다. 다른 수천 명은 정규군에 속해 싸우지 않고 고향으로 돌아갔는데, 일부는 일자리를 구했고, 일부는 너무 지쳐 계속 싸울 여력이 없었으며, 일부는 비밀 저항군의 매력적이고 위험한 생활을 정규군의 엄격한 생활로

바꿀 마음이 없었다.[184]

소련과 마찬가지로 서방 연합국은 적의 작전을 얼마나 약화시키거나 지연시킬 수 있는지, 그리고 적의 자원을 얼마나 줄일 수 있는지에 따라 저항운동의 가치를 평가했다. 연합군은 대규모 작전에 대한 저항운동의 지원이 필요한 경우에만 장비를 대량으로 공급하고 요원을 대규모로 침투시켰다. 1958년 저항운동의 역사에 관한 첫 국제회의에서 특수작전집행부 참모장을 지낸 리처드 배리Richard Barry 준장이 연합국의 지원이 없었다면 "거의 어떤 저항도 가능하지 않았을 것입니다"라고 말했을 때, 그 말에 동의한 저항자는 별로 없었을 것이다.[185] 저항운동은 연합국의 지원과 무관하게 유럽과 아시아의 도처에서 전개되었고, 그 기간과 목표는 연합국의 필요보다 현지의 조건과 가능성에 더 좌우되었다. 민간인으로는 보기 드물게 용기를 낸 저항운동, 지난날의 군인과 탈영병이 중핵을 이루고 대부분 민간인 남녀로 채워진 저항운동은 점령국을 상대로 당국의 권한 행사에 도전하는 세력이 있다는 것, 피점령국 내에도 지역 공동체와 국가의 해방을 위해 싸우는 세력이 있다는 것을 입증하고자 했다. 민간인 반란자로서 해방의 일익을 담당하는 것은 그저 승리에 기여하는 것이 아니라 그 자체로 정치적·도덕적 의사 표명이었으며, 그것이 바르샤바에서나 밀라노에서나 파리에서나 연합군의 해방을 맞이하는 수동적인 선택지보다 반란이 낫다고 판단한 이유였다. 마침내 결행한 반란은 저항 세력의 존재와 그들이 투쟁한 세월을 입증하는 하나의 방법이었다. 이탈리아 북부 브레시아에서 어느 청년 여성 파르티잔은 미군에 앞서 도시를 해방시킨 날 일기에 이렇게 썼다. "우리 사내들이 기관총을 겨눈 채 자랑스럽게 지나간다. 그들의 눈은 승리의 기쁨으로 빛난다. 그들은 도시를 쟁취했고 이제 도시는 그들 수중에 있다. … 마음이 노래한다. 이 도시는 자유롭다."[186]

"우리는 졌지만 싸워야 한다": 유대인의 저항

유럽 유대인 민간 공동체들의 저항은 다른 모든 형태의 저항과 근본적으로 달랐다. 국가 해방을 위해 투쟁하거나 전후 국가가 어떠해야 하느냐는 문제를 놓고 서로 싸운 저항단체나 파르티잔 조직과 달리, 유럽 유대인은 유대 민족을 절멸시키려는 전쟁에 전념하는 정권을 마주하고 있었다. 이런 상황에서 저항은 곧 유대인 절멸 프로그램을 제한하거나 방해하기 위해, 혹은 가능하다면 은신이나 도주 전략을 통해 불가피한 운명을 피할 방도를 찾기 위해 싸우는 것을 의미했다. 유럽 유대인에게는 투쟁해서 얻어낼 만한 유대 국가나 정치적 미래가 없었다. 유대인이 유대인으로서 저항한 것은 비록 실패할 게 뻔하더라도 독일 가해자들과 그 공범들이 예비해둔 운명보다는 그들 스스로 선택하는 죽음을 원했기 때문이다. 1942년 유대인 파르티잔 지도자 예헤스켈 아틀라스Yehezkel Atlas 박사는 "우리는 졌지만 싸워야 한다"고 주장했다. 그는 그해 말 폴란드 동부에서 파르티잔 전투 중에 사망했다.[187]

그럼에도 유대인 저항이 무엇이냐는 문제는 간단하지 않다. 우선 많은 유대인 저항자들이 스스로를 국가 저항운동의 일부로 여겼고, 유대인의 목표를 따로 추구하는 모습으로 비치는 것을 꺼렸다. 국가 공동체에 잘 통합된 유대인은 대개 이런 입장을 취했다. 예컨대 프랑스에서 많은 유대인 저항자들은 유대인의 이익만을 위한다는 비난을 듣기보다는 더 폭넓은 애국 캠페인에 동참하려 했다. 유대인 저항 투사 레옹 니상Léon Nisand은 회고록에 "나는 프랑스인이고 우리 가족도 프랑스인이다. … 우리는 공화국의 행운과 불운을 함께하기 때문이다"라고 적었다.[188] 프랑스 유대인은 초기 비유대인 저항운동에서 두드러진 역할을 했다. 그들은 1940년 인류박물관 서클의 창립 멤버였고, 1941년 7월 《리베라시옹》 신문을 창간한 집단에서 절반을 차지했으며, 파리의 적극적 저항자로서 1942년 7월부터 1943년 7월까지 전체 공격 중 3분의 2에 참여한 것으로 추정된다.[189] 유럽 도처의 유대인 공동체들 역시 희생된 유대인 공동체를 어떻게든 돕고 싶은 바람과 파시즘에 맞서는 정치적 계급투쟁에 충실을 기할 필요성 사이에서 분열되었다. 1941년 이후 독일군이 점령한 소련 지역들에서 숲으로 달아나 파르티잔 부대에 가담하거나 직접 부대를 결성한 유대인 중 일부는 스스로를 지키는 최선의 길이 소련 권력을 재건하기 위해 싸우고 러시아계 유대인의 운명에 별로 신경쓰지 않는 비유대인 부대에 통합되는 것임을 깨달았다. 유대인 청년들은, 독일군의 앞잡이로 의심받아 사살되지 않았을 경우, 현실적인 반유대주의 폭력의 위험을 피하기 위해 러시아인 가명을 사용할 것을 권유받았다. 그 결과 역설적이게도 그들은 유대 민족의 적과 싸우는 비유대인으로 보여야 했다.[190]

두 번째 문제는 유대인 제노사이드라는 맥락에서 저항의 의미가 무엇인지 더 명확하게 정의하는 것이다. 유대인 박해에서 관건은 정치적 탄압이 아니었던 까닭에 유대인의 정치적 저항은 제한되었다. 그간 유대인 저항의 유일한 정의는 무장 투쟁이라는 주장이 자주 제기되었다. 그러나 독일 절멸기구의 목표는 노동력을 다 짜낼 만큼 오래 살려두는 소수를 제외하고 유대인을 단 한 명도 남김없이 죽이는 것이었기에, 저항에는 유대인을 숨겨주거나 도주하도록 돕거나 거짓 신분을 만들어주려는 노력이 포함되었다—많은 비유대인도 이런 노력에 이바지했다. 이 모든 전략은 가해자에게 희생자를 죽일 기회를 주지 않음으로써 정권의 핵심 우선순위에 도전했다. 피점령 유럽이나 추축국 유럽에서는 유대인의 생존 자체가 그들이 도처에서 직면한 제노사이드 명령에 저항하는 방법이었지만, 동유럽과 러시아의 삼림이나 습지로 달아난 이들을 제외하면 유대인이 위험을 모면할지 여부는 가해자의 명령을 거역하는 비유대인 민간인의 용기에 달려 있었다. 서유럽의 경우 유대인 공동체가 대체로 지역 사회에 더 통합되었고 주민들이 독일의 요구를 거부할 가능성이 더 높았던 터라 유대인 구조가 널리 행해졌다. 프랑스에서는 현지 태생 유대인 인구의 약 75퍼센트, 이탈리아에서는 약 80퍼센트가 제노사이드를 면하고 살아남았다.[191] 그와 달리 동부의 피점령 지역들에서는 대개 반사적인 반유대인 감정이 만연했던 터라 여러 위험을 무릅쓰려는 비유대인을 찾기가 훨씬 어려웠다. 그럼에도 대략 2만 8000명의 폴란드 유대인이 게토 외부 바르샤바에서 숨어 지냈고 그중 3분의 2가량이 종전 때까지 살아남았다. 일부 벨라루스인과 우크라이나인 가정들도 유대인을 숨겨주었지만 보통 그 기간이 길진 않았다. 동부에서 도주 중인 유대인은 가능만 하다면 숲에 피신해 있어 상대적으로 안전한 작은 유대인 공동체들을 찾아가려 했기 때문이다.[192]

저항의 한 형태로서 유대인을 숨겨주는 행위에는 가택 수색, 경찰 취조, 그리고 적어도 동부에서는 유대인을 붙잡을 때마다 보상으로 주는 설탕이나 소금 자루에 눈독을 들이던 이웃들의 고발 등 정치적·군사적 반대와 관련된 일반적 위험 요인들이 모두 따라붙었다. 정식 저항자와 마찬가지로, 가정이나 기관에서 유대인을 숨겨주는 죄를 지은 사람은 사형에 처해지거나 수용소에 감금되었다. 폴란드인 2300~2500명이 유대인을 도왔다는 이유로 처형된 것으로 추정되지만, 법적 절차를 거치지 않고 즉결 사살할 수도 있었으므로 실제 처형자는 십중팔구 훨씬 많았을 것이다. 유대인 구조망이 작동한 곳에서 구조자는, 정치적 저항자와 마찬가지로, 다른 구조자의 이름과 '안전한' 가택을 알아내려는 당국의 고문에 시달릴 수 있었다. 게슈타포는 특히 숨겨주기 쉽고 입양 가정을 찾을 가능성이 가장 높은 어린이를 중점적으로 수색했다. 폴란드에서는 제고타Żegota라는 유대인 구제 위원회가 큰 위험을 무릅쓰고 유대인 어린이 약 2500명을 구조해 가정이나 고아원에 숨기거나 가톨릭교회의 보호에 맡겼다. 붙잡힌 어린이들—대부분 고아가 되었거나 버려진 처지였다—은 그들을 숨겨준 비유대인과 마찬가지로 절멸수용소로 끌려가거나 현장에서 사살되었다. 게슈타포는 바르샤바의 실레시아 형제회 수사들이 다수의 유대인 어린이를 숨겨준다는 사실을 알아낸 뒤, 경고의 의미로 아래쪽 번화가에서 훤히 보이는 높은 발코니에 그들 전원을 목매달고 시체가 썩어가도록 내버려두었다. 제고타 구조자들은 이디시어만 말할 줄 아는 어린이들에게 폴란드어 가톨릭 기도문을 가르쳐 위장을 도우려 애썼지만, 여섯 살 난 소녀 바시아 추키에르Basia Cukier는 게슈타포 앞에서 기도문을 암송하지 못해 끌려가 죽음을 맞았다.[193] 유대인을 숨겨주는 행위라면 무엇이든 범죄로 간주되고 무자비하게 처벌받는 그런 상황에서는 구조받는 쪽이나 구조하는 쪽이나 스스로를 저항자로 여길 수밖에 없었다.

유대인의 무장 저항은 유대인을 숨겨주거나 구조하려던 노력과 마찬가지로 여러 중요한 측면에서 추축국의 점령에 대항한 다른 형태들과는 달랐다. 독일과 추축국의 변화하는 유대인 박해 양상에 대응하는 형태였기에, 유대인 저항의 시기를 좌우한 것은 더 폭넓은 세계대전의 추이가 아니라 히틀러가 벌이는 반유대인 전쟁의 추이였다. 유럽과 아시아의 대부분에서 저항은 침공국들이 조만간 패배할 것이 확실해진 이후에야, 분쟁의 마지막 18개월 동안에야 절정에 달했다. 그에 반해 유대인 저항은 주로 1942년과 1943년에 동부와 나머지 서유럽의 게토들에서 유대인 인구를 대거 추방하는 프로그램에 반발해 일어났다. 프랑스에서 유대인 무장 저항은 다른 저항단체들이 가장 조심스럽게 행동한 전시 중반에 제일 두드러졌다. 폴란드에서 유대인의 행동은 점령군의 패배가 임박할 때까지 직접 대결을 피하려 한 국내군의 이해관계와 상충되었다. 유대인 저항 운동 측은 비록 대수롭지 않은 방식으로 도움을 주긴 했으나 연합국의 전쟁 노력을 도우려는 의도가 없었으며, 연합국 측도 다른 게릴라 운동들을 지원하듯이 유대인 단체들에 무기나 자금을 지원해 그들의 활동을 지탱하려는 의도가 없었다. 영국 특수작전집행부가 마지못해 훈련시킨 팔레스타인 출신 유대인 지원병 240명 중에서 32명만이 1944년에 낙하산으로 유럽에 침투했으나 이미 포위당한 유대인 공동체들을 돕기에는 너무 늦은 때였다.[194] 유대인 투사들은 주로 민간인이고 대개 군사 경험이 변변찮거나 아예 없었고, 무장을 잘 갖춘 독일 보안기구와 수많은 비독일인 보조병력—리투아니아인, 라트비아인, 러시아인, 우크라이나인, 폴란드인—을 상대하기에는 장비가 부실했다. 저항의 목표는 이런저런 제한된 형태로 가차없는 제노사이드 과정을 교란하는 것이었지만, 대다수 유대인 저항자들은 항거가 실패할 운명임을 알고 있었다. 어느 유대인 투사가 말했듯이, 대독일 전쟁은 "역사상 가장 가망 없는 선전포고"였다.[195]

적극적인 유대인 저항은 두 가지 대조적인 방식으로 나타났다. 하나는 위협받는 유대인 인구 중 소수라도 추방으로부터 구해내고, 지리적 여건상 가능하다면 불법화된 공동체를 방어하는 자경단이나 유격대를 결성하는 것이었다. 다른 하나는 비록 애초부터 실패하기 마련일지라도 반란을 조직함으로써 독일 가해자들에게 유대인 인구가 어디서나 수동적으로 운명을 받아들이는 게 아니라 젊은 시오니즘 지도자 히르슈 벨린스키Hirsch Belinski의 말대로 "사냥당한 동물처럼 죽지 않고 존엄하게 죽겠다"는 의지를 입증하는 것이었다.[196] 사실 둘 중 어떤 방식으로 저항하든 간에 유대인의 운명에는 별 차이가 없었다. 바르샤바 게토의 기록자 에마누엘 린겔블룸Emanuel Ringelblum은 "모든 유대인은 사형선고를 받는다"고 보았다.[197] 적극적인 저항의 위험한 성격과 너무 적은 가용 무기는 결국 파국을 맞을 운명이었던 유대인 인구 중 극소수만이 실제로 전투에 참여한 이유를 얼마간 설명해준다. 1943년 봄 바르샤바 게토에 남은 거주자들 중 대략 5퍼센트만이 실제로 봉기하여 싸움에 임했다. 1943년 3월 대규모 빌뉴스 게토의 저항운동은 불과 300명의 투사에게만 의존할 수 있었다.[198] 민병대와 경찰이 도망자를 사정없이 추적한 까닭에 게토와 수용소의 전체 유대인 중 극소수만이 탈출에 성공해 무장단체에 가담했고, 더욱 적은 소수만이 비교적 안전한 숲의 피신처에 당도할 수 있었다.

기회가 제한되었던 것은 확실하지만, 더 많은 유대인이 저항하지 않은 이유를 설명해주는 다른 제약 요인들이 많이 있었다. 어디서나 유대인 공동체들은 자기들한테 무슨 일이 벌어지는지를 어느 정도만 알고 있었고, 최악의 소식이 진실이 아닐 것이라고 믿는 강한 경향을 보였다. 바르샤바 게토의 누군가는 일기에 유감스럽다는 투로 "무서운 소문들은 … 어지간히 부풀린 상상의 산물이다"라고 썼다.[199] 게다가 무장 행동이 추방과 살해의 속도를 높이거나 독일 측의 잔인한 보복을 부추겨 상황을 더 나쁘게 만들 것이라는 현실적인 두려움이 있었다. 잠재적인 저항자는 가족과 동반자를 보호해야 할지 아니면 그들과 헤어져 무기를 들어야 할지 양단간에 힘겨운 도덕적 선택을 해야 했다. 가족, 특히 자녀를 지켜야 한다는 생각은 폭력으로 저항하지 않은 게토 공동체들에서 강력한 유인이었다.[200] 또한 유대인 공동체들은 정치적·종교적 이유로 심각하게 분열되었다. 특히 더 보수적인 유대인들과 여러 유대인 공산주의 조직들이 갈등을 빚었는데, 이런 분열로 인해 협력이 더 복잡해지고 때로는 불가능해졌다. 많은 정교회 유대인은 하느님께서 예비해두신 게 틀림없는 운명을 방해할 권리가 있다는 생각을 거부했고, 신자들에게 탄압에도 불구하고 영혼을 강화하는 데 집중할 것을 촉구했다.[201] 무엇보다 유대인은 독일 당국에 협력하는 게토 주민들 중 일부, 특히 독일 작업장에서 일하는 사람들은 독일의 패배와 해방을 지켜볼 만큼 오래 살 수 있을 것이라는 허망한 믿음을 품었다. 빌뉴스 게토의 저항운동이 실패한 원인은 헛된 반란을 일으키기보다 순응을 해야 목숨을 부지할 가능성이 더 높다고 주장하는 유대인 지도자 야초프 겐스Jacob Gens가 주민들 사이에서 폭넓은 지지를 받았다는 데 있다.[202] 유대인 게토의 어느 경찰관은 "끝까지 견딜 수 있다는 희망의 불꽃이 존재하는 한" 아무도 영웅적인 저항의 걸음을 내딛지 않았다고 회고했다. 빌뉴스 게토에서 헤르만 크루크Herman Kruk는 일기에 희망이 "이 게토에서 최악의 질병"이라고 적었다.[203]

독일이 점령한 유럽에서 검거를 피하거나 게토와 수용소 생활을 모면한 유대인이 얼마나 되는지 추정한 수치들은 4만 명에서 8만 명 사이로 격차가 아주 크지만, 그런 유대인의 압도적 다수는 지리적 조건이 가장 유리한 동유럽에 집중되어 있었다. 1942년 약 300만 명의 유대인이 거주한 폴란드 총독부에서는, 비록 검증할 수 없는 수치이긴 하지만, 최대 5만 명이 피란민으로서 루블린과 라돔 주변의 숲으로 달아난 것으로 추정된다.[204] 그곳에서 도망자들에게는 여러 가지 엄혹한 선택지가 있었다. 일부는 적게는 몇 명에서 많게는 수백 명에 이르는 독립적인 유대인 유격대를 결성했는데, 많은 경우, 아마도 대부분의 경우 그들의 동인은 자신들을 괴롭히는 이들에게 복수하고픈 염원이었다.[205] 훔치거나 이따금 구입한 무기를 사용한 그들의 목표는 그저 생존을 도모하기보다 적에게 대항하는 것이었고, 소규모 교란공격을 가한 뒤 숲이나 습지로 다시 달아나곤 했다. 다른 유대인들은 이른바 '가족부대'를 결성하고 적어도 일부나마 분쟁에서 살아남는 것을 주목표로 은신처에서 공동체를 꾸렸다. 점령당한 소련 영토에서 6000~9500명이 가족부대에 속했던 것으로 추정된다.[206] 이들 부대는 무장이 부실해서 가능만 하다면 직접 전투를 피했고, 공동체를 방어하기 위해 한정된 군장비를 사용했다. 예컨대 샬롬 조린Shalom Zorin 이 이끈 부대는 군사작전에 참여해 보급부대로서 활동하며 식량 조달을 돕고 비유대인 게릴라에게 의료와 수공예 봉사를 제공하라는 소비에트 파르티잔의 압박을 거부했다. '새로운 예루살렘'이라 불린 유명한 비엘스키 여단, 몇몇 지점에서 최대 1200명의 피란민으로 이루어진 이 부대는 전투를 피하고자 이 은신처에서 저 은신처로 주기적으로 이동했다. 투비아 비엘스키Tuvia Bielski는 "서둘러 싸우다 죽지 마라. 우리는 얼마 남지 않았으니 목숨을 지켜야 한다"고 말했다고 한다.[207]

은신처에 숨었든 적과 싸웠든 간에, 숲과 습지에서의 생활은 힘겹기 그지없었다. 대다수 도망자들은 도시나 소도시 출신이라서 거친 자연에서 생활하는 데 익숙하지 않았다. 식량을 구하기 어려웠고, 이미 독일 측의 요구에, 또는 소련이나 폴란드 파르티잔의 약탈에 시달리고 있는 농민들을 설득해 농산물을 더 얻어내려는 것은 몹시 위험한 일이었다. 숲의 먹거리─식물, 견과류, 과일─는 계절을 탔기 때문에 식량은 훔치거나 때로 물물교환을 해서 마련해야 했다. 유대인 도망자들은 심지어 다른 비유대인 저항자들 사이에서도 약탈자이자 범죄자라는 오명을 얻었다. 훗날 어느 유대인 생존자는 도망자들이 영웅과 강도 사이의 무언가였다고 회고했다. "우리는 살아야 했기에 농민들의 변변찮은 소유물을 빼앗아야 했다."[208] 식량을 발견하면 유대교 율법에 맞는 음식만 먹는다거나 돼지고기를 먹지 않는다는 등의 가책일랑 접어두어야 했다. 한 여성 생존자는 돼지의 입 부위를 건네받아 먹으면서 딜레마에 빠졌던 순간을 기억했다. 조리를 하느라 불을 피우면 은신처를 들킬 위험이 있었다. 농민 조력자들은 부싯돌과 이끼로 불을 피우는 법과 어떤 나무를 쓰면 고자질쟁이 같은 연기가 거의 나지 않는지를 가르쳐주었다. 참나무나 자작나무 껍질로 신발을 만드는 등 옷가지도 임시변통해야 했다.[209] 의료는 기본적인 정도였고 질병과 굶주림, 신체 쇠약이 만연했다. 겨울철에 살아남을지 여부는 운에 달린 문제였다.

이 모든 고생은 적에게 발각되면 틀림없이 죽는다는 두려움에 비하면 아무것도 아니었다. 독일 경찰부대, 폴란드 부역조직인 '감색 경찰 Granatowa policja', 그리고 1942년부터 이른바 동방부대 소속으로 유대인 포로를 유독 잔인하게 대한 소련 보조병력이 도망자들을 추적했다.[210] 반유대주의가 팽배했던 폴란드, 우크라이나, 소련의 다른 파르티잔 단체들도 그들을 공격했는데, 여기에는 폴란드 민족방위군NSZ이 포함되었고 폴란드 국내군 부대들도 이따금 공격을 가했다. 폴란드 파르티잔 부대의 어느 유대인은 감옥에서 기독교 의례를 배워둔 덕에 가톨릭교도로 행세해 살아남을 수 있었다. "나는 유대인일 수 없었다. 그들이 나를 죽였을 것이다"라고 그는 회상했다. 유대인 도망자 가운데 4분의 1가량이 비유대인 파르티잔의 손에 죽은 것으로 추정된다.[211] 소비에트 파르티잔은 독일 측이 보낸 잠재적 스파이일지 모르니 유대인을 믿지 말라는 지시를 받았고, 이런 지시가 기괴한 폭력을 조장했다. 어느 여성 유대인 도망자 무리를 붙잡은 파르티잔들은 그들의 옷을 벗기고 강간한 뒤 철조망으로 묶어 불태웠다.[212] 숨어 지내는 유대인으로서는 친구와 적을 구별할 만한 쉬운 방법이 없었고, 사실 친구가 거의 없었다. 박해를 피해 달아난 유대인의 80~90퍼센트가 폭력, 질병, 추위, 굶주림으로 사망한 것으로 추정된다.

위험하기로는 적극적인 무장 저항도 별 차이가 없었다. 전체 참여자 중 적어도 5분의 4가 사망했고, 그 외에 수천 명이 집중사격을 당하거나 난폭한 무차별 응징에 희생되었다. 독일 지도부는 유대인의 모든 무장 행동을 제노사이드 물결을 피해보려는 절박한 노력으로 보지 않고 유대인 적이 이렇게나 위험한 존재임을 입증하는 것으로 보았다. 요제프 괴벨스는 바르샤바 게토 봉기 도중인 1943년 5월 일기에 "우리는 유대인이 무기를 손에 넣고 나면 무슨 일을 벌일지 훤히 예상할 수 있다"고 적었다.[213] 프랑스에서는 유대인의 이익을 추구하는 데 열중하는 여러 유대인 저항조직이 출현했다. 1940년 툴루즈에서 유대인 이주자들이 주축이 되어 결성한 라 망 포르테La main forte('강한 손')는 비시 정권의 반유대인 정책과 싸우는 데 주력했다. 1년 후인 1941년 8월 이 조직은 유대인군Armée Juive으로 바뀐 뒤 다시 유대인전투조직Organisation Juive de Combat으로 바뀌었다. 이 단체는 프랑스 저항운동이 아니라 팔레스타인에 본부를 둔 시오니즘 준군사 조직 하가나Haganah에 호응했다.[214] 그리고 프랑스 내 유대인을 위한 구조와 복지를 지원하는 임무뿐만 아니라, 유대인을 게슈타포에 밀고한 것으로 알려진 프랑스 사람들을 암살하는 활동을 포함해 독일과 비시 프랑스의 표적을 자주 무장 공격하는 임무까지 맡았다. 이는 지극히 위험한 임무였고 잦은 맹비난과 체포, 처형으로 응징을 당했다. 연합군이 침공하기 한참 전인 1943년에 밀어닥친 세 차례 대규모 체포의 물결에 유대인군은 결국 깨지고 말았다. 1944년 조직을 재결성하려던 노력도 비슷한 운명을 맞았다.[215]

동유럽을 보면, 숲 은신처에서 벗어난 무장 저항은 수많은 반란으로 이루어졌다. 그런 반란은 대체로 유대인 추방이나 노동수용소와 강제수용소의 여건에 반발하는 자발적인 대응이었으며, 절멸수용소에서 독가스에 살해된 희생자들의 시체를 소각하는 일을 맡은 특별기동대Sonderkommando의 경우 반란은 독일 살인기구를 잠시 방해하려는 노력을 의미했다. 이런 대응은 여러 장소에서 두루 나타났다. 대규모 게토 7곳과 더 작은 게토 45곳에서 반란이 일어났으며, 전체 게토의 4분의 1에서 저항운동이 존재 했던 것으로 추정된다. 또 강제수용소들에서 5회, 노동수용소들에서 18회 봉기가 발생했다.[216] 1943년 10월 14일 소비보르 절멸수용소에서 봉기가 일어난 결과, 친위대원 11명과 수용소장이 죽고 수감자 300명이 숲으로 탈출했다. 1943년 8월 2일 트레블링카 절멸수용소의 반란자들은 간수들 을 살해하고 수용소에 불을 지르고 600명을 탈출시켰지만, 결국 나중에 대부분 사살되거나 도로 붙잡혔다. 1944년 10월 7일 아우슈비츠-비르케 나우 절멸수용소에서 특별기동대가 일으킨 반란은 663명 중 450명이 죽 고 나중에 200명이 더 처형되는 결과를 맞았다.[217] 반란 이후 탈출에 성공 한 경우도 있었지만, 대다수 참여자들에게는 반란이 곧 최후의 몸짓이었다. 힘러는 이런 폭력에 대응해 유대인 노동자 전원을 제거하라고 명령했다. 1943년 11월 3일, 마이다네크 강제수용소에서 유대인 남녀 1만 8400명 이 살해되었다.[218]

최대 규모의 유대인 무장 반란은 반격이야말로 그들을 인간 이하로 치 부하는 적에 맞서 아주 잠깐이라도 자율성과 자존감을 되찾겠다는 간절 한 도덕적 성명이라고 판단한 유대인들이 직면했던 여러 문제를 잘 보 여준다. 1943년 4월 19일 시작된 바르샤바 게토 봉기는 1942년 여름부 터 게토에서 진행된 대량 추방 이후에 일어났다. 이 경우에 반란은 자발 적인 것과는 거리가 멀었다. 1942년 가을 좌파 시오니스트들이 모르데하 이 아니엘레비치Mordechai Anielewicz의 지도하에 유대인투쟁조직ZOB을 결 성했다. 공산주의에 동조한다는 이유로 이 조직을 불신한 수정주의 시오니스트들은 유대인군사연맹ZZW을 결성했다. 사회주의 계열의 유대인 노동총연맹은 봉기 참여를 거부하면서도 협력하기로 했고, 주요 반란조직 바깥에서 다수의 '야생' 단체들이 생겨났다. 봉기할 무렵 유대인투쟁조직의 21개 전투단과 유대인군사연맹의 10개 전투단이 게토의 구역들에 흩어져 있었다. 친위대 대령 페르디난트 폰 자메른-프랑케네크Ferdinand von Sammern-Frankenegg가 이끄는 독일 당국이 1943년 1월 새로운 추방 프로그램을 개시했을 때, 반란군은 비록 의표를 찔리긴 했지만 나흘간 짧은 전투를 벌였다. 이 전투는 독일 측에 추방의 다음 단계에는 더욱 완강한 저항에 부딪힐 공산이 크다는 경고가 되기에 충분했다. 힘러는 되도록 서둘러 바르샤바 게토를 소탕하라고 명령했다. 다음번 대규모 추방을 수행하기 위해 무장친위대, 경찰, 우크라이나인 보조병력으로 이루어진 대군이 편성되고 중화기가 공급되었다. 자메른-프랑케네크는 마지막 순간에 친위대 소장 위르겐 슈트로프Jürgen Stroop로 교체되었는데, 후자는 어떤 저항이든 무자비하고 단호하고 신속하게 진압할 것으로 예상되었다.[219]

사전에 대규모 병력 이동 계획에 대한 경고를 들은 게토의 두 주요 전투조직은 마침내 힘을 합쳐 어떤 위치에서 저항할지 정하고 한정된 무기를 최대한 모았다. 반란을 일으킬 무렵 유대인투쟁조직이 보유한 무기는 기관단총 1정, 소총 몇 정, 그보다 많은 권총, 수류탄, 화염병이 고작이었다. 폴란드 국내군은 대체로 경험이 부족한 민간 병력을 얼마간 훈련시키고 소수의 무기를 제공했지만, 향후 총봉기를 일으키는 데 필요하다는 이유로 그 이상의 무기는 지원하지 않았다.[220] 2000명가량의 독일군이 게토에 진입했을 때, 750~1000명의 저항군이 주요 거점들에 포진하고 있었다. 뒤이은 전투에서 독일군의 계획은 완전히 어그러졌다. 어느 생존자는 별안간 맞닥뜨린 지뢰와 저격수를 피해 "공포에 질린 채 비명을 지르며 달아나던 독일 군인들"의 모습을 보고 기뻐했던 순간을 회상했다.[221] 반란군은 애처로울 만큼 자원이 부족했지만, 가진 자원을 신중하게 사용하고 초기에 기습한 덕에 5월 첫째 주까지 봉기를 이어갈 수 있었다. 독일군은 포, 공중 폭격, 방화에 의존해 게토의 거리를 하나씩 파괴해가는 쪽으로 전술을 바꾸었다. 투사들이 몸을 숨긴 여러 소중한 벙커들 중 한 곳에서 아니엘레비치는 붙잡히기보다 자결하는 편을 택했다. 제한된 게릴라 행동이 여름까지 이어지는 가운데 독일군은 다 타버린 게토의 잔해를 치우고 최후의 유대인들을 트레블링카 수용소로 보내 몰살시켰다. 유대인 투쟁조직과 유대인군사연맹의 전투원 대다수를 포함해 7000명이 전사한 것으로 추정되고, 아마도 화재로 5000~6000명이 더 죽었을 것이다. 사망자의 절대다수는 숨어 있던 유대인이었으며, 독일군은 화염방사기와 최루탄으로 그들을 바깥으로 끄집어내거나 넓게 불을 질러 산 채로 불태웠다. 슈트로프는 병력을 단 16명만 잃었다고 주장했으나 분쟁의 기간을 감안하면 타당해 보이지 않는다. 다만 더 많은 수치들은 추측이다.[222]

바르샤바 게토 봉기는 일부 유대인이 게토에서 더 탈출하도록 돕긴 했으나 유대인 추방을 고작 몇 주 늦추었을 뿐 멈추지는 못했다. 하지만 애당초 실패할 운명이었던 이 봉기는 외부 세계에 유대인이 어떤 현실에 직면해 있는지 분명하게 알려주었다. 독일 측에 이 봉기는 1943년 바르샤바 게토에서 마지막 주민들을 제거할 때까지 가차없이 추진한 프로그램이 불편하게 중단된 사태였다. 나머지 유럽과 아시아 도처의 저항운동들과 달리, 유대인의 저항은 그들의 운명을 소외시킨 세계대전이라는 광범한 맥락이 아니라 제노사이드라는 독특한 맥락에서 중요했다. 유대인은 더 폭넓은 비유대인 저항과 파르티잔 운동에서 일익을 맡은 경우에만 해방을 위한 투쟁에 기여했다. 그런 경우에 유대인은 저항자이자 독일군의 인종적 적이라는 이중의 위험에 시달렸는데, 독일군은 대부분의 무장 저항을 어쨌든 유대인이 조장한 저항으로 간주했다. 제노사이드를 막으려던 개별 전쟁은 무장이 안 되어 있거나 부실한 민간인들이 자원이 풍부한 보안기구와 맞붙은 국지적이고 자멸적인 전쟁이었다. 그것은 유대인 민간인들이 예상하지도 못하고 모든 면에서 제대로 대비하지도 못한 전쟁이었다. 1939년부터 1945년까지 벌어진 온갖 민간 전쟁을 통틀어 홀로코스트에 맞선 유대인의 저항은 가장 균형이 맞지 않고 가장 희생적인 전쟁이었다.

제9장

전쟁의 감정지리

1943년 7월 쿠르스크 전투에 임했던 두 명의 젊은 소련 군인. 한 사람은 전투를 기다리며 십자가를 쥐고 있다. 어디서나 군인들은 전투의 공포를 극복하기 위해 작은 정표나 부적에 의지했다.

지난 며칠 밤은 나조차도 견디기 힘들어 펑펑 울었어. 다른 전우도 울었지만 나와는 다른 이유였지. 그는 너무도 자랑스러워하던 전차를 잃었다며 울었어. … 나는 내가 살해한 러시아군 전차 조종수 때문에 지난 사흘간 밤새 울었어. … 밤마다 어린애처럼 꺼이꺼이 울었지.

— 스탈린그라드에서 보낸 편지, 1943년 1월[1]

독일 군인들이 스탈린그라드에서 보낸 마지막 편지를 그들의 가족이나 친구는 끝내 읽지 못했다. 독일 육군은 이제 파국을 맞을 운명인 군인들의 사기가 어떠한지 가늠할 수 있도록 스탈린그라드 고립지대에서 항공기로 실어온 마지막 우편물 일곱 자루를 압수하라는 지시를 받았다. 그 결과는 기대했던 것과는 많이 달랐다. 편지들을 분석해보니 2.1퍼센트만 전쟁 수행에 찬성했고, 37.4퍼센트는 의심하거나 무관심한 것으로 보였으며, 60.5퍼센트는 회의적이거나 부정적이거나 명백히 반대하는 입장이었다. 그 편지들을 볼가 강변의 영웅적 투쟁에 관한 선전용 책자에 활용하려던 계획을 요제프 괴벨스는 "죄다 장송곡이잖아!"라며 거부했다. 히틀러의 지시로 편지는 모조리 파기되었다. 선전용 책자를 집필하려던 선전부 관료가 옮겨 적어둔 편지 39통이 전후에 공개되었다.[2] 이 장의 첫머리에서 인용한 밤새 울었다는 군인과 마찬가지로, 독일 군인들의 전망과 행동은 볼셰비키의 위협으로부터 유럽을 지키기 위해 싸운다는 영웅적인 인종 전사들의 이미지에 전혀 부합하지 않았다. 한 생존자는 이렇게 썼다. 시체들이 "우리 주변 사방에 널려 있다. 일부는 팔이나 다리, 눈이 없고, 일부는 복부가 터져 있다. '가장 고결한 형태의 죽음'을 영원히 믿지 않도록 누군가 그 광경을 촬영해야 한다. 그것은 더럽게 죽는 길이다."[3]

스탈린그라드 군인들의 감정적 반응은 2차대전에서 독특한 반응이 아니었다. 그것은 그들을 둘러싼 끔찍한 전장과 그들이 공유한 암울한 생존 가능성에 대한 반응이었다. 가장 극단적인 경우 그 반응은 심각한 정신질환이나 심신증을 유발해 현역군인 수백 병이나 수천 명을 일시적으로 혹은 영구적으로 전투 불능으로 만들 수도 있었다. 폭격이나 포격을 경험한 민간인들을 포함해 온갖 형태의 전투를 겪은 사람들이 공유했던 주된 감정은 흔히 공포로 규정된다. 총칭으로서의 공포는 다양한 감정 상태—장기간의 불안, 두려움, 히스테리, 패닉, 심한 우울증, 심지어 공격성까지—를 묘사하는 포괄적인 용어에 지나지 않으며, 똑같이 다양한 신경정신적·정신질환적·심신질환적 상태를 유발할 수 있다. 극도의 공포—오늘날에는 외상성 스트레스로 이해하는 경우가 더 많다—가 유발하는 반응들은 비록 전시 교전에서 보편적으로 나타나긴 하지만, 그런 반응을 겪은 사람들이 꼭 전투 불능이 되는 것은 아니다. 전투 중 군인들은 대개 당혹스러울 정도로 다양한 감정에 직면한다. 버마에서 싸우던 어느 영국 군인은 "겁에 질려 몸이 굳었지만 제정신을 잃지 않"았고 자신의 감정 상태를 "분노, 두려움, 고양감, 안도감, 놀라움"의 뒤죽박죽 혼합으로 묘사했다.[4] 일선 부대에 속했던 어느 소비에트 여성은 공격 개시와 함께 "떨리기 시작한다. 벌벌 떤다. 하지만 첫 사격 전까지다. … 명령이 들리면 더 이상 아무것도 기억나지 않는다. 모두와 함께 일어나 달린다. 그러면 더는 두렵다는 생각이 들지 않는다"고 회상했다. 오히려 전쟁이 싸우는 사람들의 "짐승 같은 면모"를 드러냈다고 그 여성은 결론지었다.[5] 군 지휘관이나 전시 정부 측에 전시 폭력이 유발하는 감정 상태는 군사적 효율을 저해하거나 후방에서 대중의 패닉을 야기하고 사기를 떨어뜨림으로써 전투 불능을 초래할 지경이 되어서야 비로소 문제가 되었다. 그 이후 전투의 적나라한 실상에 대한 군인과 민간인의 감정적 반응을 관리하는 것은 모든 교전국의 전쟁 노력에서 중요한 요소가 되었다. 그런가 하면 전시 트라우마에 대처하는 문제는 총력전에 휘말린 평범한 남녀 수천만 명에게 엄연한 현실이었다. 2차대전 기간에 대한 전후의 서사들은 보통 그들의 정신질환적 반응을 다루지 않거나 대체로 간과해왔다.

"전쟁신경증은 전쟁에 기인한다"

군대들이 두루 겪은 감정적 위기는 2차대전이라는 특정 분쟁의 맥락에서 이해해야 한다. 이례적으로 규모가 컸던 군대들은 민간 환경에서 기대와 가치관을 형성한 민간인 징집병들(일부는 단기간 군복무한 경험이 있었다)에 거의 전적으로 의존했다. 전시에 군대는 그 징집병들의 가지각색 사회 계급이나 교육 수준, 개성, 기질을 망라하는, 사회의 폭넓은 횡단면을 대표했다. 남자든 여자든 원하는 모습으로 바꾸려던 군사기관들의 노력에도 불구하고, 군대의 표준 인물형 따위는 존재하지 않았다. 민간인 청년들은 극심한 스트레스를 받았다. 바로 살해될 위험성과 타인을 살해할 필요성으로 인한 스트레스였다.[6] 그러므로 현대 전장에서 현역 병력이 갖가지 육체적·정신적 반응을 보이리라는 것은 뻔한 일이었다. 또한 전투의 조건에 따른 첨단 무기의 성격 때문에 정신적 사상자가 발생할 가능성이 극대화되었다. 전장 병력을 겨냥한 항공기의 공격과 민간인을 겨냥한 장거리 폭격기의 공세는 지상의 사람들 사이에서 자신들은 무력하고 표적을 예측할 수 없다는 두려움을 자아냈다. 지상전에서 온갖 신식 포의 위력이나 노출된 보병진지를 돌파하는 전차의 위협은 가장 용감한 병사들까지도 시험하는 시나리오였다. 전시에 어느 정신과의사는 "끊임없는 폭발음, 포성, 기관총이 찰칵거리는 소리, 포탄이 쌩쌩 날아가는 소리, 박격포가 끼익끼익 움직이는 소리, 항공기 엔진이 웅웅거리는 소리"의 누적 효과가 "저항을 진압한다"고 썼다.[7] 또 평균적인 군인(그리고 폭격당한 민간인)은 죽거나 훼손된 시체들, 신체 부위들이 여기저기 널린 야전이나 거리 등 민간의 일상생활에서는 전혀 볼 일이 없는 소름끼치는 광경을 자주 목격해야만 했다. 규율이 엄격하고 개인주의를 용납하지 않고 개성을 억누르는 군대 환경 자체도 전장에 도착하기 한참 전부터 어느 오스트레일리아 정신과의사가 말한 "정신적 난파"를 유발했다.[8] 1941년 영국 본국 육군에서는 한 달에 정신적 사상자가 1300명씩 발생했다. 태평양 북단 알류샨 열도의 수비대에 배치된 미국 군인들은 전혀 싸우지 않고도 '전투 피로증' 진단을 받았다. 또 뉴기니에서 귀국한 오스트레일리아 군인들의 정신 상태를 검사해보니 정신신경증 사상자의 3분의 2가 전투를 치른 적이 없었으며, 이 결과에 의료진은 전투만이 정신신경증을 유발한다고 추정할 증거가 없다는 결론을 내렸다.[9]

이런 조건에서는 정신적 사상자가 엄청난 규모로 발생할 가능성이 있었으며, 실제로 그렇다는 것이 입증되었다. 미국은 정신질환을 이유로 징집병 약 200만 명의 입대를 거부했지만, 그럼에도 130만 명이 분쟁 기간에 정신적 사상자 진단을 받았고, 그중 50만 4000명이 제대 조치되었다.

유럽 전구에서 전체 미군 사상자의 38.3퍼센트는 이런저런 정신신경 장애 범주로 규정되었다. 노르망디 작전에서 살아남은 보병의 98퍼센트는 어느 시점엔가 정신적 사상자였을 것으로 추정된다.[10] 같은 작전을 수행한 영국 육군 사상자의 10~20퍼센트, 프랑스 육군 사상자의 25퍼센트는 정신질환 범주로 규정되었다. 영국 육군과 미국 육군에서 의학적 이유로 제대시킨 군인의 3분의 1은 정신질환자였다.[11] 미국 해군은 정신질환 비율이 훨씬 낮았는데, 어느 정도는 전장이 매우 달라서 얼굴을 맞대고 살해할 일이 없고 격전이 단기간만 이어졌기 때문일 것이다. 해군에서 제대시킨 군인 중에서는 단 3퍼센트만 정신신경 장애를 앓았다.[12] 독일 육군과 소련 육군의 수치는 판단하기가 더 어려운데, 신경증 상태를 대개 무시하거나 기질성 사상死傷으로, 따라서 의학적 사상으로 다루었기 때문이다. 어느 수치는 붉은군대의 정신적 사상자를 100만 명가량으로 추정하고, 타당성이 떨어지는 다른 수치는 겨우 10만 명으로 추정한다.[13] 독일 육군의 경우 '바르바로사' 작전의 초기 단계에 정신신경증 사례가 급증하여 사상의 단연 중요한 원인이 되었다. 추정에 따르면 1944년 1월경 매달 정신적 사상자가 2~3만 명씩 나왔고, 1944년에서 1945년으로 넘어갈 무렵에는 아마도 한 달에 최대 10만 명까지 나왔을 것이다. 1943년까지의 수치들은 군에서 제대시킨 인원 중 19.2퍼센트가 정신신경증 사례였음을 시사하지만, 1944~1945년에는 전투 조건이 더 힘들어지고, 사망이나 부상 가능성이 높아지고, 더 어리고 더 늙은 신병들이 충원되면서 그런 사례의 비율이 분명 더 올라갔다.[14] 이탈리아의 기록은 집계 통계를 제시하기에는 너무 불완전하지만, 국지적 증거는 이탈리아 군인들이 다른 육군들과 같은 정도로 전력을 약화시키는 다양한 정신질환을 앓았다는 것을 보여준다.[15]

꼭 신경성 장애가 아니더라도 전투 혹은 전투 위협을 피할 수 있는 다른 방법이 있었다. 예컨대 자해하거나 탈영하거나 항복하는 방법이 있었다―다만 그런 군인들 중 상당수도 공포나 트라우마적 경험, 숨막히는 군생활로 인해 어느 정도 정신질환성 반응을 보였을 가능성이 높긴 하다. 자해 부상에는 여러 위험이 따랐다(간혹 죽을 수도 있었다). 보통은 손이나 발에 총을 쏴서 관통상을 입었다. 기록에 의하면 대부분의 군대에서 자해 부상이 발생했으나 그에 관한 수치는 드물다. 북서유럽 전역에서 미군 1100명가량이 상대적 안전을 위해 이 방법을 택했고, 1944년 같은 전역의 캐나다 육군에서 자해 부상이 232건 기록되었다. 붉은군대는 자해 부상자를 곧장 처형했고 항상 수치스러운 포기의 사례로 취급했다. 미군 군 병원에서 자해 환자들은 침대 위쪽에 걸린 'SIW Self Inflicted Wound' 표지를 통해 구별되었고, 비록 공식적으로 처벌하진 않았지만 병원 직원들에게 따돌림을 당했다.[16]

탈영은 다른 차원의 문제였다. 붉은군대에서 탈영병(적에게 넘어간 이들을 포함해)은 무려 438만 명에 달했다. 소련 측에서 탈영병이나 징병 기피자로 규정한 280만 명 중 21만 2400명은 끝내 붙잡히지 않았다(사실 대부분 사망했다). 상당수는 엄밀한 의미의 탈영병이 아니라 1941~1942년 대퇴각 시기에 소속 부대와의 연락이 끊기거나 포위전 도중 가까스로 독일군 전선을 빠져나간 이들이었으며, 이런 병사들은 대개 부대로 복귀했다.[17] 탈영병으로 분류된 이들 중에는 소련의 체제나 열악한 조건, 지도부에 환멸을 느껴서, 또는 그저 생존 가망이 더 높기를 바라는 마음(헛된 희망으로 밝혀졌다)에 독일 측으로 변절한 이들도 있었다. 비록 오차 범위가 넓긴 하지만, 추정에 의하면 1942년에서 1945년 사이에 최소 11만 6000명이 변절했고 1941년에는 아마도 최대 20만 명까지 변절했을 것이다.[18] 미국 육군의 경우, 전 세계의 탈영병이 총 4만 명, 그중 유럽에서 탈영한 이들이 1만 9000명이었다. 영국 육군은 전시 탈영병이 총 11만 350명이었고 비교적 활동이 적었던 1941~1942년에 탈영이 가장 많이 발생했는데, 전투 경험보다는 활동이 없는 데 대한 불만과 유럽 전장이 고국에서 가깝다는 사실이 원인으로 작용했다. 독일 육군의 수치는 탈영병으로 붙잡혀 사형에 처해진 이들의 숫자만 알려져 있으나 그것만 해도 3만 5000명에 달했다. 아시아 전쟁에 관한 서술들은 일본군에서나 중국군에서나 달아나다가 붙잡힌 병사들이 대개 총살되었다는 것을 시사하지만, 전장이 워낙 혼란했으므로 정확한 통계를 기대하기는 어렵다. 일본 육군이 공식 수치로 주장하기로는 1943년과 1944년에 탈영병이 각각 1023명과 1085명에 추가로 변절자 60명이 있었지만, 그 무렵 많은 군인들이 적을 피해 밀림이나 산악 지역으로 달아났던 터라 관련 통계를 추적할 수가 없었다.[19] 탈영에는 여러 이유가 있었다. 일부는 정서적 이유로, 일부는 전쟁으로 인한 신경증의 결과로, 일부는 범죄를 저질러서, 일부는 정치적·양심적 항의의 표시로 탈영했다. 하지만 그들 모두 전투를 회피하려 한 부류로 취급되었다. 각국의 군사제도는 탈영으로 인한 대규모 패닉을 막아야 한다는 큰 압박을 받았고, 비록 대다수 탈영병을 총살하진 않았지만 탈영이 전염병 수준에 도달하지 않도록 그들을 처벌하고 낙인을 찍었다.[20]

전투를 포기한다거나 정신적 위기로 도피한다는 결정은 분명 보편적인 결정이 아니었다. 군인들의 개성보다는 그들이 처한 특정 상황에 많은 것이 달려 있었다. 병력 손실이 큰 전투 상황, 도움을 받을 가망이 거의 없고, 가까운 전우가 별안간 죽고, 포탄이나 폭탄을 간신히 피하는 상황에서는 군인들이 스트레스 반응을 보일 가능성이 대단히 높았다. 1942년 북아프리카 전역에서 무기와 지휘의 열세 속에 싸우던 영연방 병력은 사기가 떨어지는 바람에 전투를 그만두고 항복하거나 무단으로 이탈하는 인원이 폭증했다. 1942년 3월부터 7월까지 제8군의 경우 사망은 1700명이었지만 대부분 항복의 결과인 '실종'은 5만 7000명이었다.[21] 미국 육군의 경우처럼 신병들을 낯선 부대들에 조금씩 보충하는 제도를 운영하던 상황에서는 신병들이 높은 비율로 전사하거나 정신질환으로 무너졌다. 몇몇 전투 지형의 조건은 인간의 역량으로는 도저히 견딜 수 없을 정도였다— 거미줄처럼 얽힌 중국의 강과 산맥, 동남아시아의 밀림전, 러시아 전선의 동계 전투, 그리고 서리와 눈, 진흙, 질병이 큰 피해를 가져온 이탈리아의 험난한 산악전선 등이 그런 조건이었다. 이탈리아 남부의 첫 동계 전역에서는 연합군의 정신적 사상률이 급증했다. 버마 전역에서는 열대림의 전투 환경과 으레 스트레스 반응을 유발한 질병들로 인해 진단명을 확정할 수 없는 사상자가 높은 비율로 발생했다.[22]

모든 전선의 한 가지 공통된 결론은, 가장 극단적인 조건에서는 누구든지 무너질 수 있다는 것이었다. 1943년 미국 정신과의사 로이 그린커Roy Grinker와 존 스피겔John Spiegel은 "전쟁신경증은 전쟁에 기인한다"고 썼다.[23] 1941년 10월 미국 육군의 사회학적·심리학적 상태를 관찰하기 위해 설립된 전쟁부 조사과는 전시 동안 어느 누구도 전투의 심리적 왜곡 효과로부터 자유롭지 못하다고 결론지었다. 군 정신과의사 존 아펠John Appel이 이탈리아 전장을 6주간 둘러보고서 보고서를 제출한 후인 1944년 12월 미군 의무감 노먼 커크Norman Kirk는 모든 육군 사령부에 "정신적 사상은 총상과 파편상만큼이나 불가피하다"라는 공식 견해를 전달했다.[24] 적합 병사들이 포화 속에서 무너진다는 생각에 보통 적대감을 보이던 독일 육군 사령부조차 1942년 신경증 치료법 지침을 내놓으면서 "현저하게 유능한 군인들"이라고 해서 다른 이들에 비해 정서적 스트레스로부터 면역인 것은 아니라고 인정했다.[25] 1944년 군 정신과의사들은 평균적인 군인이 전투를 몇 날이나 견딜 수 있느냐는 문제로 논쟁을 벌이고 있었다. 영국 측은 대략 400일이라고 추정하면서도 전투를 자주 멈추고 단기간이라도 쉬어야 한다는 단서를 달았다. 미국 의사들은 80일에서 200일 사이가 한계일 거라고 생각했다. 1945년 5월 미국 육군은 120일을 한계로 정했다. 대독일 작전에서 폭격기 승무원의 경우 15~20회 출격이 한계라는 의견이 나왔지만, 승무원은 정기적으로 30회 임무 비행을 했고, 일부는 복귀해 재차 30회를 했다. 2차 작전에서 16퍼센트만 살아남았으므로 대다수 항공병은 정신적으로 기진맥진한 상태로 분류되기 전에 사망했다. 최근 연구에 따르면 현역군인은 전투에서 60일이 지나면 더 이상 실전에 적합하지 않다고 한다.[26]

2차대전에서 모든 군사기관은 감정적 '오염'의 가능성을 낮추고 최대한 많은 병력을 전선으로 되돌려보낼 수 있도록 감정적 사상에 대처하는 체계를 구축하고 발전시킬 필요가 있었다. 일찍이 1차대전에서 경험한 전투 탈진(보통 '포탄 충격shell-shock'으로 알려진)을 바탕으로 새로운 분쟁의 군사적 상황을 얼마간 예측할 수 있었지만, 그때 배운 교훈들은 그 후로 대부분 잊혔거나 당대 정신의학과 심리학의 성과로 대체되었다.[27] 가장 중요한 성과는 전간기의 프로이트 혁명으로, 이는 특정한 성격의 사람은 어린 시절의 경험으로 인해 무의식적으로 심리적 갈등을 겪는 소인이 있다는 널리 퍼진 믿음을 부추겼다. 정신의학자들은 프로이트와 그 추종자들의 심리학적 주장을 불신했지만, 정신적 결함의 유전에 관한 유전학적 사고가 발달하면서 소인 관념이 강화되었고, 이런 추세에 정신과의사들은 소인이 이런저런 방식으로 정신질환성 반응을 결정하는 것이라고 추정하곤 했다.[28] 정신의학과 심리학은 둘 다 신경학과 경쟁했는데, 신경과의사들은 모든 정신질환 장애는 뇌와 신경계의 작동에 그 유기적 원인이 있다고 주장하며 심리적 '질병' 개념을 거부했다. 이 모든 관점들과 각 관점을 대변하고 옹호하는 과학자들은 전시 군 정신의학의 발달에 일조했지만, 그 결과는 해소되지 않은 여러 논쟁과 적절한 치료법을 둘러싼 혼란이었다. 설상가상으로 많은 군 지휘관들이 정신쇠약을 의학적 사상의 한 형태로 인정할 수 있다는 견해를 옹호하는 전문가에게 불신을 드러냈다. 아이다호 선별소에서 징집병을 평가하는 업무에 채용된 어느 심리학자는 담당 장교로부터 그의 도움이 필요하지 않다는 퉁명스러운 말을 들었다. "나는 성질이 똥 같은 놈들을 어떻게 다루어야 하는지 알고 있소."[29]

감정 스트레스를 대하는 상이한 문화적·과학적 접근법들은 2차대전 기간에 군 정신의학을 적용하는 각국의 방식이 서로 크게 달랐던 이유를 설명해준다. 미국은 군 정신의학을 군사적 노력에 완전히 통합했는데, 이는 심리학의 발달에 두루 열광하는 대중의 반응을 반영한 결과였다. 반면에 독일, 소련, 일본의 군사조직은 군 정신의학을 최소한으로 받아들였다.[30] 미군은 육군과 해군에 최고 수준의 신경정신의학 부서를 신설했다. 전쟁 전 미국에는 종사 중인 정신과의사가 3000명 있었지만 군대에는 육군 의무대에 37명밖에 없었다.[31] 이런 상황은 전시 동안 크게 바뀌어 정신과의사 2500명이 미군의 위생 및 의무 병과에 채용되었다. 1943년에는 미국 육군의 각 사단마다 정신과의사가 한 명씩 배속되어 있었다. 미국 해군은 1940년 신경정신의학 병과를 신설한 뒤 조직 전반에 걸쳐 정신의학부대들을 창설했다. 각 정신의학부대는 정신과의사 1명, 심리학자 1명, 신경과의사 1명으로 구성했는데, 아마도 이 전문가들 간의 이론적 긴장을 완화하기 위해서였을 것이다.[32] 영국군은 정신의학을 더 늦게 받아들였다. 초기에 영국군은 정신과의사를 극소수만 채용하다가 1940년 4월

각 육군 사령부에 고문 역할의 정신과의사를 배치하기로 결정했다. 하지만 1942년 1월에야 정신의학 사례를 치료하고 처리하는 공식 체계를 갖추었고 그해 4월에야 군 정신의학부를 설치했는데, 여기에는 아마도 정신의학이 "허풍으로 변질되기 십상이다"라는 처칠의 편견이 반영되었을 것이다. 1943년 영국 육군 전체에 배속된 정신과의사는 여전히 227명뿐이었고, 그중 97명만이 해외에 있었다.[33] 전시 초기에 대부분의 전투를 치른 영국 공군은 1940년 전투비행의 스트레스에 대처하고자 영국의 주요 신경과의사가 이끄는 신경정신의학 병과를 신설했다. 이 병과는 결국 12개까지 늘어난 특별센터를 설치해 '아직 신경증으로 진단받지 않음'으로 분류된, 어떤 상태인지 뻔히 짐작되는 감정적 사상자들을 평가했다. 영국 공군에 배속된 의사들은 대부분 정신과의사이거나 신경과의사였다.[34]

독일과 소련의 군부는 정신과의사를 멀리했다. 한 가지 이유는 양국의 독재정이 개인의 필요보다 집단의 건강을 중시하고 심리과학을 불신한다는 데 있었다. 양국 정권은 현역 남성들이(소련의 경우 여성들도) 이데올로기적 헌신에 고무되어 감정적 위기를 극복할 것이라고 가정했다. 1934년 소비에트 군사의학 아카데미의 정신의학부 부장은 이렇게 썼다. "붉은군대 군인의 정치적 사기土氣 수준, 단단한 정치계급 의식이 그로 하여금 정신증 반응을 더 쉽게 극복할 수 있도록 해줄 것이다."[35] 어느 정신과의사는 독일 군인이 실제 위험 상황에서 그저 스스로를 보존하려는 충동을 "고결한 가치와 이상에 대한 애착을 통해 극복하고 억누른다"고 썼다.[36] 독일에서 정신과의사와 심리학자는 병력 선별을 돕는 업무에 채용되었고, 전시 동안 주요 집단군들의 상담 고문Beratenden Psychiater으로 활동했다. 결국 정신과의사 60명이 독일군 위생 병과 수장의 통제를 받으며 육군과 공군의 사기 및 의료에 관한 조언을 제공하긴 했지만, 전장 수준의 치료는 군의 관의 소임이었다. 독일 공군은 심리학자와 정신과의사를 의료 업무에 더 통합하려 했다. 1939년 심리치료 병과를 신설했고, 스트레스 징후를 보이며 쇠약해지는 항공기 승무원들을 위해 결국 11개의 정신병원을 설립했다. 그러나 민주국가들이 정신의학 시설을 늘려가던 1942년에 독일의 군사심리학은 히틀러의 명령에 따라 먼저 5월에 공군에서, 두 달 후에 육군에서 청산되었다. 독일군 전선에서 정신의학의 입지는 줄곧 위태로웠는데, 심리적으로 무너진 군인에게는 포괄적인 치료보다 군인다운 가치관에 대한 더욱 엄격한 교육이 필요하다고 여겼기 때문이다.[37]

소련에서 정신의학의 입지는 더욱 허약했다. 정신의학 훈련을 받은 인력이 늘 부족했거니와, 정신질환의 근원이 신체에 있고 일반 의료진이 치료할 수 있다는 생각이 강했기 때문이다. 군사위생총국에서 일하던 정신과의사들은 1941년 9월 마침내 정신병원을 설립하라는 지시를 받긴 했으나 가장 곤란한 환자들만 맡아야 했다. 군병원들은 정신질환자용으로 병상을 30개만 할당했다. 다수의 정신과의사는 1942년 고문으로서 육군 주요 전선군들에 배속되었고, 일부는 각 육군 사단에 배속되었다. 감정적 쇠약 환자들의 절대다수는 심리치료 경험이 거의 없거나 그들에게 공감하지 않는 전선 의사들에게 맡겨졌다.[38] 일본 육군은 징집병들이 죽을 때까지 인내력을 발휘할 거라고 상정하여 정신질환 치료에 거의 아무런 대비도 하지 않았다. 그리하여 심리적으로 무너진 군인을 범죄자 아니면 부적응자로 간주했고, 육군의 '교육대'로 보내 정신적 타락자인 양 다루었다. 소수의 정신과의사가 육군에 배속되긴 했지만 어디까지나 일부 군인이 사이코패스적 범죄 본능(장교들의 잦은 살인을 포함해)을 드러내는 이유를 설명하기 위해서였지 나머지 육군의 정신건강을 유지하기 위해서가 아니었다.[39]

군대에서 정신의학과 심리학은 매우 다른 두 가지 방식으로 활용되었다. 여기에는 감정적 쇠약의 소인이 있다는 견해를 지지하는 학자들과 정신적 사상을 심리적·신체적으로 힘겨운 전투의 결과로 여기는 학자들 사이의 알력이 반영되었다. 1차대전을 겪은 나라들에서는 민간인 신병을 선별하는 더 효과적인 절차를 통해 감정적 붕괴의 가능성을 암시하는 배경이나 성격 특성을 가진 사람을 미리 걸러낼 수 있을 것이라는 믿음이 팽배했다. 개전 이후에도 무력한 감정 상태를 보이는 군인은 원래 그렇게 생겨먹었다는 믿음, 혹은 어느 오스트레일리아군 장교의 말대로 "약한 배는 쉽게 부서진다"는 믿음이 똑같이 팽배했다.[40] 각국 군대 중에서 오직 미군만이 징집 선별단에 정신과의사나 심리학자를 반드시 포함시킬 것을 고집했다. 정신질환 프로파일링을 위한 면접은 대개 3분에서 15분 동안 진행했는데, 불안 상태나 이상심리 여부를 실제로 알아내기에 충분한 시간은 아니었다. 면접관은 '외로움'부터 '눈에 띄는 괴벽'이나 '동성애 성향'까지 22가지 상태 중 어느 하나라도 드러내는 남성들을 찾아내라는 지시를 받았다. 이렇게 임의적인 선별의 결과, 200만 명이 넘는 징집병이 입영 거부 판정을 받았다. 미국 정신과의사들은 가정 배경과 성격이 가장 중요하고―"전쟁신경증은 '미국산'이다"―간단한 검사로 이런 배경과 성격을 알아낼 수 있다는 데 대체로 동의했다.[41] 오스트레일리아군과 미군의 정신과의사들은 잠재적인 감정적 사상자를 걸러내기 위해 판에 박힌 질문들을 고안했다. "걱정이 너무 많습니까?", "쉽게 낙담하는 편인가요?" 따위 질문이 전형적이었지만, 이런 질문으로는 솔직하거나 유용한 답변을 이끌어내기 어려웠다.[42] 미국 육군이 선별된 병사들을 돕기 위해 지급한 안내서 《전투 시 공포Fear in Battle》는 인간이라면 공포를 느낄 수밖에 없지만 감정 '조절' 과정을 통해 공포를 극복할 수 있다고 설명했다.[43]

영국군은 정신의학에 근거하는 선별 절차를 훨씬 더디게 개발했고, 명확한 정신질환을 이유로 입영을 거부한 징집병의 비율이 불과 1.4퍼센트였다—미군에서 그 비율은 7.3퍼센트였다. 영국군 선별관들은 눈에 띄게 "겁이 많은 성격과 불안해하는 기질"을 걸러내려 애쓰면서도, 특정한 적성의 신병을 적재적소에 배치하는 데 훨씬 신경을 썼다.[44] 독일에서는 '비사회적'으로 규정된 이들이나 명확한 성격 결함을 가진 이들을 전부 걸러낼 인종적·군사적 필요성을 전제로 신병 선별소에 심리학자를 포함시켰다—그런 이들을 인종 공동체에서 제거하거나 배척하려는 나치 정권의 더 폭넓은 노력과 똑같은 맥락이었다. 1차대전 참전용사들의 '전쟁신경증'에 대한 편견, 잠재적 히스테리 환자가 아닌 '남자다운' 군인 세대를 길러내려던 국가사회주의적 노력이 조장한 편견은 군대의 심사 절차에 반영되었다. 육군은 지난 1차대전에서 참호전 때문에 발생했던 포탄 충격이 재발하는 것을 어떻게든 막으려 했고, 전투 기피자와 '연금 추구자'로 간주되는 병사들을 다루어야 할지도 모르는 상황에 적대감을 보였다.[45] 육군 위생검사단의 정신의학 고문 오토 부트Otto Wuth는 '의지가 있는' 이들과 '의지가 없는' 이들을 구별하고 정신과의사들을 동원해 둘째 범주에서 심리적 부적격자와 말썽꾼을 걸러내려 했다. 전시 초기 2년간 독일군이 신속한 기동전으로 승리를 거두고 1914~1918년의 지난한 참호전을 되풀이하지 않는 가운데 정신적 사상이 적게 발생하자 신병 심사를 통해 전쟁신경증 환자를 미리 걸러내는 데 성공한 것으로 보였다. 전쟁신경증 사례는 대체로 소인 때문에 발생한 것으로 기록되었다. 1940년 어느 정신과의사는 "이 사람들은 온전한 정신이 아니다. 이 문제는 의학적 의미의 실제 질병이 아니라 [사람들의] 낮은 가치와 관련이 있다"고 썼다.[46]

현역군인의 심리적 실패의 원인으로 소인을 강조하는 입장은 징집병들 전반에 걸쳐 정신쇠약 증상이 나타난다는 증거로 인해 의문시되었다. 하지만 그런 입장이 완전히 사라졌던 것은 아닌데, 대규모 코호트(특정한 통계상 특성(특히 연령)을 공유하는 집단)에는 심각한 정신장애를 가진 사람들이 분명 다수 존재했거니와 일부 남자들은 겁쟁이나 전투 기피자로 태어난다는 통념이 기존의 군대식 편견에 들어맞았기 때문이다. 그런 편견을 보여주는 가장 유명한 사건은 시칠리아 섬의 니코시아 시에 있던 미군 야전병원에서 일어났다. 미국 시칠리아 침공군을 지휘한 조지 패튼 장군은 이 병원에서 꾀병을 부린다는 이유로(실은 말라리아로 오진된 사례였다) 정신적 사상자로 보이는 한 병사의 따귀를 때렸다. 그러고는 "그런 놈들은 겁쟁이다"라고 보고했다.[47] 이 행동으로 패튼이 좌천되긴 했지만, 군부가 정신적 사상자를 참아내지 못하는 것은 본능에 가까운 반응이었다. 영국 공군 폭격기 사령부의 총사령관 아서 해리스는 전투의 중압에 짓눌리는 "약골들과 갈팡질팡하는 놈들"을 무시한 것으로 악명이 높지만, 이 편견은 1940년 4월 이른바 '갈팡질팡 편지waverer letter'가 공군 사령부들에 도착했을 때부터 항공기 승무원을 대하는 공군의 태도에 스며들었다. 그 편지는 '강단 결여Lack of Moral Fibre'로 규정할 수 있는 감정적 쇠약의 어떤 징후에든 신속히 대처할 것을 권고했다. '강단 결여LMF'는 꾀병을 부리거나 겁쟁이처럼 굴어서 공군에서 방출되었다는 모든 항공기 승무원을 가리키는 표준 표현이 되었으며, 비록 야전 정신과의사가 더욱 공감하는 태도로 대부분의 정신적 사상자를 치료하긴 했으나 상관에게 자신이 겁쟁이가 아님을 납득시킬 책임은 현역군인 본인에게 있었다.[48] 영국 공군의 우선 과제는 건강한 승무원이 감염되기 전에 감정적 환자를 확인하고 내보내는 것이었다. "심리학자의 중요한 과제는 저질 옷감을 수선하는 게 아니라 못 쓰게 되기 전에 없애는 것이다."[49] 오스트레일리아 육군을 위해 일하는 정신과의사들은 전시 내내 소인이 가장 중요하다는 입장을 고수했다. 뉴기니 주둔 오스트레일리아 군인들에 대한 어느 연구는 환자의 51퍼센트가 심리적 소인의 결과임을 확인했다. 고아로 자랐거나, 가문에 신경증 내력이 있거나, 알코올 중독자 부모를 둔 군인들을 정신과의사들은 조사했다. 그 목표는 "건달들과 사이코패스들"에게 휘둘리지 않는 데 있었다.[50]

그러나 전쟁이 진행됨에 따라 소인이나 성격 결함, 열등한 인종 특성으로는 정신적 사상이 높은 수준으로 발생하는 이유를 설명할 수 없다는 것이 갈수록 분명해졌다. 특히 군복무에 대한 심리적 적합성에 근거해 징집병을 선별하려 노력했던 미군과 독일군에서 그러했다. 야전에서 일하는 정신과의사들은 자신들이 극한 전투나 장기 전투에 대한 스트레스 반응을 목격하고 있다는 것, 그런 반응 중 일부는 그저 신체적·정신적 탈진의 결과이지만 다른 일부는 더 심각한 정신장애를 일으키는 진짜 외상성 충격 반응이라는 것을 분명하게 알 수 있었다. 겉으로 드러난 증상들은 1차 대전 기간에 익히 보았던 양상이었다. 어느 미국 군인은 "겁에 질리고 움푹 꺼진 검은 눈, 너무 큰 군복, 줄담배, 덜덜 떨리는 손, 신경성 경련"이라고 회상했다.[51] 병사들은 걷잡을 수 없이 몸을 떨거나 눈물을 흘리고, 운동 기능을 잃어버리고, 자기도 모르게 대소변을 보고, 태아처럼 몸을 웅크리고, 무반응이나 무관심 상태가 되었다. 또 많은 이들이 심신증—청각 상실, 무언증, 말더듬증, 경련, 소화성 궤양(독일 육군에서 유행했다)—을 앓았다. 전전부터 일부 신경과의사들이 극단적 공포가 신체 기능에 끼치는 영향에 대한 생리학적 설명을 알고 있었지만, 그 설명을 정신적 사상에 적용하진 않았다. 한 조사에 따르면 미국 군인의 4분의 1이 경험한 의도치 않은 배변은 겁쟁이라고 비난받는 주된 이유였으나 실은 교감신경계의 정상적인 생리적 반응이었다. 군 당국은 교전 시 대다수 병사들이 겁쟁이도 전투 기피자도 아니라는 것, 오히려 장기간의 위험 때문에 생기는 스트레스의 희생자라는 것을 점차 알게 되었다. 해결책은 군인들에게 사기가 낮다는 오명을 씌우는 게 아니라 적절한 치료법을 개발하는 것이었다.[52]

　소련군과 독일군은 민주국가들의 군대보다 전투의 영향에 대한 더 분명한 견해를 가지고 있었다. 정신질환성 반응을 기질성 질환으로 취급하고 소수의 정신병 환자만을 진짜 신경장애 사상자로 여기려는 경향이 강했기 때문이다. 독일군은 일찍이 1930년대에 일선 치료를 위해 네 가지 범주를 정해두었다. 전선이나 그 근방에서 치료하는 신경쇠약과 (경험과 관련된) 일시적인 심인성 반응, 그리고 후방 병원에서 치료하거나 본국으로 돌려보내는 강한 히스테리 반응과 정신병이었다. 1941년 가을 동부에서 사상자가 많이 발생하기 시작한 뒤 독일군은 심리적 상태에 기인하는 기능장애를 우선 일선의 치료소나 휴양소에서 치료했으며, 병사들을 빨리 전선으로 돌려보내기 위해 음식, 수면, 마약성 치료제, 상담, 전우의 존재 등을 이용했다. 독일 공군은 '아프게플로겐abgeflogen'(직역하면 '날아가 버린', 의역하면 비행 스트레스)으로 지목된 항공병들을 위해 일선에 휴양소를 추가로 설치했는데, 1940년에 파리, 브뤼셀, 쾰른에 하나씩 마련하고 1943년까지 8곳을 더 마련했다.[53] 붉은군대도 똑같이 전방 진료소 체계를 구축하고 전투에 지친 병사들의 건강을 전선으로 돌려보낼 만큼 회복시키고자 휴식과 질 좋은 음식, 위생시설을 제공했다. 민주국가들의 군대가 정신질환 문제를 인식하고 이른바 '전방 정신의학'을 제공하기까지는 더 오랜 시간이 걸렸다. 1942년 뉴질랜드군이 북아프리카에서 맨 먼저 야전 휴양소를 도입했고, 곧이어 튀니지에서 싸우는 영국군과 미군이 그 뒤를 따랐다. 미국 육군 신경정신의학 책임자 로이 핼로런Roy Halloran은 정신의학 치료를 제공할 일선 부대들의 창설을 승인했는데, 전선에서 너무 멀리까지 후송된 병사들은 자신이 정신질환 병상에 있음을 알고서 상태가 좋아지기보다 오히려 나빠지는 경향을 보인다는 것이 곧 밝혀졌기 때문이다. 미국 육군은 1943년 3월 튀니지에서 시험 삼아 첫 전방 진료소를 세웠다. 그리고 이것이 조기에 성공을 거두자 육군 전체에 걸쳐 전방 치료 체계를 확립했다.[54] 영국 육군도 비슷한 체계를 확립했는데, 먼저 정신의학 치료에 전념하는 전방 구급부대를 창설한 뒤 1943년 전방 심사부대를 창설하고 군단별 탈진 센터를 설립했다. 종전 때까지 전투 탈진으로 진단받은 많은 군인들이 전선에서, 또는 전선 바로 뒤편에서 치료를 받았다.[55]

전방 치료에도 불구하고, 스트레스 반응과 그것을 관리할 가장 효과적인 방법을 둘러싸고 이견을 보이는 이들은 계속 마찰을 빚고 수많은 오진을 했다(다만 버마 전선에서는 의료 기록에 그저 '미치광이'라고 기입한 터라 정신적 사상자라는 모욕을 당한 군인이 별로 없었을 것이다).[56] 전문직 간의 경쟁은 건설적인 치료법에 대한 입장에 영향을 주었다. 독일에서 군 정신과의사들은 공군 병원들이 정신분석학적 치료 관행에 영향을 받아 장기 치료를 허용하는 추세에 맞서 반대론을 폈고, 많은 항공병들이 운 좋게도 혜택을 입은 것은 "의술의 실패"와 "남자다운 군율"의 위반에 해당한다고 주장했다.[57] 독일 정신과의사들은 정신적 사상자들 중에서 꾀병의 사례를 신속히 처벌했으며, 실제로 치료 과정의 징벌 제도는 군인들이 자진해서 전선으로 복귀하도록 유도하는 데 일조한 것으로 보인다. 붉은군대에서 우세한 군사문화 역시 전투 기피자나 울보의 자리를 남겨두지 않았으며, 그런 자들을 징계할 가능성은 이미 동지애와 수면으로 효과를 보고 있던 회복의 속도를 높이는 데 거의 확실하게 도움이 되었을 것이다.[58]

정신적 사상을 기술하는 데 쓰인 언어 자체에 정신의학을 둘러싼 혼란상—정신의학계에서 주장하는 치료와 수용 가능한 사상의 조건을 군 수뇌부에서 회의적으로 여기는 상황—이 반영되어 있었다. 태평양 과달카날에서 벌어진 첫 주요 전투에서 아메리칼사단Americal Division에 배속된 유일한 정신과의사는 정신쇠약을 대하는 군부의 태도를 우려한 나머지 더 군대식처럼 들리는 '폭발 뇌진탕'으로 진단하기도 했다. 소비에트 의료진도 같은 이유로 '좌상'이라는 용어를 사용했다.[59] 영국에서는 군인들이 포격을 받는 중에 쇠약해져도 괜찮다고 생각하지 않도록 2차대전 한참 전에 '포탄 충격'이라는 용어를 폐기했지만, 노르망디 작전에 '전투 탈진'이라는 용어를 도입하기 전까지 쓰인 새 용어들—무력증후군, 피로증후군—도 똑같이 악용될 소지가 있었다.[60] 미군은 정신적 사상자의 절대다수가 전투 조건의 결과임을 인식한 뒤 육군 병사는 '전투 탈진'으로, 항공병은 '작전 피로'로 정식 진단했다. 정신과의사들은 전방 치료소에서 회복되지 않는 환자들을 아주 다양한 의학 범주들로 나누었는데, 이런 세분화는 전간기 동안 정신적 손상의 성격을 이해하려 했던 연구자들의 성과가 반영된 결과였지만, 동시에 전선으로 돌아가고 싶지 않은 병사들로 하여금 스스로를 특정 조건의 의병제대 대상으로 여기도록 부추겼다.

결국 전시 정신의학을 평가하는 척도는 탈진 증상, 또는 더 심각한 정신병이나 심신증 상태를 보이는 군인들을 얼마나 현역으로 돌려보낼 수 있느냐는 것이었다. 정신과의사와 심리학자는 군사 의료구조 내에서 그들의 가치를 입증하라는 큰 압박을 받았다. 그리고 이 전문가들의 부담감은 비록 더 이상 눈에 띄게 무력하진 않을지라도 어떤 의미에서도 '치료'되지 않은 군인들이 거의 확실하게 전선이나 비전투 임무로 복귀하는 원인이 되었다. 의료진은 탈진과 두려움을 극복하도록 돕겠다며 마약, 암시요법, 인슐린 주입(체중 증가를 촉진)을 비롯해 갖가지 치료법을 구사했고, 일부 경우에는 환자가 억압된 공포를 해소시키려는 정신과의사의 처방 약물로 유발된 상태에서 특정한 트라우마를 다시 체험하기도 했다.[61] 신경정신의학부대들이 주장한 현역 복귀율은 서로 차이가 컸으며, 복귀자 대다수는 전선이나 전선 바로 뒤편에서 비전투 역할을 배정받았다ㅡ하지만 이탈리아군의 일선 정신병원들은 고작 16퍼센트 정도만 소속 부대로 복귀시키고 사상자 대다수를 이탈리아로 돌려보냈다.[62] 1943년 3월 튀니지 전선의 미군 정신과의사들은 불과 30시간의 휴식과 치료 이후 복귀율이 30퍼센트, 48시간 이후 복귀율이 70퍼센트라고 주장했지만, 다른 추정치들은 실제로 단 2퍼센트만이 전투 임무로 복귀했음을 시사했다.[63] 1943년 영국군 전체의 1주일 내 복귀율은 50~70퍼센트였지만, 역시 대부분 비전투 임무로 복귀했다. 영국 공군에서 공식적으로 '강단 결여'로 분류되지 않은 항공병들 역시 대체로 비행 임무로 복귀하지 않았다. 실제 비행 임무로 복귀한 항공병들의 재발률을 확인하려는 노력은 거의 없었다. 몇몇 전시 연구들은 소수만이 다시 사상자가 되었음을 시사했지만, 개별 부대들에 대한 연구들은 복귀 성공률이 훨씬 낮았음을 보여주었다. 1943년 이탈리아에서 전투 임무로 복귀한 보병 사상자 346명에 관한 연구에 의하면, 석 달 후 75명만이 여전히 싸우고 있었다.[64] 노르망디에서 힘겨운 전투를 몇 주간 치른 뒤, 영국군 탈진 센터로 향한 군인들 중 15퍼센트만이 소속 부대로 복귀할 수 있었고 절반은 영국으로 돌아갔다.[65] 충분히 건강하다고 평가받아 전선으로 복귀한 군인들은 대부분 무능한 전사였다. 그 결과로 대개 훈련을 충분히 받지 못해 일선 전투의 혼란에 금세 휩쓸리는 신병들이 더 이상 싸우지 못하는 이들을 대신해야 했고, 그들 역시 높은 확률로 단기간에 감정적 사상자가 되었다.

전방의 정신의학 치료소에서 도움을 받을 수 없었던 군인들에게는 장차 후방의 병원과 정신의학 진료소를 거치며 맞이하게 될 엇갈린 운명이 기다리고 있었다. 일부는 단순히 번아웃으로 판정받아 아무런 지원도 받지 못했다. 1943년과 1944년 이탈리아 전역에서 흠잡을 데 없는 전투 기록을 가진 장교와 부사관이 수개월 만에 전선에서 무너지는 사례가 점점 늘어나자 연합군은 이른바 '노병장 증후군'(영국 육군에서는 '근위병 히스테리') 을 인지하게 되었고, 이런 사례는 치료 불가로 판정하여 군에서 명예롭게 제대시켜주었다.[66] 영국군에서 정신병 상태로 진단받은 이들은 치료를 위해 본국으로 돌아갔으며, 본국에서도 병세가 나아지지 않을 성싶으면 제대 조치되었고, 충분히 노동할 수 있을 것으로 판정되면 건강한 병사들이 전선에서 싸울 수 있도록 군에 남아 기지와 저장고에서 일했다.[67] 반면에 독재국가들에서는 감정적으로 무너지는 군인들이 꾀병을 부리고 있거나, 독일 정신과의사들이 '전쟁 도피Kriegsflucht'의 한 형태로 여긴 증상을 과장하고 있을 가능성이 높다고 추정했다. 붉은군대에서 전투를 기피하거나 꾀병을 부리는 것으로 간주된 사람은 형벌대대로 보내져 신속히 제거될 공산이 컸다. 독일군은 후방 진료소로 보낸 군인들에게 일부러 고통스러운 전기충격 치료를 시행했으며, 그런 치료 도중 심장마비를 일으키거나 뼈가 부러진 사례도 없지 않았다. 치료에 계속 저항하거나 현역 복귀를 거부하는 자는 강제수용소와 비슷한 후방의 '특수대대Sonderabteilungen' 에 맡기거나, 1942년 4월부터 전선의 형벌대대로 보냈다. 1943년 독일 육군은 심신성 위 질환이나 청각 질환을 앓는 군인들을 이른바 '병자대대 Krankenbatallionen'로 보내 수비대와 방어시설의 정규군 임무를 대신하도록 했다. 전혀 가망이 없을 정도의 '비사회적' 성격으로 간주된 소수의 군인들은 '안락사' 시설로 보내 제거했다.[68]

높은 수준의 정신적 사상, 전투 임무로의 낮은 복귀율, 전선의 혹독한 요구에 대비되어 있지 않은 신참 징집병의 투입 같은 원인들로 인해 전시 동안 모든 군대는 분쟁이 진행됨에 따라 효율성이 떨어지게 되었다. 막대한 군수품 생산량, 작전 및 전술의 상당한 개선 덕에 인적 요소의 쇠퇴가 가려지긴 했지만, 힘겨운 조건에서 장기전을 치르느라 물질적 변화를 충분히 활용하는 군대의 능력이 저하되었다. 특히 지상군은 싸움이 길어질수록 인명 손실의 부담에 휘청거렸고, 마치 그로기 상태의 권투선수처럼 결정타를 날리기 힘들어했다. 모든 전선의 소부대들에서 일선 패닉의 사례를 수없이 발견할 수 있다. 중일 전쟁에 대한 당대의 서술들은 어느 중국군 장교의 표현대로 "쥐새끼처럼 겁먹은" 병사들이 전장에서 달아나는 유동적이고 혼란스러운 순간들로 가득하다.[69] 그럼에도 집단 패닉에 빠지거나 군율이 완전히 무너진 사례는 별로 없었다. 1940년 영국군이 노르웨이에서 퇴각한 사례, 1942년 초 싱가포르 섬에서 군율이 무너진 사례, 투브루크에서 폴란드군 6000명이 탄약이 다 떨어져 총검으로 돌격하자 이탈리아군 사단이 깜짝 놀라 항복한 사례 등은 이례적이었다. 대규모 항복 사건은 대체로 전시 초반에 발생했거나—1940년 프랑스와 벨기에에서, 1941년 동아프리카와 소련에서—스탈린그라드에서처럼 더 이상 싸움을 이어갈 수 없을 때 일어났다. 육군이 일시적으로 붕괴한 경우라 해도—1940년 프랑스 육군, 1942년 여름 돈 강 스텝지대의 소련 육군, 1944년 프랑스를 가로질러 무질서하게 후퇴한 독일 육군—패닉에 빠졌던 군인들이 다시 통제를 받고 두려움을 가라앉히는 가운데 결국 새로운 방어선이 세워졌다. 1차대전 때 그랬듯이 병사들은 현대전의 심리적 영향과 정신적 사상이라는 유행병에도 불구하고 계속 싸웠다.

'사기' 유지하기

전시에 현역 남녀 수십만 명이 이해하기 어렵지 않은 이유들 때문에 견디기 힘든 감정적 압박을 받았다면, 남은 물음은 일시적으로든 장기적으로든 정신적 위기에 굴복하지 않은 대다수가 어떻게 전투 시 반응을 극복하고 계속 싸울 수 있었느냐는 것이다. 이 물음은 보통 사기 유지의 문제로 제기되지만, '사기'는 모호한 용어다. 사기는 병사들이 싸우는 이유에 대한 매우 다양한 설명들을 포괄하는 데 쓰인다. 게다가 서로 지능, 사회적 배경, 심리적 상태, 개인 사정 등이 달라서 일반적인 사기 상태나 감정 상태를 가정할 수 없는 병사들이 보일 수 있는 반응의 스펙트럼 전체에 적용되기까지 한다. 2차대전 동안 군조직들은 효과적인 훈련과 동기 부여 교육을 통해 현역군인 전원을 동일한 인간형으로 주조할 수 있다고 가정하곤 했다. 1943년 영국군 부관참모 로널드 애덤Ronald Adam은 어느 글에서 "절대다수의 병사는 독일군을 상대하도록 훈련시킬 수 있는 것처럼 공포를 상대하도록 훈련시킬 수 있다"고 주장했다.[70] 정신과의사들마저 현대전과 군생활에 적응할 수 있는 표준형 개인을 상상했다. 그런 개인은 어느 영국 정신과의사의 말마따나 "존재감이 없거나 수줍어하는 사람, 자의식이 강하되 결단력이 없는 사람"과는 다를 터였다.[71] 당시 우세했던 가정은 대다수 병사들이 공포를 극복하라는 명령을 받으면 그렇게 할 수 있다는 것이었다. 영국 육군의 고문 정신과의사 J. R. 리스Rees는 이렇게 썼다. "이런 믿음 이면의 견해는, 어쨌거나 용기와 비겁은 어떤 병사든 간에, 모든 감정 스트레스를 이겨내고 자유롭게 고를 수 있는 선택지이며 … 병사는 반드시 용감해지라는 지시를 들으면 용감해질 수 있다는 것이다."[72]

감정 상태 때문에 제외하는 소수를 빼고 모든 병사를 전투에 대비시킬 수 있다는 일반적인 결론은 교전국들의 군사 환경에 따라 차이가 큰 문화적·사회적 특징이나 상이한 전투 조건을 거의 고려하지 않은 것이다. 전시 서사들에서 적절한 지휘의 중요성이나 승리 전망으로 불러일으킬 수 있는 정신적 열의의 중요성을 강조했지만, 일반적인 설명으로서 지휘나 열의가 중요하다는 주장은 병사들을 훈련시켜 용감하게 만들 수 있다는 주장보다 전혀 나을 것이 없다. 독일군과 일본군은 패배가 임박한 상황에도 단호한 결의로 싸움을 이어갔으며, 연합군은 승리가 가까워 보일수록 눈에 띄게 몸을 사리고 죽음의 위험을 무릅쓰지 않으려 했다. 미국 육군 참모총장 조지 마셜 장군은 승리가 확실해 보인 1944년에야 육군에 사기사단Morale Division을 도입했다.[73] 소련에서는 1943~1944년 전세가 역전되었음에도 병력의 상태에 예상했던 만큼의 변화가 나타나지 않았다. 1944년 어느 붉은군대 전사는 "3년간 전쟁을 치른 뒤 소비에트 군인은 육체적으로나 정신적으로나 지쳤다"라고 주장했다.[74] 미군은 1943~1944년 이탈리아 남부 안치오 교두보에서, 또는 1944년 말 미군과 독일군 모두 무의미한 작전으로 끔찍한 피해를 입은 휘르트겐 숲 전투에서 전반적으로 형편없는 지휘와 작전상 오판에도 불구하고 싸움을 멈추지 않았다. 군대들은 가장 사기가 떨어진 상황에도 계속 싸웠으며, 사기의 속성에 관한 일반적인 주장으로는 그렇게 싸움을 이어간 이유에 대한 만족스러운 설명을 내놓을 수 없다.

비록 유행에 뒤떨어진 설명이라 해도, 싸움을 이어간 명백한 이유는 군대의 강압에 있다. 모든 군조직은, 서로 똑같이 징벌하지는 않을지라도, 그 본성상 강압적이다. 2차대전 기간에 민간 사회의 각계각층을 아우르게 된 군조직들은 그들에게 군생활의 구조와 규율, 일상의 요구사항을 받아들이도록 강요했다. 군 사법제도는 이런 변화로 생길 수 있는 문제에 대처하고자 조직을 확대했지만, 군사재판의 관심사는 민사재판의 관심사와는 전혀 달랐다. 군사재판의 목표는 선택의 자유를 거의 전부 제한하고 훈련장에서부터 전선까지 좁은 범위의 수용 가능한 행위를 강제하는데 있었기 때문이다. 늘 지켜야 하는 군율은 일상 습관을 일부러 제약하고 억제함으로써 개성을 약화시키고 집단의 힘을 강조했다. 군사 활동의 모든 층위에서, 모든 전구에서, 모든 병과에서 군사적 강압은 인적 자원의 조직력과 전투력을 유지하는 기능을 했다. 군율은 훈련(군사 문화에 따라 엄격함의 정도가 달랐다), 정치 교육과 이데올로기 교육 프로그램, 사기 진작을 위한 의도적인 캠페인, (소수가 얻는) 진급과 포상의 가능성에 의해 보완되었다. 분명 이런 요인들이 익숙하지 않은 현대전의 환경에서 살아가고 활동한 군인들에게 무척 중요하긴 했지만, 민간인으로 지내다 참전하게 된 수천만 명을 징집하고 훈련시키고 규율한 군대의 능력 밑바탕에는 강압과 처벌 위협이 있었다.

그럼에도 강압의 정도는 군사 환경에 따라 달랐으며, 대체로 권위주의 체제의 군대가 민주국가의 군대보다 현저히 징벌적이었다. 독일과 일본의 군사 문화는 명예와 복종—일본 군인의 경우 죽을 때까지—의 전통에 기반을 두었다. 일본 군인은 비겁함이나 불복종의 기미만 보여도 공개 태형에 처해질 수 있었고, 직무를 저버릴 경우 동료 병사들에게 구타를 당하기까지 했다.[75] 심리적으로 강압적인 양국의 군사 문화는 가장 힘겨운 상황에도 모든 현역군인에게 최고의 군사적 덕목인 절대 복종과 불굴의 임무 수행을 기대했다—그들이 언제나 기대에 부응했던 것은 아니지만 말이다.[76] 군 사법제도와 군율의 양상은 탈영이나 정신적 쇠약을 최소한으로 용인한 독재국가 소련과 독일에서 가장 극단적이었다. 군 형벌제도는 두 독재정이 실행한 국가 테러의 연장으로서, 정권의 이데올로기적 목표에서 벗어나는 어떠한 행위든 가혹하게 처벌했다. 독일 인종의 미래를 위한 싸움, 혹은 소비에트 모국 방위를 위한 싸움에 참여하지 않거나 않으려는 군인은 군 행동강령을 위반했을 뿐 아니라 정치적 동기까지 상실한, 용서할 수 없는 사례로 간주되었다. 이탈리아의 파시즘도 거의 같은 견해를 취했다. 특별군사법원에서 탈영죄로 사형을 선고받은 군인 130명은, 비록 탈영했다가 붙잡힌 이들 중 소수이긴 했지만, 나머지 군인들이 대의에 더욱 헌신하도록 독려하기 위한 '교육적' 본보기가 되었다.[77]

소련에서는 모든 탈영병과 겁쟁이를 처형하라는 모스크바발 명령이 1941년 8월 각 전선군 위원회에, 뒤이어 각 군과 군단에 하달되었다. 대규모 탈영이나 후퇴를 막기 위해 붉은군대는 1941년 9월 후방 병력이나 내무인민위원부 인력으로 이른바 '독전대督戰隊'를 창설했다. 독전대의 주요 과제는 전투 패배 후 겁먹고 고립된 군인들이 우르르 퇴각하는 것을 막고 소속 부대로 돌려보내는 것이었다. 독일군의 침공 초기 수개월간 소련 독전대는 65만 7364명을 붙잡았지만, 처형할 만큼 심각한 탈영병 1만 201명을 제외한 대다수는 일선으로 돌려보냈다. 1942년 7월 스탈린은 명령 제227호 '한 발도 물러서지 마라!'를 발령하여 어떤 군인이든 현 위치를 포기했다가는 처벌을 면치 못한다는 점을 분명히 했다. 전시 동안 15만 8000명이 탈영, 비겁, 범죄 행위, 정치적 탈선을 이유로 처형되고 추가로 43만 6000명이 굴라크 수용소로 보내졌는데, 다 합하면 소련군 60개 사단을 채울 만한 인원이었다.[78] 1943년부터 소련군 현역군인의 모든 과실은 스메르시Smersh('스파이에게 죽음을!'이라는 뜻)라는 명칭으로 창설된 새로운 보안조직이 조사했다. 스메르시 장교들은 반역의 징후를 색출했을 뿐 아니라 탈영병, 비겁자, 자해 부상자까지 처리했다. 그 목표는 적에 대한 공포심보다 더욱 강한 처벌에 대한 공포심을 심어주는 데 있었다.[79] 정권이 탈영하거나 항복한 군인의 가족까지 처벌하겠다고 위협했기 때문에 소련 군인들은 어떤 감정적 위기든 극복하고 계속 싸워야 한다는 압박까지 받았다.

독일군에서 신체적 탈영으로든 내면의 심리적 탈영으로든 싸움을 포기한 이들은 독일의 미래를 지키기 위한 투쟁을 단념했으므로 처벌해 마땅한, 열등한 인종적 동지로 간주되었다. 독일군은 인력이 부족해 부득이 덜 유능하거나 덜 적합한 군인들을 일선 복무에 투입함에 따라 순응 강제를 위한 처벌 위협―정권의 용어로는 '특별대우Sonderbehandlung'―에 더 의존하게 되었다. '전쟁 도피자'나 군율 위반자는 군형법 제51조에 따라 군사재판을 받았으며, 재판부는 죄인이 심각한 정신질환자가 아니고 따라서 처벌할 수 있는 사례임을 확인하기 위해 정신과의사에게 자주 보고서 제출을 요청했다.[80] 많은 경우 처벌은 곧 처형을 의미했는데, 이는 소련군에서처럼 직무 유기의 결과에 대한 공포심을 주입해 병사들로 하여금 계속 싸우게 하려는 의도였다.[81] 독일군은 비록 붉은군대만큼 인력을 낭비하진 않았지만, 총 처형 건수는 1차대전 기간의 48건과는 비교도 되지 않았다. 3만 5000명이 사형을 선고받고 탈영병 대략 1만 5000명을 포함해 2만 2750명이 처형된 것으로 추정되지만, 십중팔구 사망자 총원은 이보다 많았을 것이다.[82] 전쟁 마지막 해에 무단이탈한 군인들은 본보기로 가로등 기둥에 매달아 죽이거나 헌병대가 즉각 사살했으므로 통계상 흔적이 별로 남지 않았다. 이보다 가벼운 위법 행위자는 훨씬 많았으며, 그 바람에 군 교도소가 주요 기관이 되었다. 2차대전 기간에 군 인사에 대한 징역형 선고는 총 300만 건에 달했다. 그중 약 37만 건은 6개월 이상 형기였고, 2만 3124건은 중노동 장기형이었다.[83] 독일군과 소련군에서 공히 나타난 통계의 역설은 처벌의 공포가 억지력으로서 작동하지 않았다는 것이다. 동부전선의 싸움은 유달리 길고 격렬하고 피를 많이 본 투쟁이었다. 양군은 엄격한 군율을 시행해 전 병력에 직무 유기의 대가를 확실하게 알려주었지만, 이 조치는 군인들이 너무 겁을 먹거나 환멸에 빠져 싸우지 못하게 되는 흐름을 막기에는 결코 충분하지 않았다.

민주국가들의 군대에도 조직과 일상의 현실로서 강압이 존재하긴 했으나 과도하게 징벌적인 군사재판의 위협은 존재하지 않았다. 탈영과 범죄는 처벌을 받았지만, 2차대전 기간에 탈영을 이유로 총살당한 미국 군인은 단 한 명뿐이었고, 북아프리카의 영국 육군 총사령관 클로드 오친렉 장군이 싸움을 그만둔 병사들에 대한 사형제를 재도입해야 한다고 강력히 요청했음에도 영국 군인은 아무도 탈영 때문에 총살당하지 않았다.[84] 양군은 정당한 의학적 이유 없이 싸움을 포기한 군인들에게 불명예 전역이나 공개 강등식 같은 방법으로 망신을 주는 데 더 중점을 두었다. '강단 결여'로 조사받은 영국 항공병들은 그들의 정신적 또는 육체적 상태에 대한 공식 결정이 내려지기도 전에 군복에서 휘장과 계급장을 뜯기고 대중이 지켜보는 가운데 지역 거리를 행진해야 했다.[85] 무단이탈한 군인들은 더 이상 전장의 위험을 겪지 않을지언정 형벌 제도를 거쳐야 했다. 전쟁 마지막 해에 영국 현역군인 8425명이 탈영으로 유죄를 선고받았다.[86] 전시를 통틀어 영국군 3만 299명이 군사재판에서 유죄 판결을 받았는데, 약 2만 7000명이 탈영이나 무단이탈 때문이었고 265명이 자해 부상 때문이었으며 143명만이 비겁함 때문이었다.[87] 미국 육군은 군사재판을 170만 회 열었는데, 대부분 야전에서 저지른 경범죄 때문이었으나 2만 1000명은 탈영죄로 투옥되었다.

강압은 헌신을 이끌어내기 위한 프로그램들을 통해 사기를 유지하려는 더 적극적인 방법으로도 보완되었다. 규칙적인 정치교육과 사기 진작 강연을 제공하여 군 인력의 의욕을 북돋우려는 시도는 역시 민주국가들보다 독재국가들에서 더 눈에 띄었다. 1939년 도입한 개혁에 따라 소련군 각 부대에는 군 정치위원이 배속되어 징집병들의 정치의식을 높이고, 정치적 과오를 확인하고, 정치적 독선을 처벌하는 역할을 했다. 모스크바 측은 토론과 선전의 주제를 하달하고 군인들이 가급적 정치교육에 참여하도록 했다. 1942년 육군 수뇌부의 주장에 따라 정치위원의 작전상 역할이 줄어든 이후에도 정치교육의 역할은 사라지지 않았다. 전쟁 소식과 이데올로기적 교훈을 섞은 소련군 기관지 《크라스나야 즈베즈다Krasnaya Zvezda》가 수백만 부씩 발행되어 전군에 배포되었다. 소련의 전시 문화는 비범한 영웅적 행위에 관한 이야기, 십중팔구 온전한 진실이 아닌 이야기를 활용했으며, 그 목표는 이타적인 용기를 더욱 발휘해야만 되살릴 수 있는 이상적인 모범과 군인 개개인 사이에 감정적 연결고리를 만들어내는 데 있었다. 그리고 전투에서 두각을 나타낸 남녀 현역군인 수백만 명은 공산당원이 되는 지름길을 얻었다.[88] 독일군에서도 정치교육과 사기 진작 프로그램은 독일의 생존 투쟁, 유대인 적과의 전쟁, 국가사회주의 '민족공동체'의 가치관에 동조하도록 장려하는 중요한 역할을 했다. 1939년 4월, 독일군에서 신설한 선전국은 군의 사기를 높이고 일선에 읽을거리를 배포하기 위해 선전중대들을 편성했다. 1940년 10월, 네 가지 핵심 요소인 '독일 민족Volk', '독일 제국', '독일 생존공간', '토대로서의 국가사회주의'에 기반하는 군 교육 지침이 발표되었다.[89] 1943년 10월, 소련군의 정치교육이 약화되던 시점에 히틀러는 국가사회주의지도참모부를 창설하고 군 부대별로 정치위원을 임명하는 소임을 맡겼다. 1943년 12월경 상근 정치위원이 1047명 있었고, 그에 더해 정식의 군사적 역할과 사기 진작 활동을 겸하는 장교가 4만 7000명 있었다.[90]

헌신을 이끌어내려던 이런 프로그램들이 대의에 동조하고 군율을 유지하도록 군인들을 유도하는 데 실제로 얼마나 효과가 있었는지는 판단하기 어려운 문제다. 모든 군대가 맞상대하는 적과 승리의 필요성을 어느 정도 이해하고 있었지만, 그런 이해는 권태와 위험이 번갈아 찾아오는 전장의 나날을 견디도록 해주는 유의미한 무언가가 전혀 아니었다. 소련 군인들은 대개 교전에 너무 지친 나머지, 패배주의적 발언을 하거나 정치적 이견을 보이면 지친 것과 상관없이 처벌받는다는 사실을 알면서도, 싸움에 감정적으로 몰두하라는 지시에도 이렇다 할 변화를 보이지 않곤 했다. 어느 붉은군대 군인은 "그대들은 무관심해졌다. 더 이상 살아 있음에 행복해하지 않는다"고 지적했다.[91] 1944년 무렵 독일 군인들 역시, 설령 초기의 이상들로부터 어떤 영향을 받았을지라도, 그것들을 위한 싸움을 거의 그만두는 지경이 되었다. 1944년 7월 어느 젊은 전차병은 자신과 전우들이 "그저 주입받은 의무감 때문에 싸우고 있다"고 일기에 적었다.[92] 이상이라는 요소는 분명 스탈린그라드에서 병사들을 지탱해주지 못했다. 어느 군인은 생애 마지막으로 보낸 편지들 중 하나에 "내 전우들이 '독일'이나 '하일 히틀러' 같은 단어를 입에 담고서 죽었다고 말할 수 있는 사람은 아무도 없다"고 썼다.[93] 미국 육군만이 군인들이 그들의 대의를 얼마나 이해하고 있는지를 조사했다. 조사받은 이들 중 태평양 전구의 37퍼센트와 유럽 전구의 40퍼센트는 싸우는 이유에 전연 개의치 않는다고 답했다. 루스벨트가 전쟁을 통해 지키겠다고 약속한 네 가지 자유를 말해달라는 갤럽 기관의 요청에 단 하나라도 거론한 군인은 13퍼센트에 불과했다.[94] 어느 퇴역군인은 전쟁부 조사과에 자신이 입대할 때만 해도 "엄청난 애국자"였지만 전투를 치르며 변했다고 말했다. "살려고 싸우는 겁니다. 전선에 애국심 따위는 없습니다."[95] 영국 육군 교육기관이 보기에 각 부대의 군인들은 승전 이후의 세계를 논의하는 데에는 흔쾌히 응하면서도, 이번 분쟁의 성격과 승전 대의에 대한 헌신을 논의하는 데에는 더 부정적인 반응을 보였다. 헌신을 이끌어내려던 프로그램들은 강압적인 규율의 틀보다는 유의미했을 테지만, 과연 군인들의 의욕을 북돋워 공포나 절망, 위험에 대한 즉각적인 반응을 극복하는 효과를 거두었는가 하는 것은 의문으로 남아 있다.

적에 대한 집단적 증오를 불러일으키려던 노력도 거의 마찬가지였다고 말할 수 있다. 증오는 전쟁의 뚜렷한 특징이라고 선험적으로 가정할 수 있고, 실제로 전우의 죽음, 저격수와 기관총의 가차없는 사격, 전쟁범죄의 증거를 마주한 군인들이 증오를 품고서(더 적절하게 말하면 갑자기 분노가 폭발해) 복수를 했다는 증거가 숱하게 많다. 중일 전쟁 시절 군인들의 일기는 위험하고 대개 숨어 있는 적에 대한 증오, 일종의 자기 부여 동기로 삼은 증오를 자발적으로 드러낸 표현으로 점철되어 있다.[96] 그럼에도 군대에 증오를 주입하려던 공식적인 노력이 엇갈린 성과를 거두었다는 증거가 많이 있다. 1940년 영국의 유명 심리학자가 말했듯이 증오는 "발작적이고 변덕스러운" 감정, 오랜 시간 유지하기는 힘든 감정이었다.[97] 1942년 영국 육군은 일종의 증오 훈련을 포함하는 전투학교를 설립하기로 결정했는데, BBC 프로그램에서 알린 대로 "병사들에게 … 적을 증오하고 그 증오를 활용하는 법을 가르치는" 훈련이었다. 그 이후 증오 훈련에 징집병들을 도축장에 데려가 피를 뒤집어씌우는 과정이 포함된다는 사실이 밝혀지자 대중의 격렬한 항의가 터져나왔다. 이 도축장 훈련은 당시 영국 남동부 지역 총사령관 몽고메리의 주장에 따라 종료되었는데, 장군은 전시에 증오를 활용해 감정을 동원하려고 시도해봐야 소용없다고 생각했다.[98] 사회인류학자 존 달러드John Dollard는 전투 시 공포에 관한

1943년 연구에서 "적에 대한 증오"가 아홉 가지 동기 중에서 여덟 번째 동기에 불과하고 "분주한 활동"보다 고작 몇 퍼센트 높을 뿐이라는 것을 밝혔다.[99] 미국 육군의 사기 조사에 따르면 유럽 전구의 현역군인 중 40퍼센트는 증오를 전혀 동기로 여기지 않았다. 태평양 전구의 수치는 30퍼센트였지만, 이곳의 미군 선전은 일본군을 특히 증오스러운 존재로 묘사했다.[100] 이런 감정은 피장파장이었다. 일본군 현역군인들은 주기적으로 '야만스러운' 미군에 대한 증오 선전에 노출되었다. 전후에 미군이 일본군의 사기를 조사한 바에 따르면 40퍼센트가 적에 대한 극도의 증오, 분노, 경멸을 드러냈고 10퍼센트만이 드러내지 않았다.[101]

현역군인들이 어떻게 중압감에 짓눌리면서도 무너지지 않고 분쟁의 감정적 요구를 극복했는지 설명하는 더 설득력 있는 방법은 기저의 일상 경험을 살펴보는 것이다. 대규모 군대는 당연히 단일체가 아니라 수천 개의 소규모 군사 공동체들—보병중대, 잠수함 승조원, 포병대, 폭격기 승무원—로 이루어진 혼합체였다. 전시 사기에 관한 수많은 문헌은 충성과 헌신, 감정적 지원의 초점으로서 직속부대의 중요성을 강조한다. 일선의 대다수 현역병들은, 심지어 장교들까지, 아군의 나머지 병력이 어떻게 싸우고 있는지 거의 알지 못하고, 자신들이 기여하는 광범한 전략을 거의 이해하지 못한다. 그리고 모든 종류의 정보는 그들이 특정한 작전을 수행하는 데 필요한 만큼만 주어진다. 태평양의 외진 섬, 뉴기니나 버마의 밀림에 주둔한 일본 군인들은 아군이 이기는지 지는지조차 알 길이 없었고, 설령 공식 통지를 받는다 해도 늘 낙관적인 소식뿐이었다. 오직 역사가들만이 전체를 조망하고 그 결과를 평가하는 호사를 누릴 수 있다. 일상 경험의 현장에서 대다수 남자들(소련의 경우 여자들)에게 우선 과제는 생존 기회를 보장받을 유일한 방법으로서 자신이 속한 소집단을 지원하는 것이었다. 전차를 상실해 눈물을 흘렸던 독일 전차병과 마찬가지로, 전투병들이 걱정한 것은 일상의 문제였다. 각각의 소집단은 구성원 개개인의 생존이 서로 간의 협조에 달려 있는, 사회심리학자들이 말하는 '의무의 우주'를 이룬다.[102] 도덕적으로나 감정적으로나 사람들이 가장 헌신하는 대상은 더 폭넓은 의무의 공동체가 아니라 같은 위험을 공유하는 바로 옆의 사람들이다. 흔히들 사기는 위에서 아래로 관리한다고 생각하지만, 아래에서 스스로 관리하는 경우도 많았다.

이런 소집단은 일군의 다양한 감정적 반응을 불러일으켰다. 병사들이 임무를 계속 수행한 것은 집단에 대한 감정적 헌신과 충성심을 품었기 때문이고, 또 책임을 회피하거나 허물어질 경우 느끼게 될 수치심이나 죄책감을 진실로 두려워했기 때문이다. 수백만 명의 진정한 용기를 가늠하는 기준은 어떤 생뚱맞은 영웅적 행위가 아니라, 사방에 만연한 공포감을 극복하고 주변 사람들을 위해 의무를 계속 이행하는 능력이었다. 미국의 어느 퇴역군인은 "겁을 먹는 것과 겁쟁이가 되는 것의 차이는 다른 사람들이 알아채는지 여부에 달려 있음을 나는 깨달았다"고 썼다.[103] 부상병들마저 눈물을 애써 참는 모습을 보이곤 했는데, 명확한 남성성을 드러내는 것을 장려하는 군사 문화에서 눈물이 오점으로 남을 수 있었기 때문이다.[104] 정신과의사들이 보기에 신체적·정신적 사상자들은 대개 자신의 인내력이 부족하다는 죄책감으로 괴로워하고 동지들에게 자기 능력을 다시 입증하기를 열망했다. 미군 현역병을 대상으로 실시한 조사에 따르면 두 주요 전구에서 87퍼센트가 주변 병사들을 저버리지 않는 것이 단연 중요하다고 생각했다. 어느 퇴역군인의 말마따나 대의가 얼마나 훌륭하든 간에 "병사들이 서로를 존중하는 것만큼 중요하지는 않았다".[105] 소련군과 독일군에 관한 사회학 연구들은 소집단의 결속력이 매우 중요했다는 것, 그리고 인명 손실이 커서 집단이 금세 깨지기도 했지만 손실에도 불구하고 정체성을 간직한 부대는 필요에 따라 신병을 징집해 재창설될 수 있었다는 것을 밝혀냈다.[106] 비판자들이 올바로 지적한 대로 유대감은 연대 수준이나 심지어 사단 수준에도 존재할 수 있고, 아예 존재하지 않을 수도 있으며, 지배적인 이데올로기나 가치체계에 대한 헌신을 통해 유대감을 북돋울 수도 있다. 그러나 이런 것들은 전투를 구성하는 1차부대들 외부의 요인들이며, 1차 부대들의 출신과 기질, 견해가 얼마나 각양각색이었든 간에 가장 중요한 것은 각 부대 내부의 헌신 의식이었다.[107] 대독일 공세 항공전에서 폭격기 승무원들은 유독 손실이 컸지만, 일단 항공기에 탑승한 이상, 심지어 유대감을 쌓을 만한 시간이 없었던 승무원과 함께하는 비행일지라도, 바깥과 단절된 그 공동체는 본인들의 생존을 위해 서로 협력하는 수밖에 없었다. 이런 이유로, 심리학적 설명이야 어떻든 간에, 승무원들은 자기들 사이에 약한 고리가 있으면 신속히 제거하여 전투 중 나머지에게 악영향을 끼치지 않도록 하는 것이 아주 중요하다고 생각했다.[108] 이런 소부대들은 어느 부대든 서로 똑같지 않았으며, 어느 인간 집단이나 겪는 익숙한 감정적 갈등, 심리적 쇠약, 군사적 참사 등으로 분열되기도 했다. 그러나 대규모 군대의 싸움은 전쟁 상황에서 무수히 생겨난 작은 임시 공동체들에 의해서만 지속될 수 있었다.

이런 작은 결속체에서 일상생활을 좌우한 것은 단순한 요인들이었다. 식량과 자원을 구하는 일은 늘 걱정거리였다(부족하다고 해서 싸움을 멈추었던 것은 아니지만). 어떤 물품이든, 특히 식량을 약탈할 가능성은 항상 열려 있었으며, 1939년 독일이 폴란드를 침공한 이후로 모든 군대는 약탈을 자행했다.[109] 아무리 사소한 것일지라도 작은 특전은 각 소부대의 사기에 큰 영향을 끼칠 수 있었다. 영국 육군은 군인들이 자주 차를 끓일 수 있도록 가장 멀리 떨어진 전선에까지 차를 공급하려고 무던히도 애를 썼으며, 미군과 영연방 군인들은 영국 군인들이 전투를 치르는 중에도 차를 마시는 모습을 보고 놀라곤 했다. 소련 당국은 공짜 하모니카를 대량으로 배포하면 지치고 낙담한 병력의 사기를 높일 수 있을지 모른다고 판단했다.[110] 군부대는 언제든 기회만 생기면 공포감을 덜어줄 술과 약물을 챙겼다. 소련 군인들은 목정木精이나 부동액을 마셨다가 후유증으로 사망했고, 이탈리아의 연합군 군인들은 중동 항구들에서 꾸준히 들여오던 불법 마약류에 의지할 수 있었으며, 일본 군인들은 육군이 전장의 공포를 줄이기 위해 배급한 술을 엄청나게 마셔댔다.[111] 대개 고국에서 멀리 떨어져 있는 병사들에게는 성적인 결핍도 문제였다. 각국 군대는 현지 성매매를 눈감아주거나, 통제 가능한 유곽을 세우고 성병이 유행하지 않도록 예방기구를 나누어주었다. 일본 육군은 중국과 동남아시아 도처에서 성노예 시설의 개설 허가를 남발했고, 이른바 '위안부'를 사실상의 감옥에 가둔 채 일본 군인에게 자주 강간을 당하도록 강제했다. 붉은군대 역시 마치 포식동물처럼 성적 전리품을 찾아다닌 것으로 유명하다. 양군의 행위는 다음 장에서 더 자세히 살펴보겠다.[112] 성적 추구는 미혼 남성으로 국한되지 않았지만, 기혼 남성은 성행위에 가담할 경우 여러 감정적 문제에 부딪혔다. 휴가 갈 가망이라곤 없는 상황에서 대개 아주 멀리 있는 아내와 가족에 대한 걱정은 군대의 일상생활에서 가장 사기를 떨어뜨리는 요인 중 하나였다. 미국 여성들은 해외로 파병된 파트너에게 충실을 기하라는 대중의 압력을 받았으나 그 결과는 명백히 엇갈렸다. 1945년 1월, 미국 적십자사는 복무 중인 군인들에게 편지를 보내 그들 아내의 부정不貞을 알려주는 민간인들을 공개적으로 비난하면서 그런 행위가 군대의 사기를 떨어뜨린다는 이유를 들었다. 각국은 본국과 전선 사이에 우편물이 계속 오가도록 하는 데 무척이나 공을 들였다. 독일은 본국의 가족이 폭격 공습에서 살아남았다는 사실을 전선의 병사들이 알 수 있도록 특급우편 제도를 시행했다. 적은 양의 우편물이나 본국의 비보를 전하는 편지는 당면한 전투의 전망보다도 군의 사기에 악영향을 주었던 것으로 보인다.[113]

군 일상생활에서 소소한 일로 불안해하고 기뻐하던 남녀는 이런저런 대응 기제를 강구했다. 미신과 부적은 모든 군대에서 공통으로 나타났다. 미국 잠수함 승조원들은 작은 부처 모형을 지닌 채 탑승했고 전투 전에 행운을 상징하는 모형의 통통한 배를 문질렀다. 때로 군인들은 부적을 소지하면 다치지 않는다고 확신하기에 이르렀다. 정신과의사들은 그런 부적 의존을 정신적 위기가 임박했음을 드러내는 위험한 징후로, 이를테면 다른 사상자들이 자신의 죽음에 대해 골똘히 생각할 때 나타나는 숙명론적 혼미 상태와 비슷한 징후로 여겼지만, 분명 미신은 일부 개인들이 스트레스를 극복하는 데 도움이 되었다.[114] 전부는 아닐지라도 일부 군인에게 군대의 종교는 전투의 공포를 극복하는 방편으로서 점점 더 중요해졌다. 일본 군인들은 전투 시 희생이 종교적으로 아주 큰 의미를 지닌다고 생각했다―그런 믿음이 죽음의 전망을 더 쉽게 극복하도록 해주었는지 여부는 여전히 불분명하지만 말이다. 소련 육군은 공산주의 이데올로기 때문에 종교를 배격했지만, 전시 동안 스탈린은 종교 활동 반대 캠페인을 완화하고, 교회 문을 다시 열도록 허용하고, 종교적 주장에 대한 무신론적 맹공의 강도를 낮추었다. 그럼에도 신은 소련 군인이 맨 먼저 호소하는 대상이 아니었다. 독일에서는 종교에 대한 정권의 적대감 때문에 군목을 군부대에 배치하려던 육군 최고사령부가 애를 먹었다. 결국 600만 규모의 육군에 불과 1000명가량의 군목만 배속되었고, 군목의 전선 접근이 임의적으로 통제되었다.[115] 일반 병사에게 종교가 중요했다는 것은 스탈린그라드 전투의 잔존 편지들에서 분명하게 드러나는데, 그런 편지에는 신의 섭리에 호소하는 말과 이곳에서의 경험으로 신앙이 산산이 깨졌다는 말이 섞여 있다.

종교 활동에 대한 선입견이 없었던 미국과 영연방의 군대에는 군목이 훨씬 많이 배속되었다. 다양한 교파의 군목 8000명이 미군에, 3000명이 영국군에, 그리고 900명이 훨씬 소규모의 캐나다군에 배속되었다. 영국군 사제들은 '신부님 시간'에 정기적으로 토론회를 열었으며 그중 한 토론회의 제목은 적절하다고 볼 수 있는 '우리는 불멸을 믿을 수 있을까?'였다. 1941년경 BBC 라디오 신부님 프로그램의 청취자 수는 700만 명이었다. 미군 군목들은 감당 못할 만큼의 위로와 지지 요청을 받았고 일부는 하루에 무려 50회의 상담을 진행했다. 아이젠하워 장군이 '종교적 위안'을 군 진료 기록에 기입해야 한다고 주장할 정도였다. 1943~1944년 미군 현역병을 대상으로 진행한 조사에서 응답자의 79퍼센트는 전쟁의 결과로 신앙심이 더 강해졌다고 말했다. 또 유럽 전구의 병력을 대상으로 진행한 조사에서 94퍼센트는 기도가 전투 스트레스를 극복하는 데 큰 도움이 된다고 생각했다.[116] 종교색이 뚜렷한 문화의 나라에서 온 징집병들에게 '참호 종교'가 명백히 호소력을 발휘하자 과연 군인들이 위기의 순간에 어느 군목의 말마따나 '참된 기도'를 드릴 수 있겠느냐는 논쟁이 불거졌지만, 정작 군인들에게 중요했던 것은 신앙심의 정도가 아니라 전투 중 경험하는 만성적인 공포 상태를 기도를 통해 일시적이나마 개선할 수 있느냐는 것이었다. 전쟁 막판에 진행한 조사는 기도와 스트레스의 상관관계를 확인해주었다.[117] 기도는 전선에서 살아남아 계속 싸운 군인들이 전쟁의 심리적 악영향을 다스린 여러 방법 중 하나였다.

국내전선의 감정

교전국에서 병력을 공급한 민간 인구도 자기들 몫의 감정적 압박을 견뎌냈지만, 역사가들은 후방의 감정보다는 군대 사기의 심리적 측면에 훨씬 주목해왔다. 전시에 공포와 불안감은, 비록 여러 방식으로 경험되었고 지속적인 감정 상태인 경우는 드물었지만, 민간인들 사이에도 늘 존재했다. 분리 불안, 사망이나 부상 소식에 대한 두려움, 적을 향한 분노, 미래에 대한 절망감 등이 국내 일상생활의 감정적 현실과 뒤얽혀 있었다. 위험이나 결핍의 정도는 사회마다 천차만별이었다. 1939년 미국 정신의학협회가 미국인들이 전쟁으로 인한 "불안과 공포"를 대면하는 것을 돕기 위한 준비를 했고, 1940년 일군의 학자들이 "강렬하고 지속적인 감정적 일체감"를 만들어내는 데 기여하기 위해 국민사기위원회를 설립하긴 했지만, 미국 사회는 전쟁의 직접적인 영향을 한 번도 겪지 않았다.[118] 반면에 소련 사회는 장시간 노동, 부실한 식량 공급, 소련 남성 대다수를 흡수하는 전선 등을 견디고 살아남기 위한 투쟁에서 헤어나지 못했다. 이 양극단 사이의 국가들에서 민간 인구는 전선 경험과 비슷한 경험을 국내전선으로 가져오는 폭격작전에 시달렸다. 영국이나 독일, 이탈리아, 일본의 도시 인구는 장기간 맹폭을 당했다(그리고 민간인 누적 사망자가 75만 명가량 발생했다). 추축국의 통제를 받은 프랑스와 나머지 유럽 대부분은 산업 표적이나 전술적 표적을 노린 폭격을 당했으나 그 정도 규모의 폭격에서는 민간의 큰 손실이 불가피했다. 전시 동안 공습으로 대략 100만 명의 민간인이 사망했고, 이미 제8장에서 더 자세히 살펴본 이유들 때문에 얼추 같은 수가 중상을 당했다.[119] 되풀이되는 폭격만큼 심리적 손상을 입힌 감정적 경험은 수용소 생활과 강제 추방의 경험밖에 없었다.

1939년 세계대전이 도래하기 전의 통념과 같았던 견해에 따르면, 향후 전쟁에서 민간인의 사기가 표적이 될 공산이 크거니와 여러 폭탄을 사용하는 도시 지역 맹폭, 독가스, 생물학전 때문에 겁에 질린 국민들이 화평을 청하도록 정부를 압박할 것으로 예상되었다. 미래 전쟁에 관한 대중 저술은 대개 민간인의 심리적 취약성을 부각시켰다. 민간인은 군대식 훈련을 받지 않았고, 반격할 방법이 없었으며, 대중의 패닉과 감정적 쇠약에 쉽게 휘둘릴 것으로 전망되었다. 각국 정부는 민간인이 폭격을 당할 경우 향후 전쟁 노력에 지장이 생길 가능성, 특히 겁에 질린 노동자들이 위험한 공장에서 일종의 '경제적 탈영'을 하여 전쟁경제의 기반이 흔들릴 가능성을 의식하고 있었다. 어디서나 민방위 대비책과 대공 방어책을 도입하거나 위협받는 공동체에 복지 지원과 방공호를 제공할 준비를 하는 동시에, 폭격으로 급증할지 모르는 정신적 사상자를 위한 의료 서비스도 준비했다. 영국과 독일의 심리학자들은 폭격이 신체 부상 이외에 감정적 쇠약을 야기할 것이라는 견해를 지지했고, 정신병원들은 기존 환자를 내보내고 전시 사상자를 들일 공간을 마련했다.[120]

1940년 주기적인 장거리 전략폭격이 시작된 이후 그 감정적 결과는 예상했던 것보다는 훨씬 덜 심각해 보였다. 도시 인구는 대규모 패닉에 빠지지 않았고, 정신병원은 감정 상태가 몹시 불안정한 환자들로 채워지지 않았다. 독일의 영국 '대공습' 기간에 심리학자들과 정신과의사들은 만성적이거나 지속적인 무질서가 매우 드물게 나타나는 이유를 조사하기 시작했다.[121] 런던에서 같은 방공호로 자주 피신한 1100명을 조사한 바에 따르면 1.4퍼센트만이 장기적인 심리적 문제를 토로했다. 1940년 9월에 맹폭을 당한 런던 이스트엔드의 구역들을 찾아간 영국 정신건강긴급위원회 간부는 "명백한 정서장애 사례"를 전혀 발견하지 못했다.[122] 영국 국내

안보부가 1941년 맹폭을 당한 항구도시 헐의 정신건강 상태를 조사했을 때, 정신과의사들은 '히스테리'(가장 흔할 것으로 예상한 증상)의 증거를 거의 발견하지 못하고 헐 주민들이 정신적으로 안정되어 있다고 결론지었다.[123] 영국 정신과의사 대다수는 정신쇠약을 겪은 소수의 민간인은 징집병과 마찬가지로 그런 소인을 가진 사람인 것으로 추정했다. '공습 공포증'에 관한 연구는 병원에 입원한 소수의 정신적 사상자들 모두 이전에 신경장애를 앓은 병력이 있음을 확인했다.[124] 몇몇 정신병 환자들은 폭격 스트레스에 오히려 증상이 나아지는 모습을 보였으며, 마조히스트들은 신체에 대한 물리적 위협을 도리어 즐긴다는 주장이 제기되었다.[125] 동일한 현상이 다른 피폭격 집단들에서도 관찰되었다. 1945년 미국 폭격조사단의 인터뷰에 응한 독일 정신과의사들은 진료소를 거쳐간 "기질성 신경질환 또는 정신장애" 환자가 눈에 띄게 적었다고 확인해주었다. 조사단이 확인한 바로는 심지어 일본에서도 원자폭탄 두 발이 투하된 이후 이례적인 수준의 우울감은 나타나지 않았고 그저 불안감만 지속되었다. 영국과 독일에서처럼 일본에서도 폭격작전 기간에 입원해 정신질환 치료를 받은 이들은 특별할 것 없는 사례로 간주되었다.[126]

겉보기에 만성 장애가 없고 입원 환자가 많지 않은 상황은 훨씬 냉혹한 현실을 감추었다. 폭격으로 인한 정신적 사상자의 전체 규모를 가늠하는 데 전문적 관심을 쏟은 이들은 여러 이유로 그 규모를 줄여서 말했다. 한 가지 이유는 너무 많은 정신과 의료진이 군대에 배속되는 바람에 나머지 인구의 상태를 추적 관찰할 만한 의료진이 대폭 줄어든 데 있었다. 전시 동안 군 정신의학이 성장한 것과 달리 민간 인구를 위한 정기적인 지원은 이루어지지 않았거니와, 오히려 민간인은 기존 병원체계에 과부하를 주지 말라는 권유를 받았다. 영국에서 몇몇 고참 정신과의사들은 민간 인구가 걸핏하면 자기 증상을 너무 과장한다면서, 차 한 잔과 딱딱한 대화로 충분히 치료할 수 있다고 생각했다.[127] 그 결과 일시적으로 정신적 사상자가 되거나 심각한 심신증 반응을 보인 민간인은, 심지어 오랫동안 정신 장애를 앓은 민간인까지 대부분 자신의 감정적 위기를 사적으로 다스렸다. 군대에서처럼 민간에서도 대부분의 충격 반응은 심리적 반응이 아니라 타고난 기질성 반응으로 취급되었고, 병자는 행여 의료 기록에 오르더라도 의료 사상자로 기입되었다. 영국 당국이 폭격으로 파괴된 브리스틀의 두 도로에서 민간인 100명을 조사했을 때, 그중 다수가 폭격으로 인한 신체적 반응을 보이면서도 매약賣藥으로 증상을 치료할 수 있다고 생각했고, 뚜렷한 정신질환성 반응을 보인 이들 중 일부는 너무 수치스럽다는 이유로 자기 상태를 인정하지 않으려 했다.[128]

이런 사상은 영국에서는 "일시적인 외상성 신경증"으로, 독일에서는 "순간적인 반응 증상"으로 분류되었다. 사상자 수는 추산하기가 불가능하지만(어느 영국 심리학자는 아무리 적어도 관찰된 사례의 다섯 배일 것으로 짐작했다), 남은 증거에 의하면 폭격에 대한 감정적 반응은 비록 대개 일시적인 사상이었을지언정 광범한 정신적 사상으로 귀결되었다. 정신과의사들의 관찰에 따르면 군에서처럼 민간에서도 심리적으로 고통받을 가능성이 가장 높았던 사람들은 꼭 그런 소인을 가진 부류가 아니라, 누군가의 표현대로 '위기일발' 경험 — 산 채로 묻히거나, 집이 무너지거나, 가족이 살해당한 경험 — 을 한 이들이었다. 심각한 감정적 반응을 촉발한 결정적 요인은 개인의 직접 경험이었으며, 이 요인은 전후에 인터뷰에 응한 독일 의사들에 의해서도 확인되었다.[129] 민간인들의 증상은 몇 가지 면에서 맹렬한 폭격이나 포격을 겪은 군인들의 증상과 비슷했다. 과도한 떨림, 방광 제어력 상실, 감각과 운동 장애, 인사불성, 확연한 우울증, 그리고 여성의 무월경 등이었다. 일시적 무언증, 난청, 팔다리 마비, 독일 민간에서 유행한 위궤양 같은 심신증 반응도 흔하게 나타났다.[130] 항구도시 헐에서 진행한 조사를 통해 축적한 사례 연구 증거는, 정신과의사들의 낙관적인 결론에도 불구하고, 다양한 감정장애를 보여주었다. 일부 여성 피해자들은 공습 사이렌 소리에 기절하거나 소변을 흘리거나 구토를 했고, 남성들은 뚜렷한 소화불량이나 불면증, 우울증, 과음, 자극과민성 때문에 입원을 했다. 대다수 피해자들은 의사에게 진찰받기를 거부했고, 남자들은 불안한 상태임에도 며칠이나 몇 주 만에 일터로 복귀했다.[131] 다른 모든 피폭격 도시에서처럼 헐에서도 폭격의 정신적 대가는 사적인 위기—미국 전략폭격조사단의 사기팀에서 독일 폭격 피해자들을 인터뷰한 작가 제임스 스턴James Stern이 말한 '숨겨진 손상'—로 감당해야 했다.[132] 스턴이 독일에서 인터뷰한 여성들의 경우 갑작스러운 소음이 들릴 때마다 몸을 떨거나 눈물을 흘렸던 것처럼, 몇몇 전후 조사에서 민간인들은 강렬한 트라우마 경험의 오랜 여파를 보여주었다. 1948년 레닌그라드에서 활동한 의사들은 2차대전의 포위전에서 살아남은 주민들로부터 '레닌그라드 고혈압'을 확인했는데, 그들은 포위전 당시의 굶주림과 포격, 폭격의 여파로 예상대로 심각한 심리적 트라우마를 겪고 있었다.[133]

그럼에도 정부들의 관심사는 폭격에 대한 심리적 반응이 집단 패닉과 급속한 사기 저하를 얼마나 초래할 수 있느냐는 것이었다. 그런데 가장 심각한 상황에서도 사회는 폭격으로 인해 무력해지지 않았다. 폭격 전망과 현실에 대한 공포는 일시적인 패닉을 유발하긴 했지만, 폭력의 현장에서 달아나고 싶어하는 이해할 만한 욕구의 형태로, 군에서는 좀처럼 택할 수 없는 선택지의 형태로 나타났다. 맹폭을 당한 경우 도시 주민들은 인근 시골과 마을로 빠져나갔는데, 이는 패닉보다는 이성에 따른 행동이었다. 이런 피신 현상은 영국 도시들에서, 특히 사우샘프턴, 헐, 플리머스, 클라이드뱅크처럼 독일의 대공습 기간에 맹렬한 공습에 시달린 작은 도시권에서 나타났다. 또한 당국이 대피를 싫어했으나 단기간 대피가 불가피했던 독일 도시들과, 1945년 주민들이 소이탄을 피해 시골로 달아난 일본 도시들에서도 나타났다. 폭격을 당한 모든 국가는 대피가 사회적 위기로 이어지지 않도록 공식적인 소개疎開 프로그램을 도입했다. 영국에서는 여성과 어린이 약 100만 명이 소개되었고, 이탈리아에서는 220만 명이 소개된 것으로 추정된다. 반면에 독일과 일본에서는 종전 때까지 소개시킨 인원이 각각 900만 명과 800만 명에 달했다. 이런 대규모 주민 이동으로 전쟁경제가 약화될지 모른다는 우려는 근거가 없는 것으로 밝혀졌다. 영국 노동력에 관한 연구들은 거의 모든 노동자가 공습 이후 며칠 내에 일터로 복귀했다는 사실, 직장과 주변 시골 사이를 걸어서 오가는 한이 있더라도 그렇게 했다는 사실을 밝혔다. 독일은 1943년과 1944년에 맹렬하고 지속적인 폭격을 당했음에도 결근율이 높지 않았다. 폭격의 직접적인 결과로 상실한 노동시간은 전체의 2.5퍼센트에 불과했다. 1944년 새로운 노동력의 태반은 공습 도중에도 일하도록 강요당한 외국인 노동자나 강제수용소 수감자이긴 했지만, 전쟁경제 부문들의 총 노동시간은 1944년 3월에서 10월 사이에 실제로 증가했다.[134]

피폭격 도시들이 사회경제적 단위로서 무너지지 않은 이유에 대한 설명은 충분히 제시되었다. 공권력은 민간인에게 희생을 받아들이고 사기를 떨어뜨리는 감정 표출을 삼가도록 권장하는 '감정 레짐emotional regime'을 구축하는 데 일정한 역할을 했다. 이런 레짐들은 서로 같지 않았고 실은 교전국들의 매우 구체적인 문화적 차이를 반영하고 있었다. 일본에서 죽음과 희생의 문화는 전쟁 노력에 대한 대중의 감정적 참여를 군대의 참여에 버금갈 정도로 유도하려던 당국의 노력에 스며들었다.[135] 영국에서 대공습 기간에 유행했던 '영국은 견딜 수 있다!'는 선전 문구는 위기에 침착하고 결연하게 대응한다는 영국인 관련 기성관념을 부각시켰다. 피폭격 도시들의 이미지는 아침에 돌무더기를 지나 출근하는 사람들이나 찻잔을 건네는 쾌활한 여자들을 보여주었다.[136] 독일 독재정권은 민간인이 군인과 함께 '운명 공동체'로 엮여 있으며 민족의 존망이 걸린 투쟁에서 개인적인 근심은 제쳐두어야 한다는 것을 강조했다. 선전 이미지들은 집단의 희생을 앞두고 차분히 결의를 다지며 영웅적인 죽음에 병적으로 집착하는 사람들의 모습을 보여주었다. 독일 육군은 영웅적이지 않은 군 붕괴의 현실이 가시화되면 민간 인구에게 영향이 갈까 우려하여, 정신질환자를 제대시켜 본국으로 돌려보내는 조치를 거부했다. 소련 정권도 집단의 희생과 영웅적인 노력을 강조했지만, 적국 독일처럼 병적인 방식으로 강조하진 않았다.[137]

폭격을 당하는 민간인에게, 그리고 군인의 가족에게 죽음은 상존하는 현실이었지만, 교전국들은 공개적인 슬픔보다는 결의를 표하는 정형화된 장례식을 통해 죽음과 감정적 거리를 두었다. 일본에서는 국가가 관리하는 정교한 의례를 통해 모든 공동체가 '영웅들의 넋'을 기렸다. 죽은 민간인의 이미지는 검열되었으며, 영국 당국은 폭격작전 기간에 패닉을 막기 위해서라는 이유로 사상자에 대한 상세 정보를 일부러 발표하지 않거나 제한했다.[138] 히스테리성 감정을 드러내는 사람은 빈축을 샀고, 공공 방공호에서 그렇게 행동할 경우 민방위 대원이 밖으로 내보내려 했다. '감정 레짐'은 민간 인구 개개인의 수동적 인내력과 감정적 안정성을 시험할 수 있는 모델이 되었다. 개개인이 감정 상태를 조절해 전시 규범에 순응하는 정도는 실제로 각양각색이었지만, '감정 레짐'이라는 규범적 틀은 긍정적인 사기를 쌓아가는 발판의 기능을 했다. 공적 이미지와 사적 행동을 일 치시키는 과제가 사회적 압력과 공식 관행에 의해 강제된 까닭에 스트레스를 극복하지 못하는 민간인은 전투병처럼 도움이나 징계를 받아야 하는 감정적 일탈자가 되었다.

폭격의 결과를 극복하기 위해서는 물질적 지원도 꼭 필요했다. 헐에서 조사를 진행한 정신과의사들은 "주민들 정신건강의 안정성은 영양 상태에 더더욱 달려 있다"고 결론지었다. 식량과 복지, 보상, 복구 프로그램을 제공하려는 국가의 노력은 대체로 광범한 사회적 항의나 사기 저하를 막을 만큼 충분히 효과적인 것으로 입증되었다. 폭격의 직접적인 피해자들에게는 휴양소와 응급처치소에서 음식과 수면 환경, 최근에 겪은 최악의 경험에 대해 마음껏 이야기할 기회를 제공하는 등 일종의 '전방 정신의학'을 적용했다—다만 공식적인 정신의학 치료는 없었다. 영국에서 정신과의사들은 민간인의 고통을 대하는 간소한 접근법을 채택해 진부한 형태의 '정신 응급처치'—단호한 말과 격려의 말—를 제안했다. 그들은 타인에게 공포심을 감추는 것을 우선 과제로 여겼고, 비스킷이나 사탕 한 봉지로, 또는 브랜디 한 모금으로 격앙된 사람을 진정시킬 수 있다고 주장했다.[139] 또한 그들은 공용 방공호를 소규모 자활 공동체로 여기고 활발한 지하 공동생활을 꾸려가는 데 협력하면 공포가 무뎌질 것으로 전망했다. 심지어 독일에서 가장 맹폭을 당한 지역들에서도 심리학자들은 방공호를 감정을 통제하고 쇠약해진 사람들을 도와서 공포와 충격의 결과를 극복하는 '정신요법'의 현장으로 여겼다.[140] 정신과의사들은 잦은 폭격 경험에 점차 익숙해지는 민간인들의 능력에 주목했는데, 그것은 지속적인 일선 전투에서 반복되는 폭격을 견뎌내지 못한 일부 군인들과는 다른 모습이었다. 전후 독일에서 진행한 조사에서 응답자의 66퍼센트는 피폭격

이후 두려움이 이전과 같거나 줄었다고 주장했고 28퍼센트만이 두려움이 늘었다고 답했다.[141] 영국 대공습 기간에 진행한 두 차례 설문조사에서 응답자들은 가장 두려워하는 일로 식량 공급의 차질을 꼽았다. 폭격이 가장 두렵다고 답한 이들은 1940년 12월에 12퍼센트, 넉 달 후에는 8퍼센트에 불과했다.[142]

전장의 현역군인과 마찬가지로 많은 민간인도 공포를 견뎌내고자 다른 대응 기제들에 의지했다. 그런 기제는 미신이나 부적 사용, 생존 전망에 대한 뚜렷한 숙명론 혹은 무관심 같은 형태로 나타났다. 일본 민간인들은 폭탄의 위협을 막아준다며 머리 위에 양파를 올려두었고, 영국 상점들은 액막이 소품과 행운의 부적으로 가득찼다. 1941년 영국의 대량관찰 단체는 미신에 관한 조사를 수행해 여성 응답자의 84퍼센트와 남성 응답자의 50퍼센트가 미신에 영향을 받는다는 것을 확인했다.[143] 독일과 이탈리아에서는 민간인들이 그들 정권이 저지른 범죄의 벌을 받고 있고 '선행'만이 폭격기의 접근을 막아줄 거라는 미신이 널리 퍼졌다. 이탈리아에는 '피포Pippo'라는 별명의 정체 모를 단독 항공기가 반도 도시들의 상공을 비행하면서 나쁜 짓을 하는 사람을 찾아 벌하거나, 일설에 의하면 임박한 공습을 경고한다는 강한 미신이 존재했다.[144] 피폭격 민간인들은 "당신 이름이 적힌" 폭탄은 피할 수 없다는 믿음이나, 어느 정신과의사가 말한 '불사신 상태'—이 상태의 개인들은 자신의 생존이 초자연적 작인에 달려 있다고 믿고서 덮어놓고 위험을 무릅썼다—같은 심리적 대응 기제를 통해 숙명론적 입장에서 공포에 대처하기도 했다.[145]

끝으로 현역군인처럼 일부 민간인은 폭탄이 우박처럼 쏟아지는 상황에서 보호책과 위안으로서의 종교에 더욱 의지하게 되었다. 어디서나 관찰자들은 교회 회중이 늘어나거나 기도에 더 의지하는 모습을 보았다. 하지만 폭격은 교회를 파괴하고 회중을 흩어지게 하는 등 종교 활동을 방해하기도 했다. 독일에서 히틀러는 민방위 그리고 공습 이후 복구라는 우선 과제와 충돌하는 시간대에는 교회 예배를 드리지 말라고 명령했다. 1943년 라인란트 지역 주교들은 히틀러에게 국민들이 공습으로 인한 "엄청난 심리적 부담과 점점 심해지는 정신적 긴장"에 대처하는 데 도움이 되도록 예배 제한을 완화해달라고 청원했지만, 총통은 거절했다.[146] 1940년대의 영국은 종교가 독일에서와 같은 역할을 하기에는 너무 세속적인 나라였으며, 비록 '위기 기도'의 증거가 있고 매년 9월 '국가 기도의 날'을 기념하긴 했으나 예배 참석자 수는 1942년부터 감소했다.[147] 종교는 가톨릭 공동체들에서 더 유익한 위안의 원천이었다. 기도를 드리고 하느님께 도움을 간구하고 성인聖人의 보살핌을 호소하면서 위안을 찾는 문화는 폭격전의 상황에 쉽게 적응할 수 있었다. 위협받는 이탈리아 도시들에서는 폭탄을 막기 위해 집집마다 성모 마리아나 지역 성인을 경배하는 작은 제단을 마련했고, 성모 마리아에게 폭격기를 돌려보내달라고 간청하는 항공전 기도문을 지었다. 폐허 속에서 성모상이 온존할 경우 회중은 그것을 구원의 기적으로 여겼다. 이탈리아 북부 포를리에서는 4만 명의 사람들이 폭격 이후에도 멀쩡한 '불의 성모Madonna del Fuoco' 그림 앞을 줄줄이 지나갔다. 마리아 경배의 호소력은 독일과 이탈리아에서 공히 높아졌다. 이탈리아 소도시 베르가모 인근 마을의 한 소녀가 성모의 발현을 열세 차례 목격했다고 주장하자 이탈리아인 수만 명이 보호나 위안, 종전 약속을 찾아 그 발현 장소로 모여들었다. 가톨릭교회는 공식적으로 발현과 기적의 증거를 경시했지만, 피폭격 상황에서 이탈리아의 많은 가톨릭교도에게는 교회가 실질적 도움과 심리적 구제의 주요 원천으로서 국가를 대체하게 되었다.[148]

민간인 고통이라는 스펙트럼의 반대쪽 끝에는 광대한 독일-소비에트 분쟁 지대에서 추방, 집단학살, 대규모 잔혹행위, 전쟁의 소용돌이에 휩쓸린 수백만 명이 있었다. 이 지대에는 '전방 정신의학'도, 가장 극단적인 외상성 스트레스의 생경한 충격을 막으려는 시도도, 감정 레짐이나 질병 관리에 대한 관심도 없었다. 굶주린 채 폭격당한 도시 레닌그라드의 어느 생존자는 이렇게 썼다. "죽음이 횡행한다. 죽음이 어디서나 관찰할 수 있는 현상이 되었다. 사람들이 죽음에 익숙해지고 있다. 심드렁하다. … 연민의 감정이 사라졌다. 아무도 신경쓰지 않는다."[149] 생존자 회고록이나 구두 증언, 그 무렵의 일기와 편지를 바탕으로 희생자 수백만 명의 감정적 또는 심리적 상태를 얼마간 알아낼 수 있지만, 그 상태는 가해자들과 기록을 남기지 않고 죽은 수백만 명의 관심사가 아니었다. 역사가들에게 남겨진 기록은 전장의 통제된 폭력과는 다른 적나라한 폭력이 인간 존재를 인간 행위의 원초적 가장자리로 밀어붙일 때 나타나는 트라우마 반응의 양상을 추적하기에는 불충분하다. 방금 거론한 레닌그라드 생존자는 "우리는 선사시대로 돌아갔다"고 일기에 썼다.[150]

소련 정신과의사들은 지난 2년여 동안 독일군의 점령을 겪은 서부를 붉은군대가 해방시켰을 때 별안간 감정적 손상의 정도를 파악할 수 있는 기회를 얻었다. 어린이의 상태에 초점을 맞춘 그들은 점령군의 폭력으로 어린이 수천 명에게 깊은 트라우마가 생겼음을 확인했다. 점령 기간에 독일군의 테러는 성인 인구만이 아니라 그들의 자녀까지 직접 겨냥했다. 점령군은 청소년을 파르티잔 용의자로 취급하거나, 9~10세까지도 잠재적 강제노동자로 간주하거나, 재미로 살해하거나, 소녀의 경우 야전 위안소로 보내버렸다. 많은 어린이가 고아가 되어 거리에서 음식을 훔쳐먹으며 살아가야 했고, 그리하여 점령군이 무신경하게 저지르는 학대의 또다른 표적이 되었다.[151] 이것이 두 군대 사이에 낀 수백만 명이 점령 기간에 날마다 겪은 생활이었다. 해방된 지역들에서 소비에트 의사들은 가장 극심한 정신쇠약의 사례들을 치료하기로 했고, 그 과정에서 어린이들이 부모나 이웃의 피살을 목격했거나, 마을 주민 전체가 불타 죽은 건물에서 빠져나왔거나, 고문과 신체 절단의 장면을 지켜봤다는 사실을 알게 되었다. 1943~1944년에 수행한 주요 연구에 따르면 "끊임없는 공포와 불안"과 함께 살아온 어린이들은 일반적인 불안 증상—기절, 몽유병, 야뇨증, 두통, 극도의 과민성—이나 신체 반응—마비, 신경성 경련, 말더듬, 무언증, 인사불성—을 통해 내면을 표현했다. 보고서들에 의하면 어린이 환자들이 휴식과 안전한 환경을 퍽 좋아하긴 했지만 특정한 반응 증상들은 계속 나타났다. 시끄러운 소음이나 폭발음은 메스꺼움, 비자발적 배변, 떨림, 다량의 땀 분비 같은 반응을 일으킬 수 있었는데, 이는 폭격 공습을 겪은 사람들이나 전투로 인해 정신적 상흔을 입은 군인들이 보이는 반응과 흡사했다.[152] 극도의 공포에 대한 심인성 반응은 위험이 지나간 이후에도 한참 동안 나타났지만, 소련 정신의학부대들은 자원과 인력이 워낙 부족해 고통받은 사람들 중 일부만 수용할 수 있었다.

소련 어린이들 중 소수는 절멸을 모면한 유대인이었지만, 홀로코스트를 겪은 유대인 중에서 1945년에도 살아 있는 이들, 즉 '살아남은 잔여 She'arit Hapleta'는 극히 일부였다. 그 생존자들의 감정 상태를 치료하거나 조사하려는 노력은 거의 없었던 듯한데, 대부분의 경우 그들에게 필요한 것은 심리적 조치보다 의료적 조치로 보였거니와, '해방'의 문화가, 비록 굶주리고 방향감각을 잃은 수용소 수감자들에게는 별 의미가 없었을지라도, 이제 트라우마 경험은 끝났다는 착각을 일으켰기 때문이다.[153] 유럽 전쟁이 끝나고 3주 후에 열린 '해방 음악회'에서, 당시 유대인 환자들로 가득한 병원에서 일하고 있던 의사 잘만 그린베르크Zalman Grinberg는 홀로코스트라는 시련을 통과한 사람들의 감정 상태를 포착하려 했다.

> 우리는 강제수용소에서 독가스에 질식되고, 목을 졸리고, 고문을 당하고, 배를 곯고, 죽을 때까지 일하고 고통받은 사람들에 속한다. … 우리는 살아 있는 게 아니다. 우리는 **여전히 죽어 있다**. … 지금 우리에게는 그 기간에 우리가 통과하고 경험한 사태를 인류가 이해하지 못하는 것으로 보인다. 그리고 우리는 미래에도 이해받지 못할 듯하다. 우리는 웃는 법을 잊어버렸다. 더 이상 울 수도 없다. 우리는 우리의 자유를 이해하지 못한다. 아마도 우리가 여전히 죽은 동지들 사이에 있기 때문일 것이다.[154]

생존자들은 유대인 대다수가 살해된 반면에 자신들은 살아 있다는 죄책감 혹은 수치심도 느꼈다. 여기에 더해 가족이나 친구가 실제로 죽었다는 사실을 대개 한참 후에 알고서 비통에 잠기기도 했다. 전후 초기에 유대인 생존자들이 지낸 침울한 분위기의 실향민 수용소에서 그들은 어느 관찰자에 따르면 "끊임없는 공포, 불안, 불확실성의 상태"에 있었다. 수용소 운영에 대처하려 애쓴 관리들은 생존자들에게서 분열적이고 신경증적이고 비협조적인 행동의 증거를 발견했다. 이를테면 심각한 트라우마와 지속적인 불확실성으로 인한 정신질환성 반응을 뚜렷하게 반영하는 야뇨증, 유아적 퇴행, 좀도둑질, 위생 불량 등이었다.[155] 유대인 생존자들을 위한 수용소에서 발견된 더 놀라운 증거는 유대인 문화와 공동체를 복원하려는 정력적인 노력이었다. 수용소에서의 정신적 손상이 발기 부전이나 지속적인 무월경 상태를 유발할지 모른다는 우려에도 불구하고, 1948년 유대인 생존자들의 출산율은 세계 최고 수준으로, 독일인 생존자

들의 출산율의 7배에 달했다.[156]

종전 후 1년이 지날 때까지 심리학자들은 당시 유대인 생존자 절대다수가 지내고 있던 독일 내 실향민 수용소들을 방문할 수 없었다. 서방 측의 관심은 유대인 박해가 피해자들에게 감정적으로 어떤 의미였는지 규명하려는 목표보다는 '나치 정신'을 확인하고 묘사함으로써 가해자들의 감정 상태를 이해하려는 목표에 더 쏠려 있었다.[157] 1946년 4월 "억압이 인간 정신에 끼치는 영향"을 연구하기를 간절히 바라던 폴란드 심리학자 타데우시 그리기에르Tadeusz Grygier는 이전 수용소 수감자와 강제노동자 집단을 연구 자료로 활용하는 것을 허가받았지만, 유대인 실향민 수용소들은 그의 요청을 거부했고, 이 결과를 그는 "극심한 억압"의 영향 때문으로 여겼다.[158] 1946년 7월 러시아계 미국인 생리심리학자 데이비드 보더David Boder(출생명은 아론 멘델 미헬손Aron Mendel Michelson)도 실향민 수용소에서 인터뷰를 진행하는 것을 허가받았다. 그는 "전례 없는 스트레스를 받을 때의 개성"을 연구하는 데 관심이 있었고, 유대인 수용소 생존자들을 확실한 코호트로 여겼다. 본인이 유대인인 보더는 그리기에르가 겪었던 문제들에 전혀 부딪히지 않고서 다양한 생존자들을 연구했으며, 여기에는 수용소에서 살아남은 유대인과 전시 독일에서 수용소보다는 한결 나은 여건에서 생활한 외국인 강제노동자가 모두 포함되었다.[159]

보더는 우선 표준적인 '주제 통각 검사Thematic Apperception Test'를 이용해 인터뷰 대상자들에게 여러 그림을 보여주고 어떤 연관 반응을 보이는지 확인했다. 그는 곧 이 검사로 알 수 있는 게 별로 없음을 깨달았는데, 대개 인터뷰 대상자들이 박해의 감정 세계를 제대로 이해할 수 있다는 견해에 어정쩡하거나 회의적인 입장이었기 때문이다. "심리학자들은 정말로 인간 본성을 그토록 잘 알 만큼 진보했나요?"라고 18세인 아베 몬블룸Abe

Mohnblum은 물었다. 보더가 심리학은 새로운 길을 탐색하는 과정에 있다고 항변하자 인터뷰 대상자들은 심리학자들이 "실제로 일어날 수 있는 사태를 평가할 만한 능력이 전혀 없다"고 쏘아붙였다.[160] 분명 보더는 심리학자로서의 목표와 유대인 생존자 코호트가 자신에게 한참이나 되받아치는 생각지도 못한 현실 사이의 괴리를 마주하고서 겸손해졌다. 1949년 보더는 기록을 선별해 묶은 저서의 제목을 《나는 죽은 자들을 인터뷰하지 않았다 I Did Not Interview the Dead》로 붙였다. 저서에서 그는 '트라우마 색인'(나중 판본들에서는 '트라우마 목록'으로 바꾸었다)을 제시했는데, 여기에는 "이 사람들에게 심리적으로 무슨 일이 일어났는지"를 규정하는 12가지 범주가 포함되었다. 이 색인은 교화된 현재의 감정적·물리적 세계를 유대인 생존자들로부터 앗아가고 그것을 원시적인 과거로 대체한 경험의 모든 영역을 포괄했다. 예컨대 색인의 제7항은 "신체적·정신적 인내력의 만성적 과부하"였다.[161] 보더가 당시 용법과는 사뭇 다르게 '트라우마' 용어를 사용해 스트레스에 대한 억눌린 반응을 묘사하긴 했지만, 그럼에도 그의 의도는 박해 경험을 통해 소수의 생존 피해자들에게 누적된 심리적 손상을 묘사하는 데 있었다. 결국 그는 '참사 단위들'을 측정함으로써 피해자들의 고통을 정량화하려 시도했고, 예상대로 외국인 노동자들보다 수용소 생존자들의 트라우마 부담이 적어도 3배 크다는 것을 확인했다.[162]

전시 동안 감정 위기를 겪은 수백만 명은 전사해서든, 폭격을 당해서든, 잔혹행위에 희생된 민간인에 속해서든, 굶주림과 제노사이드 때문이든 살아남지 못했다. 종전 때까지 독일군, 소련군, 일본군에서는 약 1800만 명이 사망한 반면에 서방 연합군에서는 약 100만 명이 사망했다. 이는 민주 진영의 군대에서 귀국해 민간 사회에 재통합된 군인들이 수백만 명 더 많았음을 뜻한다. 수용소 생존자들의 경우와 마찬가지로, 이 군인들이 재통합되는 과정도 순탄치 않았다. 남녀 현역군인들은 이제 사뭇 다른 가치관의 세계에 익숙해져 있었고, 먼 전장의 감정적·정신적 응어리를 품고 있었으며, 규범적인 민간인 행동과 관습적인 감정 유대를 재확립하려 애써야 했기 때문이다. 오직 미국에서만 정신적 적응을 긴급한 문제로 여겼다. 1945년에 수많은 지침서가 출간되었으며, 그중 《퇴역군인의 가족과 친구를 위한 정신적 지침서Psychiatric Primer for the Veteran's Family and Friends》는 귀국한 군인은 "안절부절못하고, 공격적이고, 화가 많을" 공산이 크다고 설명했다.[163] 돌아온 군인들이 범죄의 물결을 일으킬지도 모른다는 우려, 또는 그들의 정신장애가 평시 공동체의 회복을 방해할 것이라는 우려가 만연하자 미국 육군은 1945년 두 편의 홍보 영화에 자금을 댔다. 하나는 '전투 탈진'에 관한 영화였고, 다른 하나는 〈돌아온 정신신경증 환자들The Returning Psychoneurotics〉이라는 부적절한 제목의 영화였다. 존 휴스턴John Huston이 감독을 맡은 두 번째 영화는 뉴욕의 한 정신병원에서 장애가 심각한 환자들을 사회로 복귀시키기 위해 시행하는 치료법을 보여주었다. 그러나 육군은 영화 각본에서 말하는 '인간 구조human salvage'가 전쟁을 거치며 얼마나 감정적 손상을 입었는지 아직 알지 못하는 미국 대중이 관람하기에는 영상이 너무 께름칙하다고 판단했다. 이 영화의 제목은 〈빛이 있으라Let There Be Light〉로 바뀌었지만, 육군은 1981년까지 상영을 금했다.[164]

　전후에 퇴역군인을 대상으로 실시한 몇몇 조사는 분쟁의 감정적 상흔이 어떻게 평시에도 잔존하는지 보여주었다. 미국에서 퇴역군인의 41퍼센트는 정신장애로 상해보상을 받았다. 1946년 미국 전쟁부에서 발표한 다른 조사에 의하면, 전시 동안 치료를 받았던 군인들 중 40~50퍼센트는 전투 탈진 상태였다.[165] 영국에서는 전시 동안 제대해 지역 사회로 복귀한 정신질환자들을 추적 관찰하는 소규모 조사를 여러 차례 진행했는데, 그들 중 다수는 일자리를 유지하거나 자존감을 되찾기 어려워하는 것으로 밝혀졌다. 독일과 소련, 일본에서 민간 생활로 돌아간 퇴역군인들에 대한 체계적인 조사는 이루어지지 않은 듯하지만, 그들의 감정적 재통합은 힘겨운 과정이었으며, 영국이나 프랑스, 소련이 전후 재건의 노동력으로 사용하기 위해 독일군이나 일본군 포로들을 제네바 협약에 명시된 기간이 한참 지나서까지 붙잡아두었던 까닭에 재통합이 오랫동안 지연되기도 했다.[166] 1950년대 초 일본군 포로들이 마침내 소련에서 본국으로 송환되었을 때, 전시에 불명예스럽게 포로가 되었을 뿐 아니라 이제 민간 생활로 돌아오고도 분열을 일으키고 '따지기 좋아하는' 그들을 일본 대중은 두루 우려했다.[167]

미국은 가능만 하다면 외국에서 전사한 군인의 유해를 1945년 이후 본국으로 송환하기를 원했다는 점에서 독특했다. 국외에서 복무한 연합국과 추축국 현역군인들은 대체로 사망한 전구에 묻혔다. 미국 대중의 압도적인 요구사항은 수천 킬로미터에 걸친 대양의 도처에서 죽은 현역군인의 유해를 미국 땅에 다시 묻으라는 것이었다. 그 결과로 전시 미국의 감정 레짐, 즉 공식 방침에 따라 전사자의 실상과 규모를 감추고 통제된 집단적 슬픔의 순간을 한 번만 허용했던 규범적 틀이 그 기능을 멈추었다. 1947년 10월 처음으로 6200구의 관이 유럽에서 본국으로 송환되었다. 무작위로 고른 어느 무명용사의 관이 뉴욕 5번가를 따라 50만 명이 지켜보는 가운데 엄숙하게 운구되었고, 센트럴 파크에서 군중 15만 명을 위한 예배가 거행되었다.[168] 일부는 흐느끼고 일부는 차마 지켜보지 못한 그 순간은 전시 동안 억눌렸던 감정을 드러냈다. "저기 내 아들이 가고 있어요"라고 한 여성이 군중 틈에서 울부짖었다. 전시 수년간 현역군인들은 자기

내면의 공포와 불안, 그리고 규율과 자기희생을 강요하는 군제, 이 둘 사이의 긴장에 대처해야 했다. 세계 곳곳의 민간인들도 그들 나름대로 인내를 요구하는 공적 문화, 그리고 슬픔과 상실이라는 사적 현실, 이 둘 사이의 모순을 안고 살아야 했다.

제10장

범죄와 잔혹행위

폴란드의 절멸 중심지 헤움노에 도착해 줄지어 선 유대인 아이들. 가스차에서 이산화탄소 중독으로 살해되었다. 홀로코스트 실행자들은 유대 인종이 다시는 독일 제국을 위협하지 못하도록 어린이를 살해하려 했다.

아파트에서 유대인들을 끌어내 사살할 때, 교사 리자 로진스카야는 어딘가에 숨어 있었습니다. 이튿날, 집단 총살 후, 게슈타포 살인자들이 그녀를 붙잡았습니다. 그 불한당들이 그녀를 시장 광장까지 질질 끌고가 전신주에 동여매고는 날카로운 단도를 던지기 시작했습니다. 그 괴물들은 그녀의 목에 "나는 독일 공무원들의 법과 규정 집행을 방해했습니다"라고 적힌 표찰을 걸었습니다.

— 기록된 증언, '마지르 시의 독일인들'[1]

언젠가 독일 군인 한 명이 붙잡혀 [파르티잔] 기지로 끌려왔습니다. 그들은 그를 심문하지도 않았습니다. 그냥 갈기갈기 찢어버렸습니다. 얼마나 참혹한 광경이었던지. 그의 머리카락을 여자들과 노인들이 잡아 뜯었습니다. 그리고 모두가 '내 아들, 내 남편을 위하여' 따위를 외쳤습니다.

— 레오니드 오콘과의 인터뷰[2]

2차대전은 극악무도한 분쟁이었다. 처음부터 끝까지 군인과 보안 인력, 민간인의 행동이 범죄와 잔혹행위로 점철되었거니와, 그 규모와 지칠 줄 모르는 에너지는 이전에는 상상하지도 못한 수준이었다. 잔혹행위는 보복의 악순환으로 또다른 잔혹행위를 낳았다. 리자 로진스카야Liza Lozinskaya의 운명을 회상한 마을 주민은 독일 경찰과 지역 보조병력의 업무를 '방해'했다는 이유로 같은 방식으로 붙잡혀 응징당한 소련 여성 파르티잔도 기억했다. 당시 경찰과 보조병력의 임무는 인근의 벨라루스 유대인들을 마을 밖 구덩이까지 몰아가 집어넣은 다음 한 번에 한 층씩 총살하는 것이었다.

민스크 게토에서 탈출한 청년 레오니드 오콘Leonid Okon은 보복하려는 일념으로 파르티잔에 합류했다. "나는 줄곧 싸우고 싶었다. 나는 복수를 원했다."[3] 독일군과 그 조력자들은 그런 복수를 두려워하며 살았고, 그들의 불안은 위협을 저지하기 위한 잔인한 폭력의 물결을 더욱 부채질했다. 이것은 전시 잔혹행위 서사의 여러 전선 중 하나였다. 잔혹행위는 하나의 전구로 국한되지도 않았고 하나의 원인으로 설명할 수도 없다. 2차대전의 어두운 이면은 여러 부분으로 이루어져 있었다. 잔혹행위 중 일부는 기존 법과 전시 관습을 어기는 상습적인 전쟁범죄였다. 일부는 극심한 인종적 증오나 편견의 산물이었다. 더 감추기 쉬운 일부는 남성이 여성에게 꾸준히 자행한 폭력의 결과였다.

당대인들은 '전쟁범죄' 개념을 대체로 '육상전의 법규와 관습'에 관한 1907년 헤이그 협약 부속서와, 본래 1864년 체결된 국제 적십자사에 관한 제네바 협약의 위반으로 이해했다. 이 정의에 의하면 전쟁범죄란 군대가 전장의 적군이나 포로가 된 적군에게, 또는 "문명화된 민족들" 사이에 존재하는 "인도법人道法"에 따라 폭력으로부터 보호받아야 하는 적국 민간인에게 저지르는 것이었다.[4] 제네바 협약은 '반문명화된' 상태이거나 '미개한' 상태인 식민지 인구에게는 적용되지 않았다. 전쟁범죄의 성격이 아주 명확하게 규정되었던 것도 아니고 협약을 강제할 국제재판소가 설립되었던 것도 아니므로, 전쟁범죄를 어떻게 조사하고 처벌할 수 있을지도 분명하지 않았다. 1차대전에서 두 진영은 공히 전쟁 관습과 관례를 위반했다. 다만 체계적으로 위반했던 것은 아닌데, 오랫동안 교전 지대의 활동이 참호전으로 국한되었고 유격전이나 사선의 민간인이 없었기 때문이다. 그럼에도 1차대전을 계기로 헤이그 협약 위반으로 여겨지는 다른 '범죄들'의 분류가 이루어졌다. 종전 무렵 승전국들은 범죄로 간주되는 행위를 열거한 32가지 위반 목록을 작성했으며, 여기에는 '살인과 학살'(특히 튀르크인의 아르메니아인 학살을 염두에 둔 항목), '조직적인 테러', '민간인 고문', 비전투원 추방과 강제노동이 포함되었다.[5] 1919년 2월 연합국은 '전쟁과 그 행위의 책임에 관한 위원회'를 임명했고, 이 위원회는 다시 교전법규 위반에 관한 소위원회를 설립해 적국의 알려진 전범들을 어떻게 기소하고 있는지 보고하도록 했다. 그렇지만 미국은 독일과 터키의 전쟁범죄를 심리하는 국제재판소라는 발상을 거부했다. 결국 독일 정부와 터키 정부는 연합국의 채근에 몇 차례 보여주기식 재판을 하는 데 그친 반면, 프랑스 정부와 벨기에 정부는 여전히 수중에 있는 포로 1200명을 재판에 회부해 유죄를 선고했다. 독일 수사국도 전시 연합군의 전쟁범죄에 관한 조서를 5000건 작성했지만, 1919년에 정의는 패배한 적이 아니라 승자들에게 있었다.[6]

1919년에 전쟁범죄를 규정하고 관련 사법절차를 마련하는 데 분명히 실패한 뒤, 그다음 10년에 걸쳐 수용 가능한 전시 행위에 대한 명확한 국제적 합의에 이르고자 하는 노력이 이루어졌다. 1907년 헤이그 협약에 따라 '공중 폭격'이 금지되었음에도 전시 동안 두 진영 모두 민간인을 폭격했지만, 항공전 수행을 규율하는 구체적인 국제법 기구는 없었다. 1922년 워싱턴 해군회의에서 해군 군축을 결정한 데 이어, 1923년 헤이그에서 국제 법학자 위원회가 '헤이그 항공전 규칙'을 정했다. 비록 어느 정부도 비준하진 않았지만 이 규칙은 국제법의 효력을 지닌 것으로 여겨졌으며, 특히 민간인의 생명과 재산을 공격하지 말고 식별 가능한 군사 표적만 공격해야 한다는 조항이 그러했다.[7] 1925년, 제네바에서 독가스와 세균무기의 사용을 불법화하는(보유 자체를 불법화하진 않았지만) 협약이 체결되었다. 4년 후, 헤이그 협약에 의거한 기존의 전쟁포로 보호책을 확대하는, 전쟁포로 대우에 관한 협약이 추가로 마련되었다. 1936년, 1차대전 기간의 무제한 잠수함전을 불법화하는 새로운 해전 규칙이 정해졌다. 이제 해군 함정은 적에게 물자를 공급하는 것으로 의심되는 상선을 정지시킨 다음 수색해야 했고, 상선을 보는 즉시 격침하지 말고 선원들에게 안전을 제공해야 했다.

이런 추가 보호책 대부분은 이미 1930년대에 위반되었다. 이탈리아와 일본은 에티오피아와 중국을 침공하면서 독가스를 사용했다. 일본 항공기는 중국 내 전쟁에서 민간인을 폭격했고, 이탈리아와 독일 항공기도 에스파냐 내전에서 똑같은 짓을 했다. 일본 육군은 중국군 전쟁포로들을 살해했다. 2차대전 기간에 모든 국제 협정이 어느 교전국에 의해 위반되었거니와, 많은 경우 그런 국제법 수단을 도입할 때 미처 예상하지 못했던 규모로 심각하게 위반되었다. 상상조차 못한 규모로 자행된 잔혹행위의 증거가 드러남에 따라 20세기 전쟁범죄의 개념은 한계와 그 너머까지 확장되었다. 종전 무렵, 전시 동안 민간 인구를 대규모로 추방하고 착취하고 살해한 행위를 처벌할 수 있도록 그런 잔혹한 분쟁의 결과에 걸맞은 새로운 전쟁범죄 개념이 고안되었다. 그런 만행은 이제 '반인도적 범죄crimes against humanity'라는 포괄적 용어로 분류되었다.[8] 1945년 연합국 승전국들은 다시 한 번 전시 범죄의 성격을 규정했다. 그 규정에 따라 전범들은 침략전쟁을 모의한 A급, 전쟁 관습과 관례를 위반한 B급, 반인도적 범죄를 저지른 C급으로 나뉘었다.

'전쟁의 법규와 관습' 위반하기

군대와 군대 사이에, 또는 군대와 민간 인구 사이에 자행되는 불법 폭력이라는 더 좁은 의미의 전쟁범죄는 서면 협정으로는 제한할 수 없는 것으로 밝혀졌다. 여러 명백한 이유로 전장에서는 폭력이 난무했다. 1차대전의 참호전과 달리, 2차대전에서는 개활지 기동전에서 자주 회전會戰이 벌어졌다. 그런 환경에서는 병력과 노력을 할애해 적군 투항자나 부상자를 후방으로 이송하기보다는 사살하는 것이 때로는 더 간단한 방법이었다. 보병 전투에서 적을 사살한 지 불과 몇 분 후에 항복하려 드는 군인들은 즉각 사살당할 공산이 컸다. 저격수는 적에게 붙잡힐 경우 특히 흉악한 살인자로 간주되어 곧잘 처형되었다. 소비에트-독일 전쟁과 아시아 전쟁에서 부상자는 대개 쓰러진 자리에서 도살되었다. 전투의 열기 속에서 군인들은 제네바 협약에 개의치 않았으며, 어느 육군에서나 장교들은 병사들의 전쟁범죄 자행을 거의 제한하지 않은 것으로, 일부 경우에는 적극적으로 부추기거나 교사했던 것으로 보인다. 해상의 전장은 딴판이었지만, 거기서도 선원과 병사를 물속에서 버둥거리도록 내버려두거나 구명정을 일부러 포격하거나 생존자에게 기관총을 쏘는 식으로 기존 협정을 위반할 기회가 있었다. 어느 공군이든 때때로 낙하산을 타고 강하하는 항공병에게 기관총을 쏘긴 했지만, 오직 공대공 전투에서만 교전규칙이 준수된 편이었다. 반면에 공대지 전투는 폭격과 기총소사의 부정확성, 심지어 때로는 무작위성 때문에 거북한 문제들이 불거졌다. 무엇보다 장거리 '전략'폭격은 작전 중 병원, 학교, 교회, 문화재를 무차별 파괴했을 뿐 아니라 민간인 다수를 경우에 따라서는 고의로 살해하여 심각한 윤리적 문제들을 불러일으켰다.

대다수 B급 전범은 군인들이 살해하거나 살해당할 전망에 직면하게 되는 지상전에서 전쟁범죄를 저질렀다. 태평양 전쟁 중에 어느 미군 공병은 일기에 이렇게 썼다. "이곳에는 한 가지 규칙이 있다. 죽여라, 죽여라, 죽여라."[9] 군인들이 홧김에 규칙을 예사로 위반하긴 했지만, 전시에 군대

간 잔혹행위의 규모와 성격은 각 전구의 다양한 요인들—지리, 이데올로기, 선전, 군사 문화, 억제책 부재 등—에 의해 결정되었다. 폭력을 자행하는 순간 행위자의 마음속에 자제력 부족 말고 다른 무언가가 있었을 가능성은 높지 않다. 억제책이 없는 전장에서, 또는 군 당국이 고의로 규칙을 무시한 전장에서 군인들은 본능적 폭력을 마음껏 자행할 수 있었다. 예를 들어 1941년 12월 히틀러는 소련에서 싸우고 있는 육군에 그곳의 전쟁은 "군인다운 기사도나 제네바 협약의 협정"과 아무런 관련도 없고 아군이 스스로 결론을 도출하기를 기대한다고 말했다. 하지만 서방 열강과의 전쟁에서 히틀러는 독일군이 합의된 교전규칙을 최대한 준수하기를 원했고, 1944년 말 말메디에서 무장친위대가 미군 포로들을 학살했다는 소식을 들었을 때에도 같은 견해를 보였다.[10] 훨씬 드물긴 했으나 서방 군대도 때때로 규칙을 유예할 수 있었다. 1944년 괌 섬 침공을 앞두고 미군 해병대원들과 병사들은 이번 공격에서 포로를 잡지 않겠다는 말을 듣고 환호했다.[11]

그럼에도 전역의 넓은 맥락은 각 전구별로 전장 범죄의 규모와 야만성에서 큰 차이가 난 이유를 설명해준다. 서유럽과 지중해의 전쟁에서 대치한 군대들은 대체로 국제 협약을 준수했다. 한 가지 예외는 무장친위대에 맞선 서방의 전투였는데, 전자는 제멋대로 행동하며 히틀러에게 광적으로 헌신하고 파렴치한 짓을 일삼는 조직으로 널리 간주되었다. 1944~1945년 이탈리아 국내와 독일 국경에서 격전이 벌어지는 동안 붙잡힌 무장친위대원은 때때로 바로 그 자리에서 사살되었다. 무장친위대의 잔혹행위에 대한 소식을 전해 들은 서방 부대들은 스스로 결론을 도출했다. 벌지 전투를 치른 뒤 포로수용소에 살아서 들어간 무장친위대원은 극소수였다. 어느 미국 퇴역군인은 훗날 이렇게 회상했다. "전쟁은 전쟁이고 사람은 사람이건만, 한 전우는 걸핏하면 분노해 자제력을 잃고 감정에 사로잡히곤 했다."[12] 영국군도 이따금 이런 방식으로 대응했으며, 1941년 창설된 영국 공수특전단은 좀처럼 포로를 잡지 않았다. 독일군이 북아프리카, 이탈리아, 서유럽에서 다른 군인들에게 저지른 전쟁범죄 역시 소련과 중국에서 자행된 잔혹행위의 규모에 비하면 비교적 단발적인 사례들이었다. 앞의 세 전구에서 전쟁범죄의 피해자는 수십 명이나 수백 명이었던 반면에 러시아와 아시아에서 잔혹행위의 피해자는 수만 명에 달했다. 해전에서는 양편 모두 1930년 런던 해군 조약을 무시한 채 무제한 잠수함전을 채택했으면서도 전반적으로 함정을 포기한 이들을 살해하는 짓을 공히 삼갔고, 영국 해군의 경우 몇 차례 빼고는 매번 물에 빠진 이들을 구조했다.[13]

동유럽 전구와 아시아 전쟁의 양상은 전혀 달랐다. 두 지역에서 방어군은 진군하는 적군이 아군과 똑같이 싸우고 똑같이 대응할 각오라는 것을 금세 알아챘다. 그 결과는 갈수록 심해지는 잔혹행위, 양편 모두 악랄한 보복으로 행위의 수준을 점점 떨어뜨리는 악순환이었다. '전쟁의 야만화'—역사가 오메르 바르토프Omer Bartov가 독일 육군이 러시아에서 벌인 야만적인 전쟁을 묘사하기 위해 만든 용어—는 독일군과 일본군의 경우 의도적인 조치였지만, 다른 시공간에서라면 잔혹행위를 저지르지 않았을 법한 양군 병사들을 잔인한 살인자로 바꿔놓은 여러 상황적 원인도 있었다.[14] 특히 지리적 원인이 있었다. 군인들은 머나먼 타지에서 휴가를 얻을 전망도 없이 가장 열악한 조건에서 싸워야 했다. 버마의 밀림, 남태평양의 외딴섬, 중국 중부의 산맥과 강줄기 사이, 광활한 러시아 스텝지대 등 여름에는 푹푹 찌는 더위에 흙먼지가 자욱하고 겨울에는 얼어붙도록 추운 조건은 분명 가혹한 전투를 부추긴 한 가지 원인이었다. 이런 외진

지대에서 전투나 질병, 부상으로 인한 대규모 사망이 만연한 현실은 적의 죽음에 일절 관심을 두지 않는 음울한 문화에 심대한 영향을 끼쳤다. 독일 군인들은 붉은군대의 자살에 가까운 전술을 도통 이해하기 어려웠지만, 그 결과로 소련 군인들을 총알받이처럼 취급하게 되었다. 일본 군인들은 모든 신병에게 옥쇄 원칙(영광스러운 멸사봉공)을 주입하는 군제 속에서 죽을 때까지 싸웠다.[15] 자살 공격과 자살 방어는 일본군의 죽음을 대하는 미군, 오스트레일리아군, 영국군의 태도를 무디게 만들었다. 일본군 시신들이 매장되지 않은 채 널려 있는 도로상에서 연합군 차량들은 이내 어떤 시체든 납작하게 눌린 메마른 흔적으로 바꿔놓았다.

일본의 대중국 전쟁은 처음부터 현대전의 협약을 거의 또는 전혀 고려하지 않았다. 일본 육군은 중국에서 진격하는 동안 항복한 적군 군인을 일상적으로 즉각 사살하거나 참수했다. 적군 부상자는 일본 보병이 즐겨 사용한 무기인 총검이나 군도로 끝장을 내주었다. 일본 육군이 "포로를 해치지 않겠다"고 약속하는 전단을 항공기로 뿌려대며 중국 국민혁명군 군인들에게 투항을 권고했지만, 일본 군인들의 일기를 보면 그 약속은 분명 계략에 지나지 않았다. 허베이성 강습에 투입된 어느 일본 군인은 중국군 부상자들을 돌로 때리고 한 포로를 군도로 베었던 기쁨을 기록했다. 소속 부대가 퇴각 중인 중국군을 쫓아 산시성山西省에 진입했을 때 그는 달아나는 적군을 죽이는 일이 재미있다고 적었다. "부상자들을 가지고 놀다가 자결하도록 만드는 것도 재미있었다."[16] 이런 일기는 일본 군인들이 진격하는 동안 중국군에 자주 매복 공격을 당하면서 극심한 불안과 공포에 시달렸다는 사실도 드러낸다. 당시 중국군은 전장에서 물러나 불규칙적인 게릴라 전술에 의지하고 있었다. 일본 육군은 전진하면서 많은 사상자를 냈으며, 군인들은 계산된 가학성으로 적에게 보복을 했다.

일본군 잔혹행위의 정점은 중국 국민정부의 수도 난징을 강습하고 함락하면서 민간인 수천 명과 함께 중국 군인 2만 명가량을 도륙한 사건이었다. 상하이 파견군 사령관 마쓰이 이와네는 군인들이 자제하기를 바랐지만, 끝이 보이지 않는 지형에서 수개월간 이어진 힘겨운 전투는 복수열을 부채질했다. 일본 장교 두 사람은 누가 먼저 중국인 100명의 머리를 잘라낼 수 있는지를 겨루었다는 소식으로 일본 국내에서 하룻밤 사이에 유명인사가 되었다. 이 '100인 참수 경쟁'은 1938년 들어서도 계속되었고, 두 소위 중 한 사람은 3월까지 374명의 목을 베었다. 시와 노래, 심지어 어린이책까지 '애국적 100인 살해'를 칭송했다.[17] 어디서나 일본군은 적군을 사냥하고 여러 잔인한 처형 방법 — 포로들의 혀를 갈고리에 꿰어 매달고, 산 채로 땅에 묻고, 산 채로 불태우고, 총검술 연습 대상으로 삼고, '낚시'를 하라며 얼음 구멍에 나체로 빠뜨리는 등 — 으로 도살했다.[18] 어느 일본 군인은 난징에서 백색 깃발로 항복했으나 살해당한 중국인 2000명의 주검과 절단된 신체 부위의 곁을 지나갔다. "온갖 방식으로 살해된" 그들은 도로상에 방치된 채 썩어가고 있었다.[19] 일본군의 제약 없는 폭력은 중국 군인을 악한으로 규정하고 포로 살해를 막는 법적 장벽을 모조리 없앤 일본 군부의 결정에서 비롯되었다. 일본 정부가 제네바 협약을 비준하지 않기도 했지만, 설령 비준했더라도 제네바 협정에 담긴 국제법의 제약은 일본군 고위 지휘관들에게조차 전달되지 않았다.[20] 일본 군인들이 잔인한 전투의 현실에 무감각해짐에 따라 적군 부상자와 포로를 살해하는 습관은 하나의 생활방식이 되었다. 난징 학살을 목격한 누군가는 일기에 "나는 중국 군인들의 주검을 아무렇지도 않게 밟았다. 내 마음이 황량하고 어수선했기 때문이다"라고 적었다.[21]

1941년 12월 일본이 동남아시아와 남태평양에서 미국과 영국, 네덜란드의 속령들을 공격했을 때, 공격에 투입된 일본 군인 대다수는 이미 대중국 전쟁을 치른 경험이 있었던 반면에 그들을 상대한 연합군 부대들은 전투 경험이 전혀 또는 거의 없었다. 일본 군인들은 지난 4년간 익힌 전투 습관을 식민 열강과의 전쟁에 그대로 가져갔다. 일찍이 일본군이 잔인하다는 평판을 들었음에도 서방 현역군인들은 충격을 받았다. 적군의 전술적 전투 기량을 과소평가했을 뿐 아니라 일본군이 백인 군대와의 전투에서는 무제한 폭력을 억제하는 협약을 준수할 것이라고 상정했기 때문이다. 1941년 크리스마스에 홍콩의 영국 총독이 일본 측에 항복한 뒤, 침공군은 섬에서 활개치고 다니면서 포로들을 죽이고, 병원에 있는 부상자들을 총검으로 찌르고, 간호사들을 강간하고 살해했다(다만 불과 며칠 전에 영국 군대와 경찰이 중국인 약탈자들을 기관총 사격으로 살육하고, 적과 내통하는 것으로 의심되는 70명을 일렬로 세우고 머리에 자루를 씌운 채 한 명씩 총살한 사건이 있긴 했다).[22] 말라야를 침공할 때 일본군은 반도를 따라 남진하면서 붙잡은 포로들을 살해하고 부상자들을 도살했는데, 이 패턴이 장차 태평양 전투에서도 반복될 터였다. 뉴기니 전투에서 대개 아사 직전에 군수품이 태부족했던 일본군은 포로로 잡은 오스트레일리아 군인들을 총검술 연습용으로 나무에 나체로 묶어두고는 난도질하고, 굶주리는 아군에게 인육을 제공하기 위해 여러 차례 그들을 도살했다.[23] 미군은 훼손되고 고문당한 아군 시체들을 발견했고, 일본군 전사자들의 주머니에서 아군에게서 빼앗은 전리품을 찾아냈다. 해상에서 일본 해군은 적 함선을 보는 즉시 격침하고 수면의 생존자들을 가라앉도록 방치하거나 기관총으로 쐈다. 동인도(지금의 인도네시아)를 침공하는 동안 해안의 일본 해군 인력은 암본 섬에서 포로로 잡은 오스트레일리아와 네덜란드 군인 수백 명을 학살하면서 처형단에게 포로를 참수하거나 총검으로 가슴팍을 찌르는 선택지를 주었다.[24] 미국 해군 역시 참전 초기부터 무제한 잠수함전을 채택했다. 1945년이면 격침할 적 함정이 거의 남아 있지 않았고, 미국 잠수함들은 교전규칙을 위반하고 어선과 연안 삼판선三板船으로 주의를 돌렸다. 바다에서 허우적거리거나 구명정에 기어오르는 일본군 생존자들을 버려두고 떠나거나 살해할지 여부는 법규의 문제라기보다 각 지휘관의 양심에 달린 문제였다.[25]

일본 침공군이 연합군에게 저지른 잔혹행위는 그야말로 역효과를 낳았다. 일본군이 전쟁 협약을 지키려 하지 않았으므로 적군도 야전에서 똑같이 대응했다. 연합군에서나 일본군에서나 모든 군인이 교전법규를 무시한 채 행동했던 것은 아니지만, 태평양 분쟁에서 그런 위반은 다반사였고 육군 병사와 해병대원은 위반 행위 때문에 징계를 받을 것으로는 예상되지 않았다. 미국 현역군인들의 태도는 진주만 공격을 당하고 자연스레 일어난 분노의 물결에 영향을 받았다. 해군 참모총장 해럴드 스타크 제독은 전쟁 발발 몇 시간 만에 미군은 "일본을 상대로 무제한 항공전과 잠수함전"에 착수할 수 있다고 발표하여 전투를 시작하기도 전에 국제적 약속을 뒤집었다. 루스벨트의 개인 고문 윌리엄 리히 역시 "일본 야만인들"과 싸울 때 기존의 교전규칙을 "포기해야 한다"라는 견해를 밝혔으며, 윌리엄 홀시 중장은 항공모함 함대 승조원들에게 "일본놈들을 죽이고, 죽이고, 더 많이 죽여라!"라고 지시했다.[26] 이런 판국에 미국 현역군인들이 법적 제약에 얽매일 리 없었고, 일본군의 규칙 위반 실상을 직접 목격하던 터라 더더욱 얽매일 리 없었다. '개자식들을 죽여라'가 그들이 읽는 책자의 표준 모티프가 되었다. 방어 시 일본군은 아무런 규칙도 지키지 않았다. 심지어 도리에 어긋나는 행동도 서슴지 않았다. 예컨대 다가오는 적을 기습하기 위해 휴전을 청하는 백기를 활용했고, 전장에 죽은 척 누워 있다가 별안간 사격을 가했고, 자결하는 동시에 억류자를 죽이고자 팔에 실전용 수류탄을 찬 채로 투항했고, 드문 경우이긴 해도 칼을 빼들고서 적의 기관총을 향해 일제히 돌격했다.[27]

미국 해병대원과 보병 사이에는 적에 대한 혐오감과 경멸감이 팽배했으며, 적을 비인간적인 짐승으로, 이국적이고 불가해한 문화의 산물로 묘사하는 선전이 그런 감정을 부채질했다. 야전에서 '좋은 일본놈'은 '죽은 일본놈'이었고, 전쟁포로는 거의 잡지 않았다. 부상자는 먹따기로 끝장낼 수 있었다. 전리품이 되는 신체 부위, 이를테면 벗겨낸 머리가죽이나 뽑아낸 금니 등은 작은 전리품 주머니에 간직했다. 신체 훼손이 너무 만연하자 1942년 9월 전쟁부가 모든 지휘관에게 섬뜩한 기념물 수집을 금하라고 명령했으나 별 소용이 없었다. 전후에 마리아나 제도에서 본국으로 송환된 일본군 유골들의 60퍼센트는 두개골이 없었다. 일본 군인의 뼈를 깎아 만든 편지 개봉용 칼을 루스벨트까지 선물로 받았는데, 대통령은 그걸 일본으로 돌려보내라고 강력히 요구했다.[28] 일부 일본군 포로들은 자신이 전사하지 않았다는 사실을 받아들이지 못해 난폭하게 몸부림을 쳤던 터라 연합군이 그들의 소망을 들어주었다. 솔로몬 제도 과달카날 섬 전투에서는 생존 일본인을 찾아 심문하기가 워낙 어려웠던 까닭에, 아메리칼사단 병사들에게 일본인을 잡아오면 위스키와 추가로 맥주를 주겠다고 약속했다.[29] 3년간 전투를 치른 1944년 10월경 연합군 수중의 일본군은 604명밖에 없었다. 태평양 전구에서 결국 일본 육군과 해군을 통틀어 불과 4만 1000명만이 대부분 전쟁 종반에 포로로 잡혔다. 미군과 오스트레일리아군이 보통 포로를 잡지 않는다는 인식은 치욕을 당할 바에는 죽을 것을 요구하는 일본군 행동규범인 전진훈을 더욱 강화했다. 버마 전투에서도 영국군, 서아프리카군, 인도군이 일본군의 잔혹행위를 목도한 뒤 적군 포로와 부상자를 걸핏하면 살해했던 터라 일본 군인들에게는 항복할 유인이 없었다. 한번은 인도 군인들이 일본군 부상자 120명을 산 채로 불태웠고, 또 한번은 20명 이상을 산 채로 매장했다. 연합군은 으레 일본군 부상자는 총검으로 찌르거나 사살했고, 사망했는지 확인하려고 총검으로 찔렀다. 어느 여단 부관은 이렇게 말했다. "그들은 짐승이었고 그에 걸맞게 취급되었다."[30]

동부전선의 전쟁에서도 얼추 같은 양상이 나타났다. 독일 육군은 이미 1939년 폴란드 전쟁에서 포로로 잡은 폴란드 군인 약 1만 6000명을 보복으로 사살하는 등 가혹하게 행동한 바 있었다. 소련과의 분쟁을 시작하기도 전에 독일군은 〈귀군들은 적을 아는가?〉라는 팸플릿을 통해 소련군이 "예측할 수 없는 음흉하고 냉담한" 방식으로 싸울 것에 대비하라는 지시를 받았는데, 이 편견은 어느 정도는 1차대전 시기 러시아군의 관행에 대한 기억에 근거한 것이었다.[31] 인종 편견과 '유대-볼셰비즘'에 대한 적대감을 품은 독일 육군 지휘관들은 1941년 3월에 전달받은 히틀러의 주장, 즉 러시아 전역은 독일군이 "군인다운 동지애 관념을 멀리할" 필요가 있는 "절멸 전쟁"이라는 주장에 동조하는 쪽으로 이끌렸다. 침공군 제18군 사령관 게오르크 폰 퀴흘러 장군은 휘하 장교들에게 전장에서 "조금도 자비를 베풀" 가치가 없는 "인종적으로 낯선 군인들"과 싸우게 될 거라고 말했다.[32] 오이겐 뮐러Eugen Müller 소장은 독일 군인들이 러시아에서 싸우게 될 방식을 가리켜 헤이그와 제네바 협약으로 교전규칙이 성문화되기 이전의 "옛 전쟁 형태"로 돌아가는 것이라고 말했다.[33] 소련 침공 직전인 5월과 6월에 히틀러 최고사령부에서 하달한 세 가지 지령은 그 "옛 전쟁 형태"가 어떠할지 규정했다. '러시아 영내 군대의 행동 지침'은 어떤 형태의 저항이든 철저히 무자비하게 제거할 것을 요구했다. '정치위원 명령'은 포로로 잡은 소련군 정치위원들—'아시아적 전쟁 형태'의 화신들—전원을 곧장 친위대에 넘겨 처형할 것을 지시했다. 끝으로 '군 사법권 축소'에 대한 지령은 국제법에서 군인이나 민간인에 대한 범죄로 규정하는 행위를 저지르는 모든 군인을 일괄 사면한다고 알렸다. 일부 독일군 지휘관들은 히틀러의 지령들이 발터 폰 라이헤나우 원수가 말한 규율 없는 '사격 무아지경'을 부추길 것이라고 우려했지만, 대다수 지휘관들은 세 지령에 찬동하고 실제로 전쟁을 무자비하게 수행했던 것으로 보인다.[34]

1941년 6월부터 전개된 전쟁은 소련군의 전투 방식에 대한 독일군의 편견을 확인해주었다. 전진하던 독일군은 훼손된 전우 시체들—혀가 탁자에 못으로 박힌 군인들, 고기 갈고리에 매달린 포로들, 돌에 맞아 죽은 사람들—을 발견했다. 소련군의 잔혹행위에 관한 이야기는 진실이든 아니든 간에 전진하는 독일군 부대들에서 삽시간에 퍼져나갔고, 전역 초기 몇 주간 소규모로 붙잡힌 붉은군대 군인들은 대개 항복하더라도 사살되었다. 1941년 9월, 육군 최고사령부는 독일군 전열 뒤편에서 발각되는 모든 소련 군인을 지체 없이 처형해야 할 파르티잔으로 규정했다.[35] 일본군처럼 소련군도 대개 가망 없는 상황에서도 최후의 일인까지 싸우거나, 매복했다가 독일군을 뒤에서 공격하거나, 사격하기 전에 죽은 척하거나, 중상을 입고도 싸움을 이어갔다. 일본 군인과 마찬가지로 소련 군인도 포로로 잡히지 않고 집단을 위한 자기희생의 정신을 명심할 것으로 기대되었다. 1941년 8월 소련 정권은 명령 제270호를 하달해 적에게 항복하거나 포로로 잡히는 모든 군인을 "모국의 배신자"로 간주하고 그들의 가족을 처벌하겠다고 알렸다.[36] 전시 초반 필사적인 전투에서 붉은군대는 좀처럼 포로를 잡지 않았다. 전시 후반 붉은군대가 신속히 진격할 무렵에는 적군 포로가 걸림돌이 되었다. 1944년 어느 독일군 청년은 숲에서 길을 잃은 덕에 나머지 부대원들의 운명을 피할 수 있었다. 그가 전우들과 재회했을 때, 들판에 일렬로 누운 그들은 머리가 으스러지고 복부가 총검에 찢긴 모습이었다.[37]

소련 군인들은 규칙을 준수할 의무가 없었다. 그들은 수단과 방법을 가리지 않고 싸웠는데, 파시스트 침공군으로부터 모국을 구하는 것이 그들이 지켜야 하는 핵심적인 도덕적 책무였기 때문이다. 독일군의 잔혹행위에 관한 이야기는 사병들 사이에 퍼져나가 적에게 자비를 베풀지 않아도 괜찮다는 인식을 강화했다.[38] 그들의 임무는 독일군을 죽이는 것이었다. 태평양 전쟁 시기 미군의 책자와 마찬가지로 붉은군대의 간행물에도 증오로 가득한 살인 권유가 담겨 있었다. 시인 일리야 예렌부르크Ilya Ehrenburg는 《크라스나야 즈베즈다》에 "독일군 시체만큼 우리에게 기쁨을 주는 것은 없다"고 썼다. 소련 군인들은 가능만 하다면 하루에 적어도 독일군을 한 명씩 죽이라는 부추김을 받았다. 1941년 퇴각 도중 낙오된 소련 군인들은 파르티잔 부대를 결성해 독일군 병참선을 끊임없이 괴롭히고 붙잡은 독일 군인들을 어김없이 고문하고 살해했다. 이런 판국에 명목상 교전법규를 지키는 것은 예상 밖의 침공군을 상대로 전세를 뒤집으려 악전고투하는 병력에게는 아무런 의미도 없었다. 그럼에도 1941년 대규모 포위전에서 소련군 수백만 명이 붙잡혔고, 곧이어 독일군이 포로 수천 명을 조직적으로 살해한다는 소식이 들려왔다. 독일 육군은 포로들 중에서 정치위원, 공산당원, 유대인을 죽이라는 지령을 대체로 충실히 지켜 전시 동안 총 60만 명을 살해한 것으로 추정된다. 그 대가로, 독일 외무부가 모스크바 측에 항의했듯이, 독일 군인들은 "짐승 같고 형언할 수 없는 방식으로 살해되고 고문당했다".[39] 두 군사조직 모두 폭력을 제지하려 노력하지 않았다. 상부에서 승인한 폭력이었기 때문이다. 1942~1943년부터 포로 살해가 줄어들긴 했지만 어디까지나 두 정권 모두 전쟁경제에 포로 노동력을 부리고자 했기 때문이다. 게다가 그 무렵이면 포로 신세인 독일군의 절반, 소련군의 3분의 2는 이미 죽은 터였다.

　전선에서 멀찍이 떨어진 전쟁포로들의 운명에는 전선 자체의 교전규칙을 대하는 상이한 태도들이 반영되어 있었다. 포로 생존율은 이 차이를 명확하게 보여준다. 영 제국군과 미군에 붙잡힌 포로들은 가혹한 처벌이나 고문을 당하지도, 아사 직전까지 내몰리지도 않았다. 1945년에 전쟁이 끝나고 연합군이 포로를 대규모로 붙잡는 바람에 그들을 재우고 먹여야 하는 뜻밖의 문제에 직면하고 임시변통 수용소들에서 사망률이 예상보다 높게 나오긴 했지만 말이다. 영국군과 미군에 잡힌 이탈리아군 54만 5000명 중에서는 1퍼센트를 제외한 전원이 살아남았다.[40] 독일군이나 이탈리아군에 붙잡힌 서방 포로들은 제네바 협약의 조건대로 취급되었고, 35만 3474명 중에서 9300명(2.7퍼센트)이 대부분 부상이나 질병으로 죽었다. 그에 반해 일본군에 붙잡힌 포로 13만 2134명 중에서는 3만 5756명(27퍼센트)이 죽거나 살해되었다. 태평양에서 붙잡힌 미군과 오스트레일리아군 포로들의 처지가 최악이었는데, 4만 3000명 가운데 3분의 1이 죽었다.[41] 일본군은 대부분 전선에서 죽거나 살해되었으므로 종전 때까지 포로가 된 이들이 비교적 적었다. 버마에서 일본군 포로는 1700명이었던데 비해 전사자는 18만 5000명이었다. 생존자들 중 400명만이 건강한 상태였고, 그들 모두 할복을 시도했다.[42] 독일-소비에트 전쟁의 엄청난 규모 때문에, 항복하는 군인들을 자주 살해했음에도 불구하고 전시 동안 아주 많은 이들이 포로가 되었다. 붙잡힌 소련군 520만 명 중 250~330만 명(43~63퍼센트)이 포로 상태에서 사망한 것으로 추정된다. 결국 소련군의 포로가 된 독일군 288만 명 중 사망자는 35만 6000명(14.9퍼센트)이었다.

추가로 이탈리아, 루마니아, 헝가리, 오스트리아에서 추축군 110만 명이 포로로 잡혔고(독일군 포로와는 별개로 집계), 그중 16만 2000명(14.7퍼센트)이 죽었다. 1945년 8월 만주 정복 도중 붙잡힌 일본군 60만 명 중 사망자는 6만 1855명(10.3퍼센트)이었다.[43] 소련군 수중에 들어간 포로들 중 예외는 1941년 무솔리니가 볼셰비즘과 싸우라며 파병한 이탈리아군의 운명이었다. 포로수용소에 갇힌 4만 8947명 가운데 무려 2만 7683명(56.5퍼센트)이 목숨을 잃었다.[44]

독일군에 잡힌 소련군 포로와 일본군에 잡힌 연합군 포로의 사망률이 유달리 높았던 것은 무시무시한 교전에서 살아남은 자들을 일부러 학대하거나 방치하거나 죽이기로 결정한 조치의 결과였다. 항복하지 않고 천황을 위해 영웅적 죽음을 맞는다는 이데올로기가 정점에 이른 1930년대에 포로를 대하는 일본 군부의 태도는 전적으로 부정적이었다. 일본군의 모든 신병은 포로가 되는 것은 도덕적 실패라는 생각을 주입받았다. 1941년 1월, 일본 육군대신 도조 히데키는 전군을 염두에 두고 발행한 소책자 《전진훈》에서 "살아서 포로가 되는 치욕을 겪지 마라"라는 경고를 되풀이했다.[45] 그 결과, 일본군은 적군 포로를 전혀 무가치한 존재로 간주했다. 붙잡힌 중국 군인은 '악한'으로서 살해될 수 있었고, 어느 일본군 장교가 말했듯이 인간이 아니라 '돼지'로 치부되었다.[46] 1942년 2월 싱가포르 항복과 석 달 뒤 코레히도르 항복 이후 다수의 연합군 포로를 붙잡은 일본군은 그들을 불신과 경멸의 대상으로 여겼고 일상적으로 학대를 가했다. 일본 정부는 1929년 전쟁포로에 대한 제네바 협약에 서명하고도 비준하지 않았다. 1942년 1월에 이 협약을 연합국이 준수한다는 조건으로 자기들도 준수하겠다고 제안하긴 했지만 말이다. 중요한 사실은 일본이 이 제안을 하면서 포로 노동을 적국의 전쟁 노력을 위해 활용하는 것을 금하는 협약 조항을 배제했거니와, 당시 총리대신 도조가 일본군을 위해 도로, 비행장, 철도를 건설하는 자원으로서 전쟁포로를 활용하라고 지시했다는 것이다. 실제로 연합군 포로들은 제네바 협약의 보호책을 전혀 누리지 못했고, 포로수용소를 운영하고 감시한 이들도 그런 보호책을 시행하라는 지시를 받지 않았다. 일본 포로정보국장관 우에무라 미키오上村幹男 중장은 피정복 식민지 인구에게 '일본인의 우월성'과 백인의 몰락을 입증하고자 포로를 가혹하게 대하는 방법을 선호했다.[47]

뒤이어 포로 사망률이 높게 나타난 데에는 여러 이유가 있었다. 수용소 체계의 간수 대다수는 한국인과 대만인 징집병들 중에서 선발했는데, 그들은 포로를 짐승으로 여기라고 배웠고 대체로 자신이 생각하기에 적절한 방법으로 포로를 상대할 수 있었다. 일본군 장병에게 인정사정없는 취급을 당하고 대개 식량과 의약품이 부족했던 이 간수들은 자신의 불만을 포로에게 쏟아냈다. 게다가 전쟁포로의 여건은 이미 힘겨운 일본 군인의 여건보다 마땅히 열악해야 한다는 인식이 만연했다. 수용소 소장과 직원들의 우선 과제는 포로를 학대로부터 보호하는 게 아니라 작업 할당량을 완수하는 것이었다. 포로는 배급 식량이나 의약품을 충분히 제공받지 못했고, 거의 전부 열대성 질환과 풍토성 이질을 앓았다. 작업반은 수시로 학대에 시달리고 몽둥이나 채찍으로 얻어맞았고, 농땡이를 부렸다 싶으면 고문을 당했으며, 사소한 규정 위반으로도 오랫동안 징벌방에 갇혀 지내야 했다. 징벌방에 들어가면 물은 사흘 동안, 음식은 이레 동안 주지 않았다. 탈출을 시도하면 사살될 수 있었다. 정치사찰을 담당하는 헌병대가 포로들의 저항 계획을 의심할 경우 그들을 고문해 자백을 받아낼 수 있었다. 고문 방법은 성과를 염두에 둔 것이었다. 그중 하나인 '쌀 고문'은 피해자에게 생쌀을 잔뜩 먹인 뒤 다시 물을 한가득 마시게 하는 방법이었다.

그러면 뱃속에서 쌀이 불어 고통스러운 통증이 며칠간 지속되었다. 또 매질을 더 견디기 힘들도록 피해자의 피부에 젖은 모래를 벅벅 문질러 얻어맞은 부위 전체에 피투성이 찰과상을 냈다.[48] 고문당한 사람은 심문 도중 숨을 거두거나 허무맹랑한 음모를 자백했다. 피해자의 자백을 받고 나면 엉터리 재판을 열어 처형 아니면 장기 징역형을 선고했다. 오랜 굶주림과 질병으로 이미 쇠약해진 사람들에게 이런 처분이 내려졌던 것이다. 전쟁 포로의 생존은 현지 일본 관리의 변덕에, 또는 다행히도 질병이 덜 유행하거나 간수의 가학성이 덜한 지역에 달린 운의 문제였다.

추축국과 소련이 벌인 전쟁에서 포로 사망률이 높았던 주된 원인은 이데올로기에 있었다. 독일군은 헤이그 협약과 제네바 협약을 무시하라는 지시를 받았던 까닭에 포로로 잡은 소련 군인을 점잖게 대할 의무가 없었다. 1941년 9월, 소련 군인 수백만 명이 이미 포로로 잡힌 시점에 제국보안본부 수장 라인하르트 하이드리히는 지령을 하달해 소련 전쟁포로는 범죄자보다 나을 게 없으므로 "명예로운 군인으로서 대우받을" 권리가 없고 그런 처지에 걸맞게 다루어질 것이라고 알렸다.[49] 엄청난 포로 숫자에 대한 사전 대비책은 없다시피 했다. 소비에트군은 임시변통 수용소들로 끌려갔으며 대개 목적지까지 수백 킬로미터를 걸어야 했다. 수용소들은 철조망을 두르고 기관총을 거치했을 뿐 허허벌판보다 별반 나을 게 없었다. 마실 물이 별로 없었고, 음식도 태부족하고 질이 나빴으며, 포로로 잡힌 소련 의료 인력이 해주는 처치 말고는 아무런 치료도 받을 수 없었다. 군복과 군화는 독일 간수들이 빼앗았다. 탈출을 시도하는 이는 사살되었다. 수용소의 총살 대상에는 보안부대가 색출한 유대인과 공산당원뿐 아니라 허술한 수용소 규칙을 위반한 군인도 포함되었다. 일례로 포로 두 사람은 나머지 포로들처럼 굶어죽지 않고 인육을 먹었다는 이유로 총살되었다.[50] 아직 건강한 포로들은 노동에 투입되었지만, 발진티푸스가 유행한 데 더해 추위와 굶주림이 위세를 떨쳤다. 1941~1942년 포로들 중 일부는 어디까지나 독일 육군을 위해 자발적 조력자Hilfswillige로 활동하는 데 동의한 덕에 살아남았지만, 절대다수는 수감된 지 몇 주 만에 유익한 노동을 할 능력을 잃고서 죽어가도록 방치되었다. 1942년 2월까지 소련 포로 200만 명이 사망했다. 그들을 살리려는 노력은 거의 없었다.[51]

일본처럼 소련도 1929년 제네바 협약을 비준하지 않았고, 두 차례 헤이그 협약을 포함해 러시아 혁명 이전에 차르 정권이 체결한 모든 협정이 더 이상 유효하지 않다고 보았다. 그럼에도 소련 정부는 1941년 6월 말 국제 적십자사 지부를 통해 소련과 독일 공히 협약에 따른 전쟁포로 대우 조건을 존중한다는 데 대한 독일 측 동의를 얻어내려 했지만, 독일 정부가 거부했다. 사실 그 무렵 양군은 이미 서로 합의할 만한 모든 조건을 위반한 터였다. 전쟁이 예기치 않게 발발했기 때문에 소련군은 포로 수용 대비책이 전혀 없었다. 1941년 말에 운영 가능한 수용소는 3곳뿐이었고, 여기에 전선의 살육에서 간신히 살아남은 독일군 8427명을 수용할 수 있었다. 수용소는 1943년까지 31곳으로 늘어나 최대 20만 명을 수용할 수 있었다. 포로들은 1941년 7월 1일 포로 노동 이용에 대한 명령에 따라 노동에 투입되었다. 독일군 포로들은 굴라크 강제수용소에 갇힌 소련 수감자들과 똑같은 선상에서 분류되었고, 수용소에서 배급받은 양도 같았다. 소련 수감자들처럼 독일군 포로들도 열심히 노동하면 식량을 더 받을 수 있었지만, 식량 공급이 줄어드는 가운데 천막과 엉성한 막사에서 생활하는 혹독한 조건 탓에 많은 포로들이 너무 쇠약해져 노동하지 못했다. 소련 당국은 소련 수감자들과 마찬가지로 독일군 포로들도 일부러 굶기지는 않았지만, 1942~1943년 식량 공급망이 무너지는 바람에 굴라크 기결

수들까지 포함해 수십만 명이 사망했다. 1942~1943년 추축군 포로들의 사망률은 52퍼센트에 달했으며, 11만 9000명이 극심한 영양실조로 죽었다. 1941년 6월부터 1943년 4월까지 소련에서 포로로 잡힌 29만 6856명 중 17만 1774명이 질병과 추위, 의료적 방치로 인해 사망했다.[52]

1943년 봄부터 소비에트 국방위원회와 내무인민위원부의 명령에 따라 수용소의 열악한 조건이 점차 개선되었고, 종전 무렵에는 사망률이 4퍼센트까지 내려갔다. 이 기간에 소련 당국은 독일군 포로들이 파시즘에서 공산주의로 전향하도록 그들을 재교육하려 시도했으며, 생존자 중 5분의 1은 공산주의에 동조하는 '자유 독일' 운동에 등록했다.[53] 이탈리아군 포로들이 대규모로 사망한 것도 의도적인 정책의 결과가 아니라 관리 소홀과 굶주림, 추위의 결과였다. 스탈린그라드에서 추축군이 패한 뒤 먼저 생긴 수용소들에서는 사망률이 이례적으로 높았다. 그전 몇 주간 식량도 모자라고 혹한을 막아줄 방한구도 부족했던 포로들은 이미 허약해진 상태로 수용소에 도착했다. 1943년 1월 말 흐레노보예의 수용소에 포로 2만 6805명이 있었지만, 두 달이 지나자 겨우 298명만 살아 있었다. 이 경우 수용소장은 포로 처우에 대한 내무인민위원부의 지령을 무시했다는 이유로 체포되었는데, 이제 포로 노동력이 소련의 전쟁 노력에 반드시 필요했기 때문이다. 이탈리아군 포로들은 소련에서 겪을 시련에 대비되어 있지 않았고, 그들을 모아둔 수용소들은 가장 나쁜 축에 들었다. 1943년 1월부터 6월까지 추가로 3만 1230명이 죽었다. 독일군에게 붙잡힌 수많은 소련군 포로들과 마찬가지로, 일부는 수용소로 가는 도중에, 일부는 초기 집결소에서, 대다수는 수용소에 도착한 뒤 굶주림과 저체온증, 발진티푸스 유행 때문에 숨을 거두었다.[54]

합의된 교전규칙을 지키지 않거나 전쟁포로 지위를 존중하지 않는 행위는 전시 범죄의 가능성을 제한하는 모든 국제 협정의 취약한 성격을 드러냈다. 본래 헤이그 협약의 주된 관심사 중 하나는 전시에 민간인이 공격받지 않도록 모종의 합의된 조치를 마련하는 것이었지만, 2차대전의 교전 상황에서는 군인끼리 저지르는 범죄가 난무했던 것처럼 군인이 민간인에게 자행하는 범죄도 난무했다. 민간인 면제권은 총력전의 필요성으로 인해 훼손되었는데, 민간인을 적국 전쟁 노력의 온전한 일부로 여길 수 있었을 뿐 아니라 많은 경우 민간인이 자신의 폭력으로 점령군에 대항했기 때문이다. 또한 적대국 영토든 우방국 영토든 간에 불운한 민간 인구에게 갖은 난동을 부리며 가로지른, 수백만에 달하는 엄청난 규모의 군대들도 민간인 면제권을 훼손했다. 1907년에 헤이그 협약을 작성한 사람들은 협약에 서명한 국가들이 훗날 민간인 면제권을 얼마나 침해하게 될지 상상하지 못했다.

세계대전의 교전 상황에서 약탈의 주된 책임이 해당 국가들에 있긴 했지만, 모든 군대가 공통으로 약탈을 자행하여 민간인 면제권을 침해했다. 헤이그 '육상전의 법규와 관습'에 관한 협약의 제46조와 제47조는 "사유재산은 몰수될 수 없다", "약탈은 공식적으로 금지된다"고 명시했다.[55] 약탈이 무엇인지에 대한 정의는 모호했다. 국제법에 따라 점령국은 금괴와 외화 보유고를 포함해 피점령국의 공공 자산을 이용할 권리가 있었지만, 그럼에도 피점령 인구의 경제적·사회적 필요를 충분히 채워주어야 했다. 국가는 큰 몫을 챙길 수 있었지만, 군인 개개인은 민간인의 사유재산을 존중하여 약탈을 아예 삼가야 했다.[56] 그러나 이것은 헤이그 협약을 작성할 때부터 이상주의적인 염원이었다. 2차대전에서 법적 제약은 강제하기가 거의 불가능했으며, 약탈 제한을 강제할 수도 있었을 법한 장교나 헌병은 설령 그럴 의지가 있었더라도 마땅한 가용 수단이 없었다. 유럽 연합군 최고사령관 아이젠하워 장군은 미국 육군에 약탈하지 말라고 명령했지만, 군인들은 심지어 자신들이 해방시킨 민간인들을 상대로도 대규모 약탈을 자행했다.[57] 소련 침공 초기에 독일 육군 지휘관들은 휘하 부대들에 농민층으로부터 다짜고짜 약탈하지 말고 물품의 값을 치르라고 지시했지만, 몇 주 만에 약탈은 불가피하고 통제 불가능한 일로 여겨졌다.[58] 약탈이나 강탈의 규모와 성격은 상황과 기회에 따라 달랐다. 임시숙소로 사용하는 민가에서 물품과 음식, 술을 빼돌리는 좀도둑질부터 대대적이고 파괴적인 노략질까지 다양했다. 경우에 따라 약탈은 민가의 아녀자를 강간하고 성적 전리품으로서 학대하는 행위를 동반했고, 독일의 동부 전쟁에서 유대인들은 살해당하기에 앞서 군인과 민병대원에게 재산을 몽땅 빼앗겼다. 이런 복합적 잔혹행위는 이 장의 뒷부분에서 살펴볼 주제다.

정복국들은 당연히 약탈을 했다. 1939년 폴란드 전역을 개시하자마자 독일 군인들은 폴란드인의 재산을 마음대로 차지했다. 폴란드 의사 지그문트 클루코프스키Zygmunt Klukowski는 매일 일어나는 약탈을 일기에 기록했다. "상점들을 온통 파괴하고 약탈한다." "독일군은 … 특히 좋은 음식, 술, 연초, 담배, 은그릇을 찾는다." "오늘 독일군 장교들마저 유대인 가택을 수색하기 시작해 현금과 보석류를 전부 가져갔다." 그는 독일 군인들이 지역 가톨릭교회들에서 보물을 훔쳐가는 모습을 지켜보았다. 헌병대는 뒷짐을 진 채 아무것도 하지 않았다.[59] 서유럽을 정복하는 동안에는 전반적으로 약탈을 더 자제하긴 했지만, 열차들이 식음료와 가구를 가득 싣고서 독일로 돌아갔다. 발칸 반도를 정복할 때는 일찍이 폴란드 사람들이 겪었던 약탈이 반복되었다. 그리스 도시들에서는 독일군 장교나 사병이나 박물관 보물부터 가재도구까지 무엇이든 싹 쓸어갔다. 아테네에서 충격을 받은 한 구경꾼은 독일군이 "모조리 도둑이 된" 이유가 무엇일지 골똘히 생각했다. "그들은 눈에 보이는 모든 주택을 탈탈 털었다. … 그 지역의 빈민가에서 그들은 이불과 담요를 … 심지어 문의 금속제 손잡이까지 몽땅 빼앗았다."[60]

도시에서나 시골에서나 민간 인구를 철저히 약탈하는 사태는 1941년 독일군의 침공 이후 소련 인구가 겪게 될 변고였다. 중국과 동남아시아의 일본군과 마찬가지로, 독일군은 최대한 현지에서 물자를 자급할 것으로 기대되었다. 러시아와 중국의 광대한 정복지에서 독일군과 일본군은 진군하는 동안 가난한 농민들로부터 무엇이든 빼앗았고 현지의 생활수준을 유지하려는 노력을 전혀 하지 않았다. 이들 지역은 애초에 생활수준이 낮고 따라서 노획물을 얻을 가능성도 낮은 곳이었다. 그럼에도 독일군과 일본군은 점령지에 마치 메뚜기 떼처럼 들이닥쳤다. 일본군은 1940년 적의 게릴라 공격에 대응해 하달된 지령에 따라 현지 인구에 테러로 응수하라는, 또는 중국인 피해자들의 표현대로 "모두 죽이고, 모두 불태우고, 모두 빼앗으라"(삼광정책三光政策)는 부추김을 받았다.[61] 전쟁이 벌어진 중국 중부와 남부의 지방들에서 시골은 가축을 빼앗기고 마을이 잿더미가 되어 황폐해졌고, 도시는 폭격을 당해 돌무더기로 변했다. 소련에서 독일군은 이동 중에 필요한 물자라면 뭐든지 강탈하고, 혹독한 추위를 막아줄 옷가지를 닥치는 대로 가로챘다. 약탈은 독일군의 공세를 지탱하기 위해 체계적으로 이루어졌다. 레닌그라드로 진군하는 중에 어느 독일 군인은 이렇게 관찰했다. "텃밭을 약탈할 수밖에 없었다. … 그런 다음 가난한 주민들의 생계에 꼭 필요한 품목들까지 행낭 단위로 가져갔다. 우리 뒤로는 다른 조직들이 와서 임무를 이어갔다." 다른 장교는 병사들이 빈궁한 농민들로부터 사료와 동물을 죄다 강탈하는 모습을 지켜보다가 이미 빼앗을 것이 별로 없고 "우리가 가고 나면 아무것도 남지 않을 것"이라는 사실

을 깨달았다.[62]

독일의 최종 패배와 점령으로 귀결된 수개월간 그랬듯이, 연합군이 대규모로 약탈한 경우에는 그 동기가 더 다양했다. 영국군과 미군은 1944년 하반기에 프랑스를 가로지르는 동안 승인받지 않은 약탈을 시작했다. 영국은 지난 1940년에 유럽 원정군의 잦은 절도를 제대로 통제하지 못해 프랑스 주민들의 반감을 산 적이 있지만, 1944년의 약탈은 규모가 훨씬 컸다. 영국 정부는 결국 자국 군인들이 프랑스에서 저지른 절도의 배상금으로 6만 파운드를 지불했다. 미국 군인들은 프랑스 주민들로부터 먹을 것과 마실 것, 그리고 1944/45년 겨울의 혹한에 대처하기 위해 따뜻한 옷이나 담요를 가져갔다. 피란민이 떠나 비어 있는 민가는 약탈자를 불러들이는 초대장이나 마찬가지였다. 하지만 독일 땅에 들어선 이후 연합군의 약탈은 더 이상 절도로 여겨지지 않고 "독일인을 해방시키는" 승자가 마땅히 차지하는 전리품으로 정당화되었다. 약탈하는 현장을 헌병대에게 들킨 군인들만이 그나마 처벌받을 가능성이 있었다. 1945년 4월 어느 미군 병장은 편지에 "우리가 곧 참화야. 우리가 지나가는 곳에는 남는 게 별로 없어. 카메라와 권총, 시계는 아예 남지 않고, 보석류는 아주 조금 남고, 처녀는 거의 남지 않아"라고 썼다.[63] 독일군이 이미 프랑스에서 약탈했던 커다란 술 저장고를 해방군도 독일에서 탈취했다. 코블렌츠에서 최종 전투가 벌어지는 동안 어느 젊은 군인이 샴페인이 가득 들어찬 저장고를 발견했다. 그의 부대는 욕조에 샴페인을 넘치도록 채우고서 독일군이 반격하지 않기를 바라며 "벌거벗은 유명 영화배우처럼" 번갈아가며 몸을 적셨다.[64]

소련 군인들도 독일 영토로 진군해 들어가는 동안 알코올이라면 심지어 독성이 있는 것까지도 가리지 않고 강탈했다. 그들은 포도주로 가득한

지하 저장고에서 술통에 총탄 구멍을 내어 마시다가 익사한 채로 발견되기도 했다. 또 병원에서 알코올 맛이 나는 것이면 뭐든지 뒤지며 시설을 파손했다. 그러나 소련 군인들의 지독한 약탈에는 다른 동기들도 있었다. 수년간 고난을 겪은 그들은 전리품을 도저히 외면할 수 없는 전시 부수입으로 여겼다. 그들은 진군 경로상에 있는 가옥과 농장을 약탈하고 대개 마구잡이로 파괴했다. 평범한 붉은군대 병사들의 분노를 자아낸 것은 소련의 삶과 상대적으로 유복한 독일의 삶 사이에 존재하는 현저한 격차였다. 그들로서는 이미 가진 게 이렇게나 많은 독일 침공군이 소련 사람들의 변변찮은 재산을 강탈했던 이유를 도무지 이해하기가 어려웠다. 이런 생활수준 차이가 6년 전 소련군이 폴란드 동부와 발트 국가들을 점령했을 때에도 약탈을 부채질한 적이 있었다. 이제 소련군은 일반 병사뿐 아니라 장교까지도 약탈 잔치에 빠져들었다.[65] 소련 당국은 절도를 공개적으로 승인하고 매달 사병은 5킬로그램까지, 장교는 14.5킬로그램까지 본국으로 소포를 보낼 수 있도록 해주었다. 그리하여 소련군의 우편제도는 지난 몇 년간 괜찮은 음식과 소비재를 구할 길이 없었던 본국의 가족에게 보내는 온갖 물품으로 미어터졌다.[66]

약탈은 민간 인구에게 저지른 범죄에서 빙산의 일각에 지나지 않았다. 1930년대 중반부터 1940년대 후반까지 민간인 수백만 명이 살해되거나 굶어죽었으며, 그중 얼마나 되는지 모르는 비율의 인명이 자국 영토에서 일어난 전쟁에서 군대와 보안기관의 잔혹행위에 희생되었다. 군대 간 범죄와 마찬가지로 민간인 사망도 다양한 동기와 상황의 결과였다. 그렇지만 살해된 사람의 수와 잔혹행위의 목적을 재구성하는 것은 살해와 손상에 관한 정확한 기록이 거의 없는 탓에 매우 어려운 일로 밝혀졌다. 한 가지 예외는 이탈리아에서의 잔혹행위 패턴으로, 반도 전역에 걸쳐 피해자의 수와 다양한 상황이 기록되었다. 1943년부터 1945년까지 독일군과 이탈리아 파시스트 민병대(무솔리니의 괴뢰국인 이탈리아 사회공화국이 동원한)의 민간인 폭행 사건이 5566건 발생해 2만 3479명이 희생되었다. 그들은 이탈리아 파르티잔의 공격을 반란 행위로 간주하고 그에 대한 처벌로서 민간인을 집단으로 살해했고, 몇몇 경우에는 일선 지역에서 다른 지역으로 이주하라는 명령에 불복한다는 이유로 마을 주민들을 제거했다. 피해자의 거의 3분의 1은 비무장 상태로 검거되어 법적 보호를 받지 못한 남녀 파르티잔이었다. 여성과 어린이를 살해한 악명 높은 사례도 여럿 있긴 하지만, 이탈리아에서 피해자의 87퍼센트는 대부분 징병 연령의 남성이었다.[67] 여성과 어린이 살해는 몹시 난폭했던 다수의 징벌적 학살 사건들에서 발생했다. 그중 볼로냐 인근 몬테솔레에서 잔혹행위로 목숨을 잃은 770명은 서유럽 전구에서 단일 잔혹행위에 의해 살해된 인원으로는 최대 규모였다.[68] 프랑스에서 가장 악명 높았던 잔혹행위는 제2SS기갑사단 '다스 라이히'의 부대들이 오라두르-쉬르-글란 마을에서 학살과 파괴를 벌인 사건으로, 지역 저항 활동에 보복을 한다면서 여성 247명과 어린이 205명을 포함해 주민 642명을 살해했다. 서유럽에서 수년간 잔혹행위를 가급적 삼갔던 기간이 지나고 연합군이 노르망디를 강습하는 동안 프랑스 파르티잔의 공격이 늘어남에 따라 독일군이 프랑스 민간인을 살해하는 규모도 증가했다. 1944년 6월에 독일군은 '다스 라이히' 사단이 단독으로 살해한 4000명을 포함해 민간인 7900명의 목숨을 앗아갔다.[69]

전시에 동유럽과 남동유럽, 또는 아시아에서 살해되거나 굶주리거나 고문당한 민간인에 대한 통계는 서유럽의 민간인 폭력 통계를 완전히 압도한다. 추축국-소련 전쟁에서 민간인 사망자는 총 1600만 명(150만 명은 소비에트 유대인)으로 추정되며, 폴란드에서 민간인 사망자는 총 600만 명

(절반은 유대인)에 달했다. 중국 민간인 사망자에 대한 정확한 수치는 없지만 1000만에서 1500만 명 사이로 추정된다. 태평양 전쟁의 경우, 일본군 점령지들에서 민간인 수십만 명이 살해되었고, 필리핀 점령 막바지에 15만 명이 제거되었다. 또 일본 국민인 오키나와 주민 약 10만 명이 섬을 무자비하게 방어하고 정복하는 과정에서 일본군과 미군 양측에 의해 목숨을 잃었다. 그들은 야만적인 전선에 갇혀 공습과 포격에 살해되었고, 양쪽 군대에 식량을 빼앗겼으며, 피신처에서 내쫓긴 뒤 기관총 사격에 쓰러졌고, 항복을 시도하려다 일본군의 총검이나 폭탄에 목숨을 잃었다.[70] 파르티잔 전쟁에서 적에 협력하는 것으로 의심받거나 먹거리를 찾아다니는 파르티잔 부대에게 일부러 식량을 숨기는 민간인은 파르티잔 폭력의 피해자가 될 수 있었다. 버마 북부에서 일부는 게릴라 투사이고 일부는 비적인 중국인 파르티잔들은 지역 주민들을 먹잇감으로 삼아 마을을 초토화하고 강탈에 저항하는 농민을 살해했다. 우크라이나에서 러시아인 파르티잔들은 자신들이 해방시키려는 현지 인구를 무자비하게 대하고 부역자로 의심되는 사람들을 공개 교수형에 처했다.[71] 소련과 중국 민간인들은 적을 돕는 것으로 의심되는 공동체들을 상대로 전쟁을 벌인 자국 정권에 의해서도 희생되었다. 1939~1941년 소련군에 점령된 폴란드와 발트 삼국의 주민 수십만 명을 포함해 전시 동안 소련에서 수백만 명이 국내 유형을 가야 했다. 1941년 볼가 독일인(18세기에 러시아로 이주한 공동체)의 후손들은 전원이 적과 내통한다는 혐의를 뒤집어썼다. 여성과 어린이는 중앙아시아의 임시변통 수용소로 보내졌고, 남성은 노동수용소로 끌려가 수천 명이 굶주림과 학대로 사망했다. 1944년에는 크림 반도와 캅카스 지역의 비러시아계 공동체들이 잔인하게 뿌리 뽑히고 시베리아로 쫓겨났다. 모든 소련 시민은 사소한 위반이나 직무 유기로도 사보타주나 패배주

의 혐의로 기소되어, 1940~1945년에 약 97만 4000명이 죽은 굴라크 강제수용소에 수감될 위험이 있었다.

그럼에도 유럽과 아시아에서 민간인 사상자의 절대다수는 독일군과 일본군의 정복으로 발생했다. 유라시아를 장악하려는 노력은 난관에 부딪힐 수밖에 없었다. 일본군은 1억 6000만 명이 거주하는 영토를 점령하게 되어 정복 영역에서 군정을 무리하게 확대해야 했다. 독일군과 추축군은 6000만 명이 거주하는 소련 영토를 점령한 뒤 수십만 명에 불과한 군부대와 보안부대로 치안을 유지해야 했다. 일본군과 독일군 모두 지휘관들의 우선 과제는 평정이었지만, 관할 영역이 너무 넓어 벅찬 임무인 데다 광범하고 예측할 수 없는 저항운동에도 대처해야 했다. 러시아와 중국에는 한없이 위험한, 끝이 보이지 않는 공간이 존재했다. 두 침공군은 지독한 공포와 경멸이 뒤섞인 태도로 현지 인구를 대했다. 점령지는 식민화하기에 알맞은 곳으로 간주되었고, 폭력적 식민지 확장의 오랜 역사가 민간인을 대하는 가혹한 방식에 반영되었다. 식민화 프로젝트에 저항한 사람들은 국제법상 아무런 보호도 받지 못했다. 독일군이 동부의 인구를 대한 방식은 서유럽인과 북유럽인을 대한 방식과는 근본적으로 달랐다.[72] 이런 식민지 패러다임은 이탈리아군이 전쟁 전에 에티오피아에서 민간인 저항운동을 상대로, 그리고 전시에 리비아에서 반란 세력을 상대로 잔혹행위를 자행할 때도 작동했다. 리비아에서 이탈리아 육군과 잔인한 이탈리아 아프리카 경찰Polizia dell'Africa italiana은 적절한 식민지 관행으로 여겨진 방법, 예컨대 대량 처형, 공개 교수형과 태형 같은 방법으로 아랍인과 베르베르인의 반란을 진압했다. 현지 식민지 이주자들도 복수에 나서 반란 세력의 일부를 수류탄으로 죽이거나 산 채로 불태우거나 사격 연습용 표적으로 사용했다.[73] 이탈리아 식민지 경찰은 독일 보안부대와 협력해 동부에서 독일의 식민지 치안을 위한 조언과 훈련을 제공했다. 또 이탈리아는 식민지의 경우와 비슷한 보안 관행을 그리스와 유고슬라비아 통치에 적용했는데, 이들 지역에서 마을을 불태우고 민간인을 처형한 조치에는 아프리카 경험이 반영되어 있었다.[74]

소련과 중국에서 평정 전략을 좌우한 것은 멀리 떨어진 전선에서 싸우고 있는 대부분의 육군을 위해 안전한 후방 지역을 만들어낼 필요성이었다. 두 경우 모두 침공군은 적 정규군 부대뿐 아니라 소속 부대로부터 동떨어진 군인, 민병대, 식민화 프로젝트를 방해하는 데 전념하는 민간인 등의 변칙적인 저항에도 직면했다. 중국에서는 정규병들이 군복을 벗고 민간 인구와 섞여 지내거나, 일본군 후방에서 활동하는 수많은 유격대나 비적단에 들어갔다. 소련에서는 저항자가 평범한 노동자로 행세할 수 있는 공동체들을 단속하기가 어려웠다. 일례로 어느 젊은 하녀〔엘레나 마자니크Yelena Mazanik〕는 벨라루스 총괄판무관 빌헬름 쿠베Wilhelm Kube를 민스크에 있는 그의 거처에서 암살했다. 일본군과 독일군은 비정규군의 반란을 아군의 안전과 안녕에 대한 심각한 위협으로 판단하여 결연하고도 가혹하게 대응하기로 했다. 일본 육군은 반란군을 '엄중처분'하거나 야전에서 '현지처분'하는 것을 허락받았다. 일상적인 매복, 암살, 저격의 위협에 직면한 현지 일본군 지휘관들은 문제가 생기면 대체로 스스로 해결했고, 휘하 부대에 제약 없이 민간인을 살해하고 마을을 불태우고 인질을 처형할 자유를 주었다. 독일군은 소련 전역을 개시할 때부터 평정을 위해 모든 수단을 사용하는 것을 허락받았다. 1941년 7월 동프로이센 본부에서 히틀러는 사령관들에게 정복 지역을 최대한 신속히 평정하고 "곁눈질로 힐끔거리기만 해도 누구든 사살"하라고 주문했다. 7월 25일, 육군 최고사령부는 독일군에 대한 비정규군의 모든 공격과 폭력 행위를 "무자비하게 진압"하고 가해자들을 색출할 수 없을 경우 "집단적 폭력 조치"를 취하라는 지령을 하달했다. 이런 지시사항은 전역 초기부터 위협적으로 보이는 모든 사람에게 극단적인 폭력을 가할 길을 열어주었다. 독일군은 경고의 의미로 민간인 비정규병을 공개 교수형에 처하고, 마을을 잿더미로 만들고, 침공 몇 주 만에 인질 수천 명을 처형했다. 같은 달에 보안부대 수장 라인하르트 하이드리히는 지령을 하달해 야전에서 모든 "과격분자(사보타주 공작원, 선전원, 저격수, 암살자, 선동가 등)"를 처형하는 것을 허용함으로써 무제한 폭력을 행사할 자유를 주었다.[75]

소련과 중국에서 전투가 교착 상태에 이르자 민간 인구와 파르티잔의 위협에 맞선 대응이 과격해졌다. 1941년 5월경 중국 전구에는 일본군 후방의 무법지대에서 이득을 취하는 비적단 비슷한 게릴라들이 46만 7000명 있었던 것으로 추정되는데, 그중 일부는 공산당원이었고 다른 일부는 일본군 병참선을 교란하기 위해 남서부에서 침투한 국민혁명군 부대였다.[76] 일본군 사이에 고조된 불안과 공포는 게릴라 활동 지역의 불운한 민간인에게로 투사되었다. 토벌에 나선 일본군은 중국 민간인을 극악하게 대했다. 훗날 증언자들 중 일부가 일본군 점령의 잔인한 성격을 과장하긴 했지만, 한낱 소문이나 날조의 산물로 치부하기에는 민간인을 산 채로 파묻고, 산 채로 태워 죽이고, 참수하고, 익사시키고, 살아 있는 아기를 끓는 물에 던져넣고, 여성의 질에 말뚝을 박았다는 등의 서술이 너무나 많다. 일본 군인들은 자신의 좌절, 잔혹한 상황에서 생기는 감정, 끊임없는 불안을 진군 경로상의 민간인에게 쏟아냈을 뿐 아니라, 자주 고의적으로 기괴한 가학성을 드러내기까지 했다. 그런 사태는 때로는 전진하던 병력이 별안간 폭력의 발작을 일으킨 결과였다. 예컨대 난징에서 승전 희열감과 복수심이 뒤섞인 유독한 혼합물이 살육 광란을 부추긴 경우가 그러했다. 때로는 그저 섬뜩한 광경을 보면서 쾌락을 느끼기 위해 민간인을 살해했던 것으로 보인다. 예컨대 뉴기니에서 미국 포교소의 한 소녀는 제압당한 채 비명을 지르며 목이 잘려나갔고, 네덜란드 어린이들은 야자나무를 기어 오르다 결국 힘이 빠져 나무 밑동에서 그들을 기다리는 총검으로 미끄러져 내려갔다. 때로는 기이한 계획에 따라 민간인을 살해했다. 그중에서 남태평양의 뉴아일랜드에서 일본의 동맹국인 독일 태생의 성직자 7명을 포함해 억류된 민간인 30명을 죽인 계획만큼 이상한 것도 없다. 일본군 장교들은 이 민간인들을 단순히 사살하지 않고 오싹한 살인을 연출했다. 우선 피억류자들에게 배를 타고 다른 장소로 옮겨갈 테니 짐을 싸서 부두로 오라고 지시했다. 그런 다음 다른 민간인들이 보지 못하도록 한 번에 한 명씩 데려가 부두 가장자리에 앉혔다. 그러고는 민간인의 머리에 복면을 씌운 뒤 좌우에 서 있는 병사 두 명이 목에 올가미를 걸어 잽싸게 잡아당겼다. 이 방법으로 소리 나지 않게 교살한 다음 시체를 커다란 콘크리트 덩어리에 철사로 동여매고 바닷가로 옮겨 물속으로 밀어넣었다.[77]

독일의 반란 진압전도 비정규군의 저항 위협이 커짐에 따라 과격해졌다. 일본과 마찬가지로 독일도 지시에 저항하지 말고 파르티잔을 돕지 말라는 경고의 의미로 가혹한 집단 처벌을 가했다. 독일의 대응책은 전선 뒤편에서 활동하는 정규군과 경찰 부대의 업무를 보안경찰Sicherheitspolizei 및 보안국Sicherheitsdienst의 노력과 결합한 것으로, 전자는 질서를 유지하고 파르티잔을 물리쳤으며, 후자는 혐의자들을 검거해 취조하고 고문한 뒤 대부분 처형했다.[78] 독일 당국은 자신들이 초기 형태의 테러와의 전쟁을 벌인다고 생각했고, 또다른 테러 행위를 억제할 만큼 가혹한 테러 조치로 대응할 합법적 권리가 자신들에게 있다고 보았다. 독일군은 1941년부터 점령 영토 어디서나 반란군을 '비적'이나 '갱단'이라고 지칭했는데, 그들에게 행여 전투원 신분을 부여하는 위험을 피하고 그들의 범죄자 신분을 강조하기 위해서였다. 대테러 활동의 언어는 히틀러 본부로부터 지휘계통을 따라 길게 내려오는 명령과 지령에 스며들었다. 1942년 8월 히틀러는 테러 공격의 "참을 수 없는 범위"를 개탄하고 "절멸" 정책을 주문했는데, 이는 야전 부대들이 제약 없이 살육을 저지를 만큼 모호한 지시였다. 1942년 12월 결국 히틀러는 "여성과 어린이를 상대로도 … 가장 잔혹한 수단"을 사용하는 것을 승인했다. 어차피 오래전부터 독일 군부대와 보안기관이 파르티잔을 소탕하면서 여성과 어린이를 살해하긴 했지만 말이다. 1944년 7월 30일, 히틀러 최고사령부는 '테러 분자와 사보타주 분자에 대항하는 투쟁'에 대한 추가 지령을 내려 과감한 조치가 필요할 경우 민간인을 배려하지 않는다는 점을 분명히 했다.[79] 지역 수준의 지휘관들은 중앙의 지령을 나름대로 해석했다. 1943년 크로아티아에서 대규모 반란 진압전을 벌일 때 독일군 사령관은 다음과 같은 지시사항을 하달했다. "부대의 안전을 확보하는 **모든** 조치는 … 정당하다. … 아무도 지나치게 가혹한 행동의 책임을 추궁당하지 않는다." 우크라이나 사령부에서 프랑스 사령부로 전근을 간 카를 키칭거Karl Kitzinger 장군은 "더 강경한 방법"이 언제나 "옳은 방법"이라고 말했다.[80] 연구에 따르면 모든 부대가 같은 방식으로 행동했던 것은 아니지만 장교들은 민간인 살해를 피하지 말라는 강한 압박을 받았다. 프랑스에서 공군 부사령관 후고 슈페를레Hugo Sperrle 원수는 지휘관들에게 "유약하거나 우유부단하게" 행동하면 처벌할 테지만 "지나치게 가혹한 조치"는 용인될 것이라고 경고했다. 군인들은 도덕적 가책을 느끼는 자는 "독일 국민과 전선의 군인에게 범죄"를 저지르는 셈이라는 말을 들었다.[81]

　남녀노소를 가리지 않고 공동체 전체를 겨냥하는 독일 대테러 정책의 과격화는 진공 상태에서 이루어진 게 아니었다. 반란군은 점령군을 상대로 테러 전술을 구사했는데, 이는 1945년 이후 전 세계적으로 전개된 비대칭 전쟁의 패턴을 예고하는 것이었다. 점령군이 특히 전장 배후 지역에서 느낀 심한 공포감과 불안감은 멀리 떨어진 산과 숲에 숨어 있거나 도시 군중 사이에 섞여 있어 보이지 않는 적의 예측 불가능한 행동에서 비롯되었다. 반란군은 붙잡혔다가는 법적 보호를 받지 못한다는 것을 알고 있었으므로 적을 가차없이 공격했다. 소련에서 파르티잔에게 붙잡힌 독일 군인은 으레 처형되었다. 훗날 어느 청년 파르티잔은 독일군 2명이 붙잡혔을 때 "어린이들마저 막대기로 그들을 때리고 싶어했다"고 회고했다. 이 사례는 포로들의 피부를 산 채로 벗기고, 눈알을 도려내고, 귀와 코를 자르고, 목을 베고, 물에 빠뜨린 러시아 파르티잔들의 서술에 비하면 가벼운 응징이었다.[82] 전후에 이탈리아 파르티잔 조반니 페셰Giovanni Pesce는 피차간에 사정없이 공격했던 분쟁에 관해 서술했다. "우리는 적의 테러에는 테러로, 보복에는 복수로, 소탕에는 매복으로, 체포에는 기습으로 응수했다."[83] 페셰의 여단이 밀라노에서 몇 주 동안 거둔 성과는 그들이 수행한 테러 작전의 성격을 보여주었다.

(1944년) 7월 14일 애국행동조직의 두 단원이 파시스트 첩자 오딜라 베르톨로티에게 중상을 입혔고, 같은 날 저녁 두 단원이 투니시아 가로수길에서 독일제 대형 트럭을 파괴했다. 저지하려던 독일군 장교를 살해했다. 7월 20일부터 8월 8일까지 대형 트럭 8대와 독일군 참모차량 2대를 파괴했다. 대형 트럭 3대에 화염병으로 불을 질렀다. 레오파르디 가에서 독일 전차에 불을 질렀다. 장교 2명을 살해했다.[84]

페셰와 그 밖의 파르티잔이 관여한 테러 활동의 대가는 독일군 지시사항에 따르면 '비적의 공범들'인 지역 민간인들이 치러야 했다. 독일군은 잦은 잔혹행위로 마을들을 파괴하고 주민들을 살육했다. 추축국은 테러와의 전쟁에서 아군에 테러를 가하는 수천 명을 척결하려다가 결국 민간인 수백만 명의 목숨을 앗아갔다.

연합국 지상군은 해방군으로서 싸웠고 현지 인구가 자신들을 해방군으로 맞아줄 것을 기대했으므로 진군하는 동안 일상적인 민간인 살해를 저지르지 않았다. 붉은군대는 추축국 점령군에 협력한 소비에트 부역자들에게 보복했지만, 대개 재판을 거쳐 처형했다. 동프로이센의 독일 땅에 맨 먼저 발을 들인 붉은군대 부대들은 처음 마주한 도시들과 마을들에서 돌발적이되 극단적인 폭력을 행사했는데, 그들이 지나쳐온 소련 시골의 황폐한 광경에 격분한 상태에서 저지른 폭력이었다. "불타는 독일 도시를 지나갈 때면 마음이 행복해집니다"라고 어느 군인은 집으로 보내는 편지에 썼다. "우리는 모든 것에 복수하고 있고 우리의 복수는 정당합니다. 불에는 불로, 피에는 피로, 죽음에는 죽음으로."[85] 그러나 초기의 폭력 이후 소련군 지휘관들은 재산 파괴와 독일 민간인 살해를 줄이고자 더 강한 규율을 강제하기 시작했다(그러나 많은 강간 피해자들을 못 본 체했다). 초기의 복수심에 얼마나 많은 민간인이 목숨을 잃었는지 알 수는 없지만, 나중에 히틀러 독재정의 이런저런 직책에 종사했던 독일 민간인들을 체포해 옛 독일 강제소용소에 몰아넣었고, 그곳에서 1945~1946년에 주로 영양실조와 질병으로 4만 3000명 넘게 죽었다.

한편, 연합국 공군—영국, 미국, 캐나다—은 유럽과 태평양에서의 폭격 공세로 대략 90만 명의 민간인을 살해했다. 피해자 중 14만 명 이상은 연합국이 해방시키려는 국가들의 국민이었으며, 이 사실이 민간인 면제권을 존중하지 않은 행위에 대한 법적 또는 윤리적 판단을 한층 복잡하게 만든다. 적국 민간인 살해가 얼마만큼 전쟁범죄에 해당하느냐는 것은 논란이 분분한 쟁점으로 남아 있다. 폭탄이 지상에서 참혹한 상황을 야기했다는 것은 의심할 나위가 없다. 도심부가 불바다를 이루었고 수천 명이 고폭탄의 효과나 질식, 중화상으로 사망했다. 함부르크에서는 1943년 7월 27/28일 단 하룻밤의 공습으로 1만 8000여 명의 독일인이 화재폭풍에 휩싸여 소각되다시피 했다. 거리에는 새까맣게 탄 시체들이 어지러이 널려 있었고, 벙커에는 공기 중 산소가 줄어들면서 서서히 질식사한 사람들이 가득했다. 1945년 3월 10일 도쿄 공습으로 죽은 민간인 8만 7000명이나 그해 8월 히로시마와 나가사키에서 원자폭탄 투하로 사망한 20만 명은 교전국이 하나의 작전에서 살해한 민간인 수로는 전시 기록이었다.

전시 동안 장거리 전략공습에 관여한 모든 국가는 폭격 과정에서 고의나 '부주의'로 민간인과 민간 환경에 피해를 입히는 행위가 유력한 법적 견해에 따라 규탄 받을 일이라는 것을 알고 있었다. 헤이그 규칙은 적법한 표적으로 여길 수 있는 대상을 엄밀히 제한함으로써 공습으로부터 민간인을 보호하는 데 중점을 두었다. 비록 공식적으로 비준되진 않았지만, 이 규칙은 국제법의 효력을 지닌 것으로 간주되었다. 서방 여론은 1930년대 중국 도시들에 대한 일본의 공습, 에스파냐 내전에서 이탈리아군과 독일군의 폭격 등을 헤이그 규칙만이 아니라 일반적으로 생각하는 국제 교전법규까지 분명히 어긴 테러 공격으로 여겼다. 합법성에 대한 영국의 입장은 명확했다. 1939년 가을 유럽 전쟁 초입에 영국 공군부와 참모본부는 민간 도시 지역에 있는 군사 표적에 대한 폭격작전, 표적을 구분할 수 없는 야간 폭격, 고의로 민간인과 민간 환경을 표적으로 삼는 작전 등은 유력한 교전법규에 따라 모두 불법이라고 공표했다.[86] 그렇지만 영국 측은 이런 법적 제약을 공군에 도입했다가 1940년에 이제 야만적인 존재로 악마화되는 적에 대한 야간 폭격이 표준 공격법이 되어감에 따라 점차 해제했으며, 미국 측은 폭격작전에서 무엇을 용인할 수 있는지 평가하면서 그런 제약을 아예 거론하지도 않았다.[87] "나는 육군 항공대 수뇌부 사이에서 그 어떤 도덕적 정서도 느껴본 적이 없다"고 1942~1943년 미국 제8공군 사령관 아이러 이커는 주장했다. "군인은 그런 일에 훈련되고 단련되어야 한다."[88] 장거리 전략공습을 수행한 모든 공군은 고의로든 그렇지 않든 민간인을 다수 살해하게 될 게 뻔한 폭격을 관행으로 받아들였다. 민간인과 민간 환경에 피해를 입히는 작전의 법적 함의는 적 국내전선을 겨냥한 항공작전을 가장 효과적으로 수행하는 방법에 대한 실용적인 주장에 밀려 대체로 무시되었다.

교전국의 법적 입장을 판단할 때 보통 제기되는 주장은 추축군이 반란 진압전에서 민간인을 대면하고 살해한 행위와 폭격을 통해 민간인을 죽인 행위 사이에는 명백한 차이가 있다는 것이다. 피폭격 도시들은 거의 언제나 전투기와 대공포로 방어되었고(중국 도시들의 경우 별 효과가 없긴 했지만), 항공병들은 비행할 때 자신이 민간인 살해가 아니라 정규군의 군사 분쟁에 참가한다고 생각했다. 폭격작전에서 폭격을 가하는 사람들과 지상에서 폭격을 당하는 사람들 사이에는 물리적으로나 심리적으로나 먼 거리가 있었으며, 이 간극이 폭격이 어느 의미에서는 인간 행위와 무관하다는 환상을 자아냈다. 이론상으로 위협받는 지역의 주민들은 그곳을 떠날 자유가 있었던 반면에 보복 잔혹행위의 피해자들은 그렇지 않았다. 주민 전체 소개疏開로 인한 문제의 규모를 감안하면 타지역으로 떠나는 것은 사실 매우 한정된 자유였지만, 그 자유의 존재가 민간인 피해자들을 바라보는 방식을 바꿔놓았다. 끝으로 대부분의 공군은 폭격기 편대에 적국의 전쟁 노력을 지탱하는 산업 표적과 운송 표적을 포함하는 가장 넓은 의미의 군사 표적을 폭격하라고 지시했지 고의로 민간인을 표적으로 삼으라고 지시하지는 않았다. 폭격 시 민간인을 아마도 다수 살해하게 되어 1923년 헤이그 규칙을 확실히 위반하리라는 것을 알고는 있었지만, 그 의도는 사람들을 살해하는 것 자체가 아니라 물리적 기반시설에 손상을 입히는 데 있었다―폭격을 당하는 사람들에게는 별 의미가 없는 미세한 법적 구별이었다.

주된 예외는 영국의 대독일 폭격기 공세와 1945년 미국의 일본 도시 폭격이었다. '부주의하게' 민간인 사상을 유발하는 것이 불법이라는 전시 초기의 지령에도 불구하고, 영국 공군은 정부의 승인을 받아 군사 표적의 정의를 확대하여 전쟁 노력을 위해 일하는 도시 전체와 그 민간 인구까지 표적에 포함시켰다. 1941년 7월과 1942년 2월의 지령을 시작으로 영국 폭격기부대는 노동계급 인구를 공격해 그들의 사기를 떨어뜨리고 민간 환경을 파괴하라는 지시를 받았다. 노동자 살해와 '탈주거화dehousing'는 경제전의 기능이며 따라서 의도적인 민간인 폭격이 아니라는 주장으로 이런 전략 변경을 치장하긴 했지만, "모든 독일놈 소굴"을 폭격하는 작전에 수시로 열광한 처칠의 지지를 받은 공군부의 비공개 지령들은 민간인 살해와 주거 지역 전소가 작전의 목표였다는 것을 분명하게 알려준다. 1942년 12월, 공군 참모총장 찰스 포털Charles Portal 원수는 동료 참모총장들에게 향후 1년간 독일인 90만 명을 살해하고 또다른 100만 명을 불구로 만드는 것이 목표라고 설명했다.[89] 폭격기 사령부 소속 과학자들 중 한 명은 1943년 가을에 쓴 글에서 그 무렵의 공습으로 독일 도시에서 "모든 것을 소멸시키는 홀로코스트"를 야기하지 못했다며 유감을 표했다.[90] 1942년 2월부터 폭격기 사령부 총사령관을 맡은 아서 해리스는 영국 폭격 전략의 과격화에 안성맞춤인 인물이었다. 그는 폭격의 목표가 광범한 도시 파괴와 민간인의 죽음이라고 서슴없이 선언했다. 전쟁 종반에 이전의 공습으로 이미 쑥대밭이 된 지역들을 여전히 폭격하는 이유가 뭐냐는 질문을 받았을 때, 해리스는 편지 여백에 그저 "독일인을 죽이기 위해" 그런다고 갈겨썼다.[91] 프랑스와 네덜란드, 벨기에, 이탈리아의 민간인을 죽이는 것은 윤리적으로 더 문제가 되었다. 이들 나라와 관련해 영미 양국 최고사령부는 군사적 필요성을 이유로 들었다. 이 경우에 동포를 해방시키기 위해 살해되는 민간인은 의도적인 표적이 아니었기 때문이다. 반면에 독일 민간인은 고의로 살해했고, 그들을 살해하는 최적의 방법을 찾기 위해 상당한 과학적·기술적 노력을 기울였다. 이 전략은 지난 1939년에 영국 정계와 군부의 지도부가 맨 먼저 공표한 공군력 사용의 법적 제약을 확실히 위반하는 것이자, 민간인을 의도적인 위해로부터 보호하자는 1914년 이전 헤이그 협약의 정신에 위배되는 것이었다.

동일한 법적·정치적 제약으로 일본 도시들을 겨냥한 미국의 대규모 소이탄 공격, 즉 전시 항공대 계획자들이 의도한 대로 일본 민간인 노동자들을 살해하고, 불구로 만들고, 그들의 주거-산업 환경을 파괴한 공격을 저지할 수도 있었을 것이다.[92] 유럽 내 미국 전략공군 총사령관 칼 스파츠는 일본 소이탄 공습에 충격을 받았다. "나는 주민들을 전부 살해하는 식의 도시 파괴를 결코 선호한 적이 없다"고 스파츠는 1945년 8월 일기에 적었다.[93] 미국 전쟁장관 헨리 스팀슨은 훗날 트루먼 대통령에게 자신이 원하지 않은 폭격으로 "미국이 히틀러를 능가하는 평판을 얻었다"고 불평했다.[94] 그러나 전시 초반 마셜 장군이 일본을 상대로 무제한 항공전과 해전을 벌이라고 명령했을 때, 미국의 법적 또는 윤리적 거리낌은 사라졌다. 일본 도시들은 주택들이 아주 밀집해 있는 데다 목조 건축물이 태반이라서 공습에 유독 취약해 보였다. 1944년 2월 미국 육군 항공대 총사령관 헨리 아널드는 루스벨트에게 "걷잡을 수 없는 대화재"를 일으켜 일본 도시들과 거기에 흩어져 있는 군수산업을 불태우는 방안을 권고했다. 독일 노동자처럼 일본 노동자도 적국 전쟁 노력의 일부인 적법한 표적으로 간주되었다. 일본 정부가 전쟁 노력을 위해 모든 민간인을 동원한다고 선포한 뒤, 1945년 7월 어느 항공대 정보장교는 대문자로 **"일본에는 민간인이 없다"**고 썼다.[95] 일본 영공에서 민간인들을 불사를 때 미군 항공병들은 자신이 범죄에 관여하기는커녕 오히려 범죄를 일삼는 야만적이고 광신적인 존재로 악마화된 적과의 전쟁의 종식을 앞당긴다고 생각했다. "우리는 그 도시[도쿄]를 폭격할 때 다수의 여성과 아이를 살해하게 된다는 것을 알고 있었다"고 태평양 전구 제21폭격기 사령부 사령관 커티스 르메이는 썼다. "해야만 하는 일이었다."[96] 사실 그런 공격은 관습적인 교전법규만이 아니라 1939년 9월 교전국들에 적국 도시에 대한 폭격을 삼가자고 호소했던 루스벨트의 정신에도 반하는 것이었다. 또한 유럽 전구에서 독일 도시의 민간 구역을 겨냥한 영국군의 폭격을 군사적으로 비효율적인 공격으로 간주하고 그와 거리를 두려 했던 미군의 폭격 관행과도 대비되는 것이었다. 그렇지만 일본을 상대로 미국은 긴급한 군사적 필요성을 이유로 들어 민간인 살해와 관련한 종래의 도덕적 우려를 제쳐놓는 결정을 정당화했다. 영국 지도부나 미국 지도부나 전후 전범 재판에서 폭격을 기소 가능한 범죄로 언급하기를 꺼린 것은 이해할 만한 일이었다. 1945년 여름 런던에서 이 문제가 제기되자 영국 외무부는 중대 범죄의 책임을 서방 연합국에도 똑같이 지울 수 있는 혐의를 삭제할 것을 강력히 요구했다.[97]

인종범죄

　민간인 공동체에 자행한 여러 잔혹행위 중에는 인종에 기반하는 극단적 폭력의 핵심이 있었다. 인종적 또는 종족적 차이가 전쟁범죄의 특정 범주를 유발할 수 있다는 것은 1차대전 이전에 작성된 어느 국제 법률문서에서도 예상하지 못한 일이었다. 그렇지만 1919년 승전한 연합국은 전시에 아르메니아인을 학살한 터키 가해자들을 기소할 가능성을 따져보았는데, 이 새로운 시도가 인종 잔혹행위에 관한 국제법으로 명문화될 수도 있었다. 당시 제노사이드 개념은 존재하지 않았고―이 용어는 2차대전 막판에 처음 생겨났다―인종 절멸 행위를 국제 사법절차로 처리해야 한다는 통념도 없었다. 합의된 법전과 심리권을 가진 국제재판소가 부재한 가운데 터키의 선례는 결국 법률을 적용하기에는 너무 복잡한 것으로 판명났다. 인종 폭력은 제국들이 지배하는 세계에서 비난하기 어려운 일이었다. 그 제국들을 규정하는 특징이 인종 간 차이였고, 어느 제국에서나 인종화된 폭력, 심지어 제노사이드 폭력까지 발생했기 때문이다. 1919년 베르사유에서 일본 대표단이 자신들을 아시아인으로 인종차별하지 않을 것을 보장하는 조항을 국제연맹 수립 조약에 넣어달라고 요청했을 때, 연합국 진영의 다른 국가들은 거부했다. 인종 간 차별화는 백인 유럽인이 지배하는 제국주의 세계에 깊이 새겨져 있었다. 현대 생물학이 우월한 인종들과 열등한 인종들을 확정하는 데 동원되긴 했지만, 인종차별은 주로 문화적 차이에 대한 인식에 달려 있었다. 제국주의 국가의 유럽인은 나머지 세계 대부분을 반半문명 영역, 심지어 미개 영역으로 간주했고, 설령 유럽인이 통치하더라도 인종들은 평등해질 수 없다고 상정했다.[98] 이렇게 급진화된 세계관은 제국 영역에서만이 아니라 동유럽과 중부유럽의 종족 용광로에서도 인종적 타자에 대한 깊은 편견을 조장했다. 1919년의 협정은 동유럽과 중부유럽의 대규모 종족 공동체들에게 지배적인 민족 집단의 통치하에 살아가도록 강제했고, 옛 차르 제국에서 유럽 유대인의 과반수가 살았던 유대인 지정 거주지가 새롭고 익숙하지 않은 국경들 위에 걸터앉게 되는 결과를 가져왔다.

인종 차이와 인종 위계가 이토록 결정적인 역할을 하던 세계에서 인종은 1930년대에 새 제국을 건설하거나 기존 제국을 방어하려는 노력에서 장차 문제가 될 게 뻔했다. 또 전시의 극심한 혼란 속에서 인종 증오가 잔혹한 범죄를 부추기는 요인들 중 하나가 된 것은 불가피한 일이었다. 히틀러의 독일은 적에 대한 과격한 견해를 조장하거나 인종을 들먹여 극단적 폭력을 정당화한 유일한 정권이 결코 아니었다. 1930년대와 1940년대에 일본과 이탈리아 역시 인종 차이를 내포하는 제국을 건설했거니와 새로 종속된 공동체에 대해서는 식민화를 추진하는 인종보다 선천적으로 열등하며 피식민자를 대하듯이 그들에게 폭력적 멸시의 태도를 취해도 괜찮다는, 종래의 유럽 제국주의의 견해를 공유했다. 태평양 전쟁에서 양편의 야만적 행동에는 서로 경합하는 인종 이데올로기—적 백인에 대한 일본군의 적개심과 일본인에 대한 연합군의 인종적 경멸—가 반영되어 있었다. 대부분의 경우 인종주의는 폭력의 유일한 원인은 아니었지만, 평범한 현역군인이 이해할 수 있는 명분을 제공하는 동시에 가해자 측에서 명백한 범죄로 여길 수도 있는 군사적 폭력을 정당화해주었다.

아시아 전쟁과 태평양 전쟁에서 적에 대한 인종적 인식은 모든 수준의 전투와 민간 인구를 대하는 가혹한 방식에 스며들었다. 점령지의 중국 인구를 대하는 일본 군부의 태도는 일본인은 특별한 인종으로서 제국 영역과 그에 속한 인종들을 지배할 역사적 운명을 타고났다는 믿음에 뿌리박고 있었다. 일본 군부는 대개 중국인을 동물과 별반 다를 게 없는 존재로 간주했고 일본의 제국 프로젝트에 반대할 경우 가차없이 대응했다. 동남 아시아의 일본군 정복 지역들에서 현지 중국계 공동체는 유달리 잔인한 피해를 입은 인종 집단이었다. 1942년 2월 영국군이 항복한 이후 싱가포르에서 일본 육군과 헌병대는 의도적인 '화교 숙청'에 나서 최대 1만 명의 중국계 주민을 섬뜩한 만행으로 학살했다. 일본의 인종적 미래를 무력화하는 데 열중하는 '백인 공동전선'을 우려하던 일본군의 태도는 유럽 열강 및 미국과 싸우는 가운데 갈수록 백인 적을 경멸하고 교전규칙 위반에 신경쓰지 않는 태도로 바뀌어갔다. 일본 미디어에서 미국은 야만적인 나라로 그려졌고, 그 야만성을 보여주는 증거로 일본 군인의 아래팔뼈로 만든 편지 개봉용 칼을 쥐고 있는 루스벨트의 사진이 언론에 실렸다.[99] 백인 적을 향한 일본인의 인종적 적대감의 밑바탕에는 서구 열강이 동아시아에 진출하고 그들의 인종화된 세계관에서 일본 인종을 꾸준히 폄하해온 수십 년 세월에 대한 분노가 깔려 있었다. 일본은 동남아시아를 정복해 '백화白禍'의 위협을 뒤집을 작정이었다.[100] 홍콩 함락 이후 일본군은 후줄근한 백인 식민지 이주자들에게 거리 행진을 시켜 백인이 우월하다는 주장이 얼마나 공허한지를 입증하고자 했다.

일본인에 대한 미국과 오스트레일리아의 견해 역시 수십 년에 걸친 편견에서 비롯되긴 했지만, 양국이 태평양에서 벌인 전쟁의 인종적 기조에 불을 붙인 것은 일본군의 침공과 무자비한 전투였다. 양국의 태도는 어느 정도는 아메리카 원주민이나 오스트레일리아 원주민을 박멸하려 했던 폭력의 유산이었다. 역사가 앨런 네빈스Allen Nevins는 "일본인만큼 혐오스러운 적은 없었다. … 가장 야만적인 인디언 전쟁 이래로 잊었던 감정이 되살아났다"고 결론지었다.[101] 미국 국민과 군대는 일본인 적을 박멸해야 한다는 시각을 공유했다. 태평양 전쟁 퇴역군인들을 대상으로 한 어느 여론조사에서 응답자의 42퍼센트는 일본인을 말살하기를 원했다. 태평양에서 일본인을 겨냥한 무제한 폭력의 밑바탕에는 연합국 미디어에서 표현하고 군대에서 받아들인 극심한 인종 편견이 깔려 있었다. 어느 미군 중위는 일본 군인들이 "쥐처럼 생활하고, 돼지처럼 꽥꽥거리고, 원숭이처럼 행동한다"고 썼다. '일본 군인'에 관한 미국 육군의 한 훈련 교본은 그들에게서 으레 "동물 사냥감 냄새"가 난다고 주장했다.[102] 이에 호응해 미국 군인들은 일본인을 수렵용 사냥감으로 간주했다. '일본놈들 수렵 허가 기간'이라고 적힌 차량 스티커가 인기를 얻었고, 수많은 사냥 은유가 미국의 변경frontier 유산과 태평양의 새로운 변경 사이의 연관성을 잘 보여주었다.[103] 이와 비슷하게 오스트레일리아군도 어느 군인의 표현대로 "뚜렷한 인간적 특성을 가진 영리한 동물"처럼 행동하는 "못생긴 황인"이나 "더러운 황인 새끼들"에 대해 과격한 적대감을 보였다. 1943년 토머스 블레이미Thomas Blamey 장군은 오스트레일리아군에게 연설하면서 일본인은 "신기한 인종—인간과 유인원 사이에서 나온 잡종"이라고 말했다.[104] 이처럼 인종적 멸칭으로 규정한 적에게 자행하는 과도한 폭력이 하나의 표준이 되었다. 이전 수십 년간 아시아 민족들과 서구의 접촉에서 그랬듯이 말이다.

유럽 전쟁은 다른 방식으로 인종화되었다. 서유럽 전쟁은 강한 적개심을 불러일으켰고 그중 일부는 적을 조잡하게 정형화한 결과였지만, 그렇다고 해서 인종적 분쟁은 아니었다. 미국의 여러 여론조사에서 응답자의 10분의 1만이 독일인을 절멸시키거나 단종시켜야 한다고 생각했다. 한 가지 예외는 1940년 프랑스 전투에서 프랑스군이 운용한 흑인 병력에 대한 독일군의 대응으로, 비록 조직적인 행위는 아니었으나 인종을 이유로 잔혹행위를 저질렀다. 프랑스군이 운용하는 흑인 식민지 병사들에 대한 적대감은 1차대전까지, 그리고 흑인 병력을 활용해 프랑스의 전쟁 배상 요구를 집행한 1923년 루르-라인란트 점령까지 거슬러 올라가는 감정이었다. 서아프리카 출신 세네갈 보병들을 조우한 독일군 부대들은 포로를 거의 붙잡지 않고 1940년 5월과 6월에 일련의 잔혹행위로 최대 1500명을 살해했다. 흑인 병사들은 악착같이 싸웠고 때때로 잠복했다가 독일군의 측면과 후미를 공격하기도 했다. 독일군 장교들은 이 흑인들을 전통 무기인 쿠페쿠페coupe-coupe 칼로 독일군 포로의 신체를 절단하는 야만인으로 간주했다. 모든 독일군 부대가 흑인 병사들을 살해하진 않았지만, 포로로 잡힌 그들은 백인 포로들보다 처우가 나빴고 인종에 기인하는 차별을 당했다. 독일군은 사망한 세네갈 병사들을 매장하거나 묘지 표석을 세워주지 않았다.[105]

폴란드 전투부터 소련을 상대한 '바르바로사' 전투까지 독일군이 동부에서 치른 전쟁은 처음부터 인종화되었다. 이 경우에는 전장의 상황만이 아니라 독일 정계 지도부와 군 수뇌부가 지시하고 국가의 대리인들이 수행한 의도적인 정책도 잔혹행위를 유발했다. 종족 청소와 잔인한 식민화를 핵심 과제로 삼은 독일의 제국 프로젝트에 대해서는 이미 서술했지만 (제2장을 보라), 1941~1942년 독일 군인과 경찰, 보안요원이 소련 유대인 인구를 대면 살해한 범죄는 정권의 인종적 우선순위를 반영하는 독특한 인종적 잔혹행위였다. 반란 진압전과 평정작전에서 비유대인을 살해한 행위에도 인종적 함의가 담겨 있긴 했지만, 그들은 주로 인종 때문이 아니라 야만적이고 무차별적인 보안작전의 일환으로 살해되었다. 유럽에서 집시 21만 2000여 명을 살해한 조치에는 유랑민은 첩자나 범죄자, 사보타주 공작원일 가능성이 높다는 편견이 반영되어 있었다―그들을 박해한 데에는 분명 인종적 편견도 작용했지만 말이다. 동부에서 집시들은 파르티잔이나 그 공범으로 간주되었는데, 이는 그들이 "유대인으로 취급" 되어 대개 유대인 피해자들과 함께 온 가족이 살해되었다는 뜻이다.[106] 가해자들이 소비에트 유대인을 살해한 것, 머지않아 살해 범위를 유대인 남녀노소 전체로 확대한 것은 꼭 인종 때문만은 아니었다. 소비에트 유대인은 볼셰비키 바이러스의 보균자라는 인식이 제노사이드 계획에 그럴싸한 정치적 구실을 더해주었고, 독일군을 괴롭히는 주요 반란 세력이 유대인이라는 날조는 처음부터 대량 살해를 정당화하는 데 활용되었다. 1941년 9월 친위대 장군 에리히 폰 뎀 바흐-첼레브스키는 "파르티잔이 있는 곳에 유대인이 있고, 유대인이 있는 곳에 파르티잔이 있다"고 선언했다.[107] 이 허술한 논법은 1941년 여름과 가을에 유대인이 연령이나 성별을 불문하고 유대인이라는 이유만으로 살육당한 현실을 감추었다.

독일군은 소련 전역을 개시한 직후부터 유대인이 진격을 방해한다는 어설픈 이유를 들어 유대인에게 잔혹행위를 가하기 시작했다. 독일군이 민간 인구의 잠재적 위협을 항상 과장하긴 했지만, 잔혹행위의 이유가 무엇이었는지는 여전히 불분명하다. 히틀러 최고사령부의 '범죄자 명령'은 소련 공산당이나 국가직의 남성 유대인을 제거하라고 구체적으로 지시했지만, 군부대와 보안부대에 유대인을 무차별 살해하라고 지시한 명령은 이제까지 알려진 바 없다. 징병 연령의 모든 유대인 남성은 금세 독일 정권이 승인한 피해자 명단에 추가되었다. 선별한 유대인 표적들을 살해하는 행위를 히틀러와 힘러가 승인했음에도, 소련 전역 초기 몇 주간 독일 지도부는 독일 대중과 동부의 사병들이 대규모 잔혹행위의 증거에 부정적으로 반응하지 않을지 우려했다. 그런 우려는 곧 괜한 걱정으로 밝혀졌고, 1941년 7월부터 동부 전역에 배치된 4개 특무집단뿐 아니라 보안부대, 경찰부대, 군부대까지 모두 점령지대 전체에서 진행하는 광범한 소탕작전의 일환으로 서로 협력하면서 유대인을 확인하고 제거하라는 주문을 받았다.[108]

이 무렵 유대인 대량 살해는 이미 시작된 터였다. 6월 23일 리투아니아 도시 가르그주다이에서 독일 육군에게 범죄를 저질렀다는 이유로 친위대 보안대가 유대인 201명(여성과 어린이 한 명씩 포함)을 체포했고, 이튿날 현지 경찰부대들이 그들을 처형했다. 6월 27일, 1939년 소련 침공 전 동부 폴란드에 속했던 도시 비아위스토크에서 육군 제221보안사단의 명령에 따라 질서경찰Ordnungspolizei 1개 대대가 유대인 2000명을 살해했으며, 그중 성인 남녀와 어린이 500명은 유대교 회당에서 산 채로 불태워졌다. 이때까지 여성과 어린이를 살해하라는 지시는 없었지만, 7월 말 아마도 힘러의 주장에 따라 여성과 어린이까지 살해하는 관행이 표준으로 승인을 받았다. 그달에 특무집단 C의 사령관 프리드리히 제켈른Friedrich Jeckeln은 제1SS보병여단에 지토미르 인근에서 소탕작전으로 유대인 여성과 남성 1658명을 살해하라고 명령했다. 7월 30일, 특무기동대Einsatzkommando〔특무집단에서 점령지에서의 처형을 담당한 하위 집단〕 9의 지휘관이 새로운 방침을 따르지 않는다는 이유로 질책당한 뒤 이 부대는 빌레이카에서 유대인 남녀 350명을 사살했다. 8월부터는 유대인 여성과 어린이도 으레 학살 대상에 포함되었다.[109]

유대인 살해가 빠르게 확대된 배경에는 이른바 '자기청소'가 있었다. 발트 삼국과 폴란드, 루마니아의 비독일인들은 소련 주둔군이 별안간 붕괴하자 현지 유대인 주민들이 무엇보다 그간 소련 점령군에 부역했다는 이유로 그들에게 야만적인 보복을 가했다. 이런 잔혹행위는 어느 정도는 자발적이었고, 어느 정도는 독일이 압박한 결과였다. 1939년부터 1941년까지 소련이 가혹하게 지배했던 폴란드 북동부에서 현지 주민들은 소련 군이 물러나고 독일 당국이 들어서기 전까지 권력 공백기에 최소 20개 도시에서 유대인을 살해했다. 독일군이 동부를 휩쓰는 동안 폴란드인들은 자경단을 결성해 복수에 나섰다. 6월 23일 콜노 시에서 독일 군인들은 현지 폴란드인들이 유대인 가족들 전체를 도살하는 광경을 지켜보았다. 전후 증언에 따르면, 그라예보에서 유대인 수백 명이 유대교 회당에 감금된 채 가시철사로 양손을 묶이고 더러 혀와 손톱을 뽑히고 전원이 매일 아침 채찍질을 100대씩 맞는 등 엽기적인 고문을 당했다. 라지우프 마을에서 폴란드 사람들은 유대인 이웃들을 살해하고 강간한 다음 아직 살아 있는 이들을 헛간에 몰아넣고 불을 질렀으며, 숨어 있던 유대인들을 더 찾아내 사다리를 올라가 불구덩이로 뛰어들도록 강제했다. 몇몇 경우에는 현지 폴란드 관료들이 독일 측에 포그롬 개시 이전에 자신들이 유대인을 죽여도 괜찮겠느냐고 묻기까지 했다. 어느 독일군 장교는 유대인에게는 "아무런 권리도 없다rechtlos"면서 폴란드인이 적절하다고 생각하는 대로 처리해도 괜찮다고 답변했다.[110] 베를린의 독일 당국은 그런 폭력을 예의 주시하면서도 전혀 방해하지 않았다. 1941년 6월 하이드리히는 특무집단에 이렇게 통보했다. "'자기청소 노력'을 방해하는 장애물이 있어서는 안 된다. … 오히려 그런 노력이 격렬해지고 올바른 쪽으로 향하도록 당연히 알아차릴 수 없는 방식으로 부추겨야 한다."[111]

1941년 7월 2일 루마니아가 소련 침공에 가세한 이후 루마니아 군대와 경찰도 별안간 유대인을 겨냥해 야만적인 폭력을 휘둘렀다. 1940년 6월에 소련이 점령했던 루마니아 지방인 베사라비아와 북부 부코비나에서 붉은군대가 황급히 철수함에 따라 현지 공동체들은 이번에도 '유대-볼셰비키' 침공군을 도왔다는 이유로 유대인 이웃들에게 일련의 포그롬을 가하기 시작했다. 며칠 후 루마니아군이 도착했을 때는 학살이 한창 진행 중이었으며, 루마니아의 개전 직후 4만 3500명에서 6만 명 사이의 유대인이 사망한 것으로 추정된다. 루마니아 군대와 경찰이 도착하자 폭력은 더욱 확대되었다. 7월 4일 북부 부코비나의 스토로지네츠에서 군인들이 유대인 남녀노소 200명을 사살했고, 그사이 이웃들이 그들의 집을 약탈했다. 이 지방의 우크라이나인 농민들은 유독 무자비한 보복에 나서 농기구로 유대인 이웃들을 살육했다. 어느 코셔〔유대교 율법에 따라 식재료를 선택해 조리한 음식〕도축업자는 본인의 장비로 산 채로 톱질을 당했다.[112] 독일 특무집단 D의 일부가 루마니아군과 동행했지만 현지의 폭력은 친위대의 도발을 넘어선 지경이었다. 독일 관찰자들마저 루마니아군 부대들과 현지 동조자들이 보여준 잔혹성과 무질서의 수준에 충격을 받을 정도였는데, 그런 폭력이 루마니아-독일군이 오데사를 함락할 때까지 조금도 누그러지지 않고 계속되었다.

폴란드인과 루마니아인의 폭력은 전쟁 이전 반유대주의 문화와 소련 점령기에 유대인이 맡았다는 역할에 대한 끓어오르는 분노가 함께 작용한 결과였다. 독일 당국이 곧 조치를 취해 무제한 폭력과 대대적인 유대인 재산 약탈을 끝내긴 했지만, 1941년 6월부터 9월까지 점령한 영역 어디서나 나타난 명백한 반유대인 적대감은 유대인을 겨냥한 독일의 폭력을 확대할 가능성과 관련해 아직 남아 있던 의문을 말끔히 씻어주었다. 오히려 현지 주민들이 유대인 공동체를 거리낌없이 학살하는 광경을 지켜보던 독일 보안부대가 자신감을 얻어 더 심한 유대인 근절책을 채택한 것이라고 주장할 수도 있다. 게다가 유대인 살해를 확대하기에는 독일 인력이 충분치 않다는 사실이 분명해진 뒤, 발트 삼국에서, 그리고 소련이 점령했던 베사라비아와 우크라이나에서 열렬한 반유대주의 활동 자원자들을 현지 경찰과 민병대 중에서 쉽게 구할 수 있었다. 유대인을 확인하고 검거하고 감시하다가 처형 장소까지 데려가는 임무를 돕기 위해 보조경찰대가 창설되었다. 그런 보조경찰대Schutzmannschaft의 규모는 1941년 말 3만 3000명, 1942년 여름 16만 5000명, 1943년 최대로 많았을 때 30만 명이었다. 때때로 벨라루스인들은 현지 유대인 인구를 살해하는 데 앞장섰으며, 1941년 10월 바리사우 게토에서 거주민 6500~7000명을 학살하여 그곳을 일소한 사건이 그런 예였다.[113] 숨어 있거나 신분을 감추는 유대인에 대한 고발이 워낙 많아서 독일 당국은 공식 고발소Anzeigestellen를 설치해 밀고를 독려했고, 정확한 정보를 제공하는 자에게 포상금으로 100 루블을 주고 때로는 유대인이 살던 가옥을 주겠다고 약속하기도 했다.[114]

소비에트 유대인 학살의 방아쇠를 당긴 쪽은 거의 언제나 독일이었다. 1941년 7월부터 힘러와 질서경찰 수장 쿠르트 달뤼게Kurt Daluege는 유대인 살해에 관여하는 인력을 대폭 늘렸다. 애초의 특무집단 3000명에 더해 예비경찰대대에서 질서경찰 약 6000명, 무장친위대에서 약 1만 명을 추려 증원했다. 인력 교대와 교체가 잦긴 했지만, 뒤이은 학살의 해 동안 독일 가해자 수는 대략 2만 명으로 일정하게 유지되었다. 이 부대들은 필요할 때면 보안대와 보안경찰, 군 비밀야전경찰Geheime Feldpolizei과 야전헌병 Feldgendarmerie의 도움을 받았다. 덜 흔한 일이긴 했지만, 육군에 무기와 탄약, 물자를 요청했을 뿐 아니라(육군은 기꺼이 제공했다) 때로는 살해를 담당할 군인들을 보내달라고 요청하기도 했다. 유대인 살해가 무차별적으로 이루어진다는 사실이 밝혀진 이후 모든 육군 지휘관들이 열정적으로 협력했던 것은 결코 아니지만, 제6군 사령관 라이헤나우 원수의 소견은 그리 특이한 견해가 아니었다. 1941년 10월 라이헤나우는 휘하 장병에게 "인간 이하인 유대 인종으로부터 가혹하지만 정당한 속죄를 받아낼 필요성"이 있다고 말했다.[115] 소련 내무인민위원부 요원이라는 유대인 남성 두 명이 체포된 이후, 1941년 8월 초 라이혜나우의 부대들은 특무집단 C의 하위 부대인 특별기동대 4a와 공조해 지토미르에서 주로 고령 남성인 유대인 402명을 검거해 처형한 바 있었다. 지역 공동묘지에서 유대인을 살해하는 동안 이전 학살 사건들에서 이미 겪었던 문제들 중 일부가 확연하게 드러났다. 총살대가 미리 파둔 구덩이 앞에서 피해자들을 사격했지만, 대략 4분의 1은 구덩이에 떨어지고도 목숨줄이 붙어 있었다. 머리에 총을 쏘는 방법은 살해자가 뇌 파편과 피를 뒤집어쓰게 되어 채택하기 어려웠다. 결국 반쯤 죽은 자들을 다음 순번 시체들과 흙으로 덮어버렸다. 이 처형 이후 친위대와 육군의 간부들이 만나 살인을 더 효과적으로 수행하고 실행자의 심리적 압박을 줄여줄 만한 방법을 논의했다.[116]

뒤이은 수개월간 친위대, 경찰, 육군은 각각의 살해 장소에 알맞은 일련의 질서정연한 절차를 차츰 고안해냈다. 1941년 9월, 독일군이 함락한 도시 마힐료우에서 지역 육군 사령관의 지시로 유대인/파르티잔을 다루는 방법에 관한 강연이 열렸다. 이 강연은 유대인 남녀 32명을 처형하는 실제 시범으로 끝났다. 실례를 통한 학습법은 널리 쓰였다. 가해자 일부가 여성과 어린이를 죽이기 어려워하자 여성이 자녀를 품에 안도록 허용했고, 그 자세에서 자녀를 먼저 쏜 다음 부모를 처리했다. 여성과 어린이를 살해하라는 명령이 특무집단 부대들에 하달되었을 때, 특별기동대 11b의 지휘관은 부하들에게 아이를 먼저 쏜 다음 어머니를 쏘는 방법을 직접 실행해 보여주었다.[117] 질서경찰 부대에서는 대개 장교 한 명이 후두부를 쏴서 죽이는 법을 먼저 보여주고는 부하들에게 따라서 해보라고 지시했다. 1942년 초봄부터 두 번째 대량 살해의 물결이 지나가는 동안 가해자의 압박감을 줄이고 살해의 효율성을 극대화하기 위해 전년의 경험이 활용되었다. 살해 과정에서 당일 '사수'로 지정된 이들, 구덩이에 도착할 때까지 피해자 무리를 감시하는 이들, 트럭을 운전하는 이들, 구덩이에 시체들을 가지런히 포개서 다음 층을 쌓을 공간을 마련하는 이들 사이에 정확한 분업이 이루어졌다. 테르노필에서 살해된 한 유대인은 살인이 얼마나 체계적으로 이루어지는 것처럼 보이는지를 묘사한, 부치지 못한 편지를 남겼다. "게다가 그들은 공간을 잘 활용하고 질서를 유지하기 위해 무덤에서 먼저 처형할 사람들을 추려내야 해. 전체 절차가 오래 걸리진 않아."[118] 살해자는 처형 현장에서 실수를 저지르면 눈총을 받았고(보통 처벌을 받진 않았지만), 지저분한 잔혹행위가 아니라 마치 힘든 외과수술을 집도하듯이 무심하고 냉철하게 사살할 것을 요구받았다. 과도한 잔혹성을 드러낸 친위대원―그런 자들이 아주 많았다―은 대원답지 않은 행동으로 조직의 기풍을 해친다고 여겨질 경우 징계를 받을 위험도 있었다. 그러나 1943년 뮌헨의 친위대 재판부는 어느 친위대 장교에게 판결을 내리면서 그의 행동이 아무리 저열할지라도 "유대인을 섬멸해야 한다. 유대인 어느 누구도 큰 손실이 아니다"라고 말했다.[119]

전장에서 소련 유대인 인구에 대한 잔혹행위는 1942년 들어서도 계속되어, 그해 초에 유럽 유대인 인구를 말살하려는 제노사이드 프로그램을 위해 설립한 죽음의 수용소 운영과 중첩되었다. 죽음의 수용소는 친위대 지도부가 어느 정도는 러시아에서 학살을 담당하는 독일 가해자 수천 명의 심리적 부담을 덜어주기 위해 설립했다. 그럼에도 1942년 독일 육군이 전진하는 동안 전년에 피점령 지역들에서 가까스로 달아났던 유대인 피란민들을 제노사이드 그물로 잡아들여 제거하는 전장에서의 살해는 계속되었다. 1942년 9월 독일 제4기갑군의 소규모 통신부대는 스탈린그라드로 접근하던 도중 페레그루즈노예의 외딴 마을에서 유대인 주민과 피란민—남성, 여성, 어린이, 유아—전원을 그들이 멀리 떨어진 소련군 대열에 정보를 전달한다는 구실로 검거했다. 지휘관 프리츠 피셔Fritz Fischer 중위는 상부로부터 받은 명령이 없었다. 투철한 국가사회주의자이자 반유대주의자였던 피셔는 아마도 대대적인 절멸 프로그램에 스스로 작은 기여라도 하고 싶었을 것이다. 임무에 자원하거나 장교의 요구에 저항하지 못한 소수의 병사들이 야간에 유대인들을 트럭 몇 대에 태운 뒤 스텝지대로 데려갔다. 첫 번째 트럭이 멈추고 유대인들을 내리게 한 다음 그들이 뛰거나 비틀거리며 달아나는 동안 사살했다. 트럭들은 그다음 순번 유대인들을 죽은 이들과 죽어가는 이들이 쌓인 곳에서 살해하는 불쾌한 임무를 피하기 위해 도로를 따라 200미터를 더 달려 시체가 없는 장소에 멈춰 섰다. 병사들은 임무를 마치고 아침식사에 늦지 않게 복귀했다.[120]

페레그루즈노예 학살은 수천 가지 실례 중 하나이며, 독일 측이 유대인을 대면 처형한 모든 사건과 동일한 의문을 불러일으킨다. 독일 측의 유대인 살해는 폴란드나 루마니아, 발트 삼국에서 발생한 포그롬과 같지 않았다. 후자의 포그롬은 현지 공동체가 종족적 증오심에 불이 붙어 하루 동안, 혹은 길어야 며칠 동안 극악한 폭력을 갑작스레 자행하고 재산을 몰수하는 가운데 유대인을 살해한 사건인 반면에 독일 측의 살해는 체계적이었고 꾸준히 지속되었다. 살해를 대부분 수행한 질서경찰 부대들은 학살 임무를 한 번만이 아니라 연이어 맡아야 했다. 일례로 101예비경찰대대는 1942년 7월 13일 유제푸프 게토에서 유대인 1500명가량을 학살하는 것으로 살해 경력을 시작했지만, 결국 9개월 동안 유대인 남녀와 어린이를 8만 명 넘게 살해하는 데 관여했다.[121] 포그롬 선동자들과 달리, 독일 가해자들은 피해자들이 누구인지 알지 못했고(지역 정보원의 도움을 받아 그들을 찾아내긴 했지만) 그들을 증오할 만한 본질적인 이유가 없었다. 독일 측의 유대인 살해는 냉정하게 수행되었다는 점에서 20세기 제노사이드 폭력의 다른 사례들과 정반대였고, 이 장에서 기술한 다른 많은 범죄 범주들과는 달랐다. 어떻게 독일 가해자들이 가차없는 범죄수사관 같은 에너지로 유대인을 가능한 한 모조리 추적해 추상적으로, 마구잡이로 살해할 수 있었는가 하는 물음은 역사적·심리적 설명을 필요로 한다.

여러 가해자 무리들이 독일 정권의 반유대주의 이데올로기를 내면 깊숙이 받아들여 자기네 행동을 정당화하고 어떤 가책을 느끼든 다 억누를 수 있었다고 가정하는 것은 솔깃한 일이다. 살해에 관여한 모든 사람은 자신이 유대인을 독일 국민의 불구대천 원수로 악마화하고 이것을 핵심 비유로 사용하는 반유대주의 정권에 이바지한다는 것을 분명히 알고 있었다. 전장의 병사들을 겨냥한 선전은, 1941년 12월의 어느 간행물에 실린 표현대로, 이제 "유대인 없는 유럽"이 전쟁의 중심 목표라고 강조했다.[122] 평범한 군인과 경찰이 유대인이 독일의 '세계 주적Weltfeind'이라는 관념과 자신이 살육하는 어중이떠중이들, 겁에 질리고 갈피를 잡지 못하는 가난뱅이들을 과연 얼마만큼이나 관련지을 수 있었을까 하는 의문은 더 따져볼 여지가 있다. 동부의 살인부대들에 관한 대부분의 서술은 선동자들, 즉 보안부대와 경찰부대에서 중하급 간부였던 이들의 중요성을 강조하는데, 그들은 유대인 세계 음모의 해악적 성격을 핵심 내용으로 하는 정식 강좌를 비롯한 정치훈련을 추가로 받았다. 보안부대와 친위대, 육군의 대화나 편지에서 수시로 거론된 유대인 위협에 대한 공상은 정권의 피해망상이 대량 살인을 승인하는 조치로 얼마나 쉽게 전환될 수 있었는지를 보여준다. 1944년 한 독일 보병은 패전의 가능성을 생각했다. "그러고 나면 유대인이 우리에게 덤벼들어 독일적인 것이라면 모조리 없애버릴 것이고, 잔인하고 끔찍한 살육이 벌어질 것이다."[123] 일부 부대들은 장교와 부사관 중에서 나치당원이나 친위대원의 비율이 높았으며, 분명 그들 사이에는 무정한 효율성으로 임무를 수행하려는 경쟁심 혹은 대결 의식이 있었다.[124] 경찰이나 육군에서 간부가 아니었던 살인자들은 쉽게 일반화할 수 없다. 그들은 독일 사회의 횡단면을 보여주었으며, 일부는 정권의 대의에 헌신했으나 일부는 그러지 않았다. 하지만 회의적이었건 열정적이었건 무관심했건 간에, 예상치 못한 살인자 역할로 뽑힌 사람들 가운데 참여를 거부한 이는 거의 없었다.

가해의 사회심리학에 따르면, 살해 임무를 지시받은 남자들은 단순히 명령에 복종하지 않고 다양한 방식으로 대처했다.[125] 살인자들은 출신 배경과 성격 유형이 다양했고, 저마다 나름의 방식으로 살인에 적응했다. 표준 절차가 정해진 후에는 분업이 이루어졌으므로 각 부대의 일부는 운전이나 감시, 서기 업무에 자원하여 살인을 아예 피할 수 있었다. 살인 참여를 거부할 수 있었지만, 하루 거부했던 사람이라도 전우들이 내 몫을 대신했다는 자괴감에 다음번에는 임무를 받아들이기도 했다. 어떤 이들은 처음 피맛을 본 뒤 살인에 적극적인 열의를 보였는데, 때로는 그 열의가 너무 강해 억눌러야 할 정도였다. 가해자 일부는 자신들에게 내키지 않는 살인을 떠맡기는 운명을 지닌 피해자들에 대한 증오심을 키우고, 당시 벌어지던 사태와 관련해 그들 자신이 아닌 유대인을 탓했을 공산이 크다. 불필요한 잔혹성의 증거가 도처에 남아 있으며, 군인과 경찰이 피해자에게 고통을 가하면서 사진을 찍었던 까닭에 그런 광경을 보여주는 증거도 많이 남아 있다. 1941년 8월 게슈타포 수장 하인리히 뮐러Heinrich Müller는 구경꾼의 수 때문에 특무집단에 지령을 내려 "대량 처형 도중 구경꾼이 몰리지 않도록 하라"고 지시했다.[126] 힘러의 요구에 따라 가해자들은 술을 넉넉히 제공받았고 대개 살해 이전과 도중에 술을 마실 수 있었다. 음주 잔혹행위로 악명 높았던 우크라이나 보조경찰대는 아이들을 공중으로 집어던지고는 새를 사냥하듯이 총으로 쐈다고 한다. 한바탕 살인을 저지르고 나면 가해자들은 저녁에 함께 흥청거리고 술을 마시면서 시간을 보내도록 권유받았다. 키이우 인근 바비야르 계곡에서 유대인과 소련군 포로 3만 3000명을 대량 처형한 뒤, 살인자들은 기념 연회를 즐겼다. 그런 저녁 시간은 친위대 지도부가 대원들의 "정신이나 성격"이 손상되지 않도록 처형의 심리적 충격을 줄이기 위해 고안한 조치였다. 힘러는 친위대원들이 점잖은 독일인으로서 힘든 일을 하면서 유대감을 쌓고 야만화와 '우울증' 추세에 저항하기를 바랐다.[127] 살인자 일부는 일상적 살인의 압박감을 이겨내지 못하고 신경쇠약을 앓았다. 그들은 독일로 돌려보내져 힘겹고 조마조마한 임무의 희생자로서 치료를 받았다.

가해자들이 어떤 의미에서는 그들이 자행한 행위의 피해자였고 위로와 회복을 필요로 했다는 견해는 독일 측의 살해를 가능하게 해준 여러 도덕적 도치 중 하나에 지나지 않았다. 살인자들의 안녕을 우려하는 견해는 가해자들과 그 지휘관들이 머무는 왜곡된 도덕적 세계에서 실제 피해자들을 완전히 배제해 거의 보이지 않게 만든다. 유대인 공동체는 살인자들의 도덕적 영역, 다른 부대원에게 책임을 지고 임무를 완수하는 것을 주요 의무로 삼는 도덕적 영역의 바깥에 있는 존재로 치부되었다. 현대 신경과학에서 '타자화'라고 일컫는 심리적 과정의 결과는 심각했다. 유대인 피해자들은 그들을 말살하는 잔인한 의식儀式에서 한낱 대상이 되었다. 살인부대들의 잔존 서술과 증언에서는 살인자가 자신이 죽이게 될 사람들에게 조금이라도 연민의 정을 보인 사례를 거의 찾아볼 수 없는데, 그것이 피해자를 자신이 공유하는 도덕적 영역으로 다시 받아들이는 행동이었기 때문이다. 오히려 가해자들은 죄책감을 제쳐두고 혹여 자신이 가책이나 유약함의 징후를 보이거나 동지들을 실망시키지 않을까 걱정했다. 범죄를 공유하는 집단에 속해 있다는 사실이 그들의 범죄를 통상적인 범죄로 보지 않을 수 있도록 해주었다.

젠더 폭력과 전쟁

2차대전 기간에 여성에게 자행한 범죄들은 좁은 의미의 전쟁범죄와 반인도적 범죄의 어느 한쪽으로 정해지지 않은 채 둘 사이를 맴돌고 있다. 여성 피해자들에 대한 적군의 대우는 분명 비인도적이었고 그런 사례가 너무나 많았다. 1941년 6월 독일군이 라트비아를 침공했을 때, 뷔르템베르크-바덴 척탄병연대의 병사들은 리가 대학에서 여학생 두 명을 붙잡은 뒤 쿠션 좌석을 양철판으로 교체한 의자에 나체로 묶고 의자 아래에 불붙인 휴대용 석유난로를 놓은 다음 고통에 몸부림치는 그들 주위를 춤을 추며 빙빙 돌았다. 1년 후 크림 반도의 도시들을 탈환한 독일군은 소련 군인들이 옷을 벗기고 강간하고 고문한 적십자사 간호사들의 시신을 발견했다. 일부는 가슴이 도려져 있었고, 일부는 질에 빗자루가 박혀 있었다. 아시아 전쟁에서 여성에 대한 잔혹행위는 일상적이었다. 중국 북부 베이퍄오 마을에서 일본군은 여성 주민 전원을 그들의 가족이 보는 앞에서 강간했다. 어느 임산부의 경우 옷을 벗기고 탁자에 묶은 채 강간한 다음 총검으로 태아를 제거했다. 군인들은 이 무시무시한 광경을 기념한다며 사진을 찍었다.[128]

이런 추악한 이야기들은 제약 없는 가학성을 드러내며, 남성의 재미를 위해 여성을 무참히 착취한 특수한 잔혹행위라는 측면에서 공통점이 있다. 비록 무작위로 추린 것이긴 해도 이런 사례들은 다른 여러 맥락에서 몇 배로 늘어날 수 있었다. 범죄의 성격과 피해자 때문에 국제법은 전시에 여성이 당한 성적 학대에 대해 대체로 침묵했다. 1907년의 헤이그 협약에서 "가족의 명예와 권리" 보호는 민간인 면제권을 위한 규정 중 하나였으며, 여기서 "명예"는 보통 전시에 여성을 범해서는 안 된다는 뜻으로 이해되었다. 1929년의 제네바 협약은 여성 포로들이 "그들의 성별을 고려한 모든 배려"를 받아야 한다고 명시했다. 그러나 1949년의 제4차 제네바 협약에 이르러서야 "강간, 강제 성매매, 또는 모든 형태의 강제 추행"이 마침내 불법으로 규정되었다.[129] 그럼에도 강간은 대부분의 군 사법제도에서 범죄로 간주되었다. 군인이라면 적이나 동맹을 약탈하지 말아야 했던 것과 마찬가지로, 성적 포식 행위는 군의 명예를 더럽히고 군율을 흔드는 범죄로 간주되었다. 그럼에도 약탈처럼 성범죄도 만연했다. 그 규모를 가늠하기는 불가능하지만 말이다. 성범죄, 또는 '추행'으로 규정된 다른 행위의 여성 피해자들은 자신이 겪은 시련에 대해 말하기를 꺼렸거나, 자신이 당한 성폭행을 진지하게 받아들여줄 통로를 찾지 못했다.[130] 성범죄를 공개적으로 폭로하는 것을 탐탁잖게 여기는 사회 풍조, 그리고 남성의 부인否認 전략은 수치의 문화를 강화했다.

성은 전시에 큰 문제가 될 게 분명했다. 남성 수천만 명이 수년간 본국 공동체에서 떨어져 거의 남자 일색인 기관들에서 지냈거니와, 휴가를 얻어 고향의 가족이나 파트너를 만나러 갈 전망도 없었다. 그들 다수는 오랜 기간 높은 스트레스와 부자연스러운 수준의 공격성에 시달리는 가운데 성적 충동과 성적 좌절감이 강해졌다. 군 당국은 이런 문제를 알고 있었지만, 성적 기회를 규제하지 않거나 장병에게 충분한 양의 예방책을 제공하지 못해 성병이 유행할 경우의 위험도 알고 있었다. 일본 육군성은 군대에 위안부를 공급하는 것이 장병의 심리적 건강과 투지에 "특히 유익하다"고 보았다. 육군성은 한 지령에서 위안부 공급이 "사기 진작, 규율 유지, 범죄와 성병 예방에 효과"가 있을 것이라고 주장했다. 전시 동안 성병 확산을 막기 위해 일본군에 콘돔 3200만 개가 지급되었지만 배급이 정기적으로 이루어지지 않아 군인들이 콘돔을 씻어서 재사용하곤 했다.[131] 하인리히 힘러는 위안소에서의 규칙적인 성교가 독일 군인의 효율뿐 아니라 강제노동자와 강제수용소 수감자의 효율까지 높일 것이라고 생각했다. 그리하여 독일, 오스트리아, 폴란드의 수용소들에 특혜 수감자를 위한 위안부 막사 10개를 설치했다.[132] 이것은 성병을 통제하는 방법이기도 했다. 독일 군인과 친위대원이 가짜 해결책에 의존하지 않도록 힘러는 콘돔을 제외한 모든 예방책을 금지하고 콘돔을 자유롭게 사용할 수 있도록 했다.[133] 성행위 관련 군 지침은 "이성에 대한 자제력"을 요구했지만 독일 군과 친위대는 성병 치료를 위한 위생소를 설립하기도 했는데, 자제력이 부족하다는 오명을 씌우는 것보다는 군인을 전투부대로 돌려보내는 것이 우선이었기 때문이다.[134]

영국 육군은 위안소를 운영하지 않았지만 보통 군인이 유곽을 이용하는 것을 막지 않았다—다만 성병으로 얼룩진 카이로의 '베르카' 홍등가는 예외였다. 육군 의료 당국의 태도는 영국 군인들이 점잖게 처신할 것이고 매춘부의 서비스를 이용하지 않거나 아예 어떤 성관계도 하지 않으리라는 것이었다. 장교는 체면상 매춘부를 찾아가지 않을 것으로 기대되었고, 실제로 찾아갈 경우 징계를 받을 수 있었다. 중동 지역 의료 책임자 E. M. 코웰Cowell 소장은 성욕 억제가 "자기 자신, 가족, 전우에 대한 의무다"라고 선언했다. 의료 당국은 성욕 해소의 대안으로 활기찬 스포츠를 권장하면서도 유혹을 물리치지 못한 군인, 어느 고위 성병전문의의 표현대로 "다소 멍청하고 호색적인 녀석"이 예방책(비누, 탈지면, 소독용 크림)을 이용할 수 있도록 해주었다. 성병에 걸렸다가 치료받은 군인은 수치스럽게도 빨간 넥타이를 매야 했다. 성병에 걸리고도 보고하지 않는 군인은 봉급을 받지 못하거나 한 계급 강등을 당했다. 중동 전구에서 성병 감염률은 시기에 따라 1940년 1000명당 34명에서 1942년 1000명당 25명 사이였지만, 이탈리아 전구에서는 전쟁 종반 감염률이 1000명당 71명이었다. 이 정도면 상대적으로 낮은 수준이었으며, 영국의 경우 자제력과 건강한 스포츠에 대한 호소가 전적으로 실책은 아니었음을 시사한다.[135]

독일군과 일본군의 경우 위안소가 전시 군사문화의 핵심 특징이 되었다. 일찍이 1936년 독일 군 당국은 위안소가 "긴급히 필요"하다고 판단했다. 1939년 9월 9일 독일 내무부는 군인을 상대할 여성들을 모아둘 수 있는 막사를 설치하라고 지시했다. 그런 막사에서 여성들은 정기적으로 의료 검진을 받았고, 군인들의 출입은 한 달 평균 5~6회로 제한되었다. 군인들이 기존 홍등가를 드나들 수 있었던 서유럽의 상황과 달리 동부 전구에서는 위안소가 급증했다. 군대를 위해 동원된 위안부는 사실상 감금되었고, 성행위를 거부하면 강제수용소로 보낸다는 협박을 받았다―실제로 1930년대에 이른바 '비사회적'이라 불린 일부 위안부를 강제수용소로 보낸 전례가 있었다. 위안부 할당량을 채우기 위해 경찰은 방탕한 생활과 눈꼴사나운 성생활을 빌미로 삼아 어른 및 청소년 여성을 강제 성행위 후보로 분류해 이송했다. 독일군 위안소는 갈수록 동부 점령지의 여성, 집시 여성, 심지어 1935년 뉘른베르크법으로 유대인과의 성관계가 금지되었다는 사실에도 불구하고 유대인 여성으로 채워졌다. 당시 성매매가 드물었던 소련 사회에서는 위안부를 구하기 어려웠던 까닭에 위안소에 '자원'한 여성은 대부분 굶주림과 궁핍으로 자포자기한 상태에서 그렇게 했을 뿐이다. 소련에서 이탈리아 육군과 나란히 복무한 어느 이탈리아 경찰관은 현지 여성들로 채워진 음침한 위안소를 이렇게 묘사했다. "춥고 지저분한 골방들에서 누더기를 걸친 채 겁먹은 눈빛을 보내는, 여위고 배를 곯는 흉한 몸뚱이들." 빈궁한 처지에 부득이 위안부를 하겠다고 나선 어린 소녀들은 상당수가 성경험이 없었고, 많은 경우 퇴짜를 맞았다. 독일군 위안소 운영자들은 폴란드 여성들을 모집하기 시작했고, 이탈리아군 위안소 운영자들은 루마니아에서 여성들을 데려왔다.[136] 1943~1944년 추축군은 소련 점령지에서 퇴각하는 동안 초토화 정책을 그간 성행위를 강요당한 여성들에게로 확대하기도 했다. 1943년 11월 독일군은 키이우에서 빠져나가면서 바비야르 계곡에 위안부 100명의 시신을 내던졌다.[137]

단연 최대 규모이며 가장 강압적인 위안소 제도는 일본군이 수립했다. 1931~1932년 만주사변 초반부터 패전의 수치심에 극심한 폭력으로 위안부 수천 명을 살해한 2차대전 막바지까지 일본 군부는 상설 공창가, 전선을 따라 이동한 임시 성행위 시설, 여성을 감금하고 강간한 더 작고 대개 승인받지 않은 억류 장소 등으로 이루어진 광대한 제도망을 구축했다. 그중 일부는 일본군의 수요를 채우기 위해 현지 매춘부를 동원하거나 어른 및 청소년 여성을 납치한 중국인 부역자들이 운영했다. 각종 시설들은 보통 아이러니한 단일 용어인 '위안소'로 지칭되었고, 여성들은 '위안부'라고 불렸다. '위안'이라는 용어는 강제 성행위나 성노예제로 고통받은 여자들이 아니라 남자들이 전쟁의 피해자였다는 뜻을 함축한다. 이 제도는 대단히 큰 규모로 운영되었다. 군 당국은 현역군인 70만 명마다 여성이 2만 명쯤 필요할 것으로 추산했다. 여성 1명이 매일 '봉사'할 것으로 예상한 평균 남성 수는 30~35명이었다.[138] 위안부 중 일부는 일본 경찰이 일본의 대규모 성매매 종사자들 중에서 모집했다. 또한 군대의 성적 서비스를 위해 한국 매춘부들도 원하든 원치 않든 징집하는 한편 얼마나 되는지 모르는 한국 여성들을 납치하거나 속여서 데려간 뒤 성행위를 강요했다. 추정하기로 그런 여성은 8만 명에서 20만 명 사이였고 그중 5분의 4가 한반도 출신이었다.[139] 일본인 위안부들은 처우가 가장 나은 편이었고, 계약을 맺었으며, 소액의 요금을 받았다. 그들 다수는 서비스 요금을 더 내는 장교용 위안소에 배치되었다. 그들은 위안소를 자유롭게 드나들 수 없었고, 기이하게도 군인처럼 탈영으로 처벌받을 수 있었다.

광대하고 대개 비공식적인 위안소 그물망에 갇힌 어른 및 청소년 여성 수십만 명이 성행위를 강요당했다. 중국 점령지 전역에서, 뒤이어 말라야, 버마, 네덜란드령 동인도, 필리핀에서 일본군의 점점 늘어나는 성적 수요를 채우기 위해 여성들이 유괴되거나, 일자리를 주겠다는 기만술에 속아 넘어가거나, 가족에 의해 팔려갔다. 일본군에 붙잡힌 다수의 유럽인 여성들도 위안부로 일하지 않으면 죽이겠다는 협박을 받았다. 이들 여성은 모두 문자 그대로 성적 대상이었다. 일본군 병참조직은 그들을 '군수품'으로 분류했다. 최대 20만 명의 여성이 위안소에서 성폭행을 당한 중국에서 그들은 포로로 붙잡혀 있었고 탈출을 시도하면 가혹한 처벌을 받았다. 몇몇 경우에는 처벌과 다른 위안부들에 대한 경고의 의미로 여성의 가족 전원을 참수했다. 육군 개별 부대들이 개설한 여러 일선 위안소에 대한 감독은 거의 이루어지지 않았다. 때때로 '요새'라 불린 일부 위안소에는 지역 군인들에게 거듭 강간을 당하게 될 소수의 여성들이 붙잡혀 있었다. 중국인 생존자들의 서술은 일상적 만행, 부실한 음식, 급격한 건강 악화 등을 전해준다. 일본군에 점령된 중국 하이난 섬에는 소규모 점령군에게 봉사하는 위안소가 60개 넘게 있었다. 이 섬에서 성노예 생활을 강요당한 중국 여성 300명 가운데 종전 때까지 200명이 사망했다. 위안부를 대하는 방식에 대한 통제는 거의 없었는데, 유괴해오는 다른 여성들로 교체할 수 있었기 때문이다. 임신하거나 병에 걸린 여성들은 대개 살해되었다. 중국 중부의 어느 위안소에서는 윤간으로 임신한 여자들을 나체로 말뚝에 묶고 이전에 그들을 성폭행했던 군인들의 총검술 연습 대상으로 삼았다.[140] 아무리 유리한 주장을 펴고 교묘한 논변을 구사하더라도 성행위를 강요당한 여성들의 끔찍한 피해를 감출 수는 없다. 첫 군인부터 마지막 군인까지 그들을 강간했다. 위안부 생활을 강요받고 100일간 살아남은 여성들은 무려 3000번까지 강간을 당했다.

　일본 위안부 제도의 여러 잔인한 아이러니 중 하나는 군 당국이 이 제도를 통해 규제되지 않는 강간의 위험과 질병의 확산을 줄이려 했다는 것, 아울러 평정 과정이 무제한 성범죄로 이어지지 않으리라는 것을 지역 인구에게 납득시키려 했다는 것이다. 그러나 일본군은 점령한 모든 지역에서 위안부 제도와 누구든 가리지 않는 마구잡이 강간을 결합했다. 강간이 전시 동안 여성들이 겪은 가장 극단적 형태의 고통이긴 했지만, 실제 성행위에 이르지 않은 다른 성추행 형태들도 있었다. 일본 심문관들은 여성 죄수들의 불안감과 수치심을 높이기 위해 자주 그들의 옷을 벗겼고, 철저한 몸수색으로 여성의 정절을 침해했으며, 고문할 때 보통 성기에 고통을 가하거나 강간하겠다고 위협했다.[141] 무엇이 동의에 해당하고 무엇이 해당하지 않는지에 대한 남성들의 잦은 주장에도 불구하고, 강간의 정의는 간단하다. 강간은 여성의 동의 없이 여성을 간음하는 행위다. 그럼에도 강간에 대한 당대의 사법적 접근법들은 강간죄의 정도를 평가하는 여러 회색지대를 남겼고, 남성 군조직이 강간을 바라보는 방식에 영향을 주었다. 소설가이자 참전용사인 윌리엄 워튼William Wharton은 훗날 "사슴이나 토끼에게 달려들듯이" 여성에게 달려든 소련 군인들과, 담배와 음식을 주면서 절박한 여성을 유혹하여 "최대한 강간에 가까운 짓을 하면서도 과격한 폭력은 별로 행사하지 않은" 미국 군인들 사이에는 별 차이가 없었다고 회고했다.[142] 실제로 여성 수천 명이 생활고를 덜고 허기를 달래고자 일시적으로 매춘에 의지한 결과, 합의된 성관계라는 관념이 그 한계까지 확장되었다.

강간은 남성 기득권층에게 신고하기도 어려웠고, 적절한 구제를 받기도 어려웠다. 소련에서 독일군 사법 당국은 여성이 정식으로 고소하고 범인을 확인할 수 있는 경우에만 강간 사건을 조사하겠다고 고집했는데, 이는 사실상 대부분의 강간 사건을 신고받지 않고 조사하지 않겠다는 뜻이었다.[143] 수치심이나 가족의 반대도 자신이 겪은 성폭행을 폭로하려던 피해자의 의지를 제한했다. 그 결과, 전시 동안 모든 전구에서 강간이 얼마나 자행되었는지 알 수 없게 되었다. 1945년 소련 군인들에게 강간당한 독일 여성들의 수는 20만 명에서 200만 명 사이로 추정된다. 유럽에서 미국 현역군인들이 자행한 강간이 대략 1만 8000건이라는 당대 추정치들 중 하나는 1950년대 범죄학 조사에 근거한 것으로 전체 강간의 5퍼센트만 신고되었다고 주장했는데, 이는 검증이 불가능한 추론이다.[144] 독일에서 기록된 사생아 수에 근거한 더 최근의 추정에 의하면 점령 기간에 미군의 강간이 19만 건 발생했다. 이 모든 추정치는 통계학적 어림짐작이다.[145] 실제로 조사가 이루어진 미군의 강간 사건은 904건뿐이었지만 분명 기록되지 않은 사례가 더 많았을 것이다. 1946년 공산당 통제하의 중국 4개 성에서 이루어진 법의학적 조사에서는 일본 점령군이 강간 36만 3000건을 저질렀다는 수치가 나왔지만, 아시아 전구에서 강간당한 뒤 살해된 여성 수천 명의 전후 흔적은 거의 없다.[146]

비록 정의하기는 간단할지라도 강간은 전시에 여러 형태로 나타났고 다양한 동기의 산물이었다. 역사적 기록이 남아 있는 여러 강간 범죄 중에서 윤간(또는 '전우 강간')이 널리 행해졌는데, 때로는 두세 명이, 때로는 더 많은 인원이 피해자를 거듭 간음했다. 뉴기니 전역에서 오스트레일리아 군인들은 베란다에 팔다리를 벌린 채 묶여 있는 파푸아 여성의 시체를 맞닥뜨렸는데, 그 주위에 사용된 콘돔 70개가 널려 있었다.[147] 중국 전쟁에서 일본 군인들은 보통 피해자들을 공유했고 때로는 자기네 숙소에 가둔 채 며칠에 걸쳐 거듭 강간했다. 소련 군인들은 독일 침공 초기 몇 주간 간선도로를 따라 배치된 독일 어른 및 청소년 여성들 주위에 몰려들어 자기 차례를 애타게 기다리곤 했다.[148] 평시의 강간과 흡사하게 기회를 노려 단독으로 범하는 강간도 있었지만, 윤간은 단순히 성욕 충족을 넘어 남자들을 한 집단으로 결속하고 전쟁의 공포와 위험 때문에 흔들리는 남성성을 강화하는 기능을 했다. 어떤 군인이 함께 강간하기를 주저할 경우 전우들은 그가 남성 자격을 의문으로 남겨두거나 강간 행위를 내심 비난하도록 내버려두지 않고 동참하라고 압박하곤 했다. 전후에 쓴 글에서 어느 소련군 장교는 피해자 무리 중에서 한 독일 여성을 맡으라는 제안에 망설이는 모습을 보였다가 성교 불능자나 겁쟁이로 여겨질까 두려웠다고 회상했다.[149] 집단강간의 촉매는 대개 술이었는데, 그럴 때면 아직 남은 자제력마저 금세 사라지고 많은 경우 강간 참여자들뿐 아니라 구경하는 군인들까지 즐기는 가학적 광경이 펼쳐졌다. 1944년 바르샤바 봉기 기간에 친위대 디를레방거여단Dirlewanger Brigade이 사이코패스처럼 적십자사 간호사들을 강간하고 살해한 사건이 그런 사례였다. 집단강간한 후에는 아돌프 히틀러 광장에서 벌거벗은 간호사들의 발을 묶어 거꾸로 매달고 복부에 총을 쐈으며, 그 광경을 독일 군인들, 러시아인 약탈자들, 히틀러청소년단 무리가 곁눈질로 구경했다.[150]

근래 분쟁들에서는 강간이 남성의 권력을 행사하고 적 공동체를 지배하거나 위협하기 위한 의도적인 전략으로 활용되었다. 2차대전 기간에 집단적이나 조직적인 강간 사건의 근저에 도사린 동기들에 대해서는 확실하게 말하기가 더 어렵다. 좌절하고 긴장한 군인들이 남성의 전시 특전이라고 생각한 성적 전리품을 차지하는 과정에서 이른바 '보상 강간'이 일정한 역할을 했던 것은 분명하다.[151] 강간을 통해 적 공동체에 대한 완전한 지배력을 드러낸 행위는 강간을 전략으로서 써먹은 더 분명한 사례였다. 중국과 독일에서 일본군과 소련군은 흔히 어른 및 청소년 여성을 그들의 가족 앞에서 강간하면서 누구든 방해하는 남자를 사살하거나 참수함으로써 현지 남성의 무력함과 가해자의 권력을 부각시켰다. 1945년 베를린에서의 집단강간은 "남성의 패배"에 지나지 않았다고 피해자들 중 한 사람은 썼다. 모든 연령과 상태의 여성을 강간했으므로 그들을 지배하려는 욕망은 무차별적이었다.[152] 대규모 강간의 다른 사례들은 몇 달간 혹독한 전투를 치른 군인들이 별안간 맞이한 승리의 전망에 긴장을 푸는 가운데 발생했다. 이탈리아 중부에서 프랑스군이, 특히 북아프리카에서 온 식민지인 부대가 이탈리아 여성들을 강간한 사건은 독일군 전선이 붕괴해 갑자기 현지 인구를 약탈하고 능욕할 기회—식민지인 병력 일부는 일찍이 식민지 폭력을 겪은 터라 이런 전망을 당연시했다—가 생긴 데 따른 반응이었다. 1945년 독일에서, 그리고 그해 더 늦은 시점에 일본에서 미국 군인들이 강간을 저질렀다는 신고가 급증한 것도 승전 정욕의 산물이었다. 미군의 강간 신고 건수는 프랑스와 벨기에에서 181건이었던 반면에 독일에서는 552건이었다. 오키나와를 정복한 미군은 여성 1만 명을 강간하고 납치하고 이따금 살해한 것으로 추정된다.[153] 일본 본토를 점령한 뒤 미군과 영연방 군인들은 적에게 윤간을 자행했는데, 적 역시 타국에서 성폭력을 저질렀으니 똑같이 되갚아주는 것이 정당하다는 입장이었다. 어느 지방에서는 점령 초기 열흘간 강간이 1336건 신고되었다. 일본 여성이 더 유린당하지 않도록 일본 당국은 1945년 8월 '특수위안시설협회'라는 완곡한 명칭으로 '위안소'들을 설치하고 강간 피해자를 대신할 일본 매춘부 2만 명을 배치하는 조치를 승인했다.[154] 어느 항구도시에서 매춘부들은 일본 인종을 구하기 위해 미군의 정욕을 만족시켜야 한다는 당부를 들었다. "이것은 신들께서 내리신 명령이다. … 모든 일본 여성의 운명이 그대들의 어깨에 달려 있다."[155]

강간이 범죄라는 것은 어느 군법에서나 의심의 여지가 없었지만, 강간이 불법이라는 사실과 그 범죄를 아주 심각하게 받아들이려는 군부의 의지 사이에는 큰 간극이 있었다. 유럽 전구에서 실제로 강간 혐의로 고발된 미국 군인 904명 중 461명만이 유죄를 선고받았다. 미국 군사재판에서 성범죄의 비중은 불과 3.2퍼센트였다. 그럼에도 추가 범죄를 막기 위해 유죄판결을 받은 군인들을 엄하게 처벌했고, 그들 중 70명이 처형되었다. 대부분의 유죄판결은 흑인이나 히스패닉 군인들과 관련이 있었는데 (72퍼센트), 이는 성범죄 단속에 뚜렷한 인종주의적 성격이 있었음을 시사한다.[156] 이탈리아에서 프랑스 군 당국 역시 강간의 물결에 대응해 북아프리카인 병력을 중하게 처벌했다. 현지 이탈리아인 공동체들은 대개 '모로코인'을 비난했지만, 프랑스 백인 군인들도 강간에 관여했고 때로는 북아프리카인 동지들과 함께 '전우 강간'을 저질렀다. 성폭력 물결은 1944년 5월부터 7월까지 주로 라치오와 토스카나 지방을 휩쓸었다. 이탈리아 당국은 연합군이 독일군의 구스타프 선을 돌파하고 로마를 함락하고 피렌체까지 진격한 3개월 동안 프랑스군의 강간 또는 강간 시도가 1117건 있었다고 집계했다. 군율을 다시 세우려는 노력에도 불구하고 유죄판결을 받은 프랑스 군인은 156명뿐이었으며—강간 건수보다 턱없이 적은 숫자—그중 144명이 모로코, 알제리, 튀니지, 마다가스카르 출신 식민지인 병사였다. 같은 기간 이탈리아 당국이 보고한 미군의 강간은 35건, 영제국군의 강간은 18건뿐이었다. 그중 40건은 흑인이나 인도인 가해자와 관련이 있었는데, 이 역시 백인 현역군인의 수에 비해 불균형적인 수치였다.[157]

독일 군부 역시 강간을 범죄로 규정했지만, 성범죄 문제에 대응하면서 피해자를 걱정하기보다는 강간으로 인해 군의 명예가 실추되고 평정 전략에 지장이 생길 가능성을 우려했다. 강간은 범죄 여부가 명백하고 국지적 저항이 발생할 수 있는 서부 전구에서 더 문제가 되었다—다만 어느 독일군 장교는 심문하는 프랑스 치안판사에게 "우리는 승자입니다! 당신들은 패했습니다! … 우리 군인들은 즐길 권리가 있습니다"라고 말했다.[158] 그럼에도 프랑스에서 재판에 회부된 독일군의 강간 사건은 16건밖에 없었고, 그중 6건에 징역형이 선고되었다. 이탈리아에서도 독일군의 강간 사건은 별로 없었는데, 독일 군부가 1943년 9월 북부 점령을 강제한 뒤 민심 이반을 막으려 했기 때문이다.[159] 강간은 군인들을 면밀히 감독하기가 더 어렵고 식민화 프로젝트가 소련과 폴란드 여성을 대하는 태도에 영향을 끼친 동부에서 더 흔하게 일어났다. 독일 군인들은 인종 오염에 관한 법률이 동부에서 그들의 성욕을 제한한다는 것을 알고 있었지만, 증거에 의하면 군부는 대체로 그 법률에 눈을 감았다. 오히려 인종 오염은 독일 내에서 독일인과 성교한 것으로 밝혀진 폴란드인 및 소련인 전쟁포로나 강제노동자를 처형하거나 수용소로 보내는 규제 장치로 활용되었다. 1943년 1월 사법부 지침은 적국 전쟁포로와 성관계를 맺는 독일 여성의 경우는 "전선을 배반하고 민족의 명예를 심각하게 훼손하는"

것이라고 경고했다. 유죄판결을 받은 여성은 시민권을 잃었을 뿐 아니라 징역형에 처해질 수도 있었다.[160]

그렇지만 동부의 드넓은 점령 영역에서 독일 군인들은, 비록 윤간을 저질렀다는 증거는 별로 없지만, 성범죄를 자행할 기회가 훨씬 많았다. 독일 군인과 보안요원은 반란자를 찾는다는 구실로 체포하거나 수색한 여성을 추행했을 뿐 아니라 거리낌없이 성고문까지 가했다. 독일 군인은 특히 소련 여성 저격수, 이른바 엽총 부인Flintenweiber을 증오했다. 붙잡힐 경우 그들은 성고문, 성기 훼손, 강간을 당했다. 때로 제복 상의만 걸치고 팔다리를 벌린 채 거리에 누워 있는 그들의 시신을 볼 수 있었는데, 남성의 세계에서 남성에게 도전하지 말라는 경고의 의미였다.[161] 군 사법기관은 특히 강간하면서 다른 형태의 불필요한 폭력과 살인까지 저지른 사건을 여럿 조사해 처벌했고, 몇몇 경우는 중형에 처했다. 그러나 대부분의 성범죄는 2개월에서 2년 사이의 형을 받았고, 이 기간의 대부분을 형벌대대에서 복무했거니와 거기서 수훈을 세우면 감형을 받을 수 있었다. 장병을 처벌하는 것보다 현역으로 돌려보내는 것이 더 높은 우선순위였다. 강간은 '주요 범죄'로 지정되지 않았고, 러시아 사회에 대한 독일의 견해에 따르면 '정절'이 부족한 소련 여성에 대한 동정심이라곤 없다시피 했다. 잔존하는 소송 기록에 의하면 독일 장병은 강간죄로만 유죄판결을 받은 게 아니라, 직무 유기나 비사회적 행동으로 군대에 악영향을 끼치고 광대한 동부 지역을 평정하려는 노력을 저해한 죄로도 유죄판결을 받았다. "독일 군대의 이익 손상", "군대의 평판 손상", "평정 작업" 저해 등의 죄목이었다. 그리고 이런 '비사회적' 군인이 훨씬 무거운 처벌을 받았다.[162] 다른 곳에서처럼 이곳에서도 성범죄를 개탄한 것은 가해자의 도덕적 탈선이나 피해자의 공포 때문이 아니라 점령지대에서 남성 군대의 평판에 끼치는 영향 때문이었다.

일본군과 소련군의 경우 성범죄가 만연했고 처벌받지 않았다. 관련 군사기관이 성적 과잉을 용인했거니와 억제하려는 노력도 거의 하지 않았기 때문이다. 강간은 일본 군형법에 위배되는 행위이긴 했지만 군 행동강령에서 하위 범주에 속했고 전시 동안 군인 28명이 군사법원에서, 또다른 495명이 국내 형사법원에서 유죄판결을 받는 데 그쳤다.[163] 전장의 군인들은 점령 영토에 사는 여성들의 취약함과 무력함을 최대한 악용했다. 비록 수치를 검증할 수는 없지만, 난징에서 여성 2만 명이 간음이나 신체 손상, 살인을 당한 것으로 추정된다. 난징에서 간호사들이 당한 집단강간에 대해 어느 일본군 장교에게 항의하자 그는 "그들은 일본 제국군 장교에게 강간당한 것을 영광으로 여겨야 한다"고 대꾸했는데, 이는 분명 반어법을 의도한 발언이 아니었다.[164] 강간은 오랜 전시 내내 일본 군사문화의 지속적인 특징이었으며, 심지어 통제 불능의 잔혹행위 상황에서도 성행위가 장병의 투지를 되살리는 데 도움이 된다는 일본 대본영의 전반적인 견해가 이런 문화를 뒷받침했다. 일본 군대는 다른 어떤 군대보다도 큰 규모의 위안소 제도를 운용할 수 있었으므로 그들이 정식 제도 바깥에서 꾸준히 집단강간을 자행한 사실은 당시 여성을 대하는 일본인의 태도, 특히 적국 여성을 같은 인간이 아니라 그저 무자비한 욕구 충족 대상으로 여긴 태도에 더 근본적인 문제들이 있었음을 시사한다. 워낙 만연했던 만큼 일본군에서 강간은 관습적 의미의 범죄로 여겨지지 않았던 게 분명하다. 일본 군인들은 천황에게 집단으로 충성하는 닫힌 도덕적 세계 안에서 활동하라고 배웠으며, 그 내부에서는 닫힌 도덕적 질서 바깥에 있는 사람들의 인간성을 대체로 존중하지 않았다.

소련군의 집단강간은 일본군의 경험과 달랐는데, 특히 붉은군대가 동유럽과 독일로 쳐들어가 승리를 위한 최종 맹공을 펼친 1년이라는 기간에 대체로 국한해서 발생했기 때문이다. 강간은 소련 군법에서도 범죄로 규정되었지만, 적을 간음한 군인에게 강간 혐의로 죄를 물은 사례는 거의 없었다. 소련 독재정의 꼭대기부터 성범죄를 용인했다. 1945년 유고슬라비아의 저명한 공산당원 밀로반 질라스가 스탈린에게 붉은군대가 유고슬라비아 여성들을 강간한다고 항의했을 때, 스탈린은 붉은군대 군인은 "너무도 끔찍한" 온갖 참사를 겪은 끝에 "여자와 즐거운 시간을 보내는 것"이라고 설명했다.[165] 병사들의 강간을 막으려 한 소련군 장교 레프 코펠레프Lev Kopelev는 "부르주아 휴머니즘"과 "적에 대한 연민" 혐의로 고발되어 노동수용소 10년형을 선고받았다. 소련의 경우에도 닫힌 도덕적 세계가 적을 처벌하는 무자비함에 갈채를 보내고 가해자의 죄를 사해주었다. 군 당국은 강간을 억제하기도 했지만 어디까지나 강간이 기강 해이를 조장하고 적개심을 불러일으켰기 때문이지 꼭 강간에 반대해서 그랬던 것은 아니다.[166] 붉은군대의 선전은 뒤이어 발생할 성폭행의 길을 미리 닦아놓았다. "힘으로 게르만 여성들의 인종적 오만을 깨부숴라!"라고 시인 일리야 예렌부르크는 촉구했다. "그들을 정당한 전리품으로 취하라!"[167] 붉은군대 장병을 부추길 필요는 별로 없었다. 강간은 그들이 소련 국경에 도달하기 전부터 진군 경로상의 부역자나 비러시아인을 상대로 시작되었다. 1944년 부쿠레슈티, 1945년 초 부다페스트를 점령했을 때 군인들은 구할 수 있는 술을 촉매 삼아 도시를 돌아다니며 난폭한 성폭력을 저질렀다. 전후에 수년간 부다페스트의 공산당 정권이 붉은군대가 모범적인 해방군이었고 성행위는 합의하에 이루어졌다고 역설하긴 했지만, 헝가리에서 어른 및 청소년 여성 5만 명이 소련군에 강간을 당했던 것으로 추정된다.[168] 동프로이센과 베를린에서 붉은군대는 다양한 연령의 여성을 윤간했으며, 저항할 경우 때로는 신체를 훼손하고 살해했고, 때로는 재미를 위해 고문하고 신체를 훼손했다. 어느 퇴역군인은 이렇게 회상했다. "여성이 충분하지 않아 우리는 한참 어린 여자들을 찾았다. 12세 아니면 13세였다. … 울음을 터뜨리면 때리고 입에 무언가를 쑤셔넣었다. 여성에게는 고통이었지만 우리에게는 재미였다."[169] 또한 붉은군대는 적을 향한 적나라한 증오심으로 불타올랐고, 여성을 단순히 억눌린 성욕을 채우기 위한 대상으로 보는 데 그치지 않고 소비에트 사회를 능욕했던 민족들의 몸에 자신들의 정복을 각인시키는 수단으로도 보았다. 강간은 독일인이 우월한 인종이라는 거짓된 주장을 없애는 방법이기도 했다. 성폭력은 통제 불능인 데다 무차별적이었고, 많은 경우 고향 공동체를 떠났기에 더욱 취약한 여성 피란민들을 표적으로 삼았다. 심지어 수용소에서 발견된 여성 수감자들도 예외가 아니었고, 수년간 유대인 박해를 피하여 어렵사리 숨어 지내온 다수의 유대인 여성들도 은신처에서 밖으로 나왔다가 해방군에게 겁탈을 당하고 말았다.

전시 동안 유대인 여성은 인종 박해의 피해자와 성적 학대의 피해자라는 이중의 위험에 노출되었다. 일찍이 인종 오염을 막고자 독일인과 유대인의 성관계를 콕 집어 금하는 독일 법률이 제정되긴 했지만, 독일 군인이나 친위대원, 경찰이 이 법률을 어겨 처벌받은 사례는 거의 없었다. 바르사뱌 유대인 공동체 지도부의 일원인 헨리크 쇼슈키에스Henryk Szoszkies는 젊은 유대인 여성을 위안부로 모집하려는 독일군 장교로부터 이런 말을 들었다. "인종법에 신경쓰지 마세요. 전쟁은 전쟁이고 그런 상황에서 모든 이론은 사장됩니다."[170] 유대인 여성에 대한 성적 학대가 범법 행위로 간주되었으므로 가해자 측은 증거를 대부분 없앴다. 동부에서는 성적 학대를 감추기가 더 쉬웠으며, 유대인을 절멸시킬 예정이었으므로 독일군은 많은 유대인 여성을 살해하기 전에 먼저 강간하곤 했다. 일례로 키이우 인근 바비야르 계곡에서 군인 7명이 유대인 소녀 2명을 윤간하고 살해하는 광경이 목격되었다.[171] 친위대 장교가 유대인 여성을 첩으로 삼았다가 나중에 살해하거나 수용소로 보내버린 사례도 있었다. 친위대원과 군인이 유대인 게토에 들이닥쳐 강간할 유대인 여성을 찾았다는 기록도 남아 있다. 일부 유대인 여성의 인종 정체성을 군 당국에 숨긴 채 그들을 군 위안소로 보내 성행위를 강요한 경우도 있었다. 숨어 지내던 유대인 여성이 남성 보호자에게 위협을 당하기도 했다.[172]

유대인은 규범적 정의의 범위 밖에 있는 피해자로 규정되었기 때문에 강간과 학대를 당해도 구제받지 못했다. 독일의 고립과 박해의 결과로 유대인은 비독일인에게도 손쉬운 표적이 되었는데, 홀로코스트를 추진하는 동안 독일 측을 위해 일한 우크라이나 민병대와 경비대, 발트 삼국의 '해방된' 지역들에 거주하던 반유대주의자 등이 그런 부류였다. 루마니아 군대와 경찰은 베사라비아와 북부 부코비나를 침공해 재점령하고 루마니아 유대인을 트란스니스트리아로 추방한 뒤 유대인 공동체들을 상대로 대규모 성폭력을 저질렀다. 루마니아 군인들은 게토의 거리와 시장을 돌아다니며 현지 여자들을 지역 군사기지로 납치해갔다. 1942년 여름 베르샤드 게토에서 한 무리의 여자들이 붙잡힌 뒤 병영에서 '돌림방'을 당해 죽었다고 한다.[173] 유대인 여성 강간에 대한 전후의 많은 증언은 그들이 완전히 고립된 무력한 처지로 모멸적인 마구잡이식 성폭력을 당한 장소인 숙영지에 초점을 맞추었다. 인종에 기반하는 성범죄가 난무하던 이 끔찍한 황혼녘 세계에서 유대인 여성은 이중 피해자의 삶을 견딜 수밖에 없었다.

범죄와 처벌

전쟁범죄의 절대다수는 처벌받지 않았고, 목격자의 증언이 남아 있는 경우를 제외하면 대체로 기록되지 않았다. 모든 군 인력이 범죄를 자행했던 것은 결코 아니다. 대략적인 추산에 의하면 태평양 전구에서 전쟁범죄를 저지른 가해자 중 미국 현역군인의 비율은 5퍼센트를 넘지 않았다. 또 전시 조사에서 미국 현역군인 중 전쟁범죄에 대해 들었다고 답한 비율은 45퍼센트였으나 범죄를 직접 목격했다고 답한 비율은 13퍼센트에 불과했다.[174] 그러나 엄청난 규모의 군대였기에 그중 5퍼센트만 해도 세계 각지에서 전장의 불법 폭력부터 약탈, 강간, 대량 처형과 살인에 이르기까지 아마도 500만 건의 범죄를 저질렀을 것이다. 상시적 잔혹행위는 소련과 아시아의 전구에 배치된 경찰과 보안부대만이 자행했는데, 무엇보다 동유럽과 러시아에서 유대인을 '도살'하는 역할로서 자행했지만 잔혹한 반란 진압전이라는 맥락에서도 자행했다. 어느 경우든 그들은 자신들의 활동을 범죄로 여기지 않았다.

범죄를 대하는 평범한 현역군인의 태도는 강한 반감부터 총력전 충돌로 말미암아 범죄가 불가피하다는 냉소적 수용에 이르기까지 무척 다양했으며, 스펙트럼의 극단에는 군인의 행위를 명확한 범죄로 규정할 수 있다는 것을 받아들이지 않으려는 태도가 있었다. 전시의 과도한 잔혹성에 대한 회고록들은 대개 인간 본성을 일그러뜨린 전시 조건을 탓했다. "고삐가 풀렸을 때 인간은 얼마나 저급해질 수 있는가"라고 윌리엄 워튼은 썼다.[175] 많은 경우 가해자는 자신의 행동을 마치 개인의 도덕적 선택이 사라지는 추상적이고 외부적인 충동의 결과인 양 정당화할 수 있었다. 훗날 출간된 일기에서 아즈마 시로東史郎는 중국인 포로 7000명을 살해한 범죄를 "비인간적이거나 끔찍한" 일로 생각할 수 없었다. "전장에서 목숨은 쌀 한 줌만큼의 가치도 없다. 우리의 목숨은 전쟁이라는 거대한 쓰레기통에 버려진다."[176]

동유럽에서 유대인을 제거하는 동안, 여러 대면 살해 장소에서는 살인 연출의 질서의식을 유지하는 데 중점을 두었다. 심지어 피해자들을 매장할 구덩이의 정확한 크기를 지시하고 유대인들에게 질서정연하게 처형 순서를 기다리라고 요구할 정도였다.[177] 리가 게토에서 살해 장소까지 유대인 대열을 인솔하던 어느 경찰관에게 이동하는 도중 노약자를 사살한 이유가 뭐냐고 묻자 그는 이렇게 답했다. "우리는 철저히 지시받은 대로 행동하고 있다. 우리는 지정 장소까지 대열을 데려가는 일정을 엄수해야 한다. 따라서 누구든 걸음을 늦출 만한 사람은 대열에서 추려내는 것이다."[178] 질서와 명령은 가해자가 느끼는 의무감을 좌우하고 피해자의 인간성을 존중할 필요성을 제거했다. 동부의 한 경찰관은 왜라는 질문에 "하지만 누군가는 해야만 합니다. 명령은 명령입니다"라고 답했다.[179] 이런 식으로 개인의 행위능력을 명령으로 대신하는 양상은 폭격전에서도 뚜렷하게 나타났다. 독일군에서든 영국군에서든 미군에서든 항공기 승무원들은 스스로를 대규모 민간인 살해의 행위자로 여기지 않고(설령 그것이 폭격의 결과일지라도) 명령대로 기지에서 표적까지 폭탄을 가져가고, 대공사격과 적기의 위협을 피하고, 폭탄을 투하한 후 복귀하는 임무를 맡은 현역군인으로 여겼다. 폭격기 승무원들의 회고록은 민간인 면제권을 침해한 도덕적 탈선에 관해 숙고하는 경우가 거의 없고, 오히려 승무원들서로 간의 도덕적 헌신이 매우 강했고 그들 자신의 생존을 우선시했다는 것을 드러낸다.

큰 범죄든 작은 범죄든 가해자 수백만 명은 전문 사디스트나 사이코패스가 아니라 본국 공동체에서라면 절도나 강간, 살인을 기도하지 않았을 법한 대체로 정상적인 남자들(그리고 소수의 여자들)이었다. 그들은 크리스토퍼 브라우닝이 동유럽 제노사이드 범죄에 관한 획기적인 저서에서 주장한 '평범한 사람들'에 해당하진 않았는데, 적을 살해하거나, 반란을 무자비하게 진압하거나, 인종에 대한 어떠한 추정 위협이든 근절하라는 명령에 복종하도록 선별되고 훈련된 군인과 보안 인력이었기 때문이다. 군과 경찰 인력 수백만 명 중 일부는 분명 사이코패스 성향을 가지고 있었다. 그들은 민간 생활에서도 그런 성향을 보였을 텐데, 군조직들은 대체로 명백한 정신이상자의 입대를 막으려 애썼음에도 다 걸러내진 못했다. '정상인들'의 변화를 가져온 것은 고국에서의 행위를 지시하던 도덕적 나침반이 약하게 작동하거나 아예 작동하지 않는 예외적인 상황이었다. 아시아와 태평양, 동유럽의 전장이라는 도덕적 사막에서 가해자들은 가학적인 행위나 살인에 대한 정상적인 제약을 유보하는 왜곡된 극한 폭력의 세계에 익숙해졌다. 그런 행위는 승인의 대상, 심지어 어느 역사가가 '처형 관광'이라고 부르는 오락이 되었다.[180] 이런 생경한 환경에서 야만화는 각각의 처벌받지 않은 행동이 허용 가능한 행동의 범위를 점점 넓히는 누적적 과정이었다. 어느 독일 경찰관은 동부전선에서의 살인 경력을 끝낼 무렵 아내에게 "샌드위치를 먹으면서도 유대인을 쏠 수 있다"고 말했다.

확실한 도덕적 나침반이 없었기에 당시에도 그 이후에도 깊은 도덕적 유감을 표명한 가해자는 거의 없었다. 대부분의 잔혹행위가 책임을 나누는 집단행동이었으므로 개개인은 보통의 죄책감에서 벗어날 수 있었다. 공식 치안 활동이 부재한 가운데 전장 범죄는 특히 일종의 난폭한 정의 正義의 기능을 했다. 어느 미군 잠수함 함장은 전후에 그가 수장시킨 적국 군인들에게 양심의 가책을 느꼈느냐는 질문에 "아닙니다, 사실 나는 그

개자식들을 죽이는 것을 큰 특권으로 여겼습니다"라고 잘라 말했다.[181] 동부에서 유대인을 살해했던 보안경찰들은 1960년대에 법정에서 선서 증언을 할 때 피해자들에게는 도덕적 낭패감을 전혀 느끼지 않았고 동지를 저버리거나 임무를 이행하지 못한 순간에 그런 감정을 느꼈다고 진술했다.[182] 1990년대에 영국 공군 폭격기 승무원 생존자들로부터 두루 수집한 구두 증언에서 단 한 사람만이 "테러리스트처럼" 민간인에게 폭탄을 투하한 행동을 후회한다고 인정했다.[183] 이 모든 경우에 범죄성 관념은 대체로 전후의 성찰에 담기지 않았다. 전시에 가해자 측은 오히려 범죄성 관념을 깊은 분노의 대상인 피해자 공동체에 투사했다. 가해자 측에 반란은 곧 불법이었고, 따라서 반란에 대한 가혹한 응징은 도덕적으로 정당한 조치였다. 나치는 자기네 세계관에서 유대인을 독일 민족을 파괴하는 데 열중하는 음모자로 규정하고 그들의 범죄가 독일의 극단적 대응을 정당화한다고 보았다. 심지어 성범죄마저 유대인 여성은 당해도 싸다는 식으로, 부당한 폭력이 아니라는 식으로 주장하기까지 했다.

범죄와 잔혹행위를 자행하는 보편적인 패턴은 없었다. 서유럽과 북유럽에서는 피점령 기간에도 국가구조와 사법제도가 유지되었고 위법 행위가 더 쉽게 발각되고 신고되었기에 범죄와 잔혹행위의 규모와 강도가 덜한 편이었다. 전쟁범죄와 인종범죄, 성범죄가 대규모로 중첩된 가장 비참한 전구들은 침공과 점령으로 인해 국가구조가 약해지거나 전복되고, 지역 인구가 피란민이나 추방자 신세로 쫓겨나고, 규범적 정의가 유지되기 어렵거나 대체로 부재한 지역들이었다. 이런 예외적 상황에서 지역 공동체는 그들 주변으로 몰려드는 적군에 극히 취약했다. 전역의 규모가 엄청났으므로 헌병대와 사법 당국은 모든 범죄 발생을 제지하기에는 역부족이었을 것이다. 그렇지만 아시아와 동유럽에서 군대와 보안부대의 행위를 특히 악랄하게 만든 요인은 억제력의 부재가 아니라(이것도 일정한 역할을 했지만) 군과 정계 수뇌부의 적극적인 폭력 지시, 폭력 승인, 폭력 용인이었다. 독일의 '범죄자 명령', 일본의 '모두 죽이고, 모두 불태우고, 모두 빼앗으라'는 전략, 1941년 11월 독일군의 폭력에 필적하는 붉은군대 나름의 '절멸 전쟁'을 벌이라는 스탈린의 지시는 모두 당대 교전관습과 교전법규의 퇴보를 초래했다. 그리하여 어느 한쪽의 만행은, 미국 현역군인들이 그랬듯이, 야전 지휘관들이 대체로 용인하는 보복 만행을 유발했다. 과달카날에서 아메리칼사단에 속해 싸웠던 한 참전용사는 훗날 "우리는 눈앞의 군인들을 인간으로 여기지 않았다"고 회고했다. "그들은 포로들을 … 고문했고 아군 사망자와 부상자의 신체를 훼손했다. 우리는 그들을 가장 저급한 생명체로 여겼다."[184] 이런 참혹한 전구에서 범죄 피해자는 사실상 비인간화되었다. 같은 참전용사는 일기에 살해된 중국군 포로들을 묘사하면서 그들이 적으로서 인간의 지위를 "생각할 수도 없는" "짐승 무리" 같다고 썼다.[185] 윌리엄 홀시 제독은 일본군이 "동물 같다. … 그들은 마치 밀림에서 자란 것처럼 그곳으로 향하고, 어떤 짐승들처럼 죽기 전에는 다시는 볼 수 없다"고 생각했다.[186] 심지어 폭격전에서도 완곡한 표현으로 인간 표적을 감추었다. 전미교회협의회 사무총장이 원자폭탄 투하의 정당성에 대한 해명을 요청했을 때, 트루먼 대통령은 유명한 답변을 했다. "짐승을 상대해야 할 때는 짐승처럼 다루어야 합니다."[187]

전쟁에서 살아남은 범죄와 잔혹행위 가해자들 대다수는 아무런 처벌도 받지 않았다. 1945년 연합국은 승리함으로써 연합군에게 제기될 수도 있었던 소송을 일축했고, 몇 안 되는 군인만을 중범죄 혐의로 체포해 유죄 판결하고 투옥하는 데 그쳤다. 소련에서는 소련군 범죄를 비판하는 자를 처벌하고 귀환한 전쟁포로를 비겁이나 적과의 협력 혐의로 기소하면서도 가해자에게는 전혀 죄를 묻지 않았다. 추축국 측에서 전쟁범죄와 반인도적 범죄를 저지른 사람들 중 다수는 종전 전에 사망한 탓에 범죄자를 추적하고 기소해봐야 소용없는 경우가 많았다. 대다수 생존 가해자들은 전시에 저지른 약탈이나 강간, 살인을 잊은 채 민간 사회 속으로, 규범적 정의와 도덕적 억제력이라는 기존의 얼개 속으로 다시 녹아들었다. 서독 사법 당국은 20년이 지나서야 전시에 폴란드와 러시아에서 유대인 대량 살인에 가담했던 예비경찰 수백 명을 체포해 기소하기 시작했지만, 그들의 짧은 징역형은 많은 이들이 유대인 남녀노소 수만 명을 살해하는 데 일조했던 현실을 감추는 격이었다. 승전 연합국이 범죄자로 간주한 현역 군인들을 추적하는 데 일본 경찰 당국이 부득이 협조하긴 했지만, 일본에서 육군이나 해군의 전시 범죄를 기소하려는 노력은 거의 없었다. 1945년 이후 일본 사회는 전시 군대의 행동을 제국의 이상에 이바지한 것으로 정당화하고 따라서 전혀 범죄로 여길 수 없다고 계속 전제했다. 종전 후에 어느 장교는 자신이 가담했던 학살을 '잔혹행위'로 기술하는 서구의 방식을 개탄했다. "평시라면 이런 행동은 도저히 생각할 수 없는 비인간적인 일이지만, 전장의 낯선 환경에서는 쉬운 일이다."[188]

그럼에도 승전한 연합국은 승리를 들먹이며 전시 적들의 사악함을 강조하고자 했다. 범죄에 가담한 수백만 명을 찾아내는 대신에 연합국은 휘하 병력에게 야전에서 범죄를 저지르도록 지휘한 책임을 물을 수 있는 상급 및 중급 지휘관들에게 초점을 맞추었다. 추상적인 국가나 기관이 아니라 구체적인 개인들을 국제법에 따라 기소한다는 것은 그 자체로 놀랄 만한 혁신이었다. 그럼에도 전쟁범죄와 반인도적 범죄의 경우 큰 어려움이 있었는데, 1907년의 헤이그 협약에서 그런 행위를 금지된 범죄로 명확히 규정하지 않고 그저 조인국들이 삼가기로 합의한 전시 위반 행위로 규정했기 때문이다. 전쟁포로 대우 및 약탈에 관한 제한(제22항, 제23항, 제28항)이 전쟁범죄 관련 논의의 출발점으로 쓰였지만, 주요 전범들을 재판하기 위해 독일과 일본에 설치된 국제군사재판소는 그들의 행위를 범죄로 규정해야 했다. 연합국 법학자들은 교전법규 위반에 관한 공통적이고 관례적인 이해가 존재했고 종래의 군사법원에서 헤이그 협약을 참조하지 않고도 그런 위반 행위를 곧장 범죄로 처리했다고 주장했다.[189] 1945년 주요 연합국끼리 합의한 런던 헌장은 제6(b)항에서 전쟁범죄를 소급해 규정함으로써 국제군사재판에서 피고들을 기소할 수 있는 근거를 마련했다. 전쟁범죄의 일반적 정의는 여전히 "전쟁 관습과 관례 위반"이었지만, 이제 여기에 피점령 민간 인구에 대한 "살인, 학대, 또는 노예노동으로의 추방", 전쟁포로나 "해상의 사람들"에 대한 살인 또는 학대, 인질 살인, 사유재산과 공공재산 약탈, 도시나 소도시 및 마을에 대한 고의적인 파괴, 기타 군사적 필요성에 의해 정당화되지 않는 황폐화 등이 포함되었다(다만 전쟁범죄가 이런 행위들로 국한되는 것은 아니었다). 이것은 대담한 조치였는데, 소비에트 정부와 군대 역시 전시의 어느 시점엔가 이 전쟁범죄 목록에 오른 여러 위반 행위에 빠져든 전례가 있었고, 머지않아 미국이 원자폭탄 공격을 감행하여 군사적 필요성 관념을 모든 법률의 테두리 너머로 확장할 예정이었기 때문이다. 1946년 발표한 극동 국제군사재판을 위한 헌장에는 제5(b)항 "통상적 전쟁범죄"에 "전쟁 관습과 관례의 위반"이라는 일반 원칙만 수록함으로써 전쟁범죄를 정의하는 복잡한 문제를 피했다. 이 무렵 유럽 국제군사재판의 검찰진은 최종 기소장에서 '반인도적 범죄' 관념—모든 심각한 형태의 인종적·정치적 박해, "살인, 말살, 노예화, 강제 추방"을 포함하는—과 통상적 전쟁범죄를 구별함으로써 전쟁의 잔혹한 결과의 모든 측면을 범죄화했으며, 도쿄 국제군사재판에서도 이와 동일한 구

별을 채택했다.[190]

이런 범죄 정의는 당대와 그 이후에 아시아와 유럽에서 열린 여러 재판에서 활용되었다. 전시에 전쟁범죄를 명령하거나 조직했던 군 지휘관, 보안요원, 경찰관 중에서 신원이 알려진 가해자들을 기소하기 위한 재판이었다. 아시아에서는 요코하마, 마닐라, 루손, 난징, 광저우 등의 도시에서 추가로 재판이 열려서 5600명이 회부되어 4400명이 유죄를 선고받고 920명이 처형되었다. 프랑스 정부는 사이공에 상설군사법원을 설치해 전시 막판 6개월간 이 프랑스령의 군인과 민간인을 살해한 일본 군인들을 추적했지만, 법원의 관심사는 인도차이나의 비백인 인구에게 지속적이고도 광범하게 자행된 잔혹행위가 아니라 프랑스 국민들의 피살이었다. 4년간 프랑스 측은 피고 230명을 재판하여 궐석 37명을 포함해 63명에게 사형을 선고했는데, 이는 피고인을 추적하고 인도하기가 얼마나 힘든지 보여주는 지표였다. 1940년대 말 프랑스 당국은 전쟁범죄 소송에 관심을 잃었고, 호찌민Ho Chi Minh이 이끄는 베트민과의 전쟁에서 프랑스의 이익을 위해 범죄자로 알려진 저명인사들을 포섭했다.[191] 유럽에서도 얼추 같은 총원이 재판을 받았고, 신원이 알려지거나 지목된 피고인들을 추적하는 과정에서 비슷한 어려움을 겪었다. 피고인 일부는 외국으로 달아났고, 일부는 당시 소련이 점령한 유럽에 거주하여 그 운명이나 행방이 불분명했다. 독일에서 미국 검찰진이 진행한 후속 국제군사재판에서는 177명이 재판을 받아 그중 142명이 유죄 판결을 받고 25명이 처형되었다. 다른 유럽 국가들도 군인이나 민간인에게 가해한 혐의로 기소된 전범들에 대한 재판을 진행했다. 영국 군사법원은 700명에게 유죄 판결을 내리고 230명에게 사형을 선고했으며, 프랑스 법원은 2100명을 재판하여 1700명에게 유죄를 선고하고 104명을 처형했다. 1947년부터 1953년까지 전쟁범죄

재판을 통틀어 총 5025명의 피고가 유죄 판결을 받았고 그중 10분의 1이 사형을 선고받았다.[192] 이 단계에서 사형은 대개 그리 길지 않은 형기로 감형되었고, 주요 범죄를 저지른 사람들은 기소를 피하는 전략을 쓰거나 법원의 관대한 처분을 받았다. 1964년 프리츠 피셔 중위가 페레그루즈노예에서 살인을 범한 혐의로 마침내 체포되어 재판을 받을 때, 법원은 그가 서독 형법에서 규정하는 살인을 저지르지 않았다고—모든 증거에 반해—판결했다. 피셔의 행동이 고의로 잔인하게 군 것은 아니었고, 저열한 동기의 산물이 아니었으며, "고의적이고 불법적인 살인을 구별짓는 비난받을 만한 특성"을 전혀 보이지 않았다는 것이 판결의 이유였다.[193]

국제법상 전쟁범죄를 규정하려던 연합국의 노력은 국제연합 헌장 제6조로 공식화되었다. 이른바 '뉘른베르크 원칙'을 담은 제6조는 반평화 범죄, 전쟁범죄, 반인도적 범죄를 규정했다. 그리고 이 원칙은 1946년 12월 14일 국제연합 총회의 승인을 받았다. 같은 달 국제연합은 결의안 96(1)에서 제노사이드를 국제법상 범죄로 규정했고, 2년 후 제노사이드 협약을 채택했다. 1949년에는 새로운 제네바 4개 협약이 체결되었는데, 여기에는 '전쟁포로 대우에 관한' 제3협약과 '전시 민간인 포로 보호에 관한' 제4협약이 포함되었다. 1977년 제네바 협약 추가의정서는 향후 폭격의 잠재적 피해자들을 더 명시적으로 보호하기 위한 법률을 처음으로 규정했다. 1949년 제네바 제4협약으로 여성은 "그들의 명예에 대한" 공격이 불법이라는 것을 국제적 차원에서 비로소 구체적으로 인정받았다. 이 협약은 여전히 강간을 극심한 신체적·심리적 폭력 행위가 아닌 도덕적 위반으로 다루긴 했지만, 불법 행위에 강간이 포함된다고 명시했다. 1977년 제네바 제1협약과 제2협약의 추가의정서에 이르러서야 "명예" 관념이 "개인의 존엄성에 대한 유린 행위"로 바뀌었으며, 그런 유린 행위에는 강간, 강제 매춘, 기타 성추행이 포함되었다.[194] 1993년 국제연합이 여성을 겨냥한 폭력에 구체적으로 초점을 맞춘 '여성 폭력 철폐에 관한 선언'을 발표하긴 했지만, 이 선언은 법적 구속력이 없었다. 전쟁범죄로서의 성적 학대는 1990년대에 옛 유고슬라비아와 르완다의 특별재판소에서 처음으로 기소되었다.

교전법규에 관한 더 충실한 협정이 있었다면, 또는 인도주의적인 국제법 기구가 있었다면 과연 2차대전의 범죄와 잔혹행위를 제한할 수 있었을까 하는 것은 추측의 문제로 남아 있다. 2차대전 이후 발생한 분쟁들에서 그런 협정과 기구로도 범죄와 잔혹행위를 막는 데 대부분 실패했기 때문이다. 추측이긴 해도 행위 제한에 성공했을 가능성은 낮아 보이는데, 기존의 제네바 협약이나 헤이그 협약을 인지하고 이해하고 있던 곳에서도 두 협약에 법적 효력이 없었기 때문이다. 오키나와 섬에서 부상을 입은 상태로 포로로 잡힌 어느 일본군 장교는 미군 측에 제네바 협약에 따라 자신은 병원으로 이송되어 치료받을 권리가 있음을 알렸다. "똥 싸고 앉았네"라는 대꾸를 들은 그는 누워 있던 자리에서 그대로 사살되었다.[195] 2차대전에서 광범하게 저질러진 범행에는 전쟁의 엄청난 규모가, 그리고 전투의 맹렬함과 결의가 반영되어 있었다. 무엇보다 온갖 범행에는 야만적인 전장 교전부터 반란 진압전, 내전, 식민지 평정, 제노사이드, 성범죄에 이르기까지, 제각기 뚜렷한 형태의 잔혹행위와 넓은 스펙트럼의 불운한 피해자들을 낳은 분쟁과 폭력의 다양성이 반영되어 있었다.

제11장

제국들에서 국가들로:
달라진 글로벌 시대

1955년 4월 인도네시아에서 열린 아프리카-아시아 반둥 회의에서 대표들에게 연설하는 자와할랄 네루. 아시아와 아프리카의 나라들이 모인 첫 번째의 중요한 국제회의로, 유럽과 일본의 제국주의로부터 최근 해방되었거나 곧 해방될 나라들이 참석했다. 네루 옆에 가나(골드코스트) 대표 콰메 은크루마, 탕가니카 대표 줄리어스 니에레레, 독립 이집트의 지도자 압델 나세르가 서 있다.

구질서가 허물어지는 자리에서 신질서가 생겨나고 있다. 한 무리의 사람들이 행복하게 다른 무리의 등에 업혀 가던 옛 사회의 토대가 세계 곳곳에서 산산이 부서지고 있다. 이 지구상의 짓밟힌 사람들이 비참과 수모를 돌려주며 반격하고 있다. … 제국주의는 스스로를 청산하지 않는다.

　　　　　　　— 아만케 오카포르, 《나이지리아: 왜 우리는 자유를 위해 싸우는가》, 1949[1]

전쟁이 끝나고 4년 후, 런던에서 영국 보안기관의 엄중한 감시를 받고 있던 나이지리아 법학도이자 공산주의자인 조지 아만케 오카포르George Amanke Okafor는 전후 아프리카가 유럽인의 지배로부터 독립해야 한다고 주장하는 팸플릿을 작성해 발행했다.[2] 미국 시민운동가이며 가수인 폴 로브슨Paul Robeson은 이 팸플릿에 서언을 붙여 "식민주의의 족쇄에서 벗어나려는" 아프리카 도처의 운동을 지지했다. 1945년 이탈리아, 일본, 독일의 제국이 패배하고 청산되자 승리한 영국과 프랑스가, 그리고 해방된 벨기에와 네덜란드가 여전히 유지하던 제국주의를 거부하는 광범한 대중 운동이 일어났다. 전후 영국 각료 페틱-로런스Pethick-Lawrence 경의 표현대로 승전국들이 아직도 "원시적 문명 상태"로 살고 있는 사람들에 대한 제국 통치를 고수하려 했음에도, 2차대전의 가장 중요한 지정학적 결과는 20년 내에 유럽의 제국 프로젝트 전체가 무너지고 민족국가들의 세계가 확립되었다는 것이다. 1960년, 영국의 아직 남은 최대 식민 속령이었던 나이지리아는 독립을 인정받고 오카포르의 말대로 "아프리카 사람들의 존엄성"을 되찾았다.[3]

　종전 직후의 역사를 좌우한 것은 분쟁에 기인하는 엄청난 인도주의적 위기, 서구가 지배하고 경제 협력과 국제 공조를 추구하는 새로운 세계체제의 발전, 그리고 무엇보다 2차대전의 동맹국끼리 개시한 냉전이었다. 신구 제국들의 와해를 배경으로 인도주의적 위기가 발생하고 새로운 국제주의가 형성되고 냉전이 출현했음에도, 제국주의의 종식은 주목을 덜 받았다. 추축국 제국들이 패배하고 사라진 데 이어 추축국이 대신하려 했던 더 오래된 제국들도 금세 단말마의 고통을 앓았다. 아시아와 중동, 아프리카에서 유럽 열강과 일본이 물러감에 따라 기존의 지정학적 구조가 급격히 바뀌었고, 그들의 빈자리에 21세기까지 지속되고 있는 정치적 지리가 들어섰다.

제국들의 종말

　1945년 독일과 일본의 패전 및 항복, 그에 앞서 1943년 이탈리아의 항복으로 지난 1931년 만주 침공과 함께 시작되었던 폭력적 제국 건설의 14년 세월이 별안간 극적으로 막을 내렸다. 세 추축국에서 새로운 제국주의를 지지했던 파벌들은 이제 그것을 되살리려 시도하지도, 그것의 동력이었던 급진적 민족주의를 유지하려 애쓰지도 않았다. 세 제국이 모두 파괴되자 이 제국주의가 초래한 막대한 인적 비용이 드러났으며, 잠시 동안 식민 영토 혹은 제국 영토였던 곳에서 이제 어찌할 바를 모르던 독일, 일본, 이탈리아의 대규모 인구에게 그 비용이 청구되었다. 신흥 제국들을 파괴하는 것은 1942년 1월부터 'United Nations'이라는 명칭—1941년 12월 말 처칠이 워싱턴을 방문했을 때 루스벨트가 떠올린 표현으로 곧 연합국 전체를 지칭하게 되었다—으로 불린 연합국의 중심 목표였다.⁴ 연합국은 추축국의 항복에 대해 논의하면서 독일(아울러 독일의 유럽 동맹인 루마니아, 불가리아, 헝가리)은 획득 영토를 전부 포기해야 할 것이고, 이탈리아는 아프리카 식민지들과 유럽에서 차지한 영토를 몰수당할 것이고, 일본은 동아시아와 태평양에서 점령한 식민지들, 위임통치령들, 보호령들을 모조리 잃을 것이라고 전제했다. 장차 세 나라 모두 승전국들이 정한 각국의 국경 안에 갇힐 참이었다. 삼국은 국가일지언정 더 이상 '국가-제국'은 아닐 터였다.

가장 철저한 국가 재건은 독일에서 이루어졌다. 연합국은 독일의 영토를 1919년 베르사유 조약 이후의 영토로 제한하기로 결정했을 뿐 아니라, 얄타 회담에서 스탈린과 합의한 대로 1939년 소련의 점령으로 동부 영토를 잃었던 폴란드 측에 독일 동부의 큰 조각을 떼어 보상하기로 했다. 또한 연합국 주요 삼국은 잔여 독일을 세 개의 군정 지역으로 분할하고 새로운 독일 국가의 최종 정체政體는 미확정으로 남겨두기로 합의했다. 1944년 프랑스 임시정부의 압박을 받은 삼국은 프랑스 측에도 남쪽의 작은 점령 지역을 할당했다. 런던 측은 독일 사람들이 민주주의의 교훈을 배우는 동안 독일을 일시적으로 영연방 자치령으로 바꾸자는 제안까지 했다.⁵ 결국 점령국들은 통일 독일의 미래에 대해 합의하지 못하고 1949년 두 개의 개별 국가를 만들어냈다. 소련의 관할 지역에는 독일민주공화국이, 서방 삼국의 관할 지역에는 독일연방공화국이 수립되었다. 일본의 상황은 더 간단했다. 점령 권한이 연합군 최고사령관 더글러스 맥아더에게

만 있었다. 한국과 대만, 만주, 그리고 전쟁 이전 국제연맹 위임통치령 섬들은 이제 일본 영토가 아니었다. 류큐 제도에서 가장 큰 오키나와 섬은 1972년까지 미국이 통치했다. 미국과 소련의 협정에 따라 한국은, 1904년에 일본과 러시아가 세력권의 경계를 처음 정했을 때처럼, 북위 38도 선을 따라 분할되었다. 한반도의 북부는 소련군이, 남부는 미군이 점령했다. 대만과 만주는 소련이 만주 내 이권을 보유한 가운데 장제스의 중화민국에 반환되었으며, 태평양 섬들은 국제연합의 신탁통치령으로서 미국이 관할했다.

이탈리아 처리는 더 미묘한 문제였다. 1943년 9월부터 이탈리아가 연합국의 공동 교전국이었고, 1945년 5월에 과거 1919년의 국경 안에서 다시 통일국가가 되었기 때문이다. 전쟁 종반 아드리아 해 항구도시 트리에스테의 미래를 놓고 영국 육군과 티토의 유고슬라비아 파르티잔이 대치하던 군사적 교착 상태는 이 도시가 다시 이탈리아에 귀속되는 것으로 결말이 났다. 알프스 서부 발레다오스타에서 프랑스군과 연합군이 대치한 또다른 교착 상태 역시 프랑스 측이 이탈리아 영토를 병합하지 못하는 것으로 결말이 났다.[6] 이탈리아의 이전 식민지들은 모두 영국 군정이 관할했고, 에티오피아는 1941년 하일레 셀라시에 황제가 복위하여 독립국 지위를 되찾았다. 로마에서 민족주의 로비 단체가 새로운 제국 세계에서 명성의 척도가 될 이탈리아의 이전 식민지들 일부 또는 전부를 되찾으려 했지만, 1945년의 상황은 1919년의 상황과는 전혀 달랐다. 전후 반식민 정서의 물결 속에서 이탈리아의 노력은 국제적 공감을 거의 얻지 못했으며, 1947년 2월 이탈리아 측이 서명한 강화조약의 제23조는 다시 제국 역할을 맡으려는 모든 시도를 명확하게 차단했다. 그렇다고 해서 이탈리아가 상실한 식민지들을 어떻게 할 것인지를 놓고 전시 연합국 사이에 불거진 심각한 논쟁이 해소된 것은 아니었다. 1945년 7월 포츠담 회담에서 소련 정부는 적어도 이탈리아령 한 곳에서 자신들이 신탁통치에 나서는 것을 수용하라고 요구했다. 영국과 미국은 소련이 아프리카에서 발판을 얻는 결과를 원하지 않아 소련의 관여를 줄곧 거부했는데, 이런 태도는 전후 협력의 가능성이라는 관에 못을 하나 더 박는 격이었다. 미국은 아프리카에서 영국의 제국 입지를 강화하는 해결책도 원하지 않았고, 그런 이유로 아프리카의 뿔(소말리아 반도)과 리비아의 미래에 관한 영국의 제안, 즉 두 지역에서 영향력을 유지하겠다는 제안을 거부했다.[7] 결국 서로 수용할 만한 타협에 이르지 못한 연합국은 이 문제를 국제연합으로 넘겼다. 1949년 5월 국제연합 총회는 강화조약을 뒤집으려는 이탈리아의 외교적 노력에도, 자기네 이익을 위해 아프리카의 뿔과 리비아 지역을 재편하려는 영국의 시도에도 퇴짜를 놓았다. 리비아는 독립을 인정받았고, 에리트레아는 에티오피아와 연방을 이루었다. 1950년 12월 국제연합 총회는 이탈리아가 옛 식민지 중에서 가장 가난하고 작은 소말리아를 국제연합 신탁통치령으로 관리하는 데 동의했다. 소말리아의 조직된 민족주의에 맞서 신탁통치령을 운영하는 데 필요한 자금과 인력을 구하느라 숱한 난관에 부딪힌 이탈리아 당국은 이곳의 독립을 준비했고, 1960년 6월 30일 이탈리아 제국주의의 마지막 흔적이 사라졌다.[8]

추축국 진영 제국의 종말은 이제 패망한 제국의 영토에 아직 살고 있던 이탈리아인, 독일인, 일본인의 탈출, 어느 정도는 자발적이지만 대부분 강제된 탈출을 수반했다. 그들 대다수는 근래에 이주한 식민지 주민이 아니라 1930년대에 폭력적 팽창을 시작하기 한참 전부터 오래도록 터를 잡고 살아온 공동체였지만(독일의 경우 일부 주민은 현지에서 살아온 세월이 수백 년에 달했다), 어쨌거나 제국주의 야망의 대변자로서 그 대가를 치러야 했다.[9] 이탈리아 이주민 다수는 에티오피아에서 5만 명이 귀국하는 등 1945년 한참 전에 돌아갔지만, 이탈리아령 소말릴란드에 4000명 이상, 에리트레아에 3만 7000명, 리비아 동부에 약 4만 5000명이 아직 남아 있었기에 1940년대 말까지 이탈리아로 돌아간 총원은 20만 명을 웃돌았다. 여기에 더해 이탈리아의 단명한 유럽 제국의 이스트리아와 달마티아에서 25만 명이 쫓겨났다. 이탈리아 사회는 식민지 주민들을 재통합하기 어려워했고, 그들 다수를 난민 수용소에 모아두었다가 1950년대 초에야 수용소를 비웠다.[10] 그래도 그들의 수는 살던 곳에서 내쫓겨 모국으로 돌아간 일본인과 독일인 수백만 명에 비하면 적었다. 1945년 8월 전쟁이 끝났을 때 중국, 남아시아, 태평양의 도처에 일본 군인과 민간인 690만 명이 있었던 것으로 추정된다. 연합국은 군 인력을 본국으로 송환하는 계획을 세웠지만, 민간인에 대해서는 명확히 정해둔 정책이 없었다. 그때 미국이 먼저 일본 민간인 추방이 필요하다고 판단했는데, 어느 정도는 폭력을 막기 위함이었고 어느 정도는 제국 프로젝트의 종식을 알리기 위함이었다.[11] 민간인 다수는 식민지에서 오랫동안 뿌리를 내리고 살아오다가 추방 명령을 받고서 소유물과 재산을 잃었다. 나머지는 근래에 만주와 북중국으로 이주한 사람들이거나, 제국을 운영하는 관료들과 사업가들이었다.

본국으로 송환되거나 추방된 사람들의 경험은 가지각색이었다. 만주에서 여성과 어린이의 태반은 원조를 거의 받지 못했고, 소련군에게 괴롭힘이나 성폭행을 당했으며, 교통수단이나 먹거리를 구할 방도가 별로 없었다. 적대적인 주민과 점령군 사이에서 9개월여 동안 방치된 그들은 극심한 시련을 겪었다. 붉은군대가 도착하자 일본인 정착 농민 22만 3000명은 동쪽으로 도주했지만, 그중 다수가, 아마도 대다수가 재산과 식량을 빼앗긴 터라 수만 명이 구걸이나 절도로 연명해야 했다. 결국 14만 명만 일본으로 돌아갔고 7만 8500명은 폭력이나 질병, 굶주림으로 죽었다.[12] 만주에서 나머지 일본인 인구의 체계적인 송환은 1946년 여름에야 시작되어 100만 명이 넘는 민간인이 일본 내 수용소들로 이송되었다. 미국과 중국의 통제 지역들에서는 미국이 선박을 제공한 덕에 송환 프로그램이 만주보다 더 일찍 시작되었고 덜 힘겨웠지만, 그럼에도 강제 재정착 및 가옥과 재산의 상실을 수반했다. 미군이 점령한 한반도 이남에서는 항복 직후인 1945년 9월 17일 일본 군인과 민간인의 강제 송환이 공표되었고, 바로 그달에 일본으로의 수송이 시작되었다. 그렇지만 많은 민간인이 한반도에 남으려 해서 1946년 3월에 4월 초까지 떠나지 않으면 처벌하겠다는 명령이 떨어졌다. 미국 군정은 그들이 일본으로 가져갈 수 있는 소액의 돈과 재산을 정해주었다. 이와 비슷하게 대만에서도 1946년 3월 국민당 당국이 강제 추방을 시행하겠다며 4월 말까지 귀환을 완료하라고 촉박하게 통보했다. 몇 주 만에 일본인 44만 7000명이 식민지의 과거를 등지고 일본으로 돌아갔다. 일본 본토의 귀환자 수용시설에서 그들은 장기간에 걸쳐 규칙적인 민간 생활에 다시 적응해갔다. 본토의 일본인들은 자신들과 추방자들 사이에 보이지 않는 벽을 쌓았으며, 후자는 제국 프로젝트의 실패와 그 암울한 대가를 상징하는 존재로 남았다.[13]

중국 본토에서 주로 미국 선박을 이용한 민간인 추방은 1945년 11월에 시작되어 대체로 이듬해 여름까지 완료되었다. 그에 반해 수많은 일본군 부대들은 중국 정부가 상하이와 베이징에서 공공질서를 유지하고 중국 공산당 반란군과 싸우는 데 활용하기 위해 국내에 붙들어두었다. 송환이 가장 더디게 이루어진 곳은 영국 루이스 마운트배튼 경의 동남아시아 사령부 관할 지역이었다. 그곳에서는 일본 군인과 민간인을 일부러 열악한 여건에서 지내도록 했다. 영국 당국은 제네바 협약의 요건을 피하기 위해 군인 포로들을 전쟁포로가 아닌 "항복한 군 인력"으로 재규정했다. 영국 측은 그들을 강제노동자로서 억류했고, 마침내 1946년 여름 대부분의 일본군이 역시 미국 선박을 이용해 본국으로 송환된 후에도 1949년 초까지 제네바 협약을 무시하고 10만 명을 노동자로서 계속 억류했다.[14] 민간인들은 모진 이행기를 거쳐야 했다. 그들 다수는 가혹한 노동제도를 강제하는 열악한 수용소에 배치되었다. 인도네시아의 영국 포로수용소에 억류되었던 어느 일본 정부 관료는 훗날 반라의 포로들이 매일같이 쨍쨍 내리쬐는 햇볕 아래 식수나 식량도 거의 지급받지 못한 채 공군기지 활주로를 철사 브러시로 청소했다고 회상했다. 나중에 그는 싱가포르 인근 갈랑 섬의 고립된 수용소로 이송되었는데, 그곳에는 햇빛을 피할 쉼터도 없고 자연수도 없었거니와 하루 배급량이 쌀 반 컵도 되지 않았다. 그곳의 여건은 적십자사가 시찰을 마친 후에야 개선되었다.[15]

신생 제국들을 통틀어 단연 최대 규모의 추방자와 피란민 이동은 제3제국이 유럽 중부와 동부, 동남부로 팽창함에 따라 본의 아니게 새 제국의 일부가 된 독일인들의 이동이었다. 여기에는 독일이 1919년 베르사유 조약으로 잃었다가 1939년 이후 되찾고는 이제 다시 잃은 영토의 독일계 주민들이 포함되었다. 피점령 독일에서 이런 실향민의 수는 1200만 명에서 1400만 명 사이였던 것으로 추정된다(더 정확한 수치는 역사 연구로 밝히지 못했다). 그들은 주로 체코슬로바키아와, 전시에 독일 동부에 속했으나 이제 폴란드에 양도된 '수복령'에서 독일로 이동했다. 루마니아와 유고슬라비아, 헝가리의 독일 영토에서도 추방이 이루어졌고, 얼마나 되는지 모르는 볼가 독일인도 서쪽으로 퇴각하는 독일군과 함께 가까스로 달아났다. 소련군은 루마니아와 헝가리에서 독일인 14만 명을 반대 방향으로, 소련 내 수용소들을 향해 동쪽으로 추방했다.[16] 독일인 추방자 다수는 여성과 어린이, 노인이었으며, 신체 건강한 남성은 대개 현지 당국이 경제 회복을 위해 사용할 노동력으로 억류했다. 연합국이 포츠담 회담에서 추방이 "질서 있고 인도적"으로 이루어지기를 바란다는 의사를 밝혔음에도, 독일의 패전에 뒤이어 독일인 소수집단을 무차별적으로 덮친 보복 폭력의 물결에서 질서나 인도적 방침은 좀체 찾아볼 수 없었다. 추방자 사망에 대한 추정치들은 50만 명부터 200만 명까지 편차가 크지만, 수십만 명이 굶주림이나 저체온증, 질병, 의도적 살인으로 죽었다는 것은 의심할 여지가 없다.[17] 이른바 '야생 추방wild expulsions'의 기간이었던 종전 후 첫 6개월 동안 독일인 공동체들은 국경을 넘어 연합국 4개국의 점령 지역들까지 걸어가거나, 식량이 거의 없고 헐벗은 무리가 빽빽하게 들어찬 비위생적인 열차에서 독일 영토에 닿을 때까지 길고도 힘겨운 여정을 견뎌야 했다. 보복의 첫 물결이 이는 동안 경찰과 군인은 전시에 동부로 추방된 유대인을 대했던 방식으로 독일인을 대했다. 1945년 6월의 한 잔혹행위 사례에서 체코 군인들은 호르니 모슈테니체 역에서 주데텐 독일인 265명을 열차에서 끌어내렸다. 여성 120명과 어린이 74명을 포함하는 그 무리는 기차역 뒤편에서 커다란 무덤을 파도록 강요당한 뒤 목덜미에 총을 맞고 구덩이로 속으로 고꾸라졌다.[18] 많은 경우에 추방자들은 불과 몇 시간 전에, 때로는 몇 분 전에 추방 통지를 받았고 거의 아무것도 가져갈 수 없었다. 유개화차를 얼마나 꽉꽉 채웠던지 추방자들은 서로에게 짓눌린 채 서서 갈 수밖에 없었거니와, 열차에 물과 음식이 전혀 실리지 않았다. 이런 독일행 열차는 가는 도중 역에 들러 사망자들을 빼내야 했다. 추방자 일부는 우선 임시변통 수용소에 갇혔으며, 그곳의 남성들은 모든 강제수용소에서 익숙했던 여건—열악한 음식, 이, 티푸스, 일상적 잔혹성—에서 강제노동을 했다.

4개 점령 지역에서 기존 독일 인구를 먹이고 갱생시키는 문제와 힘겹게 씨름하던 연합국 측에 추방의 첫 물결은 대응하기 벅찬 과제였다. 점령 당국이 추방자 수용을 거부한 사례도 있었다. 미국 관료들은 다른 점령 당국이 누군가 말한 "이 끔찍하고 비인간적인 것들"과 공모하지 않을까 우려했다. 영국 관료들은 일상적 잔혹행위를 목격했다고 런던에 보고했지만, 외무부의 입장은 영국이 "독일인에게 불필요하게 상냥하다"는 평판을 듣지 않도록 체코인이나 폴란드인을 비난하지 말라는 것이었다.[19] 결국 연합국은 독일인 추방에 약간의 질서를 부여하기로 했다. 1945년 10월, 합동송환집행부Combined Repatriation Executive가 설립되어 독일로 이동하는 추방자들과 출생국으로 돌아가는 '실향민들', 총 600만 명이 넘는 사람들을 위한 보급 프로그램을 책임졌다. 11월, 연합국 공동관리위원회는 각 점령 지역별 추방자 할당 인원을 발표했고(소련 지역에 275만 명, 미국 지역에 225만 명, 영국 지역에 150만 명, 프랑스 지역에 15만 명), 이듬해에도 연합국의 감독 아래 추방이 계속되었다. 추방당한 독일인의 대우와 이동에 대한 규정을 정하려던 노력에도 불구하고 그들의 여건은 줄곧 나빴지만, 독일 내 여건이라고 해서 더 나을 것도 없었다. 연합국은 동유럽과 중부유럽에서 독일인이 대탈출하리라고는 예상하지 못해 그들을 식량과 복지 제공이 제한되고 고용 전망이 좋지 않은 임시변통 수용소들에, 심지어 이전 강제수용소들에 몰아넣었다. 1945년 말 소련 점령 지역에 수용소가 625곳 있었고 서방 점령 지역들에 수천 곳이 더 있었다. 일본의 경우처럼 추방자들을 독일 국내 인구에 재통합하는 것은 길고도 힘겨운 과정으로 밝혀졌는데, 국내 인구 태반은 새로 도착한 사람들을 불신했고 그들을 부양하는 데 드는 비용 지출에 반대했다.[20]

신생 제국들에서 추방된 사람들이 한 방향으로 흘러가는 동안, 전쟁통에 피란민, 고아, 강제노동자, 포로가 되었던 남녀노소 수백만 명은 고향으로 돌아가거나 외국에서 새로운 고향을 찾고자 반대 방향으로 이동했다. 제국 건설의 새로운 물결에 피해를 입은 이런 사람들은 수천만 명에 달했는데, 이 정도 규모의 강제 이주 피해자들이 발생한 것은 전례가 없는 일이었다. 동아시아에서 최대 규모의 이주가 발생한 곳은 중국으로, 장제스 정부의 추정에 의하면 4200만 명이 공식 표현대로 "다른 장소로 달아난" 상태에서 종전을 맞았다. 한 차례 이상 이주한 사람들을 포함하는 전체 피란민 인구에 대한 전후 추정치들에 따르면, 전 인구의 4분의 1에 해당하는 9500만 명이 전시의 어느 시점에 다른 지역으로 이주했다. 일본군에 점령된 중국 북부와 동부 지역들에서는 인구의 35~44퍼센트가 떠나갔다. 그들 대다수는 최선을 다해, 대개 몇 달에 걸쳐 다시 이동한 끝에 이전 점령 지역들로 돌아갔지만, 귀환 도중 국가 지원을 받은 이들은 200만 명 이하였다. 일부는 돌아가기를 단념한 채 이주 지역에 눌러앉았다. 귀환한 피란민들은 가족관계망이 깨지고 현지에 남았던 사람들이 그들의 가옥과 재산을 차지한 현실을 마주했는데, 이런 결과는 일본군을 피해 달아나지 않고 되레 부역한 것으로 짐작되는 공동체에 대한 분노를 불러일으켰다.[21] 강제노동자, 일본군에 동원된 식민지 병력, 성행위를 강요당한 수많은 '위안부'를 귀환시키는 과제는 미국과 영국 점령 당국이 담당했으며, 1945년 동안 귀환자의 국적을 어림짐작하는 송환 프로그램을 통해 수행했다.

종전 한참 전부터 유럽 전구의 전시 연합국은 신생 독일 제국이 노예노동 착취, 인종 추방과 테러를 통해 잠재적으로 무한한 이주 문제를 야기했다는 사실을 깨달았다. 이 경우에 실향민들은 독일의 신질서로부터 달아난 피란민이 아니라 대부분 고향 공동체로부터 끌려나와 독일 전쟁기계를 위해 일하고 강제수용소를 채우도록 강요당한 사람들이었다. 일부는 피점령 동부에서 독일 군사기구를 위해 일하겠다고 자원했다가 이제 독일의 패전으로 오도 가도 못하게 된 신세였다. 국제연합이 정식으로 창설되기 2년 전인 1943년, 견습생 격인 '연합국United Nations'은 독일과 그 동맹국들의 패배 이후 어떤 문제들에 직면하게 될지 예측하기 위해 구제부흥사업국UNRRA을 발족했다. 이 기관의 복지는 루스벨트의 말대로 "독일과 일본의 만행의 피해자들"을 돕기 위한 것이었다.[22] 구제부흥사업국은 결국 1945년부터 1947년까지 아시아와 유럽의 16개국에서 활동하며 100억 달러어치 식량 원조를 제공했다. 서유럽에서 사업국은 의료, 복지, 사무, 조직 부문을 담당하는 13명 단위의 작은 팀들로 꾸려졌으며, 그중 절반 이상이 예상되는 언어 문제에 대처할 수 있는 유럽 본토 출신이었다. 소련 세력권에서 구제부흥사업국 파견단은 폴란드, 체코슬로바키아, 우크라이나, 벨라루스 현지 당국과 협력했지만, 물자를 항구나 국경에서 인도해야 했고, 물자 분배는 사업국이 아니라 각 정부 기관이 담당했다.[23] 1945년 여름 사업국의 322개 팀이 운영하는 센터가 서방이 점령한 독일 지역들에 227개, 오스트리아에 25개 있었으며, 1947년에 실향민 센터가 이탈리아, 오스트리아, 독일에 762개 있었다.[24]

비독일인 실향민의 총수는 1400만 명으로 추정되어왔지만, 이 경우에도 정확한 수치를 산출하기란 불가능하다. 붉은군대가 점령한 지역들의 수치는 불확실한데, 구제부흥사업국이 소련 세력권 내에서 직접 활동했던 것은 아니기 때문이다. 종전에 뒤이은 몇 주간 수백만 명이 미국 트럭과 우선주행 열차의 도움을 받아 고향으로 돌아갔다. 독일 내 프랑스인 추방자와 포로 120만 명 중에서 1945년 6월에 남은 인원은 4만 550명뿐이었다. 7월까지 실향민 320만 명이 고향으로 돌아갔고, 구제부흥사업국의 센터들에 아직 180만 명이 남아 있었다. 실향민을 임시 병영에서 먹이고 재운 초기에 센터는 혼돈 상태였다. 실향민에게 식량을 우선 공급하긴 했으나 양적으로 부족했고, 수용소에 여전히 50만이 넘는 실향민이 남아 있던 1947년에 1인당 일일 칼로리 섭취량이 건강을 유지하는 데 필요한 수준 아래인 1600칼로리까지 내려갔다.[25]

서방 연합국은 실향민 모두가 시련이 끝난 뒤 고향으로 돌아가기를 원할 거라고 가정했지만, 사실 송환 문제는 그렇게 간단하지가 않았다. 유대인 실향민은 이전에 박해를 당했던 지역으로 돌아가지 않도록 '국제연합 국민'이라는 특별 지위를 부여받았다.[26] 주된 문제는 동유럽인 수백만 명이 공산당 통치하의 삶으로 돌아가기를 꺼린다는 데 있었다. 1945년 9월까지 유럽 도처에 있던 소비에트 시민 약 200만 명이 귀국했지만, 서방 측은 그들에게 귀환이 어떤 의미인지 거의 이해하지 못했다. 귀국 도중 그들은 마치 파시즘과 접촉해 오염된 존재인 양 취급되었다. 내무인민위원부 또는 군 방첩기관 스메르시의 심사를 받은 그들 중 일부는 고향으로 돌아갈 수 있었지만, 다른 일부는 소련의 벽지로 유배를 가야 했고, 수천 명은 소련 강제수용소와 노동수용소로 보내졌다. 본국으로 송환된 군인과 민간인 550만 명 중에서 약 300만 명은 이런저런 처벌을 받았다. 대략 240만 명은 집으로 돌아갈 수 있었지만, 그중 63만 8000명은 나중에 다시 체포되었다.[27] 소련 관료들과 장교들은 서방의 실향민 수용소들을 순회하면서 소련 시민으로 분류된 사람들을 찾아내 송환시켰다. 초기에 서방 군대는 귀환을 꺼리는 추방자들을 소련 측에 인도하는 데 협력했다. 다만 1939~1941년 소련의 점령으로 독립을 잃은 발트 삼국의 국민들만은 인도하지 않았다. 티토의 파르티잔에 맞서 싸우거나 왕당파의 대의를 지지했던 유고슬라비아인 수천 명은 영국군이 그들의 의사에 반해 귀국시켰고, 결국 돌아가자마자 살해되거나 투옥되었다.[28]

1945년 10월경이면 공산당 수중에 넘겨진 사람들이 조직적인 학대를 당한다는 증거가 충분히 많았다. 그러자 서방 연합군 최고사령관 아이젠하워는 소련 측의 격렬한 항의에도 불구하고 유럽 실향민들이 귀환 여부를 스스로 선택할 수 있도록 하라고 공식적으로 지시했으며, 이 결정은 1946년 2월 국제연합 총회에서 확정되었다. 소련 대표 안드레이 비신스키는 "이런 식의 이른바 관용은 역사에 한 단어로 알려져 있습니다. 뮌헨!"(1938년 체코슬로바키아에서 독일계 주민이 다수였던 지역인 주데텐란트를 독일에 할양하라는 요구를 영국과 프랑스 측이 수용했던 뮌헨 회담을 가리킨다)이라고 개탄했다.[29] 그럼에도 뒤이은 2년간 구제부흥사업국과 그 후신인 국제난민기구는 러시아인, 폴란드인, 유고슬라비아인을 설득해 귀국시키기 위해 많은 노력을 기울였다. 소련 군인과 민간인 중 강경한 45만 명은 귀국을 거부했다. 결국 서방 국가들은 전후 노동력 부족이라는 유인에 이끌려 대규모 실향민들의 희망국 정착을 허용했다. 영국은 전시에 서부에서 싸웠던 폴란드군 참전용사 11만 5000명이 자국에 머무를 수 있도록 했다. 캐나다는 1951년 말까지 실향민 15만 7000명을 받아들였고, 오스트레일리아도 18만 2000명을 받아들였다. 여러 정당을 아우르는 로비 단체인 실향민시민위원회Citizens' Committee on Displaced Persons의 압력을 받은 트루먼 대통령은 1948년 6월과 1950년 6월 두 차례 관련 법률을 재가하여 실향민 40만 명의 미국 정착을 허용했다. 1952년에는 실향민이 15만 2000명만 남아 있었는데, 대부분 노인이나 장애인, 만성 결핵 환자였다. 마지막 실향민 센터들은 1957년 서독 정부에 의해 폐쇄되었다.[30]

'피를 통한 독립'

추축국 제국들의 여파에 대응하기 위한 연합국의 초기 개입은 더 폭넓은 활동을 예고했으며, 마침내 1945년 6월 합의된 국제연합 창설 헌장의 제1조에서 제민족의 자결을 존중한다는 원칙이 명문화되었다. 이는 추축국 제국들에 의해 국가들이 파괴된 현실에 대응하는 차원을 넘어서는 조치였다. 국제연합 헌장은 더 오랜 다른 식민제국들이 독일·일본·이탈리아 식민주의의 파괴를 결국 모든 영토제국을 종식시키려는 전 세계적 프로그램의 단초로 보아야 한다는 뜻을 함축했다. 루스벨트의 공화당 경쟁 후보 웬델 윌키Wendell Willkie는 1942년 세계 순회 중에 "식민지 시절은 과거입니다. … 이 전쟁은 국가들이 다른 국가들을 지배하는 제국의 종말을 의미해야 합니다"라고 단언했으며, 이 발언에 동의하지 않은 미국인은 거의 없었을 것이다.[31] 1945년 2월 잡지 《아메리칸 머큐리American Mercury》는 다음과 같은 사설을 실었다. "제국주의는 옛것이든 새것이든 간에 제국주의이며, 오랜 폭정을 유지하는 데 필요한 일상적 폭력은 새로운 침략만큼이나 용서받을 수 없다."[32]

1945년 종전의 결과는 지난 1919년 종전의 결과, 즉 대중의 민족자결 요구가 제국주의 열강의 저항에 부딪혀 사라졌던 결과와는 근본적으로 달랐다. 1945년에 주요 승전국 4개국 중 3개국—미국, 소련, 중국—은 제국 권력의 생존과 식민지 소유에 반대했다. 영국과 프랑스는 국제연합의 선임 회원국으로서, 그리고 안전보장이사회 상임이사국으로서 이 새로운 국제기구가 전시 위기를 겪은 자기네 제국을 보호하고 되살리는 데 도움이 되기를 바랐지만, 양국의 미망은 금세 진압되었다. 2차대전은 유럽 제국들에게 분수령이 되었다. 반식민 비판자들은 추축국과의 전쟁은 그저 유럽 국가들을 해방시키기 위한 싸움이 아니라 모든 민족의 정치적 독립을 보장하기 위한 싸움이었다고 주장했다. 1943년 나이지리아 민족주의자 은남디 아지키웨Nnamdi Azikiwe(훗날 독립 나이지리아의 초대 대통령)는 1941년의 대서양 헌장과 우드로 윌슨의 14개조의 언어를 바탕으로 생존권, 표현과 결사의 자유, 자결권을 포함하는 '자유 헌장' 초안을 작성했다. 아지키웨는 두 문서가 "어떤 정부 형태하에서 살아갈 것인지 선택할 수 있는 모든 민족의 권리"를 확인해준다고 주장했다.[33] 이라크 총리 누리 알-사이드Nuri al-Said는 처칠에게 쓴 서한에서 "대서양 헌장 작성자들이 국제연합에서 아랍인을 위해 [독립을] 보장하는 길을 찾는 데 실패하지 않기를" 바란다고 말했다.[34] 결국 국제연합은 1950년 12월에야 '자결권'을 실체적 권리로 규정했고, 이후 1960년 12월 국제연합 결의안 1514호 '식민지 국가와 민족에 대한 독립 부여 선언'을 압도적 다수로 통과시킨 뒤에야 자결권에 법적 구속력을 부여했다. 이 결의안은 영국 식민부의 표현대로 "국제연합의 신성한 텍스트"가 되었다.[35]

이것은 유럽 제국주의 열강이 원한 결과가 아니었다. 그들은 1945년의 결과가 1919년의 결과와 흡사할 것으로, 자결권이 유럽에서는 재확립될 테지만(비록 소련이 지배하는 지역에서는 자결권의 외양이 매우 다를지라도) 제국 영토에는 적용되지 않을 것으로 내다보았다. 전쟁의 여파 속에서 모든 제국주의 열강의 우선 과제는 평시 경제를 재건하는 것과, 전시에 별안간 정치적·도덕적 권위를 상실한 상황에서 제국을 활용해 정치적 신뢰와 위신을 재확립하는 것이었다. 미국 전략사무국은 워싱턴에 보낸 보고서에서 1945년 7월 전시 연립정부를 대체한 영국 노동당 정부가 "이전 처칠의 보수당 정부만큼이나 제국 지향적이다"라고 경고했다.[36] 신임 영국 총리 클레멘트 애틀리Clement Attlee는 식민 영토를 "그저 양도"하는 것은 "바람직하지도 않고 실용적이지도 않다"고 생각했다. 이제 영국군 참모총장인 몽고메리는 1947년 11월과 12월에 아프리카를 여행하던 도중 자신은 여전히 아프리카인을 "완전한 미개인"으로 여긴다고 정부에 보고했다.[37] 1944년 드 골 장군은 프랑스령 콩고에서 열린 브라자빌 회의에서 식민지들과 프랑스를 더욱 긴밀히 통합할 것을 촉구하면서도 "어떠한 자율성 관념이든, 프랑스 제국 블록 바깥에서 진화할 어떠한 가능성이든" 배제했다.[38] 네덜란드 망명정부는 본국으로 돌아가자마자 전쟁으로 재편된 제국에서 새로운 네덜란드 '연방' 형태를 구상하기 시작했는데, 이제 연합군에 점령된 독일 동부에서 네덜란드인이 정착할 가능성은 사라지고 없었기 때문이다.[39] 모든 전시 제국 동맹들은 새로운 전후 질서 속에서 존중을 받으려면, 전간기에 그랬듯이, 자신들이 제국의 경제적·사회적 발전에 헌신한다는 것을 강조하는 동시에 독립 약속을 피해야 한다고 생각했다.

영국과 프랑스로서는 종전 무렵의 변경된 세력균형을 받아들이기 힘들었다. 1939년에 제국 덕분에 주요 세계 강국으로 군림했던 두 나라는 제국으로써 강대국 지위를 되찾을 수 있을 것으로 생각했다. 국제연합 창설 회의에서 영국 대표단은 "자유 수호를 위한 거대한 기계"였던 제국을 유지해야만 한다고 주장하기까지 했다.[40] 양국 정부는 1945년 5월 국제연합 창설 당시 미국이 모든 식민지는 국제 감독을 받는 신탁통치령이 되어야 한다고 고집할 가능성을 우려했다. 양국은 샌프란시스코 회의에서 식민 통치는 내정 문제로서 간섭 대상이 아님을 확정하는 제2조 7항을 국제연합 헌장에 집어넣는 데 성공함으로써 제국을 다시 개발해 자신들의 세계적 지위를 보강할 수 있게 되었다. 영국 외무장관 어니스트 베빈Ernest Bevin은 소련과 미국 사이에서 '제3세력'을 만들어내는 수단으로서 제국을 줄곧 옹호했고, 유럽 승전국들이 소련이나 미국과 동등한 대우를 받을 수 있도록 1945년 5월에 외무부에서 개진한 '3각 체제' 방안을 채택했다.[41] 베빈은 인도 독립에 반대했고, 영 제국을 리비아까지 넓히기를 바랐으며, 국제연합의 신탁통치 계획을 싫어했다. 영국 측은 영국이 지배하는 독립국들의 느슨한(아울러 느슨하게 규정된) 연합인 '연방'을 전 세계적인 제3세력으로서 확장하는 편을 뚜렷하게 선호했다. (신식민주의라는 비난을 피하기 위해 1949년 연방의 명칭에서 'British'를 뺐다.)[42] 1948년 1월 영국 내각에 말했듯이, 베빈은 유럽 제국주의 열강—영국, 프랑스, 벨기에—의 블록이 "서반구 블록 및 소비에트 블록과의 평등"을 확보하는 데 도움이 되도록 '유라프리카Eurafrica'를 활용하자는 외무부의 또다른 방안도 채택했다.[43] 영국 재무장관 휴 돌턴은 아프리카의 자원을 활용하면 "미국이 우리에게 의존하도록 만들 수 있다"고 생각했다.[44] 하지만 이 기획은 프랑스 정부가 미온적으로 지지하는 데 그쳐 흐지부지되었다. 오히려 프랑스 정부는 식민지 신민에게 시민권 지위와 제한된 지역 자치권을 약속함으로써 식민지들과 프랑스 본국을 더 긴밀하게 결속하는, 제국을 위한 새로운 정치체 얼개를 만들어낼 계획이었다. 그리하여 1946년 국민투표에 이어 프랑스연합French Union을 창설했지만, 그 목표가 식민지 관계의 장기적 존립을 보장하는 데 있고 식민지 신민은 프랑스인이 누리는 투표권, 시민권, 복지, 경제적 기회 등을 동등하게 누리지 못하리라는 것이 곧 분명해졌다. 프랑스연합은 민족 독립을 허용할 생각이 없었다. 이 연합은 제국을 더욱 단단히 동여매는 속박을 의미했다.[45]

제국에 새로이 활력을 불어넣으려던 프로그램은 대부분 희망사항일 뿐이었다. 영국과 프랑스, 저지대 국가들은 경제 회복이라는 심각한 문제에 직면했다. 영국은 전쟁을 치르느라 파산할 뻔했고, 프랑스 경제는 독일에 점령된 수년간 약해졌다. 미국의 경제 원조에 의지하는 것은 불가피한 일이었으며, 경제력의 원천으로서의 제국을 되살리려던 시도는 1944년 브레턴우즈 협정 이후 제국의 닫힌 무역체제와 통화권通貨圈을 허물고 더 자유로운 세계 무역체제로 대체해야 한다는 미국의 강경한 입장으로 인해 어그러졌다. 1947년 보통 마셜 원조 계획으로 알려진 유럽 부흥 프로그램이 가동되어 유럽 제국들은 미국에 더더욱 의존하게 되었다. 영국이 자메이카의 보크사이트에 대한 미국의 무조건 접근을 거부하자, 1949년의 마셜 원조 차관은 영국의 순종을 조건으로 제공되었다.[46] 제국은 시장과 원료의 원천이라 할지라도 비용이 많이 들었다. 영국과 프랑스는 식민지가 덜 식민지처럼 보이도록 개발 계획—1945년 영국의 식민지 개발복지법, 1946년 프랑스의 경제사회개발기금—을 수립했지만, 대부분의 자금은 종속 민족들을 위한 프로젝트에 기여하기보다 본국 인구의 생활수준 회복에 도움이 되는 제국 내 경제 프로젝트를 촉진하는 데 쓰였다. 영국이 사용한 자금의 출처는 전시 동안 런던에서 동결한 식민지인들의 예금 잔고였는데, 이는 영국 납세자들의 돈을 사용하지 않으려는 꼼수였다.

제국주의 열강은 제국의 생존이 차후 국제연합에서 큰 논쟁거리가 되고 전시 동맹에서 냉전으로 이행하는 주된 요인이 되리라는 것도 깨닫지 못했다. 소련은 독일-소비에트 전쟁을 시작하면서 중단했던 반제국주의 운동을 1946년부터 재개하기로 했다. 1947년 유럽 공산당들의 국제 조직인 코민포름의 대표들에게 행한 유명한 연설에서 안드레이 즈다노프는 세계에 "두 진영", 즉 제국주의적이고 반민주적인 진영과 반제국주의적이고 민주적인 진영이 있다는 소련의 견해를 천명했다. 소련의 목표는 "새로운 전쟁과 제국주의적 팽창"에 맞서 싸우는 것이었다.[47] 영국 식민부는 "식민지 민족들의 옹호자"인 소련의 활동을 감시하기 시작했으며, 1948년 베빈은 모든 외교 공관에 "식민주의에 대한 소비에트의 공격에 대응하라"는 지시를 내렸다.[48] 1947년 4월 프랑스 내무부의 한 관료는 미국 대사에게 소비에트 공산주의의 주요 목표 중 하나가 식민 열강을 약화시키고 "궁극적인 공산주의 지배"의 손쉬운 먹잇감으로 만들기 위해 "기존 식민지 속령들을 해체"하는 데 있다고 경고했다.[49] 국제연합의 소련 대표부는 앞장서서 식민주의를 비판하고 자결권을 요구했다. 일례로 1960년 소련 총리 니키타 흐루쇼프Nikita Khrushchev는 국제연합 결의안 1514호 '식민지 국가와 민족에 대한 독립 부여 선언'을 발의했다. 그런데 국제연합 총회의 지배적 정서는 어차피 제국의 생존에 적대적이었고, 1948년 세계인권선언을 채택—이후 반식민 운동에서 이 선언이 자주 거론되었다—하면서 더욱 적대적으로 변했다. 1947년 어느 영국 관료는 2년 전 국제연합이 창설된 이래 "세계의 관심이 식민지 문제에 집중되었다"고 보았다. 10년 후 국제연합 업무에 관한 영국 보고서는 국제연합이 "국제연맹의 구조에 비해 서유럽의 이익에 한없이 덜 유리하다"고 올바른 결론을 내렸다.[50]

그렇지만 기성 제국들을 무너뜨린 주된 동력은 식민화된 세계 전역에서 전쟁의 경과와 결과에 의해 고조된 민족주의·반식민 정서였다. 전쟁이 없었더라도 자치와 독립을 요구하는 이들은 지난 1919년에 그랬듯이 제국 체제에 도전했을 테지만, 1945년 이후 기성 제국들이 빠르게 사라진 것은 전통적 형태의 제국에 대한 전 세계적 적대감과, 전시 동원에 뒤이어 형성된 반제국주의 관계망의 산물이었다. 이 변화를 상징한 사건은 1945년 10월 잉글랜드 맨체스터에서 개최된 범아프리카 회의로, 60개 국가와 반식민 운동의 대표들이 만나 식민 통치와 인종 차별을 끝내달라는 요구에 활기를 불어넣었다. 전시 제국에서 노동조합이나 노동군단에 징용되었던 사람들은 조직적 항의의 또다른 토대가 되었는데, 그들의 항의는 트리니다드인 조지 패드모어George Padmore처럼 반제국 투쟁을 경제적 자격의 관점에서 보는 마르크스주의자들의 운동과 연결되어 있었다.[51] 자메이카에서 인민국가당을 창당한 노먼 맨리Norman Manley는 뉴욕 할렘에서 설립된 자메이카 진보연맹과 공조했고, 미국 흑인 노동자들이 그들 자신의 권리만을 위해서가 아니라 "세계 전역의 소수집단과 식민지인 집단"을 위해서도 싸울 것을 촉구했다.[52] 이런 관계망은 제국의 가장 외진 벽지까지 닿기도 했다. 1945년, 2차대전에서 매우 극적인 전투가 벌어졌던 현장인 과달카날 섬에서 전시 솔로몬 제도 노동군단의 하사였던 조너선 피피Jonathan Fiifi'i가 미국 흑인 군인들과 나란히 일했던 경험을 바탕으로 민족적 정치운동을 조직하려 했다. 훗날 그는 영국 측에 "쓰레기 취급을 당했다는 데서 우리는 분노를 느꼈다"고 회상했다. 그를 비롯한 사람들은 국제연합 헌장을 지지하고 인용하며 마시나 루루Maasina Ruru('형제간의 통치')의 창설을 도왔으며, 이 정치운동은 대안적인 부족 권위체계를 세우고, 납세를 거부하고, 영국의 '토착민 위원회'를 보이콧했다. 그에 대응해 영국 당국은 솔로몬 제도에서 '이 잡기De-Louse' 작전으로 이 운동을 진압했다. 결국 수천 명이 선동죄로 1950년대 초까지 감옥에 갇혀 있었다.[53]

반제국 민족주의의 물결은 이번에는 돌이킬 수 없는 것으로 밝혀졌다. 기성 제국주의 열강은 편법 타협책과 극심한 폭력을 대충 섞어 이 물결에 대응했다. 제국의 위기는 지진처럼 예측할 수 없는 식으로 찾아오진 않았지만, 그 영향은 지진과도 같았다. 1946년부터 1954년까지 8년간 유럽 열강의 아시아 제국들은 수백 년에 걸친 제국 건설의 시절을 끝내고 붕괴했다. 영국 측에 제국의 붕괴는 중대한 걱정거리였는데, 인도부터 버마를 거쳐 말라야와 싱가포르까지 이어지는 제국의 거대한 원호가 제국 전체에서 가장 크고 부유한 부분이었기 때문이다. 이 부분이 아시아에서의 탄탄한 영향력과 세계적 지위를 유지하는 데 반드시 필요하다고 영국 측은 주장했다. 1942년 '인도를 떠나라' 운동에 의해 촉발된 위기는 진압했지만, 전시를 거치며 의무와 희생에는 아자디azadi(자유)와 스와라지swaraj(자치)가 반드시 뒤따라야 한다는 이념에 헌신하는 대중운동이 생겨났다. 1946년 어느 인도 군인은 "우리는 전쟁으로 고통받았다. ⋯ 우리는 자유로워지려고 그 고통을 견뎌냈다"고 주장했다. 1945년 100만 명이 넘는 사람들이 동원 해제되어 전쟁으로 혼란에 빠진 마을과 도시로 돌아갔다.[54] 영국의 통치로부터 독립하고픈 갈망, 1930년대에 정치 엘리트층이 간직했던 갈망은 이제 대규모 포퓰리즘적 요구가 되었다. 1920년대 말에 당원 1000명을 조금 넘는 정당으로 출발했던 전全인도 무슬림연맹은 1946년까지 200만 명 규모의 대중정당으로 성장했다. 1940년, 이 연맹은 무슬림 주권국가 파키스탄을 향한 열망을 담은 라호르 결의Lahore Resolution를 발표했다.[55] 한편, 종전 무렵 인도국민회의는 시골과 도시에서 대규모 추종자들을 거느린, 대중적 민족주의 세력들의 연합체가 되었다. 1945년 6월 14일 드디어 감옥에서 풀려나 영국 통치를 끝내기 위한 캠페인을 이어갈 수 있게 된 인도국민회의 지도부는 운동이 변화했음을 알아챘다. 석방된 국민회의 의장 자와할랄 네루는 당시 영국 노동당 정부의 상무부 장관 스태퍼드 크립스Stafford Cripps에게 이제 인도의 독립이 불가피하다고 경고했다. "인민들이 필사적으로 변했습니다. ⋯ 기망은 없어야 합니다."[56]

영국 애틀리 정부의 태도는 불분명했지만, 임박한 위기의 강도는 의심할 나위가 없었다. 식량 부족과 만연한 노동 항쟁, 1946년 봄 봄베이(뭄바이)에 주둔 중이던 인도 수병들의 전면적인 해군 반란 등은 모두 대중 언론 및 지역 인도 정계를 통해 인도의 자유라는 더 큰 쟁점과 연결되었다.

전시에 적 일본군과 공조했다는 이유로 인도국민군의 성원들을 재판에 회부하겠다는 인도 정부의 무분별한 결정은 전국 차원의 유명한 소송 사건이 되어 폭력 시위를 유발했다. 사실 영국의 존재감은 영국 통치 지속에 대한 적대감으로 펄펄 끓는 인도 아대륙을 계속 보유하기에는 너무 약했다. 1946년 인도 전역에 영국인은 9만 7000명 정도밖에 없었던 반면에 인도인은 군과 경찰에서 절대다수였다. 1946년 봄에 실시된 선거에서 유권자의 압도적 다수는 변화를 명령했다. 무함마드 진나Muhammad Jinnah의 전인도 무슬림연맹은 무슬림이 다수인 지방들에서 모두 승리했고, 인도국민회의는 나머지 지방들에서 승리했다. 인도 총독 아치볼드 웨이블 원수는 현지에서 펼쳐지는 정치 드라마를 점점 비관적인 어조로 런던에 전했다. 1946년 여름 인도는 통제 불능에 가까웠다. 런던 정부는 인도의 상황이 얼마나 위태로운지 정확히 파악하지 못했지만, 마침내 인도부 장관 페틱-로런스 경이 이끄는 내각 파견단을 보내 영연방에 속하는 독립국가 인도의 입헌적 미래를 구상한다는 결정을 내렸다. 1946년 6월, 이 파견단은 인도 중앙정부가 국방과 외교를 책임지고 무슬림이나 힌두교도 주민이 다수인 지방들의 정부가 대부분의 국내 문제를 책임지는 복잡한 연방 구조를 제안했다. 또 제헌의회 선거를 실시하고 인도 과도정부를 수립할 계획이었다. 이 제안은 금세 무산되었다. 국민회의는 영국이 인도를 '발칸화'할 계획이라고 우려했고, 무슬림연맹은 파키스탄에 대한 확약을 요구하며 분단을 옹호하기 시작했다. 지방 정부가 빠르게 인도인들의 수중으로 넘어가는 가운데 영국 측은 점증하는 폭력을 단속하기가 불가능함을 깨달았다.

인도 위기가 영국 정권이 손쓸 수 있는 수준을 넘어섰다는 증거는 1946년 8월 중순에 나타났다. 영국의 제안에 대응해 무함마드 진나가 촉구한 '직접 행동의 날'에 캘커타[콜카타]에서 무슬림과 힌두교도가 충돌하는 무자비한 폭동이 발생했던 것이다. 이날의 폭력은 이미 북인도의 펀자브와 벵골 도처에서 종교적 단층선을 따라 1년 넘게 발생해온 충돌의 복사판이었지만, 규모가 훨씬 크고 치명적이었다. 폭력단들이 도시를 돌아다니며 임시변통한 무기로 서로를 살상하고, 상점과 주택을 그 안에 있는 사람들과 함께 불사르고, 아녀자를 납치해 강간했지만, 인도 총독은 엿새 뒤에야 영국군, 인도군, 구르카군에 명령을 내렸다. 사망자 추정치는 공식 수치인 4000명부터 최대 1만 5000명에 달하고, 10만 명 넘게 부상을 입었다. 이후 캘커타 소요 조사위원회는 아무런 결정도 내리지 않았고, 영국은 한정된 군사력으로는 폭력의 확산을 전혀 저지할 수 없었다.[57] 1946/47년 겨울을 거치며 살인이 증가했는데, 어느 정도는 내각 파견단이 실패한 이후 영국이 어떻게 나올 의도인지 계속 불분명했기 때문이고, 어느 정도는 지역별로 소수집단인 힌두교도와 무슬림 공동체들이 장차 종교적 단층선이 그어졌을 때 상대 진영에 속하게 될 것을 우려했기 때문이다.

1947년 3월, 런던 정부로부터 영국이 철수할 수 있을 만한 어떤 해결책이든 강구하라는 지시를 받은 마운트배튼 경이 웨이벌 총독의 후임이 되었다. 마운트배튼 경은 인도를 무슬림 국가와 힌두교도 국가로 분단하는 것이 불가피하다고 판단했고, 영국 내각을 설득한 후 1947년 6월 3일 라디오를 통해 인도 아대륙은 영연방의 두 주권국가 인도와 파키스탄으로 나뉠 것이라고 공표했다. 그러고는 이 결정을 꼴사나우리만치 다급하게 실행했다. 인도의 독립일이 1947년 8월 15일로 정해지자마자 영국 군대와 관료가 빠져나가기 시작했다. 분단 경계선이 워낙 촉박하게 정해진 터라 수백만 명의 무슬림과 힌두교도, 소수집단 시크교도(이들의 견해는 대체로 무시되었다)는 사실상 내전 상태가 되었다. 분단 이후의 사망자 총계를 정확히 추산할 수는 없지만, 얼추 50만 명에서 200만 명 사이다. 종교적 경계선을 넘은 피란민은 300만 명쯤이었다. 인도에서 영국의 급작스러운 퇴위의 유산을 극복하는 데에는 몇 년이 걸렸다. 1949년 두 신생국은 공화국이 되어 영연방에 속하되 영국 군주를 국가원수로 인정하기를 거부했다.

인도와 파키스탄의 독립만큼 제국의 종말을 결정적으로 확정한 사건은 없었다. 이듬해 실론(스리랑카)이 영국 식민지로는 처음으로 독립을 인정받았다. 인도가 독립의 진통을 겪는 동안 버마 민족주의자들은 일본 치하에서 경험했던 짧은 '독립' 기간에 자극을 받아 영국 축출 운동을 시작했다. 전시에 아웅 산(대중적으로는 경칭인 '보족'으로 알려진)이 이끄는 버마 국민군은 일본을 지원했다가 편을 바꿔 연합군과 함께 싸웠던 까닭에 영국이 이미 버마에서 신뢰를 잃은 통치권을 포기할 것으로 기대했다. 아웅 산은 예스럽게 반파시스트 인민자유연맹이라 이름 붙인 주요 민족주의 정당을 이끌었다. 이 정당의 후원을 받아 결성된 준군사조직 인민의용단PVO은 민족의 대의를 위해 시골 주민들을 동원하고 전시에 영국군과 일본군이 두고 간 무기를 비축했다. 인도에서 일어나는 변화의 증거는 버마 민족주의자들을 고무했다. 1946년을 지나며 버마 역시 전국의 큰 지역들이 사실상 영국의 통제를 벗어나 거의 통치 불능이 되었다. 가을 들어 파업의 물결에 전국이 마비될 지경이었고, 영국의 통치에 반대하는 무장 반란이 일어날 가능성이 높다는 증거가 사방에서 눈에 띄었다. 몽고메리는 참모본부에 이제 인도군을 투입해 반영국 반란을 진압할 수 없으므로 버마를 유지하기에는 영국 인력이 부족하다고 말했다. 1946년 12월 20일, 애틀리는 여전히 버마가 영연방에 남고 영국과 긴밀한 무역·방위 협정을 맺기를 바라면서도, 의회에서 이제 영국은 "버마가 독립을 실현할 시기를 앞당길 것"이라고 발표했다.[58] 1947년 1월 아웅 산은 런던을 방문해 1948년 1월을 기해 버마를 독립시키기로 합의를 보았다. 1947년 7월, 부패한 우익 정치인으로 영국과의 긴밀한 사업 유대를 유지하기를 바라던 우소U Saw를 위해 활동하는 중무장 민병대의 한 분대가 아웅 산을 암살했다. 우 소는 재판에서 유죄판결을 받고 처형되었다. 1948년 1월 4일 버마는 독립국이되 영연방에 속하지 않는 공화국이 되었다. 그 후에야 그간 버마에서 불안정하게 섞여 지내던 민족주의 세력, 공산주의 세력, 분리주의 세력이 장기간의 폭력적 대립으로 치달았다. 인도에서처럼 버마에서도 영국 당국은 영국군이 폭력에 대응해야 하는 상황이 오기 전에 철수했다.[59]

　말라야와 프랑스령 인도차이나, 네덜란드령 동인도에서 일본군에 빼앗겼던 식민지들을 폭력적 탄압의 물결로 다시 점령한 동남아시아의 상황은 달랐다. 남아시아를 상실한 것과는 대조적으로 영국, 프랑스, 네덜란드는 1945년 이후 수년간 대규모 군대를 파견해 식민지들을 탈환하고, 식민 통치를 신속히 끝내려던 민족주의 운동들을 저지했다. 세 제국주의 열강에게 동남아시아는 특히 절실히 필요한 달러를 벌어들일 수 있는 경제 자원으로서 여전히 중요했다. 또한 세 열강 모두 추축국의 패배 이후 세계적 차원의 새로운 적이 된 공산주의의 확산을 우려했는데, 어느 정도는 이런 우려 때문에 결국 폭력을 행사하게 되었다. 무엇보다 반란 단체들이 귀환한 식민지 이주자들에게 자행한 폭력은 식민 본국의 통제력을 재확립하기 위한 잔인한 전쟁, 전시에 추축국이 유럽과 아시아에서 벌였던 반란 진압전과 여러 면에서 비슷한 전쟁을 야기했다. 인도네시아에서는 전시에 일본으로부터 독립운동에 대한 지원을 받고 결국 일본의 항복 직전에 '독립'을 승인받았던 민족주의 지도자 수카르노Sukarno와 모하맛 하타Mohammad Hatta가 1945년 8월 17일 인도네시아 독립을 선언했다. 버마와 인도처럼 인도네시아에도 전시 동안 꽃을 피운, 식민지 압제로부터의 자유merdeka라는 이상에 헌신하는 폭넓은 포퓰리즘 운동이 일어났다. 자바인 청년층 사이에서 페무다pemuda('청년'이라는 뜻) 운동은 네덜란드의 귀환을 폭력적 방식으로 거부하는 급진적이고 반항적인 세대를 길러냈다. 페무다 운동의 카리스마 있는 지도자 붕 토모Bung Tomo는 "우리 극단주의자들은 … 또다시 식민화를 당하느니 인도네시아가 피투성이로 익사해 해저로 가라앉는 꼴을 볼 것이다!"라고 천명했다.[60] 그럼에도 연합국은 어떻게 해서든 네덜란드의 통치를 복구하겠다며 1945년 9월 자바와 수마트라에 영국 제국군을 파견했고, 이듬해 봄에는 네덜란드의 첫 파견단까지 도착했다. 영국군 지휘관들이 보기에 되돌아온 네덜란드 관료들은 통제를 재개하겠다는 입장을 완강히 고집했다. 전시 동안 그들 다수는 오스트레일리아에 있는 미군의 '캠프 컬럼비아'에서 그저 전쟁이 끝나 식민지 시절의 습관을 되찾을 기회가 오기를 기다렸고, 그간 변화된 대중의 분위기를 거의 감지하지 못했다. 1945년 10월 근시안적인 총독 대행 휘베르튀스 판 모크Hubertus van Mook가 직무를 재개하기 위해 도착했을 때, 그로서는 읽을 수 없는 현수막들이 그를 맞이했다. "판 모크에게 죽음을"이라는 뜻이라고 보좌관들이 조심스럽게 알려주었다.[61]

영국군은 1946년 11월까지 머물렀다. 영국군은 네덜란드 측에서 인정하지 않으려 하는 인도네시아 공화국 정부, 인도네시아 인구에게 눈에 띄게 폭력을 가하는 네덜란드 군부대와 경찰부대, 네덜란드인의 목숨을 계속 앗아가는 무질서한 반란군, 이렇게 세 세력 사이에 낀 처지였다. 그럼에도 페무다 운동은 영국군 역시 독립에 장애물이라고 생각했다. 영국 제국군은 철수하기 전 1945년 11월에 항구도시 수라바야에서 민족주의 병력을 상대로 격전을 치렀는데, 일본군이 철수하는 와중에 중무장시켰던

페무다 민병대가 이 도시를 장악하고서 현지 영국군 사령관을 살해하고, 도시에 갇힌 네덜란드인과 유라시아인의 머리와 팔다리, 생식기를 자르는 기괴하고 흉악한 복수극을 펼친 터였다.[62] 그렇다 해도 영국군의 대응은 전혀 균형이 맞지 않았다. 해군의 일제사격에 뒤이어 병력 2만 4000명, 전차 24대, 항공기 24대가 들이닥쳐 수라바야를 돌무더기 천지로 만들고 인도네시아인 대략 1만 5000명을 대부분 총격으로 살해했다. 영국군에서도 사망자가 600명 발생했다. 이 파괴의 여파는 예상만큼 크진 않았다. 영국 측은 반란군과 휴전을 협상하고 공화국에 반≠독립 지위를 제안했다. 그러나 1947년 여름 회담이 결렬되었다.

네덜란드 강경파는 군사적 대응을 강력히 요구했다. 1945년부터 1949년까지 네덜란드는 인도네시아에 군인 16만 명과 군대화된 경찰 3만 명, 그리고 '충격부대'(라이몬트 베스테를링Raymond Westerling이 이끄는 데포 특수부대 Depot Speciale Troepen)를 보내 민족주의 저항운동에 공포를 심어주려 했다.[63] 전시 네덜란드 저항운동과 당시 인도네시아인을 탄압한 무자비한 조치 사이에는 연관성이 거의 없었다. 그 탄압을 지지한 정치인들 본인이 전시에 저항자였음에도 말이다.[64] 네덜란드 국민들은 "동인도를 잃으면 파멸이 뒤따르리라"라는 속설을 되새기며 관례적 교전규칙을 위반하는 전쟁에 참여했다. 전쟁범죄 혐의를 피하기 위해 네덜란드군은 자기네 작전을 '치안 활동'이라고 불렀다. 재판 없는 구금, 심문 중 고문, 자의적 살인이 네덜란드 반란 진압전의 구조적 요소가 되었다. "여기서는 돌처럼 무정해야 하고 고통과 비참에 신경쓰지 말아야 한다"고 어느 네덜란드 군인은 썼다. 네덜란드로부터 도착한 군인들의 표어는 "총에 맞기 전에 먼저 쏘고 흑인은 아무도 믿지 마라!"였다.[65] 분쟁을 치른 4년간 인도네시아인 10~15만 명이 살해된 것으로 추정되는데, 일부는 총격전에 휘말렸고, 다른 일부는 종족 간 폭력의 피해자였다. 결국 이 전쟁은 갈수록 비판의 목소리를 높이는 네덜란드 국민들에게 그 정당성을 주장하기에는 인명과 재원의 대가가 너무 큰 전쟁으로 밝혀졌다. 1949년 12월 27일, 율리아나 여왕은 네덜란드와 인도네시아가 '연방'에서 동등한 파트너가 된다는 협정에 따라 수카르노 대통령에게 권력을 이양하는 절차를 공식적으로 주재했다.[66] 이 협정은 네덜란드 측이 실망한 식민지 로비 세력을 달래기 위해 잔존 서西뉴기니를 보유하겠다고 고집하는 바람에 단기간에 파기되었다. 서뉴기니를 모범적인 정착민 식민지로 바꾸려던 네덜란드의 계획은 실현되지 않았으며, 인도네시아가 서뉴기니에 대한 권리를 주장해 양측은 전쟁 직전까지 갔다. 결국 1962년 네덜란드가 이 영토를 국제연합에 이양했고, 곧이어 1963년 국제연합이 다시 인도네시아에 이양했다.[67]

마운트배튼의 영국 동남아시아 사령부는 베트남에서도 초기 전선에 투입되었다. 영국 제국군이 북위 16도까지 남부를 점령했고, 중국 국민혁명군이 북부를 점령했다. 인도네시아에서처럼 베트남에서도 공산당이 주도하는 베트민에 속한 민족주의자들은 일본의 항복을 계기로 최대한 서둘러 독립을 선언했다. 공산당 지도자 호찌민은 1945년 8월 말 하노이에 도착했고, 일본이 정식으로 항복한 9월 2일에 구름처럼 몰려든 격정적인 군중 앞에서 제민족의 자결과 평등에 대한 국제연합의 약속을 인용하며 베트남 민주공화국의 독립을 선포했다.[68] 그리고 피점령 베트남 전체의 임시정부를 수립했다. 며칠 후 영국 더글러스 그레이시Douglas Gracey 장군이 남부의 지휘권을 맡았고, 뒤이어 프랑스 장군 필리프 르클레르가 원정군과 함께 도착해 지휘권을 넘겨받았다. 이 원정군의 표면상 목표는 르클레르의 말대로 "아시아에서 백인종의 미래"를 재확립하는 데 있었다.[69] 해방된 프랑스 군인들이 우선 취한 조치들 중 하나는 사이공에서 하노이 정부를 대표하던 베트민 '인민위원회'의 일부 인사를 교수형에 처한 것이었다. 영국 측은 부실하게 무장한 채 사이공을 향해 진군해오는 베트민군에 폭력적으로 대응해 계엄령을 시행하는 한편 "무장한 안남인"을 보는 즉시 사살하라고 명령했다.[70] 영국의 탄압은 곧 프랑스 식민군의 맹렬한 반격에 빛이 바랬는데, 반격을 명령한 프랑스 고등판무관 조르주 티에리 다르장리외Georges Thierry d'Argenlieu 제독은 수사까지 지낸 열성 가톨릭교도로, 베트남인이 기독교 문명의 권위를 받아들이기를 원했다. 파리 정부의 지시를 무시한 채 다르장리외는 별도의 코친차이나 공화국(훗날 남베트남의 중핵)을 수립하고 프랑스의 잔인한 권위로 남부를 찍어눌렀다. 북부에서는 1946년 9월 베트민이 국회를 소집해 호찌민을 주석으로 선출했다. 프랑스가 베트남이 독립국이 아닌 프랑스연합의 준회원국이 되기를 원한다는 것이 명확해지자 베트민과 프랑스 사이에 공개 전쟁이 발발했으며, 이후 이따금 타협 시도가 있긴 했으나 8년 동안 전쟁이 이어졌다.

　프랑스군은 미국의 지원을 점점 더 많이 받으며 베트민의 게릴라군과 소모적인 전쟁을 치렀다. 1949년 프랑스 당국은 타협안을 찾으려는 시도로, 1945년 당시 일본 치하에서 잠시 황제 지위를 인정받았던 전 안남 황제 바오 다이를 프랑스연합 내 통일국가의 지도자로 선택했다. 1949년 7월 2일 바오 다이를 수반으로 하는 베트남국 건국이 정식으로 선포되었다. 그렇지만 프랑스가 베트남을 사실상 계속 통제했고, 베트민 측이 완전 독립이 아닌 결과를 받아들이지 않았으므로 바오 다이가 베트남국 수반에 임명된 사실은 전쟁에 별 영향을 끼치지 않았다. 1950년대 초 베트남에는 프랑스군과 식민군 15만 명이 있었고, 이 병력을 아직 수습 단계인 베트남 국군 약 10만 명이 지원했다. 프랑스군은 베트남 국군이 그들에게는 내전에 해당하는 전쟁을 치를 수 있도록 병사와 장교를 훈련시켰다.[71] 군부대들은 불안하게도 공산당을 중핵으로 하는 베트민이 넓은 농촌 지역들을 장악하고 있던 중부와 북부에 주둔했다. 그 무렵 반란군은 마오쩌둥이 내전에서 국민당에 승리한 이후 중국의 지원을, 그리고 1950년까지 베트남 민주공화국을 인정하지 않았던 스탈린의 지원을 받고 있었다. 그 결과 베트남 분쟁은 이제 냉전의 차원을 띠게 되었다.[72] 베트남은 두 정권, 즉 사이공에 기반을 둔 정권과 호찌민이 지배하는 중부 및 북부 지역들에 기반을 둔 다른 정권의 치하에 있었다. 1954년 초 프랑스군 총사령관 앙리 나바르Henri Navarre 장군은 베트민군과의 최종 결전을 계획했다. 북베트남과 라오스 사이 국경에서 가까운 작은 마을 디엔비엔푸로 적을 유인해 대전투를 치른다는 구상이었다. 이 지역은 대규모 요새로 바뀌었고, 공수부대 1만 3200명이 강하해 현지 병력을 보강했다. 나바르는 베트민군이 부질없는 정면공격으로 요새를 강습했다가 살육당하기를 바랐다.

나바르는 디엔비엔푸 전투가 베트남에서 프랑스의 미래에 결정적 계기가 되기를 기대했고, 실제로 그렇게 되었다. 중국으로부터 지원받은 중화기로 전력을 강화한 베트민군의 사령관 보응우옌잡Vo Nguyen Giap은 10만 명의 병력과 보조인력을 이끌고 산악지형을 통과해 디엔비엔푸 일대에 도착한 뒤 1954년 3월 정면공격을 하지 않고 프랑스군 기지를 포위하기 시작했다. 베트민군은 중포로 임시변통 활주로를 파괴하고 공중 보급을 차단했다. 뒤이어 주요 요새 바깥에 있는 작은 포루砲樓들을 하나씩 제거했고, 식량과 탄약, 의약품이 부족한 방어군을 끊임없는 포격으로 줄여나갔다. 결국 5월 6/7일 밤 프랑스군이 항복했다. 이튿날 영국과 소련이 베트남 위기를 해소하기 위해 소집한 제네바 정상회담에서 교섭이 시작되었다. 패배한 프랑스의 식민 열망은 끝내 꺾일 수밖에 없었다. 정상회담 국가들은 베트남을 두 국가로 분단한다는 합의에 이르렀다. 프랑스는 인도차이나를 포기했고 북베트남, 남베트남, 라오스, 캄보디아는 독립 주권국가가 되었다. 서로 규모는 달랐으나 양측 모두 사상자 손실이 컸다. 독립을 위한 첫 전쟁에서 베트남인은 약 50만 명이 목숨을 잃었고, 프랑스군과 식민군은 4만 6000명이 사망했다—지난 1940년의 패배로 입은 손실과 비교해도 그리 적지 않은 손실이었다.[73]

프랑스가 베트남에서 전면전을 치르는 동안, 영국은 말라야와 싱가포르에서 식민지 소유권을 되찾았다. 인도네시아와 베트남에서 일어난 대규모 반란이 말라야에서는 일어나지 않은 원인으로 무자비한 평정작전을 벌이지 않고 '민심'을 얻으려 애쓴 영국의 노력이 자주 꼽히긴 하지만, 이곳에서도 반란 세력은 1948년부터 1950년대 말까지 한참이나 이어진 잔혹한 전쟁, 아시아에서의 마지막 식민 전쟁을 부추겼다. 그에 앞서 말레이에 주둔한 일본군은 식민 통치에 대한 거부감을 낳았다. 말레이 반도에서 전체 인구의 38퍼센트가량을 차지한 중국계는 말라야 인민항일군과 말라야 공산당을 통해 일본군 점령에 저항하는 주된 역할을 했다. 종전 무렵 항일민인군은 해체되었지만 전시의 급진주의는 남았으며, 일본군 점령기의 혼란에 기인하는 만연한 굶주림과 실업이 그런 급진주의를 더욱 부채질했다. 종전 후 2년간 영국 군정 치하와 새로 출범한 식민지 민정 치하에서 열악한 조건에 반발하는 파업과 시위가 자주 발생했다. 전쟁은 말라야에서도 식민 권력의 귀환을 둘러싼 정통성 위기와 영국이 재개하는 상업적 착취에 대한 분노를 불러일으켰다. 말라야 공산당과 나란히, 말라야 국민당과 인도네시아 페무다 운동을 본뜬 '각성청년단Angkatan Pemuda Insaf'은 '피를 통한 독립Merdeka dengan darah'이라는 구호—이 문구가 1947년 '각성청년단' 지도자 아마드 보에스타맘Ahmad Boestamam에게 유죄를 선고하는 데 사용되었다―아래 제국의 종식을 요구했다.[74] 영국은 연합 반란을 막기 위해 말라야의 정치적·종족적 분열을 활용하고 1948년 인구 중 다수인 말레이인을 우대하는 말라야연방을 창설했지만, 반도 곳곳에서 이미 질서 붕괴의 징후가 뚜렷했다. 1948년 언론과 정당을 대하는 식민정권의 태도가 편협해지면서 본격적인 충돌이 일어났다. 1948년 6월, 영국 총독은 지난 1939년 개전 초기에 통과된 영국의 비상대권법에 근거하는 법적 장치인 '비상사태'를 선언하여 식민정권이 재판 없이 체포하고, 용의자를 억류수용소에 가두고, 심문 중에 고문하고, 통행금지령을 시행하고, '선동 문헌'을 범죄화할 수 있도록 해주었고, 심지어 수배 용의자를 즉결 사살하는 조치까지 허용했다(훗날 케냐, 키프로스, 오만에서도 동일한 법적 장치가 사용되었다). 1948년 7월 무장 경찰들이 외떨어진 오두막을 급습해 살해한 사람들 중 한 명은 3년 전 런던에서 열린 승전 퍼레이드에서 말라야 대표단을 이끌었던, 이전 항일 게릴라군의 지휘관이었다.[75]

비상사태는 10년간 지속되었고, 그동안 영국과 말레이 보안부대들은 모든 수단을 사용해 저항을 진압했다. 말라야 민족해방군의 적극적인 반란단체들은 7000~8000명이 넘지 않았지만, 주민들 사이에서 폭넓은 지지를 얻었다. 항일 전쟁을 벌이던 때처럼 민족해방군의 대다수는 중국계였지만 전부는 아니었다. 그들 모두가 공산당원은 아니었으나 영국 당국은 그런 것으로 간주했고, 따라서 이 반란 역시 더 넓은 제국 차원의 냉전 공포와 연결되었다. 인도네시아에서처럼 말라야에서도 양측의 대응은 전혀 균형이 맞지 않았다. 당시에도 그 이후에도 영국 측은 '최소 병력'만 투입했고 야전교범에서도 필요한 최소 병력만 언급했다고 줄곧 주장했지만, 그 최소 병력이 얼마인지는 해석의 여지가 다분했다. 영국 육군장관은 의회에서 필요한 병력이 "꽤 많을 것입니다"라고 말했다.[76] 거기에는 소규모 게릴라 야영지 추정 장소를 겨냥하는 잦은 함포 사격도 포함되었다. 예컨대 1955년 '나소Nassau' 작전을 진행한 8개월 동안 영국군은 거의 매일 밤마다 함포 사격을 했다.[77] 병력이 가장 많았던 1952년에는 영국군 4만 명, 경찰 6만 7000명, 그리고 대체로 중국계와 공산주의에 적대적인 말레이인 중에서 모집한 말라야 무장 '향토방위대' 25만 명이 비상사태를 강제했다. 이 정도면 인구가 불과 600만 명인 나라에서 유별나게 높은 보안 수준이었다.[78]

영국은 반란군을 상대하면서 합법성을 별로 고려하지 않았다. 탄압을 정당화하기 위해 영국 식민부는, 전시 유럽에서 파르티잔과 싸운 독일군이 그랬듯이, '반란'이라는 용어 대신에 '비적'이라는 표현을 사용했다. 1949년 말라야 고등판무관 헨리 거니Henry Gurney 경은 사석에서 "경찰과 군이 매일 법을 어기고 있다"고 인정했다.[79] 식민부는 1952년에야 게릴라 진압전에서 신원 확인을 위해 머리를 잘라 가져오던 관행을 금지했고, 같은 해 '비적' 용어 사용을 그만두고 냉전식 두문자어인 'CTcommunist terrorist'를 사용하기로 했다. 비상사태 규정은 '합리적 무력'의 사용을 합법화하는 것으로 보였으며, 이는 이른바 '자유사격지대'에서 용의자를 사살해도 비난받지 않을 수 있다는 뜻으로 받아들여졌다. 또한 영국 당국은 용의자를 재판 없이 가두는 억류수용소를 세웠고, 규정 17C에 따라 추방을 승인하고 중국계 2만 명을 중국 본토로 추방했다.[80] 이에 더해 지역 인구가 반란군을 지원하지 못하도록 결국 강제 재정착 계획을 승인했다. 중국계 약 50만 명이 산림 가장자리에서 '새마을New Village'로 이주해야 했는데, 이 정착지는 철조망으로 둘러싸였고 감시탑이 있었으며 경비가 출입구를 지켰다. 마을 주민은 유격대원의 소재에 관한 정보를 제공해야 했고, 그러지 않으면 배급량 감축, 상점 폐쇄, 통행금지 등의 처벌을 받았다.

1954년까지 480곳의 새마을이 생겼고, 노동자를 더 쉽게 통제하기 위해 추가로 60만 명의 노동자를 이주시켰다. 3년 후, 반란군의 3분의 2 이상이 사망하여 공산주의의 위협이 끝난 것으로 평가되었다. 1957년 말라야는 1955년의 첫 총선에서 말레이 유권자 압도적 다수의 지지를 얻은 툰쿠 압둘 라만Tunku Abdul Rahman의 통치하에 독립을 인정받았다.

동남아시아에서 종말을 맞을 때까지 제국들은 종전 후에도 10년간 전시의 폭력과 강압을 이어갔다. 독립은 잃어버린 영토를 다시 식민화할 방도를 알지 못한 제국주의 열강으로부터 인정받은 것이기도 했지만, 그만큼 쟁취한 것이기도 했다. 1955년 4월 18일부터 24일까지 인도네시아 도시 반둥에서 열린 회의에서 아프리카-아시아 국가들은 마침내 아시아에서 제국이 붕괴한 사건을 역사적 이정표로서 축하했다. 공산당 중국을 포함해 회의에 참가한 29개국은 세계 인구의 절반 이상인 15억 명을 대표했다. 반둥 회의는 독립운동들을 통해 명확히 드러난 '서구주의'에 대한 거부를 압축해 보여주었다. 회의의 최종 성명은 아직 남은 식민주의도, 신식민주의 시도도 전부 끝낼 것을 요구했다. 주최 측은 반둥 회의가 변화하는 전후 질서를 상징하는 이정표라고 보았다. 회의 주최자인 인도네시아 수카르노 대통령은 아시아와 아프리카의 국가들이 드디어 "자유롭고 주권적이고 독립적인" 존재로서 만날 수 있게 된 "세계사의 신기원"을 경축했다.

아프리카의 식민지들이나 보호령들, 신탁통치지역들은 여전히 자유를 쟁취해야 했다. 탈식민화의 첫 물결이 지나간 뒤, 아프리카는 세계를 통틀어 제국주의 열강이 유의미한 식민 통치를 지속하는 유일한 지역으로 남았다. 전쟁의 혼란이 가라앉자 제국주의 열강은 아프리카에서 더 안전한 입지를 다졌다고 믿었다. 맞상대하기 어려운 힘이었던 아시아 민족주의에 비해 아프리카의 민족운동들은 덜 발달한 상태였다. 프랑스와 영국, 벨기에가 아프리카 영토를 '자유주의적 제국주의'의 사례로 개발하고 있다는 입에 발린 소리를 하긴 했지만, 아직 스스로를 통치하기에 적합하지 않은 민족들에게 자결권은 먼 목표라는 것이 통념이었다. 1954년 영국 식민장관 헨리 홉킨슨Henry Hopkinson은 일부 영토는 "완전한 독립을 결코 예상할 수 없다"고 주장했다.[81] 영국 역사가 휴 시턴-왓슨Hugh Seton-Watson은 아프리카인에게 민주주의를 확대하는 것이 "문명의 비극적 퇴락"이자 "야만성으로의 회귀"라고 탄식했고, 유럽인이 "염소, 원숭이, 밀림"으로 대체될 거라고 주장했다.[82] 그럼에도 제국주의 열강은 국제연합 헌장의 정신대로 "종속 인구의 진보를 보장할 … 의무를 받아들일" 것으로 기대되었고, 그런 의무에는 자치를 향한 진보가 포함되었다. 아시아 도처의 민족들이 독립을 인정받고 나자 자결권을 아프리카의 식민지들과 보호령들로까지 확대하지 않는 것이 정치적으로 옹호하기 어려운 입장이 되었다. 대부분 아프리카에 있었던 국제연합 신탁통치지역들의 경우 더더욱 그러했다. 신탁통치를 담당한 국가들은 국제연맹 시절 위임통치를 담당했던 국가들과 같았지만, 이번에 신탁통치 시정국으로서 그들의 활동은 '비자치 지역들의 정보에 관한 특별위원회'와 신탁통치이사회의 감독을 받을 예정이었다. 신탁통치이사회에는 신탁통치 시정국인 8개 회원국이 들어갔지만, 국제연합 총회 회원국들 중에서 추가로 선출된 8개국도 포함되었다. 특별위원회는 식민지 건설자들과 그 비판자들 간의 전쟁터가 되었는데, 위원들 다수가 그 무렵에 독립한 지역 출신이었기 때문이다. 영국과 프랑스는 연례 의무보고서에서 정치적·헌법적 쟁점에 관한 정보를 제공하기를 거부하고 그런 쟁점이 간섭 대상이 아닌 국내 문제라고 주장했지만, 1951년 신탁통치 시정국들에게 인권에 관한 추가 정보를 제출할 것을 요구하는 결의안이 통과되었다. 이제 제국주의 열강은 자신들이 아프리카 민족들에게 적용했던 방식 그대로 면밀한 감시를 받게 되었는데, 이 요인이 1950년대 말과 1960년대 초에 식민지 모델을 포기하는 것으로 귀결된 최후의 쟁탈전에 기여했다.[83]

면밀한 감시를 받으면서도 신탁통치지역에서 정치적 탄압을 가하는 것은 가능했다. 프랑스령 카메룬에서 1948년에 이제 자결권이 공식적인 인권이라는 인식에 기초해 결성된 독립운동 조직인 카메룬인민연합은 프랑스 식민 당국에 의해 끊임없이 추적을 당했고, 1955년 공산주의 조직이라는 이유로 해산되어 식민통치지역에서 금지된 첫 정당이 되었다. 운동 지도부는 인접한 영국령 카메룬의 신탁통치지역으로 달아났지만, 프랑스 측이 그곳까지 추적해 당수를 암살했다. 영국도 1957년 6월 이 정당을 금지하고 지도부를 수단으로 추방했다. 뉴욕에 본부를 둔 인권 감시단체인 국제인권연맹은 프랑스와 영국이 국제연합 인권선언의 주요 조항을 최소 5개는 위반했다고 판단했다. 1956년 한 해에만 카메룬에서 국제연합으로 보낸 인권 침해 관련 청원서가 4만 5000건에 달했다.[84]

신탁통치이사회의 면밀한 감시를 벗어난 곳에서 식민 당국은 동남아시아에서처럼 가혹해질 수 있었다. 케냐에서 키쿠유족을 중심으로 하는 부족들이 백인 정착민 공동체에 의한 토지 수탈과 착취에 맞서 반란을 일으키자 식민 당국은 1952년 10월 비상사태를 선포했다. '마우마우Mau Mau'(문자 그대로는 전통적인 부족 지배층에 속하는 '탐욕스러운 먹보들'이라는 뜻) 반란 세력은 케냐 토지자유군을 결성했는데, 지도부 중 일부는 전시에 버마에서 영국군과 함께 일본군에 맞서 싸웠던 사람들이었다. "므중구 mzungu(유럽인)가 아프리카인보다 낫다는 믿음을 우리는 더 이상 받아들일 수 없다"고 그들은 주장했다.[85] 그들은 신식 무기와 전통 무기를 섞어 무장한 조직들을 투입해 닥치는 대로 살해하는 방식으로 백인 농부들과 그 가족들에게 원한을 갚았다.[86] 이 반란에 대한 식민 당국의 대응은 영국의 반란 진압전을 통틀어 가장 극단적이었다. 당국은 키쿠유족이라면 누구에게나 폭력의 책임을 지웠다. 심지어 또 하나의 식민지 내전에서 정권을 지원하는 지역 '향토방위대'에 복무하며 반란군에게 가하는 폭력을 대부분 담당했던 일부 키쿠유족 사람들에게까지 책임을 물었다.[87] 말라야에서처럼 영국은 새마을 체제를 시행하여 키쿠유족 100만 명에게 새마을 거주를 강제했다. 또 벽지에 억류소들을 세웠는데, 가장 많을 때는 피억류자 7만 명이 주로 식민 당국을 위해 일하는 다른 케냐인들의 감시하에 고된 노동을 하고 잦은 폭력에 시달렸다.[88] 마우마우 지도부 1000명 이상이 교수형에 처해졌고, 1만 1503명(공식 수치)이 자유사격지대에서 살해되거나 보안 수색에 목숨을 잃었다. 당국은 마우마우 맹세를 한 사람들로부터 자백을 받아내기 위해 피억류자들을 정식으로 심사했지만, 심사 중에 일상적으로 고문, 구타, 거세 협박, 팔 묶어 매달기나 거꾸로 매달기 등을 자행했다. 홀라Hola 수용소—수년간 학대로 악명이 자자했다—의 피억류자 11명이 구타로 사망했다는 소식이 1959년에 결국 대중에게 알려질 때까지 당국은 이런 행태에 눈을 감았다.[89] 오랜 탄압으로 키쿠유족 반란 세력은 진압되었고, 조모 케냐타Jomo Kenyatta가 이끄는 온건한 민족주의자들이 정부와의 협상에 나서 백인 정착민의 권리를 존중할 것을 약속하는 대가로 1963년 독립을 인정받았다. 그 무렵이면 영국과 프랑스 정부도 더 이상 독립을 거부할 만한 합리적 이유를 주장할 수 없다는 것을 깨달은 상황이었으며, 1959년에서 1961년 사이에 아프리카 23개국이 독립국이 되었다.

한 가지 예외는 가장 폭력적인 제국 종말의 드라마를 낳았다. 1950년대에 프랑스 정부는 이전 식민지들이 명목상 독립국으로서 서로 협력하면서도 프랑스와의 긴밀한 연계를 유지하는 프랑스공동체French Community를 창설해 종전의 프랑스연합을 대체했고, 바로 이 구조하에서 프랑스령 아프리카 식민지들이 지역별 주민투표를 거친 뒤 1962년까지 거의 모두 독립을 이루었다. 다만 북아프리카의 알제리는 예외였다. 알제리의 아랍인과 베르베르인 인구가 마치 식민지 주민처럼 취급받긴 했으나 알제리는 식민지가 아니라 프랑스의 일부였으며, 프랑스인 정착민 유권자들이 주를 이루는 행정구들로 나뉘어 있었다. 전시 동안 알제리는 줄곧 비시 정권에 충성하다가 1942년 11월 연합군에 점령되었고, 그 이후 알제리인 수천 명이 동원되어 자유프랑스군에 배속되었다. 1945년 5월 8일 유럽 전승기념일에 알제리 세티프에서는 프랑스 정착민들(유럽식 신발 때문에 피에 누아르pied noir('검은 발')라고 불렸다)과 아랍인 시위자들 사이에 폭력적 충돌이 일어났다. 뒤이은 탄압으로 알제리 반란군이 3000명가량 사망했으며, 그로써 장차 1962년까지 끝나지 않을, 알제리 독립을 위한 오랜 투쟁이 시작되었다.[90]

알제리의 토착민 사회가 본국 프랑스의 현실로부터 동떨어져 있었음에도, 파리 정치인들은 알제리를 프랑스의 일부로 여겼던 까닭에 알제리 민족주의를 심각한 내부 위협으로 받아들였다. 1955년 1월 알제리 총독으로 임명된 자크 수스텔Jacques Soustelle은 알제리와 프랑스는 불가분의 관계라고 선언했다. "프랑스는 프로방스와 브르타뉴에서 떠나지 않을 것처럼 알제리에서도 떠나지 않을 것입니다."[91] 그보다 몇 달 전에 알제리 민족해방전선FLN─지도부의 일부가 1945년 세티프 봉기를 벌였다가 장기간 옥고를 치른 투사들이었다─은 행정기관, 정착민, 알제리인 '부역자'에게 산발적인 테러 폭력을 가하기 시작했다. 프랑스는 새로운 폭력적 탄압의 물결로 대응했으며, 케냐에서 그랬듯이 효과적인 보호를 원하는 대규모 정착민 공동체가 그런 대응을 재촉했다. 이것은 익숙한 반란 진압전의 시작이었고, 이번에도 임의적 억류, 자유사격지대, 그리고 비무장 용의자를 자주 살해하고 게릴라와 그 공범으로 의심되는 이에게 일상적 고문을 가하는 행태 등을 수반했다. 하지만 이는 역효과를 불러왔다. 민족해방전선은 인원과 역량을 키워 지역 공동체들에 자기네를 지원하도록 강제하고 그들을 두 진영 사이의 사선射線에 두었다. 1956년 알제리에는 대부분 징집병인 프랑스 병력이 45만 명 있었다. 대응의 규모는 알제리 전쟁 기간의 어느 시점엔가 복무한 프랑스 군인이 총 250만 명이라는 수치로 가늠할 수 있다. 그중 1만 8000명 넘게 사망했다. 전쟁과 보복 살인, 기근, 질병으로 인한 알제리인 사망자 수는 50만 명으로 추산되었다.[92]

알제리 사회는 동남아시아의 재정착 계획을 모방하겠다는 결정으로 인해 파탄이 났다. 전시 동안 프랑스 유대인들을 죽음으로 내몰았던 장본인인 모리스 파퐁Maurice Papon의 지시에 따라, 프랑스 정권은 전통 마을이나 유목 생활을 파괴하고 조잡한 신식 마을에 재정착할 것을 강제하는 재편regroupement 정책을 통해 반란군을 민간 인구로부터 고립시키는 프로그램을 가동했다. 또한 신식 마을들 주변에서 초토화 정책을 추진하고, 무단으로 침입할 만큼 어리석은 누군가를 염두에 두고서 자유사격지대를 설정했다. 1961년 재편 센터가 2380곳 있었다. 공식 수치에 따르면 이주자는 190만 명이었지만, 더 최근의 추정치들에 의하면 시골 인구의 3분의 1에 해당하는 230만 명이 이주했다. 사하라 사막 가장자리의 유목민 40만 명은 가축의 90퍼센트를 잃고 이주해야 했다. 대규모 이주는 알제리 농업에 타격을 주었다. 1954년에서 1960년 사이에 밀과 보리의 수확량이 4분의 3이나 감소해 수천 명이 기근 위험에 노출되었다. 알제리 삼림 면

적의 75퍼센트는 네이팜탄 사용으로 파괴된 것으로 추정되었다.[93] 고립 전략과 대규모 군인 배치를 통해 프랑스는 결국 민족해방전선의 군사적 기반을 약화시켰고, 1958년 그들의 규모는 5만 명으로 추정되었다. 프랑스군과 6만 명의 아르키harki(프랑스군을 위해 일하는 알제리 민병대), 정착민 자경단의 추적을 받은 게릴라 부대들은 1959년까지 절반으로 줄었다.[94] 그러나 그 무렵 감당하기 어렵고 비용이 많이 드는 반란 진압전의 성격 탓에 프랑스 제4공화국이 붕괴하고 전시 지도자 샤를 드 골이 다시 호출 되었다. 드 골은 프랑스 국민들이 탈식민화의 물결을 부질없이 거스르는, 이길 수 없는 식민 전쟁에 신물이 났다는 것을 알고 있었다. 1959년 9월 16일 그는 휴전을 추구하고, 사면을 재가하고, 선거를 실시하고, 자립으로의 전환을 시작할 것이라고 발표했다. 정착민 공동체의 격렬한 반발은 1960~1961년 비밀군사조직Organisation armée secrète의 악랄한 대게릴라전을 지지하는 장군들이 개시한 폭력의 물결과 실패한 쿠데타로 절정에 달했다. 1962년 7월, 알제리는 전시 이탈리아 전역의 참전용사로 몬테카시노 전투에서 수훈을 세워 훈장을 받은 민족해방전선 지도자 아메드 벤 벨라Ahmed Ben Bella를 수반으로 하는 독립국이 되었다.

추축국 제국의 종말과 마찬가지로, 장기간에 걸친 기성 제국들의 붕괴 도 재정착의 물결을 일으켰다. 영국과 프랑스, 네덜란드, 벨기에의 식민지 이주민·관료·경찰은 새로운 터전을 찾아나섰다. 알제리를 떠난 피에 누 아르 가운데 138만 명은 프랑스에, 5만 명은 에스파냐에 정착했다. 네덜 란드인 30만 명은 인도네시아를 떠났고, 벨기에인 9만 명은 1960년 마침 내 독립을 얻은 콩고를 포기했다. 전쟁이 끝나고도 오래도록 이어진 폭력 의 여파 속에서 유럽인 540~680만 명이 이전 제국 지역들에서 유럽으 로 돌아간 것으로 추정된다. 식민지 측에서 보면, 제국이 마지막 몸부림을 치는 동안 모든 반란 지역에서 전쟁, 종족 및 종교 간 분쟁, 굶주림, 질병의 결과로 많은 사망자가 발생했다—대부분의 통계가 추정치이긴 하지만, 인도네시아부터 알제리까지 최대 100만 명이 사망했을 것이다. 이에 더해 식민 당국은 강제노동, 재판 없는 억류, 강제 재정착, 유형, 추방 등의 조치로 지역 공동체를 혼란에 빠트리고 놀라운 규모로 일상적 권력 남용을 저질렀다. 이런 분쟁을 거치며 서구는 최초의 '테러와의 전쟁'을 치렀으며, 그 과정에서 국제연합 인권선언뿐 아니라 독일 주요 전범 재판 이후 승인된 뉘른베르크 원칙까지 위반했다. 권력 남용 사례들은 대개 처벌받지도, 공개되지도 않았다. 식민지에서 벌어진 '전쟁 이후의 전쟁들'은 1870년대에 시작해 1940년대에 정점을 찍고 1960년대에 끝난 새로운 영토제국주의 시대의 혼탁하고 난폭한 종결부를 이루었다.

민족국가들의 세계

아시아와 아프리카에서 제국이 종말을 맞자 국제연합의 성격이 바뀌었다. 1942년 '연합국United Nations' 전선을 구축할 당시 루스벨트와 처칠은, 비록 영국과 프랑스가 제국이긴 했지만, '국가Nation'를 핵심 용어로 삼았다. 두 지도자는 유럽과 신세계의 기존 국가들 이외의 다른 국가 형태에 대해 별로 생각하지 않았으나 20년에 걸친 탈식민화 끝에 아시아·아프리카·중동의 '제3세계' 독립국들이 국제연합에서 압도적 다수를 점하게 되었다. 제국 세계의 경계가 문화나 종족 간 차이를 별반 고려하지 않은 채 그어놓은 선이었음에도, 1945년 이후 대부분의 독립운동은 식민 열강이 정해둔 경계에 구애될 수밖에 없었다. 국가 단위라는 구속복을 넘어서는 연방 또는 공동체 관념, 특히 친프랑스 아프리카에서 인기가 높았던 관념은 결국 국가정체성의 매력적인 호소력을 약화시키지 못했다.[95] 국제연합 제1회 총회에는 51개국 대표들이 참석했다. 가입 조건은 늦어도 1945년 3월 8일까지 추축국에 선전포고를 했는지 여부였다. 연합국끼리 많은 논쟁을 벌인 끝에 국제연합에 받아들인 국가들로는 엄밀히 말하면 국가가 아닌 우크라이나와 벨라루스, 아직 독립하지 못한 인도, 전시에 맨 처음 싸운 국가임에도 가입 여부가 냉전의 시빗거리가 된 폴란드 등이 있었다. 1955년 반둥 회의가 열릴 무렵 국제연합 가입국은 이전 추축국인 오스트리아, 헝가리, 루마니아, 이탈리아를 포함해 76개국이었다. 1962년과 1963년 알제리와 케냐가 독립을 인정받았을 무렵에는 포르투갈령 앙골라와 모잠비크를 제외한—전자는 1975년, 후자는 1976년에 마침내 독립했다—주요 식민 지역들을 모두 포함하는 112개국이었다. 일본은 1956년에, 두 독일은 1973년에야 가입을 승인받았다. 그때나 지금이나 평화를 유지하고 인권을 증진하는 능력과 관련해 온갖 비판을 받긴 하지만, 국제연합은 전 지구적 제국들의 세계에서 민족국가들의 세계로의 이행을 매우 뚜렷한 형태로 상징했다.

1945년 샌프란시스코에서 열린 국제연합 창설 회의에 참석한 주권국가들의 틈바구니에는 중동의 국가들이 있었다. 바로 이집트, 이라크, 이란, 시리아, 레바논이다. 그들의 참석으로 주권국가들과는 다른 현실이 감추어졌는데, 1945년에 그들 모두 영 제국의 군대와 관료층에 의해 점령된 상태였기 때문이다. 전쟁의 결과인 이런 현실은 사실상 그들의 주권을 침해했다. 이란의 절반은 1941년 가을에 체결된 협정에 따라 여전히 소련이 점령하고 있었다. 전시 동안 영국은 중동 지역을 확보하는 것을 대전략의 핵심 과제로 삼았고, 5개국 모두의 명목상 독립을 영국군으로 짓밟았다.

여기에 더해 팔레스타인과 트란스요르단이 여전히 국제연맹의 위임통치령이었는데, 국제연합이 창설된 후에도 한시적으로 위임통치령이 유지되었다. 그럼에도 1945년이면 영국과 프랑스가 전쟁 이전의 지배를 지속할 수 없다는 것이 분명했다. 시리아와 레바논은 1941년 비시 프랑스가 영국군에 패배한 뒤 독립을 선언했고, 1944년 소련과 미국으로부터 독립을 인정받았다. 드 골의 자유프랑스는 전쟁이 끝나자 시리아에서 프랑스의 입지를 복구하려 했고, 1945년 5월 하순 현지 프랑스군 수비대가 반식민 시위에 대한 보복으로 다마스쿠스 중심부를 포격하기 시작했다. 이 공격은 영국군 사령관이 개입해 계엄령을 선포하고 프랑스군을 병영에 가두고 서야 중단되었다. 영국도 미국도 중동에서 프랑스가 세력을 재건하는 꼴을 두고볼 마음이 전혀 없었기에 이곳의 독립을 기꺼이 지지했다. 1945년 6월 21일, 시리아 정부와 레바논 정부는 힘을 합쳐 두 위임통치령에 아직 권한이 남아 있다는 프랑스의 주장을 물리치고 독립을 보장받았다. 마지막 연합군 병력은 1946년 여름에 철수했다.[96] 트란스요르단의 영국 위임통치령 역시 영국 측이 압둘라 1세와 협정을 체결한 뒤 금세 종료되었다. 영국은 트란스요르단에 군대를 주둔시키는 권리를 계속 보유하기로 했고, 인접한 영토를 더해 '대시리아'를 건설하려는 국왕의 개인적 야심을 지원할 가능성까지 남겨두었다. 그러나 미국 국무부가 트란스요르단 팽창의 전망을 전혀 용납하지 않았다. 1946년 3월 트란스요르단은 독립국이 되었지만, 여전히 영국의 이해관계와 긴밀히 결부되어 있었기에 미국과 소련은 1949년에야 이제 요르단으로 국명을 바꾼 이 신생국을 인정하고 국제연합에 받아들였다.[97]

프랑스가 쫓겨난 뒤, 중동에서 영국의 주된 관심사에는 전시의 우선순위가 반영되었다. 바로 소련의 중동 침투를 막고, 이라크와 이란에서 영국의 석유 이권을 지키고, 동부 제국으로 가는 길목에 자리한 수에즈 운하에 대한 전략적 통제력을 유지하는 것이었다. 그중에서도 우려스러운 소련 주둔군과 이란산 석유 공급에 대한 위협 사이에 밀접한 연관이 있는 이란의 상황이 가장 위험해 보였다. 전시 협정에는 영국군과 소련군이 종전 6개월 후에 이란을 떠나야 한다고 명시되어 있었다. 영국군은 1946년 3월 철수했으나 소련군은 그대로 남았다. 소련 정부는 당시 민족주의자 아흐마드 카밤Ahmad Qavam이 이끌던 이란 정부를 압박해 북부에서 석유 채굴권을 얻으려 시도했고, 또 북부에서 자치구를 수립하려던 아제르바이잔계 인구의 노력을 지지했다. 1946년 5월 소련군은 카밤이 소련의 요구를 수용하는 조약에 동의했다고 생각해 철수했지만, 미국과 영국의 강한 압력에 이란 정부는 그 조약을 거부했다. 스탈린은 다시 한 번 물러섰는데, 동유럽의 정치적 재건에 몰두하는 동안에는 분쟁을 피하려 했기 때문이다.[98] 그렇지만 투데당Tudeh Party('대중당'이라는 뜻)이 부상하고 파업과 대중 시위의 물결이 일어나는 등 공산주의의 위협은 아직 남아 있었다. 영국 외무부와 영국-이란 정유사Anglo-Iranian Oil Company의 현지 임원진은 반공산주의 선전 캠페인을 개시하고 관료들과 신문 편집인들에게 뇌물을 주었으며, 1946년 7월 투데당이 유도한 대규모 파업이 아바단 유전에 피해를 주자 베빈 외무장관은 이라크 바스라의 영국 기지에 있는 병력에 위협성 명령을 내렸다. 파업은 사라졌지만, 다음달 카밤이 이란 국정에 더 이상 간섭하지 말라고 요구했다.[99] 5년 후인 1951년 3월, 곧 신임 총리가 되는 모하마드 모사데크Mohammad Mosaddegh는 이란 의회의 지지를 얻어 영국의 석유 지분을 국유화했다. 베빈이 죽은 뒤 영국 외무장관이 된 허버트 모리슨은 병력 7만 명을 파견해 영국의 이권을 지키려 했으나 미국이 주의를 촉구했고—미국 국무장관 딘 애셔슨Dean Acheson에 따르면 "완전히 미친 짓"이었다─1951년 10월 영국 측이 이란에서 축출되었다. "중동에서 그들의 평판은 끝났다"고 어느 이집트 신문은 보도했다.[100] 다만 이 판단은 시기상조였다. 1953년 미국 CIA와 긴밀히 공조하는 영국 비밀 정보부가 테헤란에서 쿠데타를 유도해 모사데크의 정권을 전복시켰다. 이란산 석유는 1979년 이슬람 혁명이 일어날 때까지 계속 영국과 미국의 기업들로 흘러들어갔다.[101]

이라크 역시 소련의 위협을 억제하려는 영국의 구상의 최전선에 있었다. 영국은 소련 표적을 겨냥해 진행할 수도 있는 작전을 위해 이라크 내 공군기지들을 유지하려 했다. 이라크는 명목상 독립국이긴 했으나 1941년 반란을 진압당한 때부터 종전을 맞을 때까지 마치 위임통치령처럼 운영되었다. 의존적인 정치인들은 영국의 존재를 받아들였고, 전쟁이 끝나고 적어도 명목상으로나마 이라크가 독립을 되찾은 후에도 영국 측은 계속 머물렀다. 이라크는 중동에서 "조약으로 제국"을 만들어내려던 베빈의 야망을 뚜렷하게 보여주는 사례였다. 영국 행정관들과 대부분의 영국 제국군이 1947년까지 떠나긴 했지만, 잉글랜드 포츠머스 항에 정박한 빅토리Victory 호의 선상─제국주의를 상징하는 무대─에서 지난 1930년의 독립 조약을 대체하는 새로운 조약의 교섭이 이루어졌다. 1948년 1월에 체결된 이 포츠머스 조약(1905년 러일 전쟁 종반에 미국 메인 주의 포츠머스에서 체결된 조약과 혼동하지 마라)으로 영국은 이라크에서 군사적 양보를 계속 얻어낼 수 있었다. 그러나 다른 곳에서처럼 이라크에서도 영국은 반제국주의 감정의 힘을 과소평가했다. 광범한 반영국 봉기에 뒤이어 이라크 섭정 압드 알-일라가 포츠머스 조약을 거부하자 이 나라에서 영국의 이권은 내리막길로 들어섰다. 1948년 이라크는 파운드화 블록에서 이탈했고, 4년 후 영국이 현지에서 석유 채굴로 얻는 수입의 절반을 가져간다는 내용의 거래를 협상했다. 1955년 소련의 위협에 맞서 보복 폭격을 가하려던 용도의 영국 공군기지 두 곳에 대한 통제권이 이라크 측으로 넘어갔고, 1958년 이라크 육군의 쿠데타가 일어나 그나마 남아 있던 영국의 현지 연계가 결국 청산되었다.[102]

영국 측에 다른 무엇보다 중요한 문제는 전시 초기에 완강히 방어했던 수에즈 운하 일대에서 주둔군을 유지하는 것이었다. 영국 참모본부는 이 운하를 영국과 아시아 제국을 연결하는 핵심 동맥으로 보았고, 인도와 파키스탄이 독립한 후에도 공산주의와 싸우려면 소련의 혹시 모를 위협에 대비해 공군과 지상군을 투사할 수 있는 기지들이 필요하다는 입장을 고수했다. 영국은 군대 주둔에 집착해 이집트 정부와의 협정 체결을 중시했고, 무엇보다 수년간 아랍계와 유대계 인구의 미래에 대해 논쟁을 벌여온 팔레스타인 위임통치령을 안정화하는 데 중점을 두었다. 전시 동안 영국과 이집트 국왕 및 정부와의 관계는 나빴으며, 연합국이 승리한 뒤 미국이 투자와 통상 지원의 주요 원천으로서 영국의 역할을 대신함에 따라 그 관계는 빠르게 악화되었다.[103] 이집트 파루크 1세는 영국 제국군이 전시 내내 이집트 땅에서 작전을 펼칠 수 있도록 해준 1936년의 상호방위조약을 끝내고 싶어했다. 1945년 영국이 통제하는 수에즈 운하 지대는 비행장 10곳과 육군 숙영지 34곳, 병력 20만 명이 있는 세계 최대 군사기지였다.[104] 동원 해제와 함께 주둔 병력은 감소했고, 1946년 영국 제국군은 운하 지대만 점령지로 남겨둔 채 나머지 이집트에서 떠났다. 하지만 이집트 정부는 영국군의 완전 철수를 강력히 요구하고 1936년의 상호방위조약을 폐기했으며, 그에 대응해 영국은 수에즈의 병력을 다시 8만 4000명으로 늘렸다. 수에즈 일대는 무슬림형제단을 비롯한 이집트 비정규군의 끊임없는 공격을 방어하기 어려운 지역이 되었거니와, 이런 급습에 대한 영국군의 맹렬한 반격을 미국 측이 강하게 비난하고 나섰다.

1952년 파루크 국왕이 육군의 쿠데타로 퇴위한 뒤, 영국은 당시 다시 총리가 된 처칠의 말대로 "온 세상 앞에서 오랫동안 구차하게 허둥대는 꼴"을 면하기 위해 이집트 내 영국군 주둔에 대한 협상을 이어갔다.[105] 그럼에도 2년 후 처칠은 운하 기지 운영을 종료하는 데 동의하고 1955년 10월 영국군을 철수시켰다. 그러나 이야기는 이것으로 끝나지 않았다. 1956년 7월 가말 압델 나세르Gamal Abdel Nasser의 이집트 정부는 수에즈 운하를 국유화하여 중동에서 영국-프랑스 제국주의의 마지막 몸부림을 유발했다. 이스라엘 정부와 협력해 운하 지대를 무력으로 장악한다는 영국과 프랑스의 결정은 패착이었다. 양국은 10월 24일 전쟁을 시작했지만, 국내 여론과 국제연합의 전반적인 압력에 11월 6일 휴전하고 철수할 수밖에 없었다.[106] 영연방 국가들이 영국의 행동을 비난함에 따라 영연방은 자칫 붕괴할 뻔했다─"사랑하는 삼촌이 강간 혐의로 체포된 것 같다"고 캐나다 총리는 불평했다.[107] 수에즈 위기는 중동에서 주요 행위자로 남으려던 영국의 노력에 종지부를 찍은 사건이자, 기성 제국주의 전통의 마지막 미약한 몸부림이었다.

이집트 점령의 문제들을 감안해 영국 정부는 1945년부터 이집트 대신에 팔레스타인 위임통치령을 전략기지로 활용하고 이곳을 조약에 의지하지 않고 직접 통제하는 방침을 추구했다. 그러나 이것은 전략적 환상이었다. 1945년 종전과 함께 팔레스타인에서는 군사적 위기가 오래도록 이어지고 아랍계와 유대계 주민들의 대중적 요구가 재개되었다. 아랍계는 독립국가 아랍 팔레스타인을 원했고, 유대계는 자신들이 현재 머무는 유대인의 고향을 유대 민족국가로 바꾸고 싶어했다. 전시 동안 팔레스타인을 어떻게 할 것이냐는 문제는 교전이 끝날 때까지 미루어졌다. 영국은 중동에서 자국의 영향력을 유지하는 데 필요한 아랍 여론을 악화시킬 만한 것이라면 무엇이든 피하는 해법을 선호했고, 이는 곧 유대계의 국가 요구에 아무런 양보도 하지 않겠다는 뜻이었다. 1939년 5월 영국 정부가 발간한 팔레스타인 관련 백서白書, 즉 유대인의 팔레스타인 이주를 제한하고 유대인 자치권을 거부한다는 내용의 백서가 여전히 영국의 정책을 좌우하고 있었다. 그럼에도 전시 동안 팔레스타인 위임통치령의 유대인 약 65만 명을 대표한 유대인기구Jewish Agency는 국가 수립 가능성에 대비했다. "유대인은 스스로 팔레스타인 내 국가인 것처럼 행동해야 하고 유대 국가가 생길 때까지 계속 그렇게 행동해야 한다"고 유대인기구 수장 다비드 벤구리온David Ben-Gurion은 말했다.[108] 유대인기구는 집행부인 '의회'와, 최소 4만 명의 전사를 동원할 수 있는 불법 준군사조직인 하가나를 보유했다. 1942년 5월, 뉴욕의 빌트모어 호텔에서 열린 시오니스트 집회에서 팔레스타인 내 유대 국가의 창설과 유대인 이주 통제권을 요구하는 '빌트모어 선언'이 작성되었다. 미국에서는 유대인기구에 자금을 넉넉히 제공한 수많은 유대계 미국인들뿐 아니라 미국 지도부까지 지원에 나섰다. 1944년 10월 루스벨트는 "팔레스타인을 무제한 유대인 이주에 개방"할 것을 요구했는데, 이 정책에 영국은 당시에도 전후에도 단호히 반대했다.[109] 유대 민족주의 운동의 급진파는 영국을 독일보다 더 유대 국가의 수립을 방해하는 적으로 보게 되었다. 전시 동안 두 조직 레히Lehi('이스라엘의 자유를 위한 투사들Lohamei Herut Israel'의 두문자어로, 지도자 아브라함 슈테른Abraham Stern의 이름을 딴 슈테른 갱단으로 더 알려져 있다)와 이르군Irgun(지도부 중에 미래의 이스라엘 총리 메나헴 베긴Menachem Begin이 있었다)은 영국 표적을 겨냥한 테러 공격을 시작했다. 하가나는 공식적으로 폭력에 반대하면서도 비공식적으로 테러리스트들의 목표를 지원했다. 1944년 11월, 이집트에서 영국의 중동 국무장관 모인Moyne 경이 레히 단원들에게 암살되었다. 그러자 시오니즘 대의를 지지하던 처칠마저 충격을 받아 "과거에 그토록 일관되게 지켰던" 소신을 재고하기에 이르렀다.[110]

영국은 전반적으로 아랍 대의에 더 동조했다. 1945년 3월 이집트, 시리아, 레바논, 이라크, 사우디아라비아는 아랍연맹Arab League을 결성했다. 연맹의 우선 과제들 중 하나는 미래의 팔레스타인을 포함해 모든 아랍 국가의 진정한 주권을 위해 활동하는 것이었다.[111] 영국이 팔레스타인 위임통치령 내에서 정당 설립을 허용한 이후 6개 아랍 조직이 출현했으며, 그중 가장 중요한 조직으로 자말 알-후사이니Jamal al-Husayni가 이끄는 팔레스타인 아랍당은 독립국가 아랍 팔레스타인이라는 최대치를 요구했다. 종전 후 수개월간 영국의 승인하에 알나자다al-Najjada라는 준군사조직의 소규모 무장단체들이 스포츠 클럽으로 가장한 채 출현하여 실제로는 다가오는 위기에 대비해 기초 군사훈련을 진행했다. 1946년 2월 아랍연맹은 팔레스타인 민족주의자들에게 대★무프티 아민 알-후사이니가 이끄는 아랍고등위원회(당시 명칭은 아랍고등집행부, 1947년 1월에 개명)의 지도하에 공조할 것을 권했다. 다른 준군사조직들도 등장했으며, 그중 성전군Army of the Holy War과 아랍구원군Arab Rescue Army—시리아에 본부를 두었고 주로 추방된 팔레스타인인과 시리아인 지원병으로 구성되었다—은 저마다 유대 국가를 폭력으로 근절하는 데 전념했으나 진지한 분쟁을 치르기에는 훈련과 무장이 너무 부실했다.[112] 영국 정부는 막 시작되려는 내전에 대응해 병력 10만 명을 팔레스타인에 배치하고 무장 경찰 2만 명으로 지원했다. 상황이 워낙 위험해 영국 인력이 거리에 모습을 드러내지 않자 영국 보안구역들에는 그들을 팔레스타인으로 보낸 외무장관 어니스트 베빈의 이름과 소련 도시 스탈린그라드를 합한 '베빈그라드Bevingrad'라는 별명이 붙었다.

유대인 무장단체들의 테러 공격은 갈수록 강도를 더해갔다. 1945년 10월 단 하룻밤 사이에 지역 철도망이 150회 공격을 당했다. 1946년 6월 영국 고등판무관에게 유대인 폭력으로 인한 긴급사태에 대처할 자유재량권이 주어졌다. 영국군 참모총장 몽고메리는 분별없게도 유대인을 "철저히 패배시키고 그들의 불법 조직들을 영원히 분쇄해야 한다"고 직접적으로 역설했다.[113] 1946년 여름 영국 요원들은 유대인기구와 테러 공격 사이에 직접적 연관이 있다고 보았고, 6월 29일에는 점령군이 '아가타Agatha' 작전을 개시해 유대인기구 본부를 급습하고 용의자 2700명을 체포했다. 급습을 수행한, 테러에 대한 불만이 쌓여 있던 영국 군인들은 "우리에게 필요한 건 가스실"이라고 외치고 기습한 건물들에 "유대인에게 죽음을"이라고 휘갈겨 썼다. 그에 대응해 메나헴 베긴은 영국군이 본부를 차린 예루살렘의 킹 데이비드 호텔을 폭파하라고 지시했으며, 7월 22일의 폭발로 호텔에 갇힌 영국인 28명을 포함해 91명이 사망했다. 이 폭파 사건은 하나의 전환점이 되었다. 영국 국민들의 민심은 팔레스타인 점령에 따른 비용과 희생에 등을 돌렸고, 영국 주둔군은 세간의 이목이 온통 쏠린 가운데 가혹한 반란 진압전을 수행해야 할 판이었다. 몇 달 후 계엄령이 선포되긴 했지만, 2주 후 정치적 위험성 때문에 중지되었다.

그렇다고 해서 영국 당국이 여전히 시행 중인 엄격한 제한을 우회하여 팔레스타인으로 들어가려는 유대인의 불법 이주를 틀어막는 무자비한 조치를 그만두었던 것은 아니다. 미국에서 시온주의자들이 기부금으로 마련한 벤 헥트Ben Hecht 호를 비롯한 선박들을 영국은 팔레스타인 영해 밖에서 불법적으로 차단한 뒤 선원들은 투옥하고 난민들은 키프로스 섬의 수용소들로 보냈다. 적절하게도 '임배러스Embarrass'라는 암호명이 붙은 작전에서 베빈은 영국 요원들에게 비밀 지시를 내려 유럽 내 항구에서 유대인 난민들을 수송하려는 선박들을 이를테면 식량과 식수를 오염시키고 선체 부착 폭탄을 사용하는 등의 방법으로 방해하도록 했다. 가장 유명한 사례는 고령자, 임신부, 어린이 등 연약함을 기준으로 태운 난민들로 가득한 엑소더스Exodus 1947 호를 (미리 부설해둔 기뢰를 이 배가 가까스로 피한 뒤) 영국 구축함 2척으로 들이받아 손상시킨 사건이었다. 영국 측은 이 선박을 팔레스타인 항구까지 견인한 뒤 승객들을 강제로 하선시킨 다음 다시 3척의 추방선에 태워 함부르크로 보냈고, 그곳에서 호스와 최루가스, 곤봉으로 무장한 영국 경찰과 군인이 지치고 쇠약한 유대인들을 끌어내려 독일 내 수용소들에 집어넣었다.[114] 그 결과는 영국의 평판에 재앙이 되었다. 영국 식민부의 한 관료는 이렇게 썼다. "우리가 기를 쓰며 눈감는 명백한 진실은 이 긴급 억류 조치를 취하면서 나치의 전철을 밟고 있다는 것이다."[115]

유대인 이주 문제는 영국의 팔레스타인 위임통치가 마침내 종료되는 결정적 계기가 되었다. 이 문제는 팔레스타인 위기에 대한 미국의 대응과 영국의 대응을 갈라놓았고, 영국의 국제적 평판에 타격을 주었다. 1945년 여름에 독일의 서방 점령 지역들과 오스트리아에는 유대인 실향민이 약 2만 7000명밖에 없었지만, 곧 동유럽에서 폴란드 정부와 소련 정부가 보낸 유대인이 속속 들어오면서 그 수가 늘어났다. 양국 정부는 '본국 송환 불가'라는 이유, 겉보기에는 인도주의적인 이유를 내세웠지만, 실은 전후의 반유대주의 분위기에서 사회 통합 문제를 피하기 위해 유대인을 떠넘겼다. 1946년 여름 유대인 실향민은 얼추 25만 명이었고 대다수가 그들에게 더 호의적인 미국 수용소들에 있었다. 수용소 실향민들의 압도적인 소망은 팔레스타인으로 이주하는 것이었다. 연합국 구제부흥사업국은 새로운 고국으로 어디를 선호하는지 알기 위해 유대인 실향민 1만 9000명에게 설문지를 돌렸고 그중 1만 8700명이 팔레스타인이라고 답했다. "우리는 타민족들의 나라에서 너무 오랫동안 노동하고 투쟁했습니다"라고 1945년 어느 유대인 노인은 설명했다. "우리 자신의 나라를 건설해야 합니다."[116] 트루먼 대통령은 정부간난민위원회의 미국 대표 얼 해리슨Earl Harrison을 파견해 유럽에서 유대인이 어떤 역경을 겪는지 조사했다. 해리슨의 보고서는 유대인의 비참한 처지를 알리는 한편, 팔레스타인으로 이주할 그들의 권리를 명확히 옹호했다. 트루먼은 영국 총리 애틀리에게 이주민 10만 명을 받아들일 것을 요청했지만 영국 정부는 어물쩍거렸다. 베빈은 "유대인의 감정을 가라앉힐" 만큼만 보내기를 원했고, 엄청나게 많은 유대인이 팔레스타인으로 들어오면 이주 위기가 악화되고 아랍 여론이 이반될 것으로 내다보았다.[117] 비록 트루먼의 계획이 미국의 대규모 유대인 의원 연합을 달래고 다수의 유대인 난민을 직접 떠맡는 결과를 피하기 위한 정치적 도박으로 여겨지긴 했지만, 미국 여론은 전반적으로 영국의 입장에 비판적이었고 영국 정부가 유대인의 이주 소망에 더 충실하고 인도적으로 대응할 것을 기대했다. 유럽 난민 단체들은 유대인 실향민을 우선 무국적자로 규정한 뒤 다시 '비영토 국민'으로 규정하여 사실상 국민 지위를 부여했다. 1946년 10월 4일, 트루먼은 "존립 가능한 유대 국가"를 창설하여 유대인의 국가 수립 요구를 들어줄 것을 요구했다. 영국 정부 측에 난처한 문제였던 팔레스타인 분쟁은 인도 위기와 마찬가지로 일방적으로는 해소할 수 없는 일이었다. 1947년 2월 베빈은 영국이 적어도 5년간 두 민족 팔레스타인을 신탁통치하는 구상을 제안했지만, 양측 모두 받아들이지 않을 게 뻔했다. 같은 달 영국은 이 문제의 해결을 국제연합에 위임했다. 베빈의 마지막 독설은 "자연이 팔레스타인을 분

할하리라"였다.[118]

국제연합 팔레스타인 특별위원회는 유대 국가와 아랍 국가로 분할하는 것이 유일한 해결책이라는 결론을 내렸다. 미국과 소련의 확고한 지지를 받은 위원회의 보고서는, 국제연합이 라틴아메리카와 서유럽 국가들의 찬성을 얻고자 강한 압력을 가한 뒤, 1947년 11월 29일의 극적인 총회에서 채택되었다. 영국은 특별위원회가 정한 분할 조건에 대한 투표를 기권하고 그 조건대로 실행하기를 거부했다. 오히려 영국 정부는 1948년 5월 15일에 위임통치령에서 철수하겠다고 일방적으로 발표하고 팔레스타인 내 대규모 주둔군을 병영에 집어넣었다. 그 결과, 유대인과 아랍인이 특별위원회의 분할 지도에서 어느 한쪽의 몫으로 지정된 지역들을 놓고 싸우기 시작하면서 내전이 발발했다. 아랍구원군이 시리아 기지에서 팔레스타인으로 침투했고, 보스니아인이나 독일인, 영국인, 터키인이 섞인 반유대주의 지원병들도 동행했다. 영국군 장교들이 훈련시킨 요르단 압둘라 국왕의 아랍군단은 유대인의 공격으로부터 예루살렘을 방어하기 위해 요르단 강 서안 지역으로 이동했다. 유대인기구는 전시 유대여단의 참전용사 5000명을 포함해 무장 병력이 3만 5000명에서 4만 명에 달하던 준군사조직 하가나에 공세를 취하라고 지시했다. 규모는 작지만 맹렬한 일련의 혈전을 통해 하가나는 분할 지역들을 장악했고, 영토를 더 차지하기 위해 아랍인 정착지들을 공격했다.[119] 유대 병력이 아랍 병력에 비해 무장과 군율, 지휘에서 앞섰으며, 영국 측이 철수하기 전날인 1948년 5월 14일 벤구리온이 이스라엘 국가의 독립을 선언했을 무렵 이 분할 국가는 당장 가동할 수 있을 만큼 통합되어 있었다. 아랍연맹은 이 신생국을 제거하고자 전쟁을 선포했지만, 아랍 부대들은 자원이 너무 부족했고 서로 협력하지 못했다. 국제연합이 수차례 임시 정전을 강요했으나 대체로 무시되었다. 1949년경 팔레스타인의 아랍 난민은 그곳 아랍 인구의 절반 이상인 65만 명이었다. 별도의 아랍 국가는 현실화되지 못했으며, 요르단이 팔레스타인 난민 대다수가 달아난 서안 지역을, 이집트가 가자 지구를 장악했다. 1949년 국제연합이 마침내 일련의 휴전협정을 중재했고, 그해 5월 11일 이스라엘이 국제연합 가입을 승인받았다. 1948년부터 1951년까지 유럽 유대인 33만 1594명이 이스라엘로 이주했다.[120]

초기 수십 년간 국제연합에서 빠진 주요 국가는 마오쩌둥의 공산당군이 내전에서 승리한 후 1949년 10월 수립된 중화인민공화국이었다. 이기간에는 1949년 장제스가 국민당과 그 군대의 소규모 잔여 세력과 함께 피신한 대만이 국제연합에서 중국을 대표했다. 1945년 이후 새로운 전후 세계 질서를 형성하는 데 일조한 격변들을 통틀어 단기적으로나 장기적으로나 가장 중요했던 것은, 일본군의 침략에 저항하는 전쟁에서 벗어나 고도 분쟁과 분열로 몸살을 앓던 중국에서 공산당이 통일 민족국가를 수립하는 데 성공한 일이었다. 항일 전쟁이 끝나자 장제스와 마오쩌둥 모두 전시의 혼돈과 혼란을 이용해 새로운 질서를 창출할 수 있을 것이라고 상상했다. 마오쩌둥과 공산당 주요 협상가 저우언라이周恩來는 1945년 8월 말부터 6주간 국민당 수도 충칭에 장제스의 손님으로 머무르면서 협력을 통해 새로운 중국을 건설할 수 있을지 타진했지만, 이 회담에서 새로운 중국의 미래상에 대한 양측의 견해에 명백한 간극이 있다는 사실이 드러났다. 마오쩌둥은 머지않아 인민해방군으로 개명할 공산당군의 규모를 제한하거나 공산당군을 장제스의 국민혁명군과 통합하는 방안을 거부했다. 또한 공산당은 전시 마지막 해에 자신들이 확보한 북부의 5개 성을 통치하겠다는 요구도 단념하지 않았다.[121] 마오쩌둥이 스탈린으로부터 내전과 중국 해체의 가능성을 피하라는 경고를 듣긴 했지만, 병력 100만이 넘는 군대에 대한 통제권을 포기하지 않는 이상 내전은 거의 불가피했다. 심지어 회담이 진행되는 동안에도 양쯔강 유역과 북부 지역들에서 양측 간 싸움이 벌어졌고, 만주를 점령하고 있던 붉은군대가 지켜보는 가운데 공산당군이 그곳으로 쏟아져 들어가기 시작했다.

만주에 소련군이 주둔하고 있고 중국 남부에 미군의 군사고문과 장비가 있는 상황에서 전후 중국의 미래 역시 주요한 국제적 쟁점이 되었다. 장제스의 전시 서방 동맹들은 중국을 새로운 세계 질서에 어떻게 꿰맞출지를 두고 의견이 갈렸다. 루스벨트는 중국이 전후 국제 안보를 강제하는 '네 명의 경찰관' 중 하나가 되어야 한다고 주장했고, 1946년 중국은 국제연합 안전보장이사회의 상임이사국이 되었다.[122] 그러나 처칠이 보기에 자기들이 강대국이라는 중국의 주장은 '허세'에 지나지 않았다. 영국 관료들도 처칠과 얼추 같은 관점에서 중국을 바라보았고, 지난 1943년에 장제스가 중국의 주요 무역항들에서 서구 측에 치외법권을 주는 '불평등조약'을 폐기할 것을 역설하는 바람에 마지못해 포기했던 영국의 '비공식 제국'을 다시 주장할 수 있을 것이라고 가정했다.[123] 영국 내각의 극동위원회는 "중국에서 우리의 이전 영향력을 최대한 회복"하기 위해, 무엇보다도 경제적 이권을 되찾기 위해 모든 노력을 경주할 것을 권고했다. 영국의 의도는 1945년 9월 영국 해군의 홍콩 재점령으로 시험대에 올랐는데, 이는 중국군의 홍콩 탈환을 용인하겠다는, 장제스와 맺은 협정을 무시하는 군사행동이었다. 미국은 이 기정사실에 반발하고 이전 지위를 되찾으려는 영국의 시도를 총력으로 저지했다. 루스벨트는 1944년 말 패트릭 헐리Patrick Hurley 장군을 특사로 중국에 파견하면서 "유럽 제국주의를 주시하라"는 명확한 지시를 내렸다.[124] 중국에서 존재감이 강한 미국 군부와 재계가 영국의 활동을 방해했지만, 주된 장애물은 유럽과 일본 세력의 옛 질서가 이제 수명을 다했다는 국민당의 주장을 굽히지 않으려는 장제스였다.

1945년 이후 영국은 지역 이권을 계속 얻어낼 수 있는, 약하고 분열된 중국을 선호했지만, 헐리의 후임 특사 조지 마셜 장군이 말한 대로 "강하고 민주적이고 통일된" 중국을 적극 지지하는 미국 정부가 영국을 막아섰다.[125] 전후 중국에서 영국의 존재감은 약해지고 거의 용인되지 않은 반면에 미국은 광범하게 개입했다. 1945년에서 1948년 사이에 미국은 총 8억 달러어치의 원조 패키지를 제공했는데, 이는 전시 동안 중국에 제공한 원조의 가치를 웃도는 수준이었다. 미국 군사고문들이 국민혁명군의 16개 사단을 훈련시키고 추가로 20개 사단의 예비훈련을 담당했거니와, 장제스의 군사장비 중 80퍼센트가 미국으로부터 받은 것이었다.[126] 미국의 정책은 공산당이 아닌 장제스에 대한 지원을 전제로 하면서도, 장제스가 중국을 미국식 민주주의 모델로 빠르게 이끌어가야 한다는 조건을 붙였다. 이는 미국이 전시 동맹 4년 동안 중국에 대해 배운 바가 얼마나 적은지 보여주는 요구사항이었다. 1945년 12월, 트루먼은 마셜을 중재자 역할로 충칭에 파견해 중국 내전을 막고 "평화적이고 민주적인 방법으로" 두 주요 정치운동의 연정을 이끌어내려 했다.[127] 마셜은 자신과 저우언라이, 국민당 대표 장췬張群으로 '3인 위원회'를 구성해 다시 한 번 합의에 이르려 노력했다. 1946년 1월 이 위원회는 양측의 휴전, 연립정부, 두 군대의 통합에 대한 협상을 중재했다. 장제스는 중국을 민주화하는 작업에 착수했고, 마오쩌둥은 서면으로 "중국의 민주주의는 미국의 길을 따라야 합니다"라고 약속했다.[128] 이 결과에 마셜은 기뻐했다. "불가능해 보이던 상황을 우리가 어떻게 바로잡을 수 있었는지 놀라울 따름이다. … 우리가 도착하기 전까지는 아무것도 할 수 없었다." 하지만 그의 낙관론은 시기상조였다. 1946년 1월 말 장제스는 일기에 마셜이 중국 정치를 전혀 이해하지 못한다고 적었다. "미국 측은 순진하고 쉽게 믿는 경향이 있어 … 공산당에 속아 넘어간다." 마오쩌둥의 진짜 견해는 제국주의자와의 모든 협정은 종잇조각에 불과하다는 것이었다. "모든 것은 전쟁터에서의 승패로 결정된다"고 그는 휘하 군 사령관들에게 말했다.[129]

마셜은 확실한 합의를 이루었다고 생각했지만, 1월 중순에 발효된 명목상 휴전협정을 무시하는 내전이 북중국과 만주에서 발발했다. 충칭에서 논의한 바와는 딴판으로, 만주가 주요 전장이 되었다. 장제스에게 만주 통제는 중요한 문제였는데, 특히 1931년 국민당이 만주사변에서 완패하면서 장기 2차대전이 시작되었기 때문이다. 1945년 8월 장제스와 스탈린은 소련이 점령한 만주를 중국의 주권에 반환한다는 합의를 보았다. 8월 14일의 중국–소비에트 조약에서 소련은 만주의 핵심 항구 두 곳에 대한 통제권을 보유하기로 했지만, 그 외에는 통일 중국에서 반론의 여지 없는 통치를 확립하려는 장제스에게 "정신적·군사적·기타 물질적 지원"을 약속했다.[130] 중국 공산당은 이 조약의 당사자가 아니었고 스탈린의 태도에 대해 확신하지 못했다. 전후 초기 몇 달간 50만 명이 넘는 공산당군이 린뱌오林彪의 지휘하에 만주 지역으로 들어가 시골에서 토지 소유권 개혁을 도입하고 지역당 간부진을 양성했다. 만주의 도시들로 진입하려던 공산당군의 시도는 붉은군대에 의해 저지되었는데, 스탈린이 이 지역에 대해 장제스에게 약속한 바 있었기 때문이다. 1945년 말부터 미국 해군이 장제스의 최정예 부대인 신1군新一軍과 신6군新六軍을 포함해 국민혁명군 22만 8000명과 군장비를 만주로 수송하는 것을 도왔고, 뒤이어 수개월에 걸쳐 장제스 군대의 70퍼센트가 만주에 도착했다.[131] 1946년 3월과 4월에 소련군이 만주에서 철수하기 시작한 뒤 소전투는 곧 대전투로 확대되었다. 공산당군은 3월에 선양에서 밀려났지만 4월에 창춘에 있던 국민해방군 수비대를 격멸했다. 마오쩌둥과 장제스 둘 다 예상했듯이 휴전은 이루어지지 않았다. 뒤이은 몇 달 사이에 환상에서 벗어난 마셜은 결국 트루먼을 설득해 장제스의 군대에 무기 금수 조치를 취하도록 했으며, 그 결과로 국민혁명군은 탄약과 미국제 무기의 예비 부품이 부족한 채로 전투를 치러야 했다. 이제 중국 내전은 미국과 소련의 통제에서 벗어나 그 자체의 동력에 따라 전개되었다.

중국의 미래를 놓고 벌인 분쟁의 결과는 미리 정해진 결론이 아니었다. 휴전 결렬 이후 18개월 동안 국민혁명군은 남부와 동부에서, 그리고 북부에서 만리장성에 이르기까지 공산당군이 점령하고 있던 도시와 소도시, 시골 지역에 대한 통제권을 되찾았다. 1946년 말까지 공산당군은 165개 도시와 17만 4000제곱킬로미터 면적에 대한 통제권을 잃었다. 1947년 3월 국민혁명군 후쭝난胡宗南 장군은 공산당의 본거지 옌안을 함락하기 위하여 산시성陝西省을 겨냥해 대규모 공세를 개시했다. 후쭝난 사령부의 첩자로부터 미리 경고를 들은 마오쩌둥과 공산당 지도부는 옌안에 있던 모든 것을 북부와 동부의 기지들로 옮겼다. 변변찮은 병력이 남아 옌안을 방어했으나 중과부적이었고, 공산당이 버리고 떠난 도시에 후쭝난의 병력이 입성했다. 옌안을 함락하자 국민당 지도부와 언론은 역사적인 승리를 거두었다고, 더 나아가 승전의 고비를 넘었다고 환호했다.[132] 하지만 착각이었다. 비록 전쟁에 돌입하고 18개월 동안 큰 손실을 입긴 했지만, 중국 공산당은 북부와 만주의 시골 도처에서 세력을 유지하고 있었다. 항일 전쟁을 치를 때처럼 공산당의 전략은 근거지들을 확보하고 지키면서 주더朱德 장군이 말한 '참새 전투'를 치르는 것이었는데, 이는 고립된 적 부대에 짧은 기습을 가해 전력을 약화시킨 뒤 주변 지역으로 달아나는 전술을 뜻했다. "시골이 도시를 에워싼다"는 것이 공산당의 구호였으며, 이 구호대로 공산당은 시골에서 사회혁명을 고무하며 궁극적인 승리를 거둘 터였다.[133]

전후 중국의 상황은 국민당의 미래상보다 공산당의 미래상에 유리했다. 전쟁의 대격변으로 중국에는 혼란과 강탈이 만연했다. 일본군이 중국을 점령하고 국민당이 무력하게 대응하는 가운데 가족들이 이리저리 흩어지고 정권에 대한 신뢰가 사라짐에 따라 예로부터 가정생활과 권위를 대하는 태도를 좌우해오던 유교의 가치관이 무너져 내렸다. 특히 중국 청년층이 질서의 붕괴와 전통적인 사회유대로부터의 해방이라는 새로운 의식에 영향을 받았다. 공산당과 인민해방군의 신참들 중 절반이 20세 이하였다. 중국 농민 대다수에게 전쟁은 부정적인 경험이었다. 후난성에서는 기근으로 1944~1945년에 200~300만 명이 죽고 1946년에 400만 명이 더 죽었다. 지주와 암거래상, 비적은 중국 도처에서 촌락민을 착취하고 약탈했다. 공산당이 근거지로 확보한 지역들에서는 농민이 보호를 받았고 토지 개혁이 도입되었다. 1946년 5월 4일 공산당이 발표한 '토지 문제에 관한 지시'는 지주계급의 토지를 몰수해 농민들에게 재분배할 것을 요구했다. 일본과 분쟁을 치르는 동안 훗날로 미루었던 계급 전쟁이 공산당의 중심 강령이 되었다. 북부 촌락들에서 공산당은 고충을 하소연하는 '소고訴苦' 운동을 도입해 지역 농민과 노동자로 하여금 그들을 탄압한 자들의 악행을 군중 앞에서 성토하도록 부추겼다. 그 목표는 시골 빈민층 사이에서 빈곤의 이유에 대한 의식을 고취하고 계급의 적에게 초점을 맞추는 데 있었다. 공산당은 훈련된 '소고꾼들'을 지역 공동체에 보내 슬픈 표정을 짓고 가장된 분노를 쏟아내도록 했다.[134] 착취자들은 가혹한 보복을 당했고 즉결처형된 경우도 많았다. 일본이나 국민당에 협력했던 자들은 자의적인 폭력으로 응징당했다. 무엇보다 공산당은 전쟁의 폐허에서 새로운 중국을 건설하는 과제를 방해한다는 비난을 듣고 있던 장제스와 국민당 정권에 대한 적대감을 활용했다.

전시의 비상사태로 발생한 재정 위기와 사회 위기를 전후에 장제스와 국민당은 더 악화시키기만 했다. 악성 인플레이션은 계속되었고, 국가 지출의 거의 3분의 2까지 차지한 군비 때문에 더욱 심각해졌다. 미국 달러화 대비 중국 법폐의 환율은 1946년 6월 1:2655에서 1년 후 1:3만 6826으로, 1948년 1월 1:18만으로 급전직하했다. 이런 초인플레이션은 국민당이 지배하는 중국 도시권의 소비자와 저축자에게 영향을 주었지만, 이제 공산주의가 뿌리내린 시골 지역에서 더 자급자족하던 사람들은 영향을 덜 받았다. 장제스가 일본 점령기에 사용했던 화폐들을 1:200의 비율로 법폐로 교환한다는 정책을 강행하자 일본 점령군을 위해 일했거나 암시장 거래를 통해 부를 축적했던 수천 명이 파산했다.[135] 일본 측에 부역했거나 그러했다고 지목된 사람들은 국민당 지지층에 의해 자택에서 쫓겨나고 재산을 몰수당했다. 기존의 상업 및 관료 엘리트층은 대부분 소외되고 가난해진 반면에 새로운 엘리트층은 재산 몰수로 부를 쌓았다. 전쟁 노력에 악영향을 끼쳤던 부패와 범죄는 사람들이 이익을 얻거나 그저 생존할 길을 찾기 위해 경쟁함에 따라 전후에도 끈덕지게 나타났다. 구제부흥사업국의 헌신적인 중국 지부는 구호 물품이 궁핍한 피란민들에게 공급되지 않고 부정하게 거래되거나 기업에 사적으로 판매되는 등 부패의 규모가 대단히 크다는 것을 확인했다.[136] 전장에서의 성공에도 불구하고 중국 인구는 잇따른 전투와 그것을 지속한 장제스 정권으로부터 소외되었다. 1948년 2월 장제스는 일기에 "어디서나 국민들이 자신감을 잃고 있다"고 적었다.[137]

장제스의 최대 난제는 북중국과 만주에서 공산당의 저항을 제거함으로써 승리를 공고히 하는 것이었다. 장제스가 전략적 전장으로 만주를 고른 것은 이해할 만한 일이었는데, 그곳에서 분쟁이 나면 스탈린이 만주를 중국의 주권에 반환한다는 약속을 이행할 테고, 미국식 훈련을 받은 병력과 미국제 장비로 공산당군을 격멸할 수 있을 것으로 예상했기 때문이다. 그러나 만주까지 이어지는 장거리 철도 노선이 하나밖에 없는 데다 적이 그 노선을 쉽게 방해할 수 있어 만주에서 전력을 강화하기가 어려운 일로 밝혀졌거니와, 미국의 무기 금수 조치로 인해 이제 탄약을 공급받지 못할 경우 미국제 무기의 이점을 살릴 수 없었다. 마셜은 '메시지 전달'이라는 자신의 역할에 낙담하다가 1947년 1월 초 국무장관에 임명되어 미국으로 돌아갔다.[138] 미국 행정부는 추가 군사 원조의 비용이 위험하게도 무한정 늘어날 듯하자 장제스를 직접 지원하는 정책과 거리를 두기 시작했다. 1948년 9월에야 물자가 다시 도착하기 시작했지만, 그 무렵이면 너무 늦은 조치였다.[139]

공산당군이 시골로 물러난 까닭에 국민혁명군은 완승을 거둘 때까지 남부로 돌아가지 못하고 주요 도시들에 머물렀는데, 그러는 동안 북부의 혹독한 기후와 여건 탓에 갈수록 사기가 떨어졌다. 1946~1947년의 패배 이후 공산당은 조직을 재편했고, 빈곤하고 소외된 도시 청년층 사이에서 추가로 지원병을 모집했으며, 1946년 공산당군이 후퇴했던 만주-소련 국경을 통해 소련제 장비를 공급받아 인민해방군을 재건했다. 1947년 가을까지 만주의 인민해방군은 다시 남녀 약 100만 명의 병력을 갖추었다. 1947년 12월, 섭씨 영하 35도의 맹추위에 공산당군 40만 명은 얼어붙은 쑹화 강을 건너 선양 시를 포위함으로써 만주의 도시권을 재정복하기 위한 작전을 개시했다. 국민혁명군 약 20만 명과 선양 인구 400만 명은 10개월간 포위당한 채 극심한 식량 및 연료 부족에 시달렸다. 공산당군 부대들은 주요 철도 노선을 차단하여 만주를 지원할 가능성을 없앴다. 공산당군은 공군력의 부재를 적보다 4배 많은 포로 보완했으며, 소련 기술고문들이 게릴라군을 대규모 전투를 치를 수 있는 신식 군대로 바꾸는 작업을 도와주었다.[140] 1948년 5월, 공산당군 린뱌오 사령관이 더 북쪽의 도시 창춘을 포위했다. 그곳의 국민혁명군 사령관이 항복을 거부하자 린뱌오는 휘하 부대에 창춘을 '죽음의 도시'로 만들라고 지시했다.[141] 5월부터 10월까지 전면적인 포위 공격이 이어졌다. 공산당군은 도시로부터 일정한 거리를 두고서 철조망, 사격진지, 참호로 이루어진 방어선들로 창춘을 겹겹이 에워쌌다. 굶주리는 창춘 인구 가운데 피란민들은 도시와 방어선 사이 척박한 무인지대로 나와 어떻게든 살길을 찾았지만, 공산당군 초병을 지나쳐갈 수도, 고통받는 도시로 다시 돌아갈 수도 없었다. 여름의 열기에 부풀어오른 시체들이 무인지대에 쌓여갔다. 16만 명이 도시 안팎에서 죽은 것으로 추정된다. 장제스가 국민혁명군 사령관 정둥궈鄭洞國에게 탈출을 시도하라고 지시하자 사령관의 병력 중 절반이 항명했고, 결국 1948년 10월 16일 창춘이 항복했다.[142]

창춘에 이어 진저우도 금세 함락되었고, 11월 1일 격렬한 백병전을 치른 뒤 선양까지 항복했다. 만주의 도시 공방전에서 장제스는 총 150만 명가량의 최정예 병력을 대부분 잃었다. 공산당군이 승리할 때마다 국민혁명군의 탈주병들이 떼를 지어 적 진영으로 넘어갔고, 많은 중국 엘리트들—시류에 영합하는 이른바 '풍파風派'—이 공산주의 질서로부터 더 많은 것을 얻어낼 수 있기를 기대하며 편을 바꾸었다. 국민당은 만주에서의 패배로 말미암아 다른 곳에서의 패배도 거의 불가피해졌다. 그 이후의 전개는 10년 전 일본군 진격의 지리적 패턴과 놀랍도록 흡사했다. 베이징은 40일간 포위된 끝에 1949년 1월 22일 항복했다. 국민혁명군 24만 명은 인민해방군에 흡수되었다. 천안문 광장에 걸려 있던 장제스 초상화가 급히 그린 마오쩌둥 초상화로 교체되었다. 베이징 상실을 견딜 수 없었을 뿐 아니라 어디서나 패배에 직면한 장제스는 1월 21일 총통 자리에서 내려오고 총통 '대행' 리쭝런에게 내전 종식을 교섭하는 비참한 임무를 떠넘겼다. 4월에 마오쩌둥은 무조건 항복을 요구했다. 그 요구를 리쭝런은 받아들일 수 없었다. 일기에서 장제스는 다루기 힘든 국민당과 개혁되지 않은 군대에서 효과적인 '체제와 구조'를 구축하는 데 계속 실패한 것이 패배의 원인이라고 푸념했다.[143] 당시 공산당군은 북중국 전역에 펼쳐져 있었다. 중국 내전의 최대 전투는 쉬저우 시의 철도 교차점을 둘러싸고 벌어졌다. 거의 200만 명이 남쪽으로 통하는 이 관문을 차지하기 위해 싸웠고, 이번에도 국민혁명군이 허물어졌다. 더 남쪽에서 4월 23일 장제스의 수도 난징이 함락되었고, 5월 들어 우한이, 뒤이어 상하이가 함락되었다. 그에 앞서 장제스가 적이 도착하기 전에 상하이에 들어가 이곳이 중국의 스탈린그라드가 될 것이라고 선언했지만, 실제로는 산발적인 저항밖에 없었다. 영국 대사 라이어널 램Lionel Lamb은 당시 남부의 중국인들이 "중앙정부의 붕괴를 기정사실"로 여긴다고 런던에 보고했다.[144] 적군의 탈주병 수십만 명으로 전력을 강화한 100만 공산당군은 이제 남쪽을 침공할 태세로 양쯔강 북안에 자리잡고 있었다.

그보다 몇 달 전, 스탈린이 다시 끼어들어 마오쩌둥에게 소련이 중재할 때까지 양쯔강을 도하하지 말고 기다릴 것을 요구했다. 스탈린은 한국처럼 중국에서도 남북이 분단되는 편을 선호했다. 스탈린은 공산당 치하의 통일 중국이 자신이 소화할 수 없는 국가가 될 가능성뿐 아니라 미국에 등을 돌리고 이미 합의된 이익권利益圈을 침범할 가능성까지 우려했던 것으로 보인다. '두 왕국'은 중국의 역사와 공명하는 관념이었고, 영국 정부와 미국 정부 모두 장제스가 남부를 결집할 수 있다면 분단이 더 낫지 않겠느냐고 생각했다.[145] 마오쩌둥은 분단 제안을 거부했고, 공산당군은 이미 몇 달간의 악전고투로 약해진 데다 남부 인구가 어떻게 반응할지 확신하지 못하면서도 떼를 지어 양쯔강을 건넜다. 10월에 공산당군은 남부의 주요 항구도시 광저우를 함락했다. 장제스는 다시 충칭으로 달아났지만, 일본군과 달리 인민해방군은 충칭까지 함락했다. 1949년 12월 9일 장제스는 대만으로 도피했다. 1950년 들어서도 국민혁명군이 항복하지 않은 지역들에서 싸움이 이어졌지만, 새로운 통일국가는 엄연한 현실이었다. 본래 1946년에 장제스가 미국식 민주주의 모델을 따를 것을 요구하는 마셜을 만족시키기 위해 개최했던 중국인민정치협상회의가 공산당의 주도로 1949년 9월에 다시 열렸을 때, 마오쩌둥은 연설에 나서 국민당 정권과 그 제국주의 후원자들의 시대가 끝났다고 의기양양하게 선포했다. "우리 민족은 더 이상 모욕과 굴욕을 겪지 않을 것이다. 우리는 일어섰다."[146]

베이징에 도착한 마오쩌둥은 1949년 10월 1일 천안문 광장에 모여 열광하는 군중에게 중화인민공화국의 수립을 선언했다. 마오쩌둥의 주치의가 된 젊은 의사 리즈수이李志綏는 회고록에서 그날 "너무나 희망에 차고 행복해서 착취와 고통, 외국의 침략이 영영 사라진 것만 같았다"고 기억했다.[147] 내전은 끝나가고 있었지만, 공산당의 '좋은 계급' 시험을 통과하지 못하고 '중간계급'이나 '나쁜 계급'으로 분류된 사람들은 공산주의 사회를 건설하는 과업으로 인해 한없이 고통받을 터였다. 아이러니하게도 이 새로운 중국 국가를 일찍부터 인정한 서구 국가들 중에는 1950년 1월 6일 미국의 반대를 무릅쓴 영국이 끼어 있었다. 한 세기 넘게 중국의 제국주의 숙적이었던 영국은 여전히 교역 기회를 바라고 있었다. 중국이 국제

연합에서 새로운 지위를 인정받기까지는 20년이 더 걸렸다. 1971년 7월 알바니아가 결의안을 제출한 뒤, 1971년 10월 25일 국제연합 총회는 표결을 거쳐 중화인민공화국을 유일하게 합법적인 중국 국가로 인정했다. 장제스의 중화민국 대표들은 2차대전의 승전에 국민당이 기여한 만큼 자신들의 회원 자격이 정당하다고 주장했지만, 이의 제기를 기각당하고 총회에서 쫓겨났다. 11월, 마오쩌둥의 중국은 국제연합 총회와 안전보장이사회에서 한자리를 차지했다.

구 제국들을 대신하는 신 제국들?

전쟁은 두 초강대국 미국과 소련을 낳았다. 양국은 제국주의 이후 질서의 재건 과정에 휘말려 들었고, 주로 제국의 종말을 둘러싼 여러 위기에 기인하는 냉전에서 서로의 맞수가 되었다. 1945년 직후부터 당대인들은 두 초강대국이 무너진 구질서의 계승자로서 스스로 '제국'이 될 가능성에 대해 곰곰이 생각하기 시작했고, 뒤이은 수십 년간 '소비에트 제국'과 '미국 제국'이 냉전의 맥락에서 두 연방국가가 행사하는 패권을 일컫는 흔한 표현으로 쓰였다. 1955년 반둥에서 열린 아프리카-아시아 회의의 지도자들 대다수는 구 식민주의의 빈자리를 새로운 형태의 제국들이 차지하지 않을까 우려했다. 이란 대표 잘랄 압도Djalal Abdoh는 동료 지도자들에게 힘겹게 얻은 "국민들의 주권과 자유"를 뒤엎을 요량으로 "식민주의를 신형으로 재발명"하고 있는 새로운 공산주의 침략자들에 대해 경고했다.[148] 반면에 마르크스주의 동조자들은 1945년 이후 세계 강국으로 부상한 미국을 그저 외양만 다른 제국으로 보았다. 이제 미국이 전 세계적 제국주의를 실행한다는 소련의 비난은 1990년 소비에트 블록이 무너질 때까지 공산주의 담론의 단골 요소였다. 제국을 비판하는 미국 자유주의 진영도 베트남에서의 탈식민 전쟁에 오래도록 개입하는 미국의 정책에 기꺼이 제국주의라는 딱지를 붙였다. 이 제국주의 용어는 1990년 소비에트 블록 붕괴 이후 미국의 단극 패권이라는 맥락에서 널리 받아들여졌다.[149]

전후 세계에서 소련과 미국이 전시로부터 이어받은 엄청난 군사적 우위를 바탕으로 패권국이 되었고 그 영향력을 전 세계에 투사하려는 정치적 야심을 공유했다는 것은 논쟁의 여지가 없는 사실이다. 그러나 양국은 전시에도 전후에도 반식민 국가였다. 스탈린은 식민주의를 개탄했고 1943년 11월 테헤란 회담에서 전후에 모든 식민지를 국제 감독기구에 이양해야 한다는 루스벨트의 견해를 받아들였다. 냉전이 시작되자 소련 지도부는 신탁통치뿐 아니라 보편적인 민족자결권까지 원했다. 1940년대 말부터 소련은 '사회주의'와 '제국주의' 간 양극 경쟁을 전략적 계획 수립과 사고의 중심축으로 삼았다.[150] 1960년 11월 국제연합의 험악한 회의에서 소련 대표 발레리안 조린Valerian Zorin은 식민주의를 가리켜 "인류의 생애에서 가장 수치스러운 현상"이라고 비난하고 1년 내에 모든 피식민 민족을 독립시킬 것을 요구했다. 영국 대표는 "닳고 닳은 레닌주의 구호"를 되풀이하는 이런 행태를 개탄하고 소비에트 공화국들에 자결권이 없는 현실을 강조했지만, 소련은 공식적으로 레닌주의 이데올로기를 표방하고 식민지 해방 투쟁에 (편의주의적으로) 개입하는 전략을 실행하고 있었다.[151]

전시에 미국 지도부는 식민주의에 반대했는데, 루스벨트가 옹호한 자유주의적 이상주의 때문만이 아니라 전쟁 이전 제국 경제에 내재하던 무역 특혜를 제거함으로써 열린 세계 경제를 창출하려는 실용적 바람 때문이기도 했다. 1943년 루스벨트가 중동에 파견한 특사 패트릭 헐리 장군은 영국이 미국의 원조를 "대서양 헌장과 네 가지 자유에 기반하는 멋진 신세계를 건설하는 목표가 아니라 영국의 정복, 영국의 제국주의 통치, 영국의 무역 독점을 위한 것"으로 받아들인다고 불평했다.[152] 1944년 브레턴우즈 경제 정상회담 이후 설립된 국제통화기금과 세계은행, 그리고 1947년 체결된 관세무역일반협정은, 전쟁 이전과 전시 동안 제국 체제들의 특징이었던 닫힌 블록과 무역 및 통화 제한을 뒤엎으려는 미국의 노력에서 중요한 요소였다. 요컨대 미국의 경제적 야심과 탈식민화 계획은 긴밀하게 얽혀 있었다. 1942년 미국 국무부의 영토위원회는 전후에 속령들을 폐쇄적인 식민 통치로부터 분리할 수 있는 방안을 궁리하기 시작했다. 그해 11월 영토위원회는 훗날 새로운 국제연합 신탁통치 조직으로 구체화될 '국제 신탁통치' 방안을 내놓았다.[153] 루스벨트 본인이 종래의 식민주의를 끝내자는 입장의 주요 대변인이었다. 그는 모든 속령에 대한 보편적 신탁통치를 선호했고, 동맹 영국의 반발에도 불구하고 1945년 이전부터 분명 전통적 제국 구조를 종식시키려는 계획을 추구했다. 종전 무렵 워싱턴에서는 민족자결로의 이행과 국제 경제 원조의 결합이라는 이상을 바탕으로 종속 세계를 위한 신탁통치 형태를 구상하고 있었다.

영국과 프랑스의 강한 반발에 부딪힌 미국은 국제연합의 첫 회의에서 결국 보편적 신탁통치 체제를 포기하긴 했지만, 루스벨트의 후임자 해리 트루먼은 전임자와 마찬가지로 구 제국들을 복구하는 방안을 전혀 중시하지 않았고, 트루먼 정부는 중국과 이란에서 전통적 비공식 제국을 다시 주장하려는 영국의 노력에 뚜렷한 적대감을 드러냈다. 그럼에도 식민지 복원에 대한 미국의 반대 입장은 분명하지 않았는데, 소비에트 공산주의를 우려한 미국 지도부가 독립에 이르는 신속한 경로로서의 보편적 신탁통치를 덜 고집했기 때문이다. 1948년 결성된 미주기구Organization of

American States가 신세계 식민주의를 전부 끝내기 위해 로비를 벌였음에도, 카리브 지역과 관련해 미국은 영국 측에 탈식민화를 너무 강하게 압박할 경우 자국의 남쪽 측면이 위태로워질 것을 우려했고, 그런 이유로 독립 선동을 노리는 공산주의자들의 '적진 침투'를 확인하고 물리치려는 영국의 노력을 지지했다.[154] 인도차이나에서 프랑스의 식민 통치 복원에 대한 루스벨트의 강한 반감은 1945년 이후 미국의 지원이 없으면 베트남이 공산주의 국가로 귀결될 거라는 우려 때문에 약해졌다. 반면에 인도네시아에는 중대한 공산주의 위협이 없었던 까닭에 트루먼은 네덜란드 측에 자치를 허용하고 반란 진압전을 끝내지 않으면 제재를 당할 수도 있다는 압박을 더 자유롭게 가할 수 있었다.

미국의 반식민 방침은 1945년 이후 미국 속령들의 탈식민화 과정에서도 확연히 드러났다. 그렇지 않아도 그 속령들에서는 전시의 혼란과 빈곤이 미국 주둔군과 그 협력자들에 대한 과격한 항의를 부채질하고 있었다. 1946년 필리핀은 전쟁 전인 1934년에 약속받은 대로 독립을 인정받았지만, 국내의 사회적 갈등이 내전으로 이어졌고, 1954년 필리핀 민족주의가 더욱 강화된 채로 종결되었다. 페드로 알비수 캄포스Pedro Albizu Campos가 이끄는 푸에르토리코 민족주의자들은 미국 국회의사당에서의 총격과 트루먼 대통령 암살 계획을 포함하는 폭력적 저항운동을 개시했다.[155] 미국은 1952년 푸에르토리코의 '자치령' 지위를 인정하고 급진적 요구를 막기 위해 개발 기금을 쏟아부었다. 미국의 보호령이었던 하와이는 1954년 섬 선거에서 민주당이 승리한 뒤 1959년 정식 주州로 편입되었다. 미국이 1898년에 에스파냐와 전쟁을 치러 획득한 쿠바는 명목상 독립국이었지만, 1959년 혁명—이를 계기로 양국 관계는 반세기 넘게 단절되었다—으로 피델 카스트로Fidel Castro가 집권할 때까지 미국에 단단히 얽매인 처지였다. 이 혁명이 공산주의 세력의 카리브 '적진 침투'라고 확신한 아이 젠하워 행정부는 카스트로 정권을 고립시키거나 제거하는 정책을 추구했다. 그 결과로 쿠바는 이전까지 연계가 거의 없었던 모스크바 측과 일시적이되 긴밀한 협력 관계를 맺게 되었다.[156]

소련과 미국을 '제국'으로 명명하는 것은 분명 간단한 일이 아니다. 제국은 고대 세계부터 21세기까지 다양한 역사적 사례들에 별로 정확하지 않게 적용되는 탄력적인 용어다. 1945년에 일어난 변화로 인해 더 정확하게 규정되는 특성을 가진 제국은 끝났다. 다시 말해 식민지, 보호령, 위임통치령, 특별정착지, 공동통치령 등지에서 토착 인구를 직접 복속시키고 그들의 주권을 빼앗던 영토제국들은 최후를 맞았다. 독일과 이탈리아, 일본의 전시 제국들은 400년 전까지 거슬러 올라가기도 하는 구 유럽 제국들과 복속 정책이나 주권 강탈 같은 특징을 공유했다. 두 초강대국이 누린 패권적 지위는 그런 형태의 영토제국에 기반을 두지 않았고, 1945년 이후 그런 영토제국은 되살아나지 않았다. 오히려 지난날 제국주의 열강이었던 국가들은 신식민주의를 훨씬 널리 실행했고, 많은 경우 이전 식민영토에서, 심지어 그 영토가 독립하고 한참 지난 시점까지도, 문화·경제·방위 이권을 유지하는 데 성공했다.

소비에트 제국의 주된 기반은, 1944~1945년 독일 제국으로부터 해방된 동유럽 및 중부유럽 지역들과 소련 사이에 형성된 권력관계였다. 우크라이나와 폴란드, 슬로바키아, 발트 삼국 등지에서 붉은군대와 소비에트 보안부대는 공산당의 통치를 원하지 않는 민족운동 집단들과 장기전을 치렀다. 이런 대규모 반란 진압전은 1944년 소련군이 벨라루스와 우크라이나 영토를 탈환하면서 시작되었고, 소련에 재통합된 에스토니아, 라트비아, 리투아니아로 이어졌으며, 국내군 출신 민족주의자들이 공산당

통치의 전망에 맞서 싸운 폴란드에서도 벌어졌다. 게릴라 대항작전을 수행한 붉은군대와 내무인민위원부 보안부대는 식민지 반란 진압전의 특징인 합법성을 무시하는 태도를 똑같이 보여주었다. 반란군 역시 지역 주민들을 협박해 소극적 또는 적극적 지원을 이끌어내기 위해 잔인한 폭력을 자행했다. 우크라이나 민족주의자조직은 자신들이 해방시키려는 사람들을 대놓고 무시했다. 이 조직의 군사 부문 사령관은 "협박하지 말고 없애버려라"라고 주문했다. "사람들이 우리더러 잔인하다고 비난할까봐 걱정하지 마라."[157] 이 해방 전쟁에서 양측 모두 큰 손실을 보았다. 1944~1946년 게릴라의 저항으로 소비에트 경찰, 군인, 관리, 민간인 2만 6000명이 사망했다. 1945~1946년 반란군은 10만 명이 살해된 것으로 추정되는데, 그중 상당수가 우크라이나 서부에서 목숨을 잃었다. 이 전쟁은 1950년대 초 마지막 게릴라 조직들이 추적당해 제거될 때까지 계속되었다. 1944년부터 1953년까지 리투아니아 게릴라 2만 명이 살해되었지만, 저항의 마지막 해에 살해된 이들은 188명뿐이었다.[158] 반란 진압전에서 소련과 제국주의 국가들 간의 주된 차이는, 반란군과 그들의 가족을 소련 내 유형지로 대거 추방한다는 전략에 있었다. 소련은 추방을 대규모로 실시함으로써 민족주의자들이 저항하는 지역을 없앨 뿐 아니라 '계급의 적'—부농, 지주, 성직자, 민족주의 정치인, 독일 부역 혐의자—까지 제거하여 동유럽 사회를 재편하려 했다. 1945년에서 1952년 사이에 10만 8362명이 리투아니아에서 추방되었고, 우크라이나 서부(소련에 통합된 폴란드 영토)에서 '비적 공범'과 부농 20만 3662명이 소비에트 '특별정착지'로 이송되었다.[159] 라트비아에서는 1949년 3월 민족주의자, 붙잡힌 게릴라, 부농과 그들의 가족을 합해 4만 3000명이 시베리아로 추방되었다. 또 소련 점령군이 정치범으로 규정한 15만 명이 추가로 처벌을 받았다.[160]

소비에트 당국은 계급의 적과 '비적'―해방을 위해 싸우는 게릴라라면 거의 누구에게나 가져다붙인 용어―을 추방하는 한편, 1919년 이후 동유럽 신생국들을 몹시도 괴롭혔던 종족 분쟁에 기인하는 전후 저항의 가능성을 차단하기 위해 정복 지역들에서 대규모 종족 재구성 프로그램에 착수했다. 1945년 11월까지 폴란드인 100만 명이 우크라이나와 벨라루스에서 새로운 폴란드 국가로 추방되었고, 벨라루스인과 우크라이나인 51만 8000명이 폴란드에서 소련으로 보내졌다. 또한 소련은 체코슬로바키아로부터 트란스카르파티아 지역을 빼앗아 병합한 뒤, 소비에트-체코 협정을 맺어 이 지역의 체코인과 슬로바키아인을 최대 3만 5000명까지 본국으로 송환하기로 했다.[161] 종족 및 사회 재구성 프로그램의 목표는 공산군에 의해 해방된 동유럽과 남동유럽 지역들에서 인민민주주의의 출현을 뒷받침하는 데 있었다. 스탈린의 초기 대응은 공산주의 통치를 강요하는 게 아니라 사회주의 노선에 따른 사회·경제 개혁의 결과로 공산주의를 지지하는 폭넓은 연합이 자연스레 형성되도록 유도하는 것이었다. 1946년 7월 스탈린은 체코 공산당 지도자 클레멘트 고트발트Klement Gottwald에게 "히틀러 독일의 패배 이후, 2차대전 이후 … 지배계급이 무너지고 … 인민 대중의 의식이 높아졌습니다"라고 말했다.[162] 사회주의에 이르는 복수複數의 경로는 현실적으로 어려운 것으로 밝혀졌고, 친소련 국가들로 장벽을 구축해 지난날의 적들이 더 이상 소련의 안보를 위협하지 못하도록 막는다는 스탈린의 우선순위와도 충돌했다.[163] 공산주의자들은 불가리아, 루마니아, 폴란드, 헝가리에서 새 정권을 장악했다. 1947년 냉전이 공고해짐에 따라 소비에트 지도부는 서방의 개입 가능성에 집착했으며, 스탈린은 체코슬로바키아 정권이 참여하고 싶어 안달하는, 유럽 부흥을 위한 마셜 계획이 그런 개입을 상징한다고 우려했다. 공산권은 "제국주의를 강화하고 새로운 제국주의 전쟁을 준비하는" 수단이라며 마셜 계획을 거부했다.[164] 1948년 2월 에드바르트 베네시Edvard Beneš 대통령의 체코 연립정부가 전복되고 강경파 공산당 정권이 들어섰다. 1949년 독일 내 소련 점령 지역이 독일민주공화국으로 전환되자 동유럽 국가들은 모두 공산당이 이끄는 친소련 일색이 되었다.

이 정도면 소비에트 제국이었을까? 이 주장을 반박하는 분명한 논거들이 있다. 발트 삼국은 연방 사회주의공화국으로서 소련에 강제로 통합되었다. 제3제국 치하에서 식민 프로젝트의 일부였던 동유럽의 재건 국가들은 주권국가로 복구되었고, 그들의 인구는 비록 관습적인 시민권이 없긴 해도 신민이 아닌 시민으로 대우받았다. 그 목표는 1946년 2월의 스탈린 연설에 따르면 공산주의적 의미에서 "민주적 자유를 회복"하는 데 있었으며, '인민민주주의' 건설을 주도한 세력 중 일부는 스스로의 미래를 결정할 권리를 주장하는 지역 공산주의자들이었다.[165] 반둥 회의에서 네루는 공산주의를 싫어하면서도 공산권을 옹호했는데, "우리가 그들의 주권을 인정한다면 식민주의는 아니다"라는 게 그 이유였다. 공산권에 강요된 정치체제는 인정할 만한 서구형 민주주의가 전혀 아니었고 인권을 일상적으로 침해했지만, 총독이 신민들을 통치하는 형태와 같지는 않았다. 공산권의 경제 발전 수치들이 회의적으로 보일 수 있지만, 동유럽의 새로운 국가들은 빠른 산업 발전과 도시화, 보편적인 복지와 사회정책의 도입을 경험했다.

더욱이 소련이 야망을 펼치는 데에는 한계가 있었다. 스탈린은 1945년 이후 그리스 내전에서 공산주의자들을 돕지 않았다. 티토의 유고슬라비아는 1948년 3월에 스탈린의 권위와 갈라섰고 6월에 코민포름(코민테른의 후신)에서 축출되었다. 1961년 알바니아는 소련이 반제국주의 노선에서 이탈하고 있다고 비난하며 소련과 단교했다. 스탈린은 핀란드의 독립을 존중했고, 이탈리아와 프랑스의 대규모 공산당이 종래의 서구 민주주의를 복원하는 데 협력해야 한다고 주장했다. 유럽 바깥에서 스탈린은 탈식민화 전투에 말려들기를 꺼렸다. 스탈린은 소련군이 점령한 만주를 마오쩌둥이 아닌 장제스에게 돌려주기로 했고, 호찌민의 베트남 민주공화국을 5년 후에야 인정했거니와 마오쩌둥의 중국과 달리 직접적인 지원을 거의 해주지 않았다. 또한 그는 이란에서 영국과의 대립을 피했고, 1950년 미국의 결의를 시험해보라고 북한을 부추기고도 뒤이은 전쟁에 직접 관여하지 않음으로써 중화인민공화국을 또다시 분쟁에 끌어들였다. 남아시아와 중동, 아프리카에서 소련은 서구의 지속적인 우려에도 불구하고 민족주의 운동과 해방 운동에 거의 기여하지 않았다. 소련 보안기관 KGB는 탈식민화와 독립의 마지막 물결이 일어난 1960년에야 사하라 이남 아프리카를 담당하는 부서를 개설했다.[166]

미국 제국의 경우도 똑같이 문제가 된다. 미국은 새로 얻은 권력을 정치적 압박, 경제적 위협, 전 세계에 걸친 정보 감시와 군대 주둔을 통해 표출했지만, 그래도 영토제국은 아니었다. 독일과 이탈리아, 일본의 점령 지역에서 미국 군정은 공공 서비스를 복구하고, 재건 프로젝트에 자본을 대고, 이전의 적국이 의회제 아래에서 완전한 주권을 되찾기 위해 준비하는 과정을 도왔다. 그 이후 미국의 존재는 전용 기지에 배치된 공군과 지상군이었지만, 영국에도 미군이 있었기 때문에 군대 주둔은 조잡한 유사점은 될지언정 제국주의의 증거로 보기는 어렵다. 그럼에도 미국 제국은 '기지제국'으로 묘사되어왔다. 21세기에 들어설 무렵 미군의 해외 기지 수는 38개국에 최소 725개였으며, 세계의 각 지역별로 총사령관이 있었다.[167] 미국은 군대 주둔을 통해 전 세계에 권력을 투사할 수 있었지만, 그 방식은 영국이나 프랑스가 식민 열강으로서 투사했던 방식과 같지 않았다. 루스벨트는 1940년 구축함-기지 협정〔미국이 영국에 구식 구축함 50척을 주는 대가로 뉴펀들랜드와 카리브의 영국 속령들에서 군사기지로 사용할 토지 임차권을 얻은 협정〕에서 합의한 새로운 군사시설들을 보호하기 위해 카리브의 영국 속령들을 인수하는 편이 더 낫지 않을지 고민하던 때에 그것이 미국의 반식민주의 정신에 반한다는 이유로 거부했다. 스탈린과 마찬가지로 미국 지도부가 가장 신경쓴 것은 역사적으로 유의미한 어떤 제국이 아니라 안보, 특히 그들이 인식한 공산주의의 위협에 대비하는 안보였다. 그런 이유로 1949년 지역 안보 조약들—그중 가장 크고 가장 영속적인 것이 북대서양조약기구다—이 체결되었다.

　미국은 탈식민 분쟁들에 대처하는 과정에서 최대 난관에 부딪혔다. 1945년 한반도를 38선을 따라 분단하기로 미국과 소련이 합의한 뒤, 미군은 식민 지배국이 별안간 떠나간 남한을 책임지게 되었다. 남한에 배치된 존 하지John Hodge 장군 휘하 육군 제24군단은 벅찬 과제에 직면했다. 한국어를 구사할 수 있거나 이 나라와 그 최근 과거에 관해 상세히 알고 있는 장교가 없다시피 했다. 한국인들은 마침내 정당을 조직할 수 있게 되었다고 떠들썩했지만, 등록 정당이 1945년 10월 54개, 1947년에는 무려 300개에 이르렀다.[168] 미군은 아치볼드 아널드Archibald Arnold를 장관으로 하는 군정청을 설치했으나 초기 조직은 이전 일본 관료들의 지원에 크게 의존했고 그들이 본국으로 송환되기 전까지 상세한 의견서를 350건 제출받았다. 한국인들은 민족자결과 경제 개혁을 요구했고, 미군 진주 몇 달 만에 광범한 파업과 농촌 시위가 발생했다. 1946년 10월의 한 여론조사에서 응답자의 거의 절반은 미국의 통치보다 일본의 통치를 선호했다.[169] 북한에서 소련군은 전시에 시베리아에서 항일 게릴라로 활동했던 김일성을 현지 공산당 지도자로 앉혔다. 남한의 시골에서 출현한 다수의 인민위원회에 공산당 세력이 침투할 것을 우려한 미국은 일제 치하에서 신민으로 지냈던 한국인들의 광범한 자치 요구를 외면했다.

　1945년 9월 남한의 민족주의자들이 조선인민공화국을 선포했지만, 하지 장군은 너무 공산주의적이라고 생각해 3개월 후 이 명목상 국가를 금지했다. 1945년 12월 하순 모스크바 회의에서 영국, 중국, 미국은 한반도에서 최장 5년간 공동 신탁통치를 시행하기로 합의했다. 국가의 독립을 기다려야 하는 신탁통치 방안에 한국 민족주의자들이 두루 반발하면서 한반도는 교착 상태로 접어들었다. 소련의 감독하에 김일성과 공산당원들은 북한에서 전면적인 개혁에, 무엇보다 38선 양측의 농민들이 원하던 토지 재분배에 착수했다. 1946년 7월 북조선민주주의민족통일전선이 수립되고 미래의 공산주의 국가가 형태를 갖추기 시작했다. 남한에서 미군정은 노동조합과 파업권을 금지했고, 1946년 10월 대구에서 발생한 반란을 폭력적으로 진압했다. 통일 독립국가 한국을 수립하는 문제에 관한 미국과 소련의 추가 회담은 결렬되었고, 비용이 많이 들고 힘겨운 군정에서 벗어나고픈 미국은 9월 국제연합에 한반도에 대한 책임을 맡아줄 것을 요청했다. 국제연합은 한국임시위원단을 파견해 새로운 의회를 선출하는 전국 선거를 실시하려 했지만, 소련이 위원단의 권한을 인정하지 않았다. 선거는 남한에서만 실시되었고, 한반도 인구 중 일부만을 대표하는 국회가 헌법을 제정하고, 일찍이 1919년에 우드로 윌슨에게 위임통치 청원서를 보냈던 노련한 민족주의자 이승만을 1948년 8월 15일 수립된 대한민국의 초대 대통령으로 선출했다. 북한에서도 '전국' 선거가 실시되었고, 남한 출신 공산주의자들을 포함하는 최고인민회의가 1948년 9월 9일 조선민주주의인민공화국을 수립했다. 한반도의 분단은 1년 후에 이루어진 두 독일의 분단과 흡사했다. 양측 모두 한반도 전역을 대표한다고 주장했지만, 국제연합은 대한민국만을 적법한 정부로 인정했다.[170] 1950년 국제연합 한국통일부흥위원회가 설립되었지만, 한국 전쟁과 그 오랜 여파로 인해 성공 가망이 사라졌다. 한반도의 두 공화국은 1991년 9월에야 국제연합 가입국이 되었다.[171]

미국은 1949년 대한민국에서 철수했으나 1년 내에 다시 돌아와야 했다. 한반도의 남측과 북측 모두 전국 통일이라는 목표를 고수했지만, 남한은 공산주의 국가가 될 마음이 없었고, 북한은 이승만의 민족주의적이고 반공산주의적인 정권과 재결합할 마음이 없었다. 1950년 6월, 조선인민군이 한반도를 공산주의 국가로 통일하기 위해 남한을 침공했다. 대한민국의 한정된 병력은 반도 남단의 항구도시 부산 일대의 작은 지역까지 밀려났다. 국제연합 안전보장이사회는 소련이 일시 불참한 가운데 군대를 파견해 남한을 지원하기로 결의했다. 국제연합군이 참전하자 이번에는 침공군이 한반도 북단까지 밀려났으며, 이승만은 적의 저항이 시들해지자 한반도를 통일할 수 있다는 희망을 품었다. 그렇지만 1950년 11월 중국의 참전으로 국제연합군은 다시 퇴각했고, 1951년 4월에 이르자 개전 당시의 전선과 얼추 비슷한 전선이 고착되고 분쟁을 끝내기 위한 교섭이 시작되었다. 마침내 휴전협정이 체결된 1953년 7월까지 미국 전략공군은 2차대전 기간에 독일에 투하했던 폭탄보다도 많은 폭탄을 조선민주주의인민공화국에 쏟아부었다. 북한의 주요 도시들은 75~90퍼센트 파괴되었다. 한국 전쟁의 대가는 다른 어떤 식민 전쟁이나 탈식민 전쟁의 대가보다도 훨씬 컸다. 군인이 75만 명 전사하고 민간인이 최소 80만 명에서 최대 200만 명까지 사망한 것으로 추정된다.[172]

한국 전쟁은 훗날의 베트남 전쟁과 마찬가지로 탈식민화의 위기 국면

이 더 광범한 냉전 대립을 얼마나 격화할 수 있는지를 보여주었다. 그러나 한국 전쟁이 남북의 이데올로기적 대립을 넘어 소련 '제국'과 미국 '제국'의 충돌이기도 했던 측면은 전쟁의 결과에 어느 정도만 반영되었다. 구 제국들과 두 초강대국은 단순히 의미론적으로만 달랐던 게 아니다. 한반도는 35년간의 식민지 시대 이후 두 개의 독립 주권국가로 분단되었으며, 양국은 4년간 전쟁을 치른 후에도 독립국으로 남았다. 패권국 소련과 미국은 새로운 중화인민공화국과 함께 한국 전쟁의 결과와 그 여파에 일정한 영향을 주었지만, 1945년 일본 제국의 종말은 한반도의 재식민화를 불러오지 않았다.

1930년대부터 전후의 폭력적인 시기까지 이어진 장기 2차대전을 거치며 특정 형태의 제국이 최후를 맞았을 뿐 아니라 더 오래도록 이어져 온 제국 역사의 평판까지 나빠졌다. 1961년 BBC 라디오의 리스 강연에서 옥스퍼드 대학의 아프리카학 연구자 마저리 퍼햄Margery Perham은 전쟁 이후 비난받는 "옛 권위들" 중에서 "제국주의만큼 나쁜 대접을 받는 것은 없습니다"라고 말했다. 퍼햄이 보기에 이것은 심대한 역사적 변화였다. "6000여 년에 걸친 기록된 역사 내내 제국주의, 즉 한 국가가 다른 국가로 정치권력을 확장하는 정책은 … 기성 질서의 일부분으로 당연시되었습니다." 하지만 전쟁이 끝난 뒤 사람들이 받아들이려는 권위는 "그들 자신의 의지로부터 생겨나거나 그렇게 보일 수 있는" 권위뿐이었다.[173] 그런 이유로 국가 지위를 둘러싼 쟁탈전이 벌어졌고, 2019년 국제연합의 회원국이 총 193개국에 이르게 되었다. 국제 제도와 지역 조약으로 대표되는 이 새로운 민족국가들의 기구는 분명 국제 분쟁도 국내 분쟁도 끝내지 못했지만, 마지막 제국주의 전쟁이 개시되기 전에 존재했던 시대와는 다른 시대임을 의미한다. 프랑스 혁명 전쟁이나 나폴레옹 전쟁, 1차대전 이상으로 2차대전은 유럽뿐 아니라 전 세계의 지정학적 질서까지 변혁할 수 있는 조건을 만들어냈다. 1928년 레너드 울프가 예측했듯이, 영토제국의 마지막 단계는 "평화롭게 묻"히지 못하고 "피와 폐허"로 넘쳐났다.

주

약어

AHB	Air Historical Branch, Northolt, Middlesex
BAB	Bundesarchiv–Berlin
BA-MA	Bundesarchiv–Militärarchiv, Freiburg
CCAC	Churchill College Archive Centre, Cambridge
IWM	Imperial War Museum, Lambeth, London
LC	Library of Congress, Washington, DC
NARA	National Archives and Records Administration, College Park, MD
TNA	The National Archives, Kew, London
TsAMO	Central Archive of the Russian Ministry of Defence, Podolsk
UEA	University of East Anglia, Norwich
USMC	United States Marine Corps
USSBS	United States Strategic Bombing Survey

제5장 | 전쟁터에서 싸우기

1 Walter Kerr, *The Russian Army* (London, 1944). 69. **2** Ibid., 69-70. **3** Steven Zaloga, *Japanese Tanks 1939-1945* (Oxford, 2007), 7-10. **4** Peter Chamberlain and Chris Ellis, *Tanks of the World 1915-1945* (London, 2002), 39. **5** Christopher Wilbeck, *Sledgehammers: Strengths and Flaws of Tiger Tank Battalions in World War II* (Bedford, Pa, 2004), 182-9. **6** Victor Kamenir, *The Bloody Triangle: The Defeat of Soviet Armor in the Ukraine, June 1941* (Minneapolis, Minn., 2008), 187. **7** Gordon Rottman, *World War II Infantry Anti-Tank Tactics* (Oxford, 2005), 19-20, 57. **8** Wilbeck, *Sledgehammers*, 186; Markus Pöhlmann, *Der Panzer und die Mechanisierung des Krieges: Eine deutsche Geschichte 1890 bis 1945* (Paderborn, 2016), 527. **9** Gary Dickson, 'Tank repair and the Red Army in World War II', *Journal of Slavic Military Studies*, 25 (2012), 382-5. **10** Gordon Rottman and Akira Takizawa, *World War II Japanese Tank Tactics* (Oxford, 2008), 3-6. **11** MacGregor Knox, 'The Italian armed forces, 1940-3', in Allan Millett and Williamson Murray (eds.), *Military Effectiveness: Volume III: The Second World War* (Cambridge, 1988), 151.

12 Pöhlmann, *Der Panzer*, 190-91, 207-12; Richard Ogorkiewicz, *Tanks: 100 Years of Evolution* (Oxford, 2015), 129-30; Robert Citino, *The Path to Blitzkrieg: Doctrine and Training the German Army, 1920-39* (Mechanicsburg, Pa, 2008), 224-31. **13** Heinz Guderian, *Achtung-Panzer!* (London, 1992), 170 (1937년 독일어판에서 번역). **14** R. L. Dinardo, *Mechanized Juggernaut or Military Anachronism? Horses and the German Army of WWII* (Mechanicsburg, Pa, 2008), 39, 55-7. **15** Karl-Heinz Frieser, *The Blitzkrieg Legend: The 1940 Campaign in the West* (Annapolis, Md, 2005), 36-42. **16** Jeffrey Gunsburg, 'The battle of the Belgian Plain, 12-14 May 1940: the first great tank battle', *Journal of Military History*, 56 (1992), 241-4. **17** G. F. Krivosheev, *Soviet Casualties and Combat Losses in the Twentieth Century* (London, 1997), 252. **18** Dinardo, *Mechanized Juggernaut*, 67; Richard Ogorkiewicz, *Armoured Forces: A History of Armoured Forces & Their Vehicles* (London, 1970), 78-9; Matthew Cooper, *The German Army 1933-1945* (London, 1978), 74-9. 쿠르스크 전투의 전차 수치는 Lloyd Clark, *Kursk: The Greatest Battle* (London, 2011), 197-9 참조. **19** Ogorkiewicz, *Tanks*, 152-3; Pöhlmann, *Der Panzer*, 432-4. **20** Rottman, *World War II Infantry Anti-Tank Tactics*, 46-7, 49-52. **21** Giffard Le Q. Martel, *Our Armoured Forces* (London, 1945), 40-43, 48-9. **22** Willem Steenkamp, *The Black Beret: The History of South Africa's Armoured Forces: Volume 2, The Italian Campaign 1943-45 and Post-War South Africa 1946-61* (Solihull, 2017), 35-9. **23** Ogorkiewicz, *Tanks*, 120-23; Wilbeck, *Sledgehammers*, 203-4. **24** Steven Zaloga, *Armored Thunderbolt: The U.S. Army Sherman in World War II* (Mechanicsburg, Pa, 2008), 16-17. **25** Ibid., 24, 329-30. **26** Rottman, *World War II Infantry Anti-Tank Tactics*, 29-32. **27** Krivosheev, *Soviet Casualties*, 241. Alexander Hill, *The Red Army and the Second World War* (Cambridge, 2017), 691에서는 가용 전차가 1만 2782대였고 그 중 2157대만이 수리가 필요하지 않은 신규 전차였다는 수치를 제시한다. **28** Kamenir, *Bloody Triangle*, 255-6, 280-81. **29** David Glantz, *Colossus Reborn: The Red Army at War, 1941-1943* (Lawrence, Kans, 2005), 225-34. **30** James Corum, 'From biplanes to Blitzkrieg: the development of German air doctrine between the wars', *War in History*, 3 (1996), 87-9. **31** Karl-Heinz Völker, *Dokumente und Dokumentarfotos zur Geschichte der deutschen Luftwaffe* (Stuttgart, 1968), 469, doc. 200 'Luftkriegführung'; Michel Forget, 'Die Zusammenarbeit zwischen Luftwaffe und Heer bei den französischen und deutschen Luftstreitkräfte im Zweiten Weltkrieg', in Horst Boog (ed.), *Luftkriegführung im Zweiten Weltkrieg* (Herford, 1993), 489-91. **32** Ernest May, *Strange Victory: Hitler's Conquest of France* (New York, 2000), 429. **33** Johannes Kaufmann, *An Eagle's Odyssey: My Decade as a Pilot in Hitler's Luftwaffe* (Barnsley, 2019), 117. **34** NARA, RG 165/888.96, Embick memorandum, 'Aviation Versus Coastal Fortifications', 6 Dec. 1935. **35** Forget, 'Zusammenarbeit', 486 (강조는 원문 그대로). **36** P. Le Goyet, 'Evolution de la doctrine d'emploi de l'aviation française entre 1919 et 1939', *Revue d'histoire de la Deuxième Guerre Mondiale*, 19 (1969), 22-34; R. Doughty, 'The French armed forces 1918-1940', in Alan Millett and Williamson Murray (eds.), *Military Effectiveness: Volume II: The Interwar Period* (Cambridge, 1988), 58. **37** David Hall, *Strategy for Victory: The Development of British Tactical Air Power, 1919-1945* (Westport, Conn., 2007), 30-42. **38** Peter Smith, *Impact: The Dive Bomber Pilots Speak* (London, 1981), 34에 수록된 슬레서의 발언; TNA, AIR 9/99, 'Appreciation of the Employment of the British Air Striking Force against the German Air

Striking Force', 26 Aug. 1939, p. 5; TNA 9/98, 'Report on Trials to Determine the Effect of Air Attack Against Aircraft Dispersed about an Aerodrome Site', July 1938. **39** Matthew Powell, 'Reply to: The Battle of France, Bartholomew and Barratt: the creation of Army Cooperation Command', *Air Power Review*, 20 (2017), 93-5. **40** David Smathers, '"We never talk about that now": air-land integration in the Western Desert 1940-42', *Air Power Review*, 20 (2017), 36-8. **41** Richard Hallion, *Strike from the Sky: The History of Battlefield Air Attack, 1911-1945* (Washington, DC, 1989), 131-3, 182. **42** Smathers, '"We never talk about that now"', 40-43; Robert Ehlers, 'Learning together, winning together: air-ground cooperation in the Western Desert', *Air Power Review*, 21 (2018), 213-16; Vincent Orange, 'World War II: air support for surface forces', in Alan Stephens (ed.), *The War in the Air 1914-1994* (Maxwell, Ala, 2001), 87- 9, 95-7. **43** Hallion, *Strike from the Sky*, 159-61. **44** David Syrett, 'The Tunisian campaign, 1942-43', in Benjamin Cooling (ed.), *Case Studies in the Development of Close Air Support* (Washington, DC, 1990), 159-60. **45** B. Michael Bechthold, 'A question of success: tactical air doctrine and practice in North Africa', *Journal of Military History*, 68 (2004), 832-8. **46** Ibid., 830-34. **47** Syrett, 'The Tunisian campaign', 167. **48** Hallion, *Strike from the Sky*, 171-3; Syrett, 'The Tunisian campaign', 184-5. **49** Richard Overy, *The Air War 1939-1945* (3rd edn, Dulles, Va, 2005), 77. 수치는 미국 항공기 4만 6244대, 영국 항공기 8395대, 독일 항공기 6297대였다. **50** NARA, United States Strategic Bombing Survey, Interview 62, Col. Gen. Jodl, 29 June 1945. **51** Kenneth Whiting, 'Soviet air-ground coordination', in Cooling (ed.), *Case Studies in Close Air Support*, 117-18. **52** Von Hardesty and Ilya Grinberg, *Red Phoenix Rising: The Soviet Air Force in World War II* (Lawrence, Kans, 2012), 204-5, 261-2. **53** Lord Keyes, *Amphibious Warfare and Combined Operations* (Cambridge, 1943), 7. **54** Edward Miller, *War Plan Orange: The U.S. Strategy to Defeat Japan 1897-1945* (Annapolis, Md, 1991), 115-19; John Lorelli, *To Foreign Shores: U.S. Amphibious Operations in World War II* (Annapolis, Md, 1995), 10-11. **55** Allan Millett, 'Assault from the sea: the development of amphibious warfare between the wars - the American, British, and Japanese experiences', in Allan Millett and Williamson Murray (eds.), *Military Innovation in the Interwar Period* (Cambridge, 1996), 71-4; Lorelli, *To Foreign Shores*, 13-14; Miller, *War Plan Orange*, 174. 엘리스의 운명에 관해서는 John Reber, 'Pete Ellis: Amphibious warfare prophet', in Merrill Bartlett (ed.), *Assault from the Sea: Essays on the History of Amphibious Warfare* (Annapolis, Md, 1983), 157-8 참조. **56** Hans von Lehmann, 'Japanese landing operations in World War II', in Bartlett (ed.), *Assault from the Sea*, 197-8; Millett, 'Assault from the sea', 65-9. **57** Lehmann, 'Japanese landing operations', 198; Millett, 'Assault from the sea', 81-2. **58** David Ulbrich, *Preparing for Victory: Thomas Holcomb and the Making of the Modern Marine Corps, 1936-1943* (Annapolis, Md, 2011), 95, 187-8. **59** Millett, 'Assault from the sea', 59-60, 78-9. **60** TsAMO, Sonderarchiv, f.500, o. 957972, d. 1419, Army commander-in-chief, von Brauchitsch, 'Anweisung für die Vorbereitung des Unternehmens "Seelöwe"', 30 Aug. 1940, pp. 2-5, Anlage 1; OKH, general staff memorandum 'Seelöwe', 30 July 1940, p. 4. 또한 Frank Davis, 'Sea Lion: the German plan to invade Britain, 1940', in Bartlett (ed.), *Assault from the Sea*, 228-35 참조. **61** Renzo de Felice (ed.), *Galeazzo Ciano: Diario 1937-1943* (Milan, 1990), 661, entry for 26 May 1942. **62** IWM, Italian Series, Box 22, E2568, 'Esigenza "C.3" per l'occupazione dell'isola di Malta', pp. 25-7; 또한 Mariano Gabriele, 'L'operazione "C.3" (1942)', in Romain Rainero and Antonello Biagini (eds.), *Italia in guerra: Il terzo anno, 1942* (Rome, 1993), 409ff 참조. **63** Alan Warren, *Singapore: Britain's Greatest Defeat* (London, 2002), 60-64, 221-32. **64** Ulbrich, *Preparing for Victory*, xiii, 123; Robert Heinl, 'The U.S. Marine Corps: author of modern amphibious warfare', in Bartlett (ed.), *Assault from the Sea*, 187-90. **65** Craig Symonds, *Operation Neptune: The D-Day Landings and the Allied Invasion of Europe* (New York, 2014), 149-52; Ulbrich, *Preparing for Victory*, 61-2, 84; Frank Hough, *The Island War: The United States Marine Corps in the Pacific* (Philadelphia, Pa, 1947), 212-15. **66** Lorelli, *To Foreign Shores*, 38, 49; Hough, *The Island War*, 36. **67** Lorelli, *To Foreign Shores*, 53-6; Ulbrich, *Preparing for Victory*, 130-32, 138-9. **68** Lorelli, *To Foreign Shores*, 58-9; Symonds, *Operation Neptune*, 75-6. **69** USMC Command and Staff College paper, 'Tarawa to Okinawa: The Evolution of Amphibious Operations in the Pacific during World War II', 9. **70** Ibid., 9-11, 17-20; Lorelli, *To Foreign Shores*, 162-76; Hough, *The Island War*, 132-8. **71** USMC Command and Staff College, 'Tarawa to Okinawa', 14-25; Lorelli, *To Foreign Shores*, 178-81. **72** Hough, *The Island War*, 215-16; USMC Command and Staff College, 'Tarawa to Okinawa', 11-12. **73** Lorelli, *To Foreign Shores*, 307-13. **74** Frederick Morgan, *Overture to Overlord* (London, 1950), 146-8. **75** Lorelli, *To Foreign Shores*, 63. **76** Ibid., 71-9; Symonds, *Operation Neptune*, 88-91. **77** Robert Coakley and Richard Leighton, *Global Logistics and Strategy: Volume 2, 1943-1945* (Washington, DC, 1968), appendix D-3, 836, appendix D-5, 838; Dwight D. Eisenhower, *Report by the Supreme Commander to the Combined Chiefs of Staff* (London, 1946), 16. **78** Coakley and Leighton, *Global Logistics*, 805-7, 829; Symonds, *Operation Neptune*, 163-4. **79** Coakley and Leighton, *Global Logistics*, 309-11, 348-50, 829; Lorelli, *To Foreign Shores*, 215-16, 222. **80** Symonds, *Operation Neptune*, 196-210, 220-21; Lorelli, *To Foreign Shores*, 215-22. **81** British Air Ministry, *Rise and Fall of the German Air Force 1919-1945* (Poole, 1983; orig. publ. 1947), 323-5, 327-32. **82** Friedrich Ruge. 'The invasion of Normandy', in Hans-Adolf Jacobsen and Jürgen Rohwer (eds.), *Decisive Battles of World War II: The German View* (London, 1965), 336, 342-3; Royal Navy Historical Branch, Battle Summary No. 39, *Operation Neptune* (London, 1994), 132; British Air Ministry, *Rise and Fall of the German Air Force*, 329. **83** Symonds, *Operation Neptune*, 256-7. **84** Ibid., 291-9. **85** Eisenhower, *Report by the Supreme Commander*, 32. Hitler's directive in Hugh Trevor-Roper (ed.), *Hitler's War Directives 1939-1945* (London, 1964), 220, Directive 51, 3 Nov. 1943. **86** Joint Board on Scientific Information, *Radar: A Report on Science at War* (Washington, DC, 1945), 1. **87** Citino, *The Path to Blitzkrieg*, 208-11; Pöhlmann, *Der Panzer*, 269. **88** Riccardo Niccoli, *Befehlspanzer: German Command, Control and Observation Armored Combat Vehicles in World War Two* (Novara, 2014), 2-6, 88. **89** Karl Larew, 'From pigeons to crystals: the development of radio communications in U.S. Army tanks in World War II', *The Historian*, 67 (2005), 665-6; Gunsburg, 'The battle of the Belgian Plain', 242-3. **90** Wolfgang Schneider, *Panzer Tactics: German Small-Unit Armor Tactics in World War II* (Mechanicsburg, Pa, 2000), 186-91. **91** Richard Thompson, *Crystal Clear: The Struggle for Reliable Communications Technology in World War II* (Hoboken, NJ, 2012), 5-6; Simon Godfrey, *British Army Communications in the Second World War* (London, 2013), 6-12. **92** Rottman and

Takizawa, *World War II Japanese Tank Tactics*, 27–8. **93** Thompson, *Crystal Clear*, 13–14, 20–22. **94** Ibid., pp. 145–57. **95** Zaloga, *Armored Thunderbolt*, 151–3. **96** Godfrey, *British Army Communications*, 233; Gordon Rottman, *World War II Battlefield Communications* (Oxford, 2010), 29–30, 35–6; Anthony Davies, 'British Army battlefield radios of the 1940s', *Proceedings of the International Conference on Applied Electronics*, 2009, 2–4. **97** USMC Command and Staff College, 'Tarawa to Okinawa', 14–15. **98** Godfrey, *British Army Communications*, 12–13, 144; Thompson, *Crystal Clear*, 51–2. **99** Thompson, *Crystal Clear*, 163–7; Larew, 'From pigeons to crystals', 675–7. **100** Williamson Murray, 'The Luftwaffe experience, 1939–1941', in Cooling (ed.), *Case Studies in Close Air Support*, 79, 83, 98; Hermann Plocher, *The German Air Force Versus Russia, 1943* (New York, 1967), 263–4. **101** Smathers, '"We never talk about that now"', 33–6, 42–3. **102** Robert Ehlers, *The Mediterranean Air War: Air Power and Allied Victory in World War II* (Lawrence, Kans, 2015), 103, 186; Hallion, *Strike from the Sky*, 154. **103** Hardesty and Grinberg, *Red Phoenix Rising*, 121, 129–31, 147–9, 257–8; Whiting, 'Soviet air-ground coordination', 130–34, 139–40; Hallion, *Strike from the Sky*, 241–2, 183. **104** Hallion, *Strike from the Sky*, 165. **105** Thompson, *Crystal Clear*, 49–52. **106** Bechthold, 'A question of success', 831–2; W. Jacobs, 'The battle for France, 1944', in Cooling (ed.), *Case Studies in Close Air Support*, 254–6, 265, 271–2; Hallion, *Strike from the Sky*, 181, 199. **107** Raymond Watson, *Radar Origins Worldwide: History of Its Evolution in 13 Nations through World War II* (Bloomington, Ind., 2009), 43–6. **108** Ibid., 115–25, 233–41; H. Kummritz, 'German radar development up to 1945', in Russell Burns (ed.), *Radar Development to 1945* (London, 1988), 209–12. **109** John Erickson, 'The air defence problem and the Soviet radar programme 1934/5–1945', ibid., 229–31; Watson, *Radar Origins Worldwide*, 280–87. **110** Louis Brown, *A Radar History of World War II: Technical and Military Imperatives* (London, 1999), 87–9. **111** Watson, *Radar Origins Worldwide*, 319–20; Shigeru Nakajima, 'The history of Japanese radar development to 1945', in Burns (ed.), *Radar Development*, 243–58. **112** Watson, *Radar Origins Worldwide*, 342–5; M. Calamia and R. Palandri, 'The history of the Italian radio detector telemetro', in Burns (ed.), *Radar Development*, 97–105. **113** Colin Dobinson, *Building Radar: Forging Britain's Early Warning Chain, 1935–1945* (London, 2010), 302–5, 318. **114** Wesley Craven and James Cate, *The Army Air Forces in World War II: Volume 6, Men and Planes* (Chicago, Ill., 1955), 82–5, 89, 96–8. **115** Ibid., 103–4. **116** Takuma Melber, *Pearl Harbor: Japans Angriff und der Kriegseintritt der USA* (Munich, 2016), 129–30. **117** G. Muller and H. Bosse, 'German primary radar for airborne and ground-based surveillance', in Burns (ed.), *Radar Development*, 200–208; Watson, *Radar Origins Worldwide*, 236–41; Kummritz, 'German radar development', 211–17. **118** Alfred Price, *Instruments of Darkness: The History of Electronic Warfare, 1939–1945* (London, 2005), 55–9. **119** Alan Cook, 'Shipborne radar in World War II: some recollections', *Notes and Records of the Royal Society*, 58 (2004), 295–7. **120** Watson, *Radar Origins Worldwide*, 73–85. **121** Ibid., 236–8; Kummritz, 'German radar development', 211, 219–22. **122** Watson, *Radar Origins Worldwide*, 115–29; Joint Board on Scientific Information, *Radar*, 19–22, 26–7. **123** Watson, *Radar Origins Worldwide*, 142–7, 157–8; Russell Burns, 'The background to the development of the cavity magnetron', in Burns (ed.), *Radar Development*, 268–79. **124** Chris Eldridge, 'Electronic

eyes for the Allies: Anglo-American cooperation on radar development during World War II',
History & Technology, 17 (2000), 11-13. **125** Brown, *A Radar History*, 398-402; Watson, *Radar
Origins Worldwide*, 210-12; Eldridge, 'Electronic eyes for the Allies', 16. **126** Edward Bowen, 'The
Tizard Mission to the USA and Canada', in Burns (ed.), *Radar Development*, 306; Brown, *A
Radar History*, 402-5; Guy Hartcup, *The Effect of Science on the Second World War* (Basingstoke,
2000), 39-43. **127** Trent Hone, *Learning War: The Evolution of Fighting Doctrine in the U.S.
Navy, 1898-1945* (Annapolis, Md, 2018), 206-14; Watson, *Radar Origins Worldwide*, 167-9,
185-6, 208-10; Joint Board on Scientific Information, *Radar*, 20-21, 40-41; Brown, *A Radar
History*, 368-70. **128** Watson, *Radar Origins Worldwide*, 250-60; Kummritz, 'German radar
development', 222-6. **129** Nakajima, 'History of Japanese radar development', 244-52, 255-6.
130 Brown, *A Radar History*, 424-5. **131** Joint Board on Scientific Information, *Radar*, 44;
Watson, *Radar Origins Worldwide*, 223. **132** Carl Boyd, 'U.S. Navy radio intelligence during the
Second World War and the sinking of the Japanese submarine I-52', *Journal of Military History*,
63 (1999), 340-54. **133** David Kahn, *Hitler's Spies: German Military Intelligence in World War II*
(New York, 1978), 210. **134** 사진정찰의 중요성을 둘러싼 쟁점들에 관해서는 Taylor Downing,
Spies in the Sky: The Secret Battle for Aerial Intelligence in World War II (London, 2011), 327-34
참조. **135** Jeffrey Bray (ed.), *Ultra in the Atlantic: Volume 1: Allied Communication Intelligence*
(Laguna Hills, Calif., 1994), 19; F. H. Hinsley, 'An introduction to FISH', in F. H. Hinsley and
Alan Stripp (eds.), *Code Breakers: The Inside Story of Bletchley Park* (Oxford, 1993), 144. **136**
John Chapman, 'Japanese intelligence 1919-1945: a suitable case for treatment', in Christopher
Andrew and Jeremy Noakes (eds.), *Intelligence and International Relations 1900-1945* (Exeter,
1987), 147, 155-6. **137** Ken Kotani, *Japanese Intelligence in World War II* (Oxford, 2009), 122,
140, 161-2. **138** Samir Puri, 'The role of intelligence in deciding the Battle of Britain', *Intelligence
and National Security*, 21 (2006), 420-21. **139** Downing, *Spies in the Sky*, 337-9. **140** Sebastian
Cox, 'A comparative analysis of RAF and Luftwaffe intelligence in the Battle of Britain, 1940',
Intelligence and National Security, 5 (1990), 426. **141** 이 우여곡절로 점철된 관계에 관한 충실한
서술로는 Bradley Smith, *Sharing Secrets with Stalin: How the Allies Traded Intelligence 1941-
1945* (Lawrence, Kans, 1996) 참조. **142** Douglas Ford, 'Informing airmen? The US Army Air
Forces' intelligence on Japanese fighter tactics in the Pacific theatre, 1941-5', *International
History Review*, 34 (2012), 726-9. **143** Wilfred J. Holmes, *Double-Edged Secrets: U.S. Naval
Intelligence Operations in the Pacific War During World War II* (Annapolis, Md, 1979), 150-53;
Karl Abt, *A Few Who Made a Difference: The World War II Teams of the Military Intelligence Service*
(New York, 2004), 3-4. **144** David Glantz, *The Role of Intelligence in Soviet Military Strategy in
World War II* (Novata, Calif., 1990), 109-12, 219-20. **145** Valerii Zamulin, 'On the role of
Soviet intelligence during the preparation of the Red Army for the summer campaign of 1943',
Journal of Slavic Military Studies, 32 (2019), 246, 253. **146** Alan Stripp, *Codebreaker in the Far
East* (Oxford, 1989), 117-18. **147** W. Jock Gardner, *Decoding History: The Battle of the Atlantic
and Ultra* (London, 1999), 137-9. **148** Hinsley, 'Introduction to FISH', 146-7. **149** Hilary
Footitt, 'Another missing dimension? Foreign languages in World War II intelligence', *Intelligence
and National Security*, 25 (2010), 272-82. **150** James McNaughton, *Nisei Linguists: Japanese*

Americans in the Military Intelligence Service during World War II (Washington, DC, 2006), 18– 23, 328–9, 331. **151** Roger Dingman, 'Language at war: U.S. Marine Corps Japanese language officers in the Pacific war', *Journal of Military History*, 68 (2004), 854–69. **152** Kahn, *Hitler's Spies*, 203–4. **153** Footitt, 'Another missing dimension?', 272. **154** Stripp, *Codebreaker*, 65–6. **155** Arthur Bonsall, 'Bletchley Park and the RAF "Y" Service: some recollections', *Intelligence and National Security*, 23 (2008), 828–32; Puri, 'The role of intelligence in deciding the Battle of Britain', 430–32; Cox, 'A comparative analysis of RAF and Luftwaffe intelligence', 432. **156** Ralph Erskine, 'Naval Enigma: a missing link', *International Journal of Intelligence and Counterintelligence*, 3 (1989), 494–504; Gardner, *Decoding History*, 126–31; Bray (ed.), *Ultra in the Atlantic*, xiv–xx, 19–24. **157** Brian Villa and Timothy Wilford, 'Signals intelligence and Pearl Harbor: the state of the question', *Intelligence and National Security*, 21 (2006), 521–2, 547–8. **158** Edward Van Der Rhoer, *Deadly Magic: Communications Intelligence in World War II in the Pacific* (London, 1978), 11–13, 49, 138–46; Stephen Budiansky, *Battle of Wits: The Complete Story of Codebreaking in World War II* (London, 2000), 320–23. **159** Kotani, *Japanese Intelligence*, 122. **160** Kahn, *Hitler's Spies*, 204–6. **161** Budiansky, *Battle of Wits*, 319–22. **162** Patrick Wilkinson, 'Italian naval decrypts', in Hinsley and Stripp (eds.), *Code Breakers*, 61–4. **163** F. H. Hinsley, 'The Influence of Ultra', in Hinsley and Stripp (eds.), *Code Breakers*, 4–5. **164** Jack Copeland, 'The German tunny machine', in *idem* (ed.), *Colossus: The Secrets of Bletchley Park's Codebreaking Computers* (Oxford, 2006), 39–42. **165** Thomas Flowers, 'D–Day at Bletchley Park', in Copeland (ed.), *Colossus*, 80–81. **166** Hinsley, 'Introduction to FISH', 141–7. **167** F. H. Hinsley et al., *British Intelligence in the Second World War: Volume 3, Part 2* (London, 1988), 778–80; David Kenyon, *Bletchley Park and D–Day* (New Haven, Conn., 2019), 246. **168** Michael Howard, *Strategic Deception in the Second World War* (London, 1990). **169** Rick Stroud, *The Phantom Army of Alamein* (London, 2012), 23–8. **170** Charles Cruickshank, *Deception in World War II* (Oxford, 1981), 4–5. **171** Michael Handel, 'Introduction: strategic and operational deception in historical perspective', in *idem* (ed.), *Strategic and Operational Deception in the Second World War* (London, 1987), 15–19. **172** Howard, *Strategic Deception*, 23–8. **173** Stroud, *Phantom Army*, 80–86; Cruickshank, *Deception*, 20–21. **174** Niall Barr, *Pendulum of War: The Three Battles of El Alamein* (London, 2004), 299–301; Cruickshank, *Deception*, 26–33; Stroud, *Phantom Army*, 193–7, 212–18. **175** John Campbell, 'Operation Starkey 1943: "a piece of harmless playacting"?', in Handel (ed.), *Strategic and Operational Deception*, 92–7. **176** Howard, *Strategic Deception*, 104–5. **177** Campbell, 'Operation Starkey', 106–7. **178** Handel, 'Introduction', 60. **179** Thaddeus Holt, *The Deceivers: Allied Military Deception in the Second World War* (London, 2004), 565–6. **180** Howard, *Strategic Deception*, 122. **181** Ibid., 122, 132. **182** Ibid. 186–93; T. L. Cubbage, 'The German misapprehensions regarding Overlord: understanding failure in estimative process', in Handel (ed.), *Strategic and Operational Deception*, 115–18. **183** David Glantz, 'The Red mask: the nature and legacy of Soviet military deception in the Second World War', in Handel (ed.), *Strategic and Operational Deception*, 175–81, 189. **184** Hill, *The Red Army*, 399–400; Glantz, 'Red mask', 204–5. **185** Glantz, 'Red mask', 206–9; Kahn, *Hitler's Spies*, 437–9. **186** David Glantz, *Soviet Military Deception in the Second World War*

(London, 1989), 152-3; Hill, *The Red Army*, 444-5. **187** Kahn, *Hitler's Spies*, 440-41. **188** Jonathan House and David Glantz, *When Titans Clashed: How the Red Army Stopped Hitler* (Lawrence, Kans, 1995), 205-6. **189** Katherine Herbig, 'American strategic deception in the Pacific', in Handel (ed.), *Strategic and Operational Deception*, 260-75; Holt, *The Deceivers*, 730-43. **190** Cruickshank, *Deception*, 214-15; Handel, 'Introduction', 50-52. **191** Glantz, 'Red mask', 192, 233-8. **192** Louis Yelle, 'The learning curve: historical review and comprehensive survey', *Decision Sciences*, 10 (1979), 302-12. **193** Hone, *Learning War*, 3. **194** Glantz, *Colossus Reborn*, 123-41. **195** 사막 전역에서 드러난 영국군 전투의 결함에 관해서는 David French, *Raising Churchill's Army: The British Army and the War against Germany 1919-1945* (Oxford, 2000), 212-35 참조. **196** Patrick Rose, 'Allies at war: British and US Army command culture in the Italian campaign, 1943-1944', *Journal of Strategic Studies*, 36 (2013), 47-54. 또한 L. P. Devine, *The British Way of Warfare in Northwest Europe, 1944-5* (London, 2016), 178-82 참조. **197** Douglas Ford, 'US assessments of Japanese ground warfare tactics and the army's campaigns in the Pacific theatres, 1943-1945: lessons learned and methods applied', *War in History*, 16 (2009), 330-34, 341-8. **198** Rose, 'Allies at war', 65. **199** French, *Raising Churchill's Army*, 5. **200** Andrei Grinev, 'The evaluation of the military qualities of the Red Army in 1941-1945 by German memoirs and analytic materials', *Journal of Slavic Military Studies*, 29 (2016), 228-32. **201** John Cushman, 'Challenge and response at the operational and tactical levels, 1914-45', in Millett and Murray (eds.), *Military Effectiveness*, iii, 328-31; Richard Carrier, 'Some reflections on the fighting power of the Italian Army', *War in History*, 22 (2015), 193-210; French, *Raising Churchill's Army*, 4-10.

제6장 | 전쟁경제: 전시의 경제

1 Russell Buhite and David Levy (eds.), *FDR's Fireside Chats* (Norman, Okla, 1992), 172. **2** IWM, EDS Mi 14/433 (file 2), Der Führer, 'Vereinfachung und Leistungssteigerung unserer Rüstungsproduktion', 3 Dec. 1941, p. 1. **3** Jeffery Underwood, *Wings of Democracy: The Influence of Air Power on the Roosevelt Administration 1933-1941* (College Station, Tex., 1991), 155. 루스벨트는 육군과 해군의 공군력도 항공기 5만 대에 달하기를 원했다. **4** IWM, EDS Mi 14/463 (file 3), OKW 'Aktenvermerk über die Besprechung bei Chef OKW, Reichskanzler, 19 Mai 1941', pp. 2-3. **5** IWM, Speer Collection, Box 368, Report 901, 'The Rationalisation of the German Armaments Industry', p. 8. **6** Rüdiger Hachtmann, 'Fordism and unfree labour: aspects of the work deployment of concentration camp prisoners in German industry between 1941 and 1944', *International Review of Social History*, 55 (2010), 501. 이 쟁점에 관한 전반적인 논의는 Richard Overy, War and Economy in the Third Reich (Oxford, 1994), ch. 11 참조. **7** Charles Maier, 'Between Taylorism and technocracy: European ideologies and the vision of industrial productivity in the 1920s', *Journal of Contemporary History*, 5 (1970), 33-5, 45-6. **8** Jonathan Zeitlin, 'Flexibility and mass production at war: aircraft manufacturers in Britain, the United States, and Germany 1939-1945', *Technology and Culture*, 36 (1995), 57. **9** Irving B. Holley, 'A

Detroit dream of mass-produced fighter aircraft: the XP-75 fiasco', *Technology and Culture*, 28 (1987), 580-82, 585-91. **10** Alec Cairncross, *Planning in Wartime: Aircraft Production in Britain, Germany and the USA* (London, 1991), xv. **11** IWM, Speer Collection, Box 368, Report 90 IV, 'Rationalization of the Munitions Industry', p. 4. **12** Yoshiro Miwa, *Japan's Economic Planning and Mobilization in Wartime: The Competence of the State* (New York, 2016), 413-15. **13** John Guilmartin, 'The Aircraft that Decided World War II: Aeronautical Engineering and Grand Strategy', 44th Harmon Memorial Lecture, United States Air Force Academy, 2001, pp. 17, 22. **14** Zeitlin, 'Flexibility and mass production', 53-5, 59-61; John Rae, *Climb to Greatness: The American Aircraft Industry 1920-1960* (Cambridge, Mass., 1968), 147-9; Wesley Craven and James Cate, *The Army Air Forces in World War II: Volume VI, Men and Planes* (Chicago, Ill., 1955), 217-20, 335-6. **15** Benjamin Coombs, *British Tank Production and the War Economy 1934-1945* (London, 2013), 91-3, 102. **16** Steven Zaloga, *Soviet Lend-Lease Tanks of World War II* (Oxford, 2017), 31-2. **17** Boris Kavalerchik, 'Once again about the T-34', *Journal of Slavic Military Studies*, 28 (2015), 192-5. **18** Joshua Howard, *Workers at War: Labor in China's Arsenals, 1937-1953* (Stanford, Calif., 2004), 51-5. **19** Ibid., 64-73. **20** USSBS, Pacific Theater, 'The Effects of Strategic Bombing on Japan's War Economy, Over-All Economic Effects Division', Dec. 1946, p. 221. **21** Ibid., pp. 220-22. **22** Tetsuji Okazaki, 'The supplier network and aircraft production in wartime Japan', *Economic History Review*, 64 (2011), 974-9, 984-5. **23** Akira Hara, 'Wartime controls', in Takafusa Nakamura and Kōnosuke Odaka (eds.), *Economic History of Japan 1914-1955* (Oxford, 1999), 273-4. **24** Miwa, *Japan's Economic Planning*, 422-3, 426-7; Masayasu Miyazaki and Osamu Itō, 'Transformation of industries in the war years', in Nakamura and Odaka (eds.), *Economic History of Japan*, 289-92. **25** Bernd Martin, 'Japans Kriegswirtschaft 1941-1945', in Friedrich Forstmeier and Hans-Erich Volkmann (eds.), *Kriegswirtschaft und Rüstung 1939-1945* (Düsseldorf, 1977), 274-8; Jerome Cohen, *Japan's Economy in War and Reconstruction* (Minneapolis, Minn., 1949), 219; Irving B. Holley, *Buying Aircraft: Material Procurement for the Army Air Forces* (Washington, DC, 1964), 560. **26** Maury Klein, *A Call to Arms: Mobilizing America for World War II* (New York, 2013), 252-4. **27** S. R. Lieberman, 'Crisis management in the USSR: the wartime system of administration and control', in Susan Linz (ed.), *The Impact of World War II on the Soviet Union* (Totowa, NJ, 1985), 60-61. **28** F. Kagan, 'The evacuation of Soviet industry in the wake of Barbarossa: a key to Soviet victory', *Journal of Slavic Military History*, 8 (1995), 389-406; G. A. Kumanev, 'The Soviet economy and the 1941 evacuation', in Joseph Wieczynski (ed.), *Operation Barbarossa: The German Attack on the Soviet Union, June 22 1941* (Salt Lake City, Utah, 1992), 161-81. **29** Lennart Samuelson, *Tankograd: The Formation of a Soviet Company Town: Cheliabinsk 1900s to 1950s* (Basingstoke, 2011), 196-204. **30** Mark Harrison, 'The Soviet Union: the defeated victor', in *idem* (ed.), *The Economics of World War II: Six Great Powers in International Comparison* (Cambridge, 1998), 285-6; Mark Harrison, *Accounting for War: Soviet Production, Employment and the Defence Burden 1940-1945* (Cambridge, 1996), 81-5, 101. **31** Hugh Rockoff, *America's Economic Way of War* (Cambridge, 2012), 183-8; Theodore Wilson, 'The United States: Leviathan', in Warren Kimball, David Reynolds and Alexander Chubarian (eds.), *Allies at War:*

The Soviet, American and British Experience 1939-1945 (New York, 1994), 175-7, 188. **32** Alan Clive, *State of War: Michigan in World War II* (Ann Arbor, Mich., 1979), 25. **33** Craven and Cate, *Army Air Forces*, Volume VI, 339. **34** 좋은 예로는 Jacob Meulen, *The Politics of Aircraft: Building an American Military Industry* (Lawrence, Kans, 1991), 182-220 참조. **35** Allen Nevins and Frank Hill, *Ford: Decline and Rebirth 1933-1961* (New York, 1961), 226; Francis Walton, *Miracle of World War II: How American Industry Made Victory Possible* (New York, 1956), 559; Clive, *State of War*, 22. **36** *U. S. Navy at War: 1941-1945. Official Reports to Secretary of the Navy by Fleet Admiral Ernest J. King* (Washington, DC, 1946), 252-84. **37** Kevin Starr, *Embattled Dreams: California in War and Peace 1940-1950* (New York, 2002), 145-9; Frederic Lane, *Ships for Victory: A History of Shipbuilding under the U.S. Maritime Commission in World War II* (Baltimore, Md, 1951), 53-4, 224ff.; Walton, *Miracle of World War II*, 79; David Kennedy, *The American People in World War II* (New York, 1999), 225-8. **38** Hermione Giffard, *Making Jet Engines in World War II: Britain, Germany and the United States* (Chicago, Ill., 2016), 37-41. **39** Steven Zaloga, *Armored Thunderbolt: The U.S. Army Sherman in World War II* (Mechanicsburg, Pa, 2008), 43-5, 289-90; David Johnson, *Fast Tanks and Heavy Bombers: Innovation in the U.S. Army 1917-1945* (Ithaca, NY, 1998), 189-97. **40** Overy, *War and Economy in the Third Reich*, 259-61; USSBS, 'Overall Report: European Theater', Sept. 1945, 31. **41** IWM, Speer Collection, FD 5445/45, OKW Kriegswirtschaftlicher Lagebericht, 1 Dec. 1939; EDS, Mi 14/521 (part 1), Heereswaffenamt, 'Munitionslieferung im Weltkrieg'; BA-MA, Wi I F 5.412, 'Aktenvermerk über Besprechung am 11 Dez. 1939 im Reichskanzlei'. **42** IWM, Speer Collection, Box 368, Report 54, Speer interrogation 13 July 1945. **43** 노동에 관해서는 IWM, FD 3056/49, 'Statistical Material on the German Manpower Position during the War Period 1939-1944', 31 July 1945, Table 7 참조. 비율은 1939년 28.6퍼센트, 1940년 62.3퍼센트, 1941년 68.8퍼센트, 1942년 70.4 퍼센트였다. 각 연도 5월 31일의 수치다. **44** NARA, RG 243, entry 32, USSBS Interrogation of Dr Karl Hettlage, 16 June 1945, p. 9. **45** Hugh Trevor-Roper (ed.), *Hitler's Table Talk 1941-44* (London, 1973), 633. **46** IWM, Speer Collection, Box 368, Report 83, 'Relationship between the Ministry and the Army Armaments Office', Oct. 1945. 슈페어의 견해는 참모본부 측이 "기술 문제와 경제 문제에 대한 이해가 부족하다"는 것이었다. **47** IWM, Speer Collection, Box 368, Report 90 I, interrogation of Karl-Otto Saur, p. 4. **48** Lutz Budrass, *Flugzeugindustrie und Luftrüstung in Deutschland 1918-1945* (Düsseldorf, 1998), 742-6; Rolf-Dieter Müller, 'Speers Rüstungspolitik im totalen Krieg: Zum Beitrag der modernen Militärgeschichte im Diskurs mit der Sozial-und Wirtschaftsgeschichte', *Militärgeschichtliche Zeitschrift*, 59 (2000), 356-62. **49** IWM, Speer Collection, Box 368, Report 90 IV, 'Rationalization of the Munitions Industry', p. 44. **50** IWM, Speer Collection, Box 368, Report 85 II, p. 4 (강조는 원문 그대로). **51** Lotte Zumpe, *Wirtschaft und Staat in Deutschland: Band I, 1933 bis 1945* (Berlin, 1980), 341-2; Müller, 'Speers Rüstungspolitik', 367-71. **52** Müller, 'Speers Rüstungspolitik', 373-7. **53** Dieter Eichholtz, *Geschichte der deutschen Kriegswirtschaft 1939-1945: Band II: Teil II: 1941-1943* (Munich, 1999), 314-15; IWM, Speer Collection, Box 368, Report 90 V, 'Rationalization in the Components Industry', p. 34. **54** IWM, EDS, Mi 14/133, Oberkommando des Heeres, 'Studie über die Rüstung 1944', 25 Jan. 1944. **55** IWM, EDS AL/1746, Saur interrogation, 10 Aug.

1945, p. 6; 또한 Daniel Uziel, *Arming the Luftwaffe: The German Aviation Industry in World War II* (Jefferson, NC, 2012), 85-90. **56** Lutz Budrass, Jonas Scherner and Jochen Streb, 'Fixed-price contracts, learning, and outsourcing: explaining the continuous growth of output and labour productivity in the German aircraft industry during the Second World War', *Economic History Review*, 63 (2010), 124. **57** Eichholtz, *Geschichte der deutschen Kriegswirtschaft: Band II*, 265. 이 수치는 독일 통계청의 관리들이 계산한 군비 지수에 근거하는 추정치다. 미국 전략폭격조사단은 같은 기간 금속가공 부문들의 1인당 생산량이 48퍼센트 증가한 것으로 계산했다. 'Industrial Sales, Output and Productivity Prewar Area of Germany 1939-1944', 15 Mar. 1946, pp. 21-2, 65에 수록된 조사단의 수치. 또한 Adam Tooze, 'No room for miracles: German output in World War II reassessed', *Geschichte & Gesellschaft*, 31 (2005), 50-53 참조. **58** Willi Boelcke, 'Stimulation und Verhalten von Unternehmen der deutschen Luftrüstungsindustrie während der Aufrüstungs- und Kriegsphase', in Horst Boog (ed.), *Luftkriegführung im Zweiten Weltkrieg* (Herford, 1993), 103-4. **59** Hermione Giffard, 'Engines of desperation: jet engines, production and new weapons in the Third Reich', *Journal of Contemporary History*, 48 (2013), 822-5, 830-37. **60** Uziel, *Arming the Luftwaffe*, 259-61. 연구 공동체의 고립에 관해서는 Helmut Trischler, 'Die Luftfahrtforschung im Dritten Reich: Organisation, Steuerung und Effizienz im Zeichen von Aufrüstung und Krieg', in Boog (ed.), *Luftkriegführung*, 225-6 참조. **61** W. Averell Harriman and Elie Abel, *Special Envoy to Churchill and Stalin, 1941-1945* (London, 1945), 90-91. **62** David Reynolds and Vladimir Pechatnov (eds.), *The Kremlin Letters: Stalin's Wartime Correspondence with Churchill and Roosevelt* (New Haven, Conn., 2018), 62-3, Stalin to Roosevelt, 7 Nov. 1941. **63** Charles Marshall, 'The Lend-Lease operation', *Annals of the American Academy of Political and Social Science*, 225 (1943), 187. **64** 독일 수치의 출처는 IWM, Reich Air Ministry records, FD 3731/45, Deliveries to neutrals and allies, May 1943-Feb. 1944; US figures from Office of Chief of Military History, 'United States Army in World War II. Statistics: Lend-Lease', 15 Dec. 1952, 33. **65** IWM, FD 3731/45, Position of deliveries to neutrals and allies, 18 June 1943, 18 Aug. 1943; Berthold Puchert, 'Deutschlands Aussenhandel im Zweiten Weltkrieg', in Dietrich Eichholtz (ed.), *Krieg und Wirtschaft: Studien zur deutschen Wirtschaftsgeschichte 1939-1945* (Berlin, 1999), 277; Rotem Kowner, 'When economics, strategy and racial ideology meet: inter-Axis connections in the wartime Indian Ocean', *Journal of Global History*, 12 (2017), 231-4, 235-6. **66** Richard Overy, *The Bombing War: Europe 1939-1945* (London, 2013), 515-16. **67** 수치의 출처는 Combined Intelligence Objectives Sub-Committee, 'German Activities in the French Aircraft Industry', 1946, Appendix 4, pp. 79-80. **68** Jochen Vollert, *Panzerkampfwagen T34-747 (r): The Soviet T-34 Tank as Beutepanzer and Panzerattrappe in German Wehrmacht Service 1941-45* (Erlangen, 2013), 16, 33-4; 미국 수치의 출처는 Office of Chief of Military History, 'Statistics: Lend-Lease', p. 25. **69** Mark Stoler, *Allies and Adversaries: The Joint Chiefs of Staff, the Grand Alliance, and U.S. Strategy in World War II* (Chapel Hill, NC, 2000), 29-30; Matthew Jones, *Britain, the United States and the Mediterranean War, 1942-44* (London, 1996), 6, 11-13. **70** Ted Morgan, *FDR: A Biography* (New York, 1985), 579; Klein, *A Call to Arms*, 134-5. **71** Warren Kimball (ed.), *Churchill & Roosevelt: The Complete Correspondence: Volume 1, Alliance Emerging* (London, 1984), 102-9, Churchill to Roosevelt by telegram, 7 Dec. 1940. **72** Kennedy, *The American People in World War II*, 40-42. **73** David Roll, *The Hopkins Touch: Harry Hopkins and the Forging of the Alliance to Defeat Hitler* (New York, 2013), 74-5. **74** Buhite and Levy (eds.), *FDR's Fireside Chats*, 164, 169-70. **75** John Colville, *The Fringes of Power: The Downing Street Diaries, 1939-1955* (London, 1986), 331-2, entry for 11 Jan. 1941. **76** Andrew Johnstone, *Against Immediate Evil: American Internationalism and the Four Freedoms on the Eve of World War II* (Ithaca, NY, 2014), 116-21; Morgan, *FDR*, 580-81. **77** Kennedy, *The American People in World War II*, 45-6. **78** Hans Aufricht, 'Presidential power to regulate commerce and Lend-Lease transactions', *Journal of Politics*, 6 (1944), 66-7, 71. **79** Richard Overy, 'Co-operation: trade, aid and technology', in Kimball, Reynolds and Chubarian (eds.), *Allies at War*, 213-14. **80** Gavin Bailey, '"An opium smoker's dream": the 4000-bomber plan and Anglo-American aircraft diplomacy at the Atlantic Conference, 1941', *Journal of Transatlantic Studies*, 11 (2013), 303; Kennedy, *The American People in World War II*, 50. 영국의 양보에 관해서는 Cordell Hull, *The Memoirs of Cordell Hull*, 2 vols. (New York, 1948), ii, 1151-3 참조. **81** William Grieve, *The American Military Mission to China, 1941-1942: Lend-Lease Logistics, Politics and the Tangles of Wartime Cooperation* (Jefferson, NC, 2014), 155-7. **82** J. Garry Clifford and Robert Ferrell, 'Roosevelt at the Rubicon: the great convoy debate of 1941', in Kurt Piehler and Sidney Pash (eds.), *The United States and the Second World War: New Perspectives on Diplomacy, War and the Home Front* (New York, 2010), 12-17. **83** Kevin Smith, *Conflicts Over Convoys: Anglo-American Logistics Diplomacy in the Second World War* (Cambridge, 1996), 67-9. **84** Elliott Roosevelt (ed.), *The Roosevelt Letters: Volume Three, 1928-1945* (London, 1952), 366, letter to Senator Josiah Bailey, 13 May 1941. **85** Fred Israel (ed.), *The War Diary of Breckinridge Long: Selections from the Years 1939-1944* (Lincoln, Nebr., 1966), 208. **86** Johnstone, *Against Immediate Evil*, 156-7. **87** *Foreign Relations of the United States* (FRUS), 1941, 1, pp. 769-70 and 771-2, Memorandum of conversation with Soviet Ambassador, 26 June 1941; letter from Steinhardt to Cordell Hull, 29 June 1941. **88** Richard Leighton and Robert Coakley, *Global Logistics and Strategy, 1940-1943* (Washington, DC, 1955), 98-102; *FRUS*, 1941, 1, pp. 815-16, Sumner Welles to Oumansky, 2 Aug. 1941. **89** Ministry of Information, *What Britain Has Done, 1939-1945*, 9 May 1945 (reissued, London, 2007), 98-9. **90** Aufricht, 'Presidential power', 74. **91** Chief of Military History, 'Statistics: Lend-Lease', 6-8. **92** Edward Stettinius의 전시 일기, *The Diaries of Edward R. Stettinius, Jr., 1943-1946* (New York, 1975), 61, entry for 19 Apr. 1943에서 인용. **93** H. Duncan Hall, *North American Supply* (London, 1955), 432; British Information Services, 'Britain's Part in Lend-Lease and Mutual Aid', Apr. 1944, 3-4, 15-16. **94** Hector Mackenzie, 'Transatlantic generosity: Canada's "Billion Dollar Gift" for the United Kingdom in the Second World War', *International History Review*, 34 (2012), 293-308. **95** Alexander Lovelace, 'Amnesia: how Russian history has viewed Lend-Lease', *Journal of Slavic Military Studies*, 27 (2014), 593; 'second fronts' in Alexander Werth, *Russia at War, 1941-1945* (London, 1964); H. Van Tuyll, *Feeding the Bear: American Aid to the Soviet Union 1941-1945* (New York, 1989), 156-61. **96** Chief of Military History, 'Statistics: Lend-Lease', 25-34. **97** British Information Services, 'Britain's Part', 6-8; Marshall, 'The Lend-Lease operation', 184-5. **98** David Zimmerman, 'The Tizard mission and the development of the atomic bomb', *War in*

History, 2 (1995), 268–70. **99** John Baylis, *Anglo–American Defence Relations 1939–1984* (New York, 1984), 4–5, 16–32; Donald Avery, 'Atomic scientific co-operation and rivalry among the Allies: the Anglo-Canadian Montreal laboratory and the Manhattan Project, 1943-1946', *War in History*, 2 (1995), 281–3, 288. **100** Smith, *Conflicts Over Convoys*, 61–7. **101** Ibid., 177–83. **102** Arnold Hague, *The Allied Convoy System 1939–1945* (London, 2000), 187. **103** V. F. Vorsin, 'Motor vehicle transport deliveries through "lend-lease"', *Journal of Slavic Military Studies*, 10 (1997), 154. **104** Ibid., 155; Zaloga, *Soviet Lend-Lease Tanks*, 43. **105** British War Office, *Paiforce: The Official Story of the Persia and Iraq Command 1941–1946* (London, 1948), 97–105. **106** Ashley Jackson, *Persian Gulf Command: A History of the Second World War in Iran and Iraq* (New Haven, Conn., 2018), 297–307, 348–9. **107** Vorsin, 'Motor vehicle transport', 156–65. **108** Grieve, *American Military Mission*, 32–3, 135–8. **109** Ibid., 151–5; Edward Stettinius, *Lend-Lease: Weapon for Victory* (London, 1944), 166–70. **110** Jay Taylor, *The Generalissimo: Chiang Kai-Shek and the Struggle for Modern China* (Cambridge, Mass., 2011), 271. **111** Coombs, *British Tank Production*, 109, 115, 125. **112** Bailey, "An opium smoker's dream"', 294–8. **113** Chief of Military History, 'Statistics: Lend-Lease', 33–4. **114** Alexander Hill, 'British Lend-Lease aid to the Soviet war effort, June 1941-June 1942', *Journal of Military History*, 71 (2007), 787–97; Zaloga, *Soviet Lend-Lease Tanks*, 10–11, 26–7, 31–2. **115** Coombs, *British Tank Production*, 109; Robert Coakley and Richard Leighton, *Global Logistics and Strategy 1943–1945* (Washington, DC, 1968), 679. **116** John Deane, *The Strange Alliance: The Story of American Efforts at Wartime Co-Operation with Russia* (London, 1947), 84. **117** G. C. Herring, 'Lend-Lease to Russia and the origins of the Cold War 1944-1946', *Journal of American History*, 61 (1969), 93-114. **118** Lovelace, 'Amnesia', 595–6. **119** Boris Sokolov, 'Lend-Lease in Soviet military efforts, 1941-1945', *Journal of Slavic Military Studies*, 7 (1994), 567–8; Jerrold Schecter and Vyacheslav Luchkov (eds.), *Khrushchev Remembers: The Glasnost Tapes* (New York, 1990), 84. **120** Denis Havlat, 'Western aid for the Soviet Union during World War II: Part I', *Journal of Slavic Military Studies*, 30 (2017), 314–16; Zaloga, *Soviet Lend-Lease Tanks*, 30. **121** Van Tuyll, *Feeding the Bear*, 156–7; Joan Beaumont, *Comrades in Arms: British Aid to Russia, 1941-1945* (London, 1980), 210–12. **122** Vorsin, 'Motor vehicle transport', 169–72. **123** Alexander Hill, 'The bear's new wheels (and tracks): US-armored and other vehicles and Soviet military effectiveness during the Great Patriotic War', *Journal of Slavic Military Studies*, 25 (2012), 214–17. **124** H. G. Davie, 'The influence of railways on military operations in the Russo–German War 1941-1945', *Journal of Slavic Military Studies*, 30 (2017), 341–3. **125** Sokolov, 'Lend-Lease', 570–81. **126** Havlat, 'Western aid', 297–8. **127** Coombs, *British Tank Production*, 122–3. **128** Neville Wylie, 'Loot, gold and tradition in the United Kingdom's financial warfare strategy 1939-1945', *International History Review*, 31 (2005), 299–328. **129** Edward Ericson, *Feeding the German Eagle: Soviet Economic Aid to Nazi Germany, 1933–1941* (Westport, Conn., 1999), 195–6. **130** Dietrich Eichholtz, *Krieg um Öl: Ein Erdölimperium als deutsches Kriegsziel (1938–1943)* (Leipzig, 2006), 90–100 참조. **131** USSBS, Report 109, Oil Division Final Report, 25 Aug. 1945, 18–19. **132** Walther Hubatsch (ed.), *Hitlers Weisungen für die Kriegführung, 1939–1945* (Munich, 1965), 46, Weisung Nr. 9 'Richtlinien für die Kriegführung gegen die feindliche

Wirtschaft', 29 Nov. 1939. **133** Ibid., 118-19, Weisung Nr. 23 'Richtlinien für die Kriegführung gegen die englische Wehrwirtschaft', 6 Feb. 1941. **134** Hague, *Allied Convoy System*, 19. **135** Sönke Neitzel, *Der Einsatz der deutschen Luftwaffe über dem Atlantik und der Nordsee 1939-1945* (Bonn, 1995), 49-50. **136** *Fuehrer Conferences on Naval Affairs, 1939-1945* (London, 1990), 285, Report on a conference between the C.-in-C. Navy and the Fuehrer, 15 June 1942. **137** Smith, *Conflicts Over Convoys*, 249; Hague, *Allied Convoy System*, 107-8; Edward von der Porten, *The German Navy in World War II* (London, 1969), 174-8; Stephen Roskill, *The War at Sea 1939-1945*, 4 vols. (London, 1954-61), i, 500, 603. **138** BA-MA, RL2 IV/7, Otto Bechtle lecture 'Grossangriffe bei Nacht gegen Lebenszentren Englands, 12.8.1940-26.6.1941'. **139** TsAMO, Moscow, Fond 500/725168/110, Luftwaffe Operations Staff, report on British targets, 14 Jan. 1941. **140** Nicolaus von Below, *At Hitler's Side: The Memoirs of Hitler's Luftwaffe Adjutant, 1937-1945* (London, 2001), 79; *Fuehrer Conferences on Naval Affairs*, 177-8. **141** Overy, *The Bombing War*, 113-14. **142** AHB Translations, vol. 5, VII/92, 'German Aircraft Losses (West), Jan-Dec 1941. **143** Neitzel, *Einsatz der deutschen Luftwaffe*, 125. **144** David White, *Bitter Ocean: The Battle of the Atlantic 1939-1945* (New York, 2006), 297-8. **145** Hague, *Allied Convoy System*, 120. **146** Marc Milner, *Battle of the Atlantic* (Stroud, 2005), 85-9; Michael Hadley, *U-Boats against Canada: German Submarines in Canadian Waters* (Montreal, 1985), 52-5. **147** Hadley, *U-Boats against Canada*, 112-13. **148** Christopher Bell, *Churchill and Sea Power* (Oxford, 2013), 259-79. **149** Hague, *Allied Convoy System*, 116; Milner, *Battle of the Atlantic*, 85-9; Jürgen Rohwer, *The Critical Convoy Battles of March 1943* (Annapolis, Md, 1977), 36; Patrick Beesly, *Very Special Intelligence: The Story of the Admiralty's Operational Intelligence Centre 1939-1945* (London, 1977), 182. **150** Karl Dönitz, *Memoirs: Ten Years and Twenty Days* (London, 1959), 253, 315. **151** Smith, *Conflicts Over Convoys*, 257. **152** *Fuehrer Conferences on Naval Affairs*, 334, minutes of the conference of the C.-in-C. Navy with the Fuehrer, 31 May 1943. **153** Milner, *Battle of the Atlantic*, 251-3. **154** Edward Miller, *War Plan Orange: The U.S. Strategy to Defeat Japan, 1897-1945* (Annapolis, Md, 1991), 21-8. **155** Ibid., 344, 348-50. **156** Conrad Crane, *American Airpower Strategy in World War II: Bombs, Cities, Civilians and Oil* (Lawrence, Kans, 2016), 30. **157** TNA, AIR 9/8, 'Note upon the Memorandum of the Chief of the Naval Staff', May 1928. **158** William Medlicott, *The Economic Blockade: Volume I* (London, 1952), 13-16. **159** Richard Hammond, 'British policy on total maritime warfare and the anti-shipping campaign in the Mediterranean 1940-1944', *Journal of Strategic Studies*, 36 (2013), 792-4. **160** TNA, AIR 14/429, 'Air Ministry Instructions and Notes on the Rules to be Observed by the Royal Air Force in War', 17 Aug. 1939; AIR 41/5, J. M. Spaight, 'International Law of the Air 1939-1945', p. 7. **161** Joel Hayward, 'Air power, ethics and civilian immunity during the First World War and Its aftermath', *Global War Studies*, 7 (2010), 127-9; Peter Gray, 'The gloves will have to come off: a reappraisal of the legitimacy of the RAF Bomber Offensive against Germany', *Air Power Review*, 13 (2010), 13-14, 25-6. **162** Clay Blair, *Silent Victory: The U.S. Submarine War against Japan* (Philadelphia, Pa, 1975), 106. **163** Hammond, 'British policy on total maritime warfare', 796-7. **164** Jack Greene and Alessandro Massignani, *The Naval War in the Mediterranean 1940-1943* (London, 1998), 266-7; Hammond, 'British policy on total maritime warfare', 803. **165** Marc'Antonio Bragadin, *The Italian Navy in World War II* (Annapolis, Md, 1957), 245-9. **166** Ibid., 364-5; Hammond, 'British policy on total maritime warfare', 807. 지중해에서 추축국이 입은 손실에 대한 추정치는 여럿이다. 영국 해군부의 추정 치는 전시 동안 총 1544척, 420만 톤이 격침되었다는 것이다. Robert Ehlers, *The Mediterranean Air War: Airpower and Allied Victory in World War II* (Lawrence, Kans, 2015), 403 참조. **167** 이 것은 Martin van Creveld, *Supplying War: Logistics from Wallenstein to Patton* (Cambridge, 1977), 198-200의 결론이다. **168** Bragadin, *Italian Navy*, 356. 1941년 수치는 8만 9563톤, 1942년 수 치는 5만 6209톤이었다. **169** Vera Zamagni, 'Italy: how to win the war and lose the peace', in Harrison (ed.), *The Economics of World War II*, 188. **170** Istituto centrale di statistica, *Statistiche storiche dell'Italia 1861-1975* (Rome, 1976), 117. **171** Hammond, 'British policy on total maritime warfare', 808; Christina Goulter, *Forgotten Offensive: Royal Air Force Coastal Command's Anti-Shipping Campaign, 1940-1945* (Abingdon, 2004), 296-8, 353. **172** Charles Webster and Noble Frankland, *The Strategic Air Offensive against Germany 1939-1945: Volume IV* (London, 1961), 99-102, 109. **173** Edward Westermann, *Flak: German Anti-Aircraft Defences, 1914-1945* (Lawrence, Kans, 2001), 90에서 인용. **174** Webster and Frankland, *Strategic Air Offensive*, iv, 205, 'Report by Mr. Butt to Bomber Command, 18 August 1941'; Randall Wakelam, *The Science of Bombing: Operational Research in RAF Bomber Command* (Toronto, 2009), 42-6. **175** CCAC, Bufton Papers, 3/48, Review of the present strategical air offensive, 5 Apr. 1941, App. C, p. 2. **176** TNA, AIR 40/1814, memorandum by O. Lawrence (MEW), 9 May 1941. **177** Richard Overy, "The weak link"? The perception of the German working class by RAF Bomber Command, 1940-1945', *Labour History Review*, 77 (2012), 25-7. **178** RAF Museum, Hendon, Harris Papers, Misc. Box A, Folder 4, 'One Hundred Towns of Leading Economic Importance in the German War Effort', n.d. **179** Haywood Hansell, *The Air Plan that Defeated Hitler* (Atlanta, Ga, 1972), 81-3, 298-307. **180** Stephen McFarland and Wesley Newton 'The American strategic air offensive against Germany in World War II', in R. Cargill Hall (ed.), *Case Studies in Strategic Bombardment* (Washington, DC, 1998), 188-9. **181** Crane, *American Airpower Strategy*, 32-3. **182** LC, Spaatz Papers, Box 67, 'Plan for the Completion of the Combined Bomber Offensive. Annex: Prospect for Ending War by Air Attack against German Morale', 5 Mar. 1944, p. 1. **183** Friedhelm Golücke, *Schweinfurt und der strategische Luftkrieg* (Paderborn, 1980), 134, 356-7; Richard Davis, *Bombing the European Axis Powers: A Historical Digest of the Combined Bomber Offensive, 1939-1945* (Maxwell, Ala, 2006), 158-61. **184** Richard Davis, *Carl A. Spaatz and the Air War in Europe* (Washington, DC, 1993), 322-6, 370-79; Williamson Murray, *Luftwaffe: Strategy for Defeat 1933-1945* (London, 1985), 215. **185** Overy, *The Bombing War*, 370-71. **186** USSBS, Oil Division Final Report, 17-26, figs. 49, 60. **187** Alfred Mierzejewski, *The Collapse of the German War Economy: Allied Air Power and the German National Railway* (Chapel Hill, NC, 1988), 191-3; AHB, German translations, vol. VII/23, 'Some Effects of the Allied Air Offensive on German Economic Life', 7 Dec. 1944, pp. 1-2 and vol. VII/38, Albert Speer to Wilhelm Keitel (OKW), 'Report on the Effects of Allied Air Activity against the Ruhr', 7 Nov. 1944. **188** LC, Spaatz Papers, Box 68, USSTAF HQ, Ninth Air Force Interrogation of Hermann Göring, 1 June 1945. **189** Webster and Frankland, *Strategic Air Offensive*, iv, 469-70, 494, Appendix 49 (iii) and 49 (xxii); Rolf Wagenführ, *Die deutsche Industrie im Kriege 1939-1945* (Berlin, 1963), 178-81. **190** USSBS, Overall Report (European Theater), 25-6, 37-8, 73-4; USSBS, Oil Division Final Report, Fig. 7. **191** Sebastian Cox (ed.), *The Strategic Air War against Germany, 1939-1945: The Official Report of the British Bombing Survey Unit* (London, 1998), 94-7, 129-34, 154. **192** UEA, Zuckerman Archive, SZ/BBSU/103, Nicholas Kaldor typescript, 'The Nature of Strategic Bombing', pp. 4-6; Kaldor typescript, 'Capacity of German Industry', pp. 2-5. **193** LC, Spaatz Papers, Box 68, Galbraith memorandum, 'Preliminary Appraisal of Achievement of the Strategic Bombing of Germany', p. 2. **194** Werner Wolf, *Luftangriffe auf die deutsche Industrie, 1942-45* (Munich, 1985), 60, 74. **195** BAB, R3102/10031, Reichsministerium für Rüstung und Kriegswirtschaft, 'Vorläufige Zusammenstellung des Arbeiterstundenausfalls durch Feindeinwirkung', 4 Jan. 1945. **196** Webster and Frankland, *Strategic Air Offensive*, iv, 494-5, 501-2; Cox (ed.), *The Strategic Air War*, 97. **197** Miwa, *Japan's Economic Planning*, 240; Akira Hara, 'Japan: guns before rice', in Harrison (ed.), *The Economics of World War II*, 241-3. **198** Miyazaki and Itō, 'Transformation of industries in the war years', in Nakamura and Odaka (eds.), *Economic History of Japan*, 290-91; Theodore Roscoe, *United States Submarine Operations in World War II* (Annapolis, Md, 1949), 523. **199** Hara, 'Wartime controls', in Nakamura and Odaka (eds.), *Economic History of Japan*, 271, 277; *idem*, 'Japan: guns before rice', 245. **200** Blair, *Silent Victory*, 118-19, 361. **201** Samuel Eliot Morison, *The Two-Ocean War: A Short History of the United States Navy in the Second World War* (Boston, Mass., 1963), 494-9; Blair, *Silent Victory*, 552. **202** Roscoe, *United States Submarine Operations*, 215-17. **203** USSBS, Pacific Theater, 'The Effects of Strategic Bombing', 35-42; Blair, *Silent Victory*, 816. 상세한 서술은 Phillips O'Brien, *How the War Was Won* (Cambridge, 2015), pp. 432-44 참조. **204** Michael Sturma, 'Atrocities, conscience, and unrestricted warfare: US submarines during the Second World War', *War in History*, 16 (2009), 455-6; Hara, 'Wartime controls', 277. **205** Thomas Searle, '"It made a lot of sense to kill skilled workers": the firebombing of Tokyo in March 1945', *Journal of Military History*, 66 (2002), 108-12. **206** William Ralph, 'Improvised destruction: Arnold, LeMay, and the firebombing of Japan', *War in History*, 13 (2006), 502-3. **207** Searle, '"It made a lot of sense to kill skilled workers"', 119-21. **208** Conrad Crane, 'Evolution of U.S. strategic bombing of urban areas', *Historian*, 50 (1987), 36-7. **209** Ralph, 'Improvised destruction', 521-2. **210** USSBS, Pacific Theater, 'The Effects of Strategic Bombing', 205. **211** Roscoe, *United States Submarine Operations*, 523; Hara, 'Japan: guns before rice', 245; Barrett Tillman, *Whirlwind: The Air War against Japan 1942-1945* (New York, 2010), 194-9. **212** UEA, Zuckerman Archive, SZ/BBSU/3, Rough Notes on Exercise Thunderbolt, 13-16 Aug. 1947. **213** Roscoe, *United States Submarine Operations*, 453; Hara, 'Japan: guns before rice', 245; USSBS, Pacific Theater, 'The Effects of Strategic Bombing', 180-81. **214** TNA, AIR 20/2025, Casualties of RAF, Dominion and Allied Personnel at RAF Posting Disposal, 31 May 1947; AIR 22/203, War Room Manual of Bomber Command Operations 1939-1945, p. 9; 미국 수치의 출처는 Davis, *Carl A. Spaatz*, App 4, 9. **215** Hague, *Allied Convoy System*, 107; Roscoe, *United States Submarine Operations*, 523. **216** Roscoe, *United States Submarine Operations*, 493; Blair, *Silent Victory*, 877.

제7장 | 정당한 전쟁? 부당한 전쟁?

1 Dennis Wheatley, *Total War: A Paper* (London, 1941), 17. 2 Ibid., 18, 20. 3 Davide Rodogno, *Fascism's European Empire: Italian Occupation during the Second World War* (Cambridge, 2006), 44-9. 4 F. C. Jones, *Japan's New Order in East Asia* (Oxford, 1954), 469. 이 인용문은 독일어 텍스트를 번역한 것이다. 원문은 영어이며 "저마다 권리를 가진 공간"이 아니라 "저마다 적절한 위치"라고 쓰여 있다. '공간' 용어는 신질서의 영토적 성격을 더 명확히 드러내기 위해 독일어 텍스트에 삽입한 것이다. 5 Eric Johnson and Karl-Heinz Reuband, *What We Knew: Terror, Mass Murder and Everyday Life in Germany* (London, 2005), 106. 또한 Nick Stargardt, *The German War: A Nation under Arms, 1939-45* (London, 2015), 15-17 참조. 6 Rodogno, *Fascism's European Empire*, 46-50. 7 Peter Duus, 'Nagai Ryutaro and the "White Peril", 1905-1944', *Journal of Asian Studies*, 31 (1971), 41-4. 8 Sidney Paish, 'Containment, rollback and the origins of the Pacific war 1933-1941', in Kurt Piehler and Sidney Paish (eds.), *The United States and the Second World War: New Perspectives on Diplomacy, War and the Home Front* (New York, 2010), 53-5, 57-8. 9 John Dower, *War without Mercy: Race and Power in the Pacific War* (New York, 1986), 205-6. 10 Ben-Ami Shillony, *Politics and Culture in Wartime Japan* (Oxford, 1981), 136, 141-3. 11 Werner Maser (ed.), *Hitler's Letters and Notes* (London, 1973), 227, 307, notes for speeches 1919/20. 12 André Mineau, 'Himmler's ethic of duty: a moral approach to the Holocaust and to Germany's impending defeat', *The European Legacy*, 12 (2007), 60; Alon Confino, *A World without Jews: The Nazi Imagination from Persecution to Genocide* (New Haven, Conn., 2014), 152-3. 13 Randall Bytwerk, 'The argument for genocide in Nazi propaganda', *Quarterly Journal of Speech*, 91 (2005), 37-9; Confino, *A World without Jews*, 153-5. 14 Heinrich Winkler, *The Age of Catastrophe: A History of the West, 1914-1945* (New Haven, Conn., 2015), 87-91. 15 Randall Bytwerk, 'Believing in "inner truth": The Protocols of the Elders of Zion and Nazi propaganda 1933-1945', *Holocaust and Genocide Studies*, 29 (2005), 214, 221-2. 16 Jeffrey Herf, *The Jewish Enemy: Nazi Propaganda during World War II and the Holocaust* (Cambridge, Mass., 2006), 61-2. 17 Ibid., 64-5. 18 Tobias Jersak, 'Die Interaktion von Kriegsverlauf und Judenvernichtung: ein Blick auf Hitlers Strategie im Spätsommer 1941', *Historische Zeitschrift*, 268 (1999), 311-74; Bytwerk, 'The argument for genocide', 42-3; Herf, *The Jewish Enemy*, 110. 19 Helmut Sündermann, *Tagesparolen: Deutsche Presseweisungen 1939-1945. Hitlers Propaganda und Kriegführung* (Leoni am Starnberger See, 1973), 203-4. 20 Confino, *A World without Jews*, 194. 21 Sündermann, *Tagesparolen*, 255 press directive of 13 Aug. 1943. 22 Bytwerk, 'The argument for genocide', 51, 인용문 출처는 *Sprechabendsdienst* (evening discussion service) circular for Sept./Oct. 1944. 23 François Genoud (ed.), *The Testament of Adolf Hitler: The Hitler-Bormann Documents February-April 1945* (London, 1961), 33, 51-2, 76, entries for 1-4 Feb., 13 Feb., 18 Feb. 1945. 24 NARA, RG 238 Jackson Papers, Box 3, letter from Ley to attorney Dr Pflücker, 24 Oct. 1945 (not sent)의 번역. 25 Mineau, 'Himmler's ethic of duty', 63, from a speech to Abwehr officers in 1944: 'The only thing that had to prevail was iron reason: with misplaced sentimentality one does not win wars in which the stake is life of the race'; 또한 Claudia Koonz, *The Nazi Conscience* (Cambridge, Mass., 2003), 254, 265; Christopher

Browning, 'The Holocaust: basis and objective of the Volksgemeinschaft', in Martina Steber and Bernhard Gotto (eds.), *Visions of Community in Nazi Germany* (Oxford, 2014), 219-23 참조. **26** Bytwerk, 'The argument for genocide', 49. **27** Gao Bei, *Shanghai Sanctuary: Chinese and Japanese Policy toward European Jewish Refugees during World War II* (Oxford, 2013), 20-25, 93-4, 104-7, 116-25. **28** Amedeo Guerrazzi, 'Die ideologischen Ursprünge der Judenverfolgung in Italien', in Lutz Klinkhammer and Amedeo Guerrazzi (eds.), *Die 'Achse' im Krieg: Politik, Ideologie und Kriegführung 1939-1945* (Paderborn, 2010), 437-42. **29** Simon Levis Sullam, 'The Italian executioners: revisiting the role of Italians in the Holocaust', *Journal of Genocide Research*, 19 (2017), 23-8. **30** Joseph Stalin, *The War of National Liberation* (New York, 1942), 30, speech of 6 Nov. 1941. **31** Oleg Budnitskii, 'The Great Patriotic War and Soviet society: defeatism 1941-42', *Kritika*, 15 (2014), 794. **32** R. Buhite and D. Levy (eds.), *FDR's Fireside Chats* (Norman, Okla, 1992), 198, talk of 9 Dec. 1941. **33** Keith Feiling, *The Life of Neville Chamberlain* (London, 1946), 416. **34** Stalin, *War of National Liberation*, 30; Susan Brewer, *Why America Fights: Patriotism and War Propaganda from the Philippines to Iraq* (New York, 2009), 87. **35** Chinese Ministry of Information, *The Voice of China: Speeches of Generalissimo and Madame Chiang Kai-shek* (London, 1944), 32-3, 대국민 연설, 1942년 7월 7일. **36** Martin Gilbert, *Finest Hour: Winston S. Churchill, 1939-1941* (London, 1983), 329-30. **37** Keith Robbins, 'Britain, 1940 and "Christian Civilisation"', in Derek Beales and Geoffrey Best (eds.), *History, Society and the Churches: Essays in Honour of Owen Chadwick* (Cambridge, 1985), 285, 294. **38** Dower, *War without Mercy*, 17. 39. Wheatley, *Total War*, 33, 54. **40** Brewer, *Why America Fights*, 88. **41** 당대 의 우려에 관해서는 Richard Overy, *The Morbid Age: Britain and the Crisis of Civilization* (London, 2009); Roxanne Panchasi, *Future Tense: The Culture of Anticipation in France between the Wars* (Ithaca, NY, 2009) 참조. **42** Harold Nicolson, *Why Britain is at War* (London, 1939), 135-6, 140. **43** Jacques Maritain, *De la justice politque: Notes sur la présente guerre* (Paris, 1940), 23; Hugh Dalton, *Hitler's War: Before and After* (London, 1940), 102. **44** Robbins, 'Britain, 1940 and "Christian Civilisation"', 279, 288-91; Maritain, *De la justice politique*, ch. 3, 'Le renouvellement moral'. **45** Friends House, London, Foley Papers, MS 448 2/2, 'An Appeal Addressed to All Christians', 8 Feb. 1945. **46** Nicolson, *Why Britain is at War*, 132-3. **47** University Labour Federation, 'How we can end the War', Pamphlet No. 5, 1940, 4-5. **48** Penny Von Eschen, *Race against Empire: Black Americans and Anticolonialism 1937-1957* (Ithaca, NY, 1997), 31 (미국 신문 *Courier*에서 인용). **49** James Sparrow, *Warfare State: World War II Americans and the Age of Big Government* (New York, 2013), 44-5; Robert Westbrook, *Why We Fought: Forging American Obligation in World War II* (Washington, DC, 2004), 40-46. **50** David Roll, *The Hopkins Touch: Harry Hopkins and the Forging of the Alliance to Defeat Hitler* (New York, 2013), 142-5. **51** H. V. Morton, *Atlantic Meeting* (London, 1943), 126-7, 149-51. **52** Von Eschen, *Race against Empire*, 26. **53** Gerhard Weinberg, *Visions of Victory: The Hopes of Eight World War II Leaders* (Cambridge, 2005), 86-9; Jay Taylor, *The Generalissimo: Chiang Kai-Shek and the Struggle for Modern China* (Cambridge, Mass., 2011), 186. **54** Buhite and Levy (eds.), *FDR's Fireside Chats*, 217, broadcast of 23 Feb. 1942. **55** Stephen Wertheim, 'Instrumental internationalism: the American origins of the **United** Nations, 1940-3', *Journal of Contemporary*

History, 54 (2019), 266-80. **56** Michaela Moore, *Know Your Enemy: The American Debate on Nazism, 1933-1945* (New York, 2010), 119. **57** Richard Overy, *Interrogations: The Nazi Elite in Allied Hands* (London, 2001), 6-8. **58** International Law Association, *Briand-Kellogg Pact of Paris: Articles of Interpretation as Adopted by the Budapest Conference 1934* (London, 1934), 1-2, 7-10. **59** Howard Ball, *Prosecuting War Crimes and Genocide: The Twentieth-century Experience* (Lawrence, Kans, 1999), pp. 85-7. **60** Genoud (ed.), *The Testament of Adolf Hitler*, 108, entry for 2 Apr. 1945. **61** Ben-Ami Shillony, *Politics and Culture in Wartime Japan* (Oxford, 1981), 146. **62** David Mayers, 'Humanity in 1948: the Genocide Convention and the Universal Declaration of Human Rights', *Diplomacy & Statecraft*, 26 (2015), 464. **63** Gabriel Gorodetsky (ed.), *The Maisky Diaries: Red Ambassador to the Court of St. James's, 1932-1943* (New Haven, Conn., 2015), 244-5, entry for 12 Dec. 1939. **64** Ibid., 258-9, entry for 13 Mar. 1940. **65** Elliott Roosevelt (ed.), *The Roosevelt Letters: Volume Three, 1928-1945* (London, 1952), 290, Roosevelt to Lincoln MacVeagh, 1 Dec. 1939. **66** George Sirgiovanni, *An Undercurrent of Suspicion: Anti-Communism in America during World War II* (New Brunswick, NJ, 1990), 33-4, 36; David Mayers, 'The Great Patriotic War, FDR's embassy Moscow and US-Soviet relations', *International History Review*, 33 (2011), 306-7. **67** Roosevelt (ed.), *Roosevelt Letters*, 292-3, letter from Roosevelt to William Allen White, 14 Dec. 1939. **68** James Harris, 'Encircled by enemies: Stalin's perception of the capitalist world 1918-1941', *Journal of Strategic Studies*, 31 (2008), 534-43. **69** Fridrikh Firsov, Harvey Klehr and John Haynes, *Secret Cables of the Comintern 1933-1943* (New Haven, Conn., 2014), 140-41, 175. **70** Ibid., 153-7, 164. **71** *Daily Worker*, 21 Jan. 1941, 4. **72** Gorodetsky (ed.), *The Maisky Diaries*, 368, entry for 27 June 1941. **73** Sirgiovanni, *Undercurrent of Suspicion*, 3-5; Buhite and Levy (eds.), *FDR's Fireside Chats*, 277-8, broadcast of 24 Dec. 1943. **74** Firsov, Klehr and Haynes, *Secret Cables of the Comintern*, 184-5. **75** 이 협력의 희망사항에 관해서는 Martin Folly, *Churchill, Whitehall, and the Soviet Union, 1940-1945* (Basingstoke, 2000), 78-9, 165-6 참조. **76** TNA, FO 800/868, Desmond Morton to Lord Swinton, 11 Nov. 1941; Morton to Robert Bruce Lockhart, 15 Nov. 1941. **77** Sirgiovanni, *Undercurrent of Suspicion*, 3-5; Frank Warren, *Noble Abstractions: American Liberal Intellectuals and World War II* (Columbus, Ohio, 1999), 181-4. **78** 'Britain, Russia and Peace', Official Report of the National Congress of Friendship and Co-operation with the USSR, 4-5 Nov. 1944, 14-15. **79** Gorodetsky (ed.), *Maisky Diaries*, 411, 436, 475, entries for 15 Feb., 24 June 1942, 5 Feb. 1943. **80** 'Britain, Russia and Peace', 3-4. **81** Sirgiovanni, *Undercurrent of Suspicion*, 49-56. **82** Daniel Lomas, 'Labour ministers, intelligence and domestic anti-communism 1945-1951', *Journal of Intelligence History*, 12 (2013), 119; Christopher Andrew, *The Defence of the Realm: The Authorized History of MI5* (London, 2009), 273-81. **83** Gorodetsky (ed.), *Maisky Diaries*, 509-10. **84** Andrew Thorpe, *Parties at War: Political Organisation in Second World War Britain* (Oxford, 2009), 39-40. **85** John Deane, *The Strange Alliance: The Story of American Efforts at Wartime Co-Operation with Russia* (London, 1947), 319. **86** Jonathan Haslam, *Russia's Cold War: From the October Revolution to the Fall of the Wall* (New Haven, Conn., 2011), 23-32; Geoffrey Roberts, 'Stalin's wartime vision of the peace, 1939-1945', in Timothy Snyder and Ray Brandon (eds.), *Stalin and Europe: Imitation and Domination 1928-*

1953 (New York, 2014), 249-59. **87** John Iatrides, 'Revolution or self-defense? Communist goals, strategy and tactics in the Greek civil war', *Journal of Cold War Studies*, 7 (2005), 24. **88** Warren, *Noble Abstractions*, 172-4. **89** Sirgiovanni, *Undercurrent of Suspicion*, 58, 85-6; Mayers, 'The Great Patriotic War', 318-24. **90** NARA, RG 238, Box 32, translation of 'Secret Additional Protocol to the German-Soviet Pact of 23.8.39'; Mayers, 'The Great Patriotic War', 303. **91** Arkady Vaksberg, *The Prosecutor and the Prey: Vyshinsky and the 1930s Show Trials* (London, 1990), 259; S. Mironenko, 'La collection des documents sur le procès de Nuremberg dans les archives d'état de la federation russe', in Anna Wiewiorka (ed.), *Les procès de Nuremberg et de Tokyo* (Paris, 1996), 65-6. **92** 소련의 비인간성에 관해서는 근래의 탁월한 두 저작인 Golfo Alexopoulos, *Illness and Inhumanity in Stalin's Gulag* (New Haven, Conn., 2017)와 Jörg Baberowski, *Scorched Earth: Stalin's Reign of Terror* (New Haven, Conn., 2016), esp. chs. 5-6 참조. **93** Achim Kilian, *Einzuweisen zur völligen Isolierung. NKWD-Speziallager Mühlberg/Elbe 1945-1948* (Leipzig, 1993), 7. **94** Andrew Stone, '"The differences were only in the details": the moral equivalency of Stalinism and Nazism in Anatoli Bakanichev's *Twelve Years Behind Barbed Wire*', *Kritika*, 13 (2012), 123, 134. **95** Mayers, 'Humanity in 1948', 462-3. **96** Ronald Takaki, *Double Victory: A Multicultural History of America in World War II* (New York, 2000), 6. **97** David Welky, *Marching Across the Color Line: A. Philip Randolph and Civil Rights in the World War II Era* (New York, 2014), 86-9. **98** Thomas Sugrue, 'Hillburn, Hattiesburg and Hitler: wartime activists think globally and act locally', in Kevin Kruse and Stephen Tuck (eds.), *Fog of War: The Second World War and the Civil Rights Movement* (New York, 2012), 91. **99** Welky, *Marching Across the Color Line*, 89. **100** Sugrue, 'Hillburn, Hattiesburg and Hitler', 91-2. **101** Ibid., 93-4; Welky, *Marching Across the Color Line*, xx-xxi, 112. **102** Julian Zelizer, 'Confronting the roadblock: Congress, Civil Rights, and World War II', in Kruse and Tuck (eds.), *Fog of War*, 38-40. **103** Daniel Kryder, *Divided Arsenal: Race and the American State during World War II* (Oxford, 2000), 208-10, 248-9. **104** Takaki, *Double Victory*, 28-9. **105** Chris Dixon, *African Americans and the Pacific War 1941-1945: Race, Nationality, and the Fight for Freedom* (Cambridge, 2018), 68. **106** Welky, *Marching Across the Color Line*, 112. **107** Takaki, *Double Victory*, 53. **108** Kryder, *Divided Arsenal*, 3. **109** Ibid., 229-32; Welky, *Marching Across the Color Line*, 121-2; Robert Dallek, *Franklin D. Roosevelt: A Political Life* (London, 2017), 520. **110** Kryder, *Divided Arsenal*, 208-10; Takaki, *Double Victory*, 43-4. **111** Kenneth Janken, 'From colonial liberation to Cold War liberalism: Walter White, the NAACP, and foreign affairs, 1941-1955', *Ethnic and Racial Studies*, 21 (1998), 1076-8. **112** Ibid., 1079; Von Eschen, *Race against Empire*, 2-5. **113** Elizabeth Borgwardt, 'Race, rights and nongovernmental organisations at the UN San Francisco Conference: a contested history of human rights without discrimination', in Kruse and Tuck (eds.), *Fog of War*, 188-90, 192-6; Von Eschen, *Race against Empire*, 81-2. **114** Janken, 'From colonial liberation', 1082; Mayers, 'Humanity in 1948', 457-9. **115** J. B. Schechtman, 'The USSR, Zionism and Israel', in Lionel Kochan (ed.), *The Jews in Soviet Russia since 1917* (Oxford, 1978), 118; Nora Levin, *Paradox of Survival: The Jews in the Soviet Union since 1917*, 2 vols. (London, 1990), i, 275-6. **116** Ben-Cion Pinchuk, *Shtetl Jews under Soviet Rule: Eastern Poland on the Eve of the Holocaust* (London, 1990), 39, 55, 129-31. **117** Bernard

Wasserstein, *Britain and the Jews of Europe 1939-1945* (Oxford, 1979), 7, 11. **118** Ibid., 18-20; Louise London, *Whitehall and the Jews 1933-1948: British Immigration Policy, Jewish Refugees and the Holocaust* (Cambridge, 2000), 140. **119** Takaki, *Double Victory*, 195; Joseph Bendersky, 'Dissension in the face of the Holocaust: the 1941 American debate over anti-Semitism', *Holocaust and Genocide Studies*, 24 (2010), 89. **120** Wasserstein, *Britain and the Jews*, 46-7; Takaki, *Double Victory*, 195-6. **121** Mayers, 'The Great Patriotic War', 305. **122** Wasserstein, *Britain and the Jews*, 52. **123** Leah Garrett, *X-Troop: The Secret Jewish Commandos who Helped Defeat the Nazis* (London, 2021), 26-41. **124** Wasserstein, *Britain and the Jews*, 54-76. **125** Michael Fleming, 'Intelligence from Poland on Chelmno: British responses', *Holocaust Studies*, 21 (2015), 172-4, 176-7; Jan Láníček, 'Governments-in-exile and the Jews during and after the Second World War', *Holocaust Studies*, 18 (2012), 73-5. **126** Fleming, 'Intelligence from Poland', 174-5. **127** David Wyman, *The Abandonment of the Jews: America and the Holocaust 1941-1945* (New York, 1984), 43-5; Zohar Segev, *The World Jewish Congress during the Holocaust: Between Activism and Restraint* (Berlin, 2017), 23-6. **128** London, *Whitehall and the Jews*, 207-8. **129** Wyman, *Abandonment of the Jews*, 73-5. **130** Leonid Smilovitskii, 'Antisemitism in the Soviet partisan movement 1941-1945: the case of Belorussia', *Holocaust and Genocide Studies*, 20 (2006), 708-9; Jeffrey Herf, 'The Nazi extermination camps and the ally to the East: could the Red Army and Air Force have stopped or slowed the Final Solution?', *Kritika*, 4 (2003), 915-16; Alexander Gogun, 'Indifference, suspicion, and exploitation: Soviet units behind the front lines of the Wehrmacht and Holocaust in Ukraine, 1941-44', *Journal of Slavic Military Studies*, 28 (2015), 381-2. **131** Láníček, 'Governments-in-exile', 76. **132** London, *Whitehall and the Jews*, 205-6, 218; Wasserstein, *Britain and the Jews*, 183, 188. **133** Wasserstein, *Britain and the Jews*, 190-203; Shlomo Aronson, *Hitler, the Allies and the Jews* (New York, 2004), 85-100; Takaki, *Double Victory*, 205-6. **134** Wasserstein, *Britain and the Jews*, 304. **135** Segev, *The World Jewish Congress*, 26-30. **136** Laurel Leff, *Buried by the Times: The Holocaust and America's Most Important Newspaper* (New York, 2005), 330-41. **137** Bendersky, 'Dissension in the face of the Holocaust', 89-96; Takaki, *Double Victory*, 189-91. **138** Wasserstein, *Britain and the Jews*, 34, 351. **139** Segev, *The World Jewish Congress*, 41. **140** Láníček, 'Governments-in-exile', 81-5; Wasserstein, *Britain and the Jews*, 295-302. **141** Rainer Schulze, 'The Heimschaffungsaktion of 1942-3: Turkey, Spain and Portugal and their responses to the German offer of repatriation of their Jewish citizens', *Holocaust Studies*, 18 (2012), 54-8. **142** Overy, *Interrogations*, 48-9, 178-9. **143** Bendersky, 'Dissension in the face of the Holocaust', 108-9; Mayers, 'Humanity in 1948', 448-55. **144** Kenneth Rose, *Myth and the Greatest Generation: A Social History of Americans in World War II* (New York, 2008), 1-7. **145** Parliamentary Peace Aims Group, 'Towards a Total Peace: A Restatement of Fundamental Principles', 1943, 4. **146** Chinese Ministry of Information, The Voice of China, 12, broadcast to the nation, 18 Feb. 1942. **147** Sonya Rose, *Which People's War? National Identity and Citizenship in Wartime Britain 1939-1945* (Oxford, 2003), 286-9. **148** Frank Bajohr and Michael Wildt (eds.), *Volksgemeinschaft: Neue Forschungen zur Gesellschaft des Nationalsozialismus* (Frankfurt/Main, 2009), 7-9; Detlef Schmiechen-Ackermann, 'Social control and the making of the Volksgemeinschaft', in Steber and Gotto (eds.), *Visions of*

Community, 240-53. **149** Michael David-Fox, 'The people's war: ordinary people and regime strategies in a world of extremes', *Slavic Review*, 75 (2016), 552; Anika Walke, *Pioneers and Partisans: An Oral History of Nazi Genocide in Belorussia* (New York, 2015), 140. **150** Buhite and Levy (eds.), *FDR's Fireside Chats*, 199, broadcast of 9 Dec. 1941. **151** Luigi Petrella, *Staging the Fascist War: The Ministry of Popular Culture and Italian Propaganda on the Home Front, 1938-1943* (Bern, 2016), 142-3; Romano Canosa, *I servizi segreti del Duce: I persecutori e le vittime* (Milan, 2000), 387-93. **152** Chinese Ministry of Information, *The Voice of China*, 40, speech by Chiang Kai-shek, 22 Oct. 1942. **153** 장제스가 직면했던 문제들에 관해서는 Rana Mitter, *China's War with Japan 1937-1945* (London, 2013), 177-82 참조; 부역에 관해서는 David Barrett and Larry Shyu (eds.), *Chinese Collaboration with Japan, 1932-1945* (Stanford, Calif., 2001), 3-12 참조; 공산당의 동원에 관해서는 Lifeng Li, 'Rural mobilization in the Chinese Communist Revolution: from the anti-Japanese War to the Chinese Civil War', *Journal of Modern Chinese History*, 9 (2015), 97-104 참조. **154** Chinese Ministry of Information, *The Voice of China*, 46, speech by Chiang Kai-shek, 31 Oct. 1942. **155** Bajohr and Wildt (eds.), *Volksgemeinschaft*, 7. **156** Samuel Yamashita, *Daily Life in Wartime Japan* (Lawrence, Kans, 2015), 13-14. **157** Sparrow, *Warfare State*, 72-3; Westbrook, *Why We Fought*, 8-9. **158** William Tuttle, *'Daddy's Gone to War': The Second World War in the Lives of American Children* (New York, 1993), 115-16, 118, 121-3. **159** Yamashita, *Daily Life in Wartime Japan*, 66-70, 87. **160** Sparrow, *Warfare State*, 65. **161** Ian McLaine, *Ministry of Morale: Home Front Morale and the Ministry of Information in World War II* (London, 1979), endpapers. **162** Budnitskii, 'The Great Patriotic War', 771-81; Mark Edele, *Stalin's Defectors: How Red Army Soldiers became Hitler's Collaborators, 1941-1945* (Oxford, 2017), 21, 29-31. 정확한 변절자 수치는 없으며 유력한 상한은 20만 명이다. **163** Hans Boberach (ed.), *Meldungen aus dem Reich: Die geheimen Lageberichte des Sicherheitsdienstes der SS 1938-1945: Band I* (Herrsching, 1984), 11-16, 20; David Welch, 'Nazi propaganda and the Volksgemeinschaft: constructing a people's community', *Journal of Contemporary History*, 39 (2004), 215. **164** Mimmo Franzinelli, *I tentacoli dell'Ovra: agenti, collaboratori e vittime della polizia politica fascista* (Turin, 1999), 386-8; Canosa, *I servizi segreti*, 380-85. **165** Amir Weiner, 'Getting to know you: the Soviet surveillance system 1939-1957', *Kritika*, 13 (2012), 5-8. **166** Sparrow, *Warfare State*, 43. **167** Ibid., 69; Brewer, *Why America Fights*, 93-6, 103. **168** Neil Wynn, 'The "good war": the Second World War and postwar American society', *Journal of Contemporary History*, 31 (1996), 467-70; Sparrow, *Warfare State*, 67-8, 87-8; Westbrook, *Why We Fought*, 49-50, 69-70. **169** Paul Addison and Jeremy Crang (eds.), *Listening to Britain: Home Intelligence Reports on Britain's Finest Hour, May to September 1940* (London, 2011), xi-xii. **170** James Hinton, *The Mass Observers: A History, 1937-1949* (Oxford, 2013), 166-7. **171** McLaine, Ministry of Morale, 256-7, 260; Addison and Crang (eds.), *Listening to Britain*, xiii-xiv; Hinton, *Mass Observers*, 179-80. **172** John Hilvert, *Blue Pencil Warriors: Censorship and Propaganda in World War II* (St Lucia, Qld, 1984), 220-22. **173** Petrella, *Staging the Fascist War*, 136. **174** Chang-tai Hung, *War and Popular Culture: Resistance in Modern China, 1937-1945* (Berkeley, Calif., 1994), 181-5. **175** Peter Fritzsche, *An Iron Wind: Europe under Hitler* (New York, 2016), 10-13. **176** Boberach (ed.), *Meldungen aus dem*

Reich: Band I, 25. **177** Petrella, *Staging the Fascist War*, 136-8. **178** Budnitskii, 'The Great Patriotic War', 791. **179** McLaine, *Ministry of Morale*, 80-84. **180** Sparrow, *Warfare State*, 86-8. **181** John Dower, *Japan in War and Peace: Essays on History, Race and Culture* (New York, 1993), 129. **182** Sparrow, *Warfare State*, 45. **183** Rose, *Myth and the Greatest Generation*, 64. **184** Johnson and Reuband, *What We Knew*, 194, 224. **185** Frank Bajohr and Dieter Pohl, *Der Holocaust als offene Geheimnis: Die Deutschen, die NS-Führung und die Alliierten* (Munich, 2006), 35-6, 56-7; Herf, *The Jewish Enemy*, 114-22. **186** Bytwerk, 'The argument for genocide', 43-4; Bytwerk, 'Believing in "inner truth"', 215. **187** Schmiechen-Ackermann, 'Social control and the making of the Volksgemeinschaft', 249. **188** Peter Longerich, *'Davon haben wir nichts gewusst!': Die Deutschen und die Judenverfolgung, 1933-1945* (Munich, 2006), 317-21, 326-7; Bytwerk, 'The argument for genocide', 53-4. **189** Edele, *Stalin's Defectors*, 169-74; Yamashita, *Daily Life in Wartime Japan*, 165-71 참조. **190** Westbrook, *Why We Fought*, 8-9, 40-50. **191** José Harris, 'Great Britain: the people's war', in Warren Kimball, David Reynolds and Alexander Chubarian (eds.), *Allies at War: The Soviet, American and British Experience 1939-1945* (New York, 1994), 244-51; Brewer, *Why America Fights*, 115-17. **192** Lisa Kirschenbaum, '"Our city, our hearths, our families": local loyalties and private life in Soviet World War II propaganda', *Slavic Review*, 59 (2000), 825-30. **193** LC, Eaker Papers, Box I:30, MAAF Intelligence Section, 'What is the German saying?' [n.d. but March 1945], entry (g). **194** Timothy Stewart-Winter, '"Not a soldier, not a slacker:" Conscientious objection and male citizenship in the United States during the Second World War', *Gender & History*, 19 (2007), 533; Barbara Habenstreit, *Men Against War* (New York, 1973), 142-3. **195** Rennie Smith, *Peace verboten* (London, 1943), 45-8. **196** Norman Ingram, *The Politics of Dissent: Pacifism in France 1919-1939* (Oxford, 1991), 134-9. 국제 평화운동(프랑스의 만국평화대회)에 관해서는 Overy, *The Morbid Age*, 257-9 참조. **197** H. Runham Brown, *The War Resisters' International: Principle, Policy and Practice* (London, 1936 [?]), 1-5. **198** Storm Jameson (ed.), *Challenge to Death* (London, 1935), p. xii. '평화 투표'에 관해서는 Martin Caedel, 'The first referendum: the Peace Ballot 1934-35', *English Historical Review*, 95 (1980), 818-29 참조. **199** Overy, *The Morbid Age*, 243-50; D. C. Lukowitz, 'British pacifists and appeasement: the Peace Pledge Union', *Journal of Contemporary History*, 9 (1974), 116-17. **200** Habenstreit, *Men Against War*, 126-33. **201** Gerald Sittser, *A Cautious Patriotism: The American Churches and the Second World War* (Chapel Hill, NC, 1997), 18-19. **202** Ibid., 133-4; Scott Bennett, 'American pacifism, the "greatest generation", and World War II', in Piehler and Pash (eds.), *The United States and the Second World War*, 260-61. **203** Haberstreit, *Men Against War*, 138-9. **204** *The Public Papers and Addresses of Franklin D. Roosevelt: 1939 Volume: War and Neutrality* (New York, 1941), 300, 'President Opens the New York World's Fair, April 30 1939'; Marco Duranti, 'Utopia, nostalgia, and world war at the 1939-40 New York World's Fair', *Journal of Contemporary History*, 41 (2006), 663. **205** *Parliamentary Debates*, vol. 351, col. 298, 3 Sept. 1939. **206** Graham Jackman, '"Ich kann nicht zwei Herren dienen": conscientious objectors and Nazi "Militärjustiz"', *German Life and Letters*, 64 (2011), 205. **207** Peter Brock, *Against the Draft: Essays on Conscientious Objection from the Radical Reformation to the Second World War* (Toronto, 2006), 329-31, 340. **208** Tobias Kelly, 'Citizenship, cowardice and freedom of conscience: British pacifists in the Second World War', *Comparative Studies in Society and History*, 57 (2015), 701. **209** Mona Siegel, *The Moral Disarmament of France: Education, Pacifism and Patriotism 1914-1940* (Cambridge, 2004), 192-201. **210** Carrie Foster, *The Women and the Warriors: The U. S. Section of the Women's International League for Peace and Freedom 1915-1946* (Syracuse, NY, 1995), 263-4, 284-5. **211** Neil Stammers, *Civil Liberties in Britain during the 2nd World War* (London, 1989), 93-4; Lukowitz, 'British pacifists and appeasement', 115-28. **212** TNA, MEPO 3/3113, extract from parliamentary debates, 6 Mar. 1940, 26 Nov. 1941; MEPO 3/2111, file on trial of Stuart Morris. **213** Martin Caedel, *Pacifism in Britain, 1914-1945: The Defining of a Faith* (Oxford, 1980), 299; Vera Brittain, *One Voice: Pacifist Writings from the Second World War* (London, 2005), 39, 'Functions of a Minority'. **214** Peter Brock and Nigel Young, *Pacifism in the Twentieth Century* (Syracuse, NY, 1999), 165. **215** Sittser, *A Cautious Patriotism*, 19. **216** Ray Abrams, 'The Churches and the clergy in World War II', *Annals of the American Academy of Political and Social Science*, 256 (1948), 111-13. **217** John Middleton Murry, *The Necessity of Pacifism* (London, 1937), 106; London School of Economics Archive, Women's International League for Peace and Freedom Papers, 21AW/2/C/46, 'Report of a deputation of Pacifist Clergy to the Archbishops of Canterbury and York', 11 June 1940. **218** Overy, *The Morbid Age*, 242-3. **219** George Bell, *Christianity and World Order* (London, 1940), 78-81. **220** Stephen Parker, 'Reinvigorating Christian Britain: the spiritual issues of the war, national identity, and the hope of religious education', in Tom Lawson and Stephen Parker (eds.), *God and War: The Church of England and Armed Conflict in the Twentieth Century* (Farnham, 2012), 63. **221** Donald Wall, 'The Confessing Church and the Second World War', *Journal of Church and State*, 23 (1981), 19-25. **222** Thomas Brodie, 'Between "national community" and "milieu": German Catholics at war 1939-1945', *Contemporary European History*, 26 (2017), 428-32. **223** Jouni Tilli, '"Deus Vult!": the idea of crusading in Finnish clerical war rhetoric', *War in History*, 24 (2017), 369-75. **224** Roger Reese, 'The Russian Orthodox Church and "patriotic" support for the Stalinist regime during the Great Patriotic War', *War & Society*, 33 (2014), 134-5. **225** Jan Bank with Lieve Grevers, *Churches and Religion in the Second World War* (London, 2016), 506. **226** Reese, 'The Russian Orthodox Church', 144-5. **227** 이 단락에 관해서는 John Mitsuru Oe, 'Church and state in Japan in World War II', *Anglican and Episcopal History*, 59 (1990), 202-6 참조. **228** Bell, *Christianity and World Order*, 98-100. **229** Frank Coppa, 'Pope Pius XII: from the diplomacy of impartiality to the silence of the Holocaust', *Journal of Church and State*, 55 (2013), 298-9; Gerard Noel, *Pius XII: The Hound of Hitler* (London, 2008), 3-4. **230** Bank and Grevers, *Churches and Religion*, 483-94. **231** Coppa, 'Pope Pius XII', 300. **232** Brock, *Against the Draft*, 350-52; Anna Halle, 'The German Quakers and the Third Reich', *German History*, 11 (1993), 222-6. **233** Kelly, 'Citizenship, cowardice and freedom of conscience', 701-2; Richard Overy, 'Pacifism and the Blitz, 1940-1941', *Past & Present*, no. 219 (2013), 217-18. **234** W. Edward Orser, 'World War II and the pacifist controversy in the major Protestant Churches', *American Studies*, 14 (1973), 7-10; Sittser, *A Cautious Patriotism*, 35-6. **235** Orser, 'World War II and the pacifist controversy', 12-18. **236** Gabriele Yonan, 'Spiritual resistance of Christian conviction in Nazi

Germany: the case of the Jehovah's Witnesses', *Journal of Church and State*, 41 (1999), 308-9, 315-16; Stewart-Winter, '"Not a soldier, not a slacker"', 532. **237** Thomas Kehoe, 'The Reich Military Court and its values: Wehrmacht treatment of Jehovah's Witness conscientious objection', *Holocaust & Genocide Studies*, 33 (2019), 351-8; Yonan, 'Spiritual resistance', 309; Jackman, '"Ich kann nicht zwei Herren dienen"', 189, 193. **238** Oe, 'Church and state in Japan', 210. **239** Sittser, *A Cautious Patriotism*, 186-7. **240** Denis Hayes, 'Liberty in the War', pamphlet published by *Peace News*, Sept. 1943, 5-6. **241** Bennett, 'American pacifism', 267; Stewart-Winter, '"Not a soldier, not a slacker"', 532; Kelly, 'Citizenship, cowardice and freedom of conscience', 710. **242** Brock, *Against the Draft*, 329-30. **243** Jackman, '"Ich kann nicht zwei Herren dienen"', 189-93, 197-8. **244** Kelly, 'Citizenship, cowardice and freedom of conscience', 699. **245** National Library of Wales, Stanley Jevons Papers, I IV/103, Notes by the Chairman of the South-East Tribunal (n.d. but Sept.-Oct. 1941); Kelly, 'Citizenship, cowardice and freedom of conscience', 709. **246** Brock and Young, *Pacifism in the Twentieth Century*, 158-9; 인용문 출처는 Kelly, 'Citizenship, cowardice and freedom of conscience', 694. **247** Denis Hayes, *Challenge of Conscience: The Story of Conscientious Objectors of 1939-1949* (London, 1949), 210. **248** Andrew Rigby, 'Pacifist communities in Britain during the Second World War', *Peace & Change*, 15 (1990), 108-13. **249** Rachel Barker, *Conscience, Government and War: Conscientious Objection in Britain, 1939-45* (London, 1982), 58; Overy, 'Pacifism and the Blitz', 222-3. **250** Sittser, *A Cautious Patriotism*, 131-2. **251** Scott Bennett, '"Free American political prisoners": pacifist activism and civil liberties, 1945-48', *Journal of Peace Research*, 40 (2003), 424; Stewart-Winter, '"Not a soldier, not a slacker"', 527-8. **252** Stewart-Winter, '"Not a soldier, not a slacker"', 522. **253** Ibid., 522-6. **254** Bennett, 'American pacifism', 267. **255** Nicholas Krehbiel, *General Lewis B. Hershey and Conscientious Objection during World War II* (Columbia, Miss., 2011), 5-6, 97. **256** Ibid., 260, 265-6; Stewart-Winter, '"Not a soldier, not a slacker"', 521. **257** Krehbiel, *General Lewis B. Hershey*, 112-16. **258** Habenstreit, *Men Against War*, 151-2; Bennett, 'American pacifism', 264, 272-3, 275-7; Bennett, '"Free American political prisoners"', 414-15. **259** Bennett, '"Free American political prisoners"', 413-14, 423-30.

제8장 | 민간 전쟁

1 Raymond Daniell, *Civilians Must Fight* (New York, 1941), 4-5. **2** Mark Edele, *Stalin's Defectors: How Red Army Soldiers became Hitler's Collaborators, 1941-1945* (New York, 2017), 177; 영국 민방위 통계에 관해서는 Fred Iklé, *The Social Impact of Bomb Destruction* (Norman, Okla, 1958), 163-4. **3** Alexander Gogun, *Stalin's Commandos: Ukrainian Partisan Forces on the Eastern Front* (London, 2016), 155-7. **4** Margaret Anagnostopoulou, 'From heroines to hyenas: women partisans during the Greek civil war', *Contemporary European History*, 10 (2001), 491, 저자의 참전 파르티잔 인터뷰. **5** Giulio Douhet, *The Command of the Air* (Maxwell, Ala, 2019), 14-24; 또한 Thomas Hippler, *Bombing the People: Giulio Douhet and the Foundations of Air-Power Strategy, 1884-1939* (Cambridge, 2013), ch. 4 참조. **6** 이런 수사법에 관해서는 John

Konvitz, 'Représentations urbaines et bombardements stratégiques', *Annales*, 44 (1989), 823-47; Susan Grayzel, '"A promise of terror to come": air power and the destruction of cities in British imagination and experience, 1908-39', in Stefan Goebel and Derek Keene (eds.), *Cities into Battlefields: Metropolitan Scenarios, Experiences and Commemorations of Total War* (Farnham, 2011), 47-62 참조. **7** Ian Patterson, *Guernica and Total War* (London, 2007), 110. **8** Goldsworthy Lowes Dickinson, *War: Its Nature, Cause and Cure* (London, 1923), 12-13. **9** Franco Manaresi, 'La protezione antiaerea', in Cristina Bersani and Valeria Monaco (eds.), *Delenda Bononia: immagini dei bombardamenti 1943-1945* (Bologna, 1995), 29-30. **10** Foreword to Stephen Spender, *Citizens in War - and After* (London, 1945), 5. **11** Terence O'Brien, *Civil Defence* (London, 1955), 690, Appendix X. 성별 역할에 관해서는 Lucy Noakes, '"Serve to save": gender, citizenship and civil defence in Britain 1937-41', *Journal of Contemporary History*, 47 (2012), 748-9. **12** Matthew Dallek, *Defenseless Under the Night: The Roosevelt Years and the Origins of Homeland Security* (New York, 2016), 248-9. **13** Richard Overy, *The Bombing War: Europe 1939-1945* (London, 2013), 215-17. **14** BAB, R 1501/823, Luftschutzgesetz, 7 Durchführungsverordnung, 31 Aug. 1943. **15** Bernd Lemke, *Luftschutz in Grossbritannien und Deutschland 1923 bis 1939* (Munich, 2005), 254-6. **16** O'Brien, *Civil Defence*, chs. 3-5; Lemke, *Luftschutz*, 342-62. **17** TNA, HO 186/602, Statistics on Civil Defence Personnel, Summary of all Services, 30 June 1940, 14 Nov. 1940; HO 187/1156, historical survey, 'Manpower in the National Fire Service'; Shane Ewen, 'Preparing the British fire service for war: local government, nationalisation and evolutionary reform, 1935-41', *Contemporary British History*, 20 (2006), 216-19; Charles Graves, *Women in Green: The Story of the W. V. S.* (London, 1948), 14-20. **18** O'Brien, *Civil Defence*, 548-58, 690. **19** Claudia Baldoli and Andrew Knapp, *Forgotten Blitzes: France and Italy under Allied Air Attack, 1940-1945* (London, 2012), 51-5, 92-3; Service historique de l'armée de l'air, Vincennes, Paris, 3D/44/Dossier 1, 'Formations et effectifs réels, Défense Passive', 15 Jan. 1944. **20** Nicola della Volpe, *Difesa del territorio e protezione antiaerea* (1915-1943) (Rome, 1986), 194-203, doc. 17 'Istruzione sulla protezione antiaerea'. **21** Ibid., 46-8; Baldoli and Knapp, *Forgotten Blitzes*, 54. **22** Larry Bland (ed.), *The Papers of George Catlett Marshall: Volume 2 'We Cannot Delay'* (Baltimore, Md, 1986), 607-8, Radio broadcast on the Citizens' Defense Corps, 11 Nov. 1941. **23** Dallek, *Defenseless Under the Night*, 223-5. **24** NARA, RG107, Lovett Papers, Box 139, James Landis, 'We're Not Safe from Air Raids', *Civilian Front*, 15 May 1943. **25** Cambridge University Library, Bernal Papers, Add 8287, Box 58/2, E.P.S. Bulletin No. 1, March 1942. **26** Tetsuo Maeda, 'Strategic bombing of Chongqing by Imperial Japanese Army and Naval Forces', in Yuki Tanaka and Marilyn Young (eds.), *Bombing Civilians: A Twentieth-century History* (New York, 2009), 141. **27** Samuel Yamashita, *Daily Life in Wartime Japan, 1940-1945* (Lawrence, Kans, 2015), 28. **28** RAF Museum, Hendon, Bottomley Papers, AC 71/2/31, Address to the Thirty Club by Richard Peck, 8 Mar. 1944, p. 8. 공업도시를 겨냥하는 지역 폭격으로의 전환에 관한 상세한 논의는 Richard Overy, '"The weak link"? The perception of the German working class by RAF Bomber Command, 1940-1945', *Labour History Review*, 77 (2012), 24-31 참조. **29** TNA, AIR 14/783, Air Staff memorandum, 7 Oct. 1943: the aim of area attacks was 'the destruction of workers' housing, the killing of skilled workers, and the general dislocation of public services.' **30** Overy, *The Bombing War*, 328-30. **31** Bland (ed.), *The Papers of George Catlett Marshall: Volume 2*, 678, report of press conference, 15 Nov. 1941. **32** Thomas Searle, '"It made a lot of sense to kill skilled workers": the firebombing of Tokyo in March 1945', *Journal of Military History*, 66 (2002), 116-19. **33** Rana Mitter, *China's War with Japan 1937-1945: The Struggle for Survival* (London, 2013), 191-2; Maeda, 'Strategic bombing of Chongqing', 146-9. **34** Overy, *The Bombing War*, 99-105. **35** Edward Glover, *The Psychology of Fear and Courage* (London, 1940), 35, 63. **36** TNA, HO 186/608, Report of the Regional Commissioner South, 14 Dec. 1940; Ministry of Food report, 'Brief Visit to Southampton, December 3 1940', 5 Dec. 1940. **37** Dietmar Süss, 'Wartime societies and shelter politics in National Socialist Germany and Britain', in Claudia Baldoli, Andrew Knapp and Richard Overy (eds.), *Bombing, States and Peoples in Western Europe, 1940-1945* (London, 2011), 31-3; University of East Anglia, Zuckerman Archive, OEMU/59/13, draft report 'Shelter Habits', Table B, Table C. **38** Kevin Hewitt, 'Place annihilation: area bombing and the fate of urban places', *Annals of the Association of American Geographers*, 73 (1983), 263. **39** TNA, AIR/20/7287, 'Secret Report by the Police President of Hamburg on the Heavy Raids on Hamburg July/August 1943', 1 Dec. 1943, pp. 22-3, 67-8, 87-99. **40** Hans Rumpf, *The Bombing of Germany* (London, 1957), 186-7; Andreas Linhardt, *Feuerwehr im Luftschutz 1926-1945: Die Umstrukturierung des öffentlichen Feuerlöschwesens in Deutschland unter Gesichtspunkten des zivilen Luftschutzes* (Brunswick, 2002), 171-82. **41** Iklé, *Social Impact of Bomb Destruction*, 67-8. **42** Yamashita, *Daily Life in Wartime Japan*, 102, 1945년 5월에 보낸 편지. 또한 Aaron Moore, *Bombing the City: Civilian Accounts of the Air War in Britain and Japan 1939-1945* (Cambridge, 2018), 112-14 참조. **43** USSBS Pacific Theater, Report 11, 6, 69. **44** China Information Committee, *China After Four Years of War* (Chongqing, 1941), 174-5. **45** USSBS Pacific Theater, Report 11, 69, 200. **46** Ibid., 2, 9-11. **47** 통계의 출처 는 프랑스의 경우 Jean-Charles Foucrier, *La stratégie de la destruction: Bombardements allies en France, 1944* (Paris, 2017), 9-10; 중국의 경우 Diana Lary, *The Chinese People at War: Human Suffering and Social Transformation, 1937-1945* (Cambridge, 2010), 89. **48** Mitter, *China's War with Japan*, 231-2. **49** Bernard Donoughue and G. W. Jones, *Herbert Morrison: Portrait of a Politician* (London, 2001), 316-18. **50** Edna Tow, 'The great bombing of Chongqing and the Anti-Japanese War, 1937-1945', in Mark Peattie, Edward Drea and Hans van de Ven (eds.), *The Battle for China: Essays on the Military History of the Sino-Japanese War of 1937-1945* (Stanford, Calif., 2011), 269-70, 277-8. **51** China Information Committee, *China After Four Years of War*, 179. **52** CCAC, CHAR 9/182B, Notes for a speech to civil defence workers, County Hall, London, 12 July 1940, pp. 4-5. **53** Matthew Cobb, *The Resistance: The French Fight against the Nazis* (New York, 2009), 39-40. **54** Tom Behan, *The Italian Resistance: Fascists, Guerrillas and the Allies* (London, 2008), 67-8; Cobb, *The Resistance*, 163-4. **55** 중국의 경우는 Poshek Fu, 'Resistance in collaboration: Chinese cinema in occupied Shanghai, 1940-1943', in David Barrett and Larry Shyu (eds.), *Chinese Collaboration with Japan 1932-1945* (Stanford, Calif., 2002),180, 193 참조. **56** Robert Gildea, *Fighters in the Shadows: A New History of the French Resistance* (London, 2015), 70-71, 143-4. **57** Chang-tai Hung, *War and Popular Culture:*

Resistance in Modern China, 1937-1945 (Berkeley, Calif., 1994), 221-30. **58** Cobb, *The Resistance*, 223-4. **59** Gaj Trifković, '"Damned good amateurs": Yugoslav partisans in the Belgrade operation 1944', *Journal of Slavic Military Studies*, 29 (2016), 256, 270; Yang Kuisong, 'Nationalist and Communist guerrilla warfare in north China', in Peattie, Drea and van de Ven (eds.), *The Battle for China*, 325; John Loulis, *The Greek Communist Party 1940-1944* (London, 1982), 153. **60** Shmuel Krakowski, *The War of the Doomed: Jewish Armed Resistance in Poland 1942-1944* (New York, 1984), 5. **61** Svetozar Vukmanović, *How and Why the People's Liberation Struggle of Greece Met with Defeat* (London, 1985), 41, *The Strategic Problems of the Chinese Revolutionary War*에 실린 마오쩌둥의 발언을 인용. **62** L. S. Stavrianos, 'The Greek National Liberation Front (EAM): a study in resistance organization and administration', *Journal of Modern History*, 24 (1952), 43. **63** Cobb, *The Resistance*, 60-63. **64** Olivier Wieviorka and Jack Tebinka, 'Resisters: from everyday life to counter-state', in Robert Gildea, Olivier Wieviorka and Annette Warring (eds.), *Surviving Hitler and Mussolini: Daily Life in Occupied Europe* (Oxford, 2006), 158-9. **65** Behan, *The Italian Resistance*, 45-8. **66** Philippe Buton, *Les lendemains qui déchantant: Le Parti communiste français à la Libération* (Paris, 1993), 269. **67** Kuisong, 'Nationalist and Communist guerrilla warfare', 323-5; Daoxuan Huang, 'The cultivation of Communist cadres during the war of resistance against Japanese aggression', *Journal of Modern Chinese History*, 10 (2016), 138. **68** Julia Ebbinghaus, 'Les journaux clandestins rédigés par les femmes: une résistance spécifique', in Mechtild Gilzmer, Christine Levisse-Touzé and Stefan Martens, *Les femmes dans la Résistance en France* (Paris, 2003), 141-4, 148-50; Jean-Marie Guillon, 'Les manifestations de ménagères: protestation populaire et résistance féminine spécifique', ibid., 115-20. **69** Julian Jackson, *France: The Dark Years 1940-1945* (Oxford, 2001), 491-4. **70** Barbara Jancar, 'Women in the Yugoslav National Liberation Movement: an overview', *Studies in Comparative Communism*, 14 (1981), 150, 155-6. **71** Jomane Alano, 'Armed with the yellow mimosa: women's defence and assistance groups in Italy 1943-45', *Journal of Contemporary History*, 38 (2003), 615, 618-20. **72** Gildea, *Fighters in the Shadows*, 131. **73** Alano, 'Armed with the yellow mimosa', 616. **74** Anagnostopoulou, 'From heroines to hyenas', 481-2. **75** Jelena Batinić, *Women and Yugoslav Partisans: A History of World War II Resistance* (Cambridge, 2015), 128-9, 143-8, 156-7; Jancar, 'Women in the Yugoslav National Liberation Army', 155-6, 161. **76** Cobb, *The Resistance*, 185. **77** Stavrianos, 'The Greek National Liberation Front', 45-50; Dominique Eudes, *The Kapetanios: Partisans and Civil War in Greece, 1943-1949* (London, 1972), 22-3. **78** Spyros Tsoutsoumpis, *A History of the Greek Resistance in the Second World War* (Manchester, 2016), 226. **79** Anika Walke, *Pioneers and Partisans: An Oral History of Nazi Genocide in Belorussia* (New York, 2015), 191-2. **80** Hans van de Ven, *China at War: Triumph and Tragedy in the Emergence of the New China, 1937-1952* (London, 2017), 139-41; Kuisong, 'Nationalist and Communist guerrilla warfare', 309-10. **81** Eudes, *The Kapetanios*, 22. **82** Trifković, '"Damned good amateurs"', 271. **83** Halik Kochanski, *The Eagle Unbowed: Poland and the Poles in the Second World War* (London, 2012), 389-90. **84** Kuisong, 'Nationalist and Communist guerrilla warfare', 319-20. **85** Peter Seybolt, 'The war within a war: a case study of a county on the North China Plain', in Barrett and Shyu (eds.), *Chinese Collaboration with Japan*,

221. **86** Ben Hillier, 'The Huk rebellion and the Philippines radical tradition', in Donny Gluckstein (ed.), *Fighting on All Fronts: Popular Resistance in the Second World War* (London, 2015), 327. **87** Mark Mazower, *Inside Hitler's Greece: The Experience of Occupation, 1941-44* (New Haven, Conn., 1993), 289-90, 318-20. **88** Gogun, *Stalin's Commandos*, 109. **89** Hans-Heinrich Nolte, 'Partisan war in Belorussia, 1941-1945', in Roger Chickering, Stig Förster and Bernd Greiner (eds.), *A World at Total War: Global Conflict and the Politics of Destruction, 1937-1945* (Cambridge, 2005), 268-70, 271-3. **90** Loulis, *The Greek Communist Party*, 85-90, 122; Stavrianos, 'The Greek National Liberation Front', 42-3; John Iatrides, 'Revolution or self-defense? Communist goals, strategy, and tactics in the Greek civil war', *Journal of Cold War Studies*, 7 (2005), 7-8. **91** Stevan Pavlowitch, *Hitler's New Disorder: The Second World War in Yugoslavia* (London, 2008), 114-15. **92** Van de Ven, *China at War*, 146-9. **93** Lifeng Li, 'Rural mobilization in the Chinese Communist Revolution: from the anti-Japanese war to the Chinese civil war', *Journal of Modern Chinese History*, 9 (2015), 97-101. **94** Eudes, *The Kapetanios*, 5-6, 13-14. **95** Stavrianos, 'The Greek National Liberation Front', 45-8. **96** Mazower, *Inside Hitler's Greece*, 265-79. **97** Tsoutsoumpis, *History of the Greek Resistance*, 8-9, 214-18. **98** Iatrides, 'Revolution or self-defense?', 6. **99** André Gerolymatos, *An International Civil War: Greece, 1943-1949* (New Haven, Conn., 2016), 287-8. **100** John Newman, *Yugoslavia in the Shadow of War* (Cambridge, 2015), 241-61. **101** David Motadel, *Islam and Nazi Germany's War* (Cambridge, Mass., 2014), 178-83; Pavlowitch, *Hitler's New Disorder*, 115-17, 124-32. **102** Motadel, *Islam and Nazi Germany's War*, 183, 212; Pavlowitch, *Hitler's New Disorder*, 142-5. **103** Pavlowitch, *Hitler's New Disorder*, 106. **104** Blaž Torkar, 'The Yugoslav armed forces in exile', in Vít Smetana and Kathleen Geaney (eds.), *Exile in London: The Experience of Czechoslovakia and the Other Occupied Nations 1939-1945* (Prague, 2017), 117-20. **105** Gaj Trifković, 'The key to the Balkans: the battle for Serbia 1944', *Journal of Slavic Military Studies*, 28 (2015), 544-9. **106** Gogun, *Stalin's Commandos*, 10. **107** Jared McBride, 'Peasants into perpetrators: the OUN-UPA and the ethnic cleansing of Volhynia, 1943-1944', *Slavic Review*, 75 (2016), 630-31, 636-7. **108** Seybolt, 'The war within a war', 205-15. **109** Li, 'Rural mobilization', 98-9. **110** Geraldien von Künzel, 'Resistance, reprisals, reactions', in Gildea, Wieviorka and Warring (eds.), *Surviving Hitler and Mussolini*, 179-81. **111** Mark Kilion, 'The Netherlands 1940-1945: war of liberation', in Gluckstein (ed.), *Fighting on All Fronts*, 147-8. **112** Seybolt, 'The war within a war', 219-20. **113** Gogun, *Stalin's Commandos*, 187-8; Wieviorka and Tebinka, 'Resisters', 169. **114** Cobb, *The Resistance*, 163. **115** *European Resistance Movements 1939-1945: First International Conference on the History of the Resistance Movements* (London, 1960), 351-2. **116** Cobb, *The Resistance*, 183-4. **117** Gogun, *Stalin's Commandos*, 45-6. **118** Ibid., 56-9. **119** Nolte, 'Partisan war in Belorussia', 274-5. **120** Gogun, *Stalin's Commandos*, xv-xvi; A. A. Maslov, 'Concerning the role of partisan warfare in Soviet military doctrine of the 1920s and 1930s', *Journal of Slavic Military Studies*, 9 (1996), 892-3. **121** Trifković, '"Damned good amateurs"', 261; Loulis, The Greek Communist Party, 81-2. **122** Anita Prazmowska, 'The Polish underground resistance during the Second World War: a study in political disunity during occupation', *European History Quarterly*, 43 (2013), 465-7, 472-4. **123** Tadeusz Bór-Komorowski, 'Le mouvement de

Varsovie', in *European Resistance Movements*, 287. **124** Kochanski, *The Eagle Unbowed*, 385-6, 395. **125** Ibid., 390-92, 396-7. **126** Bór-Komorowski, 'Le mouvement de Varsovie', 288-9. **127** Alexandra Richie, *Warsaw 1944: The Fateful Uprising* (London, 2013), 176-80. **128** Kazik (Simha Rotem), *Memoirs of a Warsaw Ghetto Fighter* (New Haven, Conn., 1994), 119, 122. **129** Ewa Stańczyk, 'Heroes, victims, role models: representing the child soldiers of the Warsaw uprising', *Slavic Review*, 74 (2015), 740; Kochanski, *The Eagle Unbowed*, 402, 424-5. **130** David Glantz, 'Stalin's strategic intentions 1941-45', *Journal of Slavic Military Studies*, 27 (2014), 687-91; Alexander Statiev, *The Soviet Counterinsurgency in the Western Borderlands* (Cambridge, 2010), 120-22. **131** Valentin Berezhkov, *History in the Making: Memoirs of World War II Diplomacy* (Moscow, 1983), 357-8; David Reynolds and Vladimir Pechatnov (eds.), *The Kremlin Letters: Stalin's Wartime Correspondence with Churchill and Roosevelt* (New Haven, Conn., 2018), 459, Stalin to Churchill 16 Aug. 1944. **132** TNA, AIR 8/1169, Despatches from MAAF on Dropping Operations to Warsaw [n.d.]; Norman Davies, *Rising '44: The Battle for Warsaw* (London, 2003), 310-11; Kochanski, *The Eagle Unbowed*, 408-11. **133** Richie, *Warsaw 1944*, 610, 617. **134** Statiev, *Soviet Counterinsurgency*, 122. **135** Krakowski, *War of the Doomed*, 8-9. **136** Dongill Kim, 'Stalin and the Chinese civil war', *Cold War History*, 10 (2010), 186-91. **137** Loulis, *The Greek Communist Party*, 81-2. **138** Iatrides, '"Revolution or self-defense?"', 11-12, 16-18, 19-21. **139** Tommaso Piffer, 'Stalin, the Western Allies and Soviet policy towards the Yugoslav partisan movement 1941-4', *Journal of Contemporary History*, 54 (2019), 424-37. **140** Glantz, 'Stalin's strategic intentions', 690, Directive of 5 Sept. 1944. **141** Trefković, '"Damned good amateurs"', 254-5, 276-7. **142** Pavlowitch, *Hitler's New Disorder*, 236. **143** Michael Foot, *SOE: The Special Operations Executive 1940-46* (London, 1984), 20-21. **144** Olivier Wieviorka, *The Resistance in Western Europe 1940-1945* (New York, 2019), 27. **145** TNA, FO 898/457, 'Annual Dissemination of Leaflets by Aircraft and Balloon 1939-1945'. **146** Richard Overy, 'Bruce Lockhart, British political warfare and occupied Europe', in Smetana and Geaney (eds.), *Exile in London*, 201-4. **147** TNA, FO 898/338, PWE 'Special Directive on Food and Agriculture', 1 Aug. 1942; PWE memorandum 'The Peasant in Western Europe', 5 Apr. 1943; Major Baker to Ritchie Calder (PWE), 'The Peasant Revolt', 13 Feb. 1942. **148** TNA, FO 898/340, Patrick Gordon-Walker, 'Harnessing the Trojan Horse', 31 Mar. 1944; SHAEF Political Warfare Division, 'Propaganda to Germany: The Final Phase', 4 July 1944. **149** TNA, FO 800/879, Dr Jan Kraus to Lockhart, 10 Nov. 1942; FO 898/420, 'Suggested Enquiry into the Effects of British Political Warfare against Germany', 12 July 1945. **150** Ian Dear, *Sabotage and Subversion: The SOE and OSS at War* (London, 1996), 12-13. **151** Ibid., 12-14. **152** Foot, *SOE*, 171. **153** Peter Wilkinson, *Foreign Fields: The Story of an SOE Operative* (London, 1997), 148. **154** Mazower, *Inside Hitler's Greece*, 297-8, 352. **155** Gerolymatos, *An International Civil War*, 138-41. **156** Mark Seaman, '"The most difficult country": some practical considerations on British support for clandestine operations in Czechoslovakia during the Second World War', in Smetana and Geaney (eds.), *Exile in London*, 131-2; David Stafford, *Mission Accomplished: SOE and Italy 1943-45* (London, 2011), 225. **157** Michael Foot, *SOE in France* (London, 1966), 473-4. **158** Stafford, *Mission Accomplished*, 223. **159** Olivier Wieviorka, *Histoire de la résistance*

1940-1945 (Paris, 2013), 498-9. **160** Gabriella Gribaudi, *Guerra Totale: Tra bombe alleate e violenze naziste: Napoli e il fronte meridionale 1940-44* (Turin, 2005), 197. **161** Ibid., 197-8; Behan, *The Italian Resistance*, 37-8. **162** Santo Peli, *Storia della Resistenza in Italia* (Turin, 2006), 121-3. **163** Max Corvo, *OSS Italy 1942-1945* (New York, 1990), 215. **164** Peli, *Storia della Resistenza*, 152-3. **165** Tommaso Piffer, *Gli Alleati e la Resistenza italiana* (Bologna, 2010), 177-81; Stafford, *Mission Accomplished*, 226; Behan, *The Italian Resistance*, 89-2. **166** Corvo, *OSS Italy*, 227; Peli, *Storia della Resistenza*, 113-14. **167** Peli, *Storia della Resistenza*, 114, 123-5, 139. **168** Corvo, *OSS Italy*, 228. **169** Stafford, *Mission Accomplished*, 217; Peli, *Storia della Resistenza*, 137-9. **170** Claudio Pavone, *A Civil War: A History of the Italian Resistance* (London, 2013), 603-4. **171** Peli, *Storia della Resistenza*, 160-61. **172** Piffer, *Gli Alleati e la Resistenza*, 227-8. **173** Pavone, *A Civil War*, 609-10. **174** Dear, *Sabotage and Subversion*, 155, 182-3. **175** Georges Ribeill, 'Aux prises avec les voies ferrées: bombarder ou saboter? Un dilemme revisité', in Michèle Battesti and Patrick Facon (eds.), *Les bombardements alliés sur la France durant la Seconde Guerre Mondiale: stratégies, bilans matériaux et humains* (Vincennes, 2009), 162; CCAC, BUFt 3/51, SHAEF report 'The Effect of the Overlord Plan to Disrupt Enemy Rail Communications', pp. 1-2. **176** Wieviorka, *Histoire de la résistance*, 504-5. **177** Buton, *Les lendemains qui déchantent*, 104-5. **178** 1944년 보복정책의 세부에 관해서는 Thomas Laub, *After the Fall: German Policy in Occupied France 1940-1944* (Oxford, 2010), 277-80 참조. **179** Wieviorka, *Histoire de la résistance*, 507, 522-3; Buton, *Les lendemains qui déchantent*, 91-2. **180** Raymond Aubrac, *The French Resistance, 1940-1944* (Paris, 1997), 35-7; Gildea, *Fighters in the Shadows*, 386-8. **181** Gildea, *Fighters in the Shadows*, 394-5. **182** Jean Guéhenno, *Diary of the Dark Years, 1940-1944: Collaboration, Resistance, and Daily Life in Occupied Paris* (Oxford, 2014), 270, entry for 21 Aug. 1944. **183** Jean-François Muracciole, *Histoire de la Résistance en France* (Paris, 1993), 119-20; Gildea, *Fighters in the Shadows*, 395-401. **184** Philibert de Loisy, *1944, les FFI deviennent soldats: L'amalgame: De la résistance à l'armée régulière* (Paris, 2014), 187-9, 192-3, 258-9. **185** Richard Barry, 'Statement by U.K. representatives', in *European Resistance Movements*, 351. **186** Maria Pasini, *Brescia 1945* (Brescia, 2015), 40-41. **187** Nechama Tec, *Defiance: The Bielski Partisans* (New York, 1993), 81-2. **188** Léon Nisand, *De l'étoile jaune à la Résistance armée: Combat pour la dignité humaine 1942-1944* (Besançon, 2006), 21. **189** Renée Poznanski, 'Geopolitics of Jewish resistance in France', *Holocaust and Genocide Studies*, 15 (2001), 256-7; idem, 'Reflections on Jewish resistance and Jewish resistants in France', *Jewish Social Studies*, 2 (1995), 129, 134-5. **190** Walke, Pioneers and Partisans, 132-4; Zvi Bar-On, 'On the position of the Jewish partisan in the Soviet partisan movement', in *European Resistance Movements*, 210-11. **191** Christian Gerlach, *The Extermination of the European Jews* (Cambridge, 2016), 407, 409-10. **192** Kochanski, *The Eagle Unbowed*, 303; 벨라루스에 관해서는 Walke, *Pioneers and Partisans*, 121-5 참조. **193** Kochanski, *The Eagle Unbowed*, 319-21; Janey Stone, 'Jewish resistance in Eastern Europe', in Gluckstein (ed.), *Fighting on All Fronts*, 113-18. **194** Philip Friedman, 'Jewish resistance to Nazism: its various forms and aspects', in *European Resistance Movements*, 198-9. **195** Rachel Einwohner, 'Opportunity, honor and action in the Warsaw Ghetto 1943', *American Journal of Sociology*, 109 (2003), 665. **196** Ibid., 661. **197** Krakowski, *War of the Doomed*, 163-5.

198 Gustavo Corni, *Hitler's Ghettos: Voices from a Beleaguered Society 1939-1944* (London, 2002), 306-7. **199** Ibid., 293-7. **200** James Glass, *Jewish Resistance During the Holocaust: Moral Uses of Violence and Will* (Basingstoke, 2004), 21-2; Friedman, 'Jewish resistance', 196-7. **201** Friedman, 'Jewish resistance', 201-2; Corni, *Hitler's Ghettos*, 303. **202** Eric Sterling, 'The ultimate sacrifice: the death of resistance hero Yitzhak Wittenberg and the decline of the United Partisan Organisation', in Ruby Rohrlich (ed.), *Resisting the Holocaust* (Oxford, 1998), 59-62. **203** Ibid., 63; Einwohner, 'Opportunity, honor and action', 660. **204** Suzanne Weber, 'Shedding city life: survival mechanisms of forest fugitives during the Holocaust', *Holocaust Studies*, 18 (2002), 2; Krakowski, *War of the Doomed*, 10-11. **205** Glass, *Jewish Resistance*, 3, 14. 글래스가 게릴라 운동의 유대인 생존자들로부터 수집한 구두 증언에서 복수심이 두루 나타났다. **206** Walke, *Pioneers and Partisans*, 164-5; Glass, *Jewish Resistance*, 80. **207** Walke, *Pioneers and Partisans*, 180-81; Tec, *Defiance: The Bielski Partisans*, 81-2; Friedman, 'Jewish resistance', 191; Glass, *Jewish Resistance*, 9-10. **208** Tec, *Defiance: The Bielski Partisans*, 73; Krakowski, *War of the Doomed*, 13-16. **209** Weber, 'Shedding city life', 5-14, 21-2. **210** Krakowski, *War of the Doomed*, 12-13; Weber, 'Shedding city life', 23-4. **211** Glass, *Jewish Resistance*, 3, 93; Bar-On, 'On the position of the Jewish partisan', 235-6. **212** Amir Weiner, '"Something to die for, a lot to kill for": the Soviet system and the barbarisation of warfare', in George Kassimeris (ed.), *The Barbarisation of Warfare* (London, 2006), 119. **213** Stone, 'Jewish resistance in Eastern Europe', 102; Saul Friedländer, *The Years of Extermination: Nazi Germany and the Jews 1939-1945* (London, 2007), 525. **214** Gildea, *Fighters in the Shadows*, 229-30. **215** Poznanski, 'Geopolitics of Jewish resistance', 250, 254-8. **216** Stone, 'Jewish resistance in Eastern Europe', 104; Rohrlich (ed.), *Resisting the Holocaust*, 2. **217** Frediano Sessi, *Auschwitz: Storia e memorie* (Venice, 2020), 316. **218** Friedländer, *The Years of Extermination*, 557-9. **219** 상세한 기술은 Krakowski, *War of the Doomed*, 163-89; Friedländer, *The Years of Extermination*, 520-24 참조. **220** Kochanski, *The Eagle Unbowed*, 309-10. **221** Kazik, *Memoirs of a Warsaw Ghetto Fighter*, 34. **222** Krakowski, *War of the Doomed*, 211-13; Stone, 'Jewish resistance in Eastern Europe', 101-2; Friedman, 'Jewish resistance', 204; Corni, *Hitler's Ghettos*, 317-20.

제9장 | 전쟁의 감정지리

1 *Last Letters from Stalingrad*, trs. Anthony Powell (London, 1956), 61-3. **2** Ibid., v-vii. **3** Ibid., 24-5. **4** Pat Jalland, *Death in War and Peace: A History of Loss and Grief in England 1914-1970* (Oxford, 2010), 172-3에서 인용. **5** Svetlana Alexievich, *The Unwomanly Face of War* (London, 2017), 135-6, 올가 오멜첸코(Olga Omelchenko)와의 인터뷰. **6** David Grossman, 'Human factors in war: the psychology and physiology of close combat', in Michael Evans and Alan Ryan (eds.), *The Human Face of Warfare: Killing, Fear and Chaos in Battle* (London, 2000), 10. 오늘날 정신과의사들과 신경과의사들은 전투 상황에서 피살과 살해의 위협이 주된 '스트레스 요인'이라는 데 동의한다. **7** Thomas Brown, '"Stress" in US wartime psychiatry: World War II and the immediate aftermath', in David Cantor and Edmund Ramsden (eds.), *Stress, Shock and*

Adaptation in the Twentieth Century (Rochester, NY, 2014), 123. **8** Ann-Marie Condé, '"The ordeal of adjustment": Australian psychiatric casualties of the Second World War', War & Society, 15 (1997), 65-6. **9** Emma Newlands, Civilians into Soldiers: War, the Body and British Army Recruits 1939-1945 (Manchester, 2014), 156; Condé, '"The ordeal of adjustment"', 64-5; Walter Bromberg, Psychiatry Between the Wars 1918-1945 (New York, 1982), 162. **10** Grossman, 'Human factors in war', 7; Paul Wanke, '"Inevitably any man has his threshold": Soviet military psychiatry during World War II - a comparative approach', Journal of Slavic Military Studies, 16 (2003), 92; Paul Wanke, 'American military psychiatry and its role among ground forces in World War II', Journal of Military History, 63 (1999), 127-33. **11** Robert Ahrenfeldt, Psychiatry in the British Army in the Second World War (London, 1958), 175-6, 278; Terry Copp and Bill McAndrew, Battle Exhaustion: Soldiers and Psychiatrists in the Canadian Army (Montreal, 1990), 126. **12** Frederick McGuire, Psychology Aweigh! A History of Clinical Psychology in the United States Navy 1900-1988 (Washington, DC, 1990), 99-100. **13** Wanke, '"Inevitably any man has his threshold"', 94에서는 미군과 소련군의 사상률을 비교하면서 붉은군대의 사상자 1831만 9723명 중 정신의학적 이유로 인한 사상자 수치로 총 100만 7585명을 제시한다. 10만 명이라는 수치는 Catherine Merridale, Ivan's War: The Red Army 1939-1945 (London, 2005), 232를 보라. 실제 수치는 분명 더 클 텐데, 미처 진단받지 못하거나, 의학적으로 진단명을 확정하기 전에 살해되거나 포로로 잡힌 경우가 많았기 때문이다. **14** Peter Riedesser and Axel Verderber, 'Maschinengewehre hinter der Front': Zur Geschichte der deutschen Militärpsychiatrie (Frankfurt/Main, 1996), 146-7, 168; Klaus Blassneck, Militärpsychiatrie im Nationalsozialismus (Würzburg, 2000), 35-7. **15** Paolo Giovannini, La psichiatria di guerra: Dal fascismo alla seconda guerra mondiale (Milan, 2015), 73-6. **16** Bromberg, Psychiatry Between the Wars, 163; Copp and McAndrew, Battle Exhaustion, 135; Roger Reese, Why Stalin's Soldiers Fought: The Red Army's Military Effectiveness in World War II (Lawrence, Kans, 2011), 238-9. **17** Reese, Why Stalin's Soldiers Fought, 173-5. **18** Mark Edele, Stalin's Defectors: How Red Army Soldiers Became Hitler's Collaborators, 1941-1945 (Oxford, 2017), 30-31, 111. **19** Samuel Yamashita, Daily Life in Wartime Japan 1940-1945 (Lawrence, Kans, 2015), 159. **20** 미국 수치의 출처는 Paul Fussell, The Boys' Crusade: American G.I.s in Europe: Chaos and Fear in World War Two (London, 2004), 108; 영국 수치의 출처는 Ahrenfeldt, Psychiatry in the British Army, Appendix B, 273; 독일 수치의 출처는 Dieter Knippschild, '"Für mich ist der Krieg aus": Deserteure in der deutschen Wehrmacht', in Norbert Haase and Gerhard Paul (eds.), Die anderen Soldaten: Wehrkraftzersetzung, Gehorsamsverweigerung und Fahnenflucht im Zweiten Weltkrieg (Frankfurt/Main, 1995), 123, 126-31; 이탈리아에 관해서는 Mimmo Franzinelli, Disertori: Una storia mai racconta della seconda guerra mondiale (Milan, 2016), 133-49 참조. **21** Jonathan Fennell, 'Courage and cowardice in the North African campaign: the Eighth Army and defeat in the summer of 1942', War in History, 20 (2013), 102-5. **22** 이탈리아 전역에 관해서는 Albert Cowdrey, Fighting for Life: American Military Medicine in World War II (New York, 1994), 149-50; Copp and McAndrew, Battle Exhaustion, 50-51 참조. 인도 전선에 관해서는 B. L. Raina, World War II: Medical Services: India (New Delhi, 1990), 40-41 참조. **23** Brown, '"Stress" in US wartime psychiatry', 127. **24** Cowdrey, Fighting for Life, 151; G. Kurt Piehler, 'Veterans tell their stories and why historians and others listened', in G. Kurt Piehler and Sidney Pash (eds.), *The United States and the Second World War: New Perspectives on Diplomacy, War, and the Home Front* (New York, 2010), 228-9; Rebecca Plant, 'Preventing the inevitable: John Appel and the problem of psychiatric casualties in the US Army in World War II', in Frank Biess and Daniel Gross (eds.), *Science and Emotions after 1945* (Chicago, Ill., 2014), 212-17. **25** Blassneck, *Militärpsychiatrie im Nationalsozialismus*, 20. **26** Grossman 'Human factors in war', 7-8; Edgar Jones, 'LMF: the use of psychiatric stigma in the Royal Air Force during the Second World War', *Journal of Military History*, 70 (2006), 449; Cowdrey, *Fighting for Life*, 151; Ahrenfeldt, *Psychiatry in the British Army*, 172-3; Plant, 'Preventing the inevitable', 222. **27** 1차대전의 감정 위기에 관해서는 예컨대 Michael Roper, *The Secret Battle: Emotional Survival in the Great War* (Manchester, 2009), 247-50, 260-65 참조. **28** '포탄 충격'을 대하는 독일 측 태도의 변화에 관 해서는 Jason Crouthamel, "'Hysterische Männer?" Traumatisierte Veteranen des Ersten Weltkrieges und ihr Kampf um Anerkennung im "Dritten Reich"', in Babette Quinkert, Philipp Rauh and Ulrike Winkler (eds.), *Krieg und Psychiatrie: 1914-1950* (Göttingen, 2010), 29-34 참조. 미국 내 논쟁에 관해서는 Martin Halliwell, *Therapeutic Revolutions: Medicine, Psychiatry and American Culture 1945-1970* (New Brunswick, NJ, 2013), 20-27 참조. 영국 내 논쟁에 관 해서는 Harold Merskey, 'After shell-shock: aspects of hysteria since 1922', in Hugh Freeman and German Berrios (eds.), *150 Years of British Psychiatry: Volume II: The Aftermath* (London, 1996), 89-92 참조. **29** Bromberg, *Psychiatry Between the Wars*, 158. **30** Paul Wanke, *Russian/ Soviet Military Psychiatry 1904-1945* (London, 2005), 91-2. **31** Wanke, 'American military psychiatry', 132. **32** Gerald Grob, 'Der Zweite Weltkrieg und die US-amerikanische Psychiatrie', in Quinkert, Rauh and Winkler (eds.), *Krieg und Psychiatrie*, 153; Cowdrey, *Fighting for Life*, 139; McGuire, *Psychology Aweigh!*, 35-41. **33** Edgar Jones and Simon Wessely, *Shell Shock to PTSD: Military Psychiatry from 1900 to the Gulf War* (Hove, 2005), 70-71, 76; Ben Shephard, *A War of Nerves: Soldiers and Psychiatrists, 1914-1994* (London, 2000), 195. **34** Jones, 'LMF', 440, 445; Sydney Brandon, 'LMF in Bomber Command 1939-1945: diagnosis or denouement?', in Freeman and Berrios (eds.), *150 Years of British Psychiatry*, 119-20. **35** Wanke, "'Inevitably any man has his threshold"', 80-81. **36** Blassneck, *Militärpsychiatrie im Nationalsozialismus*, 21. **37** Geoffrey Cocks, *Psychotherapy in the Third Reich: The Göring Institute* (New Brunswick, NJ, 1997), 308-16; Blassneck, *Militärpsychiatrie im Nationalsozialismus*, 41-5; Riedesser and Verderber, *'Maschinengewehre hinter der Front'*, 135-8. **38** Wanke, "'Inevitably any man has his threshold"', 92-7. **39** Janice Matsumura, 'Combating indiscipline in the Imperial Japanese Army: Hayno Torao and psychiatric studies of the crimes of soldiers', *War in History*, 23 (2016), 82-6. **40** Condé, "'The ordeal of adjustment"', 65. **41** Brown, "'Stress" in US wartime psychiatry', 123-4 (인용문의 출처는 Merrill Moore와 J. L. Henderson이 1944년 발표한 논문이다); Bromberg, *Psychiatry Between the Wars*, 153-8; Halliwell, *Therapeutic Revolutions*, 25; Ellen Herman, *The Romance of American Psychology: Political Culture in the Age of Experts* (Berkeley, Calif., 1995), 86-8. 동성애에 관해서는 Naoko Wake, 'The military, psychiatry, and "unfit" soldiers, 1939-1942', *Journal of the History of Medicine and Allied Sciences*, 62 (2007), 473-90 참조. **42** McGuire, *Psychology Aweigh!*, 101-2; Condé, 'The ordeal of adjustment', 67-8. **43** Herman,

Romance of American Psychology, 110-11; Shephard, *War of Nerves*, 235. **44** R. D. Gillespie, *Psychological Effects of War on Citizen and Soldier* (New York, 1942), 166-72; Shephard, *War of Nerves*, 187-9. **45** Crouthamel, "Hysterische Männer?", 30-34; Manfred Messerschmidt, *Was damals Recht war . . . NS-Militär- und Strafjustiz im Vernichtungs krieg* (Essen, 1996), 102-6. **46** Riedesser and Verderber, 'Machinengewehre hinter der Front', 103-5, 115-17; Blassneck, *Militärpsychiatrie im Nationalsozialismus*, 17-20, 22-3. **47** Cowdrey, *Fighting for Life*, 138-9. **48** Jones, 'LMF', 439-44; Brandon, 'LMF in Bomber Command', 119-23. 정신의학과 폭격기 승무원에 관한 충실한 서술은 Mark Wells, *Courage and Air Warfare: The Allied Aircrew Experience in the Second World War* (London, 1995), 60-89 참조. **49** Allan English, 'A predisposition to cowardice? Aviation psychology and the genesis of "Lack of Moral Fibre"', *War & Society*, 13 (1995), 23. **50** Condé, '"The ordeal of adjustment"', 65-72. **51** John McManus, *The Deadly Brotherhood: The American Combat Soldier in World War II* (New York, 1998), 193. **52** Grossman, 'Human factors in war', 9-10, 13-15; Brown, '"Stress" in US wartime psychiatry', 130-32. **53** Blassneck, *Militärpsychiatrie im Nationalsozialismus*, 55-6; Cocks, *Psychotherapy in the Third Reich*, 309-12; Riedesser and Verderber, 'Maschinengewehre hinter der Front', 145-6. **54** Hans Pols, 'Die Militäroperation in Tunisien 1942/43 und die Neuorientierung des US-amerikanischen Militärpsychiatrie', in Quinkert, Rauh and Winkler (eds.), *Krieg und Psychiatrie*, 133-8. **55** Edgar Jones and Simon Wessely, '"Forward psychiatry" in the military: its origin and effectiveness', *Journal of Traumatic Stress*, 16 (2003), 413-15; Mark Harrison, *Medicine and Victory: British Military Medicine in the Second World War* (Oxford, 2004), 171-3. **56** Raina, *World War II: Medical Services*, 41. **57** Riedesser and Verderber, 'Maschinengewehre hinter der Front', 135-7. **58** Catherine Merridale, 'The collective mind: trauma and shell-shock in twentieth-century Russia', *Journal of Contemporary History*, 35 (2000), 43-7. **59** Merridale, *Ivan's War*, 232; Cowdrey, *Fighting for Life*, 137. **60** Gillespie, *Psychological Effects of War*, 32-3, 191-4; Edgar Jones and Stephen Ironside, 'Battle exhaustion: the dilemma of psychiatric casualties in Normandy, June-August 1944', *Historical Journal*, 53 (2010), 112-13. **61** Pols, 'Die Militäroperation in Tunisien', 135-7. **62** Giovannini, *La psichiatria di Guerra*, 74-6. **63** Ibid., 137-9. **64** Ahrenfeldt, *Psychiatry in the British Army*, 168-70; Jones and Wessely, '"Forward psychiatry"', 411-15. **65** Jones and Ironside, 'Battle exhaustion', 114. **66** Cowdrey, *Fighting for Life*, 149-50; Pols, 'Die Militäroperation in Tunisien', 140-42; Harrison, *Medicine and Victory*, 114. **67** Ahrenfeldt, *Psychiatry in the British Army*, 155-6. **68** Blassneck, *Militärpsychiatrie im Nationalsozialismus*, 47-53, 73-85; Riedesser and Verderber, 'Maschinengewehre hinter der Front', 118-23, 140-43, 153-6. **69** Aaron Moore, *Writing War: Soldiers Record the Japanese Empire* (Cambridge, Mass., 2013), 94, 95, 127. **70** Harrison, *Medicine and Victory*, 177. **71** Gillespie, *Psychological Effects of War*, 166. **72** Ahrenfeldt, *Psychiatry in the British Army*, 167. **73** Halliwell, *Therapeutic Revolutions*, 27. **74** Merridale, *Ivan's War*, 282. **75** Matsumura, 'Combating indiscipline', 82-3, 90-91. **76** 이 측면은 독일군 포로들이 군사적 덕목에 대해 이야기할 때 그 대화를 녹음한 테이프 기록에서 확연히 드러난다. Sönke Neitzel and Harald Welzer, *Soldaten: Protokolle vom Kämpfen, Töten und Sterben* (Frankfurt/Main, 2011), 299-307 참조. **77** Franzinelli, *Disertori*, 115-16. **78** Reese, *Why Stalin's Soldiers Fought*, 161-5, 173-5. **79** Ibid.,

171. **80** Blassneck, *Militärpsychiatrie im Nationalsozialismus*, 47-50; Riedesser and Verderber, *'Maschinengewehre hinter der Front'*, 109, 115-16, 163-6. **81** Omer Bartov, *Hitler's Army: Soldiers, Nazis, and War in the Third Reich* (New York, 1991), 96-9. **82** Knippschild, '"Für mich ist der Krieg aus"', 123-6. **83** Fietje Ausländer, '"Zwölf Jahre Zuchthaus! Abzusitzen nach Kriegsende!" Zur Topographie des Strafgefangenenwesens der deutschen Wehrmacht', in Haase and Paul (eds.), *Die anderen Soldaten*, 64; Jürgen Thomas, '"Nur das ist für die Truppe Recht, was ihr nützt . . ." Die Wehrmachtjustiz im Zweiten Weltkrieg', ibid., 48. **84** Fennell, 'Courage and cowardice', 100. **85** Jones 'LMF', 448; Brandon, 'LMF in Bomber Command', 120-21. **86** Alan Allport, *Browned Off and Bloody Minded: The British Soldier Goes to War 1939-1945* (New Haven, Conn., 2015), 251, 256. **87** Newlands, *Civilians into Soldiers*, 137-8. **88** Merridale, 'The collective mind', 49-50; Bernd Bonwetsch, 'Stalin, the Red Army, and the "Great Patriotic War"', in Ian Kershaw and Moshe Lewin (eds.), *Stalinism and Nazism: Dictatorships in Comparison* (Cambridge, 1997), 203-6; T. H. Rigby, *Communist Party Membership in the USSR, 1917-1967* (Princeton, NJ, 1968), 246-9. **89** Arne Zoepf, *Wehrmacht zwischen Tradition und Ideologie: Der NS-Führungsoffizier im Zweiten Weltkrieg* (Frankfurt/Main, 1988), 35-9. **90** Jürgen Förster, 'Ludendorff and Hitler in perspective: the battle for the German soldier's mind 1917-1944', *War in History*, 10 (2003), 329-31. **91** Reese, *Why Stalin's Soldiers Fought*, 156-8. **92** Günther Koschorrek, *Blood Red Snow: The Memoirs of a German Soldier on the Eastern Front* (London, 2002), 275-6. **93** *Last Letters from Stalingrad*, 27, letter 12. **94** McManus, *Deadly Brotherhood*, 269-72; Michael Snape, 'War, religion and revival: the United States, British and Canadian armies during the Second World War', in Callum Brown and Michael Snape (eds.), *Secularisation in a Christian World: Essays in Honour of Hugh McLeod* (Farnham, 2010), 146. **95** Piehler, 'Veterans tell their stories', in Piehler and Pash (eds.), *The United States and the Second World War*, 226. **96** Moore, *Writing War*, 112-13, 120. **97** Edward Glover, *The Psychology of Fear and Courage* (London, 1940), 82, 86. **98** Ahrenfeldt, *Psychiatry in the British Army*, 200-202. **99** Fennell, 'Courage and cowardice', 110-11. **100** McManus, *Deadly Brotherhood*, 269-70. **101** Irving Janis, *Air War and Emotional Stress* (New York, 1951), 129-31. **102** Helen Fein, *Accounting for Genocide: National Responses and Jewish Victimization during the Holocaust* (New York, 1979). 소규모 감정 공동체들에 관해서는 Barbara Rosenwein, 'Problems and methods in the history of emotions', *Passions in Context*, 1 (2010), 10-19 참조. **103** William Wharton, *Shrapnel* (London, 2012), 155. **104** Newlands, *Civilians into Soldiers*, 164-7. **105** McManus, *Deadly Brotherhood*, 323-4. **106** Simon Wessely, 'Twentieth-century theories on combat motivation and breakdown', *Journal of Contemporary History*, 41 (2006), 277-9. **107** Thomas Kühne, *The Rise and Fall of Comradeship: Hitler's Soldiers, Male Bonding and Mass Violence in the Twentieth Century* (Cambridge, 2017), 107-11. **108** Richard Overy, *The Bombing War: Europe 1939-1945* (London, 2013), 351-2. **109** 예를 들어 S. Givens, 'Liberating the Germans: the US Army and looting in Germany during the Second World War', *War in History*, 21 (2014), 33-54 참조. **110** Newlands, *Civilians into Soldiers*, 63; Merridale, 'The collective mind', 53-4. **111** Matsumura, 'Combating indiscipline', 92-3; Merridale, *Ivan's War*, 271, 288-9. **112** Peipei Qiu, Su Zhiliang and Chen Lifei, *Chinese Comfort Women: Testimonies from Imperial Japan's Sex Slaves* (New York,

2013), 21–34; Newlands, *Civilians into Soldiers*, 124–35. **113** Hester Vaizey, *Surviving Hitler's War: Family Life in Germany 1939-1948* (Basingstoke, 2010), 65; Ann Pfau, 'Allotment Annies and other wayward wives: wartime concerns about female disloyalty and the problem of the returned veteran', in Piehler and Pash (eds.), *The United States and the Second World War*, 100– 105. **114** Michael Snape, *God and Uncle Sam: Religion and America's Armed Forces in World War II* (Woodbridge, Suffolk, 2015), 349, 358–9; Janis, *Air War and Emotional Stress*, 172–4. 항공병 에 관해서는 Simon MacKenzie, 'Beating the odds: superstition and human agency in RAF Bomber Command 1942-1945', *War in History*, 22 (2015), 382–400 참조. **115** Snape, 'War, religion and revival', 138. **116** Details ibid., 138–49; McManus, *Deadly Brotherhood*, 273–5. **117** Snape, *God and Uncle Sam*, 327, 332–3, 343. **118** James Sparrow, *Warfare State: World War II Americans and the Age of Big Government* (New York, 2011), 65–7; Bromberg, *Psychiatry Between the Wars*, 152. **119** 유럽 폭격의 세부는 Overy, *The Bombing War* 여기저기 참조. 대일본 항공전 에 관해서는 Kenneth Werrell, *Blankets of Fire: U. S. Bombers over Japan during World War II* (Washington, DC, 1996); Barrett Tillman, *Whirlwind: The Air War against Japan 1942-1945* (New York, 2010) 참조. **120** Edward Glover, *War, Sadism and Pacifism: Further Essays on Group Psychology and War* (London, 1947), 161–6; Edgar Jones et al., 'Civilian morale during the Second World War: responses to air raids re-examined', *Social History of Medicine*, 17 (2004), 463–79; Shephard, *War of Nerves*, 178–9. **121** Janis, *Air War and Emotional Stress*, 72; Dietmar Süss, *Death from the Skies: How the British and Germans Survived Bombing in World War II* (Oxford, 2014), 344–6. **122** Gillespie, *Psychological Effects of War*, 107–8; Janis, *Air War and Emotional Stress*, 72. **123** UEA, Zuckerman Archive, OEMU/57/3, draft report, 'Hull' (n.d. but Nov. 1941). **124** E. Stengel, 'Air raid phobia', *British Journal of Medical Psychology*, 20 (1944–46), 135–43. **125** Janis, *Air War and Emotional Stress*, 78–9. **126** Ibid., 59–60, 73–7. **127** Shephard, *War of Nerves*, 181–2. **128** Janis, *Air War and Emotional Stress*, 78; M. I. Dunsdon, 'A psychologist's contribution to air raid problems', *Mental Health* (London), 2 (1941), 40–41; E. P. Vernon, 'Psychological effects of air raids', *Journal of Abnormal and Social Psychology*, 36 (1941), 457–76. **129** Janis, *Air War and Emotional Stress*, 103–4, 106–8. **130** Ibid., 88–91; Gillespie, *Psychological Effects of War*, 126–7. **131** UEA, Zuckerman Archive, OEMU/57/5, Hull report, Appendix II, Case Histories. **132** James Stern, *The Hidden Damage* (London, 1990), first published 1947. **133** Merridale, 'The collective mind', 47–8. **134** Overy, *The Bombing War*, 462– 3. **135** Yamashita, *Daily Life in Wartime Japan*, 13–14, 17–34. **136** 예를 들어 Mark Connelly, *We Can Take It! Britain and the Memory of the Second World War* (Harlow, 2004) 참조. **137** 독일에 관해서는 J. W. Baird, *To Die for Germany: Heroes in the Nazi Pantheon* (Bloomington, Ind., 1990); Neil Gregor, 'A Schicksalsgemeinschaft? Allied bombing, civilian morale, and social dissolution in Nuremberg, 1942-1945', *Historical Journal*, 43 (2000), 1051–70; Riedesser and Verderber, '*Maschinengewehre hinter der Front*', 105–6, 163–4 참조; 소련에 관해서는 Merridale, 'The collective mind', 43–50 참조. **138** 영국에 관해서는 Jalland, *Death in War and Peace*, 132–7 참조; 일본에 관해서는 Yamashita, *Daily Life in Wartime Japan*, 20–21 참조. **139** Glover, *Psychology of Fear and Courage*, 62–5. **140** Cocks, *Psychotherapy in the Third Reich*, 312–14. **141** Janis, *Air War and Emotional Stress*, 110–11. **142** George Gallup (ed.), *The Gallup International*

Public Opinion Polls: Great Britain 1937-1975, 2 vols. (New York, 1976), i, 37, 43. **143** Vanessa Chambers, '"Defend us from all perils and dangers of this night": coping with bombing in Britain during the Second World War', in Claudia Baldoli, Andrew Knapp and Richard Overy (eds.), *Bombing, States and Peoples in Western Europe, 1940-1945* (London, 2012), 162-3. **144** Claudia Baldoli, 'Religion and bombing in Italy, 1940-1945', ibid., 146-8; Claudia Baldoli and Marco Fincardi, 'Italian society under the bombs: propaganda, experience and legend, 1940-1945', *Historical Journal*, 52 (2009), 1030-32; Alan Perry, 'Pippo: an Italian folklore mystery of World War II', *Journal of Folklore Research*, 40 (2003), 115-16, 120-23. **145** Janis, *Air War and Emotional Stress*, 172-4. **146** Süss, *Death from the Skies*, 263-6. **147** Chambers, '"Defend us from all perils"', 156-7. **148** Baldoli, 'Religion and bombing', 139-49; Süss, *Death from the Skies*, 267-8, 271-2. **149** Elena Skrjabina, *Siege and Survival: The Odyssey of a Leningrader* (Carbondale, Ill., 1971), 39-41, entries for 15 and 26 Nov. 1941. **150** Ibid., 24, entry for 5 Sept. 1941. **151** Olga Kucherenko, *Little Soldiers: How Soviet Children went to War 1941-1945* (Oxford, 2011), 204-6, 226-7. **152** 보고서와 병세의 세부에 관해서는 Wanke, *Russian/Soviet Military Psychiatry*, 74-8 참조. **153** Ruth Gay, *Safe Among the Germans: Liberated Jews after World War II* (New Haven, Conn., 2002), 44-5; Dan Stone, *The Liberation of the Camps: The End of the Holocaust and its Aftermath* (New Haven, Conn., 2015), 1-26. **154** Gay, *Safe Among the Germans*, 74-5. **155** Joseph Berger, 'Displaced persons: a human tragedy of World War II', *Social Research*, 14 (1947), 49-50; Ralph Segalman, 'The psychology of Jewish displaced persons', *Jewish Social Service Quarterly*, 23/24 (1947), 361, 364-5. **156** Gay, *Safe Among the Germans*, 67-8. **157** Daniel Pick, *The Pursuit of the Nazi Mind: Hitler, Hess and the Analysts* (Oxford, 2012). **158** Tadeusz Grygier, *Oppression: A Study in Social and Criminal Psychology* (London, 1954), xii, 20-23, 27, 42. **159** David Boder, 'The impact of catastrophe: I: assessment and evaluation', *Journal of Psychology*, 38 (1954), 4-8. **160** Alan Rosen, *The Wonder of Their Voices: The 1946 Holocaust Interviews of David Boder* (Oxford, 2010), 134-5, 183-6. 인터뷰 전문은 독일어 번역본으로 출간되었다. David Boder, *Die Toten habe ich nicht befragt*, ed. Julia Faisst, Alan Rosen and Werner Sollors (Heidelberg, 2011), 125-238 참조. **161** Rosen, *The Wonder of Their Voices*, 195-8; Boder, *Die Toten habe ich nicht befragt*, 16-17. **162** Boder, 'The impact of catastrophe', 4, 16, 42-7. **163** Pfau, 'Allotment Annies', 107-9. **164** Halliwell, *Therapeutic Revolutions*, 20-22; Erin Redfern, 'The Neurosis of Narrative: American Literature and Psychoanalytic Psychiatry during World War II', doctoral dissertation, Northwestern University, Evanston, Ill., 2003, 16-25. **165** Halliwell, *Therapeutic Revolutions*, 20, 25. **166** Axel Schildt, 'Impact of experiences and memories of war on West German society', in Jörg Echternkamp and Stefan Martens (eds.), *Experience and Memory: The Second World War in Europe* (New York, 2010), 200-201. **167** Lori Watt, *When Empire Comes Home: Repatriation and Reintegration in Postwar Japan* (Cambridge, Mass., 2009), 134-5, 202-3. **168** Stephen Casey, *When Soldiers Fall: How Americans Have Confronted Combat Losses from World War I to Afghanistan* (New York, 2014), 49-59, 99.

1 Joshua Rubenstein and Ilya Altman (eds.), *The Unknown Black Book: The Holocaust in the German-Occupied Soviet Territories* (Bloomington, Ind., 2008), 273-4, testimony recorded by M. Grubian. **2** Anika Walke, *Pioneers and Partisans: An Oral History of Nazi Genocide in Belorussia* (Oxford, 2015), 191, testimony of Leonid Okon. **3** Rubenstein and Altman (eds.), *The Unknown Black Book*, 274; Walke, *Pioneers and Partisans*, 191. **4** Howard Ball, *Prosecuting War Crimes and Genocide: The Twentieth-Century Experience* (Lawrence, Kans, 1999), 73-4. **5** NARA, RG107, McCloy Papers, Box 1, United Nations War Crimes Commission memorandum, 6 Oct. 1944, Annex A. **6** Jürgen Matthäus, 'The lessons of Leipzig: punishing German war criminals after the First World War', in Jürgen Matthäus and Patricia Heberer (eds.), *Atrocities on Trial: Historical Perspectives on the Politics of Prosecuting War Crimes* (Lincoln, Nebr., 2008), 4-8; Alfred de Zayas, *The Wehrmacht War Crimes Bureau, 1939-1945* (Lincoln, Nebr., 1989), 5-10. **7** Joel Hayward, 'Air power, ethics, and civilian immunity during the First World War and its aftermath', *Global War Studies*, 7 (2010), 107-8; Heinz Hanke, *Luftkrieg und Zivilbevölkerung* (Frankfurt/Main, 1991), 71-7. **8** William Schabas, *Unimaginable Atrocities: Justice, Politics, and Rights at the War Crimes Tribunals* (Oxford, 2012), 25-32. **9** Peter Schrijvers, *The GI War against Japan: American Soldiers in Asia and the Pacific during World War II* (New York, 2002), 208. **10** Mary Habeck, 'The modern and the primitive: barbarity and warfare on the Eastern Front', in George Kassimeris (ed.), *The Barbarisation of Warfare* (London, 2006), 91; de Zayas, *Wehrmacht War Crimes Bureau*, 118. **11** Schrijvers, *The GI War against Japan*, 222. **12** John McManus, *The Deadly Brotherhood: The American Combat Soldier in World War II* (New York, 1998), 227-30. **13** De Zayas, *Wehrmacht War Crimes Bureau*, 107-8. **14** Omer Bartov, *The Eastern Front 1941-45, German Troops and the Barbarisation of Warfare*, 2nd edn (Basingstoke, 2001). 또한 George Kassimeris, 'The barbarisation of warfare', in *idem* (ed.), *Barbarisation of Warfare*, 1-18. **15** Yuki Tanaka, *Hidden Horrors: Japanese War Crimes in World War II* (Boulder, Colo., 1996), 195-8. **16** Aaron Moore, *Writing War: Soldiers Record the Japanese Empire* (Cambridge, Mass., 2013), 90, 111. **17** Benjamin Uchiyama, *Japan's Carnival War: Mass Culture on the Home Front, 1937-1945* (Cambridge, 2019), 54-64. **18** Ball, *Prosecuting War Crimes and Genocide*, 67-9. **19** Moore, *Writing War*, 123. **20** Meirion Harries and Susie Harries, *Soldiers of the Sun: The Rise and Fall of the Imperial Japanese Army, 1868-1945* (London, 1991), 408-9; Tanaka, *Hidden Horrors*, 21-2. **21** Moore, *Writing War*, 119. **22** Gerald Horne, *Race War: White Supremacy and the Japanese Attack on the British Empire* (New York, 2004), 71-2. **23** Mark Johnston, *Fighting the Enemy: Australian Soldiers and Their Adversaries in World War II* (Cambridge, 2000), 94-9. **24** Raymond Lamont-Brown, *Ships from Hell: Japanese War Crimes on the High Seas* (Stroud, 2002), 68-9. **25** Michael Sturma, 'Atrocities, conscience and unrestricted warfare: US submarines during the Second World War', *War in History*, 16 (2009), 450-58. **26** Ibid., 449-50; John Dower, *War without Mercy: Race and Power in the Pacific War* (New York, 1986), 36. **27** Johnston, *Fighting the Enemy*, 78-80, 94-5; McManus, *Deadly Brotherhood*, 210-11. **28** James Weingartner, 'Trophies of war: U. S. troops and the mutilation of Japanese war dead, 1941-1945', *Pacific Historical Review*, 61

(1992), 56-62; Simon Harrison, 'Skull trophies of the Pacific war: transgressive objects of remembrance', *Journal of the Royal Anthropological Institute*, 12 (2006), 818-28. **29** Schrijvers, *The GI War against Japan*, 207-10; Johnston, *Fighting the Enemy*, 80-82; Craig Cameron, 'Race and identity: the culture of combat in the Pacific war', *International History Review*, 27 (2005), 558-9. **30** Tarak Barkawi, *Soldiers of Empire: Indian and British Armies in World War II* (Cambridge, 2017), 208-17. **31** Theo Schulte, *The German Army and Nazi Policies in Occupied Russia* (Oxford, 1989), 317-20. **32** Jeff Rutherford, *Combat and Genocide on the Eastern Front: The German Infantry's War 1941-1944* (Cambridge, 2014), 69, 81. **33** Habeck, 'The modern and the primitive', 85; 또한 Alex Kay, 'A "war in a region beyond state control?" The German-Soviet war 1941-1944', *War in History*, 18 (2011), 111-12 참조. **34** Felix Römer, 'The Wehrmacht in the war of ideologies', in Alex Kay, Jeff Rutherford and David Stahel (eds.), *Nazi Policy on the Eastern Front, 1941: Total War, Genocide, and Radicalization* (New York, 2012), 74-5, 81. **35** Sönke Neitzel and Harald Welzer, *Soldaten: Protokolle vom Kämpfen, Töten und Sterben* (Frankfurt/Main, 2011), 135-7; Rutherford, *Combat and Genocide on the Eastern Front*, 86-90; Bartov, *Eastern Front 1941-1945*, 110. **36** Amaon Sella, *The Value of Human Life in Soviet Warfare* (London, 1992), 100-102. **37** Günther Koschorrek, *Blood Red Snow: The Memoirs of a German Soldier on the Eastern Front* (London, 2002), 275. **38** Catherine Merridale, *Ivan's War: The Red Army 1939-1945* (London, 2005), 110-14. **39** De Zayas, *Wehrmacht War Crimes Bureau*, 88. **40** Maria Giusti, *I prigionieri italiani in Russia* (Bologna, 2014), 132. **41** Felicia Yap, 'Prisoners of war and civilian internees of the Japanese', *Journal of Contemporary History*, 47 (2012), 317; Ball, *Prosecuting War Crimes and Genocide*, 84. **42** Niall Ferguson, 'Prisoner taking and prisoner killing: the dynamic of defeat, surrender and barbarity in the age of total war', in Kassimeris (ed.), *Barbarisation of Warfare*, 142. **43** 고맙게도 제임스 바크(James Bacque)가 소련 외무부 교도국에서 집계한 통계인 'war prisoners of the former European armies 1941-1945', 28 Apr. 1956을 내게 제공해주었다. 또한 Russkii Arkhiv 13: Nemetskii Voennoplennye v SSSR (Moscow, 1999), Part 1, 9 참조. 일본군 포로에 관해서는 S. I. Kuznetsov, 'The situation of Japanese prisoners of war in Soviet camps', *Journal of Slavic Military Studies*, 8 (1995), 612-29 참조. 소련군 포로에 관해서는 Alfred Streim, *Sowjetische Gefangene in Hitlers Vernichtungskrieg: Berichte und Dokumente* (Heidelberg, 1982), 175; Christian Streit, 'Die sowjetische Kriegsgefangenen in den deutschen Lagern', in D. Dahlmann and Gerhard Hirschfeld (eds.), *Lager, Zwangsarbeit, Vertreibung und Deportationen* (Essen, 1999), 403-4 참조. **44** Giusti, *I prigioneri italiani*, 133. **45** Eri Hotta, *Japan 1941: Countdown to Infamy* (New York, 2013), 93. **46** Ball, *Prosecuting War Crimes and Genocide*, 63. **47** Yap, 'Prisoners of war and civilian internees', 323-4; Tanaka, *Hidden Horrors*, 16-18. **48** Tanaka, *Hidden Horrors*, 26-7. **49** Habeck, 'The modern and the primitive', 87. **50** Christian Hartmann, 'Massensterbung oder Massenvernichtung? Sowjetische Kriegsgefangenen im "Unternehmen Barbarossa"', *Vierteljahreshefte für Zeitgeschichte*, 49 (2001), 105; Merridale, *Ivan's War*, 122-3; Bartov, *Eastern Front 1941-1945*, 111-12. **51** Christian Streit, *Keine Kameraden: Die Wehrmacht und die sowjetischen Kriegsgefangenen, 1941-1945* (Bonn, 1978), 128. **52** Stefan Karner, *Im Archipel GUPVI: Kriegsgefangenschaft und Internierung in der Sowjetunion 1941-1956* (Vienna, 1995),

90-94; *Russkii Arkhiv 13*, Part 2, 69, 76, 159-60; Giusti, *I prigionieri italiani*, 127. **53** Karner, *Im Archipel GUPVI*, 94-104. **54** Giusti, *I prigionieri italiani*, 100-102, 110-11, 125-9. **55** Seth Givens, 'Liberating the Germans: the US army and looting in Germany during the Second World War', *War in History*, 21 (2014), 35-6. **56** Neville Wylie, 'Loot, gold, and tradition in the United Kingdom's financial warfare strategy, 1939-1945', *International History Review*, 31 (2009), 301-2; Ball, *Prosecuting War Crimes and Genocide*, 15-16. **57** Givens, 'Liberating the Germans', 35-6. **58** Rutherford, *Combat and Genocide on the Eastern Front*, 107-8. **59** Zygmunt Klukowski, *Diary of the Years of Occupation 1939-1944* (Urbana, Ill., 1993), 28-30, 47, entries for 20, 23 Sept., 30 Oct. 1939. **60** Mark Mazower, *Inside Hitler's Greece: The Experience of Occupation, 1941-44* (New Haven, Conn., 1993), 23-4. **61** Ball, *Prosecuting War Crimes and Genocide, 64;* Harries and Harries, *Soldiers of the Sun*, 411. **62** Rutherford, *Combat and Genocide on the Eastern Front* , 105-10. **63** Givens, 'Liberating the Germans', 33, 46-7. **64** William Wharton, *Shrapnel* (London, 2012), 182-3. **65** Amir Weiner, '"Something to die for, a lot to kill for": the Soviet system and the barbarisation of warfare', in Kassimeris (ed.), *Barbarisation of Warfare*, 102-5. **66** Givens, 'Liberating the Germans', 45-6. **67** Gianluca Fulvetti and Paolo Pezzino (eds.), *Zone di Guerra, Geografie di Sangue: L'atlante delle stragi naziste e fasciste in Italia (1943-1945)* (Bologna, 2016), 96-122. **68** Massimo Storchi, *Anche contro donne e bambini: Stragi naziste e fasciste nella terra dei fratelli Cervi* (Reggio Emilio, 2016), 11-12. **69** Peter Lieb, 'Repercussions of Eastern Front experiences on anti-partisan warfare in France 1943-1944', *Journal of Strategic Studies*, 31 (2008), 797-9, 818-19. **70** Alastair McLauchlan, 'War crimes and crimes against humanity on Okinawa: guilt on both sides', *Journal of Military Ethics*, 13 (2014), 364-77. **71** Hans van de Ven, *War and Nationalism in China 1925-1945* (London, 2003), 284; Weiner, 'Something to die for', 119-21. **72** 독일의 동부 지배의 식민적 성격에 관해서는 Wendy Lower, *Nazi Empire-Building and the Holocaust in Ukraine* (Chapel Hill, NC, 2005), 19-29 참조. 서부와 동부에서 나타난 독일 관행의 차이에 관해서는 Lieb, 'Repercussions of Eastern Front experiences', 797-8, 802-3 참조. **73** Patrick Bernhard, 'Behind the battle lines: Italian atrocities and the persecution of Arabs, Berbers and Jews in North Africa in World War II', *Holocaust and Genocide Studies*, 26 (2012), 425-32. **74** Patrick Bernhard, 'Die "Kolonialachse". Der NS-Staat und Italienisch-Afrika 1935 bis 1943', in Lutz Klinkhammer and Amedeo Guerrazzi (eds.), *Der 'Achse' im Krieg: Politik, Ideologie und Kriegführung 1939-1945* (Paderborn, 2010), 164-8. 이탈리아 육군의 잔혹행위에 관한 전반적인 연구로는 Gianni Oliva, '*Si Ammazza Troppo Poco': I crimini di guerra italiani 1940-43* (Milan, 2006) 참조. **75** Alex Kay, 'Transition to genocide, July 1941: Einsatzkommando 9 and the annihilation of Soviet Jewry', *Holocaust and Genocide Studies*, 27 (2013), 411-13; *idem*, 'A "war in a region beyond state control?"', 112-15. **76** Van de Ven, *War and Nationalism in China*, 283-4. **77** Tanaka, *Hidden Horrors*, 186-92; Harries and Harries, *Soldiers of the Sun*, 405. **78** Henning Pieper, 'The German approach to counter-insurgency in the Second World War', *International History Review*, 57 (2015), 631-6; Alexander Prusin, 'A community of violence: structure, participation, and motivation in comparative perspective', *Holocaust and Genocide Studies*, 21 (2007), 5-9. **79** Storchi, *Anche contro donne e bambini*, 29; Ben Shepherd, 'With the Devil in Titoland: a Wehrmacht anti-partisan division in Bosnia-

Herzegovina, 1943', *War in History*, 16 (2009), 84; Edward Westermann, '"Ordinary men" or "ideological soldiers"? Police Battalion 310 in Russia, 1942', *German Studies Review*, 21 (1998), 57. **80** Lieb, 'Repercussions of Eastern Front experience', 806; Shepherd, 'With the Devil in Titoland', 84-5. **81** Storchi, *Anche contro donne e bambini*, 23; Lieb, 'Repercussions of Eastern Front experience', 798. **82** Walke, *Pioneers and Partisans*, 191-2; Weiner, 'Something to die for', 117-21. **83** Giovanni Pesce, *And No Quarter: An Italian Partisan in World War II* (Athens, Ohio, 1972), 211. **84** Ibid., 176. **85** Merridale, *Ivan's War*, 269. **86** TNA, AIR 41/5 J. M. Spaight, 'The International Law of the Air 1939-1945', 1946, pp. 1-15. **87** Richard Overy, *The Bombing War: Europe 1939-1945* (London, 2013), 247-9; Peter Gray, 'The gloves will have to come off: a reappraisal of the legitimacy of the RAF bomber offensive against Germany', *Air Power Review*, 13 (2010), 15-16. **88** Ronald Schaffer, 'American military ethics in World War II: the bombing of German civilians', *Journal of American History*, 67 (1980), 321. **89** Charles Webster and Noble Frankland, *The Strategic Air Offensive against Germany*, 4 vols. (London, 1961), iv, 258-60. 또한 Richard Overy, '"Why we bomb you": liberal war-making and moral relativism in the RAF bomber offensive, 1940-45', in Alan Cromartie (ed.), *Liberal Wars: Anglo-American Strategy, Ideology, and Practice* (London, 2015), 25-9 참조. **90** TNA, AIR 14/1812, Operational Research report, 14 Sept. 1943. **91** TNA, AIR 14/1813, minute from A. G. Dickens for Arthur Harris, 23 Feb. 1945 (Harris marginal notes). **92** Thomas Earle, '"It made a lot of sense to kill skilled workers": the firebombing of Tokyo in March 1945', *Journal of Military History*, 66 (2002), 117-21. **93** Conrad Crane, 'Evolution of U. S. strategic bombing of urban areas', *Historian*, 50 (1987), 37. **94** Cameron, 'Race and identity', 564. **95** Tsuyoshi Hasegawa, 'Were the atomic bombs justified?', in Yuki Tanaka and Marilyn Young (eds.), *Bombing Civilians: A Twentieth-Century History* (New York, 2009), 118-19. **96** Crane, 'Evolution of U. S. strategic bombing', 36. **97** Richard Overy, 'The Nuremberg Trials: international law in the making', in Philippe Sands (ed.), *From Nuremberg to The Hague: The Future of International Criminal Justice* (Cambridge, 2003), 10-11. **98** 식민지 폭력과 제노사이드에 관해서는 근래의 논문인 Michelle Gordon, 'Colonial violence and holocaust studies', *Holocaust Studies*, 21 (2015), 273-6; Tom Lawson, 'Coming to terms with the past: reading and writing colonial genocide in the shadow of the Holocaust', *Holocaust Studies*, 20 (2014), 129-56 참조. **99** Horne, *Race War*, 266, 270. **100** Peter Duus, 'Nagai Ryūtarū and the "White Peril", 1905-1944', *Journal of Asian Studies*, 31 (1971), 41-7. **101** Ronald Takaki, *Double Victory: A Multicultural History of America in World War II* (Boston, Mass., 2001), 148. **102** McManus, *Deadly Brotherhood*, 202; Schrijvers, *The GI War against Japan*, 218-19. **103** Harrison, 'Skull trophies of the Pacific war', 818-21. **104** Johnston, *Fighting the Enemy*, 85-7. **105** Raffael Scheck, '"They are just savages": German massacres of black soldiers from the French army, 1940', *Journal of Modern History*, 77 (2005), 325-40. **106** 예를 들어 Mikhail Tyaglyy, 'Were the "Chingené" victims of the Holocaust? Nazi policy toward the Crimean Roma, 1941-1944', *Holocaust and Genocide Studies*, 23 (2009), 26-40 참조. 동부 집시의 운명에 관해서는 Johannes Enstad, *Soviet Russians under Nazi Occupation: Fragile Loyalties in World War II* (Cambridge, 2018), 66-70; Brenda Lutz, 'Gypsies as victims of the Holocaust', *Holocaust and Genocide Studies*, 9 (1995), 346-59 참조. **107** Thomas Kühne, 'Male bonding and shame culture: Hitler's soldiers and the moral basis of genocidal warfare', in Olaf Jensen and Claus-Christian Szejnmann (eds.), *Ordinary People as Mass Murderers: Perpetrators in Comparative Perspective* (Basingstoke, 2008), 69-71. **108** Jürgen Matthäus, 'Controlled escalation: Himmler's men in the summer of 1941 and the Holocaust in the occupied Soviet territories', *Holocaust and Genocide Studies*, 21 (2007), 219-20. **109** Lower, *Nazi Empire-Building*, 75-6; Kay, 'Transition to genocide', 422; Matthäus, 'Controlled escalation', 223. **110** Sara Bender, 'Not only in Jedwabne: accounts of the annihilation of the Jewish shtetlach in north-eastern Poland in the summer of 1941', *Holocaust Studies*, 19 (2013), 2-3, 14, 19-20, 24-5. **111** Leonid Rein 'Local collaboration in the execution of the "final solution" in Nazi-occupied Belorussia', *Holocaust and Genocide Studies*, 20 (2006), 388. **112** Simon Geissbühler, '"He spoke Yiddish like a Jew": neighbours' contribution to the mass killing of Jews in Northern Bukovina and Bessarabia, July 1941', *Holocaust and Genocide Studies*, 28 (2014), 430-36; *idem*, 'The rape of Jewish women and girls during the first phase of the Romanian offensive in the East, July 1941', *Holocaust Studies*, 19 (2013), 59-65. **113** Rein, 'Local collaboration', 392-4; Eric Haberer, 'The German police and genocide in Belorussia, 1941-1944: part I: police deployment and Nazi genocidal directives', *Journal of Genocide Research*, 3 (2001), 19-20. **114** Rein, 'Local collaboration', 391. **115** Kühne, 'Male bonding and shame culture', 57-8, 70; 흥미로운 사례 연구로는 Peter Lieb, 'Täter aus Überzeugung? Oberst Carl von Andrian und die Judenmorde der 707 Infanteriedivision 1941/42', *Vierteljahrshefte für Zeitgeschichte*, 50 (2002), 523-4, 536-8 참조. **116** Lower, *Nazi Empire-Building*, 78-81. **117** Andrej Angrick, 'The men of Einsatzgruppe D : an inside view of a state-sanctioned killing unit in the "Third Reich"', in Jensen and Szejnmann (eds.), *Ordinary People as Mass Murderers*, 84. **118** Dick de Mildt, *In the Name of the People: Perpetrators of Genocide in the Reflection of Their Post-War Prosecution in West Germany* (The Hague, 1996), 2. **119** Matthäus, 'Controlled escalation', 228-9. **120** Waitman Beorn, 'Negotiating murder: a Panzer signal company and the destruction of the Jews of Peregruznoe 1942', *Holocaust and Genocide Studies*, 23 (2009), 185-95. **121** Christopher Browning, *Ordinary Men: Reserve Police Battalion 101 and the Final Solution in Poland* (London, 1992), 141-2. **122** Jürgen Matthäus, 'Die Beteiligung der Ordnungspolizei am Holocaust', in Wolf Kaiser (ed.), *Täter im Vernichtungskrieg: Der Überfall auf die Sowjetunion und der Völkermord an den Juden* (Berlin, 2002), 168-76. **123** Stephen Fritz, *Ostkrieg: Hitler's War of Extermination in the East* (Lexington, Ky, 2011), 374. **124** 예를 들어 Westermann, '"Ordinary men" or "ideological soldiers"?', 43-8 참조. 310경찰대대의 각 중대에서 당원의 비율은 38~50퍼센트였다. **125** 오늘날 홀로코스트 가해의 사회심리학에 관한 문헌은 매우 많다. Richard Overy, '"Ordinary men", extraordinary circumstances: historians, social psychologists and the Holocaust', *Journal of Social Issues*, 70 (2014), 513-38; Arthur Miller, *The Social Psychology of Good and Evil* (New York, 2004), ch. 9 참조. **126** Rein, 'Local collaboration', 394-5. **127** Edward Westermann, 'Stone-cold killers or drunk with murder? Alcohol and atrocity during the Holocaust', *Holocaust and Genocide Studies*, 30 (2016), 4-7. **128** Ilya Ehrenburg and Vasily Grossman, *The Complete Black Book of Russian Jewry*, ed. David Patterson (New Brunswick, NJ, 2002), 382; de Zayas, *Wehrmacht War Crimes Bureau*, 189; Peipei Qiu with Su Zhiliang and Chen Lifei, *Chinese*

Comfort Women: Testimonies from Imperial Japan's Sex Slaves (New York, 2013), 22. **129** Gloria Gaggioli, 'Sexual violence in armed conflicts: a violation of international humanitarian law and human rights law', *International Review of the Red Cross*, 96 (2014), 506, 512-13. **130** Nomi Levenkron, 'Death and the maidens: "prostitution", rape, and sexual slavery during World War II', in Sonja Hedgepeth and Rochelle Saidel (eds.), *Sexual Violence against Jewish Women during the Holocaust* (Waltham, Mass., 2010), 15-17. **131** Tanaka, *Hidden Horrors*, 96-7; George Hicks, 'The "comfort women"', in Peter Duus, Ramon Myers and Mark Peattie (eds.), *The Japanese Wartime Empire* (Princeton, NJ, 1996), 310. **132** Nicole Bogue, 'The concentration camp brothel in memory', *Holocaust Studies*, 22 (2016), 208. **133** Annette Timm, 'Sex with a purpose: prostitution, venereal disease, and militarized masculinity in the Third Reich', *Journal of the History of Sexuality*, 11 (2002), 225-7; Janice Matsumura, 'Combating indiscipline in the Imperial Japanese Army: Hayno Torao and psychiatric studies of the crimes of soldiers', *War in History*, 23 (2016), 96. **134** Regina Mühlhäuser, 'The unquestioned crime: sexual violence by German soldiers during the war of annihilation in the Soviet Union 1941-45', in Raphaëlle Branche and Fabrice Virgili (eds.), *Rape in Wartime* (Basingstoke, 2017), 35, 40-42. **135** Emma Newlands, *Civilians into Soldiers: War, the Body and British Army Recruits 1939-45* (Manchester, 2014), 124-35; Mark Harrison, *Medicine and Victory: British Military Medicine in the Second World War* (Oxford, 2004), 98-104. **136** Raffaello Pannacci, 'Sex, military brothels and gender violence during the Italian campaign in the USSR, 1941-3', *Journal of Contemporary History*, 55 (2020), 79-86. **137** Timm, 'Sex with a purpose', 237-50; Levenkron, 'Death and the maidens', 19-20; Helene Sinnreich, 'The rape of Jewish women during the Holocaust', in Hedgepeth and Saidel (eds.), *Sexual Violence against Jewish Women*, 110-15; Jeffrey Burds, 'Sexual violence in Europe during World War II, 1939-1945', *Politics & Society*, 37 (2009), 37-41. **138** Peipei, *Chinese Comfort Women*, 1, 9-11, 37-8; Hicks, 'The "comfort women"', 311-12. **139** Hicks, 'The "comfort women"', 312; Tanaka, *Hidden Horrors*, 98-9; Michael Seth, *A Concise History of Modern Korea* (Lanham, Md, 2016), 81-2. **140** Peipei, *Chinese Comfort Women*, 30-38, 48. 총검술 이야기는 전시 후반에 북중국에 주둔했던 제14사단의 한 퇴역군인이 들려준 것이다. **141** Brigitte Halbmayr, 'Sexualised violence against women during Nazi "racial" persecution', in Hedgepeth and Saidel (eds.), *Sexual Violence against Jewish Women*, 33-5; Mühlhäuser, 'The unquestioned crime', 37-8. **142** Wharton, *Shrapnel*, 189. **143** David Snyder, *Sex Crimes under the Wehrmacht* (Lincoln, Nebr., 2007), 137. **144** J. Robert Lilly, *Taken by Force: Rape and American GIs in Europe during World War II* (Basingstoke, 2007), 11; Elisabeth Krimmer, 'Philomena's legacy: rape, the Second World War, and the ethics of reading', *German Quarterly*, 88 (2015), 83-4. **145** Miriam Gebhardt, *Crimes Unspoken: The Rape of German Women at the End of the Second World War* (Cambridge, 2017), 18-22. **146** Peipei, *Chinese Comfort Women*, 37-8. **147** Johnston, *Fighting the Enemy*, 98-9. **148** Weiner, 'Something to die for', 114-15. **149** Merridale, *Ivan's War*, 268. **150** Alexandra Richie, *Warsaw 1944: The Fateful Uprising* (London, 2013), 283, 302. **151** Elisabeth Wood, 'Conflict-related sexual violence and the policy implications of recent research', *International Review of the Red Cross*, 96 (2014), 472-4. **152** James Messerschmidt, 'Review symposium: the forgotten victims of World War II: masculinities and rape in Berlin

1945', *Violence Against Women*, 12 (2006), 706-9. **153** Schrijvers, *The GI War against Japan*, 210-12; McLauchlan, 'War crimes and crimes against humanity', 364-5. **154** Lilly, *Taken by Force*, 12; Tanaka, *Hidden Horrors*, 101-3; Joanna Bourke, *Rape: A History from 1860 to the Present* (London, 2007), 357-8. **155** Robert Kramm, 'Haunted by defeat: imperial sexualities, prostitution, and the emergence of postwar Japan', *Journal of World History*, 28 (2017), 606-7. **156** Lilly, *Taken by Force*, 22-3. **157** Julie Le Gac, *Vaincre sans gloire: Le corps expéditionnaire français en Italie (novembre 1942-juillet 1944)* (Paris, 2014), 432-46. **158** Annette Warring, 'Intimate and sexual relations', in Robert Gildea, Olivier Wieviorka and Annette Warring (eds.), *Surviving Hitler and Mussolini: Daily Life in Occupied Europe* (Oxford, 2006), 113. **159** Snyder, *Sex Crimes under the Wehrmacht*, 149, 157-8. **160** Birthe Kundrus, 'Forbidden company: domestic relationships between Germans and foreigners 1939 to 1945', *Journal of the History of Sexuality*, 11 (2002), 201-6. **161** Walke, *Pioneers and Partisans*, 152; Mühlhäuser, 'The unquestioned crime', 38-9. **162** Snyder, *Sex Crimes under the Wehrmacht*, 138-42; Mühlhäuser, 'The unquestioned crime', 41-2. **163** Peipei, *Chinese Comfort Women*, 28-9. **164** Matsumura, 'Combating indiscipline', 91. **165** Milovan Djilas, *Conversations with Stalin* (New York, 1962), 161. **166** Gebhardt, *Crimes Unspoken*, 73-5. **167** Krimmer, 'Philomena's legacy', 90-91. **168** James Mark, 'Remembering rape: divided social memory of the Red Army in Hungary 1944-1945', *Past & Present*, no. 188 (2005), 133, 140-42. **169** Svetlana Alexievich, *The Unwomanly Face of War* (London, 2017), xxxvi. **170** Helene Sinnreich, '"And it was something we didn't talk about": rape of Jewish women during the Holocaust', *Holocaust Studies*, 14 (2008), 10-11. **171** Anatoly Podolsky, 'The tragic fate of Ukrainian Jewish women under Nazi occupation', in Hedgepeth and Saidel (eds.), *Sexual Violence against Jewish Women*, 99. **172** Levenkron, 'Death and the maidens', 16-19; Sinnreich, 'The rape of Jewish women', 109-15; Zoë Waxman, 'Rape and sexual abuse in hiding', in Hedgepeth and Saidel (eds.), *Sexual Violence against Jewish Women*, 126-31; Westermann, 'Stone-cold killers', 12-13; Burds, 'Sexual violence in Europe', 42-6. **173** Podolsky, 'The tragic fate of Ukrainian Jewish women', 102-3; Geissbühler, '"He spoke Yiddish like a Jew"', 430-34. **174** Schrijvers, *The GI War against Japan*, 220-21. **175** Wharton, *Shrapnel*, 252. **176** Moore, *Writing War*, 145. **177** Neitzel and Welzer, *Soldaten*, 158-9. **178** Ehrenburg and Grossman, *The Complete Black Book*, 388-9. **179** Christopher Browning, *Nazi Policy, Jewish Workers, German Killers* (Cambridge, 2000), 155-6. 질서의 심리적 중요성에 관해서는 Harald Welzer, 'On killing and morality: how normal people become mass murderers', in Jensen and Szejnmann (eds.), *Ordinary People as Mass Murderers*, 173-9 참조. **180** Theo Schulte, 'The German soldier in occupied Russia', in Paul Addison and Angus Calder (eds.), *Time to Kill: The Soldier's Experience of War in the West, 1939-1945* (London, 1997), 274-6. 살인 제약을 뒤집는 발상에 관해서는 Dorothea Frank, *Menschen Töten* (Düsseldorf, 2006), 12 참조. **181** Sturma, 'Atrocities, conscience and unrestricted warfare', 458. **182** Overy, '"Ordinary men," extraordinary circumstances', 518-19, 522-3. **183** 이 인터뷰는 1995~1996년 폭격기 사령부에 관한 BBC 다큐멘터리 제작진이 진행했다. 인터뷰의 사례로는 Richard Overy, *Bomber Command, 1939-1945* (London, 1997), esp. 198-201 참조. **184** McManus, *Deadly Brotherhood*, 206. **185** Moore, *Writing War*, 145. **186** Hasegawa, 'Were the atomic bombs justified?', 119. **187**

Andrew Rotter, *Hiroshima: The World's Bomb* (Oxford, 2008), 128, in a letter to Samuel Cavert, 11 Aug. 1945. **188** Moore, *Writing War*, 245. **189** Andrew Clapham, 'Issues of complexity, complicity and complementarity: from the Nuremberg Trials to the dawn of the International Criminal Court', in Sands, (ed.), *From Nuremberg to The Hague*, 31-3, 40; Ball, *Prosecuting War Crimes and Genocide*, 73. **190** Clapham, 'Issues of complexity', 40-41; Ball, *Prosecuting War Crimes and Genocide*, 77; Norbert Ehrenfreund, *The Nuremberg Legacy: How the Nazi War Crimes Trials Changed the Course of History* (New York, 2007), 115-21. **191** Beatrice Trefalt, 'Japanese war criminals in Indochina and the French pursuit of justice: local and international constraints', *Journal of Contemporary History*, 49 (2014), 727-9. **192** Ball, *Prosecuting War Crimes and Genocide*, 56-7, 74-6; Cameron, 'Race and identity', 564. **193** Beorn, 'Negotiating murder', 199. **194** Gaggioli, 'Sexual violence in armed conflicts', 512-13, 519-20. **195** McManus, *Deadly Brotherhood*, 211.

제11장 | 제국들에서 국가들로: 달라진 글로벌 시대

1 Amanke Okafor, *Nigeria: Why We Fight for Freedom* (London, 1949), 6. **2** TNA, KV2/1853, Colonial Office to Special Branch, 22 Sept. 1950; Security Liaison Office to Director General, MI5, 20 Oct. 1950, 'G. N. A. Okafar'; Director General to Security Liaison Office, West Africa, 12 June. 1950. **3** Okafor, *Nigeria*, 5, 30, 39. **4** David Roll, *The Hopkins Touch: Harry Hopkins and the Forging of the Alliance to Defeat Hitler* (New York, 2013), 173-4. **5** TNA, FO 898/413, Political Warfare Executive, 'Projection of Britain', propaganda to Europe: general policy papers. **6** Jean-Christophe Notin, *La campagne d'Italie 1943-1945: Les victoires oubliées de la France* (Paris, 2002), 692-3; Richard Lamb, *War in Italy 1943-1945: A Brutal Story* (London, 1993), 259-60; David Stafford, *Endgame 1945: Victory, Retribution, Liberation* (London, 2007), 354, 469-70. **7** Nicola Labanca, *Oltremare: Storia dell'espansione coloniale italiana* (Bologna, 2002), 428-33; Saul Kelly, *Cold War in the Desert: Britain, the United States and the Italian Colonies, 1945-52* (New York, 2000), 164-7. **8** Antonio Morone, *L'ultima colonia: Come l'Italia è tornata in Africa 1950-1960* (Rome, 2011), 131-3, 176-7, 383; Kelly, *Cold War in the Desert*, 169-71. **9** 초기 독일인 정착지에 관해서는 Ian Connor, *Refugees and Expellees in Post-War Germany* (Manchester, 2007), 8-10 참조. **10** Labanca, *Oltremare*, 438-9; Gerard Cohen, *In War's Wake: Europe's Displaced Persons in the Postwar Order* (New York, 2012), 6. **11** Lori Watt, *When Empire Comes Home: Repatriation and Reintegration in Postwar Japan* (Cambridge, Mass., 2009), 1-3, 43-4. **12** Louise Young, *Japan's Total Empire: Manchuria and the Culture of Wartime Imperialism* (Berkeley, Calif., 1998), 410-11. **13** Watt, *When Empire Comes Home*, 43-7, 97. **14** Ibid., 47-50. **15** Haruko Cook and Theodore Cook (eds.), *Japan at War: An Oral History* (New York, 1992), 413-15, 상공성 관료 이이토요 쇼고의 증언. **16** Connor, *Refugees and Expellees*, 13. **17** Raymond Douglas, *Orderly and Humane: The Expulsion of the Germans after the Second World War* (New Haven, Conn., 2012), 1-2, 93-6. **18** Ibid., 96. **19** Ibid., 126, 149. **20** Ibid., 124-5, 160-11, 309; Ruth Wittlinger, 'Taboo or tradition? The "Germans-as-victims" theme in the

Federal Republic until the mid-1990s', in Bill Niven (ed.), *Germans as Victims* (Basingstoke, 2006), 70-73. **21** Diana Lary, *The Chinese People at War: Human Suffering and Social Transformation, 1937-1945* (Cambridge, 2010), 170. **22** G. Daniel Cohen, 'Between relief and politics: refugee humanitarianism in occupied Germany', *Journal of Contemporary History*, 43 (2008), 438. **23** Jessica Reinisch, '"We shall build anew a powerful nation": UNRRA, internationalism, and national reconstruction in Poland', *Journal of Contemporary History*, 43 (2008), 453-4. **24** Mark Wyman, *DPs: Europe's Displaced Persons, 1945-1951* (Ithaca, NY, 1998), 39, 46-7. **25** Ibid., 17-19, 37, 52. 구제부흥사업국에 의존하는 실향민이 1946년 3월에 84만 4144명, 1948년 8월에 56만 2841명 있었다. **26** Cohen, 'Between relief and politics', 445, 448-9. **27** R. Rummell, *Lethal Politics: Soviet Genocide and Mass Murder since 1917* (London, 1996), 194-5; Mark Edele, *Stalin's Defectors: How Red Army Soldiers became Hitler's Collaborators, 1941-1945* (Oxford, 2017), 139-42. **28** Nicolas Bethell, *The Last Secret: Forcible Repatriation to Russia 1944-1947* (London, 1974), 92-118; Keith Lowe, *Savage Continent: Europe in the Aftermath of World War II* (London, 2012), 252-62. **29** Cohen, *In War's Wake*, 26. **30** Wyman, *DPs*, 186-90, 194-5, 202-4. **31** James Barr, *Lords of the Desert: Britain's Struggle with America to Dominate the Middle East* (London, 2018), 22. **32** Jessica Pearson, 'Defending the empire at the United Nations: the politics of international colonial oversight in the era of decolonization', *Journal of Imperial and Commonwealth History*, 45 (2017), 528-9. **33** Jan Eckel, 'Human rights and decolonization: new perspectives and open questions', *Humanity: An International Journal of Human Rights, Humanitarianism and Development*, 1 (2010), 114-16. **34** Stefanie Wichhart, 'Selling democracy during the second British occupation of Iraq, 1941-5', *Journal of Contemporary History*, 48 (2013), 525-6. **35** Eckel, 'Human rights and decolonization', 118; Dane Kennedy, *Decolonization: A Very Short Introduction* (Oxford, 2016), 1; W. David McIntyre, *Winding up the British Empire in the Pacific Islands* (Oxford, 2014), 90-91. **36** Lanxin Xiang, *Recasting the Imperial Far East: Britain and America in China 1945-1950* (Armonk, NY, 1995), 38. **37** Peter Catterall, 'The plural society: Labour and the Commonwealth idea 1900-1964', *Journal of Imperial and Commonwealth History*, 46 (2018), 830; H. Kumarasingham, 'Liberal ideals and the politics of decolonization', ibid., 818. 몽고메리 발언의 출처는 'Tour of Africa November-December 1947', 10 Dec. 1947. **38** Kennedy, *Decolonisation*, 34-5. **39** Geraldien von Frijtag Drabbe Künzel, '"Germanje": Dutch empire-building in Nazi-occupied Europe', *Journal of Genocide Research*, 19 (2017), 251-3; Bart Luttikhuis and Dirk Moses, 'Mass violence and the end of Dutch colonial empire in Indonesia', *Journal of Genocide Research*, 14 (2012), 260-61; Kennedy, *Decolonization*, 34-5. **40** Mark Mazower, *No Enchanted Palace: The End of Empire and the Ideological Origins of the United Nations* (Princeton, NJ, 2009), 150-51. **41** Anne Deighton, 'Entente neo-coloniale? Ernest Bevin and proposals for an Anglo-French Third World Power 1945-1949', *Diplomacy & Statecraft*, 17 (2006), 835-9; Kumarasingham, 'Liberal ideals', 815-16. **42** Christopher Prior, '"The community which nobody can define": meanings of the Commonwealth in the late 1940s and 1950s', *Journal of Imperial and Commonwealth History*, 47 (2019), 569-77. **43** Harry Mace, 'The Eurafrique initiative, Ernest Bevin and Anglo-French relations in the Foreign Office 1945-50', *Diplomacy & Statecraft*, 28

(2017), 601–3. **44** Deighton, 'Entente neo-coloniale?', 842–5. **45** Martin Thomas, *Fight or Flight: Britain, France and Their Roads from Empire* (Oxford, 2014), 86–90. **46** Jason Parker, 'Remapping the Cold War in the tropics: race, communism, and national security in the West Indies', *International History Review*, 24 (2002), 337–9. **47** Geoffrey Roberts, *Stalin's Wars: From World War to Cold War, 1939-1953* (New Haven, Conn., 2006), 318–19. **48** Leslie James, 'Playing the Russian game: black radicalism, the press, and Colonial Office attempts to control anticolonialism in the early Cold War, 1946–50', *Journal of Imperial and Commonwealth History*, 43 (2015), 511–17. **49** Balázs Szalontai, 'The "sole legal government of Vietnam": the Bao Dai factor and Soviet attitudes toward Vietnam 1947–1950', *Journal of Cold War Studies*, 20 (2018), 16. **50** Eckel, 'Human rights and decolonization', 122, 126. **51** Penny Von Eschen, *Race against Empire: Black Americans and Anticolonialism 1937-1957* (Ithaca, NY, 1997), 45–50; James, 'Playing the Russian game', 509, 512. **52** Parker, 'Remapping the Cold War in the tropics', 322–3; Von Eschen, *Race against Empire*, 47. **53** McIntyre, *Winding up the British Empire*, 24–6. **54** Yasmin Khan, *The Great Partition: The Making of India and Pakistan* (New Haven, Conn., 2007), 25. **55** Mary Becker, *The All-India Muslim League 1906-1947* (Karachi, 2013), 225–9; Khan, *Great Partition*, 38. **56** Christopher Bayly and Tim Harper, *Forgotten Wars: The End of Britain's Asian Empire* (London, 2007), 77. **57** Ranabir Samaddar, 'Policing a riot-torn city: Kolkata, 16–18 August 1946', *Journal of Genocide Research*, 19 (2017), 40–41, 43–5. **58** Bayly and Harper, *Forgotten Wars*, 253–7. **59** Thomas, *Fight or Flight*, 108–9. **60** Bayly and Harper, *Forgotten Wars*, 163–5, 173. **61** Ibid., 170–71. **62** William Frederick, 'The killing of Dutch and Eurasians in Indonesia's national revolution (1945–49): a "brief genocide" reconsidered', *Journal of Genocide Research*, 14 (2012), 362–4. **63** Petra Groen, 'Militant response: the Dutch use of military force and the decolonization of the Dutch East Indies', *Journal of Imperial and Commonwealth History*, 21 (1993), 30–32; Luttikhuis and Moses, 'Mass violence', 257–8. **64** Jennifer Foray, *Visions of Empire in the Nazi-Occupied Netherlands* (Cambridge, 2012), 296–7, 301–3. **65** Gert Oostindie, Ireen Hoogenboom and Jonathan Verwey, 'The decolonisation war in Indonesia, 1945-1949: war crimes in Dutch veterans' egodocuments', *War in History*, 25 (2018), 254–5, 265–6; Bart Luttikhuis, 'Generating distrust through intelligence work: psychological terror and the Dutch security services in Indonesia', *War in History*, 25 (2018), 154–7. **66** Kennedy, *Decolonization*, 53–4; John Darwin, *After Tamerlane: The Global History of Empire since 1405* (London, 2008), 435–6, 450–51. **67** Vincent Kuitenbrouwer, 'Beyond the "trauma of decolonization": Dutch cultural diplomacy during the West New Guinea question (1950–1962)', *Journal of Imperial and Commonwealth History*, 44 (2016), 306–9, 312–15. **68** Robert Schulzinger, *A Time for War: The United States and Vietnam 1941-1975* (New York, 1997), 16–17. **69** Bayly and Harper, *Forgotten Wars*, 148–9. **70** Ibid., 20; Thomas, *Fight or Flight*, 124–5. **71** François Guillemot, '"Be men!": fighting and dying for the state of Vietnam (1951–54)', *War & Society*, 31 (2012), 188–95. **72** Szalontai, 'The "sole legal government of Vietnam"', 3–4, 26–9. **73** Kennedy, *Decolonization*, 51, 54. **74** Bayly and Harper, *Forgotten Wars*, 355–6. **75** Ibid., 428–32; David French, 'Nasty not nice: British counter-insurgency doctrine and practice, 1945–1967', *Small Wars and Insurgencies*, 23 (2012), 747–8. **76** Bruno Reis, 'The myth of British minimum force in counter-insurgency campaigns during decolonization (1945-1970)', *Journal of Strategic Studies*, 34 (2011), 246-52; French, 'Nasty not nice', 748-9. **77** Steven Paget, '"A sledgehammer to crack a nut"? Naval gunfire support during the Malayan emergency', *Small Wars and Insurgencies*, 28 (2017), 367-70. **78** Keith Hack, 'Everyone lived in fear: Malaya and the British way of counter-insurgency', *Small Wars and Insurgencies*, 23 (2012), 671-2; Thomas, *Fight or Flight*, 139-40. **79** French, 'Nasty not nice', 748. **80** Hack, 'Everyone lived in fear', 681, 689-92. **81** Kumarasingham, 'Liberal ideals', 816. **82** Ian Hall, 'The revolt against the West: decolonisation and its repercussions in British international thought, 1945-75', *International History Review*, 33 (2011), 47. **83** Pearson, 'Defending the empire', 528-36; Meredith Terretta, '"We had been fooled into thinking that the UN watches over the entire world": human rights, UN Trust Territories, and Africa's decolonisation', *Human Rights Quarterly*, 34 (2012), 332-7. **84** Terretta, '"We had been fooled into thinking . . .", 338-43. **85** Daniel Branch, 'The enemy within: loyalists and the war against Mau Mau in Kenya', *Journal of African History*, 48 (2007), 298. **86** Thomas, *Fight or Flight*, 218-19, 223-6. **87** Branch, 'The enemy within', 293-4, 299. **88** Timothy Parsons, *The Second British Empire: In the Crucible of the Twentieth Century* (Lanham, Md, 2014), 176-7. **89** David Anderson, 'British abuse and torture in Kenya's counter-insurgency, 1952-1960', *Small Wars and Insurgencies*, 23 (2012), 701-7; French, 'Nasty not nice', 752-6; Thomas, *Fight or Flight*, 232-3. **90** Jean-Charles Jauffert, 'The origins of the Algerian war: the reaction of France and its army to the two emergencies of 8 May 1945 and 1 November 1954', *Journal of Imperial and Commonwealth History*, 21 (1993), 19-21. **91** Thomas, *Fight or Flight*, 288. **92** Kennedy, *Decolonization*, 56-7. **93** Keith Sutton, 'Population resettlement - traumatic upheavals and the Algerian experience', *Journal of Modern African Studies*, 15 (1977), 285-9. **94** Thomas, *Fight or Flight*, 318-28. **95** 프랑스에 관해서는 Frederick Cooper, *Citizenship between Empire and Nation: Remaking France and French Africa* (Princeton, NJ, 2014), 5-9 참조. **96** David Fieldhouse, *Western Imperialism in the Middle East, 1914-1958* (Oxford, 2006), 299-302, 326-7; Aiyaz Husain, *Mapping the End of Empire: American and British Strategic Visions in the Postwar World* (Cambridge, Mass., 2014), 14-15, 135-42; Thomas, *Fight or Flight*, 68-70. **97** Barr, *Lords of the Desert*, 94-6; Fieldhouse, *Western Imperialism*, 232-3. **98** Edward Judge and John Langdon, *The Struggle against Imperialism: Anticolonialism and the Cold War* (Lanham, Md, 2018), 11-12. **99** Alexander Shaw, '"Strong, united, and independent": the British Foreign Office, Anglo-Iranian Oil Company and the internationalization of Iranian politics at the dawn of the Cold War, 1945-46', *Middle Eastern Studies*, 52 (2016), 505-9, 516-17. **100** Barr, *Lords of the Desert*, 126-30, 134-9. **101** Calder Walton, *Empire of Secrets: British Intelligence, the Cold War, and the Twilight of Empire* (London, 2013), 288-92. **102** Fieldhouse, *Western Imperialism*, 107-11. **103** Robert Vitalis, 'The "New Deal" in Egypt: the rise of Anglo-American commercial competition in World War II and the fall of neocolonialism', *Diplomatic History*, 20 (1996), 212-13, 234. **104** Parsons, *The Second British Empire*, 124; John Kent, 'The Egyptian base and the defence of the Middle East 1945-1954', *Journal of Imperial and Commonwealth History*, 21 (1993), 45. **105** Kent, 'Egyptian base', 53-60; Judge and Langdon, *The Struggle against Imperialism*, 78-9. **106** Martin Thomas and Richard Toye, *Arguing about Empire: Imperial Rhetoric in Britain and France*

1882-1956 (Oxford, 2017), 207-12, 215-27. **107** Walton, *Empire of Secrets*, 298. **108** Husain, *Mapping the End of Empire*, 29. **109** Barr, *Lords of the Desert*, 24-8, 61; Fieldhouse, *Western Imperialism*, 184-5. **110** Fieldhouse, *Western Imperialism*, 205-6. **111** Stefanie Wichhart, 'The formation of the Arab League and the United Nations, 1944-5', *Journal of Contemporary History*, 54 (2019), 329-31, 336-41. **112** Eliezir Tauber, 'The Arab military force in Palestine prior to the invasion of the Arab armies', *Middle Eastern Studies*, 51 (2016), 951-2, 957-62. **113** Barr, *Lords of the Desert*, 73-4; Fieldhouse, *Western Imperialism*, 187-8. **114** Barr, *Lords of the Desert*, 84-8; Thomas, *Fight or Flight*, 117. **115** Walton, *Empire of Secrets*, 105-6. **116** Wyman, *DPs*, 138-9, 155; Cohen, *In War's Wake*, 131-40. **117** Barr, *Lords of the Desert*, 63-4. **118** Ibid., 88-90. **119** Tauber, 'The Arab military force in Palestine', 966-77; James Bunyan, 'To what extent did the Jewish Brigade contribute to the establishment of Israel?', *Middle Eastern Studies*, 51 (2015), 40-41; Fieldhouse, *Western Imperialism*, 193-5. **120** Wyman, *DPs*, 155. **121** Hans van de Ven, *China at War: Triumph and Tragedy in the Emergence of the New China 1937-1952* (London, 2017), 213-14. **122** Beverley Loke, 'Conceptualizing the role and responsibility of great power: China's participation in negotiations toward a postwar world order', *Diplomacy & Statecraft*, 24 (2013), 213-14. **123** Robert Bickers, *Out of China: How the Chinese Ended the Era of Western Domination* (London, 2017), 230-31; Xiaoyan Liu, *A Partnership for Disorder: China, the United States, and Their Policies for the Postwar Disposition of the Japanese Empire* (Cambridge, 1996), 153. **124** Xiang, *Recasting the Imperial Far East*, 4, 25-6. **125** Ibid., 55. **126** Ibid., 94-5; Sarah Paine, *The Wars for Asia 1911-1949* (Cambridge, 2012), 234. **127** Debi Unger and Irwin Unger, *George Marshall: A Biography* (New York, 2014), 371. **128** Jay Taylor, *The Generalissimo: Chiang Kai-Shek and the Struggle for Modern China* (Cambridge, Mass., 2009), 339-43. **129** Odd Arne Westad, *Decisive Encounters: The Chinese Civil War 1946-1950* (Stanford, Calif.,2003), 35; Taylor, *Generalissimo*, 343; Unger and Unger, *George Marshall*, 375. **130** Liu, *Partnership for Disorder*, 282. **131** Taylor, *Generalissimo*, 350; Paine, *Wars for Asia*, 239-40. **132** Westad, *Decisive Encounters*, 47, 150-53. **133** Diana Lary, *China's Civil War: A Social History, 1945-1949* (Cambridge, 2015), 3; Paine, *Wars for Asia*, 226. **134** Lifeng Li, 'Rural mobilization in the Chinese communist revolution: from the anti-Japanese war to the Chinese civil war', *Journal of Modern Chinese History*, 9 (2015), 103-9. **135** Lary, *China's Civil War*, 89-90. **136** Bickers, *Out of China*, 264-6. **137** Taylor, *Generalissimo*, 381. **138** Unger and Unger, *George Marshall*, 379-81. **139** Paine, *Wars for Asia*, 245, 251. **140** Van de Ven, *China at War*, 244-7. **141** Frank Dikötter, *The Tragedy of Liberation: A History of the Chinese Revolution 1945-57* (London, 2013), 4-5. **142** Ibid.,6-8. **143** Taylor, *Generalissimo*, 400. **144** Van de Ven, *China at War*, 251. **145** Donggil Kim, 'Stalin and the Chinese civil war', *Cold War History*, 10 (2010), 186-91. **146** Odd Arne Westad, *Restless Empire: China and the World since 1750* (London, 2012), 292. **147** Dikötter, *Tragedy of Liberation*, 41. **148** Roland Burke, *Decolonization and the Evolution of International Human Rights* (Philadelphia, Pa, 2010), 27-8. **149** Dane Kennedy, 'Essay and reflection: on the American empire from a British imperial perspective', *International Historical Review*, 29 (2007), 83-4. 전형적인 예는 Joshua Freeman, *American Empire: The Rise of a Global Power, the Democratic Revolution at Home* (New York, 2012)일 것이다. **150** Alexander Gogun,

'Conscious movement toward Armageddon': preparation of the Third World War in orders of the USSR War Ministry, 1946-1953', *Journal of Slavic Military Studies*, 32 (2019), 257-79. **151** McIntyre, *Winding up the British Empire*, 88-9. **152** Simon Davis, '"A projected new trusteeship": American internationalism, British imperialism, and the reconstruction of Iran', *Diplomacy & Statecraft*, 17 (2006), 37. **153** Neil Smith, *American Empire: Roosevelt's Geographer and the Prelude to Globalization* (Stanford, Calif., 2003), 351-5. **154** Parker, 'Remapping the Cold War in the tropics', 319-22, 328-31. **155** Daniel Immerwahr, 'The Greater United States: territory and empire in U. S. history', *Diplomatic History*, 40 (2016), 373-4. **156** A. G. Hopkins, 'Globalisation and decolonisation', *Journal of Imperial and Commonwealth History*, 45 (2017), 738-9. **157** Alexander Statiev, *The Soviet Counterinsurgency in the Western Borderlands* (Cambridge, 2010), 131. **158** Ibid., 117, 125, 133. **159** Ibid., 177, 190. **160** Commission of the Historians of Latvia, *The Hidden and Forbidden History of Latvia under Soviet and Nazi Occupations 1940-1991* (Riga, 2005), 217-18, 251. **161** Ibid., 182. **162** Roberts, *Stalin's Wars*, 247-8. **163** Mark Kramer, 'Stalin, Soviet policy, and the establishment of a communist bloc in Eastern Europe, 1941-1948', in Timothy Snyder and Ray Brandon (eds.), *Stalin and Europe: Imitation and Domination 1928-1953* (New York, 2014), 270-71. **164** Ibid., 280-81; Roberts, *Stalin's Wars*, 314-19. **165** Norman Naimark, *Stalin and the Fate of Europe: The Postwar Struggle for Sovereignty* (Cambridge, Mass., 2019), 18-25. **166** Walton, *Empire of Secrets*, 224-5. **167** Kennedy, 'Essay and reflection', 98-9. **168** Michael Seth, *A Concise History of Modern Korea* (Lanham, Md, 2016), 105; Ronald Spector, 'After Hiroshima: Allied military occupation and the fate of Japan's empire', *Journal of Military History*, 69 (2005), 1132. **169** Spector, 'After Hiroshima', 1132-4. **170** Seth, *Concise History of Modern Korea*, 101-5. **171** *Basic Facts about the United Nations* (New York, 1995), 89-90. **172** Seth, *Concise History of Modern Korea*, 120-21. **173** Margery Perham, *The Colonial Reckoning: The Reith Lectures* (London, 1963), 13.

감사의 말

수많은 동료들, 학자들, 학생들이 수년간의 토론과 조언을 통해 이런저런 방식으로 이 책의 결과물에 이바지했다. 그들 중 일부에게 개인적으로 고맙다는 말씀을 드리고 싶고, 나머지 분들에게도 전쟁에 관한 나의 저술에 유익하고 비판적인 방식으로 참여해주신 데 대해 감사의 인사를 드린다. 특히 엑서터 대학의 동료 마틴 토머스Martin Thomas는 다른 누구보다도 인내심을 발휘하며 전쟁사에 대한 제국적 접근법을 격려해주었다. 엑서터 역사학과는 2차대전의 역사와 과도한 폭력을 제국주의의 역사와 연결하려는 모든 이에게 행운과도 같은 보금자리였다.

이 책을 쓰는 동안 지원이나 조언과 함께 대화를 나눠주신 많은 분들께 감사드린다. 에번 모즐리, 매슈 히슬립, 로라 로, 리처드 토예, 로이 아이런스, 리처드 해먼드, 올리비에 위비오르카, 고故 마이클 하워드 경, 한스 판 더 펜, 래너 미터, 폴 클레멘스, 루시 노아케스, 조이 왁스먼, 앤드루 뷰캐넌, 스티븐 리, 조 마이올로, 클라우스 슈미더, 쥔케 나이첼, 로버트 거워스. 또한 귀중한 저작으로 나의 저술에 도움을 준 모든 저자에게도 깊이 감사드린다. 나는 책 전체에 걸쳐 주를 통해 그들의 기여를 밝히려고 노력했다. 언제나처럼 펭귄 출판사의 탁월한 편집자 사이먼 와인더에게 큰 신세를 졌다. 와인더는 누구보다도 더 오랫동안 이 책을 참을성 있게 기다려주고 내가 쓴 모든 글을 비판적 시선으로 읽어주었다. 나의 전 저작권 대리인 길 콜리지와 현 대리인 캐러 존스는 이 책을 구상하는 오랜 기간 내내 나를 아낌없이 지지해주었다. 끝으로 이 책을 제작한 팀원들, 리처드 두기드, 에버 호지킨, 샬럿 리딩스, 제프 에드워즈, 샌드라 풀러, 매슈 허치슨에게 감사의 마음을 전한다.

옮긴이의 말

제2차 세계대전의 개전일은 언제인가? 관례적인 답은 나치 독일이 인접
국 폴란드를 침공한 1939년 9월 1일이다. 위키백과와 두산백과 모두 2차
대전의 개전일로 이 날짜를 지목한다. 국내에 번역 출간된 2차대전 통사
관련 역사서들도 하나같이 1939년을 시작점으로 잡는다. 원서를 기준으
로 출간 연도가 이른 순서대로 살펴보면, 1974년작인 A. J. P. 테일러의
《지도와 사진으로 보는 제2차 세계대전》(페이퍼로드), 1989년작인 존 키건
의 《2차세계대전사》(청어람미디어), 2004년작인 폴 콜리어 외의 《제2차 세
계대전》(플래닛미디어), 2005년작인 제러드 L. 와인버그의 《2차세계대전
사》(길찾기), 2012년작인 앤서니 비버의 《제2차 세계대전》(글항아리) 모두
유럽 전구에서부터 서술하기 시작한다. 이는 2차대전 참전국들의 표준
역사관과 공식 전쟁사에 부합하는 서술로서, 이 관점의 암묵적 전제는 유
럽에서 발발한 전쟁이 전 세계적 전쟁으로 확대되었다는 것이다.

　그런데 리처드 오버리는, 이 책의 부제에 명시되어 있듯이, 2차대전의
시작점으로 1939년이 아닌 1931년을 지목한다. 1931년은 만주에 주둔하
던 일본 관동군이 만철의 철도 노선을 고의로 폭파함으로써 '만주사변'을
일으킨 해다. 이렇게 동아시아에 먼저 주목한 오버리는 이어서 1935년 이
탈리아의 에티오피아 침공, 1937년 중일 전쟁 발발, 1930년대 독일의 재
무장과 제국 프로젝트 등을 살펴본 후에야 독일의 폴란드 침공을 다룬다.

이는 2차대전이 유럽 국가들 간의 갈등에서 연원했다는 종래의 통설에서 벗어나는 견해이자, 전쟁 기간을 1939~1945년에서 1931~1945년으로 넓혀서 이 전 지구적 분쟁을 '장기 2차대전'으로서 새롭게 조명하려는 시도다.

표준적인 2차대전 통사에 반기를 드는 이 관점은 오버리의 오랜 연구와 숙고로부터 나온 것이다. 오버리는 일찍이 1980년부터 2차대전 관련 저술을 시작해 현재까지 30여 종의 저서와 편저를 펴냈을 정도로 평생을 이 분야에 매진해온 2차대전 연구의 대가다. 직접 연구한 주제만 해도 전간기 유럽의 위기, 나치 독일의 사회와 경제, 히틀러와 스탈린의 독재 체제, 소련의 전쟁 노력, 연합국과 추축국의 항공전과 폭격전, 영국 공군의 발달, 나치 엘리트층에 대한 전후 심문 등으로 매우 다양하다. 그 외에도, 이 책에 실린 상당한 분량의 주를 보면 알 수 있듯이, 2차대전과 관련한 거의 모든 주제에 관심을 두고 학식을 쌓아왔다. 그런 만큼 학계의 정설에 도전하는 이 책의 수정주의적 전쟁관은 한낱 시론(試論)이 아니라 노학자가 일생에 걸쳐 정립해온 견해라고 말할 수 있다.

일반적인 2차대전 전쟁사는 이 분쟁을 강대국 간의 충돌로 규정하고 그 기원을 분석하면서 전간기의 군비 경쟁, 외교 위기, 이데올로기 갈등 같은 요인들을 강조한다. 그에 반해 오버리는 장기 2차대전을 기성 제국들(영국, 프랑스, 네덜란드, 벨기에 등)과 1930년대에 새로운 영토제국주의의 물결을 일으킨 신흥국들(일본, 이탈리아, 독일) 간의 충돌로 규정하고, 이 분쟁의 핵심에 '영토제국'이 있다고 주장한다. 요컨대 2차대전은 세계 도처에 영토—식민지, 보호령, 수출입항, 조약상 특권 영역 등—를 보유한 채 전 지구적 제국 질서를 구축해둔 기존의 영토제국들과, 그 제국 질서에 반발해 국외 영토를 정복함으로써 새로이 영토제국이 되려는 신흥국들

간의 충돌이었다는 것이다.

오버리에 의하면 훗날 추축국을 결성하게 되는 독일, 이탈리아, 일본의 공통점은 '제국에의 의지'를 품었다는 데 있다. 삼국은 자기네 민족의 발전을 다른 제국들이 틀어막고 옥죈다고 인식했고, 장차 민족을 구하고 튼튼한 경제를 건설하고 우월한 문화를 조성하려면 반드시 더 넓은 영토와 그에 속한 자원을 장악해야 한다는 신념을 고수했다. 그들에게 제국은 민족의 존속에 필요한 생명선('생존공간')이었다. 그리하여 삼국은 제국주의적 영토 정복이라는 복고적 계획에 착수하여 자신들의 '신질서'를 구축하려 했다. 이렇게 보면 오버리가 1931년을 장기 2차대전의 시작점으로 잡은 이유를 이해할 수 있다. 만주사변은 세계대전을 직접 촉발하진 않았으나 새로운 제국 팽창의 10년을 개시한 사건이었기 때문이다. 일본은 만주를 침공의 도약대로 삼아 이후 중국 본토로 확장해 들어갔다.

이렇듯 오버리의 통사는 2차대전을 '제국주의 전쟁'으로 규정하고 영토제국들에 초점을 맞춘다는 점에서 기존 통사들과 차별화된다. 이 접근법은 무엇보다 2차대전을 유발한 요인들을 더 장기적이고 폭넓은 시각에서 파악할 수 있도록 해준다는 장점이 있다. 제국 질서는 2차대전을 앞두고 별안간 생겨난 게 아니라 일찍이 19세기 후반부터 형성되기 시작했고, 그 영향권도 유럽으로 국한되지 않고 전 세계를 아울렀기 때문이다. 오버리에 따르면 이미 1차대전부터 제국들끼리 충돌한 '제국주의 전쟁'이었으며(1차대전을 일으킨 영국, 프랑스, 러시아, 독일, 오스트리아-헝가리, 오스만은 모두 제국이었다), 1914년부터 1945년까지 이어진 1차대전과 2차대전을 하나로 묶어 20세기의 '30년 전쟁'으로 여길 수도 있다. 또한 오버리의 접근법은 제국 구상과 제국 위기가 2차대전의 기원 및 경과의 얼개를 이루었다는 것, 2차대전에서 여러 지역과 여러 형태의 분쟁을 연결한 것이 전

세계적 제국 질서의 존재였다는 것을 거시적 관점에서 파악할 수 있도록 해준다.

　다른 통사들과 차별화되는 이 책의 또다른 장점은 2차대전을 총력전으로서 서술한다는 것이다. 물론 2차대전이 총력전이었음을 부인하는 역사가는 없을 것이다. 전쟁 수행을 위해 국가의 가용한 인적·물적 자원과 역량, 더 나아가 잠재력까지 총동원하고 군대의 요구를 민간 사회의 요구보다 우선시했다는 점에서 2차대전은 다른 어떤 전쟁보다도 총력전이었다. 그렇지만 2차대전이 총력전이라는 데 동의하는 것과 총력전으로서의 전쟁사를 쓰는 것은 전혀 다른 일이다. 수많은 전역과 전투는 물론이거니와 전시 동안 국내전선에서 이루어진 총체적인 전쟁 노력까지 충실히 서술할 수 있어야 하기 때문이다. 2차대전은 역사학계에서 단연 철저히 연구된 거대한 주제이기에 군대와 민간 사회 양편의 전쟁 수행을 하나의 저서에서 총체적으로 조망하는 것은 어지간한 역사가라면 엄두도 못 낼 일이다. 이런 난점이 있는 까닭에 일반적인 2차대전 통사는 전쟁의 배경과 위기에 대해 간략히 서술한 뒤 본격적인 군사 분쟁으로 넘어가 각국 지도부와 군부의 결정 및 전략, 전쟁의 전개와 그에 따른 공세 및 수세 등에 대부분의 분량을 할애하며, 그 외의 주제는 소략하게 다루는 데 그친다.

　반면에 이 책은 제3장까지 군사 분쟁에 관한 서사를 마친 뒤 제4장부터 제10장까지 총력전이라는 키워드로 묶을 수 있는 2차대전의 핵심 문제들에 대해 서술한다. 총력전으로서의 2차대전의 특징은 무엇보다 전장의 전투원과 후방의 민간인 사이의 경계가 흐려졌다는 데 있다. 전시에 민간인은 군인과 나란히 싸우는 '생산 군인'으로 여겨졌고, 일부 국가에서는 실제로 노동자를 군인으로 규정하고 노동자의 결근을 '탈영'으로 간주했는가 하면 병역 거부자를 탈영병으로 취급하기도 했다. 또한 교전국들은 적국의 국민이 전쟁 노력의 일부분이라는 이유로 민간인을 정당한 공격의 목표로 삼고서 군사적 조치와 경제적 조치를 망라하는 온갖 수단으로 그들의 전쟁 지속 의지를 파괴하려 했다. 2차대전을 치르며 전쟁은 '민간화'되었고, 민간인은 '군사화'되었다.

이렇듯 2차대전에 이르러 군대와 민간 사회를 망라하게 된 총력전에 관해 서술하기 위해 오버리는 제4장부터 제10장까지 주제별로 핵심 문제들을 탐구한다. 우선 제4장에서는 대군을 편성하고 군대에 무기와 장비, 물자를 공급하기 위해 전례가 없는 막대한 규모로 이루어진 군사적·경제적 동원, 남녀 노동력을 동원해 배치한 제도, 외국인 강제노동자에 대한 착취 등을 살펴본다. 삼군의 위력을 대폭 높여준 '전력승수'를 다루는 제5장에서는 기갑부대와 전술공군을 결합한 제병협동 전투, 대양에서 전투의 양상을 바꾸어놓은 상륙전의 혁명, 무선통신과 레이더를 이용한 전자전의 진화, 그리고 정보전과 기만술에 주목한다. 제6장에서는 무기와 장비, 군수품의 막대한 대량생산이 어떻게 가능했는지, '민주주의의 조병창'을 자임한 미국의 무기대여 프로그램이 연합국의 전쟁 지속과 궁극적 승전에 어떻게 결정적으로 기여했는지, 해상 봉쇄와 공중 폭격을 통한 경제전쟁으로 어떻게 적의 자원을 파괴하고 물자 공급을 차단했는지 설명한다.

제7장에서는 추축국과 연합국 모두 어떤 논변과 도덕적 전도에 근거해 자기네 대의를 정당화하려 했는지, 연합국이 유대인 박해와 홀로코스트에 어떻게 반응하고 대처했는지, 각국이 최후의 순간까지 전쟁을 이어간다는 목표를 공유하는 '도덕적 결속체'를 어떻게 만들어냈는지, 전간기 동안 크게 성장했던 평화주의가 전시 들어 어떤 딜레마에 직면하는지 살펴본다. 제8장에서는 수동적 피해자에서 적극적 투사로 변모한 민간인이

적의 공습, 침공과 점령, 학살의 위협에 맞서 참여한 민방위 활동, 저항운동, 내전, 반란에 주목하고, 유대인의 저항이 다른 민간 저항과 어떻게 달랐는지 알아본다. 제9장에서는 전시에 군인과 민간인이 보인 다양한 감정적 반응, 대규모로 발생한 정신적 사상자, 군 정신의학의 적용, '사기' 유지를 위해 사용한 방법을 다룬다. 그리고 제10장에서는 군대와 보안기관이 전쟁의 법규와 관습을 무시한 채 민간인에게 자행한 범죄와 잔혹행위, 전구별로 큰 차이를 보인 전장 범죄의 규모와 야만성, 전쟁포로의 처우와 운명, 인종 간 차이와 위계, 증오심에서 비롯된 인종범죄, 일본군과 독일군이 운영한 위안부 제도, 여성에 대한 성폭력, 전쟁범죄 가해자의 절대다수가 처벌을 면한 사실 등을 살펴본다.

영어권에서 이 책에 대한 평가는 2차대전에 관한 단권 역사서로는 가장 포괄적인 역작이라는 것이다. 이는 과장된 평가가 아니다. 이 책만큼 총력전으로서의 2차대전을 제대로 다루는 통사는 내가 알기로는 거의 없다. 성실한 역사가인 오버리는 젊어서부터 많은 책을 썼지만 2차대전 통사는 70세를 지나서 펴낸 이 책이 유일하다. 독자들이 군사사에 치중하는 통사를 넘어 군대와 민간 사회 양편의 전시 경험을 입체적으로 조명하는 이 책을 통해 장기 2차대전의 역사를 더 넓고도 깊은 관점에서 이해할 수 있기를 기대한다.

이재만

찾아보기

오셉코프, 파벨 805-6

오스만 제국 49, 53-60, 64, 71, 113

오스트레일리아 64, 147, 153, 193-4, 237, 242, 249, 296, 298, 303, 385- 6, 396-7, 472, 558, 606, 826, 834, 904, 954, 1074, 1158, 1167, 1169, 1170, 1220, 1222, 1255- 6, 1277, 1325

오스트레일리아 제9보병사 단 446

오스트로그 269

오스트리아 63, 71, 80, 93, 121-6, 243, 363, 365, 443, 548-9, 569-70, 1066, 1229, 1271, 1310, 1350

오스트리아 제국 50, 55-6, 60

오스트마르크 124

오스틀란트 제국판무관부 341

오슬로 168

오시마 히로시 282-3, 383-4, 475, 846

오아후 293, 297

오자와 지사부로 473

오친렉, 클로드 389-90, 407-11, 1182

오카무라 야스지 584

오카포르, 조지 아만케 1299

오콘, 레오니드 1213

오키나와 552, 554-5, 557- 9, 561-2, 578, 586, 778, 782-3, 785, 799, 1240,

1278, 1295, 1302

오타와 906

오펜하임 546

오펠른 529

오하이오 강 787

옥스퍼드 대학 814

올렌도르프, 오토 1026

올리펀트, 마커스 814

올호바트카 능선 455

와이즈, 스티븐 1010, 1016

와일드, 노엘 514

와튼, 윌리엄 1275, 1286

왁데 섬 472

완평현성 99

왓슨-와트, 로버트 804, 820

왕립 동아프리카 소총대 607

왕립 서아프리카 국경군 607

왕립 프로이센 정착위원회 50

왕징웨이 106, 309, 310

욍치체, 샤를 176

요들, 알프레트 214, 257, 489, 506, 553, 573, 762

요르단 강 1352

요시자와 겐키치 312

요코하마 1293

우 소 1324

우(Houx) 176

우가키 마토메 557

우돌 보고서 800, 856

우돌, J. 800

우랄 산맥 265, 351, 877-8

우만스키, 콘스탄틴 902

우시지마 미쓰루 557-8, 782

우아즈 강 182

우에무라 미키오 1230

우치 367, 501

우크라이나 민족주의자조직 340, 1104, 1369

우크라이나 제국판무관부 341, 366, 461

우크라이나국민군 1098

우한 102-4, 1362

'울트라' 정보(유럽) 214, 242, 393, 410, 493, 828, 831-7, 846, 929, 932

'울트라' 정보(태평양) 833, 954

울프, 레너드 43-5, 154, 1377

워싱턴 군축회의(1922) 69, 1215

워싱턴 DC 146, 250, 285, 288, 290, 292, 295, 297, 304, 307, 398-9, 406, 466, 476, 559, 582, 762, 815, 826, 892-3, 897, 900, 902, 908, 917, 931, 988, 994, 999, 1009-10, 1069, 1215, 1301, 1314, 1366

워커, 로자 998

워트제 448

원자폭탄 공격 580-2, 820, 1076, 1194, 1248

웨더마이어, 앨버트 520

웨이벌, 아치볼드 237-8, 241, 244, 246, 249, 299- 300, 389, 396, 758-9, 837, 840, 1321-2

웨이크 섬 302, 953

웨인라이트, 조너선 298

위네바 608

'위안부' 1189, 1271-5,

피와 폐허 ❷

최후의 제국주의 전쟁, 1931-1945

1판 1쇄 2024년 6월 21일

지은이 | 리처드 오버리
옮긴이 | 이재만

펴낸이 | 류종필
편집 | 이정우, 권준, 이은진
경영지원 | 홍정민
교정교열 | 최연희
표지 디자인 | 석운디자인
본문 디자인 | 박애영

펴낸곳 | (주)도서출판 책과함께
　　　 주소 (04022) 서울시 마포구 동교로 70 소와소빌딩 2층
　　　 전화 (02) 335-1982
　　　 팩스 (02) 335-1316
　　　 전자우편 prpub@daum.net
　　　 블로그 blog.naver.com/prpub
　　　 등록 2003년 4월 3일 제2003-000392호

ISBN 979-11-92913-88-9 04900